"十三五"国家重点图书出版规划项目

南方主要少数民族乡规民约与社会治理研究丛书

# 南方少数民族村规民约汇编

中卷

高其才 池建华◎编

湘潭大學出版社

# 目 录


## 第五章 侗族地区村规民约 461

1. （贵州省黔东南苗族侗族自治州锦屏县彦洞乡）瑶白村村规民约（2007 年 1 月 1 日）/ 461
2. （贵州省黔东南苗族侗族自治州锦屏县彦洞乡）瑶白村规民约（2011 年 3 月 20 日）/ 464
3. （贵州省黔东南苗族侗族自治州锦屏县彦洞乡）瑶白村村规民约（2014 年 12 月 26 日）/ 467
4. （贵州省黔东南苗族侗族自治州锦屏县彦洞乡）瑶白村防火公约（2011 年 3 月 20 日）/ 471
5. （贵州省黔东南苗族侗族自治州锦屏县彦洞乡）瑶白村封山育林公约（2011 年 3 月 25 日）/ 473
6. （贵州省黔东南苗族侗族自治州锦屏县彦洞乡）瑶白村关于改革陈规陋习的规定（2012 年农历正月初一）/ 474
7. （贵州省黔东南苗族侗族自治州锦屏县彦洞乡）瑶白村义务教育村规民约（2013 年 1 月）/ 477

8.（贵州省黔东南苗族侗族自治州锦屏县彦洞乡）瑶白村卫生公约（2013年3月20日）/479
9.（贵州省黔东南苗族侗族自治州锦屏县）彦洞乡瑶白村人口和计划生育村民自治公约（2013年4月9日）/481
10.（贵州省黔东南苗族侗族自治州锦屏县彦洞乡彦洞村高桥佬组织会）公告（2016年2月16日）/486
11.（贵州省黔东南苗族侗族自治州锦屏县平秋镇）归（魁）胆村村规民约（1992年9月15日）/486
12.（贵州省黔东南苗族侗族自治州锦屏县平秋镇）魁胆村村规民约（1999年8月5日）/492
13.（贵州省黔东南苗族侗族自治州锦屏县平秋镇）魁胆村村规民约（2004年1月26日）/493
14.（贵州省黔东南苗族侗族自治州锦屏县平秋镇）魁胆村村规民约（2008年1月1日）/495
15.（贵州省黔东南苗族侗族自治州锦屏县平秋镇）魁胆村村规民约（2008年2月6号）/498
16.（贵州省黔东南苗族侗族自治州锦屏县平秋镇）魁胆村村规民约（2008年3月15日）/500
17.（贵州省黔东南苗族侗族自治州锦屏县平秋镇）魁胆村村民自治合约（2014年12月19日）/510
18.（贵州省黔东南苗族侗族自治州锦屏县平秋镇魁胆中心村）村规民约（2014年4月11日）/514
19.（贵州省黔东南苗族侗族自治州锦屏县平秋镇）魁胆村酒

席操办公约（2015 年农历十二月十六日）/ 523
20. （贵州省黔东南苗族侗族自治州锦屏县平秋镇黄门村）村规民约（2008 年 2 月 15 日）/ 526
21. （贵州省黔东南苗族侗族自治州锦屏县平秋镇）黄门村村规民约（2014 年 12 月 13 日）/ 528
22. （贵州省黔东南苗族侗族自治州锦屏县平秋镇）黄门村风俗习俗礼节礼尚往来处置制度（2013 年 5 月 9 日）/ 531
23. （贵州省黔东南苗族侗族自治州锦屏县平秋镇）黄门村移风易俗关于红白喜事禁止大量燃放烟花爆竹规定（2016 年 3 月 13 日）/ 534
24. （贵州省黔东南苗族侗族自治州锦屏县平秋镇）黄门村自来水管理制度（2017 年 3 月 1 日）/ 535
25. （贵州省黔东南苗族侗族自治州锦屏县平秋镇石引村）村规民约（2008 年 3 月 16 日）/ 537
26. （贵州省黔东南苗族侗族自治州锦屏县）平秋镇石引村整脏治乱管理制度（2008 年 4 月 21 日）/ 539
27. （贵州省黔东南苗族侗族自治州锦屏县启蒙镇甘塘村）村规民约（2004 年 12 月 26 日）/ 539
28. （贵州省黔东南苗族侗族自治州锦屏县）启蒙镇婆侗水域联防联治公约（2017 年 8 月）/ 542
29. （贵州省黔东南苗族侗族自治州锦屏县）启蒙集镇边村沙文明卫生秩序公约（2017 年 8 月 1 日）/ 543
30. （贵州省黔东南苗族侗族自治州锦屏县启蒙镇）边沙村户

户联防管理制度（2014 年 9 月 28 日）/ 549
31. （贵州省黔东南苗族侗族自治州锦屏县启蒙镇）边沙村防火安全公约（2014 年 9 月 28 日）/ 551
32. （贵州省黔东南苗族侗族自治州锦屏县）启蒙镇边沙村十二组公约（2007 年 7 月 23 日）/ 554
33. （贵州省黔东南苗族侗族自治州锦屏县大同乡）密洞村村民自治合约（2015 年 4 月 6 日）/ 555
34. （贵州省黔东南苗族侗族自治州锦屏县大同乡）大同村村规民约（2016 年 4 月 26 日）/ 560
35. （贵州省黔东南苗族侗族自治州镇远县报京乡报京村报京大寨）村规民约（2005 年 4 月 5 日）/ 567
36. （贵州省黔东南苗族侗族自治州镇远县报京乡报京村报京大寨）村规民约（2008 年 1 月 5 日）/ 571
37. （贵州省黔东南苗族侗族自治州榕江县乐里镇）本里村村规民约（2011 年）/ 575
38. （贵州省黔东南苗族侗族自治州榕江县乐里镇）本里村计划生育村规民约（2014 年 6 月 9 日）/ 586
39. （贵州省黔东南苗族侗族自治州丹寨县兴仁镇）王家村“五户联保”公约（2013 年）/ 589
40. （贵州省黔东南苗族侗族自治州从江县洛香镇）洛香村中寨公约（2012 年农历正月十五）/ 594
41. （贵州省黔东南苗族侗族自治州）黎平县中潮区三龙公社中罗九龙大队乡规民约条文（1982 年 3 月 16 日）/ 596

42. （贵州省黔东南苗族侗族自治州黎平县永从乡三龙片区）关于丧葬、婚姻问题的新规定（1997 年 3 月）／601
43. （贵州省黔东南苗族侗族自治州黎平县永从乡九龙村）村规民约（2002 年 5 月 10 日）／603
44. （广西壮族自治区柳州市三江侗族自治县林溪乡）平岩村村规民约（1986 年 12 月 25 日）／605
45. （广西壮族自治区柳州市三江侗族自治县独峒乡）干冲村村规民约（1990 年 8 月 1 日）／609
46. （广西壮族自治区柳州市三江侗族自治县独峒乡）岜团村村规民约（2005 年 10 月 1 日）／613

**第六章　布依族地区村规民约　617**

1. （贵州省黔南布依族苗族自治州罗甸县）红水河镇红河村村规民约（2014 年 2 月 20 日）／617
2. （贵州省黔南布依族苗族自治州罗甸县）罗悃镇河西村村规民约（2014 年 7 月 3 日）／624
3. （贵州省黔南布依族苗族自治州罗甸县龙坪镇）五星村村规民约（2018 年）／629
4. （贵州省黔南布依族苗族自治州贵定县金南街道办事处）荷花村村规民约（2017 年）／631
5. （贵州省黔南布依族苗族自治州贵定县盘江镇）音寨村村民卫生公约（时间不详）／632
6. （贵州省黔南布依族苗族自治州荔波县朝阳镇）洪江村村

规民约（2017 年）/ 633
7. （贵州省黔南布依族苗族自治州荔波县朝阳镇）板麦村村规民约（2017 年）/ 634
8. （贵州省黔南布依族苗族自治州荔波县朝阳镇）板麦村卫生公约（2017 年）/ 637
9. （贵州省黔南布依族苗族自治州荔波县朝阳镇）朝阳村上交朝组环境卫生维护村规民约（2017 年）/ 638
10. （贵州省黔南布依族苗族自治州荔波县）玉屏镇板旺村计划生育村民自治村规民约（时间不详）/ 640
11. （贵州省黔南布依族苗族自治州荔波县）小七孔镇联山湾村环境卫生村规民约（2017 年 3 月 16 日）/ 644
12. （贵州省黔南布依族苗族自治州都匀市洛邦镇）洛邦村村规民约（1999 年 7 月 5 日）/ 645
13. （贵州省黔南布依族苗族自治州都匀市凯口镇）平新村村规民约（1984 年 5 月 8 日）/ 647
14. （贵州省黔南布依族苗族自治州都匀市凯口镇）平新村村规民约（1992 年 10 月 16 日）/ 648
15. （贵州省黔南布依族苗族自治州都匀市凯口镇平新村）村规民约（1997 年 1 月 1 日）/ 650
16. （贵州省黔南布依族苗族自治州都匀市凯口镇）平新村上下拉办村村规民约（1990 年 8 月 15 日）/ 652
17. （贵州省黔南布依族苗族自治州都匀市凯口镇）平新村上拉办组管理制度（2000 年 8 月 4 日）/ 654

18. （贵州省黔南布依族苗族自治州都匀市凯口镇平新村）封山育林护林公约（1998 年 3 月 1 日）/ 656
19. （贵州省黔南布依族苗族自治州都匀市凯口镇）凯口村村规民约（2005 年 8 月 1 日）/ 658
20. （贵州省黔南布依族苗族自治州都匀市凯口镇）公元一九六一年七月二十一日起平心（新）大队岩脚寨对小偷处理规定（1961 年 7 月 21 日）/ 660
21. （贵州省黔南布依族苗族自治州都匀市）石龙乡塘榜村村规民约（1994 年）/ 662
22. （贵州省黔南布依族苗族自治州都匀市石龙乡塘榜村）关于继承管理塘榜后山（打伞坡）的通告（1995 年 4 月 2 日）/ 664
23. （贵州省黔南布依族苗族自治州都匀市）河阳乡包阳村村规民约（1990 年）/ 666
24. （贵州省黔南布依族苗族自治州都匀市）河阳乡包阳村第四村民小组组规民约（1993 年 3 月 3 日）/ 667
25. （贵州省黔南布依族苗族自治州都匀市）护林公约（1984 年 1 月 14 日）/ 668
26. （贵州省黔南布依族苗族自治州平塘县金盆街道新寨村）村规民约（2019 年 2 月）/ 669
27. （贵州省黔西南布依族苗族自治州册亨县）秧坝镇者述村村规民约（2004 年 12 月 13 日）/ 670
28. （贵州省黔西南布依族苗族自治州册亨县秧坝镇）者述村

村规民约（2012 年 6 月）／674
29.（贵州省黔西南布依族苗族自治州晴隆县光照镇规模村）村规民约（2006 年 1 月 25 日）／678
30.（贵州省黔西南布依族苗族自治州晴隆县光照镇规模村）计划生育村规民约（2006 年 4 月 1 日）／679
31.（贵州省黔西南布依族苗族自治州贞丰县永丰街道办事处）必克布依寨议榔规（2018 年）／680
32.（贵州省黔南布依族苗族自治州惠水县）甲戎乡青河村村规民约（2002 年 1 月 16 日）／681
33.（贵州省安顺市镇宁布依族苗族自治县扁担山乡）坡孝村村规民约（2005 年 1 月 3 日）／684
34.（贵州省安顺市镇宁布依族苗族自治县扁担山乡）坡孝村村规民约（2008 年 1 月 30 日）／686
35.（贵州省安顺市镇宁布依族苗族自治县扁担山乡）坡孝村村规民约（2009 年 6 月 6 日）／687
36.（贵州省安顺市关岭布依族苗族自治县）沙营乡法那寨村规民约（1980 年 6 月 3 日）／688
37.（贵州省安顺市西秀区）黄腊（布依族苗族）乡河滨村卫生管理制度（2018 年 10 月 30 日）／694
38.（贵州省安顺市西秀区）黄腊（布依族苗族）乡河滨村酒席规范（2018 年 9 月 30 日）／695
39.（云南省曲靖市罗平县鲁布革乡）多依村村规民约（1999 年 8 月 25 日）／698

40. （云南省曲靖市罗平县）鲁布革乡多依村居委会村规民约（2010 年 5 月 1 日）/ 706

**第七章　瑶族地区村规民约　710**

1. （广西壮族自治区金秀瑶族自治县六巷乡）六巷村村规民约（1982 年 4 月 1 日）/ 710
2. （广西壮族自治区金秀瑶族自治县六巷乡）六巷村石牌公约（1991 年 2 月 1 日）/ 714
3. （广西壮族自治区金秀瑶族自治县六巷乡六巷村）帮家、翁江两村村规民约（1982 年农历四月十八日）/ 716
4. （广西壮族自治区金秀瑶族自治县六巷乡六巷村）下古陈村村规村约（1982 年 10 月 31 日）/ 719
5. （广西壮族自治区金秀瑶族自治县六巷乡六巷村）上古陈村村规民约（1991 年 1 月 29 日）/ 723
6. （广西壮族自治区金秀瑶族自治县六巷乡六巷村）石架屯村规民约（1991 年 2 月 3 日）/ 726
7. （广西壮族自治区金秀瑶族自治县六巷乡青山村）胶厂村村规民约（1982 年 12 月 20 日）/ 728
8. （广西壮族自治区金秀瑶族自治县六巷乡青山村）古麦村村规民约（1991 年 4 月 4 日）/ 731
9. （广西壮族自治区金秀瑶族自治县六巷乡）大岭村村规民约（1982 年）/ 733
10. （广西壮族自治区金秀瑶族自治县六巷乡）大岭村两个队

护林及有关事项的村规民约（1984 年 6 月 1 日）/ 737
11. （广西壮族自治区金秀瑶族自治县六巷乡）大岭村两队一九九三年二月二十日群众讨论修补村规民约（1993 年 2 月 20 日）/ 738
12. （广西壮族自治区金秀瑶族自治县三角公社三角大队）双河生产队林木生产责任制实施办法及护林公约（1983 年 3 月 29 日）/ 739
13. （广西壮族自治区金秀瑶族自治县金秀镇六段村）三片村村规民约石牌（1990 年农历十二月廿三）/ 743
14. （广西壮族自治区金秀瑶族自治县金秀镇）六段村石碑条约（1991 年农历正月初一）/ 744
15. （广西壮族自治区金秀瑶族自治县金秀镇六段村将军屯）村规民约（1994 年 11 月 8 日）/ 745
16. （广西壮族自治区金秀瑶族自治县金秀镇六段村双永屯）村规（1999 年 6 月 21 日）/ 746
17. （广西壮族自治区金秀瑶族自治县）金秀镇长二村村民委村规民约（2007 年 3 月 24 日）/ 748
18. （广西壮族自治区金秀瑶族自治县金秀镇共和村）坤林村村规民约（1992 年 5 月 4 日）/ 750
19. （广西壮族自治区金秀瑶族自治县金秀镇）共和新村村规民约（1999 年 10 月 12 日）/ 752
20. （广西壮族自治区金秀瑶族自治县金秀镇共和村）定卜屯村规民约（2002 年 9 月 1 日）/ 755

21. （广西壮族自治区金秀瑶族自治县金秀镇共和村）田坪屯放野牛看管的规定（2004 年 3 月 2 日）／757
22. （广西壮族自治区金秀瑶族自治县金秀镇）六拉村村规民约（2005 年 12 月 22 日）／757
23. （广西壮族自治区金秀瑶族自治县金秀镇六拉村）奋战屯村规民约（2016 年 5 月 25 日）／759
24. （广西壮族自治区金秀瑶族自治县）金秀镇金田村金村屯村规民约（2014 年 11 月 3 日）／762
25. （广西壮族自治区金秀瑶族自治县金秀镇金田村）刘村村规民约（2015 年 3 月 7 日）／765
26. （广西壮族自治区金秀瑶族自治县）金秀镇和平村村规民约（2011 年 6 月 25 日）／765
27. （广西壮族自治区金秀瑶族自治县）金秀镇林香屯新农村村规民约（2009 年 10 月）／767
28. （广西壮族自治区金秀瑶族自治县金秀镇和平村）林香屯村规民约（2013 年 5 月 8 日）／770
29. （广西壮族自治区金秀瑶族自治县金秀镇）罗孟村村民委村规民约（2011 年 12 月 23 日）／771
30. （广西壮族自治区金秀瑶族自治县长垌乡长垌村）六架队落实林业“三定”和民约决议（1984 年 6 月 20 日）／774
31. （广西壮族自治区）金秀瑶族自治县长垌乡六架村石牌（1983 年农历正月初三）／777
32. （广西壮族自治区金秀瑶族自治县长垌乡长垌村六架屯）

石牌条例（2006 年 4 月）／781
33.（广西壮族自治区金秀瑶族自治县长垌乡长垌村）瓦窑屯村规民约（1990 年 4 月 24 日）／784
34.（广西壮族自治区金秀瑶族自治县长垌乡长垌村）面北屯村规民约（1991 年 1 月 7 日）／786
35.（广西壮族自治区金秀瑶族自治县长垌乡）长垌村公所中村村民委村规民约（1991 年 1 月 10 日）／788
36.（广西壮族自治区金秀瑶族自治县）长垌乡长垌村长垌屯村规民约（2013 年 6 月）／789
37.（广西壮族自治区金秀瑶族自治县长垌乡）三角村村规民约（1991 年 1 月 10 日）／791
38.（广西壮族自治区金秀瑶族自治县长垌乡三角村）三角屯村规民约补充条约（2000 年 7 月 20 日）／794
39.（广西壮族自治区金秀瑶族自治县长垌乡三角村）村规民约（2000 年 5 月 1 日）／795
40.（广西壮族自治区金秀瑶族自治县长垌乡平道村）古占屯村规民约（2012 年 7 月 1 日）／798
41.（广西壮族自治区金秀瑶族自治县长垌乡平道村）古占屯村规民约（2017 年 8 月 24 日）／803
42.（广西壮族自治区金秀瑶族自治县）忠良乡十八家村石牌（1991 年 5 月 9 日）／807
43.（广西壮族自治区金秀瑶族自治县忠良乡永和村）永泉屯村规民约（2013 年 9 月）／810

44.（广西壮族自治区金秀瑶族自治县忠良乡）永和村村规民约（2017 年 8 月 20 日）/ 811
45.（广西壮族自治区金秀瑶族自治县罗香乡琼伍村龙军屯）村规民约（2001 年 4 月 11 日）/ 817
46.（广西壮族自治区金秀瑶族自治县罗香乡罗运村）罗运屯治安民约（2010 年农历三月十五日）/ 818
47.（广西壮族自治区恭城瑶族自治县龙虎乡）龙岭村村规民约（2011 年 4 月）/ 820
48.（广西壮族自治区恭城瑶族自治县龙虎乡龙岭村）实乐自然村通告（2013 年 12 月 10 日）/ 821
49.（广东省清远市连南瑶族自治县）新寨乡人民政府乡规民约（1984 年 7 月 6 日）/ 822
50.（广东省清远市连南瑶族自治县）大麦山镇新寨村村委会村村规民约（2008 年 5 月 1 日）/ 824
51.（湖南省永州市江永县潇浦镇）向光村村规民约（时间不详）/ 830
52.（湖南省怀化市溆浦县北斗溪镇）坪溪村村规民约（2018 年 12 月 20 日）/ 831

**第八章　白族地区村规民约　834**

1.（云南省大理白族自治州大理市喜洲镇）喜洲村村规民约（2010 年 5 月）/ 834
2.（云南省大理白族自治州剑川县）十三村山林管理委员会

第二届代表大会决议（1972 年 12 月 25 日）/ 835
3.（云南省大理白族自治州剑川县甸南镇）狮河村村规民约（时间不详）/ 838
4.（云南省大理白族自治州剑川县沙溪镇）石龙村村民委员会村规民约（2003 年 9 月 1 日）/ 840
5.（云南省大理白族自治州剑川县沙溪镇）石龙村文明公约（时间不详）/ 841
6.（云南省大理白族自治州剑川县马登镇）太平村村规民约（2018 年 11 月）/ 842
7.（云南省大理白族自治州鹤庆县草海镇新峰村东登村小组）松茸管理村规民约（2011 年 6 月 13 日）/ 843
8.（云南省大理白族自治州鹤庆县松桂镇龙珠村）村规民约（时间不详）/ 844
9.（云南省大理白族自治州大理市上关镇）江尾村村委会桥下自然村村规民约（2010 年 1 月 5 日）/ 849
10.（云南省大理白族自治州）洱源县（三营镇）郑家庄民族团结示范村村规民约（时间不详）/ 850
11.（云南省大理白族自治州）洱源县城关镇下北门村倡议书（1987 年农历十月二十八日）/ 853
12.（云南省大理白族自治州云龙县白石乡大石壁村）巡逻公约（1984 年 2 月）/ 854
13.（云南省大理白族自治州祥云县刘厂镇大波那村）村规民约（时间不详）/ 855

14. （云南省大理白族自治州）宾川县州城镇白庄帽自然村村规民约（2015 年 4 月 26 日）/ 860
15. （云南省保山市隆阳区瓦窑镇瓦窑社区）公告（2018 年 7 月 30 日）/ 862
16. （云南省保山市隆阳区）瓦窑镇横山村村规民约（2018 年 10 月 23 日）/ 863

**第九章　哈尼族地区村规民约　865**

1. （云南省红河哈尼族彝族自治州绿春县大兴镇）岔弄办事处村规民约（1995 年 7 月 21 日）/ 865
2. （云南省红河哈尼族彝族自治州绿春县大兴镇岔弄办事处）新寨村村规民约（1991 年 7 月 6 日）/ 867
3. （云南省红河哈尼族彝族自治州绿春县大兴镇岔弄办事处）新寨村森林管理村规民约（1982 年 1 月 19 日）/ 868
4. （云南省红河哈尼族彝族自治州绿春县大兴镇岔弄办事处新寨、上折东、下折东和倮别）交通条约（1995 年 1 月 10 日）/ 869
5. （云南省红河哈尼族彝族自治州元阳县新街镇土锅寨村）箐口村村规民约（2002 年 12 月 24 日）/ 870
6. （云南省普洱市江城哈尼族彝族自治县国庆乡）田房村补底村村规民约（时间不详）/ 872
7. （云南省普洱市墨江哈尼族自治县新安乡）腊冬村村规民约（1982 年 12 月 6 日）/ 875

8.（云南省西双版纳傣族自治州勐海县布朗山布朗族乡老班章村）进入老班章车辆、游客管理办法（试行）（2019 年 3 月1 日）／876

## 第十章 黎族地区村规民约 880

1.（海南省五指山市通什镇）福关村村委会村规民约（时间不详）／880
2.（海南省五指山市通什镇）福关村村委会关于违犯村规民约的处罚条例（1995 年 11 月 12 日）／881
3.（海南省五指山市通什镇）福关村村委会计划生育公约（1996 年 1 月 1 日）／882
4.（海南省五指山市通什镇）福关村村委会计划生育管理制度（1995 年）／884
5.（海南省白沙黎族自治县荣邦乡）俄朗村环境卫生管理村规民约（2015 年 8 月）／885
6.（海南省白沙黎族自治县阜龙乡）可任村村委会村规民约（2015 年）／887
7.（海南省白沙黎族自治县阜龙乡）可任村村委会环境卫生管理村规民约（2015 年）／889
8.（海南省白沙黎族自治县阜龙乡）那查村村委会村规民约（2015 年）／890
9.（海南省昌江黎族自治县）七叉镇乙在村环境卫生管理村规民约（2014 年 4 月 22 日）／892

10. （海南省昌江黎族自治县）七叉镇乙劳村环境卫生管理村规民约（2014 年 4 月 22 日）／894
11. （海南省昌江黎族自治县）十月田镇五丰村村规民约（2014 年 3 月 24 日）／895
12. （海南省昌江黎族自治县）十月田镇塘坊村村规民约（2015 年）／901
13. （海南省昌江黎族自治县十月田镇）青山村村规民约（2015 年 1 月 1 日）／903
14. （海南省昌江黎族自治县十月田镇）才地村村规民约（2015 年 1 月 1 日）／905
15. （海南省昌江黎族自治县十月田镇）好清村村规民约（2015 年）／908
16. （海南省昌江黎族自治县十月田镇）姜园村村规民约（2015 年）／913
17. （海南省昌江黎族自治县十月田镇）保平村村委会村规民约（2015 年 1 月 1 日）／916
18. （海南省昌江黎族自治县十月田镇）保平环境卫生村规民约（2015 年）／921
19. （海南省昌江黎族自治县十月田镇）王炸环境卫生村规民约（2015 年 5 月 22 日）／923
20. （海南省昌江黎族自治县叉河镇）老羊地村村规民约（2013 年 1 月 1 日）／925
21. （海南省昌江黎族自治县叉河镇）唐村村民卫生公约

（2015 年 5 月 6 日）／928

22. （海南省昌江黎族自治县乌烈镇）乌烈村村规民约（2015 年）／930

23. （海南省昌江黎族自治县乌烈镇）长塘村村规民约（2015 年 1 月 1 日）／934

24. （海南省昌江黎族自治县乌烈镇）峨沟村卫生村规民约（2014 年 5 月 10 日）／938

25. （海南省昌江黎族自治县乌烈镇）道隆村村规民约（2015 年）／939

26. （海南省昌江黎族自治县乌烈镇）白石村村规民约（2015 年）／941

27. （海南省昌江黎族自治县海尾镇高石塘村）村民卫生公约（2015 年 1 月 7 日）／945

28. （海南省三亚市保亭黎族苗族自治县）加茂镇村规民约（时间不详）／946

29. （海南省三亚市保亭黎族苗族自治县加茂镇）毛林村村规民约（时间不详）／949

# 第五章　侗族地区村规民约

## 1.（贵州省黔东南苗族侗族自治州锦屏县彦洞乡）瑶白村村规民约[①]

根据《中华人民共和国村民委员会组织法》第20条、第27条之规定，为了加强维护我村辖区社会稳定工作，促进我村民主法制建设，使我村辖区各行业得到保护和发展，经村民委组织各组组长、村民代表开会讨论通过，制定本村村规民约。

一、凡在我村辖区内的本村村民、机关单位、企事业、部队及外村乡镇籍村民在我辖区内居住的人员必须遵守我村村规民约。

---

① 高其才于2016年2月20日搜集。

二、偷盗和损坏农产品的处理：偷盗他人水稻、瓜果、蔬菜等农作物的，除退回原物外，每人每次交违约罚金 100 元。饲养禽畜损坏他人或集体农作物、幼林苗的，除按价赔偿外，每人每次交违约罚金 50 元。

三、偷砍滥伐树木的处理：偷砍他人或集体林木的，除退赔原物外，每人每根交违约罚金 100 ~ 5000 元；滥伐林木的每人每次交违约金 100 ~ 300 元，破坏公路沿线或村寨风景树的，除按株补栽并保证存活外，每人每次交违约罚金 100 ~ 300 元。

四、偷盗水产品的处理：偷盗他人鱼虾等水产品的，除退赔原物、没收工具外，另外每人每次交违约罚金 100 ~ 200 元。

五、为维护社会秩序，有下列行为的分别处罚：

1. 翻仓入室盗窃行为，情节轻微的除退还原物外，每人每次交违约罚金 100 ~ 500 元。

2. 有偷猪、牛、马、羊、鸡、狗等家畜行为的，除退还原物外，每人每次交违约罚金 300 ~ 500 元。

3. 凡在我辖区打架斗殴、无理取闹、行凶闹事等行为的本村村民或外地人，有理方交违约罚金 100 元，无理方交违约罚金 500 元。若造成人身伤害事故且同意村内调解，双方须向村委交受理费各 200 元。

4. 凡在我辖区内有人畜饮水和种有农作物的地方，严禁任何人在此范围内洗金子、锌化，每发现一次，除赔偿损失外，每次每人交违约罚金 1000 元。

六、为维护土地村级集体所有制，有下列行为者，分别处以交违约罚金：

1．土地属村集体所有制，由村民委统一进行管理，农村宅基地、自留地、责任山属村级集体所有，严禁“清原根，继祖业”，如违约，每起处交违约罚金500元。

2．农村宅基地实行村级统一管理审查制度，需要申请建房的村民，或外来人，须向被占地的村民小组和村民委员会提出用地申请，否则按非法占地予以交违约罚金200元，并责令其向村民委员会补办有关占地手续。

3．对非法买卖、转让我村集体土地的，我村两委将没收其非法所得，限期拆除或没收新建建筑和其他设施，并对责任人给予交违约金500元。

七、防火安全管理

1．严禁违规野外用火，凡用火不慎失火烧山的，除赔偿损失外，每人每次交违约罚金100～500元。

2．严禁违规经营、贮存易爆物品和违规用火、用电，因用家火或家电不慎引起寨火警的，发生一次，交违约罚金100～500元。

3．经村治安队、消防队检查出现安全隐患的必须立即整改，否则处以交违约罚金50～100元，并强制整改。

八、婚姻家庭及计划生育管理：违反法律和政策规定结婚、生育及虐待遗弃老、弱、病、残、幼儿童等家庭成员，未尽抚养、赡养和监护责任的，每人交违约罚金100～200元，并履行相关责任和义务。

九、对打击报复、威胁、谩骂村干的，每人每次交违约罚金200元。

十、对破坏我村一切开发项目或其他公益事业的从重处罚，除赔偿损失外，交违约罚金500元。

十一、对积极举报违反村规村约的人，奖励村收取被举报人违约金的20%（村干除外），如发现知情而不报的，则每人每次处以案件罚金的50%，对不按期履行违约责任的人，由村护约队强制执行，并由其承担执约人员每人每次20元的误工费。

十二、当事人可向村民委提出申诉，按情节轻重公开、公平、公正进行调处。

国有国法，村有村规，旨在防微杜渐。希望大家发扬中华民族优良传统，遵纪守法，做个好公民。

瑶白村村民委员会（章）

2007年1月1日

## 2．（贵州省黔东南苗族侗族自治州锦屏县彦洞乡）瑶白村村规民约①

根据《中华人民共和国村民委员会组织法》第20条、第27条之规定，为了加强维护我村辖区社会稳定工作，促进我村民主法制建设，使我村辖区各行业得到保护和发展，经村民委组织各组组长、村民代表开会讨论通过，制定本村村规民约。

一、凡在我村辖区内的本村村民、机关单位、企事业、部队及外村乡镇籍村民在我辖区内居住的人员必须遵守我村村规

① 高其才于2016年2月20日搜集。

民约。

二、偷盗和损坏农产品的处理：偷盗他人水稻、瓜果、蔬菜等农作物的，除退回原物外，每人每次交违约罚金 200 元。饲养禽畜损坏他人或集体农作物、幼林苗的，除按价赔偿外，每人每次交违约罚金 100 元。

三、偷砍滥伐树木的处理：偷砍他人或集体林木的，除退赔原物外，每人每次交违约罚金 300 ~ 500 元；滥伐林木的每人每次交违约金 100 ~ 300 元；破坏公路沿线或村寨风景树的，除按株补栽并保证存活外，每人每次交违约罚金 100 ~ 300 元。

四、偷盗水产品的处理：偷盗他人鱼虾等水产品的，除退赔原物、没收工具外，另外每人每次交违约罚金 500 ~ 800 元。

五、严禁在我村辖溪内用电器、药物毒鱼、炸鱼或用其他方式对鱼造成严重威胁等进行捕鱼和捕捉娃娃鱼，违者除没收其物外，每人每次罚款 500 ~ 1000 元。

六、为维护社会秩序，有下列行为的分别处罚：

1. 翻仓入室盗窃行为，情节轻微的，除退还原物外，每人每次交违约罚金 500 ~ 800 元。

2. 有偷猪、牛、马、羊等家畜行为的，除退还原物外，每人每次交违约罚金 500 ~ 1000 元。有偷鸡、鸭、鹅等家禽行为，除退还原物外，每人每次交违约罚金 300 ~ 500 元。

3. 凡在我辖区打架斗殴、无理取闹、行凶闹事等行为的本村村民或外地人，有理方交违约罚金 100 元，无理方交违约罚金 500 元。若造成人身伤害事故且同意村内调解，双方须向村委交受理费各 200 元。

4. 凡在我辖区内有人畜饮水和种有农作物的地方，严禁任何人在此范围内洗金子、锌化等，每发现一次，除赔偿损失外，每次每人交违约罚金 1000 元。

七、为维护土地村级集体所有制，有下列行为者，分别处以交违约罚金：

1. 土地属村集体所有制，由村民委统一进行管理，农村宅基地、自留地、责任山属于十级集体所有，严禁“清原根、继祖业”，如违约，每起处交违约罚金 500 元。

2. 农村宅基地实行村级统一管理审查制度，需要申请建房的村民，或外来人，须向被占地的村民小组和村民委员会提出用地申请，否则按非法占地予以交违约罚金 200 元，并责令其向村民委员会补办有关占地手续。

3. 对非法买卖、转让我村集体土地的，我村两委将没收其非法所得，限期拆除或没收新建建筑和其他设施，并对责任人给予交违约金 500 元。

八、防火安全管理

1. 严禁违规野外用火，凡用火不慎失火烧山的，除赔偿损失外，每人每次交违约罚金 400 ~ 600 元。

2. 严禁违规经营，贮存易爆物品和违规用火、用电，因用家火或家电不慎引起寨火警的，发生一次，交违约罚金 300 ~ 500 元。

3. 经村治安队、消防队检查出现安全隐患的必须立即整改，否则处以交违约罚金 100 ~ 300 元，并强制整改。

九、婚姻家庭及计划生育管理：违反法律和政策规定结婚、生育及虐待遗弃老、弱、病、残、幼儿童等家庭成员，未尽抚养、赡养和监护责任的，每人交违约罚金 100 ~ 200 元，并履行相关责任和义务。

十、对打击报复、威胁、谩骂村干的，每人每次交违约罚金 200 元。

十一、对破坏我村一切开发项目或其他公益事业的从重处罚，除赔偿损失外，交违约罚金 500 元。

十二、违反以上村规民约条款的未成年人、聋哑人、精神病人、老年人等追究监护人的相关责任。

十三、对积极举报违反村规民约的人，奖励村收取被举报人违约金的 20%（村干除外），如发现村干知情而不报的，则每人每次处以案件罚金的 50%，对不按期履行违约责任的人，由村护约队强制执行，并由其承担执约人员每人每次 20 元的误工费。

十四、当事人可向村民委提出申诉，按情节轻重公开、公平、公正进行调处。

瑶白村村民委员会

2011 年 3 月 20 日

## 3.（贵州省黔东南苗族侗族自治州锦屏县彦洞乡）瑶白村村规民约[①]

根据《中华人民共和国村民委员会组织法》第 20 条、27

① 高其才于 2015 年 10 月 4 日搜集。

条之规定，为了加强维护我村辖区社会稳定工作，促进我村民主法制建设，使我村辖区各行业得到保护和发展，经村民委组织各组组长、村民代表开会讨论通过，制定本村村规民约。

一、凡在我村辖区内的本村村民、机关单位、企事业、部队及外村乡镇籍村民在我辖区内居住的人员必须遵守我村村规民约。

二、偷盗和损坏农产品的处理：偷盗他人水稻、瓜果、蔬菜等农作物的，除退回原物外，每人每次交违约罚金200元。饲养禽畜损坏他人或集体农作物、幼林苗的，除按价赔偿外，每人每次交违约罚金100元。

三、偷砍滥伐树木的处理：偷砍他人或集体林木的，除退赔原物外，每人每根交违约罚金300～5000元；滥伐林木的每人每根交违约金100元，破坏公路沿线或村寨风景树的，除按株补栽并保证存活外，每人每次交违约罚金100～300元。

四、偷盗水产品的处理：偷盗他人鱼虾等水产品的，除退赔原物、没收工具外，另外每人每次交违约罚金500～800元。

五、严禁在我村辖溪内用电器、药物毒鱼、炸鱼或用其他方式对鱼威胁严重等进行捕鱼和捕捉娃娃鱼，违者除没收其物外，每人每次罚款500～1000元。

六、为维护社会秩序，有下列行为的分别处罚：

1. 翻仓入室盗窃行为，情节轻微的除退还原物外，每人每次交违约罚金500～800元。

2. 有偷猪、牛、马、羊等家畜行为的，除退还原物外，每人每次交违约罚金 500 ~ 1000 元，有偷鸡、鸭、鹅等家禽行为，除退还原物外，每人每次交违约罚金 300 ~ 500 元。

3. 凡在我辖区打架斗殴、无理取闹、行凶闹事等行为的本村村民或外地人，有理方交违约罚金 100 元，无理方交违约罚金 500 元。若造成人身伤害事故且同意村内调解，双方须向村委交受理费各 200 元。

4. 凡在我辖区内发生损坏人畜饮水和消防设施，每发现一次，除赔偿损失外，每次每人交违约罚金 100 ~ 300 元。

5. 凡随意在公共场所倾倒垃圾、私自陈放杂物者，必须及时打扫清理，否则交违约金 100 元。

七、为维护土地村级集体所有制，有下列行为者，分别处以交违约罚金。

1. 土地属村集体所有制，由村民委统一进行管理，农村宅基地、自留地、责任山属村级集体所有，严禁“清原根，继祖业”，如违约，每起处交违约罚金 500 元。

2. 农村宅基地实行村级统一管理审查制度，需要申请建房的村民，或外来人，须向被占地的村民小组和村民委员会提出用地申请，否则按非法占地予以交违约罚金 200 元，并责令其向村民委员会补办有关占地手续。

3. 对非法买卖、转让我村集体土地的，我村两委将没收其非法所得，限期拆除或没收新建建筑和其他设施，并对责任人给予交违约金 500 元。

4. 对于承包村集体土地的，按其经营种类收益，每年收取承包方 10% 的提成作为村委管理费用。

八、防火安全管理

1. 严禁违规野外用火，凡用火不慎失火烧山的，除赔偿损失外，每人每次交违约罚金500～1500元。

2. 严禁违规经营、贮存易爆物品和违规用火、用电，因用家火或家电不慎引起寨火警的，发生一次，交违约罚金500～1000元；引发火灾一次交违约金1000～2000元，并由司法机关追其法律责任。

3. 经村治安队、消防队检查出现安全隐患的必须立即整改，否则处以交违约罚金100～300元，并强制整改。

九、婚姻家庭及计划生育管理：违反法律和政策规定结婚、生育及虐待遗弃老、弱、病、残、幼儿童等家庭成员，未尽抚养、赡养和监护责任的，每人交违约罚金100～200元，并履行相关责任和义务。

十、对打击报复、威胁、谩骂村干的，每人每次交违约罚金200元。

十一、对破坏我村一切开发项目或其他公益事业的从重处罚，除赔偿损失外，交违约罚金500元。

十二、违反以上村规民约条款的未成年人、聋哑人、精神病人、老年人等追究监护人相关责任。

十三、对积极举报违反村规村约的人，奖励村收取被举报人违约金的20%（村干除外），如发现知情而不报的，则每人每次处以案件罚金的50%，对不按期履行违约金的责任的人，由村护约队强制执行，并由其承担执约人员每人每次20元的误工费。

十四、当事人可向村民委提出申诉，按情节轻重公开、公平、公正进行调处。

户主签名：

瑶白村村民委员会（章）

2014 年 12 月 26 日

## 4．（贵州省黔东南苗族侗族自治州锦屏县彦洞乡）瑶白村防火公约①

为加强我村防火安全工作，杜绝一切火灾隐患，促进全村的社会稳定和经济建设，特制定本公约。

一、消防队员应积极向群众做好防火宣传，并身先士卒为群众做好消防榜样，时刻警惕火患的发生。

二、村内防火线内不准任何人挤占或堆放杂物，家家做到水满缸，人走火灭，人离电关，配备有能上屋梁的楼梯一部。

三、每家每户要保证用电安全，凡动力用电，必须使用贵阳出产的专用护套线，电线接头必须用绝缘胶布缠绕 4 圈以上。

四、义务消防队每月必须进行一次防火检查，对存在火灾隐患的，责令整改。不整改的，除强制整改外，并视其情况，给予 200 元以下罚款。

五、在发生火警未造成重大损失的，每起罚款 400 元，未成年人、聋哑人、精神病、老年人失火，追究监护人的上述责任。

---

① 高其才于 2016 年 2 月 20 日搜集。

六、一旦发生火警，每个消防队员应主动投入扑灭火源的工作中去，不许有逃避或看热闹行为，一经发现，每人每次罚款100元。任何人不得抢救物资，应全力灭火。因扑救而被打烂的房屋，一律不补偿。

七、一旦发生火灾，村党支部、村民委员会和消防队应立即组织群众灭火，并联合各村民进行施救，各家各户必须无偿提供灭火器具，并全部投入灭火中去，人人不得袖手旁观。凡因抢救私人物资不参加灭火的，消防队员有权将所救物资丢到火堆里烧毁。凡趁火打劫者，除退回原物外，每人罚款500~1000元。

八、严禁在山上用火，特别是封山育林区内，发现一例罚款50至100元。发生火警或失火烧山，造成重大损失的除负责管营造成林和按市价赔偿损失外，视其情况给予500元至800元的罚款，并付给救火人误工费每人每小时10元，并送交司法机关追究法律责任。发生火警或失火烧山后，应积极参加扑救，明知火警而不参加扑救的青壮年人员，一经发现，每人每次罚款100元。

九、发生火警后隐瞒不报的，经取证核实后加倍处罚，知情人举报的每起奖励罚金的20%（奖金待处罚后兑现），并为其保密。

十、以上公约和村消防队人员名单每家每户张贴，每家每户不得撕毁，如若发现撕毁，村消防队有权对其处以100元的罚款。

瑶白村村民委员会联防队

2011年3月20日

## 5. （贵州省黔东南苗族侗族自治州锦屏县彦洞乡）瑶白村封山育林公约[①]

根据上级林业部门的工作指示，为维护我村历届封山育林成果，进一步加强并完善我村天然森林保护措施，为杜绝在封山育林区内从事毁林、捕猎、捞鱼等活动，特制定以下条例：

一、在林区内发生火警而未造成火灾损失的，每次罚款200元；若造成火灾损失，除赔偿损失和支付扑救人员每人每小时10元之外，每亩罚款300元，并在林区内造林并管理直至成林。

二、在林区内烧炭的（包括火灰炭）除没收一切工具外，每次罚款300元至500元。

三、在封山育林区内砍柴的，每人每杠罚款100元至200元。

四、在封山育林区及管护区内无证砍伐杉木、松树以及其他杂木的，除没收木材外，按1.3米胸高直径在10公分至20公分每株罚款200元，22公分至30公分每株罚款300元，30公分以上的每株罚款500元。偷盗的加倍处罚。

五、在封山育林区及管护区内的溪流用药功毒鱼的，每人每次罚款500元至1000元；若造成大面积杀伤毒死的则移交司法机关处理。

六、在封山育林区及管护区内的溪流使用雷管、炸药、

---

① 高其才于2016年2月20日搜集。

电器击鱼的，除没收一切工具外，每人每次罚款 300 元至 500 元。

七、在封山育林区及管护区内，围山捕猎的，除没收一切工具外，每人每次罚款 200 元至 500 元。

八、对上述的违法活动有揭发检举的人员，村委给予保密外，另按罚款额 20% 提存予以奖励。凡村两委人员，无举报奖励，必须有自觉举报的责任，若知情不报者，按罚款数额的 50% 予以处罚。

九、对于上述违法活动者，不服从村委按该条例处罚，进行反抗、辱骂和伤害执法人员的，负责被伤害人的医药费和误工费，并按所违反条款的罚款数额加倍处罚。

瑶白村村民委　瑶白村护林队

2011 年 3 月 25 日

## 6.（贵州省黔东南苗族侗族自治州锦屏县彦洞乡）瑶白村关于改革陈规陋习的规定①

为进一步改革我村陈规陋习，让村民真正受益，推动社会经济发展和进步，经村党支部，村民委组织村民商量审议，在原来的基础上进行修改，现将陈规陋习改革具体内容规定如下：

第一条　红喜

---

① 高其才于 2016 年 2 月 20 日搜集。

1．结婚办喜酒男方家只准举行两天（即正酒当天和第二天），一天实行两餐制（即早餐与正席）。女方出嫁酒席只举行一天，允许早餐调换为正席。

2．接新娘进门尚未办正式喜酒前（俗称“吃鸭”）不允许宴请客人，青年贺礼不宴请女方吃茶。

3．宴请亲爹亲妈只安排一天酒席，陪亲酒只准请双方直属亲舅、姑、兄妹，并不准郎家挂彩给娘家方客人。

4．禁止新娘送礼鞋发放给房族亲友。

5．结婚时男方向女方家献猪肉统一规定208斤，其中不包括母舅家、回娘头以及房族条肉部分。

6．结婚时，男方献给母舅的财礼统一规定为800元，不准舅家回礼。

7．小孩只准办三朝酒席，禁止举行周岁及老人寿诞酒席宴客。

8．新居落成只准上梁办酒席，禁止进新屋、立大门等办酒席请客。

9．升学只允许增取一本、二本学生办酒席请客，凡是考取三本（含三本）、专科以下考生禁止举办升学酒席。

10．三朝、新居落成（升迁）、升学等喜事只进行一天（即正酒当天），实行两餐制，第二天不得宴请客人。

11．凡喜事菜单早餐规定6菜1汤，正席菜单规定12菜1汤。

第二条　白喜

1．一般从起事之日起不超过七天。

2. 直系亲属（含女婿）可带孝衣孝帕，旁系亲属、旁女婿发给孝帕，此外一律不发孝衣帕，按悼念名单发给小毛巾。

3. 唱祭时不准滥乱鸣炮，待扶柩登山再鸣炮送行。

4. 丧事酒席实行两餐制，早餐菜单规定 4 菜 1 汤，正席菜单规定 6 菜 1 汤，丧事菜肴禁止摆设鸡、鸭、鱼。

5. 丧事统一禁止“洗手脚”，领祭、封斋、上斋等宴请礼节，不准满七走亲（俗称“走七”）。

6. 亲戚唱祭献猪肉不准超过 100 斤，禁止回祭礼，不准丧事挂亲送礼以及立墓碑请客。

7. 白喜不准请人砍柴，由本房族各户自筹干柴。

第三条　所有办酒席一律以以下请柬为准，不再安排专人“面请”。

第四条　其他

1. 凡是举办酒席宴客方一律禁止散发剩余菜、肉。

2. 凡是举办酒席一定要按照国家《食品安全法》进行食品采购和烹饪，杜绝患有传染疾病的厨师烹饪，注意饮食卫生。

3. 注意消防安全，排除隐患。

第五条　违规处理

1. 违反本规定条款者罚款 500 元，并强制按本规定执行。

2. 对餐食工作人员打压报复者罚款 300 ~ 500 元，造成人身伤害的移送司法机关处理。

3. 违反本规定条款的除罚款外，取消该户的低保待遇并不能享受上级的一切政策资助。

4. 凡我瑶白境内的所有人员必须遵守执行，违者一律按本规定处罚。

第六条　本规定于2012年农历正月初一经村民代表大会通过，自通过之日起生效执施，最终解释权属村两委。

瑶白村村民委员会

2012年正月初一

## 7. （贵州省黔东南苗族侗族自治州锦屏县彦洞乡）瑶白村义务教育村规民约①

1. 凡是具有本村委会户籍或属于本村委会常住人口，年满6至7周岁的适龄儿童有权接受义务教育。

2. 每个家庭的父母，作为子女的法定监护人，有责任和义务将子女送入学校学习，支持子女接受并完成国家实施的九年义务教育。

3. 除学校正常放假或国家正常法定假日以及特殊情况外，村民不得在各种节日活动期间叫子女请假回家过节，影响学生正常上课，否则，违反每次处罚50元（由父母或监护人承担）。

4. 在各种季节农忙期间，学生家长不得让子女请假回家帮忙，否则，违者每次处罚50元（由父母或监护人承担）。

5. 若村民的子女未按规定完成国家九年义务教育，村民

① 高其才于2016年2月20日搜集。

小组干部不得给这些村民子女办理订婚或者结婚等事项，并不得享受村里的任何福利待遇，否则，如出现以上问题者，扣村干部主要负责人年终考核分 1 次 1 分。

6. 对辍学外出经商打工的少年，需办理各种证件时村委会及村小组领导不予支持，并通过有关部门停办一切手续。

7. 对子女入学问题不关心、不支持，尤其对子女辍学问题上不采取任何措施，致使子女未完成九年义务教育的家庭，村委会及村小组将取消该户享受一切政府扶贫、优惠的政策、待遇资格。

8. 各村小组组长掌握本组适龄少年儿童的入学情况，发现本组适龄少年儿童未入学或入学了又辍学的现象，应及时入户了解原因，动员该生入学，并把情况上报村委。

9. 不论哪一村民小组如出现 2 人以上的中小学辍学学生，村委会协同政府及有关部门停止安排该村小组的发展项目，并拒付一切项目资金，对控辍保学工作不支持的学生家长，村委会将报乡党委、政府对学生家长生活、生产上的困难一律不予支持。

10. 为促进本村委会小孩的学习积极性，对成绩优异的进行奖励。高中考大学考上一本以上的奖励 800 元，考上二本的奖励 600 元。

11. 各村小组每年年底时应举行一次“学习经验交流座谈会”，通过村小组组织，让村小组内的小孩各自对自己在一年内的学习情况做一次交流，通过彼此比较、交流来促进各自的学习积极性和学习各自的方法。

12. 村委会每年应对一些家庭条件困难，但小孩读书积极性高、肯刻苦的家庭给予一定的经济支持和帮助。

瑶白村村民委员会

2013 年 1 月

## 8. （贵州省黔东南苗族侗族自治州锦屏县彦洞乡）瑶白村卫生公约①

### 第一章　总则

为了加强我村卫生工作管理，创建一个环境优美、卫生整洁、生活舒畅、人人健康的瑶白旅游文化村寨，以促进两个文明建设的进一步发展，并按“村规民约”的要求，结合我村实际情况，经过村组干及村民代表，专题讨论特制定本卫生公约。

第一条　本公约适用于本村内所有村民农户与商业个体户。

第二条　各村民农户、商业个体户、行政单位均有遵守本卫生公约的义务和责任，共同做好我村环境卫生工作。

### 第二章　实施办法及管理制度

第三条　宣传我村卫生工作，落实卫生监督小组和清理卫

① 高其才于 2016 年 2 月 20 日搜集。当时标有“草案”字样。

生工作人员。

第四条　各村民农户、商业个体户、行政单位的房前屋后实行“三包制”，包卫生、包清理、包整洁。不乱扔垃圾，不乱堆放杂物，不随地吐痰。在其负责的周边环境及步道（花街）、公路边不准有垃圾与杂物出现。

第五条　各道路步道打扫清理必须去除树草，以不遮挡道路步道为准。

第六条　各村民喂养的狗，必须圈养，如发现浪放的情况，监督小组实行毒打。

第七条　我村摆古场、篮球场、停车场、斗牛场、马郎坡、碰吓北惹（地名：龚富才房后山坡草坪上）等公共场所，不准乱扔垃圾，不准拴放牛马，不准自行乱摆杂物及建筑材料。

第八条　各村民农户、商业个体户、行政单位所产生的垃圾，必须自行销毁，不准到寨子周边乱扔、乱倒。必须做到垃圾不出户。

第九条　村民必须严格要求子女遵守我村卫生公约，不能违反公约，养成良好的卫生习惯。否则追究监护人的责任。

第十条　过路牛马所产生的粪便，主人必须自行清理。

第十一条　凡是出殡丧礼在村办公室前（弄碑）坪上进行唱祭的，必须自行清理其所产生的垃圾或出 30 元作为垃圾清理工作人员的费用。

第十二条　凡是违反以上卫生公约条例，即处罚 50 ~ 100 元。知情举报者有奖并保密！

以上条例自签字之日起生效。

签名：

瑶白村村支两委

2013 年 3 月 20 日

## 9.　（贵州省黔东南苗族侗族自治州锦屏县）彦洞乡瑶白村人口和计划生育村民自治公约①

（2013 年 4 月 9 日经瑶白村村民代表大会讨论通过）

为进一步加强村级民主政治建设，建立、健全“村两委负责，协会骨干，群众作主”的人口和计划生育群众自治新机制，提高村民自我教育、自我管理、自我监督、自我服务的能力，根据《中华人民共和国人口与计划生育法》《村民委员会组织法》《贵州省人口与计划生育条例》及相关的法律法规规定，依照《瑶白村人口和计划生育基层群众自治章程》，制定本村人口和计划生育村民自治公约。

第一条　凡居住在本村的村民及户口在本村而人已离开本村的村民；户口不在本村而在本村居住三十日以上的已婚育龄人员，均应遵守本村人口和计划生育公约。

第二条　本村人口和计划生育工作在村党支部领导下开展，村委会负责本村人口和计划生育工作的组织实施，村党支书记和村委会主任是人口和计划生育工作第一责任人。

① 高其才于 2016 年 2 月 20 日搜集。

第三条　凡未签订《诚信计生双向承诺书》，村两委不予出具相关证明材料，需要村两委协调相关事务的，应与村两委补签《诚信计生双向承诺书》。

第四条　开展人口和计划生育工作，应以宣传教育为主、避孕为主和经常性工作为主，同时做到人口和计划生育工作与发展社会主义市场经济、建设社会主义精神文明、建立文明幸福家庭相结合。

第五条　村民实行计划生育享有以下权利：（一）参加人口和计划生育村民自治公约的制定与修改，对村委会人口和计划生育工作提出自己的意见建议。（二）依法结婚的夫妻按照《贵州省人口与计划生育条例》的规定自主选择生育子女时间。（三）育龄夫妇享受《贵州省人口与计划生育条例》规定的基本项目的计划生育技术服务。（四）自主按照政策规定落实避孕节（绝）育措施。（五）符合规定条件的育龄夫妇享有计划生育政策规定的各种奖励与优待。独生子女户、两女绝育户优先获得新技术培训、扶贫开发和“三结合”项目等方面的扶助。在生产、生活发生困难时，村两委按上级有关政策给予优先照顾救济；在同等条件下，优先给予享受农村最低生活保障、危房改造等惠民政策。（六）对人口和计划生育行政部门做出的行政处理不服的，向做出行政处理机关的上一级行政管理部门或县人民政府申请复议。（七）对本村违反人口和计划生育政策规定的行为，进行举报。

第六条　村民实行人口和计划生育应尽以下义务：（一）自觉执行计划生育政策，不非婚生育和违法生育。申请生育一孩的应当依法办理《结婚证》和《生殖保健服务证》，申请生育二孩的，应按规定程序办理《生育证》后方能怀孕生育。（二）接受计划生育技术服务人员指导，及时落实安全有效适宜的避孕节（绝）育措施。出现意外妊娠的，在规定的期限内及时终止妊娠。（三）按时接受县、乡级计划生育服务站开展的环情、孕情检测和生殖保健基础知识教育。（四）自觉参加计划生育宣传教育活动，接受计划生育、优生优育、生殖保健基础知识教育。（五）不违反规定做胎儿性别鉴定和人工终止妊娠；不收留、包庇、窝藏违反政策生育的对象。（六）在县内生育的夫妇，其家人应在3天内向本组育龄小组长或村人口主任、村两委报告（县外生育的应在10天内报告），违反政策规定生育的，主动接受行政处理，并按规定交纳社会抚养费。（七）生育子女后，按政策及承诺要求在规定期限内主动落实各种避孕节（绝）育措施。（八）村民房屋租（借）给外来成年流动人口暂住的，应于3日内到本村计划生育服务室登记；若发现流入人口怀孕，应3日内及时向村委会报告。（九）家庭成员中有流出或返回人口在流出或返回30天内，主动向组长、育龄妇女小组或村两委报告。（十）党支部、村委会干部和共产党员、共青团员：带头执行计划生育政策规定，在人口和计划生育工作中起表率作用。

第七条　优惠优待和奖励：（一）计生“两户”优先纳入本村二类低保救助对象。（二）政府有关政策、项目、资金、物资等由村委会落实到户，按照独生子女户、二女结扎户、计划生育家庭户次序，给予优先优待，对于违法生育的家庭给予限制或不予安排。（三）对要求当兵入伍的计划生育家庭子女优先推荐。（四）积极培养、发展计划生育家庭成员加入党组织，进入本村两委班子。（五）凡政策内生育夫妇，在六个月内主动到乡站或县站落实节（绝）育手术的，上环的一次性给予37元（可折物资）奖励，结扎的一次性给予100元（可折物资）奖励；二女户在六个月内主动落实绝育手术的，一次性给予500元（可折物资）奖励。（六）检举他人进行非医学性选择胎儿性别个人或机构，经查实，给予一次性奖励500元（可折物资），检举政策外怀孕的，经查实给予200元（可折物资）奖励。（七）凡诚信计生户子女在高考中，考取一本大学的给予200元奖励，考取二本及以下的奖励150元，是独生子女户、二女结扎户的另加50元奖励；（八）村计生协会会员中当年没有违反计划生育法律法规现象的，在村级救济、救灾款发放时予以优先考虑。（九）会员及家属死亡时，村计生协会组织送花圈及礼金100元并到场祭悼。（十）计生“两户”家庭因病因灾造成生活困难的，视其情节严重度给予200～500元补助（可折合物资补助在内）。

以上项除单奖励外，在危房改造、农村信贷贴息、宅基地审批、林木砍伐证办理等同等级条件下予以优先考虑。

第八条　违约责任和惩处：违反本公约的，除依法接受行政处理外，还应承担以下责任：（一）取消当事人在本村的一切奖励优惠待遇和评先评优资格。（二）对违法生育、非婚生育、非法收养子女的当事人，从婴儿出生之日起取消已享受的奖励、优惠优待待遇，直至接受相应的处罚并经评议小组测评得到违约谅解后。（三）有生育能力的夫妻无故不落实绝育措施或不参加避孕绝育情况检查，经教育后仍不改正者，取消当事人当年的优惠优待待遇。（四）符合再生育条件的育龄妇女怀孕后擅自施行引产，婴儿出生后不明原因死亡，下落不明又无法说明原因的，不允许其再生育。（五）对不履行流动人口计划生育管理职责的雇主和房主，经教育无效者，取消当年的奖励、优惠优待待遇。（六）有遗弃、残害婴儿或进行非医学性的选择胎儿性别或非法收养子女的，收留、包庇、窝藏违反人口与计划生育政策、法律法规对象的，一经查实，收取违约金500元，构成犯罪的移交司法机关处理。

以上项除未能享受政策、法律法规规定的其他奖励外，未履约的，在良种补贴、物资补助、宅基地审批、林木指标办理、信贷贴息等一律暂缓或不予以办理手续。

第九条　村委会每季度在村务公开栏公布一次违反本村人口和计划生育居民自治公约的情况。

第十条　本村人口和计划生育自治公约由村委会具体组织实施，接受乡人民政府的具体指导和全体村民的监督。

第十一条　本村人口和计划生育自治公约自村民代表大会通过之日起施行，具体由村委会负责解释。

## 10.（贵州省黔东南苗族侗族自治州锦屏县彦洞乡彦洞村高桥佬组织会）公告[①]

致各位村民：

为了各位村民的环境卫生和健康，特立如下公约：

1. 不允许在井水边洗衣服、洗菜等（可以在下面边上清洗）。

2. 不允许在大桥上买卖牲口活动。

3. 不允许在大桥上摆放私人物品。

4. 不允许在桥下大小便。

如上公约从即日起，望各位村民自觉遵守，如有违反，罚款300元~500元。

彦洞村高桥佬组织会

2016年2月16日

## 11.（贵州省黔东南苗族侗族自治州锦屏县平秋镇）归（魁）胆村村规民约[②]

我村在各级党委和政府的正确领导下，认真贯彻执行党的各项方针、政策，严格遵守我村以前颁发的民约，社会治安不断好转，人民群众的物质文化、精神面貌发生了很大的变化。

① 高其才于2016年2月20日搜集。

② 高其才于2016年10月3日搜集。

但是我们原定的民约还有些不完整之处，为了更好地管理我村事务，对原民约作部分修改、补充、完善，现发至我村各家各户和邻近村寨，以便在团结互助的基础上互相监督，共同遵守。

## 第一章　维护社会治安

第一条　为保障全村人民正常生产秩序和生活秩序，凡具有下列行为之一者，处以经济罚款：

1. 拉帮结伙打架斗殴、酗酒闹事者，罚款10~20元。

2. 侮辱妇女或行施其他流氓行为者，罚款10~20元。

3. 不服从领导，打击报复乡村干部、护约队和积极分子者，罚款50~100元。

4. 造谣惑众、煽动闹事、故意扰乱各级机关工作秩序者，罚款10~20元。

5. 参加各种形势（式）赌博或提供赌博工具场所者，罚款5~10元。

6. 故意损坏集体、个人财物的，除赔偿损失外另罚款10~20元。

7. 盗窃他人财物行为者，除退还原物外，罚款30~50元。

8. 抗交国家各种税费和集体提留者，罚款5~10元。

## 第二章　婚姻　家庭

第二条　凡违反下列款项之一者，除按《婚姻法》处理外，另议，本约予以罚款：

1. 未到法定婚龄结婚和未领取结婚登记证的夫妇，罚款10～20元。

2. 包办、买卖婚姻索取财物或干涉他人结婚自由者，罚款30～50元。

3. 虐待老人和遗弃孩子或不愿承担抚养老人者，退回其责任田由集体转包，另罚款10～20元。

4. 夜晚赏月玩山者，罚款5～10元。

## 第三章　农业、山林、土地和水电交通

第三条　责任田不耕作而造成荒芜者，罚款10～20元。

第四条　大办林场，力争在三年内全部消灭荒山，因而禁止放牲畜，违者每损失一株幼林罚款2～5元。

第五条　严格遵守《森林法》，保护林业资源，发展林业生产，若有下列行为者，除赔偿损失和退回原物外，按本约另要罚款：

1. 偷砍、破坏村寨及居住地的风景树者罚款30～50元。

2. 非法砍伐集体、个人林木者，除退还外，每株另罚50元。

3. 山林边界发生纠纷不经请示或不听劝阻，擅自砍伐者，予以没收所砍伐的树木。

4. 偷砍他人寿木者罚款100～200元。

5. 毁坏集体、个人中幼林、果材、经济林者每株罚款5～10元。

6. 用火不慎，失火烧山，烧毁集体、个人的山林者，按损失大小罚款30～50元。

第六条　严格执行《土地管理法》，有下列行为者，按本约给予罚款，并采取措施令其纠正错误行为：

1. 非法侵占公共场所建房或建造牛圈者（包括乡村令限期搬迁的建筑物）罚款30～50元。

2. 承包的土地，不按规划种植，（导致）土地荒芜和损失者，由集体收回另行承包。

3. 对“三户一人”的责任田（土）和山林，不按政策规定如数交给集体者，予以强行收回，罚款10～20元。

4. 转让房地基和祖坟地者，按《土地管理法》规定，由集体提留转让所得总额的50%。

5. 隐瞒与外村相连的土地后私自转让或卖给他人者，除退回金额外罚款100～200元。

第七条　保护水利、水电资源，对破坏水利、水电和人畜饮水工程者，除赔偿损失外，罚款5～10元。

## 第四章　防火安全

第八条　要搞好防火安全和卫生工作，防止坏人的破坏和捣乱，杜绝山火寨火的发生。凡违反下列行为者，按本约给予罚款。

1. 发生寨火警的肇事者，罚款30～50元。

2. 住房经常不讲究卫生和附近堆积易燃易爆物品，经多次提出教育不改者，罚款5～10元。

## 第五章　集体提留

第九条　农民出售商品材，按每个立方米提留 5 元。

第十条　村民砍伐民用材，每根提留 0．5 元的管理费。

第十一条　在我村境内收购木材，按每立方米提留 10 元的管理费，非法收购者，作没收处理。

第十二条　出售旧房料的按总得金额提留 5%。

第十三条　砍伐寿木，每根提留 5 元的管理费。

第十四条　凡承包集体农田，每亩提留 5 元的承包费。

## 第六章　财务管理

第十五条　村级财务管理备有会计和出纳员。

第十六条　不是出纳员的村组干不许保管村组现金。

第十七条　年终清理一次账务，并向村民公布和接受村民监督。

第十八条　有下列经济行为者，处以 10～50 元罚款，并按规定还款：

1．挪用公款者；

2．贪污公款者；

3．财务弄虚作假者；

4．年终不清理财务，并且不向村民公布财务的村干。

## 第七章　民事纠纷

第十九条　村民小组出现的纠纷，必须经过村民组调解，不服方转村委会调解，若仍不服再转交镇政府调解。

第二十条　凡需组织出面调解的纠纷，双方当事人要先交调解金 30 元给村委会后，方可调解。

第二十一条　调解书送达 15 日后，当事人拒不执行，又不向上一级组织和人民法庭、法院申诉者，可强制执行，无钱者，可折物抵交。

第二十二条　受理调解后，两次通知当事人仍不到场，调解组织可作缺席下裁决书。

第二十三条　各级调解组织收的调解费、罚金，必须交集体使用，耽误工天按误工报酬予以补贴。

## 第八章　附则

第二十四条　未成年人违犯本《民约》，视其原因，由家长或监护人按相关条款承担责任。

第二十五条　若村党支部、村民委接到违反本民约的反映后不按条（款）处理，每次年终扣支书、主任的报酬 20%。

第二十六条　成立村规民约护约队，队员可享受兑现民约所得金额的 60%，40% 留给集体。

第二十七条　本《民约》公布实施后，根据实际情况需要修改补充的，必须经过村民会议讨论决定。

第二十八条　本《民约》于一九九二年九月十五日经村民会议讨论通过，报镇人民政府备案，由村民委员会监督执行。

归（魁）胆村民委（章）

一九九二年九月十五日

## 12.（贵州省黔东南苗族侗族自治州锦屏县平秋镇）魁胆村村规民约①

我村在上级党委和政府的正确领导下，认真贯彻执行党的各项方针政策，为确保社会长期稳定，促进我村两个文明建设，推动我村各项事业的正常发展，现将原制定的村规民约修改后发至我村各户和邻近村寨，以便在团结互相帮助的基础上互相监督共同遵守。

一、对拉帮结伙打架斗殴、酗酒闹事、侮辱妇女或施行流氓行为，造谣惑众，煽动闹事，故意扰乱各级机关工作秩序，抗交国家各种税费和集体提留款，打击报复村组干，故意破坏公共财物等罚款 50 ~ 100 元。

二、盗窃他人财物、木材除退还原物外罚款 100 ~ 500 元。

三、以营利为目的贯（惯）赌、豪赌罚款 100 ~ 200 元。

四、未到婚龄结婚，未领取结婚证，包办、买卖、干涉婚姻自由，虐待老人，无证生育，逃避计划生育，遗弃孩子和不愿承担抚养（赡养）自己老人义务者罚款 50 ~ 100 元。

五、对荒芜土地，侵占公共场所，破坏水利、水电、人畜饮水、公路校园设施，放浪牛毁坏庄稼树苗的罚款 30 ~ 50 元。

六、对用火不慎、不讲究卫生、无安全措施，发生火警的罚款 50 ~ 100 元。

七、对不是出纳员而保管现金、会计出纳不定期公布账务

① 高其才于 2016 年 10 月 3 日搜集。

发现以权谋私的，不接受群众监督的罚款50～100元。

八、林场和村民申请砍伐商品材、民用材归房料每立方米提存5%，在我村境内经营木材生意的按每立方米收取5元管理费，无证砍伐的处一至三倍的罚款。

九、发生纠纷需村调解的交管理费50～100元。

本公约自公布之日起执行。

公元一九九九年八月五日

## 13.（贵州省黔东南苗族侗族自治州锦屏县平秋镇）魁胆村村规民约[①]

我村在上级党委和政府的正确领导下，认真贯彻执行党的各项方针政策，为确保社会长期稳定，促进我村两个文明建设，推动我村各项事业的正常发展，现将原制定的村规民约略修改之后，特立本规条款共同遵守执行。

第一条　对拉帮结伙打架斗殴、酗酒闹事、侮辱妇女或施行流氓行为，造谣惑众、煽动闹事、故意扰乱各级机关工作秩序，抗交国家各种税费和集体集资款（通过全民同意的工程建设集资），打击报复村组干，故意破坏公共财物等罚款50～100元。

第二条　盗窃他人财物、木材，除退还原物外处罚100～500元。

① 高其才于2016年10月3日搜集。

第三条　以营利为目的贯（惯）赌、豪赌，罚款 100 ~ 200 元（老人娱乐例外）。

第四条　未到婚龄结婚，未领取结婚证，包办、买卖、干涉婚姻自由，虐待老人，无证生育，逃避计划生育，不接受妇检，遗弃孩子和不愿承担义务抚养（赡养）自己老人者，罚款 50 ~ 100 元。

第五条　对荒芜土地，侵占公共场所，破坏水利、水电（供电设施）、人畜饮水、电视设施、公路、校园，放浪牛毁坏庄稼、树苗、日前的退耕还林苗木等罚款 30 ~ 50 元。

第六条　对用火不慎、不讲究卫生、无消防安全和安全生产措施，发生火警的罚款 50 ~ 100 元（野外火警罚 50 元，村寨火警罚款 100 元）。

第七条　对不是出纳员而保管现金、发票不经村领导签字同意，会计、出纳或其他人任意挪用公款、以权谋私的，不接受群众监督的罚款 50 ~ 100 元。

第八条　村内组与村、组与组、户与组、户与户所发生的纠纷由村委调解，调解不下上交镇司法机关或县级以上司法部门处理。但无故任意闹出纠纷的肇事者应罚款 20 ~ 50 元。

本公约自公布之日起执行。

平秋镇魁胆村村民委

二〇〇四年元月二十六日

## 14.（贵州省黔东南苗族侗族自治州锦屏县平秋镇）魁胆村村规民约[①]

为提高全体村民自我管理、自我教育、自我约束的能力，促进全村的安定团结和三个文明建设，根据法律、法规和国家有关政策规定，制定本村规民约。

一、全体村民均有保护土地的义务。村内任何组织和个人使用土地都应服从村的统一规划和调整，不得侵占、买卖或者以其他形式非法转让土地。

二、村民建房必须服从本村规划，并按照规定程序申报，在领取《建房许可证》后，按批准的地点和面积施工建房。

三、实行计划生育、提倡晚婚，对非法同居、非法怀孕和计划外生育者，对有谩骂、侮辱、殴打计划生育工作人员等行为者，按照有关法律法规和政策严肃处理。

四、学龄儿童和青少年有依法接受教育的权利和义务。其法定监护人应保证子女接受九年制义务教育。

五、本村任何组和个人一律不准招用16周岁以下的人做工。违者责令其限期辞退，情况严重的，报有关部门依法处理。

六、凡符合服兵役条件的本村村民，都有服兵役的义务，应积极主动参加兵役登记、体检和应征，对逃避服兵役（包括不参加体检，不参加复检和体检合格拒绝服兵役）的村民，

---

① 高其才于2016年10月3日搜集。

按照有关法律和政策规定予以处理，情节严重的由有关部门依法追究法律责任。

七、要尊老爱幼，保护老人、妇女、儿童在社会和家庭生活中的合法权益，禁止虐待、遗弃、伤害行为。任何人不得剥夺已婚女子的合法继承权。丧偶子女有继承遗产和带户再婚的权利。

八、父母、继父母、养父母对未成年的子女、继子女和养子女必须依法履行抚养义务。成年子女、继子女、养子女及其配偶，对基本丧失劳动能力或无生活来源的父母、继父母、养父母必须依法履行赡养义务。

九、村民发生赡养纠纷时，由村调节（解）委员会进行调节（解），调节（解）不成的，村民委员会支持被赡养人依法向人民法院提起诉讼。

十、严禁任何单位和个人非法制造、经销、买卖、私藏管制刀具、火枪等凶器和危险物品；严禁吸毒、贩毒。任何人不得以各种借口煽动群众到机关、学校、企业、村民委员会办公地、他人住宅起哄捣乱、闹事、制造事端，不得寻衅滋事，扰乱社会治安秩序。

十一、不得非法搜身、侵入他人住宅和限制他人人身自由，不准诽谤他人和侮辱妇女，邻里之间发生纠纷不得采用威胁、要挟的办法，对殴打他人造成伤害的，应赔偿医药费、误工费等，情节严重的，提请司法机关依法处理。

十二、不偷拿国家、集体、他人财物，不在公路、水域航道上设置障碍，不损毁、移动指示标志，不损毁机耕道路、排灌渠道、耕作机械等集体公共设施，不乱砍滥伐树木。

十三、做到村容环境卫生整洁，村民落实门前三包、房前屋后无垃圾及污物，任何企业与家庭不得向路道内乱放污水，不乱搭露天粪坑。

十四、严禁传播淫秽物品，严禁卖淫嫖娼，严禁赌博和小偷小摸，反对迷信活动，严禁利用迷信活动造谣惑众、骗取财物。

十五、积极推行殡葬改革，服从殡葬管理。

十六、提倡勤俭节约，反对婚嫁、丧葬大操大办。违反村规民约的，除触犯法律由有关部门依法处理外，村民委员会可做出如下处理：

1．予以批评教育；

2．写出悔过书，用村广播进行通报；

3．责令其恢复原状或作价赔偿；

4．视情况给予经济处罚；

5．取消享受或者暂缓享受村里的优惠待遇。

十七、凡是违反本村规民约要进行处理的，必须要调查核实后，经村民委员会（或村民代表会议）集体讨论、决定，不得擅自处理。

十八、凡被依法处罚或违反本村规民约的农户，在本年度不评先进、文明户、五好家庭户、遵纪守法户。外来人员在本村居住的参照执行本村规民约。

十九，本村规民约有与国家法律、法规、政策相抵触的，按国家规定执行。

二十、村民对发生的山火和寨火有主动扑救的义务，对发生火警肇事者处罚100～500元，对火灾面积达100至300亩处罚1000～5000元，并送司法机关处理。

二十一、本村规民约自村民代表会议通过之日起施行。

魁胆村村民委员会（章）

二零零八年一月一日

## 15.（贵州省黔东南苗族侗族自治州锦屏县平秋镇）魁胆村村规民约①

为了维护我村社会治安秩序，保护村民的人身权利和民主权利不受侵犯，保护集体、个人财产的安全，预防、制止和减少违法犯罪，加强精神文明建设，促进经济持续发展，根据《村民委员会组织法》特制定本公约。

一、失火烧毁山林的每亩罚款伍拾元，并负责营造成林。村民参加救火的误工费由失火人按每人每小时2元付给。

二、严防寨火的发生，发生火警者，每次罚款壹佰元，并敲锣喊寨一个月。

三、盗伐木材的，除没收木材外，圆周一尺五寸以下的，每株罚款壹佰元；二尺五寸以下的，每株罚款贰佰元；三尺五寸以上每株罚款叁佰元。

滥伐木材的，每株罚款叁拾元，木材予以没收。

发现木材被盗，不报告私用扛回家的，以盗伐木材论处。

① 高其才于2016年10月3日搜集。

严禁无证和运输、收购木材，违者每立方米罚款二十元，木材予以没收。

四、严禁破坏公路、水利、电力、学校等公共设施，违者除令其修复外，每次罚款100元。

五、盗窃公私财物壹佰元以下的，罚款伍拾元；叁佰元以下的，罚款壹佰元；伍佰元以下的，罚款壹佰伍拾元，财物退回原主。

六、严禁偷接用电，违者每度电罚款伍元，并如数付清电费，不能查出度数计量的，每次罚款五十元。

七、严禁家禽、牲畜破坏他人庄稼，幼林违者每次罚款伍拾元，并照价赔偿，杉幼苗按每株伍元计算。

八、严禁赌博，违者每人每次罚款伍拾元。对提供场所的，罚款壹佰元。

九、严禁打架斗殴、酗酒闹事，违者每人每次罚款伍拾元，造成人受伤的，要负责医疗费和误工费，无故谩骂、侮辱他人的，罚款叁拾元，并写出检查，向受害人赔礼道歉。

十、对检举揭发有功者，奖励案件罚款的百分之四十。

十一、杜绝交通事故，严禁农用车载人，发现违者，每次罚款100元。

十二、严禁吸毒及邪教传播，发现违者坚决打击并罚款500元。

十三、本公约自通过之日起正式执行。

魁胆村村民委（章）

2008年2月6号

# 16.（贵州省黔东南苗族侗族自治州锦屏县平秋镇）魁胆村村规民约[①]

## 第一章　总则

为了维护我村社会秩序，即农、林、牧、渔生产秩序，妥善处理民事纠纷，保障公民的人身权利、财产权利和其他权利，根据《中华人民共和国宪法》第二十四条和《中华人民共和国村民委员会组织法》第十六条的有关规定，特制定本《村规民约》以下简称《民约》，望我村村民共同遵守。

第一条　全村村民必须坚持“一个中心，两个基本点”的基本路线，认真贯彻执行宪法、法律、法规和国家政策，自觉履行公民义务。

第二条　全村必须加强“两个文明”建设。提倡“五讲四美”“三热爱”党和政府的号召，服从村组干的领导和指挥，积极履行“一事一议”的村民议事制度。遵守学习劳动纪律，努力钻研科学技术。种好管理好自己责任田土，完成上级交办的各项任务。

第三条　全体村民必须加强公民道德建设，增强社会主义道德观念；做到爱国、守法、明礼、诚信、团结、友善、勤俭、自强、敬业、奉献精神。

第四条　必须爱护集体财产和个人的合法财产，同损害他

① 高其才于2016年10月3日搜集。

人和公共财产行为作斗争。

第五条　全体村民必须提倡新风尚，破除旧习俗，搞好计划生育。

第六条　本“村规民约”是我村进行村民自治，人民群众进行自我管理、自我教育，依法办理好自己各项事务的“行政法规”，对我村的全体村民以及进入我村范围内的任何其他公民都有约束力，违者罚款。（违）反《民约》规定之一者，视其情节轻重，分别给予批评教育，直至经济处罚，情节严重者，交公安机关依法处理。

## 第二章　维护社会治安

第七条　为保障全村正常生产秩序和生活秩序，凡具有下列行为之一者，处以 50～200 元的经济处罚：

一、拉帮结伙，打架斗殴，酗酒闹事者；

二、侮辱妇女或行施其流氓行为者；

三、不服从领导，打击报复乡村干部，妨碍公务，情节轻微者；

四、造谣惑众，煽动闹事，故意扰乱国家机关工作秩序者；

五、参加各种形式赌博或提供赌博场所者；

六、非法限制他人人身自由，或非法进入他人住宅，情节轻微者；

七、未经我村民委（调解），到辖区内闹事，情节轻微者；

八、对破坏学校公物、勤工俭学基地，侮辱教师情节轻微者；

九、对吸毒者和参与贩毒者，除以上处罚外，并扭送公安机关处理。

第八条　凡具有下列行为之一者，除赔偿损失外，处以50～100元罚款：

一、对偷盗家禽：鸡、鸭、鹅等者；

二、对偷盗家畜：猪、牛、羊、狗等者；

三、对偷盗农作物：花生、黄豆、红苕、粮食、稻草等者；

四、对进入他人责任田、养鱼塘内用捕鱼机或放田水捕鱼，包括泥鳅等者，还没收其捕鱼工具等；

五、对到他人竹林地内挖春笋、冬笋者（房前屋后和猪牛圈的管辖范围内和大路中的除外）；

六、对到他人自留地、自留山果园内，偷经济果和水果者，如桔子、板栗、梨子，偷捡油桐籽等者。

第九条　有下列行为之一者，给予批评教育，令其书面检讨，并处以罚款50～250元：

一、为各种犯罪提供方便，知情不报者；

二、不服从村领导，辱骂村领导者；

三、利用封建迷信手段，扰乱社会治安，骗取他人钱财者；

四、误伤他人，人畜和家犬咬伤他人者（除付医药费、误工费外）；

五、不慎毁坏他人财物或牲畜践踏他人庄稼者；

六、捏造事实，诽谤他人，挑拨离间，骂街、骂寨不听劝阻者；

七、凡天黑后到我村辖区内走村串寨者，查发人员有权询问，被询问人不按事实说明、含糊不清者，则出现一切不良后果自负。

## 第三章　婚嫁、家庭、计划生育

第十条　凡违反下列款项之一者，除按《婚姻法》处理外，另给予罚款 100 ~ 500 元：

一、未到婚龄结婚或未登记结婚者；

二、包办、买卖婚姻，借婚姻索取财物或干涉他人婚姻自由者。

第十一条　凡违反下列款项之一者，除按《人口与计划生育法》执行外，并按本《民约》处以 50 ~ 200 元罚款：

一、使用职权或工作之便，对计划生育弄虚作假、徇私舞弊和辱骂无男性孩子户者；

二、应作术对象，不按规定作术者；

三、唆使、包庇、窝藏就作术对象，并为就作术对象提供方便者；

四、不按时定期妇检者；

五、阻碍计生工作人员实行公务，殴打、辱骂、报复计生工作人员、医务人员和积极分子，情节轻微者。

## 第四章　农业、土地、山林、水电、交通

第十二条　大办农业，搞好家乡经济建设，繁荣我村经

济，在种植中，要听从上级指导，用科技兴农，推广良种良法，完成上级布置的任务，否则罚款40～80元。

第十三条　严格执行《土地管理法》，有下列行为之一者，罚款50～100元，并采取措施令其纠正错误行为：

一、非法占地建房或猪、牛圈者（包括乡村责令限期搬迁的建筑物）；

二、历来的通道，非法占为己有者；

三、承包土地，不按规定种植，造成土地荒芜和损失者；

四、“三户一人”的责任田（土）和山林不按政策规定如数交归集体者；

五、村公益建设用地不予支持者。

第十四条　严格遵守《森林法》，保护林业资源，发展林业生产，凡违反下列行为之一者，除赔偿损失或者退还原物外，处罚猪肉133斤，按户数每户一斤酒、一斤大米吃款处理，盗偷木材发过秤每斤木头10元计秤处理，对态度不好继续反抗者，另罚款500～1000元。

一、偷砍、破坏村寨及居民住地的风景树者；

二、非法砍集体、个人山林、竹林者；

三、借故侵占集体、个人山林、竹林及经济林者；

四、山林边界发生纠纷不经请示或不听劝阻擅自砍伐者；

五、外村人到我村辖区公山及农户自留山、责任山内放砍林木树枝、杂树等自然林木者；

六、盗偷经济林者。

第十五条　凡违反下列行为之一者，除赔偿损失外，罚款

50 ~ 100 元：

一、放牲畜管理不好，牛吃他人杉木苗、经济林苗、农作物者；

二、凡到他人自留山、责任山、自留地内偷砍杂柴、放砍林木枝者。

第十六条　严格遵守《消防法》，搞好消防安全工作，履行消防安全制度，凡违反下列行为之一者，罚款 100 ~ 5000 元，并赔偿损失：

一、用火不慎，失火烧山，烧毁集体、个人的山林者；

二、用火不慎，发生寨火或火警者；

三、用电线路老化，不听消防安全检查人员安排进行整改发生火警者；

四、炉灶烟囱设置不符合防火安全要求，发生火灾、火警者；

五、房屋内外乱堆易燃易爆物品，如稻草、杉叶、杂物等，发生火灾、火警者；

六、对小孩管理不严，玩火发生火灾、火警的由监护人承担相关条款的处罚；

七、对故意纵火发生火灾、火警者。

第十七条　凡外商进入我村收购木材，必须先履行手续：1. 先交管理费；林木每根 1 元，竹林每根 0. 1 元；2. 不履行手续的作没收处理。

第十八条　为了维护我村所管辖的土地和山林，凡具有下列行为者，面积不管多少，每起根据情节轻重，对重者全部收回该户的责任山、自留地、自留山、责任田（包括责任山、自留山的林木）及村分配该户的所有财产，归集体所有，对轻微者处以 50 ~ 200 元罚款。

一、凡是有内勾外引行为者；

二、凡把山林土地非法转让给他人者；

三、为山林土地纠纷作假证者；

四、除开上述三项外，村护约队需要召开有关人员和群众会议就由肇事者付每人每天 40 元的全部误工费，再作处罚；

五、除开上述之外，对检举揭发人奖励 100 元，并保密检举人。

第十九条　保护水利、水资源、交通公路，对破坏水利水电饮水、交通公路行为者，除赔偿损失外，处以罚款 50 ~ 200 元。

第二十条　保护通信设备，对破坏电杆、乱打隔电子或利用技术手段危害通信安全的，除赔偿损失外，处以罚款 50 ~ 200 元。

第二十一条　凡承包集体农田，每亩交 5 元承包管理费。

第二十二条　村民砍伐民用材，每根交 1 元管理费。

## 第五章　财务管理

第二十三条　村级财务管理必须配备有出纳和会计。搞好财务公开，每季度公布一次，做到收支两条线。

第二十四条　不是出纳员的村组干部不许保管村组现金。

第二十五条　年终清理一次村级财务，并向村民公布，接受村民监督。

第二十六条　有下列经济行为者，除退还公款外，并处以50～100元的罚款。

一、挪用村组公款者；

二、贪污村组公款者；

三、年终不清理村组财务，并且不向村民公布财务的村干。

## 第六章　履行职责与义务

第二十七条　为国家建设，积极完成上级下达的各项任务，认真履行《义务教育法》等法律法规的责任义务，凡违反下列条款之一者，除给予批评教育外，并处以罚款50～100元。

一、不积极按时完成国家的税收任务和集体的各种管理费，唆使他人拖延国家、集体下达的各种任务者；

二、对在校子女不负责监督责任，不听劝阻者。

## 第七章　树立社会主义道德风尚

第十二八条　为加快农村社会主义建设步伐，树立社会主义道德风尚，促进两个“文明”建设，对违反下列行为之一者，处以40～150元罚款：

一、对公益事业不热心、不支持，甚至阻碍者；

二、拒不配合治保、调解、联防组织，对调查询问不尊重事实说假话者；

三、对乱撕张贴的标语、通知、布告者；

四、在公共场所乱写、乱画侮辱言论，非法张贴大字报者。

第二十九条　敬老爱幼，是我们中华民族的美德，凡违反下列行为之一者，罚款 50～100 元：

一、辱骂老人、虐待家庭成员、嘲讽残疾人者；

二、不抚养子女、抛丢女婴或不执行《义务教育法》者。

第三十条　爱护公共卫生，凡违反下列行为之一者，除给予批评教育外，还要写出书面检查，并罚款 100～300 元：

一、对公共水井、水源，有污染破坏行为者；

二、在村道、个人门前乱倒垃圾、果皮不打扫，影响公共卫生者。

## 第八章　民间纠纷

第三十一条　村民组出现的纠纷，必须经过村民小组调解，不服方转村委会调解，若仍不服，再转交镇政府调解，但必须（经过村民小组调解的）持有村民小组、村委会的调解书，否则，不予受理。

第三十二条　凡需要组织出面调解的纠纷，双方当事人要先交调解费（村民组 30 元，村委会 50 元），上级组织方可调解，有理方予以退回调解费，无理方不予退。

第三十三条　受理调解后，两次通知当事人仍不到场，调解组织可作缺席调解意见书。

第三十四条　调解意见书送达 5 日后，当事人拒不执行，又不申诉上一级组织或不上诉人民法庭、法院者，对需负赔偿损失的，可强制执行，无钱者，可折物抵交。

第三十五条　各调解组织受理纠纷，必须在规定时间内进行调解（村民组五天，村委会十天），并按规定作书面存档，否则，处以责任人10～20元的罚款。

第三十六条　各级调解组织的调解会、罚金，必须专门立账作为支付误工费、办公费用或用于社会治安综合治理组织建设，不能挪作他用。

## 第九章　附则

第三十七条　未成年人和无独立生活能力以及痴呆精神病患者，违犯本《民约》，视其原因，由家长或监护人按相当条款承担责任。

第三十八条　本《民约》公布实施后，根据实际情况需要修改、补充的，必须经过村民会议或村民代表会议讨论决定。

第三十九条　本村规民约，不论村组干部、村民，不论亲戚朋友，一视同仁，谁违反谁受罚。

第四十条　本《民约》于二零零八年三月一十五日经村民大会讨论通过，报镇人民政府备案，由村民委员会监督执行。同时，废除二零零五年四月二十日印发的《村规民约》，以本约为准。

第四十一条　本《民约》的最终解释权归魁胆村村民委员会。

平秋镇魁胆村村（民）委员会（章）

二零零八年三月一十五日

## 17.（贵州省黔东南苗族侗族自治州锦屏县平秋镇）魁胆村村民自治合约[1]

我魁胆村位于锦屏县西北部，距县城 16 公里，距平秋镇政府所在地 7.5 公里，东邻平翁村，南界高岑、晓岸村，西接桥问村、更我村，北抵孟寨村和三江镇瓮寨村。辖魁胆、便大两个自然寨，全村共有 10 个村民小组，258 户 1178 人，全村有耕地面积 751 亩，森林面积 15009 亩。魁胆属典型的北侗民族村寨，民风淳朴，这里汇集了北侗最原始的生态文化，被喻为北侗第一村。这种绚丽多彩的文化始终围绕着“以和为贵”“以善为本”为中心，造就了侗族人最朴素的处世哲学。正因为有了这样的文化基础，使得魁胆村在各种因素的相互制约下，创造了一个上千人的大村。自建国以来没有发生一起刑事案件，没有出现一个刑事犯的奇迹。这样的奇迹，堪称中国农村和谐社会建设的典范。魁胆人民风淳朴、勤劳致富，本村村民在家的勤劳致富，丰衣足食，外出的职辅省州，佐治县乡。曾多次受到中央及省、州、县表彰，出现了“十大杉木王”、全国劳模王佑求等先进人物。随着经济发展，魁胆村经济社会建设取得明显改进，群众生产生活得到极大的改善。随着社会发展，村里存在一些不良风俗和习惯，亟待矫正。为了推进我村民主法制建设，维护社会稳定，树立良好的民风、村风，创造安居乐业的社会环境，促进经济发展，建设文明卫生新农

① 高其才于2016年10月3日搜集。

村，经全体村民讨论通过，制定本村村民自治合约，村民共同遵守。

一、每个村民都要学法、知法、守法，自觉地维护法律的权威和威严，同一切违法犯罪行为、邪教组织作斗争，做到爱国、守法、明礼、诚信、团结、友善、勤俭、自强、敬业、奉献精神。

二、村民之间应团结友爱，和睦相处，不打架斗殴，不酗酒滋事，严禁侮辱、诽谤他人，严禁造谣惑众、搬弄是非。邻里间发生纠纷，能自行调解的自行调解处理，不能自行处理的要依靠组织解决，不能仗势欺人，强加他人。

三、自觉维护社会秩序和公共安全，严禁偷窃设施、哄抢国家、集体、个人财物，严禁替罪犯隐藏赃物。爱护公共财产，不得损坏水电、交通、生产等公共设施。

四、净化风俗，树健康文明风气。凡红白喜事，提倡从简节约，反对浪费，提倡厚养薄葬，树立尊敬长者、孝顺老人之风，有不赡养老人、虐待老人者作公开批评，责令改正。

五、严禁赌博。赌博是万恶之源，创业艰难，守业更难，勿因赌博倾家荡产。本村若有人参与赌博行为，家庭和房族要严加管教，责令其改邪归正，如若屡教不改，将移交派出所。

六、各姓氏设立族长，各姓族长由各族推荐品德优良、为人公正、热心调处的老人担任，负责组织协调处理族内纠纷，协助村、组理治地方。

七、凡交村级调解的民事、山林权属等纠纷，每起双方分别收取调处费 50 ~ 100 元，调解后退回有理方调处费。

八、严禁偷盗。发生偷盗行为，金额在300元以下，偷盗人除负责赔偿失主损失外，自愿承担违约金50～100元，同时写出悔过书，张榜向村民公示；达成违法犯罪的移交上级处理。

九、凡未经村民委同意，随意炼山、烧田埂等野外用火，引起山林火警、火灾，违者自愿承担违约金500～2000元；触犯法律者，移交司法机关处理。

十、凡有易燃物（稻草等）进寨进家存放和乱搭乱接电线，存在消防隐患的住户，经检查仍未整改者，除限时整改外，自愿承担违约金50元。发生火警者自愿承担违约金200～500元并处罚承担本村鸣锣喊寨员1个月，同时按本地风俗习惯处罚，计划生育基层群众自治按国家有关政策落实到位。

十一、凡发生损坏人饮消防基础设施、影响村寨人饮消防用水安全的行为，除修复设施外，违者自愿承担违约金100～200元。

十二、凡在村辖区电鱼、毒鱼、炸鱼，除收缴电鱼机等工具外，违者自愿承担违约金100元。

十三、凡浪放家禽、家畜造成他人损失，除赔偿他人损失外，自愿承担违约金50元。

十四、加强对村寨古物的保护，损坏古井、古树、古碑、寨门、亭阁等公共财产，除承担修复费用外，自愿承担违约金100～300元。

十五、凡随意在学校操场、公路、街道、村道、凉亭、车站、消防池等公共场所倾倒垃圾，私自占用、存放杂物，除及时打扫清理外，自愿承担违约金30元。

十六、村民建房及猪牛圈不能侵占街道或公地，临街新建房屋外露构件（阳台、檐口及雨棚等）不能伸入道路边缘，村民不得临主道路搭建有损村容寨貌的猪牛圈及厕所、放杂物，除及时打扫清理外，自愿承担违约金30元。

十七、凡不支持本村公益事业建设和妨碍《村民自治合约》执行的人，除触犯法律由有关部门依法处理外，村民委员会可作出如下处理：

1．予以批评教育；

2．写出悔过书，用村广播进行通报或公示栏张贴公示；

3．取消享受或者暂缓享受村里的优惠待遇。

十八、在村“两委”的领导下，建立“合约执行小组”，负责合约的执行惩罚工作；建立“监督小组”，负责监督“合约执行小组”开展工作。

十九、本村每年进行守约先进户评选10户，按每年每户100元发放奖励及光荣榜并向村民公示。

二十、本《村民自治合约》于2014年12月19日由村民大会表决通过，由户主签字认可，自签约之日起执行。未尽事宜，由村民代表大会讨论修改执行。

1．成立魁胆村合约执行小组，人员名单如下：

王必作　王宗渊　王天良　王宗华　王必生　王宗燕

王振钊　王宗保　龙本财　王宗明　王远涛

2．成立监督小组，人员名单如下：

王必玖　王昌海　王必炎　王生友　王光登

# 18. （贵州省黔东南苗族侗族自治州锦屏县平秋镇魁胆中心村）村规民约[①]

## 第一章 总则

为了维护我村社会秩序，即农、林、牧、渔生产秩序，妥善处理民事纠纷，保障公民的人身权利、财产权利和其他权利，根据《中华人民共和国宪法》第二十四条和《中华人民共和国村民委员会组织法》第十六条的有关规定，特制定本《村规民约》（以下简称《民约》），望我村村民共同遵守。

第一条 全村村民必须坚持“一个中心、两个基本点”的基本路线。认真贯彻执行宪法、法律、法规和国家政策，自觉履行公民义务。

第二条 全村必须加强“两个文明”建设，提倡“五讲四美”“三热爱”、党和政府的号召，服从村组干的领导和指挥，积极履行“一事一议”的村民议事制度，遵守学习劳动纪律，努力钻研科学技术，种好、管理自己责任田土，完成上级交办的各项任务。

第三条 全体村民必须加强公民道德建设、增强社会主义道德观念；做到爱国、守法、明礼、诚信、团结、友善、勤俭、自强、敬业、奉献精神。

第四条 必须爱护集体财产和个人的合法财产，同损害他

① 高其才于2016年10月3日搜集。

人和公共财产行为作斗争。

第五条　全体村民必须提倡新风尚，破除旧习俗，搞好计划生育。

第六条　本“村规民约”是我村进行村民自治，人民群众进行自我管理、自我教育、依法办理好自己各项事务的行政法规，对我村的全体村民以及进入我村范围内的任何其他公民都有约束力，违者罚款。（违）反《民约》规定之一者，视其情节轻重，分别给予批评教育，直至经济处罚，情节严重者，交公安机关依法处理。

## 第二章　维护社会治安

第七条　为保障全村正常生产秩序和生活秩序，凡具有下列行为之一者，处以 50 ~ 200 元的经济处罚：

一、拉帮结伙，打架斗殴，酗酒闹事者；

二、侮辱妇女或行施其流氓行为者；

三、不服从领导，打击报复乡村干部，妨碍公务，情节轻微者；

四、造谣惑众，煽动闹事，故意扰乱国家机关工作秩序者；

五、参加各种形式赌博或提供赌博场所者；

六、非法限制他人人身自由，或非法进入他人住宅，情节轻微者；

七、未经我村民委，到辖区内闹事，情节轻微者；

八、对破坏学校公物、勤工俭学基地，侮辱教师情节轻微者。

九、对吸毒者和参与贩毒者，除以上处罚外，并扭送公安机关处理。

第八条　凡具有下列行为之一者，除赔偿损失外，处以50～100元罚款：

一、对偷盗家禽：鸡、鸭、鹅等者；

二、对偷盗家畜：猪、牛、羊、狗等者；

三、对偷盗农作物：花生、黄豆、红苕、粮食、稻草等者；

四、对进入他人责任田、养鱼塘内用捕鱼机或放田水捕鱼，包括泥鳅等者，还没收其捕鱼工具等；

五、对到他人竹林地内挖春笋、冬笋者（房前屋后和猪牛圈的管辖范围内和大路中的除外）；

六、对到他人自留地、自留山果园内，偷经济果和水果者，如桔子、板栗、梨子，偷捡油桐籽等。

第九条　有下列行为之一者，给予批评教育，令其书面检讨，并处以罚款50～250元：

一、为各种犯罪提供方便，知情不报者；

二、不服从村领导，辱骂村领导者；

三、利用封建迷信手段，扰乱社会治安，骗取他人钱财者；

四、误伤他人，人畜和家犬咬伤他人者（除付医药费、误工费外）；

五、不慎毁坏他人财物或牲畜践踏他人庄稼者；

六、捏造事实，诽谤他人，挑拨离间，骂街、骂寨不听劝阻者；

七、凡天黑后到我村辖区内走村串寨者，查发人员有权询问，被询问人不按事实说明、含糊不清者，则出现一切不利后果自负。

## 第三章　婚嫁、家庭、计划生育

第十条　凡违反下列款项之一者，除按《婚姻法》处理外，另给予罚款 100 ~ 500 元：

一、未到婚龄结婚或未登记结婚者；

二、包办、买卖婚姻，借婚姻索取财物或干涉他人婚姻自由者。

第十一条　凡违反下列款项之一者，除按《人口与计划生育法》执行外，并按本《民约》外以 50 ~ 200 元罚款：

一、使用职权或工作之便，对计划生育弄虚作假，徇私舞弊和辱骂无男性孩子户者；

二、应作术对象，不按规定作术者；

三、唆使、包庇、窝藏就作术对象，并为就作术对象提供方便者；

四、不按时定期妇检者；

五、阻碍计生工作人员实行公务，殴打、辱骂、报复计生工作人员、医务人员和积极分子，情节轻微者。

## 第四章　农业、土地、山林、水电、交通

第十二条　大办农业，搞好家乡经济建设，繁荣我村经济，在种植中，要听从上级指导，用科技兴农，推广良种良

法，完成上级布置的任务，否则罚款40～80元。

第十三条　严格执行《土地管理法》，有下列行为之一者，罚款50～100元，并采取措施令其纠正错误行为：

一、非法占地建房或猪、牛圈者（包括乡村责令限期搬迁的建筑物）；

二、历来的通道，非法占为己有者；

三、承包土地，不按规定种植，造成土地荒芜和损失者；

四、“三户一人”的责任田（土）和山林不按政策规定如数交归集体者；

五、村公益建设用地不予支持者。

第十四条　严格遵守《森林法》，保护林业资源，发展林业生产，凡违反下列行为之一者，除赔偿损失或者退还原物外，处罚猪肉133斤，按户数每户一斤酒、一斤大米吃款处理。盗偷木材发过秤每斤木头10元计秤处理，对态度不好继续反抗者，另罚款500～1000元。

一、偷砍、破坏村寨及居民住地的风景树者；

二、非法砍集体、个人山林、竹林者；

三、借故侵占集体、个人山林、竹林及经济林者；

四、山林边界发生纠纷不经请示或不听劝阻擅自砍伐者；

五、外村人到我村辖区公山及农户自留山、责任山内放砍林木树枝、杂树等自然林木者；

六、盗偷经济林者。

第十五条　凡违反下列行为之一者，除赔偿损失外，罚款50～100元：

一、放牲畜管理不好，牛吃他人杉木苗、经济林苗、农作物者；

二、凡到他人自留山、责任山、自留地内偷砍杂柴，放砍林木枝者。

第十六条　严格遵守《消防法》，搞好消防安全工作，履行消防安全制度，凡违反下列行为之一者，罚款 100 ~ 5000 元，并赔偿损失：

一、用火不慎，失火烧山，烧毁集体、个人的山林者；

二、用火不慎，发生寨火或火警者；

三、用电线路老化，不听消防安全检查人员安排进行整改发生火警者；

四、炉灶烟囱设置不符合防火安全要求，发生火灾、火警者；

五、房屋内外乱堆易燃易爆物品，如稻草、杉叶、杂物等，发生火灾、火警者；

六、对小孩管理不严，玩火发生火灾、火警的由监护人承担相关条款的处罚；

七、对故意纵火发生火灾、火警者。

第十七条　凡外商进入我村收购木材，必须先履行手续：1. 先交管理费；林木每根 1 元，竹林每根 0.1 元；2. 不履行手续的作没收处理。

第十八条　为了维护我村所管辖的土地和山林，凡具有下列行为者，面积不管多少，每起根据情节轻重，对重者全部收回该户的责任山、自留地、自留山责任田（包括责任山、自留山的林木）及村分配该户的所有财产，归集体所有，对轻微者处以 50 ~ 200 元罚款。

一、凡是有内勾外引行为者；

二、凡把山林土地非法转让给他人者；

三、为山林土地纠纷作假证者；

四、除开上述三项外，村护约队需要召开有关人员和群众会议就由肇事者付每人每天 40 元的全部误工费，再作处罚；

五、除开上述之外，对检举揭发人奖励 100 元，并保密检举人。

第十九条　保护水利、水资源、交通公路，对破坏水利水电饮水、交通公路行为者，除赔偿损失外，处以罚款 50 ~ 200 元。

第二十条　保护通信设备，对破坏电杆、乱打隔电子或利用技术手段危害通信安全的，除赔偿损失外，处以罚款 50 ~ 200 元。

第二十一条　凡承包集体农田，每亩交 5 元承包管理费。

第二十二条　村民砍伐民用材，每根交 1 元管理费。

## 第五章　财务管理

第二十三条　村级财务管理必须配备有出纳和会计。搞好财务公开，每季度公布一次，做到收支两条线。

第二十四条　不是出纳员的村组干部不许保管村组现金。

第二十五条　年终清理一次村级财务，并向村民公布，接受村民监督。

第二十六条　有下列经济行为者，除退还公款外，并处以50～100元的罚款：

一、挪用村组公款者；

二、贪污村组公款者；

三、年终不清理村组财务，并且不向村民公布财务的村干。

## 第六章　履行职责与义务

第二十七条　为国家建设，积极完成上级下达的各项任务，认真履行《义务教育法》等法律法规的责任义务，凡违反下列条款之一者，除给予批评教育外，并处以罚款50～100元。

一、不积极按时完成国家的税收任务和集体的各种管理费，唆使他人拖延国家、集体下达的各种任务者；

二、对在校子女不负责监督责任，不听劝阻者。

## 第七章　树立社会主义道德风尚

第二十八条　为加快农村社会主义建设步伐，树立社会主义道德风尚，促进两个“文明”建设，对违反下列行为之一者，处以40～150元罚款：

一、对公益事业不热心、不支持，甚至阻碍者；

二、拒不配合治保、调解、联防组织，对调查询问不尊重事实说假话者；

三、对乱撕张贴的标语、通知、布告者；

四、在公共场所乱写、乱画侮辱言论，非法张贴大字报者。

第二十九条　敬老爱幼，是我们中华民族的美德，凡违反下列行为之一者，罚款 50～100 元：

一、辱骂老人、虐待家庭成员、嘲讽残疾人者；

二、不抚养子女、抛丢女婴或不执行《义务教育法》者。

第三十条　爱护公共卫生，凡违反下列行为之一者，除给予批评教育外，还要写出书面检查，并罚款 100～300 元：

一、对公共水井、水源有污染破坏行为者；

二、在村道、个人门前乱倒垃圾、果皮不打扫，影响公共卫生者。

## 第八章　民间纠纷

第三十一条　村民组出现的纠纷，必须经过村民小组调解，不服方转村委会调解，若仍不服，再转交镇政府调解，但必须（经过村民小组调解的）持有村民小组、村委会的调解书，否则，不予受理。

第三十二条　凡需要组织出面调解的纠纷，双方当事人要先交调解费（村民组 30 元，村委会 50 元），上级组织方可调解，在理方予以退回调解费，无理方不予退。

第三十三条　受理调解后，两次通知当事人仍不到场，调解组织可作缺席调解意见书。

第三十四条　调解意见书送达 5 日后，当事人拒不执行，又不申诉上一级组织或不上诉人民法庭、法院者，对需负赔偿损失的，可强制执行，无钱者，可折物抵交。

第三十五条　各调解组织受理纠纷，必须在规定时间内进行调解（村民组五天，村委会十天），并按规定作书面存档，否则，处以责任人10～20元的罚款。

第三十六条　各级调解组织的调解会、罚金，必须专门立账作为支付误工费、办公费用或用于社会治安综合治理组织建设，不能挪作他用。

## 第九章　附则

第三十七条　未成年人和无独立生活能力以及痴呆精神病患者，违犯本《民约》，视其原因，由家长或监护人按相当条款承担责任。

第三十八条　本《民约》公布实施后，根据实际情况需要修改、补充的，必须经过村民会议或村民代表会议讨论决定。

第三十九条　本村规民约，不论村组干部、村民，不论亲戚朋友，一视同仁，谁违反谁受罚。

魁胆中心村村委会（章）

2014年4月11日

## 19.（贵州省黔东南苗族侗族自治州锦屏县平秋镇）魁胆村酒席操办公约①

本着纯净地方风俗，崇尚节约，反对浪费，减轻负担和保

① 高其才于2016年10月3日搜集。

护环境，现特就酒席操办制定以下公约。

第一条　酒席规定

1. 允许办的酒席

①婚嫁（初婚嫁）；②老人丧事；③立柱上梁或乔迁的只允许办一项或两项合办，在外地买商品房的须凭房产证明；④小孩应征入伍；⑤小孩考取大学二本以上的（以教育局下文为准）；⑥小孩三朝或周岁（只允许办一次）。

2. 禁止办的酒席

①再婚或再嫁；②老人高寿；③打制寿材、迁坟安碑；④配屋厦、开大门、安楼梯、发新火；⑤新屋奠基、商店开业、新购车辆；⑥小孩三本以及三本以下升学；⑦考取公职和干部职工退休等。

第二条　节约规定

1. 烟花鞭炮燃放：红白喜事禁止客人燃放烟花鞭炮；红喜主人家只许燃放鞭炮二至十封（卷）、烟花一至五箱；白喜孝家老人病故时可放炮二封（卷）、入殓时可放炮二封（卷）、出门时可放二封（卷）、起灵时可放烟花二箱、落圹时可放烟花二箱，在待发丧地和抬送沿途中严禁燃放烟花鞭炮，事后主人必须对鞭炮烟花等垃圾进行清扫。

2. 白喜除孝家子孙侄等外，不准向亲友散发孝帕，可用白丝带或小白花代替。

3. 酒席，每桌只准上十二菜一汤、上本地米酒，禁止超过十二菜一汤、上高度酒和饮料。

4. 送礼本着增进感情，随意多少，反对相互攀比、相互递增。

第三条　监督和惩罚措施

1. 本公约由魁胆寨移风易俗委员会负责监督实施。

2. 本公约禁止举办的酒席，主人不听劝阻强行操办的，不准房族、亲友前往送礼捧场，由移风易俗委员会组织村民去白吃，并处罚500元。

3. 对不遵守公约强行操办公约中禁办酒席的人，村委将取消该户当年所有享受国家给予的各项惠民扶持政策项目和物资补助。在一年内，村里不给出具任何证明手续。

第四条　以上公约，希望全体村民共同遵守。

第五条　本条约于二零一六年正月起执行。

**附：**

**魁胆寨移风易俗委员会成员名单**

主　任：王宗明（村民委副主任）

副主任：王必玖（村支书）、王必宗（村警务员）

成　员：王宗保（房长）、王宗燕（房长）、王吉先（房长）、王宗渊（房长）、王必作（房长）、王生友（房长）、龙本才（房长）、王天良（房长）、王田宗（房长）、王全勇（房长）、王宗信（房长）、彭先乐（房长）、陆道林（房长）

魁胆村村民委

2015 年农历十二月十六日

# 20. （贵州省黔东南苗族侗族自治州锦屏县平秋镇黄门村）村规民约[①]

为了维护我村社会治安的正常秩序，保护村民的人身权利和民主权利不受侵犯，保护集体、个人的生命财产安全、预防和制止违法犯罪的发生，加强物质和精神文明建设，促进经济发展，根据《村民委员会组织法》特制本公约，望广大村民共同遵守。

一、凡失火烧山者，每起罚款100～800元，火灾范围损失在1～5亩内罚款100～300元，火灾范围损失在6～10亩内罚款400～600元，火灾范围损失在10亩以上并造成严重后果的除罚款800元现金外送交林业部门处理。失火所烧的林木除按价赔偿外，并负责营造成林，参加救火的误工费由失火者按小时计价付给救火人。

二、森林防火戒严期间（3月1日～5月31日）发现一起野外用火罚款500元，引发森林火灾造成损失的按照第一条规定后加倍处罚。

三、凡发生寨火警、尚未造成严重后果的，每起罚款200～300元并令其向广大村民写一份书面检讨，陈述发生火警的原因。发生寨火者，除向受害者或村委罚款2000～5000元现金外，上交上级司法部门处理。

四、凡砍伐木材先向村民委和林业部门申请审批后方可砍

① 高其才于2016年7月19日搜集。

伐，申请砍伐时 1 立方交村委管理费 5 元，超砍木材每根罚款 20元 ~ 50 元，盗伐林木的，除没收所盗的木材外，每起每根罚款 50 ~ 300 元，盗卖集体木材山林的按全村户主每户半斤酒、半斤米、半斤肉处罚，情节严重的，上交林政部门处理。

五、严禁破坏及偷盗各种公共设施，违者除令其修复、退还原物外，每起罚款 100 ~ 500 元，情节严重的，上交上级主管单位处理。

六、严禁浪放马、牛、羊等毁坏他人庄稼、幼林等，违者除向受害主人赔偿损失外，罚款 50 ~ 200 元。

七、严禁聚众打架斗殴、酗酒闹事而扰乱社会治安秩序，违者每次罚款 50 ~ 200 元。

八、凡偷盗他人任何东西尚未构成犯罪的，每起罚款 100 ~ 300 元。

九、未成年人或痴、聋、哑、精神病人违反村规民约条规，一律由监护人承担责任，即除负责赔偿财物外，接受罚款 50 ~ 500 元，情节严重的，除按村规民约处罚外，上交司法部门处理。

十、凡以“清原耕、继祖业”为理由与他人发生山林、田地纠纷的，每起罚款 200 ~ 100 元，并为合法者主张正义。

十一、严禁隐藏、包庇违反计划生育的对象，违者每例罚款 200 ~ 300 元。

十二、对案件揭发、检举有功的，除奖励罚款的 40% 外，一定对其保守秘密。

十三、以上条款自2008年2月15日通过执行，黄门村未出台新的村规民约前本村规民约一直生效，望广大村民共同遵守执行。

黄门村村民委（章）

## 21.（贵州省黔东南苗族侗族自治州锦屏县平秋镇）黄门村村规民约①

根据《中华人民共和国村民委员会组织法》第20条、第27条之规定，为了加强维护我村辖区社会稳定工作，促进我村民主法治建设，使我村辖区各行业得到保护和发展，经村民委主持，各组组长、村民代表开会讨论通过，特制定本村村规民约。

一、凡在我村辖区内的本村村民及外村乡（镇）籍村民在我辖区居住的人员必须遵守我村村规民约。

二、偷盗和损坏农产品的处理，偷盗他人水稻、瓜稻、瓜果、蔬菜等农作物的，除退赔原物外，每人每次处罚款100元，饲养禽畜损坏他人或集体农作物、幼林苗的，除按价赔外，每人每次处罚款50元。

三、偷砍滥伐林木的处理，偷砍他人或集体林木的，按退赔原物外，每人每次处罚款100～500元；滥伐森林的每人每次处罚款100～300元，破坏公路沿线或村寨风景树的，除按

① 高其才于2016年7月19日搜集。

株补栽并保证成活外，每人每次处罚款100～300元。

四、偷盗水产品的处理，偷盗他人鱼虾等水产品的，除退赔原物，没收工具外，另外每人每次处罚款100～200元。

五、为维护社会秩序，有下列行为的分别处罚：

（一）翻窗入室偷盗行为，情节轻微的，除退还赔偿原物外，每人每次处罚款100～500元。

（二）凡是在我辖区内打架斗殴、聚众赌博、无理取闹、酗酒闹事等行为的本村村民或外地人，有理方处罚款100元，无理方处罚款500元。

（三）凡是在我辖区内有人畜饮水和种有农作物的地方，严禁任何人在此范围内洗金子、铅化，每发现一次，除赔偿损失外，每人每次处罚款1000元。

六、为维护土地村级集体所有制，有下列行为者，分别处以下罚款：

（一）土地属村级集体所有制，由村民委统一进行管理，自留地、责任山属村级集体所有，严禁“清原耕，继祖业”，如违约，每起处罚款500元。

（二）农村宅基地实行村级统一管理审查制度，需要申请建房的村民或外来人，须向被占地的村民小组和村民委员会提出用地申请，否则按非法占地予以处罚款200元，并责令其向村民委员会补办占地补偿。

（三）对非法买卖，转让我村集体土地的，我村两委对其非法所得，限期拆除或没收新建建筑和其他设施，对其责任人给予罚款金500元。

七、防火安全管理：

（一）严禁违规野外用火及注意家庭用火用电，凡因用火用电不慎失火烧山及发生村寨火警火灾，失火烧山除赔偿损失外（寨火火警尚未造成严重后果的）每人每次处罚100～500元，情节严重的交司法机关处理。

（二）经村治安队、消防队检查出现消防安全隐患的，必须按要求整改，否则处以罚款50～100元。各家各户都要注意环境卫生，对搞不好环境卫生的住户，按2014年7月6日修订通过的《黄门村卫生管理处罚规定》执行处罚。

八、提倡破除陈规旧俗，反对铺张浪费、大操大办，违者按第八届村两委修订通过的《破除陈规旧俗规定》执行处罚。

九、对破坏我村一切开发项目或其他公益事业的从重处罚，人饮工程按以后修订的《黄门村自来水管理公约》除赔偿损失外，处以罚金500元，情节严重者交司法机关处理。

十、婚姻家庭及计划生育管理工作，违反法律和政策规定结婚、生育及虐待遗弃老、弱、病、残、幼儿童等家庭成员，未尽抚养、赡养和监护责任的，将不考虑该户的一切优惠政策，并督促其履行相关责任和义务。

十一、严禁参与“法轮功”等违反国家法律法规组织活动，违者每人处罚款200～500元，并移送司法机关处理。

十二、对积极举报违反村规民约的除保密外，奖励被举报人处罚金的20%。对不按期履行违约责任的人，由村护约队强制执行，并由其承担执约人员每人每次50元的误工费。

十三、对打击、报复、威胁、谩骂村干的，每人处以罚金200元。

十四、本《村规民约》自2014年12月13日通过执行。

彦洞乡黄门村村支部委员会

彦洞乡黄门村村民委员会（章）

2014年12月13日

## 22.（贵州省黔东南苗族侗族自治州锦屏县平秋镇）黄门村风俗习俗礼节礼尚往来处置制度[①]

为尊重历史礼节，树立社会主义道德新风尚，革除陋习，倡导勤俭节约，不搞铺张浪费，弘扬科学精神，创建文明村寨，加快脱贫致富步伐，实现2020年同步小康目标，特将我村乡风礼俗来往处置制定成章，执行管理。

### A. 礼类

一、大礼类：

老人归世（或成家有妻儿年轻人归世）；男婚女嫁；起新屋立柱上梁（包括商品房）；二本（贵大、贵师大）以上大学和参军。

二、中礼类：

二本以下的大学；汤饼（满月酒）或周岁；古稀以上的

① 高其才于2016年7月19日搜集。

高寿；民转公高升。

三、小礼类：

造方板；安墓碑。

四、面子礼类：

干部离退休、门面开张恭贺、养殖场挂牌、斗牛高价卖、安神、节日活动吃修、上下走客（朋友）等。

## B. 礼类处置规定

一、大、中礼类红白喜事写请帖或讣文邀约亲戚朋友。

二、小礼类或面礼类安排人通知亲戚，不能写请帖。

三、面礼：亲戚只放炮或送小礼品，不能送礼。

四、凡一人一事只能举行一次收礼（大、中礼类）。

五、送礼以记10分制送，大礼送10分，中礼送6分，小礼送2分，礼尚往来。

六、村领导鼓励大学考生，二本以上（贵大、贵师大）送250元（含放鞭炮）；二本以下180元（含放鞭炮）；参军250元（含放鞭炮）。

七、宴席：大、中礼类三餐（当日中午、下午，第二天中午）；小礼类（当日两餐）；面礼：一餐。

八、白喜孝帕：亲房子女及三代内直系亲属白布挂孝，其他老亲戚朋友毛帕。白喜孝家出行：八人之内，邀最亲近房族代表。

九、红喜夜宵宴酒：由最亲一代母舅或姑父、内兄弟征求东主同意方可，客家自配歌师一人以上、小歌手三名（女生）

以上，然后召集三代亲戚朋友响应，自觉围坐堂属边，转饭贺礼每人不超过 20 元（除女婿之外）。

十、节日活动放牛：由主持单位放炮开幕开场和放炮闭幕圆场，中途场内不准放鞭炮，亲戚朋友给亲戚或朋友的牛放炮一定要在远离场外 100 米后放。

十一、以上十条条规经村民大会通过，若有故意违反视其情节轻重分别予以处罚 100～500 元，由村民自治委员会主持执行。

解释：1. 处置规定第四项：一人一事，指对重婚、重嫁的男女婚礼，亲戚不送礼。对造一屋两次请帖（上梁和进新屋各办一次）不送礼，对工作后两次高升请酒不送礼，对一人考学校换学校办两次酒，第二次不送礼，对子女将父母每一人办次高寿酒不送礼，对一孩子庆汤饼满月酒后又庆周岁摔盘酒不送礼，对买商品房买了又卖卖了又买的，第二次不送礼。2. 处置规定第五项：送礼以 10 分制送，比若内兄的儿子考重点大学或内兄建新屋，平常送礼 1000 元（10 分制）；若内兄的儿子办汤饼酒则以 6 分制送礼，送 600 元；内兄的父亲建方板送礼 2 分制，则送 200 元。

黄门村党支部

2013 年 5 月 9 日

## 23.（贵州省黔东南苗族侗族自治州锦屏县平秋镇）黄门村移风易俗关于红白喜事禁止大量燃放烟花爆竹规定①

1. 利于创建环卫，促使环境宜居和谐。

2. 利于安全稳定，避免事故发生。

3. 利于避免噪声污染，促进身心健康（人类）。

4. 利于经济发展，减少不必要的浪费。

一、红喜指婚嫁、立柱上梁（乔迁新居）、升学、参军等，允许当事家庭燃放二箱花炮、1000 响小炮，迎客和送客由当事主人安排人礼貌迎送。

二、白喜在本家主持法事，整个过程仅允许燃放 10000 响小炮、二箱花炮，抬官（棺）材在街道上主持生平大会或法事悼念等不许放炮，若违规每例罚款 300 元。允许房族和亲戚在禁止处外燃放烟竹，规定超越范围，即东书平岭岔（高健屋），西过闷得协，南超盘太丫（明昌屋），北越平马岔路（孝光屋）。自然村寨也要距寨居集中点 200 米后，才能燃放一些鞭炮。大寨内的墓地处只许放 4000 响小炮和二箱花炮，超过燃放数量则罚款主人 300 元一起。

三、禁止在街道、公益性活动场（营利性食堂、餐厅等）燃放烟花爆竹。若违规，每例罚款出租主人及当事家属各 300 元。

---

① 高其才于 2016 年 10 月 3 日搜集。

四、每家的红白喜事完毕后，次日即完成垃圾卫生清理，否则每例罚款200元。

五、文明主持节日节庆（除春节外）。尝新节、重阳节等由集体主持单位安排，农户或个人不允许燃放烟花爆竹，违者每人每例罚款300元。春节各农户燃放烟花爆竹后须于初五日前清除爆花污垢，初六日后禁止燃放爆竹，否则每例罚款200元。

六、文明祭祖、禁止燃放烟花爆竹，违者每例罚款300元。

七、本移风易俗规定为村规民约条款施行，各农户自觉遵守，由村委会和村治安联防队监督实施工作。

黄门村村民委员会

黄门村治安联防队

二零一六年三月十三日

## 24.（贵州省黔东南苗族侗族自治州锦屏县平秋镇）黄门村自来水管理制度①

为了加强本村自来水管理工作，保障生活生产等用水需要，根据《村公共供水管理办法》有关规定，经村委会研究决定，特制定如下用水管理制度。

1. 凡在村规划区域内从事村供水工程、施工以及使用村

① 高其才于2016年10月3日搜集。

自来水的单位及个人必须遵守本制度。

2．对村供水源进行严格的保护措施，村委负责对水源监督和定期检查。

3．新装、改装供水管道的需事前向村委提出书面申请，经审查批准后，由村负责指导施工，新增户交村委会200元，且农户自筹材料，如需村停水施工，看情况收取工时费用。

4．村民有维护公共供水设施的义务，发现自来水设施损坏漏水的应及时报告村委，村委接到报告后立即实施检查抢修。

5．对故意损坏水表使其不能正常计数和损坏村自来水供水设施的视情节轻重在照价赔偿的基础上加罚200～500元的责任金。对举报者经核实后给予一定奖励，并且保护隐私。

6．没有正当理由和特殊原因连续两个抄表期不交水费的用户，村两委按有关规定予以停水处理。

7．村内管道包括水源至水池各支管道及用户以及维修的由集体负责，户内管道由受益户负责维修。

8．故意破坏自家水表和另接支管的用户，一经发现予以罚款100元以上处理，不整改的（一个星期内），予以停水处理。

9．村成立自来水管理小组，由村委会成员组成。

本制度自公布之日起执行。

黄门村村两委（村民委章）

2017年3月1日

## 25.　（贵州省黔东南苗族侗族自治州锦屏县平秋镇石引村）村规民约[①]

为了维护我村社会治安秩序，保护村民的人生（身）权利不受侵犯，保护集体、个人财产安全，预防、制止和减少违法犯罪，加强文明建设，促进经济持续发展，根据《村民委员会组织法》特制定村公约。

一、凡是计划外生育的，每对夫妇罚款伍佰元，不计入上级征收的社会抚养费。

二、失火烧毁山林的，每亩罚款伍拾元，并负责造林，村民参加救火的误工费由失火人按每小时二十元付给。未经批准，擅自野外用火的，每起罚款一百二十元。

三、严防寨火发生。发生火警者，每次罚款一百二十元，并敲锣喊寨一个月。

四、盗伐木材的，除没收木材外，圆周一尺五寸以下的每株罚款一佰圆；二尺五寸以下的，每株罚款贰佰圆；三尺五寸以上的，罚款叁佰圆。滥伐木材的，每株罚款叁佰圆，并对木材给予没收。发现木材被盗，不报告村里并私自扛回家的，以盗伐木材论处。严禁无证运输、收购木材，违者每立方米罚款叁拾圆，木材给予没收。

五、严禁破坏公路、水利、电力、学校等公共设施，违者除令其修复外，每次罚款500元。

---

① 高其才于2016年10月5日搜集。

六、盗窃公、私财物100元以下的，罚款50元，并退回财物；100至500元的，每次罚款300元，并退回财物；盗窃500元以上的财物，每次罚款1000元，并退回财物。

七、严禁偷接用电，违者每度罚款50元，并如数付清电费，不能查出度数计量的，每次罚款300元。

八、严禁家禽、牲畜破坏他人庄稼、幼林等，违者每次罚款100元，并按被损程度加大惩罚力度。

九、严禁赌博，违者每人每次罚款300元，对提供场所的罚款500元。

十、严禁打架斗殴，酗酒闹事者，每人每次罚款100元，造成他人受伤或自尊心严重伤害的，要负责医疗费、误工费和精神损失费。无故谩骂、侮辱他人的，罚款100元，并写出检查，向受害者赔礼道歉。

十一、对检举揭发有功者，奖励案件罚款的百分之五十。

十二、凡有打击报复村干行为的，每起罚款1000至2000元，触犯法律法规的，报送司机关处理。

十三、此约在实行过程中逐渐完善。

十四、此约从二〇〇八年三月十九日起实行。

石引村村民委员会（章）

二零零八年三月十六日

## 26.（贵州省黔东南苗族侗族自治州锦屏县）平秋镇石引村整脏治乱管理制度[①]

一、各户要讲究环境卫生，做到户户讲卫生、人人讲干净。

二、各户要自觉打扫屋前屋后环境卫生，做到室内外及周边不乱丢垃圾，不乱堆垃圾。

三、共同维护公共街道卫生环境，行人不准乱丢、乱扔不卫生脏物，户户维护公共环境，人人讲究公共卫生。

四、各户日常产生的生活垃圾必须倒在村规定的垃圾池内。

五、凡是各户产生的建筑废料、淤泥及其他不属于日常生活垃圾的一律不准倒入垃圾池。

石引村党支部（章）

石引村村民委员会（章）

二零零八年四月二十一日

## 27.（贵州省黔东南苗族侗族自治州锦屏县启蒙镇甘塘村）村规民约[②]

为了加强村民自治、民主管理、自我教育，促进我村经济

① 高其才于2016年10月5日搜集。

② 高其才于2017年8月25日搜集。

建设和群众安定团结，抓好群众联防，搞好治安，维护好社会秩序和我村“平安文明村寨”称号，在遵守国家宪法和法律法规的前提下，特别订立本《村规民约》。

第一条　有下列情形尚未构成刑事处罚的，给予100元以下罚款。

1. 殴打他人，造成轻微伤害的。

2. 公然侮辱他人或捏造事实诽谤他人的。

3. 利用其他手段威胁他人安全或干扰他人正常生活的。

4. 非法侵入他人住宅造成损失的。

第二条　因聚众斗殴和其他纠纷而引起事件的，除照价赔偿损失外，视情节轻重罚款10～20元，触犯法律的，移交公安机关处理。

第三条　因酗酒闹事、侮辱妇女、殴打他人及毁坏公私财物的除照价赔偿及支付医疗费、误工费外，视情节轻重罚款10元至100元。

第四条　维护社会治安和秩序，有下列情形之一的，视情节轻重处5元～50元的罚款。

1. 利用各种工具赌博或变相赌博的，除没收赌具及赌资外的。

2. 直接提供赌具和场地的。

第五条　严厉打击偷、摸、扒、窃行为，有下列情形之一的，处5元～50元罚款。

1. 偷瓜果、豆类等农作物五斤以下的。五斤以上除照价赔偿退回财物外，就高罚款。

2. 偷挖竹笋，偷砍楠竹。

3. 偷鸡、偷鱼、偷牛盗马，除退回财物外，重罚。

第六条　有意破坏风景林木以及公共设施、桥梁、公路、路标等，视情节轻重，罚款10元~50元。

第七条　有意破坏农业生产，破坏水利设施、水沟，有意阻拦他人放水灌溉农田造成损失的，视情节轻重罚款5元~50元。

第八条　猪、牛、羊、马、鸡、鸭、鹅有意放入他人田地糟蹋粮食、损坏庄稼，有食田鱼、秧苗、稻谷等，除赔偿损失外，并处5元~10元罚款。

第九条　偷砍林木一根，除追回林木外，另处30元至50元罚款。

第十条　失火烧山、烧毁林木及其他作物，除补栽林木及抚育林地三年外，并按毁坏面积大小每亩罚款50元至100元。

第十一条　有意砍掉幼木做柴火的（包括杉木、松木、茶油树、杨梅树以及果树林），每株罚款5元~10元。

第十二条　一律凭证砍伐木材；未经批准砍伐的，一律按偷砍林木处罚。

第十三条　田砍木管理以田水边水平坡度往上三丈以内属田主管理，分山前蓄禁树木谁蓄禁归谁所有。

第十四条　发生火警，尚未造成严重后果的，按《消防管理条例》处理，发现一次罚款10元至50元。发现有火灾隐患的，要责令拆除并强制拆除，有意不听者罚款50元至100元。

第十五条　保持我村热情好客的良好习惯，移风易俗，提倡晚婚晚育、婚事简办、丧事从简。

第十六条　未尽事宜，经村组干、群众代表会议讨论通过后修改遵行。

第十七条　本《村规民约》自二〇〇五年元月一日起执行。

甘塘村村民委员会（章）

二〇〇四年十二月二十六日

## 28.　（贵州省黔东南苗族侗族自治州锦屏县）启蒙镇婆侗水域联防联治公约①

为全力打造“水清、流畅、岸绿、景美”的婆侗水域，经巨寨、边沙、者蒙、便幌“四村”共同研究决定建立以下公约条款：

一、敬畏母亲河，保护母亲河，造福于人民，是“四村”人民应尽的职责与义务，实行“生日放鱼”制度，优化水质。

二、实行一年四个季度碰头机制，签约村在年内轮流座谈会一次。主要任务是相互学习，通报、研究、解决在水域管理中存在的问题。

三、违约行为的惩戒教育在公约内对违约人一视同仁，不分村别。当执约不能畅通时，启动联防治理机制，参与执约村不得拒绝参与。

① 高其才于2017年8月25日搜集。

四、违反以下条款进行处罚：

1. 禁止何单位或个人到水域非法电鱼、毒鱼、炸鱼，不得网鱼、笼鱼、围鱼和用其他专用工具捕鱼。违者，一经发现或查处，一律处罚500～5000元。提供举报人员信息真实的给予奖励处罚所得50%。

2. 禁止占河道建筑、临空搭建窝棚和未经村“两委”许可围栏养殖。严禁在河道挖沙取土，破坏河床。违者，除责令拆除外，另行处罚500～5000元。

3. 不准不经处理擅自将生活污水、人畜粪便、工业废水直接注入水域，影响水样质量。违者，除责令整改外，一律处罚500～5000元。

4. 不准将建筑边角料、玻璃、废旧金属、树丫枝、燃放燃烧未熄物、不明死尸、生活垃圾等乱扔乱倒入河道。违者，除责令清除外，一律处罚500～5000元。

巨寨村村两委（章）　　边沙村村两委（章）

者蒙村村两委（章）　　便幌村村两委（章）

2017年8月订立

## 29. （贵州省黔东南苗族侗族自治州锦屏县）启蒙集镇边沙村文明卫生秩序公约①

### 第一章　总则

第一条　为建设百姓富生态美的启蒙边沙小集镇，依据

① 高其才于2017年8月25日搜集。

《中华人民共和国村民委员会组织法》的规定，结合本村实际，制定本公约。

第二条　全体居民应遵守国家有关涉及环境卫生保护的法律、法规和边沙村“两委”制定的规定、通告、通知。

第三条　爱护集镇边沙，建立清新舒适新环境，是每位居民义不容辞的职责和光荣的义务。全体居民应人人参与边沙“赶集日”大扫除日活动，提倡以讲卫生为光荣，不讲卫生为可耻的文明卫生新风尚。

第四条　充分发挥集镇边沙党员、村（组）干、志愿者模范带头作用，实行“党员亮明身份清洁一条街”“十户一体”“生日放鱼”工作机制，推动人居社会环境的有效改善。

第五条　本公约适用于启蒙镇政府所在地边沙集镇的机关单位、学校、商铺、村“两委”、保洁员、干部、农户、居民、租户、过往人员。

## 第二章　公共卫生秩序管理及违约处罚

第六条　遇红、白喜事，提倡节俭，食品卫生，燃放安全。不准将残汤剩饭倾倒房前屋后阳沟、阴沟。实行“谁家办事，就定在谁家门口”燃放烟花制度，劝导宾客文明节约，（养成）燃放后自清扫的良好习惯。不允许在公共街道燃放烟花爆竹。违者，处罚办事户主即打扫清理干净外，另处罚100～500元违约金。

第七条　边沙是启蒙镇政治、经济、文化、商业活动中心。鸡、鸭、鹅、狗必须实行圈养，不准在边沙人户居住半径

100 米内公共街道、私人空置基地、公共背街小巷、过道、房前屋后及水沟阳沟、河道、溪流、水塘、坝区散养饲养。违者，除当无业主管理进行捕杀外，还另对主人处以 100 ~ 500 元违约金。

第八条　公路两侧的商铺、摊位实行卫生、容貌、秩序"三包"制度，不得在店外存放任何商品、废品、腐锈烂物品，不得向街道延伸临时构建塑料的雨篷、布篷，不超标线、不临街占道，不霸道经营。违者，除强制拆除外，还另对主人处以 100 ~ 300 元违约金。

第九条　爱护镇容寨貌。不乱搭乱建有损于形象的建筑；不乱贴野广告；不往店外、街道泼洒生活污水；不向公路、学校、停车场、凉亭楼阁、露天空置地等公共场所抛洒垃圾，不随意倾倒建筑垃圾。违者，一经发现或被查处公之于众，并罚款 100 ~ 300 元，同时责令清除。

第十条　保护母亲河，敬畏母亲河，全力打造"水清、流畅、岸绿、景美"的边沙水域，实行"生日放鱼"制度，优化水质，佑我儿孙。严禁向河道、溪流、水沟水渠、消防池、水池、水塘丢弃病猪死猫、尿不湿等垃圾；禁止将污水、粪水直接排入水域；严禁任何单位或个人到辖区水域非法电鱼、毒鱼，不得网鱼、笼鱼、围鱼和其他专用工具捕鱼。违者，一经发现或查处，一律处罚 500 ~ 5000 元。提供被举报人员信息真实的给予奖励处罚所得 50% 。

第十一条　临街施工需要堆放建筑材料务必向村民委申请，保证不占公路路面三分之一，并做到堆放整齐、围栏遮护，周边清洁，确保一周内使用完毕。违者，当无人管理强行清障铲除，同时还要处罚污染公路环境费200～500元。

第十二条　过往车辆不得将车上垃圾乱掷乱倒在辖区内公路的可视范围内；进入辖区内的车辆停靠必须按治安联防队划定的范围、指定的地点和规定的时间进行管理，并做到车辆行驶停放文明、有序、整齐、守时、整洁。违者，由联防队采取相应处置措施，并处罚违约金30～100元；若强行拖走的还要承担拖运费200元。

## 第三章　各居民户卫生秩序管理及违约处罚

第十三条　各户住房（含厨房、谷仓、厕所、猪牛圈、鸡舍、空置地基）的责任区域、门前两侧四周的墙根小路至排水沟，是住房的环境卫生保洁范围，人居环境必须进一步改善，庭院必须美化，房前屋后栽花种草。

第十四条　房屋建设必须符合美丽乡村布局，各农户新建房设计上落实厨卧分离、厕圈分离、人畜分离等要求，旧房改造必须实行“三改”即改厨、改厕、改圈，化粪池建设必须符合“三间”式要求，必须将生活用水/粪水澄清后方能排入河道。违者，除责令整改外，另行处罚200～1000元。

第十五条　“星期一”为各户及单位的卫生日。做到所属地面无暴露垃圾、木渣、木棒、纸草、烟头、果皮果壳、废包装袋、积水、粪便等，做到柴草不乱码、粪土不乱堆、垃圾不乱倒、污水不乱泼、畜禽不乱跑、衣被不乱晒、杂物不乱放、车辆不乱停、摊点不乱设、房屋不乱建等问题。违者，每次除责令整改外，每次处罚违约金 20 ~ 100 元。

第十六条　住户室内实行每周一大扫，每天一小扫，做到屋内无灰尘、无污水、无臭味，确保干净整洁、物件摆放整齐有序。违者，经两次教育不整改的，通报批评并照相公开曝光，仍不整改的挂黄牌“最差卫生户”，并处罚违约金 100 元 ~ 200 元由村聘请人员一次性清除。

## 第四章　环境保洁制约责任

第十七条　树立良好的爱洁爱卫良好形象，积极参与环境卫生事业，维护并尊重辛勤劳动的成果，敢与爱卫保洁不良行为作斗争，检举揭发、制止、监督不洁行为。

第十八条　各居民户、单位、商户（摊位户）所产生可燃垃圾一律实行“打包”袋装，于上午 6：30 ~ 9：00（启蒙赶集时间为下午 16：30 ~ 18：30）在指定的地点将垃圾投放到垃圾箱内。其他建筑材料、大宗垃圾必须服从村民委的安排自行处理。对不按时间和地点投放的，一律曝光并处罚 100 ~ 300 元，同时责令其蹲街巡守查，直至下一人违反接替为止。

第十九条　环卫保洁人员每天实行“清早一大扫，大扫过后时时保”；清运人员每天按时按点投放、收回垃圾箱，有序、规范、诚信运作。违者每次处罚 20 ~ 60 元，并责令整改。

第二十条　村“两委”授权治安联防队对本辖区交通的管理和疏导，治安的防范和处理，环境卫生的教育、指导、监督、收费、处罚等工作。村“两委”要积极主动协调、对接镇人民政府和上级有关部门全力改善、完善边沙集镇基础设施，辖区各居民户、单位、商户（摊位户）必须密切配合、支持。治安联防队队员不作为、慢作为、乱作为的，将及时进行调整。村“两委”成员对所负责的路段以及抓环境卫生整治工作不力导致边沙村集镇环境卫生恶化并产生负面影响的应当引咎辞职。

## 第五章　经费来源管理及保障

第二十一条　按照“垃圾社会化，垃圾商品化”“谁产生垃圾、谁负责清理”和“谁污染，谁治理”的原则，环境保洁工作经费实行政府多挤一点、机关单位出一点、居民商户共同担一点的方式进行。

第二十二条　保洁卫生费收取：机关单位住户职工、边沙居民、农户、租房户每月每户5元；赶集日按摊位出产垃圾量每次2～20元；餐饮店每月15元；夜市摊位每月15元；商铺门面每月每户收10元；超市门面2间以下的每月20元，3间以上的超市每月30元；电子加工企业和其他经营性生产企业每月30元；学校、幼儿园按在册人员每人每月0.3元计算收取；医院按每月100元收取。违约金处罚所得列为卫生费管理使用范畴。

第二十三条　保洁经费使用实行一季度一公开制，接受社会监督。

## 第六章　附则

第二十四条　本公约向社会广泛征求意见，经村民代表及村民小组长会议通过后，双方签订合约即生效实施。若条款增加或变动，需经村民代表及村民小组长会议讨论通过。

第二十五条　本公约由边沙村村民委员会负责解释。

本公约于2017年8月1日开始实行。

## 30.（贵州省黔东南苗族侗族自治州锦屏县启蒙镇）边沙村户户联防管理制度[①]

**一、联防队队员职责**

1．每天晚上有人值班、巡逻、督促检查各组各户联防工作的开展情况。

2．做好外来进村人员的询问、登记工作。

3．做好值班巡逻情况记录和交接班记录。

4．发现情况和问题要及时处理和报告，并保护好现场。

5．及时开展矛盾纠纷排查和调解工作。

6．向群众做好防火、防盗宣传，提高群众自我防范意识和积极性。

**二、联防队纪律**

1．服从领导，听从指挥。

2．值班巡逻时间不得脱岗睡岗，不准喝酒、赌博及开展娱乐活动。

3．不准侵害群众的利益。

---

① 高其才于2017年8月25日搜集。

4. 不准有特权思想，随意打人、骂人、陷害好人。

5. 不准私设公堂刑讯逼供。

6. 不准擅自开展抓赌、扫黄、打狗、检查旅店和公共娱乐场所等工作。

**三、户户联防**

1. 村民要办一切手续都必须由组长签字才能办理。

2. 村组干部抓治安防范管理工作不力的做罚款处理，对情节严重的给予免职处理。

3. 把参加治安防范工作的积极程度作为入党积极分子考核的重要条件之一。

4. 凡不参加户户联防的，在其家有红白喜事时，村里及村民将不予帮助，并且镇、村不给予办理宅基地审批、结婚证等手续，不安排民政救济等。

5. 建立赔偿制度。凡是因当班人员值班时脱岗、睡岗造成牛马丢失的，其必须赔偿损失的 30%，村级联防队队员必须赔偿损失的 10%。

6. 因家里确实无人有能力参加治安联防的，可请人代值。

**四、优先优惠政策**

凡是参加村或寨治安联防时间达一年以上的队员，在同等条件下均享受优先办理小额信贷，优先安排民政救济、农发项目，优先办理工商、税务手续，优先审批宅基地手续。

边沙村村民委员会

2014 年 9 月 28 日

## 31.（贵州省黔东南苗族侗族自治州锦屏县启蒙镇）边沙村防火安全公约①

为全面提高全村村民自我管理、自我教育、自我约束的能力与水平，促进我村经济的稳定与发展，为早日实现社会主义新农村打下良好的基础，结合我村实际情况，特制定本防火公约，请各组认真履行：

**一、村寨消防**

1．实行每户每月两检查制度，由各个村民小组组长及村两委人员定期深入各家各户检查消防安全情况，检查人员必须做到检查到位、督促到位、反馈到位、登记到位。

2．易燃物品必须远离住宅500米以上，禁止将易燃易爆物品带入住宅或靠近住宅。如：枯枝败叶、稻草、锯木、汽（柴）油、鞭炮，等等。

3．住宅使用的电线超过使用年限的必须尽快找专业人员更换或支线老化绝缘体破损，插头、插板、开关、灯头老化破损的必须及时更新。严禁超负荷用电和长时间使用电器，避免短路和电器发热而引发火灾。如长时间离开住宅，必须关好电闸，以防鼠咬室内线路导致火灾。

4．正确使用液化气罐，气罐与灶台和火炉要保持一定的距离，用后必须拧紧开关。

5．严禁在室内和屋前屋后焚烧垃圾和其他，室内烧香祭

① 高其才于2017年8月25日搜集。

祖和烘烤物品必须自始至终有人守候。

6. 严禁躺在床上吸烟，烟头不能随意乱丢，使用蜡烛照明必须做到人离烛熄。

7. 喜事、丧事和逢年过节鸣放鞭炮礼花炮等要远离高压、低压张路和易燃易爆的环境及住宅。

8. 各农户必须教育好管理好青少年或精神病人或孤寡老人的村寨，确保住宅用火用电安全。

**二、野外消防**

1. 严禁一切野外用火，上山吸烟的烟头不能随意乱丢，要及时完全弄灭，烧木炭的窑孔周围必须保护5米宽的无杂草和枯枝败叶的环境。

2. 需要烧田边地坎的农户，必须做好防火线，并提前5天将焚烧田边地坎的地点及焚烧的准备情况书面报告消防协管员处，待防火工作领导小组检查同意后方能动用火。

3. 清明节扫墓，严禁烧香、烧纸、烧蜡和鸣炮，提倡用鲜花代替香纸蜡的扫墓新风祭祖，丧事安葬用火安全由丧家全权负责。

**三、奖惩机制**

1. 经检查发现住宅有安全隐患要求整改而不整改，采取教育警告处罚的原则，经教育、警告仍不整改的，一次处500～1000元的罚款直至自行整改为止，另责令其写检讨书张贴于村寨。

2. 经举报并经查实，发现将易燃易爆物品带入住宅或靠近住宅的农户，一次性处罚100元，奖励举报者50元，并为举报者保密。

3．经举报并查实使用电器（或液化气罐）属人为造成火警或是线路该换的不换、器具该更新的不更新而造成火警的，一次处罚 200～500 元，另责令写检讨书张贴于村寨。奖励举报者 100 元，并为举报者保密。

4．经举报并查实，发现在屋前屋后随地焚烧垃圾和其他的一次罚款 50 元，另责令其写检讨书张贴于村寨。奖励举报者 20 元，并为举报者保密。

5．经举报并查实，清明扫墓烧香、烧纸、烧蜡和鸣放鞭炮而引发火警的一次处罚 100～300 元，另责令其写检讨书张贴于村寨，奖励举报者 50 元，并为举报者保密。

6．青少年或精神病人或孤寡老人违反本公约条款的，家庭监护人应承担相应的处罚。

7．消防安全意识淡薄而引发犯罪的，报送公安机关追究刑事责任。

此公约各农户一份，请张贴于堂中醒目之处，并组织家庭成员认真学习，做到户户知晓，人人皆知。

边沙村村民委

2014 年 9 月 28 日

## 32. （贵州省黔东南苗族侗族自治州锦屏县）启蒙镇边沙村十二组公约[①]

一、十二组的所有耕田与山林为界的，田坎上以田水缘上水平三丈，田坎下以埂内水缘下水平两丈，田角以水缘水平两丈为界。

二、十二组的所有山林与菜地为界时，以延包证菜地面积边缘点随坡一丈为界，有坟墓的以坟堆四周随坡一丈为界。

三、山林与宅基地为界，以原始的或默认的点线为界，并以不影响住宅光线通风和安全为宗旨。

四、集体公山办小组林权证，以后在林木砍伐时收益按小组占 30% 组民分配占 70%，同时以当时砍伐第一天现有登记在户口册人口平均分配，或所有收益按一事一议使用管理，并及时造林栽填。

五、各户中的山块其中只有一块作为自留山登记，面积只能在五至六亩，其余均以责任山登记。

六、针对孤寡老人户的林权登记，原则上由本人登记，关于继承或赠与方面，为维护老人的利益，全组民均有责任共同监督未来的继承人，看其是否实施了赡养义务或赡养义务实施的程度，鼓励本组内近亲属或本组内其他人或户赡养，若老人没有享受实际的赡养，待其过世后山林等均收归集体管理。

七、农转非人或户其原属林权由其办理登记，但日后集体

① 高其才于2017年8月25日搜集。

公山的收益则不再参与分配和享受。

八、田坎与田坎之间，若两田间距较小且发生纠纷的，按下丘上管其 3/5，上丘占 2/5 为界，没有纠纷的按默认的界线管理，为维护他人的利益，防荫距离不足的，上或下丘严禁栽植相互影响光照的植物。

以上公约经 2007 年 7 月 23 日下列与会代表讨论通过。

许家渊（签名并按手印，下同）　许明辉　许文昌

许明坪　许明发　黄仙成　罗发爱　许明植　杨柳妹

龙菊花　龙贵秀　龙和菊　姜成妹　许明祥　杨发叶

许文炳　许明桢　许明科　许明全　许文贵　许明生

许明成　林银秀　潘珍英

此公约所属十二组所有交界通用，并共同遵守。

## 33.（贵州省黔东南苗族侗族自治州锦屏县大同乡）密洞村村民自治合约[①]

密洞村有两个片区，分为秀洞片和密洞片，全村共有 19 个村民小组，全村户 843 户，3563 人。土地总面积 33688 亩，其中秀洞片面积 16350 亩，密洞片面积 17338 亩。为维护本村生产、生活秩序，实现村民安居乐业，根据《村民委员会组织法》《民法通则》等有关法律规定和上级建设社会主义新农村有关方针政策，结合本村实际，经全体村民代表大会讨论通

① 高其才于 2017 年 11 月 21 日搜集。

过，特制定本村规民约。

**一、公共事业建设**

第一条　本村村民应积极支持参与村内各项公益事业建设，凡经过村民代表大会“一事一议”议定的公益事业，村民应积极参与和支持。

第二条　因村民个人行为损害交通、电力、通信、消防饮水等公共设施和文物、文化遗产，违者除赔偿或修复外，要自愿缴纳违约金300～800元。

**二、精神文明**

第三条　家庭不能打骂老人、妇女、儿童。不遗弃生活不能自理老人，违约者自愿缴纳违约金每年5000元（该违约金用于赡养老人费用支出，专户存蓄）。

第四条　父母要关心子女教育，凡到入学年龄子女，必须保证上学，直至初中毕业。不送子女入学或未读完初中辍学的，每人自愿缴纳违约金1000元。

第五条　监护人对其家庭精神病人，造成他人伤害或财产损失的，除赔礼道歉、赔偿损失外，另自愿缴纳违约金每次100元。

第六条　讲究公共和家庭卫生，任何村民在村内乱建、乱堆、乱放的，除责令其打扫清理外，每次缴纳违约金100～300元，并给予村内通报批评。

第七条　凡放浪家畜造成他人损失的，除赔偿他人损失外，另自愿缴纳违约金50元。

第八条　村民养狗要进行狂犬防疫，发生狂犬病症，村内任何人有权就地处死，养狗主人需自愿缴纳违约金 50 元。狗伤害人畜的，养狗主人要承担赔偿责任，并上门赔礼道歉。

第九条　不得在村内公共场所私自搭建和堆放建筑材料。因建房须临时借用公地存放砂石等建筑材料的，应事先告知村民委员会。经村委会批准同意后方可使用。建房人应在规定的限期内撤出，并清扫干净，违者每次自愿缴纳违约金 100 ~ 300 元，并在村务公开栏内给予通报批评。长期占用不撤的，由执约小组清除并予以没收。

第十条　严禁撕毁和涂改在有效期内的各级党委、政府和本村发布的公告、通告、通知、宣传标语，违者每次自愿缴纳违约金 10 元。

第十一条　严禁在村内张贴、悬挂有伤风化的广告，传播淫秽音像，违者除受公安机关查处外，另每次自愿缴纳违约金 100 元。未被公安机关查处，但群众举报属实，每次自愿缴纳违约金 50 元。

**三、社会治安**

第十二条　严禁打架斗殴，受到公安机关治安处罚的，每次另自愿缴纳违约金 100 元，不构成治安处罚的，每次自愿缴纳违约金 30 元，并在村内通报批评。家庭成员违法犯罪的，除接受国家法律处罚外，行为人或家庭户主要主动上受害者家赔礼道歉。

第十三条　严禁家庭成员吸毒、种毒、贩毒，被公安机关查处或被群众举报属实的，每人每次分别自愿缴纳违约金 100 元、200 元、300 元。

第十四条　村内发生民间纠纷，应先向村、组申请调解。未向村、组申请调解，而直接越级向上级申请调解，由上级部门退回由村委会先行调解的，越级申请人应向村委会书面申请，除缴纳调处误工费200～500元外，另每次自愿缴纳违约金50元。

第十五条　严禁盗窃财物，盗窃他人物品或家畜的，除退还或承担赔偿责任外，每次自愿缴纳违约金50～100元。盗伐林木、集体风景木、村寨绿化树和果树等，除退回或承担赔偿责任外，每株自愿缴纳违约金10～100元。

第十六条　集体树木因自然或其他原因被损坏需处理的，须经村民代表大会议价，任何人不得私自占为已有，违者自愿缴纳违约金50元。

第十七条　严禁赌博，参与赌博被公安机关查处的，除接受公安机关查处外，违者每次另自愿缴纳违约金100元；未被公安机关查处，但家庭成员和群众举报属实的，每次自愿缴纳违约金50元。

**四、消防、交通安全**

第十八条　消防安全，人人有责。猪、牛圈垫草随用随拿，稻草进寨不能存放过夜。违者除按要求及时整改外，另每次自愿缴纳违约金50元，并接受村内通报批评。

第十九条　村民用电接线须经电管员同意，乱搭乱接电力线路，造成安全隐患应立即整改。经检查仍未整改的，除责令整改外，另每次自愿缴纳违约金50～100元，并在村内通报批评。

第二十条　做好山林火灾的预防工作，不得随意炼山烧埂，严禁扫墓、玩火等野外用火，引起山林火灾者需承担违约金300~500元，寨火火警责任人或监护人承担违约金300~500元，并接受村内通报批评。必要时可责令责任人鸣锣喊寨。触犯合约反抗者，移交司法机关处理。

第二十一条　发生火警、火灾时，村民除老、弱、病、残外，要积极参加扑救，违者自愿缴纳违约金50元，接受村内通报批评。

第二十二条　遵守道路交通安全法律、法规。非法占用消防通道或故意堵塞交通要道的，处200至1000元罚款，情节严重的交上级有关部门处理；有红白喜事主动向村民委员会汇报，交代亲朋好友酒后不驾驶，不乘坐“三无”车辆，不乘坐超载超员车辆。

**五、生产生活**

第二十三条　基本农田和其他公共土地属集体（国家）所有，未经村发包和村民承包，不得占为已有，违者除恢复原状外，自愿缴纳违约金50元，并接受村内通报批评。

第二十四条　严禁在村饮水源地放养家畜，涮洗有毒物品、脏物等，违者除清洗、消毒干净外，另每次自愿缴纳违约金50元，并接受村内通报批评。

第二十五条　各家各户的自来水，必须注意排放，修通下水道，以免影响环境卫生。不得私放自来水养田，不得自行在村内公共饮水源接管进户，违者自愿缴纳违约金50元，并接受村内通报批评。

第二十六条　禁止电鱼、毒鱼、炸鱼，发现在辖区内电鱼的立即没收电鱼机，出现毒鱼、炸鱼的当事人每次自愿缴纳违约金100元，并接受村内通报批评。

**六、附则**

第二十七条　外村人在本村内违反本村合约的，依属地管理原则参照执行。

第二十八条　本合约未尽事宜和需修改事项，须经村民代表会议讨论通过。

第二十九条　本《合约》由村民委员会负责解释，全体村民相互监督，执约小组具体实施。

农户签字：

大同乡密洞村村民委员会

2015年4月6日

## 34.（贵州省黔东南苗族侗族自治州锦屏县大同乡）大同村村规民约[①]

### 第一章　总　则

为了贯彻实施村民委员会组织法，发扬社会主义民主，健全社会主义法制，教育村民遵纪守法，维护社会治安和社会秩序，实现村民自治，创建和谐宜居环境，把我村建设成为社会

① 高其才于2017年11月21日搜集。

主义新农村，特制定本村规民约。

## 第二章　土地管理

第一条　农村的所有土地，除了法律规定属于国家所有的以外，村民的宅基地、自留地、自留山、耕地等所有权属于集体，个人只有经营使用权。

第二条　任何个人不得侵占、买卖、出租或者以其他形式非法转让和变更村集体或他人的土地使用权，村民有使用权的土地需作经营流转的，必须通过村民委备案同意后方可流转。

第三条　村民需要在辖区内建房的，本人向村民委提出申请，经村民委审查同意，报乡人民政府和县国土管理局批准，才能允许建房。

第四条　未经批准强行占用耕地、交通要道建房的，除坚决拆除、还田还土、恢复原状外，视情节并处罚 500 元至 2000 元。已经建成的，原则上要求拆除，否则，将提交上级主管部门按国家有关规定予以处罚。

## 第三章　公共卫生

第五条　保持饮水卫生，不准在水井边一米内清洗脏物（衣、裤、蔬菜及其他食物等）、洗澡。违者除责成其洗井外，每次处罚 100 元。

第六条　对于有病的畜禽，不准出卖和购入，对于不明死因畜禽，原则上不准食用，病死畜禽要深埋寨外或焚烧。凡乱扔乱弃畜禽的，每次处罚 200 元。

第七条　保持村容清洁卫生，各户门前卫生实行“三包”，不准在村里巷道（便道）、公路和村公共场所等堆放猪、牛栏肥（粪），违者除限期予以清除外，每次处罚100元。

## 第四章　水利、森林和村公共设施

第八条　我村各大小山塘，所储水源都属于集体所有。主要用于灌溉农田，任何个人不准擅自乱放水。

第九条　不准任何人占用山塘和溪流堤坝、田埂和山水主要流域等综合水利基础设施，违者除责其恢复原状外，并处罚100元至200元。

第十条　凡擅自盗伐集体和个人林木者，除退还林木归所有人外，罚被盗伐林木价值的3倍。对举报有功者，按村处罚的50%给予奖励，并为举报者保密。

第十一条　林木砍伐需按正规手续办理，村征收管理费，村民建房用材按每立方米5元计算，商品用材按每立方米10元计算。

第十二条　凡需砍伐林木者，必须经村委会批准和取得砍伐证后方能砍伐。否则，按本章盗伐林木条款处理。

第十三条　村民都有维护村公共财产的责任和义务，对于损毁人畜饮水工程设施、村公共财产的除责令其恢复原状外，同时处罚200至500元。

## 第五章　消防、交通和安全生产

第十四条　村寨、山林发生火警、火灾，村民必须积极参与扑救。对妨碍或阻碍扑救的人，任何人有权将其强行带离，并处罚违约金 1000 元，情节严重的交上级有关部门处理。

第十五条　严禁乱搭乱接电线，发现隐患立即整改。经检查未按时整改者自愿承担违规违约金 50 元，并作停电整改处理。

第十六条　做好家中老、弱、病、残及未成年人的监护和消防安全教育，严禁小孩玩火。因监护人监督不力被发现一次安全隐患的其监护人自愿承担违规违约金 50 元。

第十七条　遵守水上和道路交通安全法律、法规。非法占用消防通道或故意堵塞交通要道的，处 200 至 1000 元罚款，情节严重的交上级有关部门处理；不违法搭坐农用车、拖拉机、乘病车；不违法乘坐无证、无照的自用船和渔船；远离“黑车非驾”和无证驾驶车辆。不违法过渡。

第十七条　农户不能大量私藏鞭炮、汽油、酒精、火药、香蕉水、油漆、硫酸等易燃易爆危险物品，凡发现，情节严重的处罚 500 至 1000 元，并交上级相关部门依法处理。

第十八条　自觉保护村寨消防设施设备，保证消防用水，任何人不得放消防栓水养田，违反者自愿承担违约金 100 元。

## 第六章　社会治安

第十九条　凡故意毁坏、盗窃、偷摸集体和个人财物者，除追究回原物外，处罚 200 至 5000 元。夜间出动偷摸者加倍处罚。

第二十条　圈好看好牲畜是每个村民的职责。不准猪、牛、羊、鸭、鸡等牲畜毁坏糟蹋集体和个人的农作物。违者，除赔偿损失外，罚款 50 至 100 元。

第二十一条　凡是聚众闹事，煽动宗派纠纷，故意殴打他人，造成直接损伤的，除赔偿医疗费外，损失和损坏财物，除依法追究责任和照价赔偿外，并处罚款 500 至 2000 元。

第二十二条　村民发生口角纠纷或婚姻纠纷等需要调解的，为调解纠纷需出差外地的旅差费用，由当事人负担。

第二十三条　为确保人身安全，保证正常供电，不准擅自私接电源，由此造成的故障和损失，除照价赔偿外，另处罚 100 至 200 元。

第二十四条　提倡讲文明，树新风；讲礼貌，尊老幼；讲正义，持真理；讲道德，正原则；家庭和睦，邻里团结；尊师重教，助残济贫；胸襟大度，诚实守信；美化村容，绿化村庄；开展文体活动，抵制反和、淫秽书画影音媒介！

## 第七章　计划生育

第二十五条　按《大同村计划生育村规民约》执行。

## 第八章　其他管理规定

第二十六条　对故意扰乱社会治安肇事人员，大家要进行严厉打击；特别是酗酒闹事、借酒发狂故意致使他人受到伤害的，除了赔偿受害人的经济损失外，还要赔偿受害人的误工费：男受害者每天按 150 元计算；女受害者每天按 100 元计算；情况严重恶劣的移交司法部门处理。

第二十七条　对故意破坏公共财物者，证据确凿的除照价赔偿外，按每次 300 ~ 500 元罚款。

第二十八条　对有人在本村辖区域内进行毒鱼、电鱼行为的，按每次 100 ~ 300 元罚款，如有违抗处罚的，一律移交司法部门处理。

第二十九条　马、牛、羊、猪践踏以及吃掉禾苗、稻谷、瓜菜类的每蔸按 1 元计算，对杉木苗被吃与损坏的每株按一年 5 元，第二年以上的苗每株按 10 元计算。

第三十条　鸡、鸭、鹅吃他人稻谷、菜的按损坏数量的五倍赔偿。

第三十一条　以上两条双方可以自行协商解决，如有协商不成的，引起纠纷经村委会调解的，首先要写出申请书，把纠纷内容说明清楚并且连同押金各 100 元一起交到村委会，由村委会组织人员进行调解。

第三十二条　凡属山林、土地发生纠纷的，双方先自行协商解决，在双方无法协商落实，非要经村委会出面调解的，双方都要先交押金各 500 元，并且要求申请方写出申请书说明纠纷事由及提供对此山、地的管理有效依据材料；然后由村委会通知被申请方拿出关于此纠纷山、地的管理有效依据材料，再进行调解（注：如有一方不肯配合村委会工作、拒绝交付押金，依据材料的村委会就视其该山林的被申请方自动放弃的处理）。根据实际情况败诉方可以上诉，村委会等待上级判决后得出的结果再退胜诉方的押金。

第三十三条　凡发现偷盗他人东西行为，证据确凿的，一律要求退还赃物之外，还要按偷盗财物评估价格的两倍处罚，并按罚款的50%奖励给拿赃的人并为其保密身份。

第三十四条　对有偷砍他人木头证据确凿的，按木头尺寸的市场价格两倍处罚，木材归还原主，对举报有功者，按村处罚的50%给予奖励，并为举报者保密。

第三十五条　林木砍伐需按正规手续办理并征收管理费，村民建房用材按每立方米5元计算，商品用材按每立方米10元计算。

第三十六条　在未经油山主人同意的任何人严禁在本辖区域内打捞油籽，违者按每次50～100元处罚，并没收所得的财物归还原主。

第三十七条　要响应国家政策和政府的号召，按有关政策自觉按期缴纳新型农村合作医疗保险和社会养老保险。如有违反国家政策不愿缴纳新农合保险和社会养老保险的，以后，政府给予的各项惠农扶贫项目不得享受。

第三十八条　对发现户内存在安全隐患的，要责令户主限期整改，并下达整改通知书。对不听劝告、不愿意整改的住户要进行100～500元的罚款后，并督促整改。一旦发现有火警情况要及时报警，有故意躲避者要追究其责任，并向村委会书面检讨公布。

第三十九条　对消防饮水工程故意破坏管子设备和放水养田，证据确凿的每次罚款100～500元。

本村规民约，若有与国家法律、法规相抵触之处应以国家法律法规为准。本民约从公布之日起实施。

大同村村民委

二〇一六年四月二十六日

## 35.（贵州省黔东南苗族侗族自治州镇远县报京乡报京村报京大寨）村规民约[①]

（2005 年 4 月 5 日村民代表会议讨论通过）

为了提高全村村民自我管理、自我教育、自我约束的能力，促进全村的安定团结和三个文明建设，根据法律和国家有关政策规定，制定本村村规民约。

一、全村村民均有保护耕地的义务。村内任何组织和个人使用土地都应该服从村的统一规划和调整，不得侵占、买卖或者以其他形式非法转让土地。违者罚款 50～100 元，并收回非法转让土地。

二、村民建房必须服从本村规划，并按照规定程序申报，在领取《建房许可证》后，按批准的地点和面积施工建房，违者罚款 500 元。

三、严禁荒废耕地，对荒废耕地者，除责令限期复耕种外，报京乡人民政府依法收取抛荒费。并按 100 元/亩罚款。

四、实行计划生育。计划外生育者，谩骂、侮辱、殴打计

① 来自：石培培：《民族地区基层民主建设背景下的村规民约——基于黔东南报京大寨的村规民约的解读》，中央民族大学 2010 年硕士学位论文。

划生育工作人员等行为者，按有关法律法规和政策严肃处理。在当月25号以前出生或者死亡的必须按七天内上报村委会，26号以后出生或者死亡的按当天汇报。违者罚款20~30元。

五、学龄儿童和青少年有依法接受教育的权利和义务。其法定监护人应保证子女接受九年制义务教育，违者罚款200元。

六、本村任何单位和个人一律不准招用16周岁以下的人做工。违者责令其限期辞退，情节严重的，报有关部门依法处理。

七、凡符合服兵役的义务，应积极主动参加兵役登记、体检和应征，对逃避兵役（包括不参加初检、不参加复检和体检合格拒绝服兵役）的村民，按照有关法律和政策规定给予处理，情节严重的由有关部门依法追究法律责任并罚款。

八、要尊老爱幼，保护老人、妇女、儿童在社会和家庭生活中的合法权益，禁止虐待、遗弃、伤害行为。任何个人不得剥夺已婚女子的合法继承权和带户再婚的权利，违者罚款50~100元。

九、父母、继父母、养父母对未成年的子女、继子女和养子女必须依法履行抚养义务。成年子女、继子女、养子女及其配偶，对基本丧失劳动能力或生活来源的父母、继父母、养父母必须依法履行赡养义务，违者罚款50~100元。

十、不准酗酒闹事，扰乱社会秋序，发现一次罚款50~100元。

十一、严禁任何单位和个人非法制造、经营、买卖、私藏管制刀具、火枪等凶器和危险品；严禁吸毒、贩毒。任何个人不得以各种结果煽动群众到机关、学校、企业、村民委员会办公地、他人住宅起哄捣乱、闹事、制造事端，不得寻衅滋事，扰乱社会治安秩序，违者罚款 50～300 元。

十二、不准非法搜身、侵入他人住宅和限制他人人身自由，不准诽谤他人和侮辱妇女，邻里之间发生纠纷不得采用威胁、要挟的方法，对殴打他人造成伤害的，应赔偿医药费、误工费等，情节严重的，提请司法机关依法处理。

十三、不偷拿国家、集体、他人财物，不在公路、水域航道上设置障碍，不损毁、移动指示标志，不损毁机耕道路、排灌渠道、耕作机械等集体公共设施，不乱砍滥伐树木。违反者，或作价赔偿、或予以清除、修复和补种，情节严重、损失重大的，提请司法机关依法处理。

十四、严禁传播淫秽物品，严禁卖淫嫖娼，严禁赌博和小偷小摸，反对迷信活动，严禁利用迷信造谣惑众、骗取财物，违者罚款 1000 元。

十五、一旦出现火警或者小孩在屋边烧火时的，发现一次罚款 300 元，作为全寨打扫卫生费。造成重大损失的处以罚款 500～1000 元。

十六、不准放猪、牛、羊、马及家禽吃农作物，违者每头每次罚款 20～50 元，并赔偿损失。

十七、发现放火烧山者，每人每次罚款 200～500 元，并报送林业部门处理。

十八、风景树断枝、倒塌一律不准私拿，违者处以罚款

10～100 元，并全部没收。

十九、凡是不积极参加公共事务和公益事业建设，罚款不缴纳（除寡妇、寡公外），需要办理一切证件和各种申请者，村委会一律不予办理。

二十、积极推行殡葬改革，服从殡葬管理。提倡勤俭节约，反对婚嫁、丧事大操大办。

二十一、严格执行信访条例，不得违法上访。

二十二、违反本村规民约的，除触犯法律由有关部门依法处理外，村委会研究作出如下处理：

1. 予以批评教育。

2. 责令其恢复原状或照价赔偿。

3. 取消享受或者暂缓享受村里的各种优惠待遇。

二十三、凡违反本村规民约要进行处理的，必须在调查核实后，经村民委员会集体讨论、决定，不得由个人擅自处理。

二十四、凡被依法处罚或违反本村规民约的农户，在本年度不评先进户、文明户、五好家庭户、遵纪守法户。外来人员在本村居住的参照执行本村规民约。

二十五、盗窃家禽家畜的，一经发现处以 100～200 元的罚款，并照价赔偿损失。

二十六、不准乱砍滥伐树木，乱砍滥伐古树、风景树者，每棵罚款 100～200 元，并没收原木。

二十七、本村规民约有与国家法律、法规、政策相抵触的，按国家规定执行。

二十八、本村规民约自2005年4月5日村民委员会会议讨论通过施行。

## 36.（贵州省黔东南苗族侗族自治州镇远县报京乡报京村报京大寨）村规民约[①]

为了提高全村村民自我管理、自我教育、自我约束的能力，促进全村的安定团结和三个文明建设，根据法律和国家有关政策规定，制定本村村规民约。

一、全村村民均有保护耕地的义务。村内任何组织和个人使用土地都应该服从村的统一规划和调整，不得侵占、买卖或者以其他形式非法转让土地。违者罚款50～10元，并收回非法转让土地。

二、村民建房必须服从本村规划，并按照规定程序申报，在领取《建房许可证》后，按批准的地点和面积施工建房，违者罚款500元。

三、严禁荒废耕地，对荒废耕地者，除责令限期复耕种外，报京乡人民政府依法收取抛荒费。并按100元/亩予以罚款。

四、实行计划生育。计划外生育者，谩骂、侮辱、殴打计划生育工作人员等行为者，按有关法律法规和政策严肃处理。

---

① 来自：石培培：《民族地区基层民主建设背景下的村规民约——基于黔东南报京大寨的村规民约的解读》，中央民族大学2010年硕士学位论文。

在当月25号以前出生或者死亡的必须按七天内上报村委会，26号以后出生或者死亡的按当天汇报。违者罚款20～30元。

五、学龄儿童和青少年有依法接受教育的权利和义务。其法定监护人应保证子女接受九年制义务教育，违者罚款200元。

六、本村任何单位和个人一律不准招用16周岁以下的人做工。违者责令其限期辞退，情节严重的，报有关部门依法处理。

七、凡符合服兵役的义务，应积极主动参加兵役登记、体检和应征，对逃避兵役（包括不参加初检、不参加复检和体检合格拒绝服兵役）的村民，按照有关法律和政策规定给予处理，情节严重的由有关部门依法追究法律责任并罚款。

八、要尊老爱幼，保护老人、妇女、儿童在社会和家庭生活中的合法权益，禁止虐待、遗弃、伤害行为。任何个人不得剥夺已婚女子的合法继承权和带户再婚的权利，违者罚款50～100元。

九、父母、继父母、养父母对未成年的子女、继子女和养子女必须依法履行抚养义务。

成年子女、继子女、养子女及其配偶，对基本丧失劳动能力或生活来源的父母、继父母、养父母必须依法履行赡养义务，违者罚款50～100元。

十、不准酗酒闹事，扰乱社会秩序，发现一次罚款50～100元。

十一、严禁任何单位和个人非法制造、经营、买卖、私藏管制刀具、火枪等凶器和危险品；严禁吸毒、贩毒。任何个人不得以各种结伙煽动群众到机关、学校、企业、村民委员会办公地、他人住宅起哄捣乱、闹事、制造事端，不得寻衅滋事，扰乱社会治安秩序，违者罚款50～300元，

十二、不准非法搜身、侵入他人住宅和限制他人人身自由，不准诽谤他人和侮辱妇女，邻里之间发生纠纷不得采用威胁、要挟的方法，对殴打他人造成伤害的，应赔偿医药费、误工费等，情节严重的，提请司法机关依法处理。

十三、不偷拿国家、集体、他人财物，不在公路、水域航道上设置障碍，不损毁、移动指示标志，不损毁机耕道路、排灌渠道、耕作机械等集体公共设施，不乱砍滥伐树木。违反者，或作价赔偿、或予以清除、修复和补种，情节严重、损失重大的，提请司法机关依法处理。

十四、严禁传播淫秽物品，严禁卖淫嫖娼，严禁赌博和小偷小摸，反对迷信活动，严禁利用迷信造谣惑众、骗取财物，违者罚款1000元。

十五、一旦出现火警或者小孩在屋边烧火时的，发现一次罚款300元，作为全寨打扫卫生费。造成重大损失的处以罚款500～1000元。

十六、不准放猪、牛、羊、马及家禽吃农作物，违者每头每次罚款20～50元，并赔偿损失。

十七、发现放火烧山者，每人每次罚款200～500元，并报送林业部门处理。

十八、风景树断枝、倒塌一律不准私拿，违者处以罚款10～100元，并全部没收。

十九、凡是不积极参加公共事务和公益事业建设的，罚款200~500元，不缴纳的，村委会一律不予办理该户的一切手续、证明、国家补助款等。

二十、积极推行殡葬改革，服从殡葬管理。提倡勤俭节约，反对婚嫁、丧事、升学、建房、生子等大操大办酒宴的行为。

二十一、严格执行信访条例，不得违法上访。

二十二、违反本村规民约的，除触犯法律由有关部门依法处理外，村委会研究作出如下处理：

1. 予以批评教育。

2. 责令其恢复原状或照价赔偿。

3. 取消享受或者暂缓享受村里的各种优惠待遇。

二十三、凡违反本村规民约要进行处理的，必须在调查核实后，经村民委员会集体讨论、决定，不得由个人擅自处理。

二十四、凡被依法处罚或违反本村规民约的农户，在本年度不评先进户、文明户、五好家庭户、遵纪守法户。外来人员在本村居住的参照执行本村规民约。

二十五、盗窃家禽家畜的，一经发现处以100~200元的罚款，并照价赔偿损失。

二十六、不准乱砍滥伐树木，乱砍滥伐古树、风景树者，违者没收非法所得，并处每棵100~200元的罚款。

二十七、本村规民约有与国家法律、法规、政策相抵触的，按国家规定执行。

二十八、本村规民约自2008年1月5日起实施。

报京大寨村民委员会

# 37.（贵州省黔东南苗族侗族自治州榕江县乐里镇）本里村村规民约[①]

为了促进本里村经济繁荣，我们需要维护社会稳定，树立良好的村风、民风，创设良好的居家环境和投资环境。我们需要通过健全切合村情的制度文化来推进本里村民主法制建设，尽最大努力提升全村人民的精神素质和适应“政治文明、物质文明、精神文明”建设需要的道德水准。根据当前和今后一段时间本里村经济建设发展需要，集中全民意见和建议，然后先起草，再经全体村民讨论通过，特推出本里村村规民约，供我本里村全体干群执行。

## 村规民约内容概要

一、总则；二、组织公约；三、社会治安公约；四、社会秩序公约；五、生活节俭公约；六、环境卫生公约；七、安全用火公约；八、生态环保公约；九、各种界定规则；十、违规处罚条例。

## 村规民约的具体内容

### 一、总则

一拥护：拥护中国共产党统一领导下的中央最高领导集体。

① 高其才于2019年2月19日搜集。

二反对：反对滥用职权假公济私、营私舞弊、假公济私；反对荒淫堕落而拉帮结派、明偷暗抢、好逸恶劳、损人利己、铺张浪费、充当第三者或卖淫嫖娼、拐卖哄骗、嫌老弃幼。

三热爱：爱党、爱国、爱人民。

三个四：(1) 四美：心灵美、行为美、语言美、环境美；(2) 四心：公心、爱心、耐心、包容心；(3) 四心态：公平竞争心态、律己慎独心态、任人唯贤心态、处事冷静心态。

四优先：(1) 家庭要务优先考虑人格相互尊重、义务共同承担、活动共同参与、利益共同分享；(2) 社会交际优先考虑使自己在新人、新思想、新观念等方面有鉴别地接纳、推介或展示；(3) 事业方面优先考虑独当一面的个人能力提升、群体交叉配合能力的整合、才智共同分享的慷慨、观念与时代同步，思想适度超前；资源再生利用、报酬合理分配；(4) 精神方面优先考虑时代感、责任感、幸福感、尊重感、团队荣誉感和创新求异紧迫感。

五讲五有：(1) 五讲：讲原则、讲文明、讲礼貌、讲环保卫生、讲秩序。(2) 五有：人生有理想，为人有道德，头脑有文化，言行有纪律，做事有组织、目标、计划、总结。

六意识：大局意识、忧患意识、前瞻意识、权责兼顾意识、公益意识、资源开发与环保意识。

七权利：选举权善用、被选举权信用、教育监护权必用、政策关注权齐用、劳动致富权巧用、土地支配权专用、财产所有权享用。

八能力：处理事务的精准力、团结奋斗的凝聚力、完成中心任务的配合力、重大项目的公心力、吸收信息的分辨力、舍小求大的远见力、意见分歧的求同力、勇于创新的毅志力。

**二、组织公约**

1. 不管将来村级领导班子如何换届，其一，今后每个村民（包括党员）手中的一票都必须做到为自己和为全村人民的利益负责；其二，村规民约工作表现列入当前任届的考绩来接受村民的监督和考量。其中对村规民约不纳入工作议事日程安排的干部，应该视为不称职。

2. 增强社会综治齐抓共管的全民意识。建立村级民约组织管理机构，明确村支两委一把手亲抓亲管的责任。其管理成员由村党支部、村委会、村老年协会、组干、党员代表、群众代表组成，在村两委统一领导和协调下开展工作。

3. 全村以自然寨为单位，分为寨本、王寨、上大寨、下大寨、旧寨、公路边新寨、友寨、仔生八个民约综治管理区别。

第一，村组干分片包干，对其责任区经常做定期或不定期的监督检查记录。

第二，各片选好片长，片区内再由片长根据农户分布情况划分责任小区，并由责任小区民众推选出有责任心、有号召力的小区组长，作为小区内的民约管理责任人。

第三，各片区管理人员要经常做有关民约的宣传教育和监督工作，确保民约工作责权到位。

第四，对在执行民约过程中所出现的争议问题，村级处纠工作要及时到位地做好仲裁。

第五，条件允许时，村级应主动寻找经济出路，为村规民约管理人员提供必要的误工补助。

4. 因形势发展或情况变化，使村规民约的某项某条发生失去实际意义之类的问题时，可以提出修改意见，但新修订的民约尚未宣布实施前，原订民约依然有效。

**三、社会治安公约**

1. 标本兼治。一方面对日常生活中出现的关于治安方面的问题或现象进行妥善的、公正的处理；更重要的是对滋生问题的根源进行疏通清理，如发挥舆论的正面导向作用，利用重大节假日有组织、有目的、有计划地开展健康文明的政策法规宣传和文化教育活动，树立正气，以削弱或消除各种不利于治安工作的歪风邪气，做到防患于未然。

2. 发挥社会教育的整体配合功能。各社会组织、社会团体和家庭对其成员的约束要从高从严；也可以对普遍存在的严重性问题办班作有针对性的学习讨论，发挥党团的先进性；利用老年协会、妇女联合会等各种社会进步组织或进步团体的社会影响力开展不同形式的教育活动，同时发挥护寨队强制管约作用；并建议学校教育在这方面作积极配合等。

3. 通过全民安保意识，人人都敢站出来，跟社会上的不良言行作坚决的斗争，原则问题不让步。让社会上一切不文明不健康的东西都成为“过街老鼠”。

4. 对严重影响社会治安的、自身不能处理的违法违纪行为，应及时向有关执法部门举报捉拿归案。

**四、社会秩序公约**

1. 自觉遵守国家法律和社会公德，顾全大局，争做有理想有抱负之人，为人处事勿因小恶而为之，勿因小善而不为。

2. 建立友好的睦邻关系，培养与人为善的良好心态和集体荣誉感。

3. 以劳动致富为荣，以好逸恶劳为耻。靠国家法律支持发家致富。大到全社会，小到每个家庭成年人，都有责任和义务对染指偷盗他人果蔬禽畜、电击炮炸药闹鱼虾、偷水盗电、偷砍盗伐经济林木、偷人金钱什物、强占他人财产、欺行霸市等有损社会生产秩序或他人切身利益的行为，不问亲疏，敢作坚决的斗争。

4. 村级治保组织要积极主动地配合上级有关部门，对于社会上的一切不正当行为或不合法的帮团组织，必须进行适当的批评教育，对屡教不改者交政府执法机关处理。

**五、生活节俭公约**

1. 树立节俭新风，使社区内每个成员都养成生活节俭的良好品行。从我做起，从零开始，为形成勤俭节约的良好社会道德风尚作出应有的贡献。

2. 节约用电、用水。做到人离开用电用水现场要随手将电源和水源关紧的好习惯。

3. 生活开支要分轻重缓急，日常消费要有计划，为发展再生产多提供一点周转资金。

4. 用钱讲实效，不图虚名；办事重高效，不走过场；投资货比三家，价实买货真；交往动以情，说话理服人。

5．红白喜事待客餐数相关事宜。正酒吃两餐，分别为进客当晚与次日早饭（即中午饭）进客的第二天下午散客。散客的当天帮忙人员组织好缮后工作的同时，下午开席谢厨。

6．移风易俗。嫁女舅公礼原则上从简（五斤肉、五斤米、五斤酒、五斤糖、一只开叫的公鸡即可）；白喜事免除主家另外砍肉谢八仙的繁琐礼数。

7．村级活动要求做到：村内集会或聚会原则上是活动筹备组自己有计划地事先为活动寻找经费出路，决不动用村内积蓄；村级涉外且具有深远影响力的活动，根本不需要动用村级积蓄或不动用他项活动经费时，可自主安排并时报时销；凡开展活动必须动用村内积蓄或他项经费指标时，原则上事先应先征得全体村干认可，同时事后必须向民众作公布。

8．村干外出公干，原则上不能出现用钱与签字是同一个人之情况；一般非财会的村级主要领导不管钱；村干出差开支的白条应有别的村干签字认可方能报账。

9．节俭赠言：饱时防饥精打算，冬置凉装夏买棉，该大方时莫细啬，当紧手处别挥金。

**六、环境卫生公约**

1．增添街巷垃圾处理装置和排污设施，划段明确责任人；

2．村委要对全村禽畜圈舍和厕所做符合卫生及村容审美要求的搬迁分步实施规划，选点建圈建厕必先创设垃圾处理条件，确保房前屋后街旁路边无杂臭味和暴露垃圾。

3．将来村内凡有建设，房屋讲究样式，道路统一规格，绿化须注重整体效果，而且有建设必有绿化。同时不许以毁风景林来开辟宅基地。

4．凡人畜粪便或农资什物须定点堆放在不阻碍行人车辆流通和不影响人的视觉观感的地方；禽和畜都必须实行圈养，保证街巷无任何粪便痕迹，同时也使庄稼免遭牲口破坏。

5．凡不能提供生活需要的动物尸体必须自觉将其填埋掉，凡破布烂鞋、果皮纸袋等生活垃圾应按可回收和不可回收分类尽量自己妥善处理掉，无法自己处理者，焚烧池也不能消化的物品必须采取定点填埋。

6．对于环境卫生，人人都有监督权，对于不讲卫生的人和事，人人都有批评教育权。

7．无论是各种团体聚会、节假日活动还是操办各种喜事，活动主办单位或个人都要把缮后卫生工作等事项安排妥当。

8．河道卫生要实行划段管理，垃圾不许任何人以任何理由直接倒入河中，污水不得直接排入河道。

9．村内公共楼堂馆所等要明确专人管理，适时做好防火、防腐等多防工作。

**七、安全用火公约**

1．增强全民的防火安全意识，经常做好防火安全宣传，对可能引起火灾的隐患，平时要多留意，一经发现要将其消灭在萌芽状态。

2．用火安全工作要配合环境卫生工作一齐抓。把我们房前屋后及室内楼脚、公共楼堂馆所和大小街巷的易燃等散乱物及时地清理掉；划片管理工作要定时、定人、定责，使排查发现问题能够轻易找到责任人。

3. 不管在什么地方，只要听到有人呼叫或发现冒浓烟等异常情况，都要引起警觉，以防万一。

4. 每个家庭都要教育好自己的孩子，不让他们玩火或把打火机等引火物带到没有大人在场的地方。

5. 每个社会成员对于小孩或神志不清者弄火玩火，都有权利和义务加以有效制止。

6. 用电用火烧菜做饭后，要及时关电或认真清理用火现场，直到确认无丝毫火种为止，方可离开用电（火）现场。如果是小孩在家做饭菜，家长必须对他们进行生活用火安全训导，确认其熟悉操作程序后方可放手让他们独立完成。

**八、生态环保公约**

1. 不允许任何人以任何理由在自然环境中枪杀、电杀、药杀野外生物（包括天上飞的、地上树上走爬的、河中游的）。

2. 尽量限用高毒性农药，凡报废的毒性残留物品，必须定点填埋掉，避免残留毒污染环境并伤害生物。

3. 在各自然寨周边划出绿化区进行风景绿化，并确保实现村级风景绿化的统一规划意图。

4. 把每年春节后的农历初十定为本里村的全民植树节，每年的这一天，全民都要在自家所在的自然寨里面，按照统一安排，到野外找常绿树苗和花草栽培在指定的地方，营造一种宜人的绿色环境。

5. 将来村内的集体或个人需要搞建设，要求全村统一布局，确保村容美观而又整洁有序。

6. 尽量降低各种污染物的排放指标，确保环境净化和美化。

7. 全村整洁有序一把尺子。室内物件按厅室不同分类放置整齐；室内外和街边道旁无多余的字画墨迹及蜘蛛网；室外柴草摆放有序且位置不显眼；主道边大小车辆停车必须靠边，摆车要整齐。

8. 鸡鸭猪牛等禽畜实行圈（笼）养，避免禽畜粪便撒落在街头巷尾。

**九、界定规则**

1. 计划生育在婚龄、生育等按相关政策法规程序执行。

2. 五保户财产（包括房屋、责任田、土、山等）继承问题，原则上退归原所在小组作公益建设机动安排，但是如果是由亲戚从优养老送终，其财产继承权必须通过该亲戚与五保户所在小组法人代表办理相应的文字协议而决定财产后归属。

3. 田坎界定，从田里水面往上丈量，凡田坎坡度等于或小于 30 度者，田坎限高五丈；凡田坎坡度等于或大于 31 度者，田坎限高七丈。

4. 山界界定，一律以县档案局的存根为依据。如果指定的存根同样说明不清或有其他原因者，由村、组干和知情群众代表共同公平裁断下定论，并当场写好有各方代表签名的备忘录留存备案，如果有个人责任山经营权转让的情况发生时，在政策允许的情况下，一方面要求手续齐全，二方面要求不得改变原有用途。

5. 因第三者造成家庭婚姻纠纷的处理意见：第一，第三者自动介入某婚姻家庭造成其原配夫妻常闹矛盾，但并未构成分离者，只要事实成立，第三者必须赔偿原婚姻家庭夫妻无端受牵连的另一方一至五万元感情磨损和精神损失费。第二，如果第三者自动介入某婚姻家庭造成原配夫妻分离者，只要事实成立，第三者首先必须赔偿原婚姻家庭夫妻无端受牵连的另一方五至十五万元感情磨损和精神损失费，外加原家庭子女养育费若干，其原家产由裁判决定。第三，原婚姻家庭夫妻其中一方因喜新厌旧到外面寻花问柳而出现第三者介入婚姻家庭时候，不管是什么原因，只要事实发生于原配夫妻未正式办理离婚手续领取离婚证之前，所造成的财产分割，按原婚姻家庭财产（包括房屋、责任田土、自留山在内）折算总价，总价的二分之一作儿女养育费，任何一方不能挪用；按总价计算的二分之一，由原家庭夫妻中肇事方和第三者凑足数一手交给原婚姻家庭另一方作赔偿费用。第四，婚姻家庭中夫妻单方或双方有意设圈套让别人误入成为第三者时候，第三者可以通过正当程序向原婚姻家庭索赔一至四万元作有意陷害费用。

6. 本里白岩山封山禁伐条令：本里作为长江和珠江两大水系其中支流的源头区之一，上级花重金在这一带搞退耕还林，保持水土流失和维持生态平衡是其中主要目的之一。可见，白岩山封山禁伐不只是从全村的长远利益着想，更是一种顾全大局的明智表现。为此，从即日起，白岩山绝对禁火、禁伐。凡不听禁令或纵火或乱砍，或用机动车、人力车自拉亦或被雇，数量无论多少，均按实际损失和所造成的不良社会影响等多方面来计价翻十倍折现币索赔，同时还要处以砍一栽十并保证成活率百分之百。

## 十、村规民约违规处罚条例

1．无论违反村规民约的哪一项哪一款，也无论是有意或是无意，只要是构成违约事实的，都要追究违约人的违约责任。

2．因违约造成集体单位或个人经济损失者，按照损失轻重，要照价赔偿，还要看其认错态度酌情处以 10 元～500 元罚款。

3．因违约造成社会不良影响者，视其影响深远程度，情形较轻者令其为村里做 5～10 件好事，将功补过；情节较严重者，责令其鸣锣喊街 1 天～1 个月；情节特别严重者，除了批评教育之外，并处以 20 元～500 元罚款后再送交上级执法机关依法论处。

4．对于子女违约，家长要配合社会严加管教；如果不加管教或者管教力度不够者，则由家长代负违约责任；如果是家长根本无力管教者，街坊邻居有权行使适当的社会教育。

5．对于累教累犯者，小孩则由监护人代负违约责任，年满 18 岁以上者，自己承担违约责任。

本村规民约所有条文如果存在与上级政策法规有抵触者，以上级相关政策法规为准。本村规民约自全民通过公布之日起生效。

本里村村两委

2011 年起执行

执笔人：张某某

## 38.（贵州省黔东南苗族侗族自治州榕江县乐里镇）本里村计划生育村规民约[①]

（2014年6月9日经本里村村民代表大会表决通过）

第一条　根据本里村《计划生育村民自治章程》，结合实际，制定本里村《计划生育村规民约》，并经村民代表大会讨论通过，供全体村民遵照执行。

第二条　村民都要学习党和国家的计划生育方针、政策和法律、法规，自觉按照本里村《计划生育村民自治章程》履行计划生育义务。

第三条　村民依法结婚、依法生育。结婚前自觉参加相关优生优育知识培训，结婚后，符合政策生育一孩在申请办理《生殖保健服务证》时，向村委会缴纳300元手术承诺金，符合政策生育二孩在申请办理《二孩生育证》时，向村委会缴纳500元承诺金。

第四条　实行晚婚晚育，严禁早婚早育和非婚生育。早婚的向村委会缴纳300元违约金并自觉落实避孕措施；已婚育龄妇女怀孕2个月以内须及时向育龄自管小组长报告怀孕情况，自觉接受本里村计划生育服务管理，到乐里镇计划生育服务站进行免费检查。政策外怀孕的必须落实补救措施，拒不落实补救措施造成违法生育的除了依法缴纳社会抚养费外并向村委会缴纳500元至1000元违约金。

---

① 高其才于2019年2月19日搜集。

第五条　严禁非医学需要的胎儿性别鉴定或者选择性别的人工终止妊娠。政策内自然流产的必须有县、乡级医疗卫生机构出具的有效证明，并且在 12 小时之内向本里村报告，否则一律视为选择性生育，按照《贵州省人口与计划生育条例》规定，将取消该夫妇的生育资格。

第六条　生育子女 3 日内向村民委员会报告。生育第一个子女在 90 天之内（剖宫产 210 天内）落实上环手术，生育两个及以上子女在 42 天后 90 天以内落实绝育手术，已经缴纳手术承诺金的，经计生办签字盖章后，由收款单位予以退还。不按照规定时间落实相应避孕措施的，已经缴纳手术承诺金的，手术承诺金作违约金处理，未缴纳手术承诺金的向村委会缴纳 300 元以上 1000 元以下违约金。

第七条　49 周岁以下未落实长效避孕绝育措施的已婚育龄妇女，必须按时参加孕情、环情、健康检查。未参加的，缺一次向村委会缴纳 50 元违约金。

第八条　村民必须参加计划生育“双诚信、双承诺”管理，每个家庭都要与村委会签订《诚信计生双向承诺书》，流出人口流出前办理一张《流动人口婚育证明》，与村民委员会签订一份计划生育服务管理合同，属于妇检对象的每 3 个月在流入地参加妇检并且邮寄回一张妇检证明。违反本条规定向村委会缴纳 50 元以上 200 元以下违约金。

第九条　不支持、不包庇违反计划生育法律、法规的人和事。出租房屋 15 天之内必须向村委会报告，当租房者有违反计划生育行为时，除了积极劝阻、制止之外，并及时向村委会报告，不非法收养、代养违反计划生育政策家庭的子女，且不为其代管财产、代耕土地。违反本条规定向村委会缴纳100元以上300元以下的违约金。

第十条　违反计划生育政策、法律、法规生育的，必须足额缴清社会抚养费。

第十一条　遵守本计划生育村规民约第三至第十条规定的家庭成员，其家庭界定为诚信户，违反的其家庭界定为非诚信户。

第十二条　界定为诚信户的家庭按照政策规定享受国家和本里村各项优生优待优惠和奖励补助政策待遇。

第十三条　非诚信户在与村委签订《诚信计生双向承诺书》的前提下，兑现承诺并遵守本村规民约缴纳违约金，当月经民主评议小组评议即可成为诚信户。

第十四条　凡被界定为非诚信户的家庭，村民委员会对该户暂缓签审《人口计生“双诚信双承诺”服务证》，暂停或暂缓享受有关惠民惠农政策，已享受的各种优惠、奖励予以停发。

第十五条　评议为诚信计生户的，村委按照实际情况安排享受本里村奖励政策：

（1）对政策内生育的一孩、二孩在规定时间内落实长效（一孩上环、二孩绝育）避孕措施的，一孩上环奖励五十元，二孩结扎奖励壹佰元，二女结扎奖励贰仟元。

（2）履行计划生育义务、没有违反国家计划生育法律法规的家庭，其子女考上大学的，专科奖励壹佰元、本科奖励贰佰元、重点大学奖励叁佰元。属“两户”子女的专科奖励肆佰元、本科的奖励陆佰元。

第十六条　本里村《计划生育村规民约》自村民代表大会通过之日起生效。

## 39.（贵州省黔东南苗族侗族自治州丹寨县兴仁镇）王家村“五户联保”公约①

为规范我王家村社会管理，全面深化我村村民自治，倡导文明、进步、诚信的社会氛围，增强自我管理、自我服务、自我监督的自觉性，促进和谐稳定，让全村人民安居乐业，过上幸福的生活。结合我村实际，特制定本村“五户联保”公约：

**一、“五户联保”公约内容**

（一）联卫生，保环境

1. 本村村民应自觉遵守爱护环境卫生，每天清扫自家室内外的垃圾并进行焚烧处理，养成爱护卫生的良好习惯。

2. 每户人家在开展庭院卫生清理时要做到一日一清扫，日清日结；每个联保组要进行一周一扫除、一月一整顿，保持房前屋后庭院及店堂、门面环境卫生干净整洁，无阴沟积水、无污泥恶臭、无乱堆乱放、无禽畜乱跑乱屙现象。

---

① 高其才于2017年4月26日搜集。该公约于2013年经群众大会通过之后公布实施。

3. 每户要实行“门前三包”责任制，即：包清扫保洁，包不乱扔乱倒垃圾，包不乱倒生活污水；杜绝公共场所随地吐痰，乱扔杂物，损坏公物以及乱涂乱画、乱贴、乱刻、乱挂等不文明行为；杜绝砍伐树木，践踏绿地、花卉，损坏花坛等破坏绿化行动。

4. 每户人家都必须杜绝乱搭、乱建、违章建筑等破坏村容寨貌、影响群众日常生产生活的行为。

5. 团结和睦相处，互相关心，互相照顾，不骂脏话、粗话，养成良好的生活习惯，共同关心和支持创建美好的环境卫生工作。

6. 以上规定每个村民应自觉遵守，如有违反者，则在公示牌内每次给予公示，挂“卫生脏乱差”黄牌警告，并责令整改，情节严重的，每次给予处罚（交纳）50～200元的违约责任金。村委会都将定期或不定期地进行卫生督查评比，做到每月一小评，半年一大评，年终一总评，对自觉遵守本规定的村民、经营户，由村委会授予“文明卫生”荣誉称号，对表现突出的农户给予一定的奖励。

（二）联治安，保稳定

1. 各户遵纪守法，积极参加“平安村寨”的创建活动，搞好家庭治安防范。严禁群众参加群众性械斗和打架斗殴、寻衅滋事；严禁偷盗抢劫、打架斗殴、参与吸毒、酗酒闹事、带头非法上访、信奉邪教、赌博、嫖娼等行为；严禁制作、出售、传播淫秽物品；严禁包庇、窝赃、窝藏坏人。如有违反，除接受法律惩戒外，责令其义务为群众“以身说教”开展法律宣传1~6个月。

2. 严禁非法制造、买卖、携带管制刀具、火枪；严禁收藏雷管、炸药、枪支弹药等爆炸物品和其他危险物品。违反者，责令其向公安机关投案，交出危险品，并义务在村内范围排查危险品6~12个月，并交违约责任金50~200元。

3. 严禁在公路、桥梁、涵洞、水库、水利两侧挖沙取土，放炮取石；严禁做危害交通、水利、通信、车辆安全等任何行为。违反者，视情节交纳违约金50~200元，并责令消除危害，义务看护管理该被损害对象6~12个月。

4. 严禁采取粗暴方式解决边界、山林、土地、房屋、水利、电力、婚丧、家庭、财产、邻里等纠纷，除当事人自行及时达成调解协议外，应当及时申请村、组、联保予以调处。违者造成不良后果，视情节除报请有关机关或部门惩戒外，责令交纳违约金50~200元。

5. 严禁各类封建迷信活动，严禁参与非法宗教派性、清源祭祖活动；严禁参与邪恶势力、邪教组织。违反者，除移交公安机关处理或惩戒外，交纳违约金50~200元，责令义务进行革除陋习、反对邪教等法制宣传和综合治理6~12个月。

6. “珍爱生命，远离毒品”，积极掌握毒品知识，了解毒品危害，户户争创“无毒家庭”，人人争当禁毒宣传员，做到“不吸毒、不贩毒、不制毒、不运毒、不种植毒品原植物”。违反者，除移交有权机关处理或惩戒外，交纳违约金50~200元。

7. 不参与赌博，不组织赌博，不提供赌博场所，发现赌博要及时制止或举报。违反者，除移交公安机关处理或惩戒外，交纳违约金50～200元。

（三）联安全，保平安

1. 做好农村消防、森防及道路交通安全工作；积极参与村级防火池、垃圾池和危险路段标识建设；积极参加村里组建的夜间巡防队、应急救护队并加强培训演练，确保关键时刻“拉得出”“打得赢”；配合做好各类机动车辆的登记、建档及管理工作，强化对营运车辆、摩托车等的监督管理。

2. 严禁损坏公路沿线树木、桥梁、涵洞、排水沟、路面以及各种路政设施。违者，视情节责令赔偿和修复，并义务管护该段公路1～3个月。

3. 严禁在公路上晒谷、游戏、玩耍、堆放物质、设置障碍。违者，视情节给予批评教育，清除妨害或交公安、路政管理机关处理，并责令义务管护该段公路2～4个月。

4. 严禁携带易燃、易爆、剧毒及其他危险品乘坐各类客运车辆。遵纪守法，严禁违章载客或乘坐违章摩托车、农用车、三轮车、拖拉机以及其他车辆。违者，发生交通事故，视情节责令做义务交通安全宣传5个月。

5. 严格管理好生产，生活用火、用电，不在易燃物附近生火、吸烟、燃放烟花爆竹。教育监护好未成年人不准玩火，监管好精神病患者和监护好老人用火，不能发生火灾事故。

6. 做好柴火堆放。严禁做林区、草坡以及其他政府规定的野外用火。违反者，责令清除整改，并交纳违约责任金100

元作为防火宣传费用，并责令野外宣传防火常识 15 天，造成损失的，交由森林公安机关追究其刑事责任。

（四）联产业，保富裕

1. 村民要积极围绕“一村一品”“精准扶贫”工作要求，选准产业致富项目，切实解决增加农民自我增收问题。

2. 结合实际，积极主动发展产业，严禁好吃懒做不做行为，违者，不得或暂缓享受国家各种救助或优惠政策。

3. 充分利用资源，主动并积极实施国家“精准扶贫”项目，违者，不得或暂缓安排扶贫项目。

（五）联人心，保活力

1. 配合村两委抓好村务公开、促进村两委廉洁自律建设，做好公益建设；做好关爱老弱病残和邻里互助工作；做好公平公正评选兑现惠民政策。

2. 每户人家都要互相帮助，团结友爱，不吵架、不骂人、不打架；违者，责令交违约金 50～200 元。

3. 尊老爱幼，善待老人，主动帮助老弱病残；违者，责令交违约金 50～200 元。

4. 团结一致，互相监督，互相制约，自觉遵纪守法；对不团结、不互相监督、不遵纪守法和挑拨离间的，自愿交违约金 100～200 元。

**二、违约说明**

1. 联户小组实行捆绑管理。一户违约，其他联户同时受到牵连，联户小组农户之间相互监督、相互制约、相互管理直至违约户整改完毕为止。

2. 对联户小组在遵守国家政策及服务农村的各项工作进行年终评比，评比结果与各项惠民政策及帮扶项目、物质的分配挂钩，在产业发展、金融信贷和各项惠民政策上优先给予考虑。

3. 本村“五户联保”公约，自群众大会通过公布之日起实施。

## 40.（贵州省黔东南苗族侗族自治州从江县洛香镇）洛香村中寨公约[①]

参天之树，赖其根壤；海之宽广，得益万江。树以根深而枝茂，水以源远而流长，固其根深才枝茂，护其源远方流长。款如轨，约如章，强民众公德，固行为规范，树美德新风，稳社会定安，无规矩难成圆方。今于村规民约之前提。新补款约完善，经全寨村民通过，以束人之言行于轨，人伦常理执于章，备存于后，望全村民众遵照。

第一款　一切议事，以少数服多数；戒骄横，倡文明，争做遵纪守法人。

第二款　醉酒不得参与公众议事，其亲友须劝其离场。

第三款　祭祀娱乐，年有15得参入，多次不与，视为自动离众。

---

① 来自：周相卿、史伟灿：《洛香村侗族习惯法田野调查民族志》，载《甘肃政法学院学报》2016年第2期。

第四款　例行活动不愿出资捐物，以此为例，过后每遇类事，不入其户安排事务。

第五款　自动退出公众，其晚辈又想加入，须当众放炮以表诚意，方许入众为伍。

第六款　年方 15 至 36 为罗汉，父子同龄段，允儿暂不入队，待父超龄儿接替。

第七款　逢办酒席，用公餐具，履行租用，借期有损，须修复原状或照价赔偿，所管之物，应一一俱全。

第八款　庆典活动，参与者须穿戴民族盛装，人人要遵行，否则谢绝入场。

第九款　世间为火最无情，防火人人有责，谁家用火不慎，引发山寨火警，按村规处罚，以示告诫后人。

第十款　封山森林是涵养大地，衬村寨美景。严禁乱滥砍伐，有违者，按村规处罚。

第十一款　赞勤劳致富之德，唾脚拐手弯之人，举报偷盗有奖，理事者为其保密，诬说假报按偷同罚，以身试法，按村规治理。

第十二款　除此之外，未列范例，均按村规办理。

洛香中寨立

2012 年农历正月十五

## 41.（贵州省黔东南苗族侗族自治州）黎平县中潮区三龙公社中罗九龙大队乡规民约条文①

党有党纪，国有国法，乡有乡规，民有民约。为了进一步维护社会秩序，巩固安定团结，发展生产，加速实现四个现代化，我社全体广大群众，经过反复酝酿讨论拟定下列乡规民约。

**一、关于对毁林的处理决定**

1. 凡是对乱砍滥伐封山育林者，砍一根罚款30元（包括讨油柴、秧青、干柴）。

2. 凡是对路边和休息乘凉的树木，及花桥大小桥梁休息的坐凳、坐石、水枧等，如有乱砍试刀、乱撳破坏者罚款30元。

3. 凡是对集体和社员自留山林如有砍坏一棵杉、松、楠竹和挖一个笋子者，罚款50元。

4. 凡是对水果林木，如乱砍和偷挖已移栽嫁接或成活的果木一棵者罚款10元。

5. 凡是对鼓楼花桥、学校仓库等公共建筑物，禁止小孩登爬摸取麻雀，违者罚款10元。

6. 凡是对得申请自用砍伐木材，倒手转卖的，发现一次罚款50元（其赃款赃物全部没收）。

7. 凡是对国家需用木材的分配指标通过三关，签订合同、

---

① 来自：刘锋、龙耀宏主编：《中国民族村寨调查丛书——侗族：贵州黎平县九龙村调查》，云南大学出版社2004年，第310－315页。

办好一定手续，允许小队和个人按分配指标去完成，超过部分按乱砍滥伐论处，每株罚款 50 元，并没收全部归寨老所有。

**二、关于偷盗处理的决定**

1. 凡是偷牛、盗马的抓获盗犯一起，除退回赃物外并罚款 150 元，如有杀掉或卖掉者，由寨老议价赔偿，另对寻找人员误工每天照开误工费 2 元。

2. 凡是偷猪、鱼、木料和板子以及农具家具等近几年抓住一次罚款 80 元，并退回赃物。

3. 凡是偷鸡鸭鹅狗羊等畜禽，辣子瓜豆等蔬菜，禾谷稻草柴火和拦园木料等罚款 20 元并退回赃物。

4. 凡是偷水果之类及桐籽、茶籽的罚款 15 元并退赃物。

5. 凡是对偷挖公路和偷剪电线和广播线者，发现一次罚款 30 元，对检举人从罚款中抽百分之五十奖励，并替检举人保密。

6. 凡是对小孩大人白天晚间乱进别人田间罩泥鳅、黄鳝、小鱼等违者罚款 15 元。

**三、关于对放火或失火破坏安全的处理决定**

1. 凡是发生山火不论集体山或个人的自留山，烧去一亩以上者每亩罚款 5 元，一亩以下的罚款 10 元（指杉、松、楠竹，烧一栽三包管成活三年再交山主）。另对施救者，每人每次开工钱 2 元。

2. 凡是对寨火发生火警未造成重大损失者，罚款 50 元（除交寨老 20 元外，其余 30 元作为地方福利之用）。

3. 凡是开荒地允许在自己田边地角开，如有开进集体和个人的自留山属毁林处理30元。

**四、关于对造房侵占良田的处理决定**

1. 从1982年农历三月一日起，凡是起房造屋的一律不准侵占农田，违者每间罚款200元，另每间每年加公粮100斤，直到恢复良田为止。

2. 凡是对以前未经批准起房侵占良田的每年每间罚款200元，每间加公粮100斤，直到恢复良田为止。

3. 从本年农历三月一日起，如房屋不便需要造房的，在不影响良田的情况下，自找地基，经公社大队调查属实后方可批准，对没有地基（者，若）哪一级违反规定给予批准，公社人代会有权追究领导责任，按上述一、二条处理。

4. 凡是本人申请确实符合条件的，批准后开好蔸价，并要砍一栽三。

5. 凡是批少砍多、批小砍大的按乱砍滥伐处理。

**五、关于对破坏社会治安的处理决定**

1. 凡是对勾生吃熟、内勾外引或嫁祸于人的坏人坏事者，查出后罚款200元（赔偿赃款赃物及按损失轻重议价赔偿）。

2. 凡是酗酒闹事打人和有意打人致伤者罚款50元（医药费护理费，由肇事者负责，死亡者，负责埋葬，并对死者的子女负责抚养到年满18岁）。

3. 凡是对父母不奉养不孝顺的夫妇和子女，轻者打锣游街，重者移交公社转司法机关处理（对监护人员误工每天开工钱2元）。

4. 凡是对参加赌博和变相赌博者抓住一次，每人罚款

100 元（另赢多少没收多少）。

5. 凡是对高赌和赌头，抓住一次者罚款 200 元。

6. 凡是对倒手转卖国家商品的及投机倒把和贩毒品者，抓住一次罚款 200 元，并没收赃款赃物和暴利。

7. 凡是对尚未完成国家上调肥猪任务的户，不准高价出售肥猪，违者每头罚款 50 元（完成任务的户允许高价出卖）。

**六、关于对订婚、结婚、拐婚、离婚的处理决定**

甲：订婚方面

1. 凡是对男满 20 岁女满 18 岁的男女订婚，必须到公社所在地进行登记，登记后只许送订婚礼，肉 5 斤、酒 5 斤、米饭 5 斤，违者罚款 15 元，生产队干部以上违者罚款 20 元。

2. 凡是对订婚后如男女双方须解除婚约的，男提男丢并罚抛丢费 30 元，女提罚女 50 元，男方损失由寨老调解议价赔偿。

3. 一律不准拐带订婚的男女，违者罚款 300 元（其中抽百分之十给寨老）。

乙：结婚方面

1. 凡是对男年满 22 岁女满 20 岁的结婚男女必须执有大队证明到公社所在地办理结婚登记手续，领取结婚证后始准结婚，违者罚款 10 元。未批准结婚所生子女按超生子女对待，并每年加公粮三百斤，连续三年。

2. 凡是办结婚证的男女，男方只许宰杀两头猪，男女双方各一头，米饭、米酒男女双方共十斗，违者男女双方各罚 50 元。

3. 凡是结婚后男女双方提出离婚的，男提男丢并罚款 50

元，女提罚款 100 元，赔偿男方损失 400 元。

4. 凡是对结婚后，因特殊情况，男女双方同意离婚的，夫妇双方所生产结余的部分果实按人分摊。

5 凡是对结婚后女方怀孕的，原则上不准离婚，如特殊情况离婚，所生子女由男方负责出抚养费到 18 岁止，抚养费的多少，由男女双方自酌。

6. 凡是对结婚后拐婚的处理 700 元，其中百分之十给寨老。

7. 凡是拐脚下夫妻的处理 1200 元，如不能兑现者，拉生猪拆房子抵押。

8. 凡是对非法发生两性关系的和破坏人家家庭和睦关系的、强奸的，先罚款 100 元，并补女方营养费 50 元，再送司法机关处理。通奸的男女各罚款 50 元，并双方打锣游街。

**七、对牲口糟蹋庄稼的处理决定**

1. 凡是对牛、马乱敞放或管理不善糟蹋庄稼者，除赔偿损失外，罚款 10 元（包括新造幼苗林地）。

2. 凡是对敞放生猪糟蹋庄稼者，除赔偿损失外罚款 5 元。

3. 凡是对鸡鸭鹅管理不善糟蹋庄稼者，除赔偿损失外，每只罚款 1 元，如有屡教不改者打死食肉。

4. 凡是对羊糟蹋农作物一律击毙。

5. 凡是对狗糟蹋庄稼和进田间吃田鱼者一律击毙。

6. 凡是对人进别人田间捉取蚱蜢糟蹋庄稼者罚款 15 元。

7. 凡是对勾生吃熟和偷盗及牲口糟蹋庄稼实事求是积极检举报案者，按该条罚款数抽百分之二十予以奖励。

以上乡规民约经三龙公社第七届第二次人民代表大会和公社管委会及寨老审议通过并呈报区委及法庭外，希望广大人民群众认真贯彻，尚有忽略违犯者，按本决定执行绝不宽恕。

本决定由1982年3月16日起施行。

附注：特别指出，寨老同志要大公无私、铁面无私地打破情面，如伪装老好，全体寨老成员到他家吃扫面酒，特此通过。

## 42.　（贵州省黔东南苗族侗族自治州黎平县永从乡三龙片区）关于丧葬、婚姻问题的新规定[①]

为发展民族经济，提高人民生活，达到小康水平，促进安定团结，乡有乡规，民有民约。1997年农历二月初七日，我三龙片区经三寨寨老成员及两村村委集中邑己召开会议，一致通过废除不合理的民俗旧习，重新建立新的民约规章，对民间红、白两台事作了修改，除申报永从乡政府、永城派出所备案外，立约书写，散发全片区各生产组施行，共同遵守。

**一、于丧事新办的规定**

1. 凡办丧事者，孝子、媳、女、女婿，每人只准撕孝帕一丈；孝侄、媳、女、女婿，每人只准撕六尺；孝孙、孝外孙，不认男女，每人只准撕六尺。孝侄孙、外孙一律不准撕帕；真正娘家的，每户准撕两根各一丈；凡通知来做客的亲

① 来自：刘锋、龙耀宏主编：《中国民族村寨调查丛书——侗族：贵州黎平县九龙村调查》，云南大学出版社2004年，第322－324页。1997年3月起实施。

戚，一律每户两根各六尺。

2. 凡有丧事的本房族中，除应交老人会定的钱米外，另适当自由支持一点钱物；其他亲戚去做客时，应先交钱、米、孝帐等物，作为孝礼支持孝家，但一律不赔布礼。记账员必须登账明确、清楚，以后便于赔还。开悼不开悼，由孝家决定，如开悼时，亲戚人等，只磕白头，表示哀思。

3. 凡举办丧事，吹鼓手无限制。

4. 严禁用红灵位，酗酒闹事（违者罚款80元）。

**二、关于婚姻问题的新规定**

1. 凡订婚送礼，只准送肉50斤、白酒50斤、大米50斤，折币350元。平时一年五大节的送礼共折币120元。如女方悔婚，另与人相拐，按年规定数计算上订婚损失合并赔偿。

2. 凡订婚的，男女双方所交换的物品，谁悔谁退。

3. 凡要办大酒结婚的，必须先办结婚证，方可办酒，否则后果自负。

4. 凡办大酒的，男方只许送肉200斤、白酒120斤、大米200斤，共折币1500元。

5. 凡办大酒后，女方又与人相拐，概由本身父母按办大酒折币数额并加订婚折币数额总和赔偿。

6. 订婚后如男方悔婚的不予赔偿损失。

7. 办大酒后，如男方悔婚的，女方陪嫁物品，一律退还女方。

8 凡是女方悔婚的，按规定应赔偿男方损失的数额，限一个月之内偿清，如超过期限，其后果自负。

9. 如果男女双方已生男育女闹离婚的，原则上不准离婚。

10. 凡女方没有与人订婚的，又发生与人相拐，其赔礼道歉礼，按订婚三个五十斤的现金赔礼道歉。

11. 凡办三朝酒的，只须办头胎酒，其二胎三胎办酒的，视为贪图礼物，原则不准。

以上决议条款，经两村老龄协会及村干部共同通过施行，不管任何人，凡违反者，寨老应铁面无私决议罚猪肉100斤以儆将来。

**三、三寨负责领导**

九龙：吴龙华　　中寨：吴茂顺　　中罗：吴明金

文书成员：吴振理　吴云吉

**四、九龙寨各房组长**

宰门房——吴堂标　　腊汉房——吴志锦

腊甲房、腊九房——吴廷龙

腊简房——吴先堂　　腊降房——吴明连

## 43. （贵州省黔东南苗族侗族自治州黎平县永从乡九龙村）村规民约[①]

为维护社会治安、秩序稳定和集体及个人的自身利益不受侵犯，经村党支部、村民为（委）和寨老联席会议研究，特

① 来自：刘锋、龙耀宏主编：《中国民族村寨调查丛书——侗族：贵州黎平县九龙村调查》，云南大学出版社2004年，第319－321页。2002年5月10日制定。

制定本村规民约。

**一、山火寨火处罚**

1. 发生山火，火警处罚一次 180 元，奖励保警人 50%，扑灭山火误工报酬每人 10 元，由失火者支付。失火损失超过 5000 元以上的，由林业部门处理。发生寨火处罚 200～500 元，火警处罚 125～150 元。

2. 毁林和破坏退耕还林的按每株 10～20 元罚款，情节严重的交林业部门处理。

3. 不准在他人自留山、责任山砍柴，违者罚款 100～150 元，举报者奖励罚款额的 50%。

**二、偷盗**

1. 对偷盗林木每次罚款 120～150 元，且每根树木赔偿 20～50 元，并退还赃物。

2. 小偷每次罚款 120～150 元，并退还赃物。

3. 偷牛盗马每次罚款 300～500 元，并退回赃物，奖励举报者 50%。造成经济损失由作案者支付误工报酬，每人每天 10 元。

4. 不准由（用）打鱼机在河道和稻田打鱼，违反者罚款 80～120 元，举报者奖励 50%。

**三、民间纠纷**

1. 调解婚事，误工报酬由双方当事人支付，每人每天与村干部务工报酬一致。

2. 酗酒闹事，有意行凶打人者罚款 120～150 元，坚持轻伤付重伤的原则，误工报酬由当事人支付，和村干部误工报酬一致。

3．环境卫生，各村各寨各农户房前屋后都要保持清洁。

**四、牲畜糟蹋庄稼**

1．猪、牛、羊糟蹋庄稼，除赔偿经济损失外，每头处罚20～50元。

2．鸡、鸭、鹅糟蹋庄稼，除赔偿经济损失之外，每只处罚10～50元。

3．小孩讨猪菜，糟蹋庄稼和农作物，除赔偿经济损失外，不论大小，小孩每次处罚20～50元。

**五、违反计划生育条例**

1．一对夫妇只生一个孩子，提倡晚婚晚育。

2．违反计划生育条例，坚持不给一切照顾。

3．不按通知不按时妇检的，每延误一天罚款30元。

4．一对夫妇每超生一胎除缴纳社会抚养费外，村委会另罚100～500元。

以上村规民约由村治保、调解委和村治安联防队全权处理，希望全体群众遵守。

## 44.（广西壮族自治区柳州市三江侗族自治县林溪乡）平岩村村规民约[①]

为了安定团结，维护社会治安秩序，保护人民生命和财产

① 高其才于2017年9月12日搜集。

的安全，搞好生产，提高生活水平，使人民群众的利益和公益事业不受践踏和侵犯，特立本约，希共同遵守、执行。此约专罚行盗，打击歪风，提倡精神文明和物质文明建设，为振兴我平岩村各方面而努力奋斗。

**一、对乱砍滥伐的处理**

1. 盗砍杉木、松木，中围一尺以上，每一株罚款 50 元，中围一尺以下罚款 10 元，原物退回失主。

2. 盗砍楠竹，一根罚款 3 元，竹笋一个罚款 2 元，原物退回失主。

3. 乱砍茶树，每一蔸罚款 3 ~ 10 元。不准乱进他人的责任山砍生柴。水源林区内砍一担生柴罚款 2 元，原物退回。

**二、对偷摸扒窃的处理**

1. 偷鸡、鸭、鹅等家禽，每只罚款 10 元，原物退回。

2. 偷豆、瓜、菜类等，每次罚款 3 元，原物退回。

3. 偷茶籽、桐籽，按当时发现有多少，全部没收退还失主，并罚款 20 ~ 50 元。

4. 盗窃耕牛，每头罚款 200 元，原物退回失主，严重者按照法律制裁。

5. 乱拿他人的耕牛扒田、犁田，不经牛主同意，每一次罚款 3 元。

6. 盗窃生猪，每头罚款 30 ~ 100 元，原物退回。

7. 偷盗田、塘的鱼，要完（偷光），每次罚款 50 ~ 100 元。如进他人的田、塘偷（得）一、二条鱼，（此）事发现后，也罚款 5 元。

8. 偷他人棉花、兰淀，每次罚款 5～10 元，原物退回。

9. 偷家窃舍，如代销店、仓库、楼上、楼下等，每次罚款 50～150 元，原物退回。

10. 偷水果类，每一次罚款 5 元，原物退回。

11. 盗自行车，每辆罚款 100～200 元。（偷）打谷机，每台罚款 80 元。（偷）人力车，每辆罚款 80 元。（偷）机械零件等，按价格罚款，原物退回。

**三、（对）牲畜糟蹋农作物的处理**

1. 放浪牲畜吃禾苗，已发胎（已打包）的，每屯（约 0.1 亩）赔偿干谷 100 斤；未发胎的禾苗，每一蔸赔偿干谷一两。吃玉米的，每一蔸赔干谷三两。如面积损失多，留给赔偿者（年终按面积交粮）。以上每一次（另）罚款 5 元。

2. 放浪牲畜吃他人的菜、绿肥、马铃茹（薯）等类，按损失面积施肥，并每次罚款 5 元。如牛者（主）不来领牛，按县人大代表（会）所作的耕牛管理决定处理。

3. 鸡、鸭、鹅进田吃谷子，每一只罚款 0.5 元。

**四、（对）损害公益事业的处理**

1. 破坏桥梁，乱偷木板、瓦片、电线，要追回原物，每次罚款 15 元。

2. 两个月不交电费者，停止供电。偷电者，一次罚款放一次电影（让偷电者拿钱请电影队来给大家放一次电影）。情节严重者另行处理。

3. 要自觉遵守会场、影场秩序，开会放电影时不准抄（吵）闹、骂人、打架。双方打架，每方罚款 5 元；单一方打他方，罚款10元。

**五、（对）发生火警的处理**

1．发生寨火，轰动群众的，每次罚款30元。

2．发生山火，损失面积一亩以下，每一次罚款）10～30元。一亩以上另行处理。严重者按照法律制裁。

**六、附则**

1．持刀砍牛者，罚款50元。或者（如果）砍死、（砍）残，违者赔偿生牛。

2．村与村、寨与寨之间发生（与）以上民约有关的（事件），由村民小组协商解决处理，不能私自处理，更不能抄家。

3．以上处理所得的款，20%奖给揭发检举人，20%给处理人作误工费，60%留给村寨作公益事业（费）。

（除）以上“村规民约”规定外，累（屡）次违犯者加倍罚款，（对）违者，按上述条款处理，由各村民小组执行。限五天内（将）所罚的款交清；超过五天后，按每天增加2元累计，由被罚款者承担。

（此约）由一九八七年一月一日起实行。

三江侗族自治县林溪乡平岩村村民委员会（公章）

一九八六年十二月二十五日

主送：平岩村村委会、每户一份。

抄送：乡政府三份、派出所一份、程阳村村委会三份。

# 45.（广西壮族自治区柳州市三江侗族自治县独峒乡）干冲村村规民约①

第一条　为了加强我村的治安管理，维护社会秩序和公共秩序，依照《中华人民共和国治安管理处罚条例》和《独洞乡社会治安管理公约》精神，结合我村实际，制定本村规民约。

第二条　本约适用于本村辖内的全体村民、社会团体、企事业单位和个人，也适用于违反本村规民约的外省、外县、外村人。

第三条　公共秩序：

1．扰乱车站、圩场、运动场或其他公共场所秩序的，罚款20元。

2．造谣惑众、煽动闹事、制造混乱的，罚款20元。

3．结伙斗殴、寻衅兹（滋）事、侮辱妇女或有其他流氓行为的，处以20元以上100元以下的罚款。

第四条　公共安全：

1．违反爆炸、易燃等危险物品管理规定，生产、储存、使用危险物品，尚未造成严重后果的罚款20元。

2．在公路、人行道上挖掘坑穴，放置障碍物，损毁、移动指示标记，可能影响交通安全的，罚款20元。

第五条　侵犯人身权利：

1．殴打他人，造成轻微伤害的，罚款30元。

① 高其才于2017年9月12日搜集。

2. 非法限制他人人身自由或非法进入他人住宅的，罚款30元。

3. 公然侮辱他人或捏造事实诽谤他人的，罚款30元。

第六条 侵犯公私财物：

1. 偷盗、骗取、抢夺公私少量财物的，处30元以上300元以下的罚款。

2. 故意毁坏公私财物的，视其情节轻重处以30元以上300元以下的罚款。

第七条 妨碍社会管理秩序：

1. 明知是赃物而购买或不愿退出赃物的，罚款30元。

2. 相信封建迷信，扰乱社会秩序或骗取钱财，尚未够刑事处罚的，罚款30元。

3. 严禁种植罂粟等毒品，违者处1000元以下罚款。

4. 故意损坏路灯、公用电话或其他公用设备的，罚款30元。

5. 严禁卖淫嫖娼，违者处1000元以下罚款。

6. 严禁赌博或为赌博提供场所及其他条件，违者处1000元以下罚款。

7. 严禁在我村辖区内用电鱼机电鱼，违者没收其电鱼用具，并处50元至200元的罚款。

8. 不准进入他人自留山、责任山开田造地。如需开垦的，要先商量。违者，山主有权没收其开垦的田地。

第八条 消防管理：

1. 发生寨火火警，每次罚款30元，并罚放电影一场；成灾的，送交司法机关处理。

2．发生山火火警，每次罚款 30 元；成灾的，视其情节轻重（处罚）：轻者，按损失大小罚款，并补造林；重者，依法处理。

3．救火人员工资，每个工日 5 元，由失火者交付。小孩失火，由其家长承担全部责任。

4．违反消防管理规定，占用防火线搭棚起房子的，勒令其限期拆除，并罚款 20 元。

5．损毁消防水池、水塔等消防设施、器材的，罚款 30 元。

第九条　乱砍滥伐：

1．乱砍滥伐集体（包括责任山）杉、松幼林，每株罚款 5 元。

2．盗伐杉木者，除追回原物和赔偿损失外，另给予 30 至 300 元的处罚。

3．盗伐松木者，凡胸径在 4 至 12 公分以内的，每株罚款 5 至 20 元，12 公分以上的，除退回原物或赔偿损失外，另给予 10 至 100 元的罚款处理。

4．楠竹、春笋大小不论，除退回原物外，每株（个）罚款 5 元。

5．乱砍风景林、水源林、护路林等，幼树每株罚款 15 元，成林罚款 50 元，并退回原物或折价赔偿。

6．经济林、果木林不准乱砍，违者，幼树每株罚款 15 元；已结果的，每株罚款 30 元，并要赔偿三年以上的经济损失。

7．因放浪猪、牛、羊而毁坏林地苗木（不分种类）或田地庄稼、红花草等，苗木每株罚款 5 角；吃红花草等，每亩赔偿损失 20 元。放进田地、林地的耕牛被抓获，牛主应为每头牛缴纳5元罚款费；需管理的，牛主还要为每头牛每天付3元管理费。

8. 擅自进入他人自留山、责任山、封山育林区砍柴的，每担罚款3至5元，并退回柴火。

第十条　小偷小摸：

1. 偷蔬菜类的，除退回原物外，每次罚款12元。

2. 偷猪、牛等家畜类，罚款100至500元，并退回原物和赔偿损失，严重的送交司法机关处理。

3. 偷水果类，视其情节轻重罚款5至20元。

4. 偷鸡、鸭等家禽类，罚款20至200元，并退回原物和赔偿损失。

5. 偷稻草，多少不论，每次罚款5元，并退回原物。

6. 偷鱼类，除退回原物外，每次罚款50至200元。

7. 偷田水，每次罚款2元，并赔偿被偷者因（缺）水所引起的损失。

第十一条　婚姻：

1. 婚姻大事，自己作主，禁止包办、买卖婚姻和其他干涉婚姻自由的行为，违者视其情节轻重予以罚款。

2. 夫妻在家庭中的地位平等，禁止家庭成员间的虐待和遗弃，违者严肃处理。

3. 扶老携幼是我们的传统美德，不准虐待、遗弃老人和儿童（包括女婴），违者严加处理。

4. 结婚、离婚须到婚姻登记机关办理手续，如不办婚姻登记，今后有争议，村部不予调处。

第十二条　其他：

1. 对违反本村规民约的人的处罚，如有下列情形，除由其家属或监护人赔偿损失和付有关费用外，也可以从轻或免予处罚：

（1）不满14岁，或已满14岁而不满18岁的；

（2）无行为能力的；

（3）情节特别轻微，并主动承认错误及时改正的；

（4）有其他特殊情况的。

2. 依照本村规民约被处罚的人，必须如实兑现被罚款项，一次交清或按计划定期交清。如无人民币者，可用货物抵押，猪、牛顶替，（限）五日内赎回抵押物，过期不赎者，执行人员有权拍卖抵押物。

第十三条　违反本村规民约所处罚的经费（所得罚款），50%交检举人，30%交调查处理人员，20%归单位所有。

第十四条　本村规民约自一九九〇年八月一日起生效。

干冲村公所、干冲村村民委、干冲村妇委会

1990年8月1日

## 46.（广西壮族自治区柳州市三江侗族自治县独峒乡）岜团村村规民约[①]

为了确保农林生产的全面发展，保证集体和个人的利益不

① 来自：郑海山：《从款约到村规民约的侗寨治理法文化研究——以广西独峒乡岜团村为例》，广西民族大学2011年硕士学位论文，附录1。

受侵犯，促进我村物质文明和精神文明的健康发展。建立和谐社会，特制定村规民约。要求每个村民都必须遵守执行，违者按本规定处理。

**一、林业方面**

1. 村有林、联营林场、村民的留山林木，盗伐一根罚款30 元到 500 元，松木每根罚款 15 元到 200 元。

2. 白果树种在私人的留地，以后挂果按百分比分成，有意毁坏白果树，每株罚款 50 元到 100 元。

3. 盗砍楠竹无论大小，每根罚款 10 元，竹笋每个罚款5 元。

4. 乱砍他人桐子茶籽树、茶叶树、果树每株罚款 10 元到100 元。

5. 牛、羊、猪毁坏庄稼，除赔偿损失外，每次罚款20 元。

6. 失火烧山（包括：松、杉、桐子、茶树、竹、薪炭等林除了赔偿损失外）每亩罚款 20 元。

7. 乱进他人茶地偷茶籽、桐子、茶叶，每次罚款 20 元，退回赃物。

8. 乱进他人茶地及责任山砍生柴，每次罚款 10 元。

**二、农业方面**

1. 社员灌溉用水按各屯、各条水利规定的分水管理制度执行，如若出现堵塞他人水利者，第一次罚款 10 元、第二次罚款 20 元、第三次罚款 50 元。

2. 农户承包的责任田、水利经过，及其他农户的水源在干旱季节不准排水、塞水追肥和晒田追肥，如因两项造成他人农田干旱减产的要负赔偿责任。

3．乱进他人责任田、鱼塘偷鱼者，每次罚款20元到200以下罚款，鱼要追回。

4．偷他人稻谷，退回稻谷，罚款50元。

5．鸡、鸭、鹅进入他人责任田毁坏稻谷，吃鱼籽，赔偿损失，每只罚款2元。

**三、社会治安**

1．严禁聚众赌博，如有为赌博提供场所、赌头、赌棍均罚款200元，参赌罚款20元。赌场随身带有钱全部没收归公。

2．严禁在河道炸鱼、电鱼、毒鱼，炸鱼每次罚款30元，毒鱼罚款200元，电他人责任田鱼，除赔偿损失外，罚款50元到200元。

3．盗窃耕牛每头罚款500元，猪200元，羊100元，狗50元，鸡鸭鹅每头20元，赔偿另外。

4．乱进他人房屋盗窃金、银，布匹等物资每次罚款50元到300元，追回原物。

5．摘他人桃、李、瓜、桔、柑等水果类按造价赔偿，每次罚款10元。

6．盗窃公共财物，比如木板、木条、瓦片等物资，追回原物，每次罚款20元。

7．谎报语言、惊动村民，罚款100到500元。

8．家庭用火不慎，造成炉火或者电引起火警，每次罚款200元到500元。

9. 谎报语言，制造煽动他人闹不团结、爱生事，需要到村部解决，每人先交50元调解费，赢者退回，输者该调解费交公。

**四、文物保护方面**

1. 不准在旅游景区乱挖土、搞新菜园、攀压、砍伐风景林木，影响绿化，违者罚款30元到200元。

2. 村有鱼塘、戏台、鼓楼等活动场所，不准侵占而起屋，违者罚款200元到500元，房屋照样搬迁。

3. 不准进村前寨后绿化点砍生柴、烧炭，违者罚款30元。

4. 过村钢管、水阀、消防栓，不准敲打，故意造成损坏，照价赔偿，当天修好，并罚款20元到50元。

5. 不准在大桥随意乱跑、乱窜、踩瓦、玩自行车和在桥底大小便，违者罚款20元到50元。

6. 不准放浪猪，违者罚款第一次10元，第二次20元，照此类推。

7. 各户门前屋后要讲究清洁卫生，违者罚款第一次10元，第二次20元，照此类推。

8. 不准在桥头倒垃圾，违者罚款第一次10元，第二次20元，照此类推。

岜团村村民委员会<br>2005年10月1日

# 第六章 布依族地区村规民约

## 1. （贵州省黔南布依族苗族自治州罗甸县）红水河镇红河村村规民约[①]

（二〇一四年二月二十日第一次村民代表会议讨论通过）

为保障红河村执行村民自治，进一步加快我村经济、社会健康有序发展，不断提高人民群众幸福指数，打造“平安红河”，构建和谐红河。根据《中华人民共和国村民委员会组织法》及有关法律、法规、规章及政策的规定，结合本村实际，经村民大会讨论通过《红河村村规民约》，具体条款如下：

---

① 来自：娄义鹏：《贵州少数民族地区纠纷解决机制研究——以苗族、侗族、布依族为例》，中央民族大学2016年博士学位论文。

一、严格执行《人口与计划生育法》，提倡晚婚晚育。

（一）严禁早婚和政策外生育，违者收取200元以上500元以下违约金。

（二）已婚育龄妇女必须按规定参加生殖健康和妇检，不参加一次收取50元以上200元以下违约金。

（三）有新生儿的必须在一周内向村委会提供出生时间，有死亡者的必须在一个月内申报，违约者收取100元以上300元以下违约金。

（四）未术对象必须在婴儿出生后90天内自觉到镇计生站落实相应避孕节育措施（剖腹产为180天），违者收取100元以上300元以下违约金。

（五）符合政策生育，但自愿放弃二孩生育并办理独生子女证的给予奖励500元；符合政策生育，自愿推迟生育年限的夫妇（3~6年），给予奖励300元。

二、必须严格遵守国家《土地管理法》和《农村土地承包法》。

（一）村民建设用地必须向村委会申请，报镇国土所调查，获县人民政府批准后方可开工建设，在建设中必须以罗甸县村庄整治规划设计图为外观形状，违者收取500元以上2000元以下的违约金，并报镇政府强制拆除。

（二）严禁外来乡镇人员和任何单位及个人未经有关职能部门和村委会同意，在我村辖区内乱搭乱建，违者收取1000元以上5000元以下违约金，并组织相关人员强制拆除。

（三）严禁在旅游规划区内乱搭乱建，违者收取500元以上 1000 元以下违约金，并报政府强制拆除。

（四）从事农业生产的农户必须按照镇政府农业产业化的发展规划和要求发展农业生产，违者收取 200 元以上 500 元以下违约金。

（五）外来人员到本村辖区内从事土地承包的，须召开村民代表大会通过并报镇政府同意后方能生效，擅自发包土地的无条件收回，并收取 500 元以上 2000 元以下违约金。

（六）严禁私下买卖土地，违者无条件退回违法所得，并收取 1000 元以上 3000 元以下的违约金。

（七）国家建设用地、规划区征地、基础设施用地，群众要大力支持，不予支持或故意阻碍的，不能享受国家的一切惠农政策。

三、严格执行《禁火令》和《限耕令》。

（一）严禁乱砍滥伐。需批量采伐林木的，必须向林业部门提出申请，获得批准后方可采伐，同时进行补植补造，违者收取 300 元以上 1000 元以下违约金。

（二）严禁上山砍材或毁林开荒，砍材或毁林 1 立方以上 3 立方以下的，责令补植补造并收取 200 元以上 500 元以下违约金。

（三）严禁野外用火、禁止放火烧山，违者除赔偿损失、补植补造外，收取 500 元以上 2000 元以下违约金，构成犯罪的送交司法机关处理。

（四）严禁盗（滥）伐林木、果木，违者除赔偿造成的损坏外，收取 500 元以上 1000 元以下违约金。盗伐古树的，从重处理，构成犯罪的送司法机关处理。

（五）严禁在25度坡耕地上或公益林区（封山育林区）开荒种地，违者除赔偿损失、补植补造外，收取500元以上3000元以下违约金。

四、严格遵守国家法律法规，共同维护社会治安秩序，创造和谐的社会环境。

（一）农户之间发生矛盾纠纷，当事人双方必须按照互谅互让的原则进行协调解决，无法自行协商解决的，先由本组组长协调解决，组长协调不了的，由村委会解决，村委会协调不了的，报上级部门处理或走司法程序。同时，同一农户之间一年内出现三次以上纠纷，村委会在当年内有权拒绝给该户办理和出具任何证明，并不得无理取闹，违者收取300元违约金。

（二）严禁盗窃集体或他人财物，违者收取300元以上1000元以下违约金，构成犯罪的由司法机关处理。

（三）对违法行为知情不报者或纵容包庇违法行为的，收取200元以上1000元以下违约金，构成犯罪的交司法机关依法进行处理。

（四）任何村民不得以任何方式进行聚众赌博和搞封建迷信活动，也不得寻滋酗酒闹事，更不能打架斗殴，对肇事者收取200元以上500元以下违约金，构成犯罪的交司法机关依法进行处理。

（五）外来人员需将户口迁入我村的，应书面方式将申请书交于村委会审核，审核通过后按人口每人收取500元，原本村人员迁出的现返迁的按每户500元收取，方可出具接收证明，收取的现金作全村公益事业专项经费。

五、严格遵守《安全生产法》《道路交通安全法》《水上交通管理条例》等法律法规。

（一）严禁无牌无证车辆或船舶上路行驶，严禁无证驾车或船，严禁酒后驾驶车或船，违者收取50元以上200元以下违约金。

（二）严禁货车或货船载人载客，严禁人货混装，严禁超载，违者收取50元以上500元以下违约金。

六、严格遵守以文明礼貌、助人为乐、团结友爱、互谅互让、诚实守信、爱家爱国、爱护公物、保护环境、遵纪守法为内容的社会公德。

（一）不讲文明礼貌虐待或遗弃老人、儿童、妇女的村民，经教育不改的，收取500元以上1000元以下的违约金。构成犯罪的移送司法机关处理。

（二）邻里之间不和睦和家庭不团结的，造成一定影响的，给予批评责令改正，并在全村进行通报。全年累计出现三次以上的，收取100元以上300元以下违约金。

（三）凡农户家有老年人的不允许老年人单独立户，有人员死亡、外嫁未销户的经核实清楚后，该户按现有人口享受国家优惠政策，不按规定都不能享受国家优惠政策。

（四）不爱护公物故意损坏公私财物的，除责令照价赔偿外，收取100元以上500元以下违约金。

（五）有扰乱公共秩序，造成影响的，收取100元以上500元以下违约金，构成犯罪的交司法机关处理。

（六）有欺诈、制假、售假及欺行霸市行为的，收取500元以上1000元以下违约金，同时给予批评教育，勒令改正；构成犯罪的，送交司法机关依法进行处理。

（七）不爱护公共环境卫生，乱扔乱倒垃圾的，一经发现，收取50元以上300元以下的违约金，同时责令将所扔垃圾清理干净。

（八）在饮用水源保护区内修建危害水质卫生的设施或进行有碍水源水质卫生作业（包括人畜洗浴等）的，收取100元以上200元以下违约金。

（九）未经有关部门和村委会许可，任何单位和个人不得在本村辖区如私自采沙、采石、采矿，违者收取1000元以上3000元以下违约金，并制止其行为，停止作业。

七、严格遵守教育、卫生法律法规，积极配合相关部门搞教育、卫生工作。

（一）父母或其他法定监护人有义务送适龄入学儿童（少年）接受并完成九年义务教育的责任，违者收取100元以上200元以下的违约金。

（二）村民必须积极配合相关职能部门搞好传染病的防治（包括预防接种、常规免疫）等工作，违者收取50元以上100元以下违约金。

（三）村民应积极参加农村新型合作医疗，否则不给予享受国家落实到本村的一切优惠政策。

八、其他规定。

（一）严禁任何单位和个人在本村辖区湖泊采取放炮、电击和投毒等非法手段捕鱼，一经发现没收工具，同时收取500元以上3000元以下违约金，并移交相关职能部门处理。

（二）严禁放敞牛、敞马、敞羊、敞猪等家禽危害果树庄稼、菜园等经济作物，违者除赔偿外，收取100元以上300元以下违约金。

（三）凡需在我村辖区湖泊、荒山等地进行开发的，必须与各组签订合同，并向村委会申报，通过讨论核实后，该户应向村委会缴纳协调费，方可开发，如不按程序办理，违者收取1000元至3000元违约金，并视其所签协议无效。

（四）无民事行为能力人和限制民事行为能力人违反本村规定的，责任由监护人承担。

（五）经济作物和农作物赔偿标准：赔偿金额＝苗木＋人工＋栽种期限。

（六）村规民约收取的违约金，除50%用于奖励外，其余用于本村公益事业。举报者，经查属实，根据各条违约金的多少按50%给予奖励，并保密举报者身份。对于收取的违约金，村委会必须严格执行财务管理，每季度公布一次。

（七）红白喜事由红白喜事理事会管理，喜事新办，丧事从简，破除陈规旧俗，反对铺张浪费、反对大操大办。严禁操办除婚丧嫁娶红白喜事外的酒席，一旦发现或群众举报，经执行小组核实，对操办酒席者处500～1000元的罚款，并进行全村通报。

九、本村规民约经村民代表大会讨论通过执行。

十、村规民约执行小组由村组干部和各组群众大会推选出的代表组成。

对构成违约的农户或个人，从村委会通知之日起 15 日内自行到村委会将违约金一次交清，逾期不履行或抗拒履行的由执行小组强制执行，并停止该户需到村委会办理的各项证明手续。

十、对打击报复执行小组人员的行为人，视其认识态度，收取 1000 元以上 2000 元以下违约金，并不得享受今后国家给予的各项优惠政策，构成犯罪的移送司法机关处理。

红河村村民委员会

二〇一四年二月二十日制

## 2. （贵州省黔南布依族苗族自治州罗甸县）罗悃镇河西村村规民约[①]

（2014 年 7 月 3 日村民代表会议通过）

为提高全体村民自我管理、自我教育、自我约束能力，促进全村的安定团结和三个文明建设，根据法律、法规和国家有关政策规定，制定本村规民约。

一、全体村民均有保护耕地的义务。村内任何组织和个人使用±地都应服从村的统一规划和调整，不得侵占、买卖或者以其他形式非法转让土地，若违反本条，将被收取 100 元以上

① 来自：娄义鹏：《贵州少数民族地区纠纷解决机制研究——以苗族、侗族、布依族为例》，中央民族大学 2016 年博士学位论文。

300 元以下的违约金。

二、村民建房必须按照土地利用总体规划和村庄建设规划，并按照规定程序申报，经县政府批准后，按批准的地点和面积施工建房，严禁乱搭乱建，对违规建房的村民，将被收取 100 元以上 300 元以下的违约金。

三、实行计划生育，凡居住在本村的人员，包括本村村民、外来暂住人口，都必须遵守国家人口与计划生育法律法规，服从计划生育管理。提倡晚婚晚育，实行育龄妇女定期查环查孕制度，对非法同居、非法怀孕、计划外生育、窝藏包庇外来人员躲避计划生育、弃婴和溺婴者，对有谩骂、侮辱、殴打计划生育工作人员等行为者，按有关法律法规和政策严肃处理。对不参加妇检的对象每季度收取违约金 500 元，对超期作术的对象将收取违约金 1000 元，对计划外怀孕的将收取违约金 6000 元。对违反计划生育条例的取消低保等惠农政策的评定资格。

四、学龄儿童和青少年有依法接受教育的权利和义务。其法定监护人应保证子女必须接受完 9 + 3 教育，对违反规定的村民，将收取 100 元以上 300 元以下的违约金。

五、凡符合服兵役条件的本村村民，都有服兵役的义务，应积极主动参加兵役登记、体检和应征，对逃避服兵役（包括不参加初检、复检和体检合格拒绝服兵役）的村民，按照有关法律和政策规定给予处理，情节严重的由有关部门依法追究法律责任，同时将收取 100 元以上 200 元以下的违约金。

六、要尊老爱幼，保护老人、妇女、儿童在社会和家庭生活中的合法权益，禁止虐待、遗弃、伤害行为。任何人不得剥夺已婚女子的合法继承权。丧偶女子有继承遗产和带户再婚的权利，对拒不执行规定的村民，将收取50元以上200元以下的违约金。

七、父母、继父母、养父母对未成年子女、继子女和养子女必须依法履行抚养义务。成年子女、继子女、养子女及其配偶，对基本丧失劳动能力或无生活来源的父母、继父母、养父母必须依法履行赡养义务，对不履行义务的村民，将收取50元以上200元以下的违约金。

八、保护森林资源和生态环境，杜绝野外用火行为，严格按照《罗甸县人民政府野外禁火令》要求，严禁在野外焚烧草坡开垦种地，焚烧荒山取柴、焚烧田坎土坎、焚烧放牛坡；严禁携带火源、火种入林及在林区从事吸烟、烧烤野炊、燃放火把、焚烧蜂巢等；对违反规定在野外或田间用火的，将处200元以上3000元以下罚款；对引发山火的，将依照刑法有关规定严厉追究其刑事责任；对举报山林火灾纵火者的，政府除将对举报人进行严格保密外，还将奖励1000元，对发现火情不报者，将依照森林防火有关规定严肃处理。

九、严禁越级非访，凡居住在本村的人员，包括本村村民、外来居住人口，如有针对集体或个人的利益诉求，首先须报经村调解委员会进行调解，调解不了的由村调解委员会逐级上报给予解决，不得无理上访或越级非访；对本村村民发生无理上访或越级非访的，取消该户应享受的一切优惠政策，并在村民代表大会上进行通报批评；对外来居住人员无理上访或越级非访的，除按本村居住人员条款执行外，并责令其迁离本村，不得在本村落户居住，同时将收取100元以上300元以下违约金。

十、严禁村民违规操办酒席，婚丧嫁娶操办酒席要严格执行婚丧嫁娶申报登记制度，并严格控制规模，原则上婚嫁申报不得超过20桌；一律不得操办升学酒、长寿酒、新房酒、满月酒等酒席。若违反本条，将收取违约金200元。

十一、严禁任何单位和个人非法制造、经销、买卖、私藏管制刀具、火枪等凶器和危险物品，本村村民要加强对家庭成员开展禁毒宣传教育工作，提高家庭成员禁毒意识，严禁吸毒、贩毒、种毒、制毒，并积极举报毒品违法犯罪行为。任何人不得以各种借口煽动群众到机关、学校、企业、村民委员会办公地、他人住宅起哄捣乱、闹事、制造事端，不得寻衅滋事、扰乱社会治安秩序，对违反规定的村民，将收取100元以上500元以下违约金。

十二、不得非法搜身、侵入他人住宅和限制他人人身自由，不准诽谤他人和侮辱妇女，邻里之间发生纠纷不得采用威胁、要挟的方法。对殴打他人造成伤害的，应赔偿医药费、误工费等，情节严重的，除提请司法机关依法处理外，同时将收取100元以上300元以下违约金。

十三、不偷拿国家、集体、他人财物，不在公路上设置障碍，不损毁、移动指示标语，不损毁机耕道路、排灌渠道、耕作机械等集体公共设施，不乱砍滥伐树木，对违反规定的村民，将收取100元以上500元以下违约金。

十四、严禁传播淫秽物品，严禁卖淫嫖娼，严禁赌博和小偷小摸，要反对迷信活动，严禁利用迷信活动造谣惑众、骗取财物，对违反规定的村民，将收取 100 元以上 300 元以下违约金。

十五、严禁本村村民参与邪教组织，本村村民不得私藏邪教宣传资料。不参加法轮功、“呼喊派”等邪教和非宗教组织活动。不得捏造虚伪的事实欺骗群众，引发恐谎；不得诽谤他人、污辱他人人格，对违反规定的村民，将收取 100 元以上 200 元以下违约金。

十六、积极支持重点项目、大型企业入驻投产，不得无故阻碍工程施工和故意寻衅滋事，对违反规定的村民，将收取 50 元以上 200 元以下违约金。

十七、对随意任由牲畜踩踏庄稼的，损失人员捉拿牲畜时所产生的实际费用按每头 100 ~ 500 元收取，对损失的农作物另行造价赔偿。

十八、凡本村村民不得有不良贷款，欠款造成的影响，将纳入诚信记录，将不得享受国家的优惠政策，同时对违反规定的村民，将收取 50 元以上 200 元以下违约金。

十九、违反本村规民约的，除触犯法律由有关部门依法处理外，村民委员会可作如下处理：

1. 予以批评教育；

2. 责令其写出悔过书，并全村进行通报；

3. 责令其恢复原状或作价赔偿；

4. 视情况给予经济处罚；

5. 取消享受或暂缓享受村里的优惠待遇。

二十、凡违反本村规民约要进行处理的，必须在调查核实后，经村民委员会（或村民代表会议）集体研究讨论、决定，不得擅自处理。

二十一、凡被依法处罚或违反本村规民约的农户，均不得享受低保等一系列强农惠农政策。

二十二、本村规民约有与国家法律、法规、政策相抵触的，按国家规定执行。

二十三、本村规民约自村民代表会议通过之日起施行。

## 3. （贵州省黔南布依族苗族自治州罗甸县龙坪镇）五星村村规民约①

爱党爱国爱家庭　青年立志去参军
先有国后才有家　身当军人个个夸
尊老爱幼讲文明　美好道德要传承
相互宽容礼谦让　才是和睦好家庭
公益事业踊参与　不许乱扔和乱放
房前屋后勤打扫　保持良好村容貌
上山不要带火种　以免烧山犯刑律

① 来自：《贵州罗甸县：龙坪镇完善村规民约 助推乡村振兴》，载中国文明网，网址：http：//images1. wenming. cn/web _ wenming/specials/wmcj/xymh/gy/201811/t20181128_ 4914573. shtml，2020 年 2 月 14 日最后访问。制定时间为 2018 年。

保护森林环境美　人夸山水属五星
自古人人恨偷盗　屡教不改必重罚
按规四个二四零　五百奖励举报人
奉劝不要吸毒品　绝不允许种罂粟
若要长寿不犯法　远离赌毒属最佳
任何邪教都骗人　害人害己害众生
移风易俗除迷信　相信科学才是真
保护土地靠大家　乱搭乱建属违法
需用土地先申请　符合规划才能办
婚丧嫁娶需申请　简办酒席利大家
滥办酒席必严治　巧立名目要重罚
酒席指定有地点　不许占道阻交通
家家遵守村规办　树立文明新风尚
扶贫工作是引领　不等不靠是好招
想法设法谋发展　从来致富靠勤劳
不讲卫生易生病　不说安全要送命
交通法规记心中　安全才能伴一生
抓好党建促发展　党员带头作垂范
幸福不忘共产党　村民齐步奔小康
村规民约靠大家　全体村民牢记它

## 4.　（贵州省黔南布依族苗族自治州贵定县金南街道办事处）荷花村村规民约[①]

聚群心思凝众意　父老乡亲规矩定
逐字逐句要牢记　共同拟定必遵行
爱党爱国爱家庭　小家服从大家心
尊老爱幼和睦邻　举善互助一家亲
遵规守法严律己　诚信公平显正气
家教传德晓明礼　崇尚新风展文明
建房修舍节用地　合法申请手续清
优婚优育多倡导　惠民政策伴终身
公益事业大家办　共建同享不迟疑
搬弄是非寻滋事　村规不容惩必行
迷信邪教众抵制　杜绝黄赌毒入侵
野外用火慎规范　纵火烧山不容情
保护环境讲卫生　文明举止要遵遁
公共财物要爱惜　破坏问责有价赔
殡葬从简力推荐　红喜节俭重文明
十佳村民是榜样　四有新人辈出新
勤俭持家须弘扬　移风易俗谱新章
新村规划多献策　力促荷花换新装

① 来自：《【牢记嘱托 感恩奋进】荷花寨里 布依乡愁浓》，载“文明贵定”微信公众号，2017 年 11 月 21 日最后访问。制定时间大概为 2017 年。

村资集体共享有　经营壮大富民强
家风寨貌村容美　共建和谐享安康
珍爱生态好美景　绿水青山世代扬

## 5.（贵州省黔南布依族苗族自治州贵定县盘江镇）音寨村村民卫生公约①

为创造良好的村容村貌，营造清洁卫生的生活环境，充分展示音寨村民族文化底蕴和文明村寨的风貌，使广大村民树立以讲卫生为荣，以不讲卫生为耻的观念，根据村规民约及有关法律法规，特制定本公约。

第一条　所有村民应积极参加村寨组织的环境绿化、美化和净化活动。共同维护公共环境，不得损坏寨内及景区的公共财物和花草树木，如有破坏，应照价赔偿。

第二条　各家各户必须打扫房前屋后及室内卫生，保持环境整洁。

第三条　不准在公共道路、场地乱堆乱放建筑材料、稻草等其他物品。

第四条　各家各户产生的垃圾，必须送到指定地点倒放，严禁乱丢乱倒，禁止向道路、水渠、河道倾倒垃圾粪便等，如有违反，除责令清除外，还须清除垃圾池中所有垃圾。

---

① 来自：宋才发编著：《音寨村调查 布依族》，中国经济出版社2009年版，第398页。制定时间不详。

第五条　各户管好自家小孩，严禁随地大小便，不得在公共场合乱涂、乱画、乱贴。

第六条　严禁在公共场所、道路拴牲口，严禁在景区内放牛、放马。

第七条　此公约请广大村民和游客共同遵守、相互监督，违者必究。

## 6.（贵州省黔南布依族苗族自治州荔波县朝阳镇）洪江村村规民约[①]

洪江树民请注意，村规民约要牢记
公益事业勤参加，家乡建设靠大家
建房用地需申请，违规乱建是违法
房前屋后齐整理，环境整治大家夸
偷鸡摸狗要没得，捉到游寨羞死他
邻里和睦不吵架，团结友爱如一家
迷信活动不参与，不正之风齐共抓
婚丧嫁娶要简办，变相敛财不理他
福马精神是敬老，你我和他不能少
阳盅配带只爱幼，崽女成长齐呵护

① 来自：《观摩大比武 评比促创新——朝阳镇开展村庄环境治理现场观摩会》，载“瓜果朝阳艺术天堂”微信公众号，2018年1月26日，2020年1月29日最后访问。制定时间大概为2017年。

诚信经营好名声，我们都要维护他
艺术村民到洪江，邻里和谐大家帮
扶贫政策来帮助，不等不靠能致富
自力更生把业创，争当群众好榜样
小康生活感谢党，团结共创好洪江

## 7．（贵州省黔南布依族苗族自治州荔波县朝阳镇）板麦村村规民约①

为提高全体村民自我管理、自我教育、自我约束的能力，促进全村的安定团结和三个文明建设，根据法律、法规和国家有关政策规定，制定本村规民约。

一、全体村民均有保护耕地的义务。村内任何组织和个人使用土地都应服从村的统一规划和调整，不得侵占、买卖或者以其他形式非法转让土地。

二、村民建房必须服从本村规划，并按照规定程序申报，在领取《建房许可证》后，按批准的地点和面积施工建房。

三、严禁荒废耕地，对荒废耕地者，除责令限期复耕种外，报乡（镇）人民政府依法收取抛荒费。

四、实行计划生育，提倡晚婚，对非法同居、非法怀孕和

① 来自：《观摩大比武 评比促创新——朝阳镇开展村庄环境治理现场观摩会》，载“瓜果朝阳艺术天堂”微信公众号，2018 年 1 月 26 日，2020 年 1 月 29 日最后访问。制定时间大概为 2017 年。

计划外生育者，对有谩骂、侮辱、殴打计划生育工作人员等行为者，按有关法律法规和政策严肃处理。

五、学龄儿童和青少年有依法接受教育的权利和义务，其法定监护人应保证子女接受九年制义务教育。

六、本村任何组织和个人一律不准招用16周岁以下的人做工，违者责令其限期辞退，情节严重的，报有关部门依法处理。

七、凡符合服兵役条件的本村村民，都有服兵役的义务，应积极主动参加兵役登记、体检和应征，对逃避服兵役（包括不参加初检、复检和体检合格拒绝服兵役）的村民，按照有关法律和政策规定予以处理，情节严重的由有关部门依法追究法律责任。

八、要尊老爱幼，保护老人、妇女、儿童在社会和家庭中的合法权益，禁止虐待、遗弃、伤害行为。任何人不得剥夺已婚子女的合法继承权。丧偶子女有继承遗产和带户再婚的权利。

九、父母、继父母、养父母对未成年的子女、继子女和养子女必须依法履行抚养义务。成年子女、继子女、养子女及其配偶，对基本丧失劳动能力或无生活来源的父母、继父母、养父母必须依法履行赡养义务。

十、村民发生赡养纠纷时，由村调解委员会进行调解，调解不成的，村民委员会支持被赡养人依法向人民法院提起诉讼。

十一、严禁任何单位和个人非法制造、经销、买卖、私藏管制刀具、火枪等凶器和危险物品；严禁吸毒、贩毒，任何人不得以各种借口煽动群众到机关、学校、企业、村民委员会办公地、他人住宅起哄捣乱、闹事、制造事端，不得寻衅滋事、扰乱社会治安秩序。

十二、不得非法搜身、侵入他人住宅和限制他人人身自由，不准诽谤他人和侮辱妇女，邻里之间发生纠纷不得采用威胁、要挟的方法。对殴打他人造成伤害的，应赔偿医药费、误工费等，情节严重的，提请司法机关依法处理。

十三、不偷拿国家、集体、他人财物，不在公路、水域上设置障碍，不损毁、移动指示标志，不损毁机耕道路、排灌渠道、耕作机械等集体公共设施，不乱砍滥伐树木。

十四、严禁传播淫秽物品，严禁卖淫嫖娼，严禁赌博和小偷小摸，反对迷信活动，严禁利用迷信活动造谣惑众、骗取财物。

十五、积极推行殡葬改革，服从殡葬管理。

十六、积极推动移风易俗，树立文明新风。整治盲目攀比、滥办酒席之风，只准许操办婚嫁酒、丧葬酒，严格申报、备案程序，提倡勤俭节约，反对婚嫁、丧葬大操大办。

十七、违反本村规民约的，除触犯法律由有关部门依法处理外，村民委员会可作出如下处理：

1．予以批评教育；

2．责令其写出悔过书，在村民小组张贴进行通报；

3．责令其恢复原状或作价赔偿；

4．视情况给予经济处罚；

5. 取消享受或者暂缓享受村里的优惠待遇。

十八、凡违反本村规民约要进行处理的，必须在调查核实后，经村民委员会（或村民代表会议）集体讨论、决定，不得擅自处理。

十九、凡依法处罚或违反本村规民约的农户，在本年度不评先进、文明户、五好家庭户、遵纪守法户，外来人员在本村居住的参照执行本村规民约。

二十、本村规民约有与国家法律、法规、政策相抵触的，按国家规定执行。

二十一、本村规民约自村民代表会议通过之日起施行。

## 8.（贵州省黔南布依族苗族自治州荔波县朝阳镇）板麦村卫生公约[①]

为切实加强我村村民卫生意识，提高村民自我教育、自我约束的能力，自觉维护公共卫生形象，特制定以下卫生公约：

一、自觉遵守国家有关环境保护的法律、法规和有关政策。

二、把建设文明、整洁、美丽家园，作为本家庭人员应尽的义务，积极响应参与爱国卫生活动，提倡以讲卫生为荣、以

① 来自：《观摩大比武 评比促创新——朝阳镇开展村庄环境治理现场观摩会》，载“瓜果朝阳艺术天堂”微信公众号，2018 年 1 月 26 日，2020 年 1 月 29 日最后访问。制定时间大概为 2017 年。

不讲卫生为耻的文明卫生新风尚，自觉维护和改善环境卫生状况。

三、做好家庭环境卫生，每天进行家庭卫生清理，家中杂物堆放整齐，做到家具整洁亮丽、家庭卫生清洁。

四、负责自家房前屋后的环境卫生保洁，并将垃圾收集后统一投放到指定垃圾池。自觉做到住宅室内整洁、门前场地平整、庭院绿化美化，家禽家畜圈养，化粪池无浸溢现象。

五、主动配合村卫生监督员做好垃圾集中处理工作，不乱倒、乱放生活垃圾和建筑垃圾。

六、自觉维护道路、河道及公共场所环境卫生，不乱丢果壳和杂草杂物，保持整洁。

七、不准随意焚烧秸秆和有害物品，排放未经处理的人、畜粪便，在道路上晒东西和堆放建筑材料，蔑视环卫工作人员。

八、对于违反以上公约者，自觉接受相关处罚和曝光。

## 9.（贵州省黔南布依族苗族自治州荔波县朝阳镇）朝阳村上交朝组环境卫生维护村规民约[①]

为切实改善人居环境着力打造优美村庄，加快推进新农村

① 来自：《观摩大比武 评比促创新——朝阳镇开展村庄环境治理现场观摩会》，载“瓜果朝阳艺术天堂”微信公众号，2018 年 1 月 26 日，2020 年 1 月 29 日最后访问。制定时间大概为 2017 年。

建设步伐，特制定村规民约如下：

1. 全组村民积极主动参与环境卫生管理，主动保护农村生态环境，努力营造人人关心环境、个个参与环境保护的氛围，形成良好的卫生习惯，自觉走生产发展、生活富裕、生态良好的发展道路。

2. 村民房前屋后庭院保持整洁卫生，无垃圾、杂物堆积，草垛、杂物放在指定地点，如违反以此接受罚款 10～20 元。

3. 村民养成良好卫生习惯，不乱丢乱扔乱倒垃圾，垃圾一律袋（桶）装，并及时送到指定垃圾池，做到定期清理和填埋。病死家禽家畜远离村庄深埋，不乱丢乱抛，如违反以此接受罚款 20～30 元。

4. 村民饲养家畜应实行圈养，饲养家禽应实行水禽、旱禽分开，不能影响环境卫生，对贮藏池、化粪池等要做好防护，并定期清掏。不乱搭乱建棚舍。不占道种植农作物。

5. 爱护道路，不将杂草、杂物、垃圾扔到公共场所；不在道路两侧堆草垛、柴火、建筑材料；不占用道路打谷、晒场；不在公路控制范围内搭建构筑物。

6. 清洁排水沟，不向排水沟内乱倒垃圾杂物，如有违反一次接受罚款 20～40 元。

7. 每位村民要认真履行清扫和自我管理责任。

8. 成立上交朝组环境卫生维护小组，小组每月进行一系列卫生评比检查，在每户大门上张贴“最清洁、清洁、不清洁”标志，并把评比结果在组公开栏上公布，环境卫生维护小组成员原则上由村民自行推选。

9．村民有责任、有义务对本组环境卫生维护小组提出建议和批评，环境卫生维护小组需认真听取建议及批评，并及时改善自身工作质量。同时，环境卫生维护小组队员有责任、有义务对村民提出建议和批评，村民需认真听取，并自觉提高或改正自身的环境卫生保洁意识和作为。

10．全体村民需配合镇、村对本组卫生巡视和检查，有义务向村委会提出建议和意见，以改善本组环境卫生状况。

11．希望各位村民共同监督、保护环境卫生，对乱扔垃圾者，进行举报，一经发现，严加追查，将在村务公开栏公示姓名并责令改正。

此村规民约由村民代表大会通过，从公布之日起生效，希望共同遵照执行。

## 10．（贵州省黔南布依族苗族自治州荔波县）玉屏镇板旺村计划生育村民自治村规民约[①]

为使本村的计划生育工作达到“自我教育、自我管理、自我服务、自我监督、自我约束”的目的，进一步规范村民的生育行为，教育村民自觉遵守计划生育政策、法律法规，严肃处理违反计划生育的现象，根据《中华人民共和国村民委员会组织法》的规定，结合本村的实际情况，经村民代表大

① 来自：百度文库，网址：https：//wenku. baidu. com/view/809c6cabfbd6195f312b3169a45177232e60e470. html，2020年2月14日最后访问。制定时间不详。

会讨论通过，制定本村计划生育村民自治村规民约如下：

第一条　依照国家法律法规和计划生育政策的规定，公民必须实行计划生育，做到少生优生，树立科学、文明的婚育新观念。

第二条　符合结婚条件的男女，必须到婚姻登记机关办理结婚登记，领取结婚证。

第三条　符合生育条件的夫妇，必须持有关证件到计划生育管理部门办理生育证件，领取《生育证》后方可怀孕和生育。新婚夫妇领取《生育证》时，应自觉与村民自治委员会签订计划生育合同。未办理《生育证》而怀孕的，依照《贵州省人口与计划生育条例》的规定，应接受补救措施；未办理《生育证》而生育，影响本村人口计划的执行及考核的，除接受上级计划生育部门处罚外，还应向村民自治委员会缴纳罚款 50 元。

第四条　育龄夫妇应在其新生婴儿出生五天内，主动自觉向村民自治委员会报告婴儿的出生日期、性别情况。在婴儿出生后的 42 天至 90 天内，采取相应的避孕节育措施，生育一孩的，应由育龄妇女采取上环手术；生育二孩的，应由夫或妻采取结扎手术。逾期未作术，影响村手术及时率的，除接受上级计生部门处罚外，还应向村民自治委员会缴纳罚款 50 元。

第五条　已婚育龄妇女中的重检对象应参加每年四次（二、五、八、十一月的十至二十日）的妇检，因故暂时不能按时参加妇检的，应提前向村民自治委员会报告，（书面请假），事后要及时补检。无故不参加或逾期参加妇检而影响村妇检率的，除接受上级计生部门的处罚外，还应依次向村民自治委员会缴纳罚款50元。重检对象必须亲自参加妇检，不得代检。若有代检情况的发生，则分别给予应检和代检者处以50元罚款，并视情节轻重移送上级计生部门给予从重处理。

第六条　收养婴幼儿的，应按《收养法》等规定向有关部门办理收养手续。被收养的婴幼儿视为该育龄夫妇的子女，计入其子女数，育龄夫妇按照子女情况落实相应计划生育政策。收养婴幼儿违反计划生育法律法规及政策的，按照规定除由计生业务部门进行处罚外，村民自治委员会给予该收养人处以罚款50元。

第七条　已婚育龄人员外出务工、经商的，在外出前应先与村民自治委员会签订《流动人口计划生育合同》《计划生育协议书》，办理《流动人口婚育证明》后方可外出。外出期间必须自觉遵守计划生育规定，经常向村民自治委员会反馈计划生育执行情况。属妇检对象的，可到流入地计生服务部门参加妇检，并按户籍地规定的妇检时间寄回妇检证明；有生育情况的，应以书面形式向村民自治委员会报告，并寄回婴儿出生证明及避孕节育手术证明复印件（手术可在流入地计生服务部门进行）。外出期间以流入地计生部门管理为主。外出期间违反计划生育规定的，由当地计生业务部门按规定进行处罚。若影响本村当年人口计划的执行及考核的，村民自治委员会应由计生业务部门给予该夫妇处以罚款50元。

第八条　按时参加村和镇计生部门组织召开的人口学校等培训会议，积极参加计生协会组织开展的活动。因故不能参加的，应向村民自治委员会请假。无故不参加培训会及协会活动的，村民自治委员会按缺少一次处以罚款10元。

第九条　不支持、包庇、藏匿违反计划生育政策、法律法规的人和事，发现本村有违反计划生育政策法律法规的人和事，应及时向村民自治委员会报告。对知情不报，经村民自治委员会查证属实的，由村民自治委员会处以罚款50元。

第十条　实行村务公开，民主监督。公开村计划生育法律、法规及本村制定的各项规章制度，公开本村当年生育、节育情况，公开违反计划生育政策的处罚情况等。

第十一条　凡违反本村规民约的村民，由计划生育村民自治委员会对照条约集体研究，作出处理决定。对村民自治委员会作出的处理决定，当事人应当自觉履行。如当事人拒不履行的，村民自治委员会可以申请人民法院执行。违反本村规民约的村民，不能享受上级扶贫及村级给予的其他优惠待遇。

第十二条　自觉遵守村规民约的优惠措施：（1）村民按照规定的条件，要求出具办理各种婚育证件的证明时，村民自治委员会应为村民提供快捷优质的服务。（2）村民生育一孩并办理独生子女证后，村民自治委员会应给予每例一次性补助50元的奖励经费，在进行各种公益事业的建设时，每年安排义务工给独生子女户应略少于普通村民义务工的10%。（3）会同上级政府切实认真开展三结合帮扶，让计生户（独生子女户、二女结扎户）充分享受政策规定的各种优惠待遇，并通过计生户辛勤耕耘、努力工作、发展生产，早日实现脱贫致富奔小康。（4）对检举、揭发违反计划生育政策、法律法规的，经村民自治委员会查实后，每例奖给举报者50元，村民自治委员会为举报者保密。（5）如本村的村办企业有规模和效益，可优先照顾和解决计生户及子女的就业。

第十三条　本村规民约，经各小组群众会议讨论通过，自公布之日起实施。执行过程中需进行修正，须经村民代表大会讨论通过。

第十四条　本村规民约自公布之日起执行。

第十五条　本村规民约，由村民自治委员会负责解释。

## 11.　（贵州省黔南布依族苗族自治州荔波县）小七孔镇联山湾村环境卫生村规民约①

为搞好联山湾乡村环境卫生，创造良好的旅游和人居环境，经征求广大村民意见，特制定如下环境卫生村规民约：

一、房屋周边环境整洁，做到无杂物、无杂草、无污水、无暴露垃圾，同时爱护门前绿化、环卫等公共设施。

二、楼道畅通清洁、无乱堆乱放杂物。

三、室内卫生达标，做到无蛛网、无积尘、窗明几净。

四、常年坚持除四害，保证室内无鼠迹、无蟑螂、无蚊蝇。

五、搞好个人卫生，每天早、晚刷牙，饭后漱口，毛巾脚布一人一块，坚持做到勤理发、勤洗澡、勤剪指甲、勤换衣

① 来自：《小七孔镇联山湾村环境卫生村规民约》，载“梦醒联山湾”微信公众号，2017年10月21日，2020年1月29日最后访问。

服、勤晒被褥。做到不抽烟、不酗酒、不随地吐痰、不乱抛乱倒杂物垃圾。

六、遵守交通规则，做到分道行驶，靠右行驶。自行车、摩托车、电瓶车在停车线内按规定停放整齐。

小七孔镇联山湾村村民委员会

2017 年 3 月 16 日

## 12.（贵州省黔南布依族苗族自治州都匀市洛邦镇）洛邦村村规民约①

为维护我洛邦村一、二、三组人民群众的生命财产安全，保护和管理好各种庄稼和河面卫生，稳定农村社会治安，保证正常的生产和生活秩序，根据上级有关精神，制定以下村民公约，望共同遵守。

一、为保护森林，加强管理，凡偷砍别人树木、柴、竹子以及在别人责任山、自留山拾竹毫、拔笋、砍竹做扫把者，处罚一个四、三个一（一个四是 400 元，三个一是 100 斤米、100 斤酒、100 斤猪肉），抓获者奖 100 元。

二、严禁在别人田坎、土坎挖折耳根以及在别人山上掠构毛须，违者罚款 150 元，抓获者奖 50 元。

三、严禁放火烧山（包括责任山、自留山、荒山），违者

① 来自：郑宝华主编：《谁是社区森林的管理主体：社区森林资源权属与自主管理研究》，民族出版社 2003 年版，第 97－98 页。

按情节轻重罚款500～1000元，严重者送公安机关处理。在别人山上、土埂铲火土烧灰者罚款100元，烧死了树木按大小照价赔偿，抓获者奖50元。

四、凡属偷盗行为（一条除外）者，如有损失，除由偷盗者赔偿外，按情节轻重罚款1000～2000元，并送公安机关处理，抓获者奖100元。

五、凡是集体所分的田、土埂，前面砍5尺，田后埂砍2丈，土埂砍1.5丈。两家之间不足2丈或1.5丈的，上家只能割前埂的平面，违者罚款150元。对割草损害庄稼或趁机偷庄稼的罚款200～300元，抓获者奖50元。

六、在洛邦一、二、三组所辖的河、沟里，严禁乱扔死牲畜、死家禽、死耗子、垃圾等违反卫生管理的其他东西，违者责其清理深埋运走，并罚款100～500元，抓获者奖50元，对饮用脏水而生病的，应补偿其医药费等费用。严禁在所辖河、沟以电击、药毒、撒网、钩、炸等手段捕鱼，违者没收其工具并罚款200～300元，抓获者奖50元。

七、为保护洛邦一、二、三组的土地不再流失，严禁外人来所辖土地埋坟，违者责令其家属迁走。

八、严禁在集体植树造林地带放牛、拴马、砍树、开荒、割草、砍伐护寨树，违者按情节轻重处以300～500元罚款，抓获者奖50元。

九、严禁在别人田、土埂拴马、牛，违者罚款50元，有意踏坏庄稼者罚100元，抓获者奖20元。

十、违反上述条文不交清现金者，由群众组织将受罚人的财产拿来折抵现金，直到交清罚款数目为止。

洛邦村村民委员会

1999 年 7 月 5 日

## 13.（贵州省黔南布依族苗族自治州都匀市凯口镇）平新村村规民约①

根据《中华人民共和国村民委员会组织法》之规定，村规民约是全体村民根据本地情况讨论制定的进行自我管理、自我约束、自我教育的行为准则和规范。

一、扰乱社会秩序，妨碍公共安全，侵犯公民人身权利，侵犯公私财产，按照治安条例交司法机关处理。

二、小偷小摸，每偷一次罚款 10 元以上 100 元以下，没收其赃物。检举者奖给 2 元以上 10 元以下。

三、赌头、赌崽、窝家一发现，抓获赌头，窝家罚款 50 元以上 200 元以下，赌崽罚 20 元以上 100 元以下。检举者奖给 5 元以上 20 元以下。

四、偷牛盗马、毒害牲畜者，按大小好坏除归还原物外，罚款 200 元以上 500 元以下。检举奖给 20 元以上 100 元以下。

五、偷砍集体或他人的成柴、树、竹，按每寸罚款 10 元，照此推算。

---

① 来自：温佐吾主编：《村规民约与森林资源保护》，贵州科技出版社 2007 年版，第 119－120 页。

六、吃酒闹事及打人、骂人，罚款5元以上20元以下，如不听劝者，按照治安管理处罚条例执行。

七、加强用电（管理），乱拉乱接、偷电者，每发现一次罚款10元以上50元以下。

八、放火、放毒者，抓获一次罚款50元以上200元以下。检举者奖给10元以上50元以下。

九、侮辱妇女、进行其他流氓活动者，罚款20元以上100元以下。

十、破坏水利设施者，罚款10元以上100元以下。

十一、侵害集体土地，利用自己责任田起房盖屋者，按照土地管理法处理。

十二、乱放牛马，践踏庄稼，罚款50元以上，除赔偿损失外，检举者奖给2元以上。

本条例如与宪法、法律对抗的，按照宪法、法律执行。

平新村村委会（公章）

一九八四年五月八日

## 14.（贵州省黔南布依族苗族自治州都匀市凯口镇）平新村村规民约[①]

根据《中华人民共和国村民委员会组织法》之规定，村

① 来自：温佐吾主编：《村规民约与森林资源保护》，贵州科技出版社2007年版，第123－124页。

规民约是全体村民根据本地情况讨论制定的，进行自我教育、自我管理、自我约束的行为准则和规范民约：

（一）扰乱社会秩序，妨碍公共安全，侵犯公民人身权利，侵犯公私财产，按照治安条例交司法机关处理。

（二）小偷小摸，每偷一次罚款10元以上，100元以上按物论价，照此数推。偷盗者、接盗者一样处理，没收其赃物，检举者奖给2元以上10元以下。

（三）赌头、赌崽、窝家一发现抓获，赌头、窝家罚款50元至200元，赌崽罚款20元至100元，检举者奖给5元至20元。

（四）偷牛盗马、毒害牲畜者，按大、小、好、坏，除归还原物外，罚款200元至500元，检举者奖给20元至100元。

（五）偷砍集体或他人的成柴、树、竹，按每寸罚款10元，照此数推。

（六）吃酒闹事及打架骂人，罚款5元至20元。如不听劝者，按照治安管理处罚条例执行。

（七）加强用电管理，私拉乱接偷电者，每发现一次罚款10元至50元。

（八）放火放毒者，抓获一次罚款50元以上至200元，检举者奖给10元至50元。

（九）侮辱妇女、进行其他流氓活动者，罚款20元至100元。

（十）破坏水利设施者罚款10元至100元。

（十一）侵害集体土地，利用自己责任田起屋盖房者，按照土地管理法处理。

（十二）乱放牛马践踏庄稼，罚款50元以上，除赔偿损失外，检举者奖给2元以上。

（十三）严禁用高压电打鱼，偷开水班水一次，罚款5元以上50元以下。

（十四）偷坟挖墓，抓获罚款100元以上300元以下，抓者奖给50元至100元，被抓者一定要赔还一切损失。

（十五）偷谷草按斤数计算，每100斤罚款50元，抓者奖给20元，物质退还原主。

平新村村委会（公章）

一九九二年十月十六日

## 15. （贵州省黔南布依族苗族自治州都匀市凯口镇平新村）村规民约[①]

为加强社会治安综合治理，维护社会长期稳定，保障人民群众安居乐业，根据我镇传统的民间习惯，为积极防范各类治安、刑事犯罪的发生，特拟本规约，供广大村民遵照执行。

第一，有小偷小摸、偷牛盗马、投毒等行为的，除赔偿经济损失外，罚款200～400元。造成重大损失，送公安机关依法处理。

---

① 来自：温佐吾主编：《村规民约与森林资源保护》，贵州科技出版社2007年版，第125－126页。

（1）有偷牛盗马行为未造成损失的；（2）故意投毒牲畜的；（3）为投毒提供条件的；（4）偷鸡摸狗或提供条件的；（5）偷他人地里的姜、葱、蒜、瓜、菜、果、稻草等农作物或副产品的。

第二，偷砍国家、集体、私人树木等行为之一的，按实际损失加倍赔偿，并处以罚款 100～500 元。

（1）私入他人山界偷砍木柴的；（2）私入他人山林砍伐竹子或讨笋的；（3）私入他人山砍柴、挖树根的；（4）放火烧园边、地角、田坎引起火烧山的；（5）毁林开荒的。

第三，河流管理。

（1）为保持河坎上土壤不流失，凡是河坎边树、柴、竹子，无论集体或私人管理的，严禁砍伐，违者罚款 100～200 元。（2）凡属我镇各村组所管辖河流，严禁以电击、药毒、爆炸等方式捕鱼，违者罚款 100～200 元，没收捕鱼工具。

第四，参与赌博或为赌博提供条件的，按政府通告执行。

第五，虐待家庭成员，受虐待人要求处理，罚款 50～100 元。

第六，破坏水利、自来水设施、电讯、广播、电视设施行为之一的，除赔偿损失外，罚款 100～200 元。

第七，为犯罪分子提供条件的，窝藏赃物或明知来路不明而购买的，没收所得，罚款 100～200 元。

第八，以介绍婚姻为由，敲诈勒索骗取少量钱财的，容留不明身份的人、外省人在家住三天不报告登记的，罚款 100～500 元。

第九，故意煽动闹事、捏造事实、谎报险情、制造混乱、打架斗殴等行为的，除赔偿受害者损失外，罚款100元以上。

第十，严禁放牧无人看守的牛、马，乱放牛、马，无人看守造成被盗，当事人交50元治安（费）。

第十一，偷挖坟墓、占有耕地等，恢复赔偿受害损失外，罚款100～300元。

第十二，在本村、组的发生家火或山火，各家各户应积极参加火的扑灭救助工作，既不救助又趁火打劫的，报公安机关严厉打击。

第十三，每个公民应积极学习法律、法规，用法维护自身的合法权益，有积极向公安机关检举、揭发各种违法犯罪，提供犯罪线索的权利和义务。

第十四，不遵纪守法，不依村规民约约束，造成纠纷，危害社会治安社会的稳定，以民事纠纷进行调解处理的，收取治安管理费伍拾元。

平新村村民委员会（公章）

一九九七年元月一日

## 16.（贵州省黔南布依族苗族自治州都匀市凯口镇）平新村上下拉办村村规民约[①]

根据《中华人民共和国村民委员会组织法》的有关规定，

① 来自：温佐吾主编：《村规民约与森林资源保护》，贵州科技出版社2007年版，第121－122页。

村规民约是全体村民根据本地实际情况讨论制定的，其目的是进行自我管理、自我约束、自我教育。经上下拉办村村民组长、村委及双方代表共二十四人讨论，一致通过，例（列）出以下各条，望全体村民共同遵守执行。

一、偷砍集体或他人的树，按每寸罚款 10 元。照此数，抓获和举报人员奖给现金 10～50 元。砍倒无法计算尺寸的村竹等，每根罚款 0.50 元。

二、不论男女，十五岁以上偷他人苞谷，每个罚款 2.00 元，偷他人的萝卜每个罚款 0.50 元，偷辣子不管红绿，第一次每斤罚款 10 元，瓜每斤罚款 0.50 元，其他菜类每斤罚款 5 元，重犯第二次在第一次的基础上加罚 3～5 倍。

三、偷牛盗马，一经查获，立即扭送公安机关依法论处，并令其赔偿所支付经济损失，并罚款 500～1000 元。

四、故意投毒放毒破坏本村设施（包括人畜饮水设施）立即扭送公安机关处理，并视其情节轻重罚款 100～500 元。

五、严禁在本队（村）聚众赌博，一经抓获罚款 10～50 元，窝家罚款 50 元，并向上级汇报。

六、加强用电管理，私搭乱接，经发现罚款 30～50 元。各月定于十二号为交电费日，管理员自动上门收取，如当天交不起或没有人在家，在当月十五号中午十二时以前自己交到管理员手中，如因此而引起的停电罚款等一切损失均由用电户负责。管电员故意不交电费或偷电房的电，造成一切损失均由管理员负责，停电一晚罚管理电人员现金 30 元。

七、乱放牛马踩踏庄稼，罚款 10～50 元，并赔偿庄稼的损失。

八、故意偷他人油菜籽，经抓获罚款五个一（即100斤米，100斤肉，100斤酒，100斤黄豆，100元钱）。

九、偷鸡偷狗，经抓获罚款100元。

十、以上各条除与法律抵触的按法律处理外，其余的从公布之日起生效。

上拉办村村民代表：

莫远贵　莫兴光　莫国炎　莫国光　覃宪林　覃宪元
莫兴池　罗全福　莫兴禹　莫兴学　潘志华　莫依益

下拉办村村民代表：

莫国良　莫明周　莫国政　覃宪儒　罗村荣　罗友书
莫兴仲　莫开贵　莫国富　莫国仁　覃宪章　王国茂
覃绍荣　覃宪良　覃敬发

代笔人：莫本书

一九九〇年八月十五日

## 17.（贵州省黔南布依族苗族自治州都匀市凯口镇）平新村上拉办组管理制度[①]

为了加强社会治安的综合治理，进一步地搞好上拉办文明村寨的建设，根据《中华人民共和国村民委员会组织法》的

① 来自：温佐吾主编：《村规民约与森林资源保护》，贵州科技出版社2007年版，第129－130页。

有关规定，其目的是自我管理、自我教育、自我服务、自我约束，结合我组的实际情况，经过共同商讨，订出制度如下：

一、对乱砍滥伐集体树木和损坏他人山林的，抓获按每寸罚款10元，是柴、竹的按每100斤罚款30元。

二、凡抓到偷他人苞谷的，每个罚款5元；是瓜类的，每斤罚款1元；豆类的，每斤罚款5元；树上果实的，每个罚款1元；属地下果实的，每斤罚款10元；大米、油菜每斤罚款10元；稻草每帽罚款5元；其他蔬菜及秧苗每斤罚款5元。

三、①对偷牛盗马，抓获后不但令其追回失物，还赔偿失主所支付寻找失物的经济损失，另罚5个1（即100斤大米，100元钱，100斤猪肉，100斤黄豆，100斤酒）。②抓到偷鸡摸狗的，除追回失物和赔偿失主划（花）去的一切经济损失外，另罚100元。

四、①在集体公共场所乱倒垃圾，影响环境卫生的，经查获罚清理马车垃圾运往兰花洞。②在寨前主要交通线上，乱设障碍物影响他人行车的，造成一切后果将由设置者承担。

五、在后山开石头超出指定范围的，罚栽树苗50棵，补偿到活为止，另罚款50元。

六、①抓获破坏饮水设施的，除令其补修外，罚款100元。②发现自家的自来水漏，不主动维修，集体将截断该户水管，直至修复为止。

七、乱放牲畜踩踏、吃他人庄稼的，除视情况赔偿外，另加管理费10元。

八、在本寨聚众赌博（除丧事外），发现向其警告，对不听劝告还口出狂言的，则没收赌具，罚款50~100元，窝家罚100元（指超出晚上12点以后）。

九、①对长期无故不参加小组会议，抗粮甚至不交三级提成的，无权享受上级优抚，本户有事找到组上不予受理。②对缺旷集体公益事业投劳的，误工1天交纳10元，作公益金用。

十、抓获乱偷他人物质的，每次罚款200元，并另（令）其将原物归还。

以上各条制度，望大家共同遵守，违者后果自负。

注：1. 对重犯加倍处罚。2. 举报和参加处罚人员的奖金按50%计算。3. 对受处罚不服的，组上有权上告。4. 此约复印1~4份（村、组、农户、派出所各持1份）。平新村上拉办组群众订2000年8月4号起实行。

## 18. （贵州省黔南布依族苗族自治州都匀市凯口镇平新村）封山育林护林公约[①]

为了保护、培育和合理利用森林资源，加快国土绿化，发挥森林保土、调节气候、改善环境和提高供材作用，适应社会主义建设和人民生活需要，根据市政府规划，我村封山育林区域内由我村进行管理，为此，我村组织了护林领导小组，制定了本护林公约，望广大群众共同遵守，违者后果自负。

① 来自：温佐吾主编：《村规民约与森林资源保护》，贵州科技出版社2007年版，第127－128页。

1. 属我村管域的林区内，特别是国家划定的红线区域内，乱砍滥伐林木，视其情节轻重给予处罚。轻者根据情节进行教育和赔偿相应的损失，补种相应株数的十倍的树木，并保证成活。重者依照《刑法》第一百二十八条的规定追究刑事责任，并处以 100～500 元的罚款。数额巨大的依照《刑法》第一百五十二条的规定追究刑事责任。

2. 在林区如果需要采伐，限额发放林木采伐许可证，进行有计划的采伐，不许超额采伐，违者按盗伐处理。如果超越职权发放林木采伐许可证的，对直接责任人员给予处分。情节严重致使森林遭受严重破坏的，对直接责任人员依照《刑法》第一百八十七条规定追究刑事责任。

3. 严禁在林区内进行破坏性的开垦、采石，或破坏性的砍伐，致使森林受到毁坏的由林业主管部门责令赔偿损失，罚补种毁坏林木的一至三倍的林木株数，并处 10～100 元的罚款。

4. 在林区内熟田熟土烧灰积肥，不许扩大开荒，按规定不得超过 3 米，否则按破坏森林处罚，严重的按《森林法》的有关规定追究责任，赔偿和处罚，并处 10～50 元的罚款。

5. 已分作用柴山的森林，只能有计划地砍伐，不得倒山砍伐。需要用木或其他，必须办理有关砍伐手续后，方可进行砍伐，否则按破坏森林处罚，并处 100～1000 元的罚款。

6. 在我村领域内从事森林的采伐利用、培育种植经营活动者，都必须服从我村护林领导小组的管理，违者按本护林公约执行。

7. 对我村森林造成损坏的，根据情节依照本公约给予相应的处罚，和依据《森林法》进行处罚。如果有不服从或不履行申诉的，由人民法院调查后强制执行。

以上封山护林公约从一九九八年三月一日起执行。

平新村封山护林领导小组制

平新村封山护林领导小组成员：

支　书　罗文书

组　长　王国坤（治安员）

副组长　王国益（治安员）

成　员　王国拢　莫兴尧　莫超洪

王型尧　王国益　王国首

以上条款请宣传。

平新村村委会（公章）

1998 年 3 月 1 日

## 19. （贵州省黔南布依族苗族自治州都匀市凯口镇）凯口村村规民约[①]

（2005 年 7 月 31 日凯口村第一届村民代表大会审议通过于 2005 年 8 月 1 日公布之日起施行）

为了保障我村实行村民自治，由村民依照法律法规和村规

① 来自：温佐吾主编：《村规民约与森林资源保护》，贵州科技出版社 2007 年版，第 131－132 页。

民约办理自己的事情，维护我村的生产、生活秩序，保护村集体和村民的合法权益，促进我村经济和社会各项事业正常发展，把我村建设成为一个文明生态小康村。根据《村民委员会组织法》，结合我村实际，制定本村规民约，望广大村民自觉遵守。

一、凡在村内发生纠纷，要先由村民小组处理，处理不下的再签意见，由村调解委员会处理。当事人不得越级处理，并按双方实际情况适当收取调解费 50 ~ 100 元。

二、对违反《治安管理处罚条例》的，除公安机关处理外，罚款 100 ~ 200 元。对抓获偷盗、提供破案线索、见义勇为的，给予 50 ~ 100 元的奖励，并为其保密。

三、各村民组必须实行治安传牌值班制度和防灾害预警制度，确保财产安全和生产安全。

四、自觉遵守计划生育政策法规，必须严格遵照《村计划生育村规民约》和《村人口与计划生育章程》。对违反计划生育政策法规的，村民有权检举、揭发，对打击报复的，除计生部门处罚外，村委会按其情节轻重处以违约处罚 200 ~ 400 元。奖励举报者 50 ~ 100 元，并为其保密。

五、村委会严格按照《土地管理法》《农村土地承包法》等法律、法规管理好本村的所有土地。对建设用地和农业生产用地，违反政策和法律、法规的，除土地管理部门处罚外，村委会对（视）其情节轻重，处以罚款每平方米 6 ~ 10 元。

六、对破坏道路交通、桥梁、水渠等基础设施和村容、镇貌的单位和个人，强行修复，并处以罚款 100 ~ 500 元。

七、每个村民都有权利和义务参与管理村集体山林、水域、河流，不得随意乱砍滥伐树木、竹林。

八、对乱砍滥伐树木、竹林的，除林业部门处罚外，村委会视其（情节）轻重处以“砍一栽三”恢复植被，并罚款100～500元。

九、村容村貌与环境卫生管理，依照《凯口村环境卫生村规民约》进行管理。各村民组可根据实际制定村组民约。对违反人员依照相关条款处理。

十、本《村规民约》与政策、法律法规如有抵触的，以政策、法律法规为准。

凯口村村民委员会（公章）

二〇〇五年八月一日

## 20.（贵州省黔南布依族苗族自治州都匀市凯口镇）公元一九六一年七月二十一日起平心（新）大队岩脚寨对小偷处理规定[①]

经全体群众酝酿讨论，对盗窃处理之规定如下：

1. 偷苞谷者，每包罚拾包，捉得偷盗者奖励5包，有5包归备（被）偷的户主。发（罚）款每包苞谷1.00元。

2. 偷菜园每斤罚拾斤，如不（没）有菜还时，将菜折现

① 来自：温佐吾主编：《村规民约与森林资源保护》，贵州科技出版社2007年版，第117－118页。

金培（赔）还，发（罚）款每斤菜1.00元。

3．偷家禽家畜及各种东西，按东西照价赔还发（罚）款，每斤按照东西价格加两倍罚款。

4．偷稻谷及各种粮食，规定每斤粮食按照伍斤赔还，发（罚）款每斤2.00元。

5．规定寨子团进（周围）及苗冲吨上的山林，从七月二十一日起一律禁止要柴及乱砍伐大木小树子。如需要用树时，必希（须）今（经）本队和大队同意可准砍用。本队山林归本队管用，谁人不能乱砍用。砍作柴烧每根五元，砍五寸以上每寸五元。

6．上面所提出的各项大小偷窃规定，希各家群众自觉遵守，互相监督执行。规定捉得偷窃的人，所发（罚）的食物和发（罚）款一半归还户主和群众，一半归捉的人得。如有看见别人偷东西不讲时，拿他挡（当）偷盗处理。

上面所规定的各项，如群众同意时，户户要来盖付拆（负责）。

姓名：

王国本　苏金凡　石士忠　司恩玉　孟现才　王少银
王国杨　王少明　王少六　王少付　王少香　王国新
谭正香　吴开凤　王国忠　莫远连　汤庭秀　王少木
罗金香　李正兰　王国装　王少甲　王少□　谭中英
王文和　李光明　王国权　罗义香　□选凤　李光有
王国秋　王国仲　石国禹　王振先　汤恩荣

（以上35户为盖私章及按手印者）

王绍品　王少金　王加荣　石六□　王要能　莫□恒
莫玉芳　陆永珍　王国群　黄继东　罗之芬　罗士连
汪明东
（以上 13 户为未盖私章及摁手印者）

## 21. （贵州省黔南布依族苗族自治州都匀市）石龙乡塘榜村村规民约[①]

（1994 年制定）

为了维护社会治安，净化社会空气，弘扬劳动人民的优良传统，建设社会主义精神文明，使村民的生产、生活有一个良好的社会环境，参照国家的有关法律、法规和法令，结合本村实际，经村民大会共同协商，特制定本村村规民约，全体村民共同遵守执行。

一、遵守国家法律、法规、法令，执行国家的各项方针、政策，按时完成上级分配的各项工作任务。

二、维护妇女、儿童、老人和残疾人的合法权益，严禁虐待妇女、儿童、老人、残疾人，不得遗弃婴儿，不准歧视残疾人，要对老人尽赡养义务，要关心教育好子女，使其从小养成良好的道德品质。

三、移风易俗，提倡婚事新办，反对铺张浪费和包办婚

① 来自：温佐吾主编：《村规民约与森林资源保护》，贵州科技出版社 2007 年版，第 143 – 144 页。

姻，结婚要到乡政府办理结婚登记手续。

四、执行国家计划生育政策，提倡晚婚晚育、少生优育，杜绝重男轻女恶习。计划生育男女有责，亲属邻里互相监督，切实控制人口增长。对抗拒不做计划生育的外逃户，一要注销户口，二要收回承包土地另行转包。对窝藏计划生育对象的农户要给予从重处理。

五、支持勤劳致富，杜绝偷盗行为，如发现偷盗，人人有责扭送乡政府或公安机关惩处。

六、轻微民事纠纷，先找村民组长进行调解。不服调解的由村民组长签署意见，到村处理。超越规定或手续不齐的，村不受理。

七、严禁赌博，一经发现除没收赌资外，从经济上、行政上加重处罚。青少年参加赌博者追究其父母的责任，惯赌或教唆、引诱他人赌博者，从严从重处理。

八、切实维护社会治安，对可疑人物或有破坏者，要进行盘查，及时报告村委会和公安机关。

九、严禁放火烧山、毁林开荒，注意村寨防火安全，预防火灾事故发生。

十、做好牲畜的看管工作，严禁人、畜践踏庄稼。

十一、积极送适龄儿童入学，积极参加扫盲学习。

十二、严禁乱砍滥伐集体林木和偷盗他人树木，违者按“砍一栽三罚五”处罚，还要给予一定的经济、行政处罚。构成犯罪的，送交国家政法机关惩处。

十三、积极参加村民会议和其他会议，学习国家的有关法律、法令和法规，了解党的路线、方针和政策，关心国家大事。

十四、讲文明、讲卫生、讲礼貌、讲道德，严禁侵犯他人的人身权利。不准酗酒闹事，加强邻里团结，争当模范村民。

十五、凡违反上述规定及违反《中华人民共和国治安管理处罚条例》，都必须严格按照《中华人民共和国治安管理处罚条例》进行处罚。

十六、本村规民约自通过之日起执行。

## 22. （贵州省黔南布依族苗族自治州都匀市石龙乡塘榜村）关于继承管理塘榜后山（打伞坡）的通告①

后山是塘榜寨祖辈为造福子孙、美化家乡而保护至今的风景山。近年来，有部分农户已失去护山、护林意识，在山前山后大肆砍伐，毁林开荒，烧砖烧炭，古山古树受到了严重破坏。为此，寨老们呼吁，为了继承管理后山，造福后代，美化家乡，保护山林，于1995年4月2日寨族老人及乡、村、组领导共18人订立了以下管理制度。

第一条　按前辈的（规定）管理山界，南以大院柏杨林路上至浪姐水库路上，北以小院水井至浪姐水沟，西以谭朝

① 来自：温佐吾主编：《村规民约与森林资源保护》，贵州科技出版社2007年版，第145－146页。

伟、罗有廷、杨学珍的责任田坎上，东以蓄水池至谭国臣老人墓地坎下为界，寨上的古老树、风景树都属管理范围。

第二条　界内的所有林木、石头、竹子、泥沙等都属保护区所有，不允许任何个人和集体在保护区内开石、伐木或毁林开荒、烧砖、烧炭等。

第三条　凡在保护区内雪打风吹倒的树枝，不允许任何人要回家中，只能让其在山上自然腐烂。

第四条　不允许任何人上山采伐保护区内的树木、竹为家庭用具。

第五条　原在管理区内种植油菜、麦子、洋芋等农作物的农户，收割后全部退耕还林。

第六条　在集体时划给个别农户作自留地的，只保留划给部分，扩大部分一律退耕还林。

第七条　凡在管理区内种植果树、茶树的农户，限期在1995 年 4 月底以前自行移走，过期属管理区所有。

第八条　对违反以上制度的农户及个人，除没收其工具和所砍伐、开采、种植的材物外，罚款叁百元（300.00 元）以上，无钱用物资抵交，严重者送交有关部门处理。

特此通告！

(此通告永久有效)

塘榜村护林领导小组

一九九五年四月二日

## 23. （贵州省黔南布依族苗族自治州都匀市）河阳乡包阳村村规民约[①]

一、坚持党的四项基本原则，拥护党的路线、方针、政策，遵守国家法律、法规。

二、发展生产，勤劳致富，支持公益事业和集体经济建设，积极完成国家规定的各项任务和本村分配的各项任务。

三、学习科学文化知识，依靠科技兴农，实行科技兴农。

四、珍惜、爱护土地，不得私自出租、出卖和撂荒土地，服从村镇建设规划，不违章占地建房。

五、自觉实行计划生育，提倡晚婚晚育，坚决杜绝计划外生育和非婚生育。

六、遵守社会公德，尊老爱幼，赡养老人，团结邻里，家庭和睦。

七、维护社会治安，不打架斗殴，诽谤他人，不扰乱社会秩序，敢于和一切违法乱纪的行为作斗争。

八、树文明新风，移风易俗，节俭办事，严禁赌博，反对迷信。

九、爱护集体财产，爱护公共设施。

十、保护森林，搞好绿化，美化环境，讲究卫生。

一九九〇年

---

① 来自：温佐吾主编：《村规民约与森林资源保护》，贵州科技出版社2007年版，第149页。

## 24. （贵州省黔南布依族苗族自治州都匀市）河阳乡包阳村第四村民小组组规民约[①]

为了维护我村民组的山林和社会治安秩序，使我组的山林和村民的一切财产得到维护和有效保障，尽量减少小偷小摸现象的发生，维护民众利益，进一步搞好安定团结，大力发展科技兴农，促进农业生产的发展，根据广大村民的建议，经我村民组研究，全体村民讨论通过，根据《中华人民共和国森林法》《中华人民共和国治安管理处罚条例》，特制定以下条约，望全体村民共同遵照执行。

一、凡偷砍我组的松毛树、杉树，抓获并送交组长，由组长组织处理，偷砍者每人每根罚款 300 元，追捉者工资每人 5 元（由偷砍者负责，不在罚款之内）。抓住要柴者，每人每挑罚款 60 元，付追捉者工资每人 5 元（由要柴者负责，不在罚款之内）。

二、捉拿偷牛、马、猪、鸡、鸭、狗，偷仓者，罚款 500 元，赔偿损失之外，付追捉者工资每人 10 元（由偷盗者负责，不在罚款之内）。

三、偷农副产品（苞谷、黄豆、花生、辣子、西红柿等）每人罚款 50 元，付追捉者工资 5 元（由偷盗者负责，不在罚款之内）。

---

① 来自：温佐吾主编：《村规民约与森林资源保护》，贵州科技出版社 2007 年版，第 150 页。

四、为了维护以上条例，在抓获处理时，每户必须有主要人参加。如果包庇偷盗不参加处理者，罚款10元。被抓获者必须在处理时兑现清楚罚款金额，如果无钱兑现的必须以物兑现。

以上条例请各级领导大力支持和协助，民众互相监督共同遵守执行。

此条例报乡政府、村委会，发本组各户。

包阳村第四组

一九九三年三月三日

## 25. （贵州省黔南布依族苗族自治州都匀市）护林公约[①]

遵照国家森林法和国务院关于制止乱砍滥伐森林的紧急通知以及各级政府有关护林规定，为保护森林，发展林业资源，促进四化建设，经两县（市）一村、四队共同协商，联合制定护林公约如下：

一、护林防火，保护国家森林资源，人人有责。

二、严禁放火烧山，一旦发现纵火者，应立即扭送有关部门从严处理。

三、严禁乱砍滥伐，发现乱砍滥伐者罚款如下：

1. 凡砍伐直径在一寸以下的，不分生干，一律按每株罚

① 来自：温佐吾主编：《村规民约与森林资源保护》，贵州科技出版社2007年版，第151页。

款伍元。

2. 砍伐直径在一寸至五寸的，每寸罚款拾元。

3. 砍伐直径在五寸以上至一尺的，每寸罚款贰拾元。

4. 砍伐直径在一尺以上的，每寸罚款叁拾元。

四、严禁进入飞播区内割草、打秧青，有违纪者，按损坏每株幼苗罚款伍元进行处理。

五、对咒骂、殴打护林人员者，除负责被打人员的全部医药、营养、误工费外，罚款贰百元，并押送公安机关处理。

六、以上公约人人遵守，违者按条例处理。

都匀市凯西公社　凯西大队　甲东生产队　新建生产队

紫伟大队　小栗木生产队　新建大队　桥头生产队

平塘县白龙乡乐康村村民委员会

一九八四年元月十四日同订

## 26.　（贵州省黔南布依族苗族自治州平塘县金盆街道新寨村）村规民约①

玉水金盆新寨村，十里桃园扬美名；
为把家乡建设好，村规民约记在心。
吃水不忘挖井人，幸福生活谢党恩；
通村通组小康路，通电通水面貌新。

① 来自：谭学昆：《平塘县山歌版“村规民约”唱响新寨桃花节》，载《黔南日报》2019年3月24日，第2版。制定时间大概为2019年2月。

鸟儿早起蜜蜂勤，懒等靠要最丢人；
贫穷帽子早甩掉，争做小康排头兵。
村庄卫生靠大家，房前屋后亮滑滑；
左邻右舍互帮助，敬老爱幼人人夸。
红白酒席要申请，违规操办不得行；
礼多礼少是心意，邀人吃酒不欢迎。
相信科学不迷信，是非善恶要分清；
赌博没有好结果，书中自有钱万金。
绿水青山好地方，护林防火记心上；
一不小心失了火，青山不在人遭殃。
花配绿叶女嫁郎，婚事简办要提倡；
彩礼不必问多少，夫妻恩爱最风光。
起房建屋讲规章，多建无用费钱粮；
攀比之心不可有，生活宽裕才是强。
桃花开放十里香，村规民约传四方；
人人自觉来遵守，文明新寨响当当。

## 27. （贵州省黔西南布依族苗族自治州册亨县）秧坝镇者述村村规民约[1]

为维护广大村民合法权益，促进全村经济发展，稳定本村

① 来自：周相卿：《者述村布依族习惯法研究》，民族出版社2011年版，第78－81页。

秩序，根据有关法律、法规和条例的规定，制定本村规民约。

第一条　村民应尊老爱幼，保护妇女的合法权益不受侵犯。

第二条　严禁虐待老人和妇女儿童，违者本村将处罚款50～100元，情节严重的移交司法机关处理。

第三条　为维护和稳定本村农业生产的发展，坚决杜绝放敞牛敞马破坏庄稼，违反者除赔偿损失外，每次每头（匹）处罚款100～200元。

第四条　严禁畜、禽践踏秧田和栽秧后的农田，违反者，除赔偿外，每次每头牲畜处罚款50～100元，每只家禽处罚款5～10元。

第五条　牲畜践踏农作物，损失户或他人把牲畜牵到途中或在现场未达成协商赔偿损失之前，被牛主或别人干扰，把牲畜私自抢回、拒绝赔偿的，除赔偿损失外，每头处罚当事人或牛主200元，并奖励拉牛者30元。

第六条　严禁偷盗行为，违者除赔偿外，每次处罚款50～100元，构成犯罪的移交司法机关处理。

第七条　严禁在他人田地里倒垃圾（烂玻璃、碎碗片等），违者一次处罚款50元。

第八条　严禁偷放乱放他人秧田内的水，违者一次处罚款50～100元。

第九条　严禁乱砍和盗卖寨内风景树，违者除赔偿外，每桩处罚款100～300元。

第十条　严禁偷拔他人苗木，违者一次每株赔偿0.5～10元；栽后拔除的，每株赔偿5～10元，并每次处罚款50～

100 元。

第十一条　严禁放敞牛敞马践踏苗木，有违反者，造成苗圃受损的，每株赔偿 0.1 ~ 0.5 元；造成栽后一年苗木损失的，每株赔偿 2 元；栽后两年苗木的每株赔偿 4 元；三年苗的每株赔偿 6 元，并处罚款 100 ~ 200 元。

第十二条　严禁在河里电鱼、毒鱼、炸鱼，违反者，一次处罚款 50 ~ 100 元，情节严重者，移交上级有关部门处理。

第十三条　严禁投放毒药。凡投毒导致他人家禽牲畜伤亡的，承担全部经济责任，并一次处罚款 100 ~ 200 元，造成严重后果的，移交司法机关处理。

第十四条　严禁冒领、宰杀他人牲畜、家禽，违者一次处罚款 100 ~ 300 元，情节严重的，移交司法机关处理。

第十五条　针对反映的各种矛盾纠纷问题，经村组织调解成功后，调解费由无理的一方全部承担。双方在接到调处意见书规定的期限内，既不履行职责，又不向上一级机关申请处理的，该意见书视为生效，若当事人不履行调解协议又拒绝执行处理结果的，村调解委申请政法部门配合执行，并折价赔偿有关的损失。每出现一次处罚当事人 200 元。

第十六条　经村调解委组织调处的各类矛盾纠纷，无论调处结果如何，任何人不得阻止、干扰组织调处，造成矛盾纠纷无法调处的，每出现一次处罚款 200 元，情节严重的移交司法机关处理。

第十七条　经村调解委调处成功的各种矛盾纠纷，任何一方不得反悔，若有反悔的，村、组一律不再受理，若因反悔造成不良后果的，处罚款200元。

第十八条　严禁包办未达到法订婚龄的子女结婚，否则按《人口与计划生育法》有关规定给予处罚。广大村民必须遵守计划生育政策和法律法规，若出现计划外怀孕和无证生育的，一次处罚款100～300元。

第十九条　严禁隐藏窝藏未落实计划生育有关手续的流动人口到本村包山，违者处罚款100～200元。

第二十条　计划生育手术对象应在小孩出生后三个月内到镇计生服务站作相应手术，除特殊情况（剖腹产、妇科病严重等）有证明外，超期的将处罚款200元；妇检对象，每季度不参加一次妇检的，处罚款100元。

第二十一条　拒送子女入（复）学和不送子女读完九年义务教育的，处罚款200元。

第二十二条　严禁破坏公共设施，违者除强行修复或赔偿损失外，每次处罚款50～100元。

第二十三条　对村民议事会决定的各项公益事业建设，村民必须积极参与集资或投工投劳，无故不参与造成任务完不成的，每桩处罚款200～300元。

第二十四条　严禁赌博，发现一桩，处罚赌者200元，窝赌者300元，观看者50元，屡教不改者，扭送司法机关处理。检举揭发者奖100元。

第二十五条　严禁小偷小摸行为，发现一次，处罚款100～300元，情节严重的移交司法机关处理。

第二十六条　严禁隐藏窝藏包庇各种违法犯罪分子，违者处罚款 100～300 元。

第二十七奈　严格用火管理，严禁放火烧山，若失火烧山，或烧房屋的，除赔偿损失外，处罚款 200～300 元，情节严重的，移交司法机关处理。

第二十八条　严禁酗酒闹事，扰乱群众正常生产生活秩序，违者处罚款 100～200 元。造成严重后果的，移交司法机关处理。

第二十九条　无论谁违反以上任何规定被处罚拒交罚款的，村委会有权督促追回无理方的财产折价抵罚款或赔偿有理方的各种损失。

第三十条　本村规民约经 2004 年 12 月 10 日者述村村民大会通过，定于 2005 年元月 1 日起执行，望全村村民共同遵守。

第三十一条　原者述村村规民约同时废止。

者述村党支部

者述村村民委员会

二〇〇四年十二月十三日

## 28.（贵州省黔西南布依族苗族自治州册亨县秧坝镇）者述村村规民约[①]

为维护广大村民合法权益，促进全村经济发展，稳定本村

① 来自：娄义鹏：《贵州少数民族地区纠纷解决机制研究——以苗族、侗族、布依族为例》，中央民族大学 2016 年博士学位论文。

秩序，根据有关法律、法规和条例的规定，制定本村村规民约。

1. 村民应该尊老爱幼，保护妇女的合法权益不受侵犯。

2. 严禁虐待老人和妇女儿童，违者本村将处罚 50～100 元，情节严重的移交司法机关处理。

3. 为维护和稳定本村农业的发展，坚决杜绝放敞牛敞马破坏庄稼，违反者除赔偿损失外，每次每头处罚 100～200 元。

4. 严禁畜、禽践踏秋田和栽秧后的农田，违反者，除赔偿外，每次每头牲畜处罚款 50～100 元，每只家禽处罚款 5～10 元。

5. 牲畜践踏农作物，损失户或他人的牲畜牵到途中或在现场未达成协商赔偿损失之前，被牛主或别人干扰，把牲畜私自抢回、拒绝赔偿的，除赔偿损失外，每头处罚当事人或牛主 200 元，并奖励拉牛者 30 元。

6. 严禁偷盗行为，违者除赔偿外，每次处罚 50～100 元，构成犯罪的移交司法机关处理。

7. 严禁在他人田地里倒垃圾，违者一次处罚 50 元。

8. 严禁偷放他人秧田内的水，违者一次处罚款 50～100 元。

9. 严禁乱砍伐和盗卖寨内的风景树，违者除赔偿外，每桩处罚款 100～300 元。

10. 严禁偷拔他人苗木，违者一次每株赔偿 0.5～10 元；栽后拔除的，每株赔偿 5～10 元，并每次处罚款 50～100 元。

11. 严禁放敞牛敞马践踏苗木，有违反者，造成苗圃受损的，每株赔偿0.1～0.5元；造成栽后一年苗木损失的，每株赔偿2元，栽后两年苗木的每株赔偿4元，三年苗的每株赔偿6元，并处罚款100～200元。

12. 严禁在河里电鱼、毒鱼、炸鱼，违反者，一次处罚50～100元，情节严重者，移交上级有关部门处理。

13. 严禁投放毒药。凡投毒导致他人家禽牲畜伤亡的，承担全部经济责任，并一次处罚100～200元，造成严重后果的，移交司法机关处理。

14. 严禁冒领。宰杀他人牲畜、家禽，违者一次处罚款100～300元，情节严重的，移交司法机关处理。

15. 针对反映的各种矛盾纠纷问题，经村组织调解成功后，调解费由无理的一方全部承担。双方在接到调处意见书规定的期限内，既不履行职责，又不向上一级机关申请处理的，该意见书视为生效，若当事人不履行调解协议又拒绝执行处理结果的，村调解委申请政法部门配合执行，并折价赔偿有关损失。每出现一次处罚当事人200元。

16. 经村调解委调处的各类矛盾纠纷，无论调处的结果如何，任何人不能阻止，干扰组织调处，造成矛盾纠纷无法调处的，每出现一次处罚款200元，情节严重的移交司法机关处理。

17. 经村调解委调处成功的各种矛盾纠纷，任何一方不得反悔，若有反悔的，村、组一律不再受理，若因反悔造成不良后果的，处罚款200元。

18. 严禁包办未达到法订婚龄的子女结婚，否则按《人口与计划生育法》有关规定给予处罚。广大村民必须遵守计划生育政策和法律法规，若出现计划外怀孕和无证生育的，一次处罚100～300元。

19．严禁隐蔽窝藏未落实计划生育有关手续流动人口到本村包山，违者处罚100～200元。

20．计划生育手术对象应在小孩出生后三个月内到镇计生服务站作相应手术，除特殊情况有证明外，超期的将处罚款200元；妇检对象，每季度不参加一次妇检的，处罚款100元。

21．拒送子女入学和不送子女入学读完九年义务教育的，处罚200元。

22．严禁破坏公共设施，违者除强行修复或赔偿损失外，每次处罚款50～100元。

23．对村民议事会决定的各项公益事业建设，村民必须积极参加与集资或投工投劳，无故不参与造成任务完不成的，每桩处罚款200～300元。

24．严禁赌博，发现一桩，处罚赌者200元，窝赌者300元，观看者50元，屡教不改者，扭送司法机关处理。检举揭发者奖励100元。

25．严禁小偷小摸行为，发现一次，处罚款100～300元。情节严重的移交司法机关处理。

26．严禁隐藏窝藏包庇各种违法犯罪分子，违者处罚款100～300元。

27．严格用火管理，严禁放火烧山，若失火烧山，或烧毁房屋的，除赔偿损失外，处罚款200～300元，情节严重的，移交司法机关处理。

28. 严禁酗酒闹事，扰乱群众正常生产生活秩序，违者处罚款 100～200 元，造成严重后果的，移交司法机关处理。

29. 无论谁违反以上任何规定，被处罚拒交罚款的，村委会有权监督督促追问无理方的财产折价抵罚款或赔偿有理方的各种损失。

者述村村委会

2012 年 6 月

## 29. （贵州省黔西南布依族苗族自治州晴隆县光照镇规模村）村规民约①

第一条 为了维护社会秩序，保证社会主义市场经济的稳定和发展，促进我村的安定团结，特制本村《村规民约》，属本村辖区的全体公民及外来到我村暂住人口，必须遵守我村《村规民约》。

第二条 因赌博是社会的公害，是封建陋习，凡参与赌博者，除没收赌资外，处罚 5～500 元，窝赌者处罚 10～1000 元，在场观赌者一律视为赌博者，没收所带经济，每人处罚 10～100 元。

第三条 打架斗殴者，分情节轻重，分别给予处罚 10～200 元，同时付与医疗费、营养费、误工费等。

---

① 来自：徐永刚：《贵州黔西南布依族聚居地方村民自治问题研究——以晴隆县光照镇规模村为个案》，贵州大学 2008 年硕士学位论文。

第四条　小偷小摸，金额300元以下（含物资折款）责令赔偿被害人损失，并罚款10～100元。

第五条　强占他人田地者，责令退回田地，同时分情节轻重处罚10～500元。

第六条　破坏水利设施、电信设施，责令其赔偿损失，并分情节轻重处罚10～200元，情节严重者移交司法机关处理。

第七条　放火烧林，破坏林木、竹等，除折价赔偿外，处罚2～5倍。其余参照森林法的有关规定处理。

第八条　严禁卖淫、嫖娼、破坏他人婚姻家庭等不道德行为，违者处罚10～500元罚款，并交司法机关查办。

第九条　严禁放牲畜吃农作物，违者视情节轻重，除给予赔偿外，处罚5～50元。

规模村村民委员会

2006年1月25日

## 30.　（贵州省黔西南布依族苗族自治州晴隆县光照镇规模村）计划生育村规民约[①]

（2006年4月1日村民代表大会通过）

一、每个村民都要学习和宣传国家和省的计划生育方针、政策，自觉实行计划生育。

---

① 来自：徐永刚：《贵州黔西南布依族聚居地方村民自治问题研究——以晴隆县光照镇规模村为个案》，贵州大学2008年硕士学位论文。

二、已婚育龄夫妇，都要积极参加人口学校学习、培训每个未婚青年都要自觉学习优生优育知识，带头实行晚婚晚育、优生优育。

三、凡符合条件申请生育的已婚育龄夫妇，都要做到持证生育，并及时落实节育措施，计划外怀孕的，应及时报告并按期落实补救措施。

四、每个村民都有对违反计划生育规定的人员进行举报的义务。

五、凡流入本村的育龄妇女，都要持所在县、乡计生主管部门出具的《流动人口婚育证明》，纳入本村管理外出 30 天以上的本村育龄妇女，要在外出前办理《流动人口婚育证明》，接受本村及流入地双向管理。

六、凡违反本村规民约的，按所签订的《计划生育诚信协议书》处理。

## 31. （贵州省黔西南布依族苗族自治州贞丰县永丰街道办事处）必克布依寨议榔规①

吉日良辰，团聚众民；议榔商定，宣誓遵循。

房前屋后，打扫要勤；村落寨子，保持清新。

① 来自：《约吗？4 月 18 日，贞丰布依族“三月三”，聆听千人诵读“议榔规”……》，载“黔西南旅游网”微信公众号，2018 年 4 月 9 日，2020 年 1 月 29 日最后访问。制定时间大概为 2018 年。

诚实处世，礼貌待人；尊老爱幼，扶弱济贫。
珍惜土地，细致耕耘；勤劳节俭，朴素立身。
种竹植树，封山育林；发展经济，合理经营。
兴渠凿井，节约源能；修桥补路，造福子孙。
不说谎话，诚信合群；互相帮助，关爱友邻。
不贪私利，取舍分明；包涵谦让，敬重乡亲。
和谐相处，避免纠纷；言谈有礼，举止斯文。
不忘党恩，当好主人；团结各族，爱国兴村。

## 32. （贵州省黔南布依族苗族自治州惠水县）甲戎乡青河村村规民约[①]

（2002年1月16日经村民代表大会通过）

为了认真贯彻执行党的十六大精神，进一步维护本村社会安定团结，保障公民的合法权益不受侵害，促进全村社会稳定，经济发展，生活水平提高，加快脱贫致富奔小康的步伐，根据《中华人民共和国村民委员会组织法》的规定，结合本村实际，特定村规民约如下：

一、全体村民必须拥护党的领导，严格执行党的路线、方针、政策，遵守国家的法律法规和本村的《村规民约》。

二、必须实行计划生育政策，提倡一对夫妇只生一个孩

① 来自：周相卿：《者述村布依族习惯法研究》，民族出版社2011年版，第172－175页。

子，严格持证生育，按时到乡计生服务站进行妇检。生孩子半个月内必须主动到村计生室申报户口。结婚嫁女必须到村计生室办理迁入迁出手续，违者除按《中华人民共和国人口与计划生育法》处罚外，本村还另处罚30元。

三、严禁破坏水、电、路、学校等公共设施。

1. 村所有的自来水工程，不论管道通过谁家的责任田土地或房前屋后，在不影响耕种和建筑物的前提下，任何人都不得加以干涉和破坏，并有义务共同维护，若故意刁难或破坏者，将处以100至300元的罚款，严禁偷水和放别人的田水，违者罚款50至100元。

2. 禁止破坏高低压线路设备和一切偷电行为，违者根据情节轻重，轻者罚款100至500元，严重者交有关单位处理，高低压线路所经过的沿途左右两侧3米以内严禁护林或栽树。

3. 严禁侵占或破坏村级公路路面，确需拦路要水放田的，必须主动修涵洞，不准挖明沟拦水放田，违者经多次教育仍不改的，则罚款50至100元。

4. 严禁占用学校和集体公共场所打水泥砖，堆沙石和其他占用行为，若因特殊情况需暂时占用的，必须经村委会同意方可临时占用，严禁破坏和偷学校的设施，违者除赔偿损失外，并罚款100至500元。

四、保护好河流、山林、耕地等资源，防止水土流失，保持生态平衡。

1. 本村辖区内的河流，严禁用电、毒、炸等打鱼方式进行捕鱼，违者除没收打鱼工具外，并处100至500元的罚款。

2．本村辖区内的荒山都要进行绿化造林，落实到户管理，严禁偷砍集体和个人的山林，违者罚款300至500元，禁止放牛到他人已进行退耕还林的地里或乱砍乱扯掉他人退耕还林地里已植好的苗木，违者罚款50至100元。

3．严禁侵占他人的田土，禁止乱占用耕地，违者罚款30至50元，自己承包的责任田土不得无故丢荒，若谁让土地荒芜三年以上，村委会有权将其收回另行发包，并按30元/亩收取土地荒芜费。

五、严禁乱砍乱伐林木，放火烧山，毁林开荒，严禁在封山育林和退耕还林区域内砍柴割草，违者罚款50至100元，故意放火烧山者，除赔偿损失外，并罚款100至500元，情节严重者交林业部门处理。

六、加强土地的管理，并交50至100元的管理费，未经村委会批准擅自占用土地的，必须补办手续，并罚款100至300元。

七、加强行政管理，凡村民需到村委会办理各种申请证明的，必须交5元钱的办公用费，县外的户口迁移手续费为10元。凡是计生、救济等证明免费办理，凡是要求村委会出面调解民事纠纷的双方，都必须先交30元的调解费方能受理，经调解后退还有理方原调解费。

八、庄稼在未收割之前，严禁人、畜糟蹋庄稼或放牛在田坎上吃草，违者罚款30至50元，若牛吃了庄稼被抓则按实际损失加倍赔偿，并罚款50至100元。

九、村民必须主动完成按时上交农业税及附加税任务，若因确有困难不能完成的，必须向村委会申请减免，经村委会调查该村民所在组70%的农户都认可该户确实无力完成，再由村委会向乡人民政府申报减免。违者除按上级有关规定罚滞纳金外，村委会罚该户30元。

十、提倡建设文明村寨，尊老爱幼，邻里团结友爱，讲文明、讲礼貌，积极参加公益事业建设。搞好环境卫生，禁止在离村寨30米以内的房前屋后堆放玉米秆和稻草，村寨的主道不准乱倒垃圾、排污水，违者罚款30元至50元。

十一、此《村规民约》从2002年元月16日起施行，望广大村民自觉遵守和维护执行。

## 33. （贵州省安顺市镇宁布依族苗族自治县扁担山乡）坡孝村村规民约①

根据《贵州省社会治安处罚条例》和《贵州省计划生育条例》及有关法律法规，结合我村实际，特制定如下村规民约。

一、严格遵守国家政策、计划生育法律法规，自愿履行计划生育合同，并按合同内容履行权利和义务，否则将对照合同条款给予罚款。

二、本村育龄妇女必须与村委签订计划生育合同，对照合

① 来自：周相卿：《坡孝寨布依族习惯法民族志》，载《民间法》2010年。

同条款给予罚款。

三、凡有人口变动的农户，必须及时到村委进行人口变动登记，凡 3 日内未进行变动登记的，罚 100 至 200 元。

四、流动人口要坚持来有所地、去有所向的原则进行管理，即流出要持证，流入要通过验证。

五、凡是愿办理独生子女证的户，由村委一次性奖励 100 元。独生子女和双女结扎户在优先入学、扶贫项目、信息咨询以及技术服务等方面给予优惠。

六、党、团员，村组干部和计划生育协会会员要带头执行计划生育的方针政策，如有违反的，除按有关规定处罚外，村委将对其处以 200 元至 500 元的罚款。

七、村民应做到不收留、不包庇和不窝藏计划生育手术对象，不参与谩骂、围攻和刁难从事计划生育的工作人员，否则罚款 500 元至 1000 元。

八、乱偷瓜果小菜、故意损坏庄稼者，按情节轻重处以 50 元至 500 元罚款。

九、封山育林区、田边地坎严禁放牛马，违反者处以 50 元至 500 元罚款。

十、不准非法占用承包地建房。

本公约自公告之日起执行。

坡孝村村民委员会

2005 年 1 月 3 日

## 34. （贵州省安顺市镇宁布依族苗族自治县扁担山乡）坡孝村村规民约[①]

为把我村建设成为物质丰富、精神文明的社会主义新农村，为使我村的农副生产得到很好和稳定地发展，避免各种民事纠纷的发生，使人民群众的生产生活得到安定、人民群众的财产利益得到保护，特定如下村规民约：

一、不管在任何季节，不准放牛马满田坝跑和牵牛马到田边地角吃草，糟蹋庄稼。违者罚款50元。

二、为保护我村的自然环境，寨子两旁的山林，不准放牛马进去吃草，糟蹋树苗，违者罚款50元。

三、在山林保护范围内，不准任何人上山砍柴，不准割秧青，违者罚款100元。

四、对于小孩上坡乱砍苞谷秆和拿别家苞谷烧着吃的，以及（拿）各种农作物，每拿一样东西一律罚款50元，属于成年人的罚款100元。

五、偷鸡摸狗、乱偷本村财物的，违者罚款200元。

六、治安巡逻抓到强盗，将对其罚款1000元以上，还要送交公安处理。

七、巡逻人员如果和强盗发生争斗，造成意外伤亡的。本村负全部责任。

---

① 来自：周相卿：《者述村布依族习惯法研究》，民族出版社2011年版，第185－186页。

制定以上条约，希望全体村民共同遵守。

坡孝村村民委员会

2008年1月30日

## 35.　（贵州省安顺市镇宁布依族苗族自治县扁担山乡）坡孝村村规民约[①]

为把我村建设成为物质丰富、精神文明的社会主义新农村，为使我村的农副业得到稳定和很好的发展，避免各种民事纠纷的发生，特定如下村规民约：

一、不管在任何季节，都不准放牛满田坝跑，田边地角及田坝沟边，都不放牛或牵牛去吃草，违者罚款30元。

二、寨子两边的山林到处都是果树苗和庄稼，如任意放牛去吃草者将视为故意糟蹋果树苗和庄稼，将对其罚款30元。

三、如庄稼被糟蹋者跟当事人讲后不服或被罚款后不服的，还要辱骂他人的，将罚款30元。

四、对小孩乱砍苞谷秆和上坡烧苞谷吃的以及（拿）各种农作物，拿一样东西的一律罚款30元。如邻近村寨放牛在坡上或者田边吃草，其庄稼被糟蹋或损害过多的，除罚款100元以上外，还要赔偿损失数额。

五、对于大人故意上坡偷东西的，每拿一样东西罚款100

---

① 来自：娄义鹏：《贵州少数民族地区纠纷解决机制研究——以苗族、侗族、布依族为例》，中央民族大学2016年博士学位论文。

元以上，不服者将加倍处罚。

六、发现偷鸡摸狗的，经群众检举证实后，按偷一只家禽罚款50元处罚。

七、偷本村财物的人，抓到罚款200元。抓到外村强盗的，除由本村罚款300元外，还要送交公安机关处理。

八、对于酗酒闹事、无故骂人、无理取闹、打架斗殴，造成一方重伤的，除负责全部医药费用外，还要罚款50元。

九、不管本村村民或外村村民，对本村制定的条约，都必须自觉遵守执行。否则对违抗者上报乡政府处理，后果自负。

制定以上条约，希望全体村民共同遵守，违反者将提交村委会按性质轻重予以处罚。

坡孝村村民委员会

2009年6月6日

## 36. （贵州省安顺市关岭布依族苗族自治县）沙营乡法那寨村规民约[①]

（1980年6月3日通过）

一、“议事会”是经群众推举产生的，代表绝大多数群众的意志，为全寨的公共事业服务的群众组织。经过“议事会”提出的有关寨子建设的各项规划，经群众讨论通过，并通过实

① 来自：关岭布依族苗族自治县地方志编纂委员会编：《关岭布依族苗族自治县志》，贵州人民出版社2002年版，第643－646页。

践证明，如果确实是科学的，切实可行的，任何人不得以任何借口无理抵制和拒不参加施工。“议事会”有权责令他把该承担的义务工按时、按质、按量完成，如有违犯，又无特殊情况，即不按质量和超过规定完成时间在五天以上者，罚款五元。

二、各户在生产上必须不误农时，精耕细作，认真管理，创造好收成，并完成交清各项提存和完成应交国家公余粮。对无特殊情况而又不抓季节栽种和收割的懒汉行为，不完成交国家和各项提存者，“议事会”有权责令或者配合生产队对其进行督促和干涉。如果无理抗拒者，罚款制裁参照第一条执行。

三、各户必须根据“议事会”的多种经营规划规定，按时保质保量，并按指定品种培植好各类经济木和用材木。如有不按预定完成期限拖延在一月以上者，罚款五元。

四、根据《中华人民共和国宪法》规定，我们有保持本民族的风俗习惯和宗教信仰等自由，同时更有宣传无神论、破除迷信的责任，“议事会”有权防止已废除多年的祭山、打清醮和请神送鬼的旧风俗再现。

五、进一步提倡男女自由恋爱，遵照国家规定的年龄实行晚婚、晚育。逐步废除指腹为婚、襁褓订婚和盘酒等严重包办婚姻的封建传统习惯，逐步改变盘酒不坐家的落后的不科学的婚姻方式。

六、红白喜事要进一步从简，要逐步废除铺张浪费、请客送礼的旧习惯。从现在开始实行：一年做到办酒席不超过五十桌，二年不超过四十桌，三年不超过三十桌，四年不超过二十桌，五年不超过十桌，生日祝寿和请满月酒不准请客送礼。满月酒请客从现在开始做到一年不超过三十桌，二年不超过二十桌，三年不超过十桌，违者罚款二十元，并责令在群众大会上作检讨。

七、讲卫生、不生病。室内做到地面清洁、餐具清洁、食物清洁，每半年检查一次，室外做到无垃圾、无污水、无粪便，公共场所和公用路道的清洁工作由“议事会”按住房邻近划片包干负责，每半年检查一次。检查结果，评定为“最清洁”“清洁”“不清洁”“最不清洁”四等，连续得“最不清洁”者，罚款一元，并挂特制的“最不清洁”黑牌，直到做到“最清洁”方能取除。

八、提倡讲道德、讲礼貌，不准打人骂人，聚众闹事打群架，不准挑拨离间，破坏他人团结、他人婚姻和家庭和睦。违者罚款三元，罚修路十公尺。

九、每个成年人必须做到为人诚实，不讲假话，办事公道，严于律己，宽厚待人，尊老爱幼，应该用说理的方法和实际言行去影响和教育子女，不许当着小辈讲丑话、呼浑名，特别是不许喊长辈的浑名，违者罚修路十公尺。

十、男女同志都必须作风正派，夫妻要相互尊重，共同奉养好老人和抚育子女。如果发现有搞男女关系，好吃懒做，虐待老人和任意打骂子女者，加重罚款二十元，修路十公尺。并由“议事会”根据其家庭情况，酌情责令其按月定数给老人生活费和按天挑水。

十一、女青年在未出嫁期间，有权支配自己的农闲时间，利用副业渠道增加经济收入，并备办嫁妆，任何人（如兄嫂等）不得侵犯她们的私有财产，违者罚款十元。

十二、凡属由父母包办的婚姻纠纷，只要不是因为喜新厌旧而提出离婚者，都应该得到保护和支持。但是，必须办清离婚手续方可另找对象，不准私行重婚和未办清手续就另找对象私奔，违者罚款二十元或者修路一百公尺。

十三、不准赌博和变相赌博，违者没收赌具，赌场钞票一律由“议事会”没收充公，并对赌头罚款四十元以下。

十四、酗酒闹事者，罚款二元。

十五、在生产劳动中，不允许侵犯他人的田边地角，不准撬他人的坎子，违者罚款五元并责令其按界还原和向被侵犯者赔礼道歉。

十六、严防偷盗，严惩盗贼。偷粮食和现金者（不论干粮、生粮），一罚一，罚修路十公尺，偷树木者（不论树子大小）和乱挖他人圪兜者，罚款一元，罚栽树五棵，包栽包活，缺一补一。偷蔬菜者，每抓住一次，罚款二元，每偷一分面积按 30 元赔偿，并按“议事会”指定的公共场所罚其清扫。偷家禽、家畜者，按所窃的禽畜价值的 50% 罚款，罚修路十公尺。偷果子，每抓住一次罚款二元，赔粮一斤。偷割他人瓜叶、洋芋叶、豆叶、禾苗和其他物资等，抓住一次罚款二元，罚扫一处公共场所。上述各条，小孩有犯，由家长承担，犯规者如向“议事会”自动交待犯规事例，可免降罚款，赔偿一律照赔不误。

十七、各户必须管理好牲畜，家畜因管理不善糟蹋他人庄稼，每抓住一次罚款三元。糟蹋一株苞谷赔苞谷一斤，糟蹋谷子一窝赔稻谷一斤，糟蹋蔬菜每亩以赔偿300元计算，罚修路十公尺。

十八、对路过我寨问路和来我寨办事的人，必须热情接待。

十九、保护自然资源。不论是个人或集体在我寨放牛开荒种地，原已开荒种地的限在本年10月1日前退耕还牧，10月1日以后再有意在我寨放牛开荒者，罚款50元，并责令植草还牧。开荒人不管是本寨外寨的，一律按此条制裁。

二十、不准侵占寨子内外的公共路道作园子地和建房屋，违者罚款五元，并责令立即复原。

二十一、不准在公共的大树林（森林）砍柴、挖兜、放牛放马、挖药材（除“议事会”批准可以少量采挖的），不准开荒种地，违犯其中任何一项，均罚款二十元。

二十二、少年儿童在不耽误学习的前提下，必须随时配合大人执行上述条例，同时，每半月上一节（半小时）由“议事会”开设的道德品质教育课。

二十三、青年必须当好寨子各项基本建设的突击队和《整顿条例》的模范执行者。

二十四、每对夫妻要争当计划生育模范，有办好绝育手术只生独生子（女）的夫妇，由“议事会”发给奖金五十元。

二十五、我寨在外工作人员，在把本职工作搞好的前提下，都有搞好本寨建设的义务。

二十六、今后还要广开财源财路，增加我寨的公共福利事业和副业设施，现有的集体加工房要增大服务面，增加收入。

二十七、开展业余体育和文化活动，丰富我寨的精神文化生活，继续搞好篮球场，筹办小图书室和小俱乐部等。

二十八、筹建一个一至三人的小医务组，资金来源可由社员筹集和从加工费中适当提取一部分，人员报酬可暂由收挂号费、手续费和药物调拨价及零售价差付给。

二十九、对于丧失劳动能力的孤寡老人，一律由“议事会”按全寨劳动力分派他们的田、地耕种和生活资料供给数。

三十、爱护公共财物，有损坏公共财物者，照价赔偿，并罚款五元。

三十一、要敢于同坏人坏事作斗争。对于勇敢捉贼拿盗和制止破坏公物行为的同志，由“议事会”从当件罚款的金额中抽百分之五十作为奖励。

三十二、不准诬陷好人和对他人乱栽赃，如有违犯者按所诬陷的罪行对照《整顿条例》进行惩处，并向被陷害者赔礼道歉。

三十三、上述条例，全寨人人都要严格遵守，严格执行。同时，有关条例对外寨范围内触犯者一律生效。

上述各条如与国家有关法律条例有抵触时，按国家有关法律条例规定执行。

## 37. （贵州省安顺市西秀区）黄腊（布依族苗族）乡河滨村卫生管理制度[①]

为美化村容村貌，提高村民的生产、生活环境质量，经河滨村村委会研究，于2018年10月30在河滨村绿宝组召开村民会议，经村民大会讨论通过，制定本辖区环境卫生管理制度：

一、村委会要加强对环境卫生工作的领导，实行村干部包组的管理制度，包组干部负责所包村寨卫生。

二、实行环境卫生村民自治制度。每户每月需交纳5元卫生费，按季度收取并公示。

三、聘用卫生管理专职人员，负责定期清运每户的垃圾袋；确保垃圾斗周围无垃圾溢出；垃圾斗装满时要及时联系垃圾运输员进行清理；做好负责的其他卫生管理工作。

四、专职人员工资报酬从卫生费中支付，优先聘用勤劳负责任的贫困户。

五、村民要增强环境卫生意识，树立“讲卫生光荣、不讲卫生耻辱、爱我河滨、美化河滨、从我做起”的新风尚。每家每户做好自家屋内及门前屋后的环境卫生。

六、对不按时交卫生费、不按本制度执行的由村委会按《村规民约》进行处理。

黄腊乡河滨村村民委员会

2018年10月30日

---

① 来自：《黄腊乡河滨村卫生管理制度》，载“乡约黄腊布依”微信公众号，2018年11月2日最后访问。

## 38. （贵州省安顺市西秀区）黄腊（布依族苗族）乡河滨村酒席规范[①]

为有效遏制乡村乱办、滥办酒席不正之风，切实规范酒席办理，减轻广大人民群众的经济负担，教育、引导广大人民群众革除陋习，培育崇尚文明节俭的社会新风，大力营造风清气正的社会环境，努力构建和谐、文明的社会，经研究结合我村实际，制定本规范。

根据《安顺市关于规范民间操办婚丧喜庆事宜指导意见》（安文明委〔2016〕14 号）要求，结合《西秀区规范民间酒席办理工作的实施方案》（区文明委〔2017〕5 号）、《黄腊乡规范民间酒席办理工作实施方案》（黄委发〔2017〕12 号）等有关规定，近日于黄腊乡河滨村绿宝组为示范点召开村民会议。

**一、操办酒席规定**

（一）操办酒席一律不准沿街、沿公路搭棚操办，乡村原则上不允许沿街、沿公路搭棚操办，在办酒环境受到限制，需要占用街道、道路时，必须确保车辆通行和群众安全，对影响交通或群众安全出行的，一律撤除，并责令当事人或承办酒席方搞好环境卫生。

（二）操办丧事做到不乱搭灵堂灵棚、不高声播放哀乐、

① 来自：《黄腊乡河滨村酒席规范》，载“乡约黄腊布依”微信公众号，2018 年 11 月 2 日，2020 年 1 月 29 日最后访问。

不聘请哭丧队表演、不大搞封建迷信活动、不大摆酒席、不影响他人，以环保、简朴、文明方式表达对逝者的哀悼。

（三）酒席操办时长原则上不得超过2天，丧事酒不超过3天。

（四）烟、酒、菜规定：

（1）酒席用烟单包价格不超过15元，不得按包散发；（2）酒席用酒一律为农家自酿酒，杜绝使用啤酒、高档酒。（3）酒席菜品为九菜一汤，大荤菜不超过3盘，优先推荐使用“一锅香”。

**二、范围界定**

（一）可以操办的酒席

（1）婚嫁酒：本人、本人的子女或本人直接监护的亲属结婚。（2）丧事酒：本人及配偶的父母、配偶、成人子女以及本人直接赡养的亲属去世。（3）传统酒席：满月酒：仅在生育第一个子女时操办一次；搬家酒：每户仅可办一次。

（二）以下酒席或出现以下情况时禁止操办

（1）当兵酒；（2）贺寿酒；（3）升学酒；（4）生日酒；（5）生育二孩或三孩的满月酒；（6）新房升二楼、三楼或者购置商品房的；（7）家中近期有婚嫁酒同时建好新房的只准办理婚嫁酒；搬家酒与婚嫁酒时间间隔低于3年的。（8）其他不属于可以操办范围内的酒席。

**三、申报程序**

操办婚丧嫁娶事宜酒席，必须履行申报手续，否则，一律按违规办酒论处。

（一）操办婚嫁事宜的，须至少提前5天申报，并注明宴请时间、地点、事由、范围和规模等。操办丧事的，须事先口头申报，在安葬后10天内填报备案。

（二）村民操办各类酒席事宜，须填写《西秀区规范民间操办酒席申报审批表》，报村委会和红白理事会审批，并报所辖乡政府备案。登记表一式四份，申报当事人、红白理事会、村委会、乡政府各执1份。

**四、相关责任及违规处罚**

（一）按照西秀区文明办要求，实行有奖举报制度，鼓励实名举报，经调查属实的，对举报人一次性奖励500元，并对举报人保密，维护举报人合法权益。举报电话：33222496（区纪委），33325993（区文明办），33759038（区民政局）。

（二）党员和国家公职人员违规办酒的，按《中国共产党纪律处分条例》《中国共产党党员领导干部廉洁从政若干准则》《西秀区党员、国家公职人员操办婚丧喜庆事宜暂行办法》等有关规定处理，并追究单位及领导责任。

（三）村民违规操办酒席或未按要求进行申报审批的，由村委员会按照《村规民约》及相关规定进行处理。

（四）红白理事会要及时劝阻不符合本规定的酒席，对符合操办范围内的酒席进行监督，确保酒席操办过程文明有序。

附：此规定于2019年1月1日起生效并严格实施。

黄腊乡河滨村村民委员会

2018年9月30日

# 39.（云南省曲靖市罗平县鲁布革乡）多依村村规民约[①]

为正确处理国家、集体和个人的利益，调节好人们生产、生活和社会交往中的经济关系和人际关系，逐步实现民主决策，民主管理，依法办事，扩大群众监督力度，公正调解村内民事纠纷，搞好村内的经济建设和社会公共事务，维护社会治安及公共秩序，以营造一个安居乐业的生产生活环境，促进我村物质文明和精神文明，最终走向共同富裕的道路，因此特制定本村规民约，它是以宪法和法律为依据，以党的各项方针、政策为指南，从我村的实际情况出发，具有广泛性、适用性和约束力，全体村民必须共同遵守、相互监督，本村规民约在我辖区内都适用。

## 第一章　资源管理

第一条　土地资源管理

一、全村的土地属于集体或国家所有，公民享有使用权和管理权，禁止任何单位或个人侵占或以其他方式非法转移转让土地，更不能将本村的土地让给邻村的任何人耕种。

二、凡没有通过集体讨论和依法划分的公共场所，权属为集体所有。

---

① 来自：杨南丽主编，布依族调查组编写：《云南民族村寨调查 布依族 罗平鲁布革乡多依村》，云南大学出版社 2001 年版，第 146－153 页。

三、老学校屋基，原集体公共房基、集体晒场等，现已被私人耕种及占有的每年交集体土地使用费每亩200元，已作占用建房的长期占有者，按有关规定交集体使用费，并且一旦国家、集体建设需要，必须让出所占的土地。

四、公路沿线没有经过集体划分而私自开挖的土地，若国家集体需要，任何人不得以任何借口阻挠或索取土地征收费，只允许收适当的青苗补偿费，如征用时，有青苗的，只适当补偿青苗费。

五、凡占用村庄道路，擅自开挖种植的农户必须在今年收割为止，并恢复原路。

六、禁止乱开山采石，凡需开采石料的，一律在老街子界线以内，用于其他建设或出售外村的每 $m^3$ 交集体资源费1.00元。

七、白石料场的石料开采必须按10元/$m^3$ 或每年一次性交付1000元给集体，方能开采出售。

八、凡原有耕地现已农转非并且承包人已转为国家干部及公务员的我村人员，如果愿意继续承包土地的，必须每年交集体承包金100元。

九、每个公民都有管好用好自己承包土地的责任，不得私自建房，不得将耕地占为它用，不得少批多建或批甲地建乙地，不得私自移埂，侵占别人的土地，不得有意毁坏或放荒承包土地，如果有违反以上规定除按依法治乡、民主管理规定条约处理外限期恢复耕种，不执行者收回土地，归集体统一管理。

第二条　水资源管理

一、水资源属国家和集体所有，严禁任何人以各种借口或手段侵占河流、水库、水沟、坝塘等。水资源属全民所有，村社等集体经济组织所有的河流、水库、水沟、坝塘的水属集体所有。

二、禁止在多依河流域炸鱼、毒鱼，违者除按有关规定处理外，每次罚款 20 ~ 30 元。

三、禁止在多依河沿岸开挖采石、砍伐风景树，违者按风景区管理规定处罚，每砍一棵树栽十棵成活，情节严重的由公安机关追究刑事责任。

四、水资源属集体，用于牲畜打泥、饮水用等，私人不得侵占，如需用水养殖或作其他经济开发的，必须通过全村人民的许可，并交集体水资源费每年 300 元，一旦国家集体建设需要，必须退回，只补适当的养殖受损费。

五、禁止在多依河风景区沿岸堆放垃圾、各种污染物及其他的杂物，违者除按风景区管理有关规定处罚外，并由村罚款 10 ~ 20 元。

六、禁止在沟渠上下开挖种植，不得毁沟挪埂，如因此造成塌方等经济损失由违者自负，并罚款 30 ~ 40 元。

七、老街——他同的水沟，在三面光水沟未修前，每亩每年交护水员 25 斤干粮，护水员必须保持沟渠水满，否则受益户有权拒交护水粮，沟渠保持水满，受益户不得以任何借口拒交护水粮，违者罚款 2 ~ 3 倍，无专人护水的水沟，各户应处理好用水调节，应分段包干，合理利用，不得以任何理由阻止沟水畅通，因此造成的损失由违者赔偿。

第三条　森林资源管理

一、盗伐木按根部直径量算，杂木每寸罚款 5 ~ 10 元，松树、杉木每寸罚 10～15 元，并没收非法所得，严禁砍伐风景树和水资源林（野芭蕉树），违者以根部直径每寸处 10～15 元罚款。

二、野炊用火，必须搞好防火，烧毁山林的按损失价值赔偿，并责令栽树同等数量，情节严重移交政法部门追究刑事责任。

三、严禁小孩玩火，因小孩玩火造成火灾的由其父母承担全部后果。

四、严禁毁林开荒，轻者退耕还林，并以毁一补十限期包栽包活，同时处每亩 50～200 元的罚款。

第四条　封山育林

一、为美化环境，恢复我村青山秀水的历史风景，规范我村的村容村貌，经村民大会通过坡下如、坡刚、坡熊许、坡更碰、坡异达、坡平万等为封山育林区，望广大村民（包括邻村）共同遵守。

二、凡在封山育林区开荒的农户，除原耕种外，不得再开荒，原则上原耕地面积退耕还林。

三、禁止在封山育林区砍伐树木、割草、开山采石、放牧等。一旦发现，不论外地或本村的村民，一律平等照罚。树木按根部直径每寸罚 10～15 元，草藤等物，每捆或每篮罚 5～10 元，牛每头罚 10～30 元，羊每只罚 5 元或按羊群计算处罚。

四、被处罚的当事人无现金赔偿，用牲口、家畜折价抵交至交清为止。

五、各农户应在本村的路旁、封山育林区每年栽树 5 棵以上。

六、在封山育林区监督、制止并抓住违反者，按当次所罚金奖给50%。

## 第二章　村内各种设施管理

第五条　用电管理

一、由人专管全村用电，电管员必须履行职责，经常负责检查维护全村的线路和变压器必需的油及其他的设施，做到正常供电。

二、电管员必须按期抄表收费，并按乡供电所规定的时间上交电费。

三、电管员不得擅自挪用全村交来的电费作生意或作其他开支。否则全村有权终止电管员管电的资格，除赔偿所造成的损失外，每挪用一次按全村当前的总电数罚10%的人民币。

四、全村应服从电管员的管理，不得私自接电，需接用，调换电路的必须经电管员的同意，否则造成的一切后果由违者自负。

五、为保护全村人民生产生活正常供电，严禁偷电，一经发现，第一次处罚50元，第二次加倍处罚。

六、全村各户应积极交纳电费，逾期不得超过二个月，否则电管员有权终止供电至交清为止。

七、各农户不得无电表用电，电表损坏以后的第二天必须向电管员汇报，延期不报者按偷电处罚。

八、各段路线的受益户，必须随时检查，有危险或需要换电杆时应积极配合电管员，如有危险不报者，后果自负。

第六条 自来水管理

一、我村自来水的接通使用，给全村人民带来生产、生活饮水的方便，提高全村人民生产、生活水平，节省了更多的劳力，为了维护好这来之不易的受益，水管员必须履行职责，经常检查维修，全村必须服从水管员的管理，不得私自乱扭、乱接甚至毁坏，若有发现一次罚款 10 ~ 20 元。

二、全村应积极交纳水费，水费延期不得超过二个月，如延期不交者，水管员有权停止供水至交清为止。

三、各户的水管、水表受损坏时，必须当日汇报水管员，并采取措施阻止漏水，否则按上月的用水总数加倍计收。

四、主水管受损坏的由全村负责维修，进入各户的水管及水表受损由各户自己保护维修。

第七条 乡村各道路及文明路的管理

一、为体现我布依族人民的热情好客和卫生清洁的良好形象，必须加强全村道路的维护和管理，特别是村中的精神文明路，改善了我村的村容村貌，也给我村带来了诸多的方便。

二、各户应加强对小孩的教育，不能在文明路上开滑轮车及搞其他的破坏活动，违者由家长修补。

三、严禁在文明路上堆积粪便和垃圾，不得将牲畜圈的粪便及门朝文明路开，严禁在文明路上盖厕所。

四、严禁长期堆放石头、砂料和在文明路上破打石头，需破打石头的必须用其他物质垫底才可进行，否则所造成的损失由违者自负。

五、严禁在文明路边增砌挡墙或开挖公路，以免影响道路正常通行，否则将由建设管理部门追究处罚。

## 第三章　社会治安及村风民俗管理

第八条　社会治安管理

一、社会治安是生产发展、经济繁荣的基础，全村人民必须参与齐抓共管，积极同一切违法犯罪行为作斗争，维护好我村集体或个人的财产，对表现好、有贡献的人给予奖励和表彰。

二、偷盗各种物资、庄稼者，处以被盗物价值的 5～10 倍的罚款，情节严重的依法追究刑事责任。

三、盗伐木按第一章第三条森林资源管理有关规定处理。

四、不准借酒装疯、行凶闹事，不准对他人侮辱、造谣、传谣、拨弄是非、制造事端，由此引起纠纷的，应对直接负责人进行批评教育，并处以 10～30 元的罚款，情节严重的由司法部门处理。

五、如对他人报复、泄愤，采取砍青苗、树林，打坏房屋，毒死牲畜以及毁坏他人合法财产行为者，赔偿损失的 3～5 倍，情节严重的交由公安机关按有关法律处理。

六、改变过去牛马无人管理的习惯，允许在自己的庄稼地施放剧毒农药，造成损失的由放牧者自负，但剧毒农药施放不得超过庄稼地，施放剧毒农药的农户必须写出通告或口头告诉大家。

第九条　村风民俗

一、我布依族有自己民族的传统节日和风俗习惯，如祭

“老人房”“祭神山”“祭龙潭”以及“三月三”等就是我们民族的传统节日，我们应保持并遵守。

二、每个公民都有参加公益事业建设的义务，包括上交各项公益事业的提留、教育附加费，护村费，现役军人优扶费，土地承包工本费和每年传统节日所需的费用，均不得任意拖欠，否则在本村内不得享受任何集体利益。

三、祭“老人房”期间，严禁外籍人员进入本村内，严禁本村人员做任何农活及缝补活路，带客人进村进户等。违者罚款所开支费用的5～10倍，并重新祭。

四、“祭神山”“祭龙潭”等期间，严禁外籍人员参与进入就餐，违者罚款所开支费用的5～10倍。

五、“祭龙潭”时严禁在大水井挑水和抽水，只能用第二井，违者同上罚款。

六、严禁以民族风俗为由搞各种封建迷信活动或参加各种邪教活动，违者限期停止，并对其严肃批评教育。

七、每个村民都有赡养老人和抚养孩子的义务，不得虐待老人、孩子和妇女，不得重男轻女，确保适龄儿童上学。

八、村干部必须以身作则，秉公办理，按各级制定的规章制度和本村村规民约公正调解本辖区内各种事务和各种民事纠纷，协助完成上级交给的各项工作，实行村务公开制度，向群众张榜公布账务，接受全村人民的监督。

本村规民约提交全村人民大会通过，从发文之日起执行。

多依村村民委员会

一九九九年八月二十五日

## 40. （云南省曲靖市罗平县）鲁布革乡多依村居委会村规民约①

为了创造安定团结的社会环境，营造民主文明的社会氛围，建立良好的社会秩序，促进物质文明和精神文明的建设，现根据大坡村村民自治章程，特制定本《村规民约》。

第一条　严禁赌博，一经发现，对情节轻微者，除没收赌具赌资外，并处50～200元罚款，情节严重的，由司法机关追究其法律责任。

第二条　严禁传播黄色书刊、音像制品等，一经查获，除没收书刊及器材外，罚款50～200元，情节严重的由司法机关追究其法律责任。

第三条　禁止各种邪教和迷信活动，违者除坚决取缔、责令悔过外，另处50～200元罚款。对骨干分子，由司法机关追究其法律责任。

第四条　严禁聚众闹事和打架斗殴，对策划者和直接参与者，除批评教育外，处50～200元罚款，情节严重的由司法机关追究法律责任。

第五条　对诬陷他人，拨弄是非，无理取闹者，除批评教育外，一次性罚款50～200元，后果严重的交司法部门处理。

第六条　因民事纠纷引起打架斗殴或者致人伤残、毁坏财产的，除责令悔过、赔偿损失和负担医药费外，还将罚款50～

① 胡兴东于2020年3月1日提供。

100 元。

第七条　对打击、报复检举人或乡、村干部的，除责令悔过、赔偿损失和负担医药费外并罚款 100 ~ 200 元。

第八条　自觉遵守社会公德。杜绝偷窃行为。对偷盗者除赔偿损失外另处被盗价值 2 ~ 3 倍的罚款，情节严重的，由司法机关追究其法律责任。

第九条　在家庭中父母有教育扶养子女的责任。子女有赡养父母的义务，严禁虐待老人和遗弃婴儿。否则，除按相关政策执行外，另处罚款 50 ~ 200 元。

第十条　严禁虐待妇女和溺婴行为。一经发现，责令其悔过，并罚款 100 ~ 200 元。情节严重的交司法机关处理。

第十一条　对毁坏农田、水利、道路及其他公共设施的责令其修复，并处罚款 100 ~ 200 元。

第十二条　严禁牛马踏坏庄稼。如牛马吃踏庄稼，按损失程度自觉赔偿他人，如不赔偿的，罚款 1 ~ 3 倍。其次，管好野牛野马。如发现野牛野马罚 3 ~ 50 元。

第十三条　禁止在公路两侧炸石头、打砂建盖房屋等，违者罚款 3 ~ 500 元，严重者追究刑事责任。

第十四条　严禁在封山育林区内砍树、捡干柴，严禁林区用火，违者处 200 ~ 2000 元的罚款，情节严重的交司法机关处理。

第十五条　严禁乱砍滥伐木材，对盗伐国有、集体、个人林木的按每棵树罚款 100 ~ 200 元，情节严重的交司法机关处理。

第十六条　严禁毁林开荒，违者除责令退耕还林外，每株树罚款 10 ~50 元。

第十七条　国家集体新修道路，村民必须积极配合，其土地占用费按国家有关规定执行，不得刁难、要挟。

第十八条　全村土地属集体所有，不得认根子，村民享有使用权和管理权，禁止买卖和转让土地，违者按《土地管理法》执行。

第十九条　村民建盖房屋必须经过批准，严禁不批就建、少批多建、批甲建乙等行为，违者按土地管理有关政策处罚。

第二十条　禁止在他人住宅地方建厕所、种树，不得阻碍他人的交通，违者处罚款 50 ~100 元。

第二十一条　对偷电偷水行为，除补交费用外，一次性罚款 100 ~200 元。

第二十二条　村民对国家法定的收费，应及时交清，确有困难的，可向村民代表大会提出申请。经村民代表讨论确定是否减免，或者缓期缴纳。

第二十三条　村民必须积极完成国家农业税和其他应交的费用。如不积极交纳，超期罚款 50 ~100 元。

第二十四条　擅自不出义务工的每人罚款 30 ~50 元，并限期交纳。

第二十五条　村民种植的农作物，严禁偷盗，违者按市场价格罚款 1 ~5 倍，情节严重的交公安机关处理。

第二十六条　偷一棵大竹子罚款 30 ~50 元，偷一棵竹笋按 10 ~20 元罚款，严重者交有关部门处理。

第二十七条　本《村规民约》不仅适用于本村范围，同样也适用于本村的外来人员。全体党员、干部和村民在村规民约面前人人平等。

第二十八条　本《村规民约》经支部委员和村民委员会研究提交支部扩大会议通过。

多依村居民委员会

二○一○年五月一日

# 第七章　瑶族地区村规民约

## 1．（广西壮族自治区金秀瑶族自治县六巷乡）六巷村村规民约[①]

为了进一步巩固安定团结、维护社会秩序，我村于一九八二年三月二十八日经过召开群众大会，进行了充分地、反复地讨论，于一九八二年三月二十八日通过如下：

1．划为老山的有：东边优遮至牛栏水沟口止，通论田底至六巷冲原有老山为止，泅水庙公山架至公岭原有老山为止，河岔架三公至正它山头直上到架梯地界止，电厂左边松柏冲、来右冲原有老山，北边由泅水路六巷冲至着冲原有老山止。

① 高其才于2006年12月18日搜集。

2．划为水源山的有：北边着冲路上有着冲尾、值桑尾、风主山、加佔尾、六巷冲尾至石山脚下为水源山，西边有石架冲尾、架别冲、六牙冲尾、大河左边有正它尾、风论冲尾、来右冲许冲为水源山。

3．划为柴山的有：北边由加佔岭至德风冲止，东边由新田路岔至东波路岔，南边优风大河路上至于空遮、优三至修值岭，西边德风岭至修冲止。

4．划为风景山有：村头山两条结优冲，黄岭牛路底至归业遮止一律不准砍柴。

5．划为牛场的有：石架岭至花岭、六牙田边岭、村背岭、六满遮、笔三遮、公有坟冲、风林、修前岭。

6．凡划为老山、水源山、牛场、风景山等不准生产队集体或个人乱砍乱伐，不准开荒做地，不准烧炭，只许本村社员群众适当要些扁担、锄头柄、整犁、鸟枪壳、晒棚篱笆等，其余不准乱砍；只许群众要少量竹笋做菜，外地外村人不许乱砍一草一木，不论本村或外地，违者每条竹木罚款 2 元。

7．总之凡是老山、水源山、柴山、牛场地以及其他林地一律都不准毁林开荒做地，违者砍了的不准烧，每亩罚款 30 元，不听制止烧了的不准种作物，每亩罚款 50 元，还要责成其砍什么林要造什么林，还要他除草护理 3 年保种包活恢复原状。

8．本村四个队现有幼林，成林，有成片、有零星的林木，都不准任何人乱砍乱伐，更不准私人出卖和送礼杉杂木竹，违者以搞木材投机论处，每条罚款 2 元，并将木材没收归村。私人建房用的木材要作出计划数量报，经村委、大队、公社批准，按原计划数量，超过一条罚款1.50元。

9. 不准乱砍毛竹、毛楠竹和大卜竹，不准要笋，违者每条竹或笋罚款1元，不准乱砍他人所种的八角树，更不能在他人的地上偷移他人的八角至自己的地上去种，违者每条罚款5元。

10. 防火护林人人有责，今后群众凡在生产上、生活上用火，坚决执行“五不烧”的原则，违者引起火灾轻者毁什么林要造回什么林，还要其护理3年后归集体或个人所有，重者按国家森林法征办。

11. 我村所有的山楂果一律不准砍，违者每条罚款10元，外地外村人乱捡每担罚款5元，果全部没收归村。

12. 生产队和个人的香菇不许任何人乱捡，违者每1斤罚3斤。

13. 村边路边柴山所有的鸟果、人吃的果树不准任何人乱砍，违者每条罚款2元。

14. 不准搞小偷小摸，小孩和老人违犯本规由家长负责兑现，偷禾把1双罚3双，偷玉米1个罚5个，偷柴火1捆罚2捆，偷鸡、鸭1只罚3只（重2斤以上），偷甜茶1斤罚3斤，偷瓜菜都以偷的数量罚3倍；不准下他人的田捡田螺和捉鱼，违者不论多少罚款5元。

15. 今后本村社员群众凡开荒做地都要经请示村委或队长同意，并指定地点后才能动手，否则违者罚款未烧30元，烧了60元，同样造回林并护理3年。

16. 看牛要认真负责，不准给牛去偷吃他人的各种作物，违者原则上损害什么就罚什么，但在牛场范围内的不追究不赔偿。

17. 不准炸鱼、电鱼和大熬鱼，违者每炮罚款 20 元，电鱼罚 30 元，用石灰大熬鱼罚 60 元，用茶麸熬罚 80 元，用农药熬罚 100 元，并将所得鱼和炸药及其他工具没收。

18. 不准扰乱社会秩序，不准搞嫖、赌，不准挑拨离间，不准唆使他人闹事，不准乱打骂他人，不准弄虚作假，违者罚米 40 斤、酒 40 斤、肉 40 斤给众人吃。

19. 现在责任制落实到户到人，各项上交任务也落实好了，要积极地完成上交任务，不得抵赖，违者按上交总数罚 20%。

20. 各户所养的猪要关好，如不关好影响环境卫生罚款 5 元，搞坏或吃了人家的东西照价罚 2 倍。

21. 积极开展两个文明建设活动，不准唱风流山歌，不准搞怪发，不准男人穿花衣、喇叭裤等。

22. 如果召开有关会议应到会人员无故不到者，每次罚款 1 元。

23. 对敢于检举揭发的人给予奖励，按每次所罚的总数或物奖 40%。

本约自一九八二年四月一日起生效，望全村各位老少男女共同遵照执行，不得违犯就是。

## 2. （广西壮族自治区金秀瑶族自治县六巷乡）六巷村石牌公约①

为了坚持“四项基本原则”、坚持“爱国守法光荣产”的条件，保卫农民生命财产不受侵犯，特制定如下石牌公约：

1. 坚持“四项基本原则，各民族团结”。

2. 每个人都要坚持“五讲四美”的原则，正确处理三者之间关系。

3. 文明村必须符合七个条件，“爱国守法光荣户”必须符合四个条件。

4. 划好老山、水源山、风景山，一律不准砍木、竹。违者每条罚款 5 ~ 10 元。

5. 牛场不准造林，违者每亩罚款 50 元（火烧、牛吃不负责）。

6. 不准进他人的柴山砍木、竹，违者除退回原物外，每条罚款 2 ~ 5 元。

7. 偷砍他人的杉木、八角等，违者除退回原物外，每条罚款 5 ~ 30 元。

8. 偷他人的笋、果，违者除退回原物外，每斤罚款 2 ~ 5 元。

9. 扛别人的柴火，除退回柴火外，每捆罚款 6 ~ 10 元。

10. 责任田的螺蛳、田鱼，任何人不准乱捡，违者除退回

① 高其才于 2006 年 12 月 18 日搜集。

原物外，每次罚款20~50元，并没收工具。

11. 大河的鱼只准放网、钓鱼，不准电、炸、熬鱼，违反规定者按有关政策处理。

12. 偷他人的鸡、鸭、鹅，除退回原物外，每只罚款20~30元。

13. 凡是嫖、赌、打人、无理取闹的，每次罚米45斤，酒45斤，肉45斤。

14. 唆使他人打架、闹事的人每次罚款10~20元。

15. 猪牛损害他人的作物按损失赔偿。

16. 凡是偷别人的东西，每次罚米40斤，酒40斤，肉40斤。

17. 偷他人的木耳、香菇、铁夹、老鼠等，除退回原物外，罚米20斤，酒20斤，肉20斤。

18. 村边菜园不围的，猪、牛吃不赔偿损失，但有猪、牛者也要关好、看好。

19. 各户承包的责任山四周留出5丈不种东西。

20. 生产用火执行“五不烧”生活用火安全的原则。

21. 不准跨村、跨队取食取物，违者按石牌公约处理。

22. 按本民族传统，不得安放坟在村背，违者按本村石牌处理。

23. 严防那些偷偷摸摸三更半夜进入他人屋前屋后搞阴谋诡计、谋财害命的，如经发现必须追究一切原由，并按以上第13条的罚款处理。

六巷村村民委员会

1991年2月1日起执行

## 3.（广西壮族自治区金秀瑶族自治县六巷乡六巷村）帮家、翁江两村村规民约[①]

为了进一步地巩固安定团结，维护社会秩序，我们通过了四个队的干部、党员以及一些老人多次反复地讨论，作如下规定，并召开群众大会通过：群众一致同意执行本规。

1. 划为老山的有翁江原有老山为止。

2. 划为水源山的有石达冲由出门头大路往上到冲尾原来未砍过做地的山为止；旧古卜多谢冲尾由下田路那条岭卜过东北边由猾岭下以水源冲为界，比流冲由二队末尾那垌田往上到冲尾两边以水流为界。

3. 划为风景山有村周围乐边由道岭往上由碰坳一直上到山顶牛场，南西边的公灵旧田厂那条岭上一直到山顶，北边的以水流村背为界；翁江利的村底由公自水井往上，东边由石达冲上到茶油山坪往下，西边的到老山为止。

以上划为老山、水源山、风景山的：（1）翁江老山、风景山除只许本村社员适当要些锄头柄，修整犁耙用料、扁担、马枪壳、晒榜竹篙、田园篱笆外一律不准开荒做地，乱砍乱伐，烧水炭、砍生木头作柴火，不准找笋。违者开荒做地的未烧的一亩罚款 30 元，烧了的一亩罚款 60 元，并要责成毁什么林造回什么林，还要他护理 3 年包种包活，恢复原状。烧水炭的一窑罚款 5 元，砍生木头作柴火的不论大小，一框罚款 2

① 高其才于 2006 年 12 月 18 日搜集。

元，找笋的一棵罚款 5 角。（2）水源山的除只许本村社员适当要些作修理犁耙用料和找少理竹笋作菜外，一律不得开荒做地，不准搞其他什么和破竹篾搞个人捞钱，违者开荒做地的按以上规定处理，乱砍其他什么和破竹篾搞个人捞钱的将实物或出卖所得的款全部没收并加罚款 30%，外地人员更不得乱动一草一木。

4. 凡在旧古卜那边除开水源林外其余只许本村社员统一计划统一使用，不准任何个人搞任何生意捞钱，不准外村人员进入找笋、破竹篾，搞其他什么、犁、耙、扁担，违者并将实物或出卖所得的款全部没收加罚 30%。

5. 不准乱砍大毛竹、小苗竹、小卜竹，特别是严禁外村人进入我村地界内找笋，违者砍竹每棵罚款 1 元，找笋每棵罚款 5 角。

6. 我村原有地界统一管理，开荒做地必须要经过村委和队长同意后方能动手，木材砍伐必须要有上级分给的任务，不管生产队统一砍还是落实到户砍，只能按任务砍伐，不得随意多砍偷卖，社员建房用材要报告生产队，得到大队和公社批准后方能按批准的数砍伐，不得多砍偷卖，违者乱开荒做地不经批准的烧一亩罚 30 元，不给烧硬要烧的一律罚 60 元，木头偷卖一条罚款 2.5 元，并将木头没收归村，砍地的责成毁什么林造回什么，包种包活，护理 3 年归还集体。

7. 我村的公约从公布之日起所有的山楂果树一律不准砍，违者每砍一棵罚款 10 元。

8. 防炎（火）护林，人人有责，今后群众在生产生活上用火都要坚持“五不烧”的原则，违者引起火灾的，轻者按木材损失面积不论大小每条罚款5角，并责成毁什么林造回什么林，护理3年后归还集体或个人，重者按森林法征办。

9. 不准乱砍他人种下的八角树，更不得把他人种在地上的移到自己的地上种，违者每次不管多少，罚米、酒、肉各20斤，款6元。

10. 不准偷生产队或个人按计划砍伐给国家的木材和个人经过手续批准砍伐自用材，违者同样罚米、酒、肉各20斤，款6元。

11. 不管大人或小孩不得乱进他人的屋头偷东西，鸡、鸭蛋和乱抢别人谷仓，进晒谷场偷谷子等，违者每次罚米、酒、肉各40斤，款12元，小孩犯各由家长负责兑现。

12. 不准偷他人所种的黄竹笋和屋边菜园种的果类、茶叶，违者罚米、酒、肉各10斤，加款3元。

13. 不准进他人地里偷辣椒、姜、瓜菜、玉米等，乱拿他人放在路头路尾的柴火，违者罚米、酒、肉各10斤，加款3元。

14. 不准扰乱社会秩序，不准搞嫖、赌，不准挑拨离间，不准唆使他人闹事，不准打骂他人，弄虚作假，违者罚米、酒、肉各40斤，加款12元，总之偷的性质和扰乱社会秩序的都一律以罚米、酒、肉和不同程度加款给众人之规。

15. 看牛要认真负责，不得给牛损害他人的农作物，违者原则上损害什么就罚什么，但在牛场范围内的追究不赔偿。

16. 不准炸、电、熬鱼，违者炸鱼每炮20元，电鱼每次罚款30元，用石灰熬的罚60元，用茶麸熬的罚80元，用农药熬的罚100元，并将工具和所得的鱼全部没收归村。

17. 耕牛是生产队的固定财产，人人要爱护，不准见公牛在一起拦来打架，违者牛打伤的按头每天罚款2元，死的照价赔偿。

18. 不准下他人的田捡田螺，更不能撬烂他人的田基摸鱼、挖老鼠等，违者每次不管多少大小罚款5元。

19. 现在生产责任制落实到户到人，各项上交任务也落实到户到人，要积极地按时完成上交任务，不得抵赖，违者按上交任务加20%。

20. 对于敢于检举揭发的人给予按次数所罚得的款物奖30%，其中20%奖给检举的人，10%奖给村委成员。

21. 今后村委召开什么，除特殊情况外，不得无故缺席，违者罚款1元。

以上规定从公布之日起执行，望两村全体老幼互相监督自觉遵守就是。

帮家、翁江两村

一九八二年农历四月十八日通过

## 4.（广西壮族自治区金秀瑶族自治县六巷乡六巷村）下古陈村村规村约[①]

为了保障我村人民生命财产的安全，稳定社会秩序，维护

① 高其才于2006年12月18日搜集。

安定团结，特制定村规民约如下：

1. 人人要自觉遵守国家法律、法令和政策，保护国家集体和个人的财产，敢于和坏人坏事作斗争。发现偷盗和其他违法犯罪行为，就立即汇报或扭送到村委和上级机关。见者不报，以参与违法论处。

2. 一人犯法，全家负责。犯法的经济赔偿、罚款罚物和处理人员的误工补助等费，犯者全家要共同负责赔给，不得以任何借口抵赖，限于10天内交清，过期村委有权将犯者家里的任何东西折款拍卖还款或用谷子等物顶替。

3. 山上野蜜蜂、地龙蜂、干柴、号地等，谁先插有草标，归谁所有，他人要，以盗窃和强抢论处。

4. 八二年十月三十一日通过的《山界林权协议》中规定划为老山、风景山、水源山、柴山和牛场，一律不准任何单位和个人乱砍滥伐，不准开荒、烧炭和砍香菇、木耳木，不准在老山、水源山、风景山砍柴，违者以偷盗论处，柴的砍伐，要经村委研究后，统一地点，统一时间，统一砍伐，待干后统一分。经村委同意后，本村群众可在老山、风景山和柴山适当砍伐数量微少的小杂木作扁担、锄头柄、鸟枪壳、篱笆桩等。

5. 偷砍、出卖和送集体的杉木、杂木、松木、毛竹、楠竹、黄笋竹、牛角竹等，除退回原物外，每寸（根部）罚款1元。

6. 砍地开荒要经村委同意，毁林开荒者，除不准烧外，幼林（根部2寸以下）罚款1元；中林（根部直径3～4寸）罚款3元，成林（5寸以上）每寸罚款3元，不听劝阻，硬烧了的，加倍罚款，并种树还山，包种包活，3 年后检查验收。

7.《山界林权协议》中规定划为老杉木山的杉木，长到根部直径 1 尺 5 以上，并经村委同意，大队、公社批准后，方能砍伐，违者每寸（根部直径）罚 4 元，并没收木头归村作公益事业用木。

8. 盗窃耕牛、犁耙等农具，除退回原物外，加倍罚款。

9. 偷窃香草、八角、桐油、棕衣、茶籽、茶叶、香菇、木耳和各种人工培植笋等，除退回原物外（没有原物按市场价格折款），香草罚款 3 倍，其余罚款 2 倍。

10. 盗窃谷子、苞米、红薯、芋头等农作物，除退回原物外，加倍罚款所偷的东西。

11. 偷猪、鸡、鸭、鹅等家禽，除退回原物外（吃或卖的按市场价折款），猪罚 30 把禾，其余罚 5 把禾。

12. 偷别人装的山猪、黄猄、麝、山头等野（生）动物，除退还原物外（吃或卖折款），按（所）得赃物折款罚 1 倍。偷铁夹一个，除退回原物外，并按铁夹折款罚 1 倍。

13. 偷挖蜜蜂罚 3 个 1 斤半以上的鸡；偷烧地龙蜂罚 2 个 1 斤半以上的鸡；砍别人号的地，除要回地后，罚 10 斤大米；偷一捆柴罚 3 捆。

14. 偷菜、瓜、果等，偷 1 罚 3。

15. 撬门盗窃、赌博、抢劫、诈骗，除退回原物外，罚款 50 元，并按所得赃物折款加罚 2 倍和扭送公社派出所。

16. 严禁炸、电、毒鱼。电、炸鱼各人罚 30 元，用石灰毒鱼罚 50 元，用茶麸毒鱼罚 70 元，用农药毒鱼罚 100 元，没收所得鱼和其工具，并扭送公社写检讨书 30 份张贴附近村屯。

17. 坚决完成各种派购任务和统筹任务，抗拒不交者除限期交外，罚款 20%。

18. 不准进别人责任田捡螺蛳、捉鱼，违者无论所得多少，罚款 10 元。

19. 非我村群众进入我村山界内开荒、种林下作物、采集野生经济产品，一律没收。

20. （不）许破坏他人家庭和睦，严禁不正当的男女关系，通奸、未登记同居、未登记先孕，罚酒、肉、米各 20 斤给众人吃，严禁生育第三胎，违者罚 50 元。

21. 不许打人骂人，不许唆使他人闹事、挑拨离间，不许陷害别人，违者罚酒、肉、米各 10 斤给众人吃。

22. 引起火灾烧山，除负刑事责任外，烧毁木材一根罚款 5 角，并要种树还山，包种包活，3 年后验收归权属者。

23. 对揭发检举人进行打击报复者，除刑事责任外，经村委讨论，群众通过，按情节轻重加以罚款。

24. 凡检举揭发有功者有罚款中奖 40%，参加处理人员奖 30%。

25. 村委和队委有履行本村规民约规定的罚款权利。

本村规民约自一九八二年十一月一日起生效。

下古陈村全体社员<br>一九八二年十月三十一日晚通过

## 5.（广西壮族自治区金秀瑶族自治县六巷乡六巷村）上古陈村村规民约①

为了保障本村群众生命财产，维护本村秩序，巩固集体利益，保护森林资源，发展林业和农业生产，把我村建设成为有礼貌、有道德、有理想、讲文明的新农村，现特制定村规民约如下：

1. 坚决执行党的路线、方针、政策，不准任何人以任何借口反对和阻挠党的各项方针、政策在我村的贯彻执行。

2. 以林业为主，发展多种经济作物，坚决维护各种协议和各种合同的兑现，不准要回祖宗旧地、山林、荒山，如有违者，每起罚款50元。

3. 任何人不准乱砍滥伐国家、集体森林和水源林及个人的自留山林，如有违者，凡砍伐每根按根部计算，直径每市寸罚款20~50元，揭发报案者，从罚款中奖励30%，参加处理案件人员在罚款中奖励20%，剩余部分届公共积累。

4. 属本村封山和个人自留竹林，不准任何人砍伐和要竹笋，如有违者，砍大毛（楠）竹，每根罚款3元，小毛（楠）竹，每根罚款2元，要竹笋，每个罚款2元（如用少量做水笕或其他的，事先经管理人员和户主同意后方可砍用）。

5. 凡偷拔他人种植的各种苗木，每棵罚款5元，揭发报案者从罚款中奖励30%，知情不报者以同案犯论处。

① 高其才于2006年12月18日搜集。

6．各家各户不准放野牛，损坏农作物要赔偿，踩坏田基水渠要主动帮修补好，如不帮修补者，每起罚款30元。

7．各家各户不准在田头田边15丈以内种植各种树林和竹子，如有违者，影响收成，每亩罚款80元。

8．不准任何人进入他人负责田捡螺蛳和捉鱼，如有违者，每斤螺蛳罚款5元，每斤鱼罚款10元。

9．严格执行“五不烧”的规定，即“不开火路不烧，人力不足不烧，未经上级批准不烧，中午夜间不烧，风大不烧”，如有违者，造成损失，除上级处理外，要在一年内种树还山，15年以上成材林，每亩罚款500元，14年以下8年以上每亩罚款250元，8年以下每亩罚款100元。

10．各家各户的责任田、开荒田，要按原水源要水，不准在他人水渠内挖新渠、架新水笕，违者每处罚款20元。

11．各家各户要在划定自己的柴山打柴，不准到他人柴山打柴和偷扛别的柴火，不准偷砍生树为柴，违者每捆罚款10元。

12．全村的荒山和生产用地，应由村委统一研究有计划地安排开辟，任何个人不准自行开荒（含集体牧场），违者每亩罚款50元。

13．任何人不准偷他人的香草、八角、木耳、香菇等，如违犯者，除退还原物外，按实物价值加罚2倍。

14．任何人不准偷拿他人装在山上的铁夹、竹夹及各种野兽等，违者除退还原物外，偷大铁夹每架罚款50元，小铁夹每架罚款30元，偷云鼠每只罚款20元，白兔鼠每只罚款30

元，旱獭每只罚款 50 元，黄猄每只罚款 100 元，山猪每只罚款（100 斤以上的罚款 250 元，100 斤以下罚款 150 元），麝每只罚款 200 元，其他野兽按实际价值计算加罚 1 倍。

15. 凡撬门偷东西者，除退还原物外，每起罚款 300 元，凡偷鸡、鸭、鹅、蛋、瓜果、菜、粮食食物等，除退还原物外，粮食食物每 1 市斤加罚 15 斤，其他一律按价值罚款 2 倍。

16. 各家各户要按时完成上级分配的各项征、派购、统筹和上缴的各种税收任务，如有抵赖不交者，超过上级统一交纳时间 10 天，按应交任务数加 1 倍罚款。

17. 加强民族团结，不准以公报私，无中生有，制造矛盾，非法打骂他人，如受害者受到损失或受伤，违犯者要负责全部医疗费和经济赔偿，如受害者需要他人帮忙或需要进行调解的，违犯者要付给误工补助费每人每天 5 元，视情节轻重，罚款 100～200 元，凡勾结外人欺辱本村村民，侵犯集体利益，视情节轻重，罚款 100～300 元，后果严重者由上级政法部门追究法律责任。

18. 本村村民严禁参加各种赌博活动，违犯者除上级按规定处理外，并没收赌具，给予参赌者每人每次罚款 100 元。

19. 凡非法同居、未婚先孕者，每对罚款 100 元，并加罚男女双方酒 33 斤、肉 33 斤、米 33 斤；乱搞男女关系者，每对男女双方各罚 100 元，如怀孕生小孩的，男女双方各加罚酒 50 斤、肉 50 斤、米 50 斤。

20. 严格执行计划生育政策，没有准生证不准计划外生育，要禁止生育第三胎，违犯者除按超生条例和计划外生育规定交清各种费用外，每超生一个罚款100元，每出现一个计划外生育罚款50元。

21. 凡对揭发检举人执行报复的人，除负刑事责任外，视情节轻重，由群众评议罚款300～500元。

22. 各家各户房前屋后的卫生实行“三包”，即包管理、包打扫、包清洁；每月逢1日、15日为全村大扫除日。集体场地，哪个搞脏，哪家包打扫干净，如有违者，每起罚款20元。

23. 凡原划定的牧场不准个人霸占，如有违者，罚款100元。

24. 凡因违犯上述各条，被罚的款项限于10天内交清，超过期限加罚一倍。

上古陈村村委：盘志新、盘振荣、盘志军、盘志坚、盘丽云

一九九一年一月二十九日

## 6.（广西壮族自治区金秀瑶族自治县六巷乡六巷村）石架屯村规民约[①]

为了坚持“四项基本原则”，坚持“爱国守法光荣户”条件，保卫农民生命财产不受侵犯，特制定如下村规民约：

1. 凡是我村管辖的牛场，每年由我村自己烧，不准外村进入我村地界放火烧牛场，违者罚款100～200元。（可允许别

① 高其才于2006年12月18日搜集。

村放牛进入我村牛场）。

2．凡原种有经济作物，农作物在牛场旁边，如火烧、放牛损坏的，违者照价赔偿。

3．自 1991 年元月 1 日起，不准在牛场内开荒、种地，违者每亩罚款 50 元。（指石架岭、古卜坳、后冲）

4．不准在封山育林区、水源林、风景林砍柴、种地、搞经济收入，违者罚款 2～5 元。（指米稚山、屋背山、六牙冲）。

5．不准进入他人的柴山，砍柴、砍竹，违者除退回原物外，每筐罚款 5～10 元。

6．偷砍他人的杉木、八角、玉桂、黄柏，除退回原物外，每根罚款 5～30 元。

7．乱盗他人笋类、果类，除退回实物外，每斤罚款 2～5 元。

8．偷扛他人的柴火，除退回柴火外，每百斤罚款 6～10 元。

9．不准进他人责任川抢螺蛳、摸鱼，除退回实物外，每次罚款 20～50 元，并没收一切工具。

10．不准在我村管辖的河流内电、炸、熬鱼，违者每次罚款 50～100 元，所得的鱼类、工具一律没收。

11．现有的电鱼机一律没收，不执行者罚款 20～50 元。

12．偷他人的鸡、鸭、鹅，除退回实物外，每只罚款50～100 元。

13．凡搞嫖、赌的违者罚米 30 斤、酒 30 斤、肉 50 斤，并在群众大会上作检讨。

14．乱造是非，唆使他人打架、吵架的罚挑唆者50～100元，并在群众大会上作检讨。

15．凡是猪、牛糟蹋他人实物的按损失赔偿。

16．凡在他人房屋、谷坪、田厂偷东西的罚米30斤、酒30斤、肉30斤。

17．凡进山偷他人的木耳、香菇、铁夹、老鼠等东西，除退回实物外罚米20斤、酒20斤、肉20斤。

18．不准在我村管辖的水沟面建微型电站，违者每台罚款100～150元。

19．凡是村边有菜园不围好的，猪、牛糟蹋不赔偿损失。

20．各家、各户要看好牛，关好牛。

21．凡发现他人违反村规民约，大胆揭发，检举的每次奖20～30元。

22．不参加集体开会、学习、做义务工的每次罚款5元（有特殊情况经村民委批准除外）。

石架屯村民委员会

1991年2月3日

## 7.（广西壮族自治区金秀瑶族自治县六巷乡青山村）胶厂村村规民约①

为了保障人民生命财产的安全，稳定社会秩序，维护安定

① 高其才于2006年12月18日搜集。

团结，共同搞好社会主义四化建设，根据形势需要和人民群众的迫切要求，制定民约如下：

1. 维护集体经济、财物不受侵犯。各种经济合同必须如实兑现，如单方违反合同，按合同罚款10%，并要追究法律责任。

2. 保护国家、集体和个人的财产人人有责，发现偷窃集体或他人财物的，应立即扭送本生产队、村委会或大队。见者不报，以参与偷窃论处。

3. 一人犯法，全家负责。凡因犯法的经济赔偿、误工补助等一切费用，犯法者全家不得抵赖。

4. 盗窃耕牛、农具以及一切公私物者，除退回原物外，另按所盗窃赃物折款加倍罚款。凡撬门盗窃、参与赌博、拦路抢劫、诈骗、拐卖妇女者，每起罚款30元以上，并追究刑事责任。

5. 凡偷窃集体或个人的茶籽、桐子、生姜、木茹、茶叶等，除退回原物外，每起罚款10元。

6. 偷猪、鸡、鸭、鹅等，除退回原物外（吃去的按市场价格折款），每只罚款10元。

7. 偷砍集体、个人的杉木、松木、茶籽、杂木（水源山、风景林），除退回原物外，幼林每株罚款4元，成林的按根部直径计算，每寸罚款5元。

8. 偷瓜采、果类的，除退回原物外（吃的折价），每起罚款5元。

9. 不许破坏他人的家庭和睦，严禁调戏妇女。通奸者，男罚款50元，妇女（包括女青人）罚款20元，如有人强迫扰摸妇女，不管任何人每起罚款20元。

10. 任何人不准在我村所管的河里（从围江大潭起直到梁山洞水坝止）炸鱼、毒鱼、电鱼，违者炸鱼的每起罚款30元，电鱼、毒鱼每起罚款20元，并没收其电鱼机。

11. 严格控制人口增长，禁止生育第三胎，违者按超生处理条例交纳超生费。

12. 不准搞投机倒把，凡二、三类农副产品一定要按所制定的合同办事。我县二、三类农副产品，即桐油、茶叶、灵香草、八角、宗片、云木耳、柑、橙、香菇、松脂、毛（楠）竹、桂类、木茹干（条）片、木茹淀粉、芒心藤、马尾藤、六谷、山苍子油等，要拿到公社收购站交售，不准卖给私商，搞转手贩卖，违者没收其产品，并罚款20元以上。

13. 加强对耕牛的看管，不准随便放野牛及其他家禽损坏农作物等，凡损坏者，除赔偿损失外，每次罚款5元。

14. 不准进别人的责任田糟蹋农作物和毁他人的田基，不得进别人的田挖老鼠，特别是在农忙时不准堵水沟抓鱼，违者除赔偿损失外，每起罚款2元。

15. 加强民族团结，不准以公报私，无中生有，制造矛盾，非法打骂他人，违者除对伤者负责全部医药费、误工费外，并加罚款20元以上。

16. 凡检举揭发有功人员，在罚款中奖励50%，参加处理人员，在罚款中奖励20%。知情不报或参加处理人员徇私，以同案犯论处。

17. 对检举揭发人员进行报复的，除负刑事责任外，按情节加倍罚款。

18. 凡违犯上述各条被罚款的金额，限期15天内交清，过期加罚10%。

以上民约从一九八二年十二月二十日起执行。

村　长：冯成才

副村长：黎朝安　张力先

户　主：（各户主签字）

## 8.（广西壮族自治区金秀瑶族自治县六巷乡青山村）古麦村村规民约[①]

为了保障人民生命财产安全，维护正常的社会秩序，巩固安定团结，共同搞好社会主义四化建设，搞好两个文明建设，根据形势需要和人民群众的迫切要求，现制定村规民约如下：

1. 村民委干部必须经常对广大人民群众进行社会主义思想和共产主义道德的教育，做到“三热爱”“三兼顾”，正确处理好国家、集体和个人三者之间的关系。

2. 保护国家、集体和个人的财产人人有责，发现偷窃财物，应立即扭送本村民委或村公所。见者不报，以参与偷窃论处。

① 高其才于2006年12月18日搜集。

3. 凡盗窃耕牛、农具以及一切公私财物者，除退回原物外，另按所盗窃赃物折款加倍罚款。凡撬门盗窃、参与赌博、拦路抢劫、诈骗、拐卖妇女者，每起罚款50以上，并退回赃款赃物，另按所盗窃赃物折款加罚2倍。

4. 凡偷窃集体或个人的茶籽、桐子、生姜、八角、茶叶、杉木竹笋等，除退回原物外，一律罚款10元。

5. 偷猪、鸡、鸭、鹅等，除退回原物外（吃去的按市场价格折款），每只罚款12元，偷猪的另加罚款50元。

6. 偷瓜菜、果类的，除退回原物外，每起罚款5元以上，有意损坏者，以偷窃论处。

7. 不许破坏他人家庭和睦，严禁调戏妇女。通奸者，男妇双方各罚款50元，强奸者，除负法律责任外，罚款50元。

8. 加强户口管理，留宿外人肇事者外，加罚留宿者款50%。

9. 加强民族团结，不准以公报私，无中生有，制造矛盾，也不准非法打人骂人，违者罚款20元以上。致人伤者，还要负责全部医药费、误工补助费。凡勾结外人欺侮本村民，侵犯国家、集体、个人利益者，视情节轻重，每起罚款50~100元。后果严重的，还要追究刑事责任。

10. 加强对耕牛的看管，不准随便放野牛以及其他家禽损坏农作物等，违者，能诚恳承认事实，态度虚心的，只赔偿损失，态度严劣，拒不承认的，除赔偿损失外，加罚款5元。

11. 上级与村委召开各种会议，要求与会人员必须到会，需解决问题的不能缺席。

12. 严格控制人口增长，坚决执行计划生育的有关条例，禁止早婚、早育、非婚生育，育龄夫妇按准生证计划生育、违者，村委干部有权进行教育及责令夫妻双方采取补救措施，并按计生的有关条例和规定交纳超生款和罚款。

13. 凡犯上述各条被罚款的金额，限于10天内交清，过期加罚10%，从重惩处。

14. 村民委干部和执约小组有权利执行本村规民约规定的罚款权利。

本村规民约从一九九一年四月四日起生效。

执约小组组长：冯文秀

副组长：石春才

成　员：韦少文　郑进德　余庆保

一九九一年四月四日

## 9.　（广西壮族自治区金秀瑶族自治县六巷乡）大岭村村规民约[①]

为了保护各社员的劳动成果不受损失和发扬民族的优良传统，加强精神文明和物质文明的建设，搞好安定团结和优美的环境，促进人民身体健康，更好地完成学习、工作及生产任务，为实现四化，振兴中华多作贡献，特制定本村村规民约，希望全村社员遵照执行：

① 高其才于2006年12月18日搜集。制会时间约为1982年。

一、讲文明、讲礼貌，对人态度和气，不打人，不骂人，不讲粗口话，培养良好的社会风气。

二、讲道德，不做坏事，不偷东西。

1. 进屋、谷仓偷东西的除退回原物外，每次罚40斤米，40斤酒，40斤猪肉，共120斤，给全村村民吃。

2. 偷电容器、电线（花线）、电灯的，除退本外，按本金多少，罚款2倍。

3. 偷一根杉木罚款20元；在长2米20公分以上，除退本外，罚款100元；偷一只鸡罚款30元；偷一条狗罚款50元；偷一个铁夹罚款60元；偷菜、辣椒每次罚款5元；偷生香菌每斤罚款4元，多少依此类推；偷生木耳按3元罚款，多少依此类推；偷生八角，每斤按2元罚款，多少依此类推；偷实物、产品、现金的按其价值罚款2倍；偷山苍子，如砍树（八角、山苍）的由受害家去定要，村委作证，以上各条罚款都退回原物。

三、不嫖娼，不乱搞男女关系，违犯者罚肉、酒、米各40斤，钱50元，男女各方一半，限期5天内请全村村民吃，并向全村村民认错。

四、保护水源林、路边风景林，不得乱砍。北冲至石岩冲，凡是下面有田用水的冲，从六满口至北冲，村边至北冲顶，凡是村管的路一丈内的各种树列为保护，如违反者，砍一根木3寸以上的罚款5元，6寸以上的罚款10元。

五、各户养的牲畜要管好（猪、牛、鸡、鸭），如造成他人的损失，除退还实物外，如经村委处理每次罚款5元，限期

5 日内兑现。

六、要维护好社会治安，做好防火、防毒、防坏工作，有坏人坏事要检举揭发，检举有功者在罚款中提取 40% 给予奖励。

## 10．（广西壮族自治区金秀瑶族自治县六巷乡）大岭村两个队护林及有关事项的村规民约①

根据中央 82 年到 84 年春的 1 号文件精神，当前各行各业都在认真地进行完善各种不同的生产责任制，在我们瑶山主要以林业为主、农业为辅的方针。为了保护森林，发展林生产是四化建设的需要，是造福子孙后代的一项战略措施。经全村各队社员讨论决定，制定了本村护林及其他有关事项的村规民约如下：

一、凡属于我村两个队和各所管的林木（包括用材林、经济林、水源林），人人有权保护，任何人不得以任何借口乱砍乱伐，若乱砍伐者分别按如下规定处理。

1. 凡不经同意，乱砍杉木一株 2 尺围以上罚款 15 元，2 尺围以下罚款 10 元，检举者和护林主各得一半。木材没收归林主。

2. 凡不经同意乱砍杂木（香菇树）一株 2 尺围以上罚款 10 元，2 尺围以下罚款 8 元，检举者和林主各得一半。木头没

① 高其才于 2006 年 12 月 18 日搜集。

收归林主。

3. 本村社员个人实际需要木材，必须经队委同意并交给山根费，用材林（杉木）每株6元（用做大板料的除外），成材杂木每株3元。

4. 凡是乱砍水源山的一根芭蕉即罚款5元，检举者奖2.5元，其物归村委或是护管水源山户主。

5. 凡是集体和个人的经济林，必须严加保护，以保证社员生活迅速富裕起来，违犯者按下列规定处理。

（1）毛楠竹，若偷砍一株罚款1.5元。

（2）偷捡或砍一株八角罚款150元。

以上两项规定的罚款，检举者和林主各得一半，实物没收归林主。

二、国家、集体和个人管理的林地，不准任何人毁林开荒，违犯者每亩罚款2.5元。

三、护林防火确保林业发展，群众用火一定要与“五不准”的原则：风大不准烧，太阳大不准烧，不开火路不准烧，没有组织不准烧，不经批准不准烧。各人进山用火必须加倍小心，若发生火灾烧毁山林，必须严肃处理，成材林每亩罚款25元（木材归护林主），幼林每亩罚款10元，如果情节特别严重，则交给政法部门处理。

四、划给社员的自留山，要在五年内绿化，如五年绿化不完即由队委收回另外调解。生产队划给社员自留山剩下的荒山，在集体的安排下，谁种谁有，产品处理自主。

五、拨给集体的山界林权和社员的自留山（承包荒山）

均属林权管护，任何人不得侵犯，若违者必须严加处理。

六、不得淫辱妇女，通奸者即按传统性罚米、酒、肉各 40 斤给全村人聚一餐，严重者交给政法部门处理。

七、爱护禽兽耕牛（猪、鸡）等，确保安全生产，如果发现打伤或是打死一头牛、一头猪、一个鸡即分别按如下处罚。

1. 打伤或打死一头牛即按价计算加倍处理罚款。如果打伤的即罚违者全部药费和误工费（误工费每天 5 元）。

2. 打死一头猪即按价计算加倍罚款。

3. 无故打死别人的一只鸡即按价计算罚款 3 倍。

以上三项规定的罚款，检举者和户主各得一半，禽兽归回主家。

八、本村所管的自然河流内的鱼，不准任何人炸、电、熬等，如违犯者罚款 30 元，检举者奖励 15 元，其余 15 元归队委收入。

九、确保良好的社会治安，禁止偷盗行为。如果发现进屋偷盗即罚米、酒、肉同上第六条规定处理。如偷别人的柴火、菜类、家具等即罚米、酒、肉各 15 斤，另罚现金 15 元，奖给检举者。如偷香菇、木耳、灵香草、蜜蜂糖等即按物类分别价计算加罚款 2 倍，检举者给予奖励 50%。

十、今后参加处理违犯本村规民约案件的人员，一律由被处理者付给误工费，每人每天 3 元。

十一、以上规约自一九八四年六月一日起经全村社员通过。

# 11. （广西壮族自治区金秀瑶族自治县六巷乡）大岭村两队一九九三年二月二十日群众讨论修补村规民约[①]

1. 偷扯八角秧一株罚款10元，秧苗退还原主，检举者得50%。

2. 砍和掩死一株（树）罚款150元，树林按同等赔回原主，检举者奖50元。

3. 偷柿子一株罚款10元，树苗赔回原主，检举者奖5元。

4. 乱捡别人的八角和赖别人捡的，每斤罚款50元，检举者奖50%。

5. 偷一条黄竹笋罚款1.5元，砍一条竹子罚款1.5元，检举者奖0.5元。

6. 偷砍一株玉桂罚款80元，有桂树赔桂树，无桂树赔一株八角树，检举者奖50%。

7. 偷砍一株贡柏树、厚柏树、桐油树每株罚款30元，检举者奖50%。偷何种树木赔还何种树，无树赔者每株赔回30元给予原主。

① 高其才于2006年12月18日搜集。

## 12. （广西壮族自治区金秀瑶族自治县三角公社三角大队）双河生产队林木生产责任制实施办法及护林公约[①]

为了进一步贯彻执行《中华人民共和国森林法（试行）》和中共中央国务院有关指示及广西区党委、区人民政府一九八二年关于完善林业生产责任制《暂行条例》和我县“以林为主，发展林业”生产方针，迅速发展我队各项林业生产，维护和改善生态环境，确保森林资源，实行计划砍伐，造福子孙后代，经各户主、社员大会反复讨论特制定实施办法及护林公约如下：

**一、林木生产责任制实施办法：**

（一）我队现有十户人家四十六人口，劳力二十三个。水田二十五亩七分，山林总面积约九百一十亩，其中：用材林（杉、松）八百亩，油茶一百一十亩。全队山林（含户造、户管队有部分）属生产队集体所有，实行分组承包管护办法，组内可落实到户承包管护。全队分三个组，黄元斌、谭海梅两户为一组，赵春胜、赵成生、黄金和三户为一组，庞文保、赵进金、庞成旺、赵成友、赵玉珍五户为一组。各组民主选举组长负责。出售林木由队统一向林业部门签订合同，将木林交售任务分给各组，经户主或社员讨论指定地点安排砍伐、拉山、放运，按时完成国家木材交售任务兑现合同。原实行的林粮挂

① 高其才于2018年3月16日搜集。

钩办法不变。

（二）根据现有山林情况，杉林分老材林、成材林、中林、幼林合理搭配，杉、松全部按现有人口平均划片分到各组承包管护。承包者只有管护责任和措施权，没有砍伐权。

（三）出售木材应得款由队长、会计、出纳员其中两人统一向购材单位结账，扣除公共积累3%，杉、松一样。杉木山根费15%、大队统筹金后，按各组户出售木材实得金额分给各组户。交售木材应得的粮食、布票指标由各组分配。生产队提供部分，用于今后扩大造林、护林防火、各种误工补贴，山根费该还给各户的要逐步归还。

（四）生产队今后造林实行户造户管队有（除政策规定的社员自留山外）。从造林年度起三年，由队经验收交队分到各组承包管护。造杉树规格是：5×5尺，经验收合格交队管护，直到杉木砍伐时按15%山根费付给造林者。国家给的补助粮、钱归造林者。

（五）必要时，由队干决定，从各组轮流派出劳力守山护林，派出护林员每人每天由队补助一元钱。各组自行派出护林员由各组从当年出售木材收入中解决。

（六）队有油茶林，分老林、籽山林、幼林，按现有人口平均到株分到各户承包。由承包者包干完成上交国家购油任务，全队目前应上交购油100斤（每人应交集体2斤）。要多卖油给国家。（一九八二年冬已落实）

以上各条从各户主、社员大会讨论通过之日起实行，一定十五年不变，队干按原定三年不变，并在实行中不断加以补充完善。须补充修改时要经各户主或社员大会讨论多数同意方可。

**二、队规护林公约：**

（一）林业是国民经济的重要组成部分。保护森林，发展林业生产，是“四化”建设的迫切需要。保护森林，人人有责。生产队现有山林虽按人口平均分到各组（户）承包，山林所有权、砍伐权，属生产队，不能动摇，必须坚决维护。严禁乱砍滥伐，各承包者必须自觉遵守。

（二）不准私自要回祖宗山、入社林、土改山林；不准买卖青山；不准乱砍滥伐集体林木。凡偷砍者一经发现不论是谁，都要严肃处理，除没收偷砍之木材归队（组）外，按树木大小给予罚款，直径三寸以下每根罚款两元，直径三至五寸的每根罚款五元，六寸至八寸的每根罚款拾元，九寸以上直径的每根罚款贰拾元。并根据初犯，惯犯，认错态度好、差适当处理，惯犯认错态度不好者，要严加处理。查出盗伐林木者之罚款全部奖金归举报揭发者或抓获者。

本队社员须自用木材在五根以下，由本人向队干报告同意，队干向各户主或社员公布后方可在指定地点砍伐，以免误解。自用拾根以上者，用户应先向队干报告，经各户主或社员大会讨论同意后上报大队、公社批准并由队干指定地点方可砍伐。否则，以盗伐论处。社员自用之木材必须按队规定交山根费。

（三）不准毁林为地；毁林者不论面积多少，凡毁林拾蔸以上要罚款，杉木每根罚款两元、松木每根罚款壹元，成材树木归队（组）。社员开荒造林应在本队山界范围内，跨界造地、毁林者由对方生产队处理。别队社员跨入我队界内毁林、造林地，按我队归（规）处理。

（四）搞好护林防火，见火要报，见火要救。发现山林火灾无故不报、不救要追查责任，轻者批评教育。遭到山林火灾，劳动力无故不参加抢救打火者罚款叁元归队，奖给积极报火案或带头救火者。

各组（户）承包管护林区火灾，各组先发动本组劳力先上山打火，而后全队抢救，组内失火全组负责；多人失火为首负责；小孩失火家长负责；学生（指在校）失火老师负责；外因失火或从火犯及时上报查起。(队干负责上报)

（五）社员烧地时，必须开好火路，由各组、户自由联合组织劳力进行监烧，自觉做到：风大干燥天气不烧；人力组织不足没有把握时不烧；火路不好不烧。严禁小孩玩火。不准林地内烧火，不乱丢烟头、火种，不准在林区内点火把走路、寻找猎物，上山照蚂拐时要特别注意。须用时要选择安全地点，做到人离火灭。如失火烧山无法自救，其他社员要主动支援救火，并由失火者付给每人每天两元钱。

以上各条望各社员自觉遵守，不得违犯，违犯者循章办事。并在实行中不断补充完善。(一九八二年元月一日订的队规民约与本公约矛盾的按此执行，无矛盾的同样生效)。

注：此办法及公约印发给各户、大队、生产队各一份自存。

队长：赵春胜（盖章）　会计：赵才蒲（盖章）

社员：赵进金（盖章）　庞成旺（签名）　黄元斌（签名）

黄金和（盖章）　赵成友（盖章）　赵成生（盖章）

黄玉球（盖章）　赵玉珍（爱人代）（盖章）

谭海梅（盖章）

三角大队双河生产队全体社员户主签名盖章

一九八三年三月二十九日通过

## 13.（广西壮族自治区金秀瑶族自治县金秀镇六段村）三片村村规民约石牌①

### 祭石牌铁炮三声天灵地准国泰民安

一、偷盗财物者，罚三十斤米、十斤酒、三十斤肉、三十元钱，失物归原主，全村共吃石牌饭。

二、嫖赌家窝者，罚打锣游巷，按第一条办。

三、强奸妇女、拐卖人口者，罚一千元赔偿受害者，按第一条办。

四、砍伐本村公共护林区或林木者，罚砍一交二十元，石牌和村委各半。

五、破坏交通、公共场所、集体财产者，除罚加倍赔偿外，再按第一条办。

六、勾生吃熟、里通外合、扰乱村屯者，按第一条办。

七、捉案者，罚犯者五十到五百元奖给捉案者。

---

① 高其才于2007年12月22日搜集。

八、石牌执约者由应届领导人主持执行公务，执行公务人员由石牌罚犯者每天付误工费十元。

三片村立于一九九〇年十二月廿三日

## 14. （广西壮族自治区金秀瑶族自治县金秀镇）六段村石碑条约[①]

### 天地明监（鉴）人人皆知

1. 进入民家盗窃财物者，按损失计算赔偿外加付款叁倍。

2. 偷窃他人杉树者，按地径每寸直径罚款伍拾圆。

3. 偷窃棕皮、油桐、瓜果者，按每斤罚款伍圆。

4. 嫖人妻女或诱他人夫奸者，罚款壹仟圆。办酒席拾桌，每桌壹佰圆，供全村人进餐，又犯者登门为对方赔礼道歉。

5. 毁坏村容、破坏公共财物者，每次按损失价赔偿加罚款贰佰圆。

6. 擅自占用公场、公物不退者，每次罚款壹佰圆。

7. 破坏或妨碍交通水电，造成损失者，按折价赔偿加罚款五倍。

8. 石碑执法人员犯本条款加倍处罚。

9. 打击报复造成伤害者从重处罚，由犯者登门为对方赔礼道歉。

---

① 高其才于2007年12月22日搜集。

10. 里通外合，聚众赌博，打斗扰乱人心者，按损失折价赔偿，每次加罚款贰佰圆。

11. 执法护法有功者奖。

12. 此条约于立碑之日起生效，触犯者按条约处罚。

六段村立于1991年正月初一

## 15. （广西壮族自治区金秀瑶族自治县金秀镇六段村将军屯）村规民约[①]

### 党纪国法人人遵守村规民约代代相传
### 天灵地利　国泰民安

一、禁止在学校、会场、村庄、山脉附近乱扔乱倒垃圾，须按规定使用水井，违者各罚款十元。

二、偷他人柴山、竹林、竹笋、果类或其他竹物，按每根（个）罚款十元。

三、(1) 偷一根杉木，除按物价赔偿外，加三倍以上罚金；(2) 偷一切家具、电用机器等，处罚伍佰元罚金。

四、乱放家禽、家畜毁坏他人庄稼，打死概不负责。除由该户按损失赔偿外，加罚壹百元。

五、偷鸡□（羊）狗者，除按价赔偿外，加罚贰百元。

六、凡参赌者给予每人罚款一百元，提供赌场赌具各罚款

① 高其才于2007年12月22日搜集。

贰百元。

七、破坏他人婚姻、男女嫖娼各罚款壹仟伍佰元。

八、对检举违法者奖给罚金50%，对检举和执行者如有报复行为要加倍从重处罚。

九、禁止乱放野牛，（赔损失）费用外另罚款。

十、凡违反第二、三、五、七、九、十二条规定，除罚款外加罚猪肉、酒、米各十斤，生鸡二斤以上，办理酒席一桌。

十一、凡在公共场所堆放杂物，除没收外加罚款十元。

十二、执法者如有不按本条例执行，罚款贰百元；执法者违法加倍处罚。

将军屯全体村民

一九九四年十一月八日立

## 16. （广西壮族自治区金秀瑶族自治县金秀镇六段村双永屯）村规①

为了稳定我屯的社会治安，特将石碑村规立约如下：

一、进入民家盗窃财产者，按损失计算赔偿给失主，并罚款盗窃者二百元。

二、对于盗窃他人杉木者，按地径计算，每寸直径罚款二百元，并负盗窃所在树山全部责任。

三、谁家砍伐和转让杉木必须要清点界限，不得随意跨

① 高其才于2007年12月22日搜集。

线，若故意超越界线转让和砍伐者，按地径计算，每寸罚款四元，杉木归还原主。

四、如谁家转让杉木，求购者必须要和家长商议，如不和家长商议的，家长有权收回杉木，并罚款求购者一百元。

五、在各户杉木或地界管辖的松木、杂木，切（绝）不准许他人乱砍乱伐，对于乱砍乱伐者，按地径计算，每寸罚款2元。

六、偷盗家禽者，按价赔偿给失主，偷鸡、鸭的，每只罚款一百六十元，偷狗的，每只罚款三百二十元。

七、偷盗棕皮、棕油、竹笋、蔬菜水果、八角等，按加（价）罚款十倍。

八、毁坏村容、破坏财物者，按损失赔偿并罚款二百元。

九、擅自占用公场、公物不退还者，每次罚款一百元。

十、破坏水、电造成损失者，按价赔偿并罚款五百元。

十一、里通外合，打架斗殴，造成财产损失的，按价赔偿并罚款一百元。

十二、经村民报告后，执法人员包庇某人隐瞒事实的，罚款一百元。

十三、打击报复执法人员造成伤害者，应赔偿医药费、误工费等，并罚款二百元。

十四、报案人员要实事求是，不得谎报，若没有人证物证的，执法人员不受理。

十五、执法护法人员犯本村规民约的，加倍处罚。

十六、以上条约，罚款所得的资金，如触犯条约者，没有现金的，以实物抵押，罚款所得资金，奖执法人员50%，付给失主30%，与（余）下归村民小组作为公共积累。

十七、若谁家犯本村规第一、第二、第九、第十一、第十三、第十四条的，须办酒食，定于食物、酒五十斤，米三十斤，猪肉三十斤，青菜四十斤，办六桌待各户主食餐，如某户主不来吃的罚款五十元。

以上条约自各户主签名、盖章之日起生效，触犯以上条约者，由执法人员给予重罚，望全体村民自觉遵守，本条约一式四十七份，金秀镇政府执一份，镇派出所执一份，六段村委执一份，双永屯小组各户执一份。

有约必依，违约必究。

一九九九年六月二十一日

金秀瑶族自治县金秀镇六段村村委会（章）

## 17. （广西壮族自治区金秀瑶族自治县）金秀镇长二村村民委村规民约[①]

为了维护社会治安，净化社会空气，弘扬劳动人民的优良传统，使村民的生产生活有一个良好的社会环境，参照国家的有关法律法规，结合本村实际，经村党支部、村民代表大会讨论通过，订立本村规民约，使全体村民共同遵守。

一、遵守国家法律、法规和规章制度，执行国家的各项方

① 高其才于2007年12月22日搜集。

针、政策，按时完成上级分配的各项任务。

二、维护妇女、儿童、老人和残疾人的合法权益，不准歧视虐待妇女、儿童，要对老人尽赡养义务，关心教育好子女，使其从小养成良好的道德习惯。

三、支持勤劳致富，杜绝偷盗行为。如发现偷盗集体和他人财物的，树木按照"砍一栽三罚九处罚"，其他作物按物价值罚款一至十倍，构成犯罪的移交国家政法机关惩处。

四、做好牲畜看管工作，不准流放牛、猪，违反者按无牛、无猪主处理。对看管不好牛、猪，糟蹋他人作物的，除损一栽三处罚外，另按作物价值一至十倍罚款。

五、维护生态平衡，严禁进入公益林地破坏林木及毒鱼、炸鱼，违者依法移交公安机关，并处罚款 500～1000 元，对举报有功者，从罚金奖 40%。

六、严禁赌博，一经发现除没收赌资外，从经济上，行政上加重处罚，为赌博提供场所者，从重处罚。

七、讲文明、讲卫生、讲礼貌、讲道德，严禁侵犯他人的人身权利，不准酗酒闹事，加强邻里团结，遵守卫生公约，争当模范村民。

八、轻微民事纠纷，先找村民小组进行调解，不服调解的，由村民小组签署（署）意见到村委处理。超越规定或者手续不齐的，村委不予受理。

九、积极参加村民会议和其他会议，学习国家有关法律法规和致富技术，了解党的路线方针政策，关心国家大事。

十、凡是违反上述规定及违反《中华人民共和国治安管理处罚条例》都必须严格按照《中华人民共和国治安管理处罚条例》进行处罚。

十一、本村规民约，已经于2007年3月24日由党员、村民代表大会通过，自公布之日起执行。本村规民约对居住在本村范围内的其他居民同样适用。

村规民约执约队员名单：

队　长：陶永生

副队长：陶永荣、莫一波

成　员：陶伟通、陶　明、陶永洪、陶干荣

莫运才、莫仕忠

长二村村民委

2007年3月24日

## 18. （广西壮族自治区金秀瑶族自治县金秀镇共和村）坤林村村规民约[①]

为了搞好社会主义的精神文明和物质文明建设，维护国家集体、个人的利益，巩固和发展社会主义经济，根据党的有关政策和本村的实际情况，特订村规民约如下：

一、山林和土地属国家所有，本村社员只有使用权，集体所有的耕地、园地、草地、荒山、河滩等的使用必须服从国家集体的统一规划和安排，任何单位和个人不准私自占有和

① 高其才于2017年6月3日搜集。

出卖。

二、水田按照原各小队现有人口分摊到户承包耕种，超生未迁户口到本村不分责任田和责任山林，各户承包的水田只能耕种，不准出卖、转让，不准丢荒，国家下达的公粮代金按各户合同书负担交钱，如有违犯者，生产队有权收回其所承包的田地另行处理。

三、任何单位和个人，不准毁林（含经济林，水源林种地），违者一亩罚款伍拾至壹百元，乱砍滥伐者除没收所砍木材外，另外每枝按直径计一寸罚款伍元，所罚款40%交给检举者，40%交给处理人员，20%付给家主。失火烧山毁林的要进行赔偿损失，严重的送有关部门处理。

四、严禁赌博，发现赌博一次罚款伍拾元至壹百元，经村民委教育不接受、不改者送政法部门处理。

五、要遵纪守法，严禁偷盗行为，凡年龄在十五周岁以下者偷他人的东西罚款伍拾元，50%交给检举者，50%付给村民委，赃物退还他人，并登门道歉。年龄在十六周岁以上者偷他人的东西罚款伍拾元（偷香草者每斤罚款壹百元），罚米、酒、猪肉各十斤，所罚的款50%交给检举者，50%付给村民委，酒、米、猪肉给全村村民进餐，另外付三十元给帮者，作为人员误工补助，除上述罚款外，参加处理人员每人付给伍元误工补助，由偷盗者付给，并退还赃物和赔理道歉，价值在四百元以上者交给政法部门处理。

六、为了发展林业生产，造好林，必须管理耕牛，不准放野牛，如需放野牛的经群众大会讨论同意在每年的立冬后十五天内放，到农历二月初一止统一收回耕牛管理，牛母养仔也要统一放到牛场去管理，如不管好耕牛的吃了他人的东西按损失多少赔偿，另外还罚款伍拾元，罚得的款给处理人员。

七、严禁乱搞男女关系，如发现一次罚猪肉壹百斤，酒、米给参加大会人员吃。

八、农户所种下的责任山，杉树地界线不准乱移乱改，如有乱移乱改者罚款伍拾元并立即纠正界线。

九、队与队、户与户、人与人之间都要讲团结，严禁打人骂人，无故制造事端，（如打伤人）罚款伍拾元，并负责支付伤者医药费、误工费，严重的送有关部门处理。

十、讲究卫生，家中和巷路都要搞好卫生，如防（妨）害公共卫生，影响村容者轻者教育，重者罚款拾至贰拾元。

十一、要尊老爱幼，赡养老人，抚养子女，违者轻的教育，重的交给政法部门处理。

以上十一条从公布之日起执行。

坤林村村民委

一九九二年五月四日

## 19. （广西壮族自治区金秀瑶族自治县金秀镇）共和新村村规民约①

经我村群众研究讨论通过条例如下：

---

① 高其才于2009年1月20日搜集。

一、偷窃木耳每年罚款拾元，香菇每年叁拾元，杉木拾公分以上叁拾元，拾公分以下贰拾元，方条每条叁拾元，毛楠竹每条拾元，毛楠竹笋每斤拾元，桐油树每条拾元，桐油苗每条壹元，黄柏树贰拾元，棕衣每块壹元，棕身苗每条贰元，香草每斤拾元，生姜每斤壹拾元，八角每条苗伍元，结果肆拾元。

二、乱挖房屋叁佰元，偷家畜：鸡、鸭每只叁拾元，狗贰佰元，猪伍佰元，牛壹仟元。

三、偷窃发电机每台罚款伍佰元，偷损电线每斤贰拾元。

四、乱嫖问妇女挂红叁佰元，通奸贰仟元，顽固无论男女方，如男方坦白妇方不坦白女方自负，如女方坦白男方不坦白男方自负，强奸妇女叁仟元。

五、没有证据乱传假话罚款伍佰元，冤枉叁佰陆拾元，挂红。

六、乱打人壹棒罚款伍拾元。

七、偷蜜蜂每桶罚款伍拾元。

八、偷白菜、豆类每斤罚款叁元，猪菜每斤罚款壹元。

九、偷铁甲罚款大壹佰元，小贰拾元。

十、故意放火烧山损坏各种林木罚款每条拾公分以下拾元，拾公分至贰拾公分叁拾元，叁拾公分至壹佰公分每条壹仟元。

十一、凡犯者谁人不得包办，若包办者每人罚款伍佰元。

十二、偷家具、锄头、柴刀、括子每张罚款贰拾。

十三、偷窃甜茶叶每斤伍元，每条苗罚款伍元。

十四、偷衣物每件罚款壹佰元。

十五、凡看见偷窃旁证检举人员在罚款总额中按百分之伍拾奖给检举人。

十六、外地人入我村所管的山界内偷砍竹每条罚款壹元。

十七、凡所偷其他各类某某植物，按植物市场收购价如收购上价植物一样上价。

十八、16 岁以下凡犯各种大事按市场食物折价赔偿归主，16 岁以上按本村规民约处理。

十九、以上所犯本村小组条例罚款给予群众每人误工费每夜伍拾元，白天叁拾元。

二十、罚款给全村群众吃半肥瘦猪肉伍拾斤、烧鸭伍拾斤、米粉拾斤、米伍拾斤、瓶装酒白玉露叁件、高橙叁件、啤酒叁件。

以上村规民约各人自觉遵守，请遵照执行，违者照罚，各户一份，自签字之日起生效，谢谢合作。

冯文仁（签字按手印）　　赵有县（签字按手印）
越进贵（签字按手印）　　庞福官（签字按手印）
黄元福（签字按手印）　　赵有安（签字按手印）
赵进品（签字按手印）　　黄元秀（签字按手印）
黄通富（签字按手印）　　庞有福（签字按手印）
赵文荣（签字按手印）

一九九九年十月十二日
共和新村村民委（章）

## 20.（广西壮族自治区金秀瑶族自治县金秀镇共和村）定卜屯村规民约[①]

为了搞好社会治安，维护安定团结，确保群众的利益，治理不法分子，经全体群众讨论，一致通过制定如下民约：

一、盗窃或挖房屋、粮仓、山厂每次罚1000～3000元。

二、偷牛、猪每头罚1000～5000元，狗每只罚300元。

三、聚众赌博每次每人罚200元，为赌博提供场所的每次罚200元。

四、偷水力发电机或水电设施每台罚500～2000元。

五、搞男女关系属通奸的，男女双方各罚1500元，摸弄妇女的罚500元。

六、偷鸡、鸭、鹅每只罚100元，鱼类每条罚20元。

七、偷杉木10～18公分每根罚20～50元，20公分以上每根罚100～500元。

八、偷毛楠竹（竹笋）每条或每个笋罚20元，杂竹（笋）每条或每个笋罚1～5元。

九、偷犁、耙、刮、刀等农具每件罚50～100元。

十、偷八角、甜茶苗每株罚50～100元，杉木、桐油等各种树苗每株罚10元。

十一、偷甜茶叶、香菇、灵香草每斤罚50～100元，绞股蓝每斤罚5元，八角每斤罚30元，木耳、黄柏、棕衣皮、山

---

① 高其才于2017年6月2日搜集。

苍子等每斤罚10～20元。

十二、偷稻谷、玉米、豆类、红薯、木薯、芋头等粮食作物每斤罚5～10元，偷蜂蜜每桶罚500元，偷铁夹每个罚200元。

十三、越界挖找冬笋每斤罚10元。

十四、故意破坏他人林木或其他财产每次罚200元以上，故意放耕牛或家畜损坏他人林木或农作物赔偿全部损失和调解误工费（不按十九条处罚）。

十五、无理取闹骂人或酒后闹事每次罚50～200元。

十六、故意迁移与他人的山界界限者罚50～100元。

十七、无凭无据，诬告好人的要恢复名声，加罚100～200元。

十八、凡触犯以上条约年满16周岁以上都按村规民约处罚，盗物退还或拆价退还失主，另处罚酒、米、猪肉（后腿肉）各50斤，处罚人工费白天20元，晚上30元，但处罚额要随着市场物价上涨而定，态度较好，可从宽处理。

十九、处罚的收入按40%奖给检举者，30%给调解人员，30%交村屯积累。

二十、条约一式25份，村上每户壹份，村委、附近村屯各壹份。条约从二〇〇二年九月一日起执行。

村民：蔡贵财（签名，按手印，下同）　陶秀荣

陶龙军　陶明贵　陶海福　陶凤英　陶明权　陶秀华

陶建华　蒋井生　陶永强　兰建光　兰建锋　赵文福

定卜村小组代表：蔡贵财　陶秀荣　陶龙军

二〇〇二年九月一日

## 21.　（广西壮族自治区金秀瑶族自治县金秀镇共和村）田坪屯放野牛看管的规定[①]

于2004年3月2日全屯由家长开会讨论决定：

1. 凡属于哪家农户放牛，吃植物农作物要有实地现场。

2. 一头牛进竹山吃笋类，每头（罚款）20元，吃奶小牛一头（罚款）10元。

3. 牛马吃菜由牛主与对方商量按重处罚。

4. 经全屯家长研究决定后有哪农户不执行上条的按三条规进行处罚。

共和村田坪小组

2004年3月2日

## 22.　（广西壮族自治区金秀瑶族自治县金秀镇）六拉村村规民约[②]

为了维护社会治安，净化社会空气，弘扬劳动人民的优良传统，使村民的生产、生活有一个良好的社会环境，参照国家的有关法律、法规，结合本村实际，经村民大会讨论通过，特订立本村规民约，供全体村民共同遵守执行。

一、遵守国家法律、法规和规章制度，执行国家的各项方

① 高其才于2014年11月6日搜集。

② 高其才于2009年1月22日搜集。制定时间约为2005年12月22日。

针、政策，按时完成上级分配的各项工作任务。

二、维护妇女、儿童、老人和残疾人的合法权益，不准虐待妇女、儿童、老人和残疾人，不准遗弃婴儿，不准歧视残疾人，要对老人尽赡养义务，要关心教育好子女，使其从小养成良好的道德习惯。

三、移风易俗，提倡婚事新办，反对铺张浪费和包办婚姻，结婚要办理登记手续。

四、执行国家计划生育政策，提倡晚婚晚育、少生优生，杜绝重男轻女恶习，计划生育男女有责，亲属邻里互相监督，切实控制人口增长，对抗拒不作计划生育的外逃户，要按计生法给予重处罚。

五、支持勤劳致富，杜绝偷盗行为，如发现偷盗，人人有权扭送公安机关惩处。

六、轻微民事纠纷，先找党员责任区的党员或村民组长进行调解，不服调解的，由责任区党员或村民组长签署意见，到村处理。超越规定或手续不齐的，村不予受理。

七、严禁赌博，一经发现，除没收赌资外，从经济上、行政上加重处罚，青少年参加赌博者，从严从重处罚。

八、切实维护社会治安，对可疑人物或有破坏者，要进行盘查，及报告村委会或公安机关。

九、严禁放火烧山、毁林毁草开荒，注意村寨防火安全，预防火灾事故发生。

十、做好牲畜的看管工作，严禁人、畜践踏庄稼。

十一、积极送适龄儿童入学，积极参加教育学习。

十二、严禁乱砍滥伐集体林木和偷盗他人树木，违者除按照“砍一栽三罚五”处罚外，还要给予一定的经济、行政处罚，构成犯罪的，移交国家政法机关惩处。

十三、积极参加村民会议和其他会议，学习国家有关法律、法规，了解党的路线、方针和政策，关心国家大事。

十四、讲文明、讲卫生、讲礼貌、讲道德，严禁侵犯他人的人身权利，不准酗酒闹事，加强邻里团结，争当模范村民。

十五、凡是违反上述规定及违反《中华人民共和国治安管理处罚条例》，都必须严格按照《中华人民共和国治安管理处罚条例》进行处罚。

十六、本村规民约自通过之日起执行。本村规民约对居住在本村范围内的其他居民同样适用。

## 23. （广西壮族自治区金秀瑶族自治县金秀镇六拉村）奋战屯村规民约①

为了维护奋战屯的社会稳定，树立良好的民风、村风、创造安居乐业和谐的社会环境，经本屯全体村民讨论通过，特制定以下村规民约，期望全体村民共同遵守。

**一、社会治安**

1. 村民之间应团结友爱，和睦相处，不打架斗殴，不酗酒滋事，严禁侮辱、诽谤他人，严禁造谣惑众、拨弄是非。

---

① 高其才于2017年6月6日搜集。

2．严禁偷盗（含林木、农作物、宅中财物等）、敲诈集体、他人财物，严禁替他人藏匿赃物。

3．爱护公共财产，不得损坏水利、道路交通、供电、通信、生产等公共设施。

4．严禁私自砍伐国家、集体、他人作物（含林木、其他农作物等），严禁损害他人庄稼、瓜果及其他农作物，加强牲畜看管，严禁放流浪猪、牛、羊、鸡、狗等牲畜。

5．加强野外用火，严防山火发生。

对违反上述治安条款者，触犯法律法规的，报送司法机关处理。尚未触犯法律、法规的，受本屯村规民约处理：即凡偷盗、损坏、毁损集体、他人财物（含各项公共设施、庄稼、林木、其他农作物）价值达10元以上的按5倍赔偿，并罚款100元至1000元不等，最高不超过5000元，该罚款一经屯（队）决定并宣布后，当事人应无条件将罚款交到屯（队）长手上，再由屯（队）长交给受害人；是集体的就交纳到屯（队）长手上；凡是连本加罚款够500元以上的，就要另罚1000元，作为本屯警示教育活动经费（用于在村会议室集体会餐）。拒不交纳的，该罚款在国家、集体应分配到其个人（或户）的财物中扣除，交纳的罚款主要用于本屯公共设施建设。

**二、村风民俗及邻里关系**

1．村里出现红白喜事，均由本屯红白喜事理事会主持管理（正常情况下由队长任理事长并担任主持），本屯村民应主动上门帮忙，至少一户不能少于一人，帮忙者应服从主持人的工作安排。如村户中出现无故不到场参加帮忙的，今后该户的红白喜事，本屯其他户均不派人帮忙做事。

2. 积极开展文明卫生村屯建设，搞好公共卫生，加强村容村貌整治，严禁随地乱倒乱堆垃圾、秽物，修盖房屋余下的垃圾碎片应及时清理，柴草、粪土应定点堆放，不得妨碍车辆和行人的正常通行。违反者，由当事人负责清理；当事人不按规定、期限及时清理的，由全屯群众代为清理，费用由当事人承担，工钱按200元/天/人进行计算。如有村屯群众碍于亲朋戚友情面不参加的，则需向村屯集体倒付工钱，倒付工钱亦按200元/天/人进行计算。

3. 邻里纠纷，应本着团结友爱的原则平等协商解决，协商不成的可申请村调解委员会调解，也可依法向人民法院起诉，树立依法维权意识，严禁以牙还牙，以暴制暴。

4. 父母应尽抚养、教育子女义务，力争促其成才；子女应尽赡养老人的义务，不得歧视、虐待老人。

5. 各户、各村民之间应和睦相处，生活生产相互帮助，共同发展，反对家族主义。

**三、生产生活**

1. 农田、林地四至界限以现行确定的现状为准，严禁私自改变、挖毁、破坏四至界限并引发纠纷行为。

2. 越界或误种他人田地、林地的，经他人说明后，应及时将作物挖移并替他人恢复原状。如存在争议，双方应保持原状，申请有关部门进行处理，不得单方面改变原状；如单方改变原状，导致需要屯（村）干出面处理的，屯干的误工费由单方改变现状者承担（队干误工费200元/天计付）。

3. 从九永至独木桥段的村屯公共道路（含路基的空地、路面）按照2014年9月3日村民会议讨论并通过的规定措施进行管理（即维持2014年9月3日村民会议之前的现状，2014年9月以后任何人不得以任何形式侵占村屯公共道路，包括路基空地和路面）；违反者，由当事人负责清理拆除；当事人不按规定、期限及时清理拆除的，由全屯群众集体代为清理拆除，费用由当事人承担，工钱按200元/天/人进行计算。

4. 本屯原有的木溜道应继续予以保留使用，任何人不得以任何理由和形式进行霸占；已经霸占使用的，应恢复原状，恢复期限自2016年6月1日至2016年7月1日止。当事人不按规定期限清理的，将来谁放木头损坏的一律不用赔偿，不追究责任。

四、奋战屯村民委员会具有对村规民约的最终解释权；本村规民约由本屯时任屯长负责执行。

五、本村规民约自2016年6月1日实施。全体村民享有相互监督的权利。

金秀瑶族自治县金秀镇奋战屯

2016年5月25日

## 24. （广西壮族自治区金秀瑶族自治县）金秀镇金田村金村屯村规民约[①]

为了改变本村面貌，改善居住的卫生条件，保障村民身心

① 高其才于2017年6月4日搜集。制定时间约为2014年11月3日。

健康，根据相关法律、法规，结合我村实际，制定本约：

1. 全体村民是改善居住环境和“清洁乡村”活动的主体，有义务参与基础设施建设和清洁卫生活动，投资投劳。

2. 庭前屋后“三包”：（1）包卫生：保持门前屋后地面整洁，做到无纸屑、塑料袋、果皮菜叶等废弃物；（2）包绿化：保持门前屋后绿化完好，树木花草和绿化设施不受破坏损毁；（3）包秩序：不在门前屋后堆放、吊挂有碍村容的物品，不乱竖招牌、乱贴广告。

3. 参照“谁污染、谁负责”和有偿服务的原则，可按实际情况每人每月1元的标准收取垃圾处理费，也可从集体资金或其他资金中支付。费用定期统一交理事会管理，用于支付收集、清运、处理垃圾费用和保洁人员工资，不得挪用。

4. 聘请保洁员或指定保洁责任人对本村环境进行保洁。保洁员或保洁责任人定期对村内道路等公共场进行清扫，并将垃圾清运到指定垃圾池倾倒或焚烧；对村民不良卫生习惯和行为，保洁员要及时提醒和劝阻。

5. 生活垃圾应在指定的位置定点投放。保洁员或保洁责任人按照环境卫生作业流程，对投放后的垃圾进行收集及清运。

6. 垃圾定期清理。（1）垃圾清运时间夏季为7：00—19：30，冬季为7：30—19：00。（2）清理标准：垃圾箱盖上无垃圾堆放；及时清理垃圾箱周围垃圾；清运车辆加盖网罩，严防遗撒，定点倾倒。

7. 垃圾要分类处理。主动将可回收利用的塑料瓶、啤酒瓶、鸡鸭毛等废旧物品积攒送到符合要求的收购点处理，及时将不可回收生活垃圾分类倒入定点的倾倒地点或垃圾箱（池）内；建筑垃圾要运到村里的指定地点倾倒。

8. 定期进行美丽家庭评比活动。凡达到相应评比标准的家庭户授予“美丽家庭”称号，并对获奖家庭户给予物质奖励。

9. 清洁水源。自觉维护河道、沟渠清洁畅通。不向河道、沟渠中倾倒垃圾、丢弃农作物秸秆、直排生活污水、畜禽粪便；不在河坡种植作物，不在河床自行采沙；不实施毒鱼等行为。

10. 清洁田园。农药瓶、化肥袋、废弃塑料薄膜等生产废弃物要收集销售或分类倒入垃圾桶（池）内，不得向河坡、田埂、水体中乱扔。

11. 稻草、玉米等主要农产品秸秆实行资源化无害管理(比如放入沼气池处理)，争取资源无害化处理率达 90% 以上。

12. 规范禽畜养殖。人畜分离，集中圈养，并达到环保要求。利用沼气池、化粪池处理好禽畜粪便，不得向水沟、巷道直排粪便和污水，病死禽畜消毒后要在不影响饮用水源水质的地方深埋处理。

13. 违反本约者，每次由理事会征收 50 元卫生维护费，或义务打扫本村卫生一天。

14. 本村规民约由理事会制定，由村民代表大会通过，从公布之日起生效实施，请自觉遵守执行。

## 25. （广西壮族自治区金秀瑶族自治县金秀镇金田村）刘村村规民约[①]

经2015年3月7日召开群众大会，大会决定：关于刘村一、二队集体土地（如河滩、水利、基（机）耕路）全属集体所有。

一、根据2011年征收“能阴”土地、水利、基（机）耕路、河滩已属集体所有。

二、在集体土地范围内，不准任何个人种植各种苗木，如有违反种植苗木者，一切苗木属集体所有。

三、个人自开的荒田、荒地根据征收“能阴”方案实行，如果征收都由全体群众丈量。

四、个人自开荒田、荒地是否属于集体所有，由群众大会讨论决定。

五、水毁责任田按以前的图纸丈量数。

我村村民共同制定如下公约，望互相监督，共同遵守执行。

## 26. （广西壮族自治区金秀瑶族自治县）金秀镇和平村村规民约[②]

为加强我村社会主义新农村建设的实施和管理，依据有关

① 高其才于2017年6月4日搜集。

② 高其才于2017年6月4日搜集。

法律、法规政策，结合本村实际，制定本村规民约。

1. 全体村民要发扬团结互助、尊老爱幼的优良传统。

2. 爱护本村的道路、桥梁、篮球场、绿化带等公共设施，任何村民不得为有损于公共设施的行为。

3. 对本村后山进行长期封山，严禁毁坏本村的名木古树。

4. 本村所有牲畜、家畜要进行圈养，不得随意乱放。

5. 本村河道不得占用，严禁在河里网鱼、电鱼、毒鱼。

6. 保护好县城饮用水取水点的饮用水水源，维护饮用水安全。

7. 设立屯环卫工人，清理村道，处理垃圾，管理绿化带。

8. 成立村治安小组，杜绝赌博、偷窃、打架等行为。

9. 全体村民要发扬团结互助、尊老爱幼的优良传统。

10. 全体村民服从村干、屯干小组的管理，不得有意打击村干、屯干小组及举报人员。

11. 不得占用门前屋后的公共场地，不得乱挖乱改村主道巷道路。

12. 对违反有关村规民约的行为，视情况给予相应的处罚，情节严重触犯法律的交由司法部门处理。

13. 本村规民约由实施小组负责实施。

金秀镇和平村村民委员会

2011 年 6 月 25 日

## 27. （广西壮族自治区金秀瑶族自治县）金秀镇林香屯新农村村规民约[①]

本屯村民除应遵循《中华人民共和国宪法》《中华人民共和国村民委员会组织法》，国家其他法律、法规和自治区、市、县政策条例规定外，为提高全体村民自我管理、自我教育、自我约束的能力，促进社会主义新农村建设，制定本村规民约。

一、建设社会主义新农村。

生产发展，生活宽裕，乡风文明，村容整洁，管理民主。

二、认真学习“八荣八耻”。

以热爱祖国为荣、以危害祖国为耻，以服务人民为荣、以背离人民为耻；

以崇尚科学为荣、以愚昧无知为耻，以辛勤劳动为荣、以好逸恶劳为耻；

以团结互助为荣、以损人利己为耻，以诚实守信为荣、以见利忘义为耻。

三、坚守（六要六不要）。

一要弘扬美德，尊老爱幼；不要虐待老人，歧视妇女。

二要彼此谦让，互相尊重；不要恶语伤人，以强欺弱。

三要艰苦创业，科技兴农；不要奢侈浪费，愚昧落后。

四要礼貌待人，热情好客；不要污言秽语，懒散焕弱。

五要男女平等，优生优育；不要蚊蝇漫飞，陋习滥行。

① 高其才于2017年6月4日搜集。

四、全体村民均有保护耕地的义务。村内任何组织和个人使用土地都应服从村的统一规划和调整，不得侵占、买卖或者以其他形式非法转让土地。严禁荒废耕地，荒废耕地者，除责令限期复垦耕种外，依法收取抛荒费。

五、村民申请宅基地建房必须服从本村新农村规划，按照规定程序申请报批，先批后建原则。

六、遵守计划生育是每个村民应尽的义务，对违反计划生育不执行计生处理的，有谩骂、侮辱、殴打计划生育工作人员等行为者，除按有关法律法规和政策严肃处理外，本屯可以取消其家庭成员享受本屯或上级部门下发的各项福利补贴。

七、保持村容整洁卫生，营造舒适的村民环境是每个村民的基本道德，做好门前卫生“三包”，保持垃圾分捡后到（倒）入垃圾池（桶），聘请专职保洁员定期搞好村居卫生。

八、本屯新农村建设领导小组将生态公益林补助金统一收集管理，作为卫生保洁费，用于清扫公共场所、清运垃圾、添置清扫工具和支付路灯电费等公益性开支，实行多还少补原则。

九、学龄儿童和青少年有依法接受教育的权利和义务。其法定监护人应保证子女接受九年制义务教育。

十、父母、继父母、养父母对未成年的子女、继子女和养子女必须依法履行抚养义务。成年子女、继子女、养子女及其配偶，对基本丧失劳动能力或无生活来源的父母、继父母、养父母必须依法履行赡养义务。发生赡养纠纷时，由本屯新农村建设领导小组进行调解，调解不成的，本屯会支持被赡养人依法向人民法院提起诉讼。

十一、村民可以按《信访条例》依法向上级部门反映情况，任何人不得以各种借口煽动群众到机关、学校、企业、村民委员会办公地、他人住所起哄捣乱、闹事、制造事端，不得寻衅滋事，扰乱社会治安秩序。

十二、不得对他人非法搜身和限制他人人身自由，不准诽谤他人和侮辱妇女。邻里之间发生纠纷不得采用威胁、要挟的方法，可以要求通过本屯新农村建设领导小组进行调解。对殴打他人造成伤害的，应赔偿医药费、误工费等，情节严重的，提交司法机关依法处理。

十三、违反本村规民约，除触犯法律由有关部门依法处理的，本屯新农村建设领导小组可作出如下处理：

1. 予以批评教育，写出悔过书，用村广播进行通报；

2. 责令其恢复原状或作价赔偿，视情况给予经济处罚；

3. 取消享受或者暂缓享受村里的优惠待遇；

4. 本年度不评先进、文明户、五好家庭户、遵纪守法户。

十四、凡违反本村规民约要进行处理的，必须在调查核实后，经本屯新农村建设领导小组或群众代表会议集体讨论、决定，不得擅自处理。外来人员在本村的参照执行本村规民约。

十五、本村规民约有与国家法律、法规、政策相抵触的，按国家规定执行。

十六、本村规民约根据农村社会、经济发展情况，适时进行修订，经提交村民代表会议通过之日起施行。

村民户主签字：

2009 年 10 月

# 28. （广西壮族自治区金秀瑶族自治县金秀镇和平村）林香屯村规民约①

为建设“生产发展、生活宽裕、乡风文明、村容整洁”的社会主义新农村，经全体村民会议讨论，制定以下村规民约：

一、涉及村公益事业建设由村民大会或户主讨论会议决定，村民本着建设美好家园的宗旨积极支持和参与。

二、制定村庄规划，村民建房应服从村屯建设规划，经村委会和上级有关部门批准，统一安排，不得擅自动工，不得违反规划或损害四邻利益。

三、全体村民要遵纪守法，做好法律宣传教育和门户联防，积极创建平安和谐村屯。自觉遵守计划生育政策，少生优生，建幸福家庭。

四、积极开展“清洁乡村”建设，加强村环境卫生整治。由村民按户筹资作为保洁费，推荐保洁员负责村垃圾收集和公共场所保洁。各家各户负责自家房前屋后、庭院内部环境卫生，自行清除建筑垃圾，柴草、粪土定点堆放，家禽牲畜实行圈养。清洁家园，清理农药化肥残留包装袋（瓶）。

五、自觉爱护村公共设施，自觉维护公共场所干净整洁，共建美丽乡村，洁净家园。

六、开展社会主义精神文明建设，村民之间要互尊互爱互助，和睦相处，建立良好的邻里关系；尊老爱幼，赡养老人，

---

① 高其才于2014年11月6日搜集。

关爱未成年人，移风易俗，反对封建迷信及其他不文明行为，开展五好文明家庭、文明卫生家庭和先进个人评比，树立良好的村风、民风。

七、各节假日积极开展文体活动，丰富群众文化生活，培养村民兴趣爱好，需要集资的，由村民大会或户主会议商定。

八、加强村民安全用火用电知识宣传教育，提高全体村民消防安全知识水平和意识。

九、在“清洁乡村”建设中，对做得差的户（片）进行张榜公布，对做得好的户（片）进行星级评定，并挂“星级文明家庭”牌匾。

十、为维护本村规民约的严肃性，设立村规民约监督小组，成员由村民推选，负责对村民遵守村规民约进行监督，并将村民违反事项提交村民大会或户主会议讨论处罚决定。

十一、本村规民约从2013年5月10日起实施。

同意村规民约的群众签字：

二零一三年五月八日

## 29.　（广西壮族自治区金秀瑶族自治县金秀镇）罗孟村村民委村规民约①

为了保障人民生命财产的安全，稳定社会秩序，维护安定团结，根据一九九九年二月四日村民委支部扩大会和人民群众

① 高其才于2017年6月4日搜集。

讨论通过制定的村规民约进行修改补充，现公布二○一一年八月二十五日制定的新条约如下：

一、坚持社会主义道路，坚决完成各种包干上交任务，一切按合同办事。

二、严禁盗窃灵香草、香信、木耳、八角、黄柏，偷盗、赌博、拦路抢劫等，违者除退回原物外，每人罚款360元至720元，一次性交清，原物不在，按物价折价加罚1~5倍罚款，故意破坏他人经济作物，按最高年价罚1~5倍速，盗窃棕衣、茶叶、绞股蓝除退回原物外加罚款500元至1000元。

三、盗窃耕牛或损害他人耕牛、马的，除退回原物外每头另加罚款720元至1200元；偷鸡、鸭、鹅除退回原物外，每只加罚120元至300元（一次性付清）；偷狗、猫每只罚款72元至120元；偷猪除退回原物外，每头加罚360元至720元；偷菜、果类罚款36元至72元。

四、严禁偷砍盗窃集体或个人林木，违者除退回原物外，按每条罚款300元至450元；原物不在加罚1~5倍。

五、严禁乱砍水源林和幼林、竹林，毁林为地，违者每亩罚款1500元至2000元，另按每蔸原木直径10公分以上每公分罚款10元计算处罚。

六、严禁破坏他人团结、乱搞男女关系，违者男女双方各罚款360元至720元；挑拨离间引起打架闹事，违者每人一次性罚款360元至720元；故意打伤他人的，一切医药费、伙食费由违者全部付清，另加罚款每人120元至240元。

七、故意弄虚作假，冤假错案每人一次性罚款360元至

720 元，严禁对他人报复，违者每人罚款 240 元至 360 元。

八、盗窃、撬房屋、偷贵重物品（如衣车、收录机、电视），除退回原物外，另加罚款 720 元至 1200 元，偷八挂钟、收音机等物品，除退回原物外，另加罚款 120 元至 240 元。原物不在加罚 1 ~ 5 倍。

九、严禁超越过界开荒种植农作物及造林，违反者按每亩罚款 120 元至 240 元，谁界谁收。

十、盗窃八角子，除退回原物外，每人一次性罚款 240 元至 360 元，偷黄柏苗、杉树苗、黄笋竹苗、棕衣苗、八角苗等，按每株罚款一元至二元；乱偷砍楠笋竹、黄笋竹等按每株罚款 4 元至 5 元。

十一、严禁盗窃打赖八角果，损坏八角树枝，违者每人一次性罚款 200 元至 300 元。

十二、酗酒无理闹事打伤他人，一切医药费、伙食费、误工费由违者全部付清，另加罚每人 120 元至 240 元。

十三、盗窃他人被子、衣物、日常生活用品的，除退回原物外，每人罚款 240 元至 360 元；偷各种农具除退回原具外，每人罚款 120 元至 240 元，原具不在，加罚 1 ~ 5 倍。

十四、加强耕牛管理，不准放野牛，如损害他人农作物由牛主按产量或按当年市场价赔偿损失。有耕牛、马的农户一年四季要有专人管。

十五、凡发现有放野牛、马糟蹋他人所种的八角，一米高以上每株罚款 30 元，一米以下罚款 15 元，其他杉树、竹子、黄柏，每株（根）罚款 2 ~ 10 元；毛楠竹每蔸 3 ~ 5 元；毛竹每蔸 7～10 元；石崖茶每枝 15 元；草果每蔸 15 元；糟蹋农作物的除赔偿损失外，一次性每头罚款 100 元，如糟蹋他人农作物的牛、马三天内无人认领的由受损者把牛、马拍卖处理。

十六、继续提倡晚婚，坚决杜绝第三胎，违者按计划生育条例罚款处理。

十七、凡在我村民委所在管辖河流内放毒捕鱼者，罚款每人 500 元至 1000 元，当场付清。

十八、不得越界挖竹笋、石崖茶，及其他中草药材，违者除退回原物外，每人罚款 120 元至 240 元。

十九、凡经各级干部处理以上民约条例，罚款总额 15% 作处理费，50% 作检举费，35% 作群众教育费专用（会餐费）。另外，误工费由违者按每工 40 元支付。如双方都有责任，误工费由当事人双方平均支付。

以上村规民约于 2011 年 8 月 25 日经各村民小组组长党员会议讨论通过。望共同遵守执行。

金秀镇罗孟村村民委

二〇一一年十二月二十三日

## 30.（广西壮族自治区金秀瑶族自治县长垌乡长垌村）六架队落实林业“三定”和民约决议[①]

参加会议和分山人员：

---

① 高其才于 2010 年 1 月 1 日搜集。

黄□玉（签名按手印）　赵望现（签名）

赵宽保（签名按手印）　赵文生（签名按手印）

赵□金（签名按手印）　赵田义（签名按手印）

赵妹珍（签名）　赵□才（签名　按手印）

黄金勤（签名按手印）　冯先念（签名按手印）

冯有定（签名按手印）　冯玉师（签名按手印）

庞福□（签名盖章）　庞田才（签名按手印）

庞□万（签名盖章）

为了贯彻本县以林为主的方针，稳定山界林木，调动社员发展林业的积极性，根据中央（84）1号文件和县林业“三定”文件精神，给合我队具体情况，经全体干群充分讨论，决定落实林业“三定”做法如下：

一、现有用材林、经济林、荒山按田搭配，划分落实到户经营管理。

1. 杉树未起下坐的按八一年规定3户（金才、文龙、文胜），分定下户，每户划出120蔸。余下的按田搭配划分落实到户管理，砍伐时经济收入按比例分成，5%交队积累，95%归管户所得；松木砍伐时比例分成，3%交队积累，97%归管户所得。

2. 经济林、八角、油茶按八一年落实不变。

3. 自留山按八一年划定不变，社员种下的林木、作物长期归社员所有，不承担国家派物任务，产品自行处理，可以继承也可折价转让。

4. 责任山种下的林木农户有管理权，但林木砍伐后由生产队处理产品，经济收入要向队交提承（成），杉树5%，松树交队积累3%。责任山一定三十年不变。

二、水源林按原划定不变任何人不得乱砍伐。

三、划定背后山作牛场，除划责任山外，任何人不得做地，若开荒做地牛入内不赔偿。

四、划定山界林权后的民约规定

1. 划分到户的承包林木包括杉树、松树经济林和有价值的林木，未经生产队同意不得砍伐和毁坏，违者除没收实物处，属于自用部分，按其砍伐数量价值加倍罚款。

属于乱砍偷砍，卖得的钱物全部没收还加倍罚款。

2. 越过山界偷砍别人的，每蔸按木材价值三倍罚款，一次交够，同时罚米、酒、肉各5斤。

3. 从划定落实承包山之日起，社员需要建房和零用材都要报告批准后才能砍用，首先要在自己分得的责任山内砍伐，的确不够的可和邻户商议取得对方同意方能砍伐。

4. 自留山、责任山所种下的竹木、果类任何人不得随意进入他户辖内砍柴、砍竹、找笋、讨果，违者每犯一次罚款30元，重犯者加倍。

5. 严禁毁林为地、毁林搞副业和毁林开荒，每毁坏一蔸罚种三蔸，并包种包活，护理和原来一样，并按所毁坏林木价值加倍罚款，交款、交林时双方和队干都要在场。

6. 注意用火，凡因生产、生活用火引起山林火灾者，损失大的由国家法律处理，不够按法律处理的则按经济价值赔款，如烧着别户的，烧坏的林木，归失火者自行处理，应在自己承包山内按同等数量赔给被烧户。同时还要搞一餐给打火的人吃和付给误工费 2 至 3 元。交款时双方和队干都要在场。

7. 凡划定水源林保护区，禁止任何人砍伐，每砍一蔸罚款 15 元，检举人奖 70%。

8. 已划定的山界标志插好后，谁人移动罚米、酒、肉各 5 斤。

9. 山界划定后不准进入他人山界内造林，违者所造的林木或者竹子、果类，全归原管辖户所有，不付给误工报酬。

10. 凡罚来的款物按当时人口平均处理或每户派代表去吃。

11. 兄弟队的社员和回乡、下乡干部，学校师生，在我队所管辖下的范围内违反本约，按本约规定处理。

12. 本民约自公布之日起生效，望广大干群自觉遵守贯彻执行，违反本约规定的由村民委员会进行处理，属屡教不改的要加重处罚。

各户主盖章

1984 年 6 月 20 日

## 31.（广西壮族自治区）金秀瑶族自治县长垌乡六架村石牌[①]

### 翻身全靠共产党 幸福不忘毛主席

为了发扬民族优良传统，加强、物质文明建设，做到讲文

① 高其才于 2004 年 4 月 24 日搜集。

明、讲礼貌、讲道德，创建一个安定的社会、优美的环境；促进人民身体健康，更好地完成学习、工作及生产任务，为实现四化、振兴中华多作贡献，特制定如下石牌，希全体村民遵照执行：

（一）讲文明、讲礼貌，对人态度和气，不打人，不骂人，不讲粗口话，培养良好的社会风气。

（二）讲道德：

1. 不做坏事，不偷东西。偷一条杉木罚款 20 元，偷 20 公分（根部直径）以上的杉木每条罚款 100～300 元；偷一条竹、一棵笋各罚款 5 元；偷一只鸡罚款 30 元；偷一条狗罚款 25 元；偷一个果罚款 1 元；偷一斤生香菇罚款 4 元；偷一斤生木耳罚款 2 元；偷一斤生八角罚款 2 元；偷一斤生山苍子罚款 2 元；如重犯者加倍罚款。偷实物、新产品、现金，按其价值罚款二倍。

2. 不赌钱。违者分别给予 20 元以上的罚款，并没收赌具、款归石牌。

3. 不嫖娼，不乱搞男女关系，违者罚猪肉、酒、米各 36 斤，钱 36 元（男女双方各出 50%）请全体村民吃，并向村民认错，限期六天内兑现，如逾期加罚 20%。

4. 已婚男女村民，不得以争吵为名，而外出重婚（嫖娼），一旦发现追回后罚款 150 元。

（三）讲卫生，各户室内外，每天打扫一次，小孩屙屎及时扫走，猪关养，村头、村尾经常保持清洁整齐。

（四）男女青年必须在婚姻法规定的年龄登记结婚，违者由政府按计生政策处理。

（五）按照民族习惯，凡与本民族结婚的男女青年，不准高收费，不准买卖婚姻，不准超过500元（包括女方到男方或男方到女方家都如此），与其他民族结婚也限额在1500元以下，如有超过，将其超额收归村处理。

（六）贯彻执行党的方针政策，在政治上与中央保持一致。

（七）按时完成上交国家税款及木材交售任务，不偷税、不漏税。

（八）团结互助，不吵闹、不打架，如有争议，通过协商解决，做到人有难，众人相帮。

（九）勤奋学习文化、科学知识，积极发展农、林、牧、副、渔业生产，走勤劳致富道理。

（十）村干部要密切联系群众，作风民主，有事与群众商量，做到全心全意为人民服务。

（十一）村干部必须廉洁奉公：1. 不以权谋私；2. 不行贿受贿；3. 不贪污挪用；4. 不多吃多占；5. 不打击报复。

（十二）村干部、村委、党团员领导班子，团结协作，研究工作。

（十三）遵守财务管理制度，管好、用好集体财物，半年召开一次村民大会，公布财务收支账目，总结半年工作，年终全面公布（口头与文字上墙）账目，全面总结村里工作、生产情况，指导村民继续发展生产。

（十四）村民要紧密团结在村委周围，服从村公所和村民委员会领导，完成村里分配的各项任务。

（十五）遵守林业三定政策，已定承包到户的山界林权，如有违背，无理取闹者罚款 36 元，或将山林土地收归村有，重新给其他村民承包。

（十六）收取土地承包费，是扩大集体积累资金来源的重要渠道，村民必须按时上交给村委土地承包费。

（十七）开展文化体育活动，如打篮球、办图书室等，学科学、用科学，使青少年健康成长。

（十八）谁的猪、牛、鸡、鸭损害庄稼，经村委评议，赔偿经济损失，如重犯加倍处罚，限期十天内兑现。

（十九）有乱诬人、无中生有的，对当事人罚款 36 元，并给予挂红（在调查过程中除外）。

（二十）任何人不准进入水源林区砍柴、做地，如有违背，每砍一条生木罚款 5 元，多砍依数加罚。

（二十一）维护好社会治安，做好防火、防毒、防坏人工作，对坏人坏事要进行揭发检举，检举有功者在罚没款中给予 40% 奖励，其余归村所有。

（二十二）本石牌选出正副石牌头各一名，副石牌头由村民委主任兼任，每届任期五年，不称职的，随时可罢免，好的可连选连任，但最多不得超过两届。

（二十三）正副石牌头，在村民委的领导下负责组织实施本石牌和各项规定，并与村民委团结协作，进行工作。

（二十四）全体村民必须拥护和支持石牌头的工作。

（二十五）谁损坏石牌，按经济损失，罚款三倍。对村外人员违犯石牌，一律按本石牌规定进行处罚。

（二十六）本石牌，经全体村民共商议定，吃酒宣誓，自公布之日起执行。

首届石牌头：赵有信　　副石牌头：冯春官

六架村民众一九八三年正月初三

## 32.（广西壮族自治区金秀瑶族自治县长垌乡长垌村六架屯）石牌条例[①]

**一、治安方面**

1. 有关偷盗行为的：对偷盗者以批评教育为主，由石牌组织、队委或者召开村民大会对其进行教育；同时，当事人以书面的形式检讨，通过教育无悔过者处以罚款，罚款数量由村民大会决定。

2. 有关赌博行为的：发现有赌博行为要积极检举，由石牌组织没收其赌具、赌款，并对当事人批评教育，罚款数量由村民大会决定。对外来赌博者要加倍罚款。

3. 对乱搞男女关系行为者（指破坏及危害对方家庭和睦，造成不良社会影响的），按传统方式让当事人履行教育餐，请全村人吃饭，并在席间检讨以警示后人。

4. 对有意损坏公共财物及他人财物行为的，要求当事人采取补救的方式改正错误，可以物、钱等方式赔偿损失，对其行为进行批评教育。

---

① 高其才于2010年1月1日搜集。制定时间在2006年4月。

5. 禁止打架斗殴行为，如发生类似事件，经石牌组织或村民大会确认有其事后，当事人要赔礼道歉，并按传统方式向对方挂红（封包），进行书面检讨，检讨书公开张贴。

**二、生产生活方面**

1. 提倡人人参与公益事业活动，对不参加公益事业、不投工行为者，采取补工的方式补偿，或因其他因素确定不能投劳者，可按30元/工的方式将钱缴纳给集体，或村民大会决定补偿办法。

2. 人人讲卫生，遵守公共秩序，不乱倒垃圾；牲口要关养，不能乱放出来，有违者，对其进行批评教育。

3. 维护良好的生态环境，养成爱护环境、保护环境的意识，禁止破坏生态平衡的行为发生，如有违反，要公开检讨。

4. 有关涉及土地、山界纠纷行为的：

（1）旱地造林要与水田相隔至少是平水面的5丈的距离。

（2）旱地造林，户与户之间（八角、杉木等）各距离中界1米，发生纠纷者，小的树木要求移苗，大的树木应当砍去过界树枝。

（3）户与户之间的山地界线：两户之间自己协商做标记，如有蛮占、多占、私自移动界线标记，违反者要付调解误工费（误工费以当年当时工价计算）。

5. 有关禽畜损害农作物的事情：

（1）由双方当事人协调解决。

（2）按农作物损坏程度以当时价格等价赔偿。

6. 倡导团结互助、尊老爱幼、互敬互爱、帮贫助困等良好的社会风气。

（1）对不赡养老人者，对其批评教育，指定其每月付给老人一定生活费。

（2）对有虐待妇女或其他家庭暴力行为者，在群众大会上赔礼道歉。

（3）婚姻自由，不允许买卖婚姻，发现有买卖婚姻的行为，要举报公安机关；有阻止、干涉自由恋爱行为的，对干涉者进行批评教育。

（4）不歧视老、弱、病、残、幼及经济条件比较差的人，对贫困、弱势人群给予必要的关心和帮助，有敌视或伤害他人的人或事，令其在村民大会上作检讨。

7. 妨碍交通行为：禁止在交通道路堆放杂物，禁止侵占道路，如有违反，责令其在限期内清除障碍物，退还侵占道路，保证道路畅通。

8. 严禁侵占公共场所，违者责令其限期退还，不听令者在群众大会上检讨，屡犯者按传统习俗罚教育餐。

9. 公共财物的使用和管理：

（1）不得侵用公共财物，违者限期退还原物，损坏照价赔偿，并在村民大会上作检讨。

（2）借用公共财物需履行借用手续，按时归还，损坏照价赔偿，不按时归还者，向其收取租金。

10. 与外界发生纠纷时，由石牌组织召开村民大会，共同分析问题，让大家讨论解决问题的方法，拿出处理意见和方案，化解矛盾，妥善处理。

11. 宗教信仰自由，允许不同民族不同支系的人有自己的信仰，若出（现）歧视其他民民族、不尊重其宗教信仰的行为，对其进行批评教育，明知故犯者，要作书面检讨。

12. 尊重民族的风俗习惯，对因不尊重风俗习惯而伤害了民族感情、造成民族隔阂者，对其进行开导，做思想工作。

13. 关心孩子的成长、教育，重视家庭教育、传统文化教育和社区教育，支持、配合学校教育，对防（妨）碍儿童健康成长的行为的人或事进行批评，令其改正。

**三、石牌组织**

1. 石牌组织由村民大会选举产生头人 1 名，副头人 2 名，会计 1 名，出纳 1 名。

2. 任期三年，可连选连任，若有不胜任者，召开村民大会重新选举；群众对其不信任、意见特别大的，可随时召开村民大会免去其职务。

3. 财务公开，一年一次以口头和书面两种方式公布。

4. 石牌组织是一个公平、公正、公开和透明的组织，由全体村民共同监督其工作。

## 33. （广西壮族自治区金秀瑶族自治县长垌乡长垌村）瓦窑屯村规民约①

为了搞好社会治安和社会的稳定，保护人民的财产和承包

① 高其才于 2018 年 7 月 17 日搜集。

集体的土地和水源林不受任何人侵占，经全村群众一致讨论订出村规民约如下：

一、山界问题：

（1）别屯到我屯山界内乱砍木头每根罚款 5 元，竹子每根罚款 1 元；

（2）别屯到我屯山界开田开地，每亩罚款 200 元，没收归屯；

（3）砍伐杉树每根 8 公分以上每寸罚款 8 元，砍伐幼林每条罚款 5 元，砍伐松树 12 公分以上每根罚款 50 元。

二、本屯山界还没有落实到用户的那部分，不得乱开，若发现乱开的罚款每亩 30 元，没收归屯。

三、偷鸡狗罚款 5 元、山苍果每斤罚款 5 元、木耳香菇每斤罚款 10 元（按生的计算）。

四、撬水利一次罚款 50 元，若造成农田作物损失照赔。

五、挖撬仓库罚款 1000 元。

六、已分到户的山界线以旧的符号为准，如有乱号者，喊人看，无理那方包出人工钱每人 5 元，抗拒不给者加倍罚。

七、乱搞男女关系的罚双方四个三十：30 斤米，30 斤酒，30 斤肉，30 块钱，办给全村人吃。

八、无故取闹、侮辱、诬告、打架罚款 50 元。

九、儿童从 7 岁到 13 岁乱偷东西、损坏东西照罚。

十、牛吃农作物照赔给户，如不承认加倍罚，如果不是故意和耕田时不注意的双方商议。

十一、处理以上各条民约罚的款按 40% 分给处理人员，其余则归屯。

十二、乱开水源林的芭蕉每条罚款5元。

十三、分到户的路、水利（到老历12月15日止），不开完的每丈罚款5元。

十四、村里的财产账目经常要屯群监督检查。

十五、以上各项都已定出。尚有其他没定到的，若发生事故都按村规民约处罚。

冯春胜　庞有仁　莫营安　黄元东

莫营华　黄元任　黄金福　黄金国

一九九〇年三月订

从一九九〇年四月二十四日起执行

## 34.（广西壮族自治区金秀瑶族自治县长垌乡长垌村）面北屯村规民约[①]

（1991年元月7日通过）

一、不准砍水源林、芭蕉，如有违反的每条罚款伍元。（自己种自己砍不罚）

二、不准乱砍杉树、松树，有违者每条罚款分别为叁拾元、壹拾伍元。

三、各村民承包的荒山树木，其他人不得乱砍，违者每条罚款伍元。

① 高其才于2009年11月22日搜集。

四、他人的柴头、木头不得乱挑，如有违反者按每捆的条数分别罚款陆元至贰拾元。

五、不是自己的竹子不准乱砍，违者每条罚款伍元。

六、不是自己的竹笋不准乱挖，违者笋还要罚款每条壹元。

七、不准乱搞不正当的男女关系、强奸，乱搞男女关系者双方各罚四个伍拾（如：钱、米、酒、肉），强奸者同上四个伍拾。为了教育村民这些酒、肉、米、钱供村民一起吃。

八、村屯召集群众会要参加，有事要请假，不参加、不请假者每次罚款伍元。

九、各项上交任务、积累工要当年上交完成，不当年完成者按任务数加 1～2 倍罚款。

十一、开水利要垒好，不垒好者罚款壹至贰佰元。

十二、乱捡他人的捆者，按每斤罚款贰元。

十三、损坏他人的东西要赔，不赔按原价 1～3 倍罚款。

十四、打架负伤者（要付伤方医药费、误工费）、闹架纠纷，经处理清楚要罚款错方伍拾元，作屯积累。

十五、赌博一次的罚款伍佰元。

十六、不得乱砍他人的山林，或做过他人的包地，违者还回场，还按价 1～3 倍罚款，地每亩罚款贰拾元。

十七、贪污挪用，按贪污挪用数 1～3 倍罚款。

以上制定望各自遵守。未制定到的按此条文执行。

## 35. （广西壮族自治区金秀瑶族自治县长垌乡）长垌村公所中村村民委村规民约①

一、凡是盗伐集体和他人竹木（杉松），除追回赃物外，每根罚款贰拾元。另罚猪肉、酒、米各三十斤。

二、凡是盗窃各种农作物（粮类、薯类、菜类），除赔退外，另罚款赃物数量的1～5倍。

三、凡是盗窃家禽、牲畜的，除赔退外，另罚猪肉、酒、米各三十斤。

四、凡破坏他人水利、广播、电线，已造成恶果的，除按法规处理外，另罚叁拾元。家禽、牲畜践踏他人农作物的，由双方商量，制定赔偿方式和限期赔偿，超过期限罚款贰拾元。

五、凡是打架斗殴，造成后果的，除一次赔偿医药费和误工费外，另罚款贰佰元。

六、对流氓、侮辱妇女、乱搞男女两性关系或挑拨离间的，罚猪肉、酒、米各叁拾斤。

七、不按时交纳土地承包费、公粮的，罚款伍元至拾元。

八、责任山因新开不得乱占他人地界，违者除退回外，另罚款壹拾元至伍拾元。

九、不许在牛场开垦种植农作物以及造林，牲畜糟蹋村民委不负责任，有意闹事者罚款贰拾元至贰佰元。

十、不论任何人不准乱砍他人竹子以及竹笋，如有违者每

① 高其才于2009年11月22日搜集。

条罚款伍元。

十一、处理违反人所得的罚款，按百分之三十给调解人员作为误工费，百分之四十付给揭发检举者，百分之三十作为村民委公积金。

此规约由全体村民通过，共同遵守执行，村民委组织执行，制定一式四份，本屯自存一份，村公所一份，司法站一份，派出所一份。从宣布盖章之日起生效。

中村村民委主任：冯胜男

一九九一年元月十日

## 36. （广西壮族自治区金秀瑶族自治县）长垌乡长垌村长垌屯村规民约[①]

为了改变本村面貌，改善居住的卫生条件，保障村民身心健康，根据相关法律、法规，结合我村实际，制定本约：

1. 全体村民是改善居住环境和“清洁乡村”活动的主体，有义务参与基础设施建设和清洁卫生活动，投资投劳。

2. 庭前屋后“三包”：（1）包卫生：保持门前屋后地面整洁，做到无纸屑、塑料袋、果皮菜叶等废弃物；（2）包绿化：保持门前屋绿化完好，树木花草和绿化设施不受破坏损毁；（3）包秩序：不在门前屋后堆放，不符吊挂有碍村容的物品，不乱放招牌，乱贴广告。

① 高其才于2004年4月24日搜集。制定时间约在2013年6月。

3．参照“谁污染，谁负责”和有偿服务的原则，可按实际情况每人每月1元的标准收取垃圾处理费，也可以从集体资金或其他资金中支付。费用定期统一交理事会处理，用于支付收集、清运、处理垃圾费用保洁人员工资，不得挪用。

4．聘请保洁员或指定保洁责任人对本村环境进行保洁。保洁员或保洁责任人定期对村内道路等公共场进行清扫，并将垃圾清运到指定垃圾池倾倒或焚烧；对村民不良卫生习惯和行为保洁员要及时提醒和劝阻。

5．生活垃圾应在指定的位置定点投放。保洁员或保洁责任人按照环境卫生作业日程，对投放后的垃圾进行收集及清运。

6．垃圾定期清理。（1）垃圾清运时间夏季为7：00—19：30，冬季7：30—19：30。（2）处理标准：垃圾箱盖上无垃圾堆放；及时清理垃圾箱周围垃圾，清运车辆要盖网罩，严防遗撒，定点倾倒。

7．垃圾要分类处理。主动将可回收利用的塑料瓶、啤酒瓶、鸡鸭毛等废旧物品积攒送到符合要求的收购点处理，及时将不可回收生活垃圾分类倒入定点的倾倒地方或垃圾箱（池）内；建筑垃圾要运到村里的指定地点倾倒。

8．定期进行美丽家庭评比活动。凡达到相应评比标准的家庭户授予“美丽家庭”称号，并对获奖家庭户给予物质奖励。

9．清洁水源。自觉维护河道、沟渠清洁畅通，不向河道、沟渠中倾倒垃圾，丢弃农作物秸秆，直排生活污水、畜禽粪便；不在河坡种植作物，不在河床自行采挖，实施毒鱼等行为。

10. 清洁田园。农药瓶、化肥袋、废弃塑料薄膜等生产废弃物要收集销售或分类倒入垃圾桶（池）内，不得向河坡、田埂、水体中乱扔。

11. 稻草、玉米等主要农产品秸秆实行资源化无害管理（比如放入沼气池处等），争取资源无害化处理率达 90% 以上。

12. 规范禽畜养殖，人畜分离，集中圈养，并达到环保要求，利用沼气池、粪池处理好禽畜粪便不得向水沟，巷道直排粪便和污水，病死禽畜要消毒后在不影响饮用水原水质的地方深埋处理。

13. 违反本约者，每次由理事会征收 50 元卫生维护费，或义务清扫本村卫生一次。

14. 本村规民约由理事会制订，由村民代表大会通过，从公布这日起生效实施，请自觉遵守执行。

## 37.　（广西壮族自治区金秀瑶族自治县长垌乡）三角村村规民约①

为了维护本村的社会秩序，增进团结，经全体村民讨论特制定本公约，希各自遵守。

1. 凡是盗伐国家、集体、他人的木材、竹子（毛楠竹、

① 高其才于 2009 年 12 月 27 日搜集。实为三角屯的村规民约。

黄竹、竹子和竹笋）的除退回赃款、赃物外，另按价值处以3倍的罚款（每根竹子、笋子罚款5元）。

2. 凡是盗窃各种经济、农作物的除退回赃款赃物外，另加罚款5倍。偷一个果罚款0.5元。

3. 凡是盗窃菜类的，每斤罚款2元。

4. 凡是盗窃他人鸡、鸭、猪、狗的，除退回赃款赃物外，另加罚款3倍的处理。

5. 凡是盗窃他人家具、农具、电具，除退回款物处，另加罚款2倍。

6. 凡扒窃他人现金、存折的，除退回赃款外，另加罚款100元。

7. 凡是破坏他人的农田水利设施，造成一定经济损失的，除赔偿损失外另加罚款30元。

8. 家禽、牲畜糟蹋他人农作物的，经双方协商赔偿损失，如有故意放牲畜糟蹋农作物的，除赔偿损失外另加2倍给予赔偿。

9. 无理取闹和辱骂他人不听劝解的，每次罚款10元。

10. 凡打架斗殴或者故意殴打他人的，致使他人受伤的（除犯刑律外），给予一次性赔偿医药费和误工费外，另加罚款100元。

11. 互相通奸，发生不正当的两性关系，破坏他人家庭团结，罚款三个四十（即40斤米、40斤酒、40斤猪肉）。男女同等处罚，给全队吃教育酒。

12. 拒不交纳集体承包费的项目的，罚款50元。

13．不许乱占他人的承包地界，如乱侵占他人承包地界的，除退回所占的地界外，另罚款 10 元，并同时付给处理人的误工费每人每天 5 元，罚款限期在一个星期内交清。若抗拒不交者加可加倍罚款，并由执行小组采取强硬措施以物抵押。

14．处理违法人员所得的罚款现金，按 40% 奖给调解人员作为误工费，30% 奖给揭发或检举人员，30% 留给生产队作公共积累。

15．集体的荒山荒地未经发包的，任何人不得随意侵占，违者每亩罚款 100 元。

16．经群众举报，证据确凿的违约事件，执行小组不处理的，每起按应处罚罚款等价处罚执约小组人 50 元。

17．凡处理违约人员需要召开群众会议的，要求每个子民都参加，如有不来参加会议和后背讨论的给予罚款 50 元。

18．无故骂人和无理取闹造成他人家庭和人与人之间互不团结的一次给予罚款 50 元，并付给处理人员的误工费每人每天五元，除罚款外，另给被冤枉人员洗脸费 20 元。

19．凡有外村人员需要进入本村地界起建房屋的或者打砖瓦等，必须通过本村民大会讨论通过，如有任何人如自作决定的则按每平方米罚款 5 元。

21．本村公约执行人员由黎显章、李家毫、李玉兰、李秀加、李向阳、李兵等七人组成。

22．本公约自一九九一年元月十日起执行。

三角村村民委员会、全体村民

户主签章：黎显章（按手印）　王桂学　李玉花

李兰英　李真勇　李玉群　邓家成　赵华仁　徐金生

邓玉兰　李秀加　李家象　邓玉珍　黄玉兰　盘志林

李家田　张桂新　黄家槐　李家和　李家意　李家贯

李秀兰　黄家满　李凤兰　李秀良　李金堂　李家平

李进球

## 38.（广西壮族自治区金秀瑶族自治县长垌乡三角村）三角屯村规民约补充条约[①]

根据社会经济发展的需要，经本屯全体成员讨论决定，补充如下协议。

1. 凡是盗窃经济作物生八角者一律按生八角每市斤罚款60元；盗窃干八角者，按每市斤120元罚款，偷一次另罚120斤肉、120斤酒、120斤米。

2. 从2000年7月20日起，任何人都不准进入他人八角地打捞（包括任何季节），凡发现者则按补充协议第一条处罚。

3. 凡受罚者限期两日内交清款额，超期一天加倍罚款。

4. 执行小组和队干以罚款总数的20%作为误工费。

① 高其才于2009年12月27日搜集。为上一《三角村村规民约》的补充规定。

# 39.（广西壮族自治区金秀瑶族自治县长垌乡三角村）村规民约[①]

为了保证党和国家各项路线、方针、政策的贯彻落实，维护本村的生产生活繁荣和稳定，创造良好的、安定的社会秩序，经我三角村村民各村组村民一致通过，特立此村规民约。

一、遵守、执行党和政府的各项路线、方针、政策。积极配合村民委做好村民的自我管理、自我教育、自我服务的一切工作，积极开展“爱国守法光荣户”和“文明村”的创建活动。

二、讲文明、讲道德，不做坏事、不偷东西。

凡偷一条二十公分（根径）以下木头罚款 50 ~ 100 元；二十公分以上每条罚款 100 ~ 300 元；偷一条竹、一个笋罚5 ~ 10 元；偷一只鸡、鸭、鹅罚 40 ~ 200 元；偷一条狗罚款 50 ~ 200 元；偷一斤山苍果罚款 2 元；偷一斤桃、李果罚款 2 元；偷一斤桐油果罚款 5 元；偷一斤芭蕉果罚款 2 元；偷一斤瓜菜罚款 2 元；偷一斤生八角罚款 5 元；偷一斤茶籽果罚款 2 元；偷一斤姜罚款 5 元；其他经济林木的幼苗，每偷一棵罚款10 ~ 20 元。为发展养殖猫狗事业，严禁擅自使用鼠药，凡利用鼠药毒鼠造成猫狗死亡者罚款 50 ~ 200 元。

以上处罚除按上述条例罚款外还需赔偿实物。否则加倍处罚。若属重犯者亦加倍处罚。罚款除退赔部分给失主外，其余 50% 归检举者，50% 归集体，罚款限十天内缴清。

---

① 高其才于 2009 年 12 月 27 日搜集。

偷窃以上未列举之财物（含现金、票证）者，除偿还实物（无损毁）外还处以和实物等价（市场价）的罚款。所罚款的20%归失主，40%归检举者，40%归集体。若不能偿还实物的，处以实物价值（市场价）五倍的罚款，罚款的40%赔偿失主，30%归检举者，30%归集体。罚款限十天内缴清，过期则强制以实物作抵押。

若因偷窃行为影响他人生产或生活，造成经济损失的，必须赔偿他人经济损失。

三、不赌博。违者除上级主管部门处罚外，还要写检讨张贴各村屯。

四、不嫖娼、卖淫，不乱搞男女关系，不得重婚。违者罚猪肉、酒、米各五十斤（男女双方各出一半）请全屯村民吃一餐，并要检讨认错。限七天内兑现，如逾期加罚20%，并强制执行。

五、男女青年必须自觉遵守《婚姻法》，结婚夫妇也须凭《准生证》生育，争做实行计划生育模范夫妻，违者由有关部门按计生政策处理。

六、按时完成上交国家的各种税款及木材交售任务，做到不偷税、不漏税，按期缴纳土地承包费，超过半年不交者，将其山林土地收归集体所有。

七、团结互助，做到一人有难众人相助，不吵架，不打架，如有争议通过协商解决。

八、村、屯干部要密切联系群众，发扬民主作风，有事与群众商量；要廉洁奉公，不以权谋私，不受贿赂，不贪污挪用公款，不多吃多占，遵守财物管理制度，管好、用好集体财物。每季度公布一次财物收支账目，年底全面公布，并全面总结村里工作、生产情况，指导村民发展生产。

九、谁家的猪、牛、鸡、鸭等牲畜损害他人庄稼等，经执行组（队）评议按价值赔偿其经济损失，并限五天内兑现。

十、任何人不准进入水源林区砍伐生柴、开荒、开地，如有违者，每砍一根生木罚款 5 ~ 80 元，每开荒开地一分罚款 100 ~ 200 元。

十一、全村村民都必须做好防火工作，加强防火意识。失火烧山一公顷以下按每亩罚款 40 元，失火烧山一公顷以上每公顷罚款 400 元，经济林经执约组（队）评议按价值赔偿其经济损失并限期 30 日内兑现。灭火有功者在罚款中给予 50% 奖励，其余归村所有，用作防火开支。

十二、全村村民都必须维护好社会治安，做好拒毒、防盗等工作，对坏人坏事要进行揭发检举，检举有功者在罚款中给予 50% 奖励，其余归村所有。

十三、切实加强共有财产、档案管理，不得私自侵占和破坏。违者处以 200 ~ 500 元罚款，并要写检讨张贴各村屯，限七天内兑现。如逾期，加罚 40% 并强制执行。

十四、对辱骂或打击报复者，由执约队和有关部门从严从重处理。

十五、以上条约由执约队负责执行，村民委执约队由村民委主任、副主任、委员组成。各村民小组执约组由村民小组组长、副组长、委员组成。

十六、此村规民约原则上由各村小组执约组执行，如违约者抗拒执约组的处罚，则由村民委执约队组织力量强制执行。并给予加重处罚（可加罚20%～80%）。

十七、本村规民约的解释权属于村民委执约队，本村规民约每户发给一份，各屯小组存一份，报乡政府一份，以示共同遵守。

村民小组签名盖章：

庞有兴（签名，按手印）　庞玉兰（签名，按手印）

谭维权（签名，按手印）　赵才甫（签名，按手印）

黄管林（签名，按手印）　赵有才（签名，按手印）

庞　林（签名，按手印）　黄金和（签名，按手印）

黄逸豪（签名，按手印）　黄金和（签名，按手印）

黄元朝（签名，按手印）　赵成生（签名，按手印）

周加化（签名，按手印）　黄进甫（签名，按手印）

黄元宝（签名，按手印）　黄元材（签名，按手印）

三角村村民委（章）

二〇〇〇年五月一日

## 40.（广西壮族自治区金秀瑶族自治县长垌乡平道村）古占屯村规民约[①]

为了维护我屯全体人民群众的根本利益，保护人民群众的

① 高其才于2018年7月17日搜集。

生命财产安全，促进农业生产的发展，稳定社会秩序，惩罚和教育违约群众，使我屯两个“文明”得到进一步的发展，为此，经我屯全体人民群众的共同商讨和一致意见，特重新修定本村规民约如下：

第一条 凡属集体、承包者或个人的杉木、松木，发现偷砍的，对盗窃的罚款金额按林业站木材收购价加罚人民币10～15倍，偷砍的林木（或折价）归还失主，余下的留给屯里作公益积累资金，另外对盗窃者罚款1500元作教育餐费用。

第二条 凡是偷拾八角的，按每公斤罚款（以市场价为准）5倍。捡八角过后，绝不允许其他村屯的村民来捡，否则一次性罚款100元，另外罚款1500元作教育餐费用。

第三条 凡属果类的，如谁乱捡和偷的，每个果罚款5元。

第四条 凡是我屯群众种下的和育下的苗木（包括八角、杉木、黄柏、李子、柿子、桃等），偷盗的每条苗木罚款5元，故意毁坏苗木、破坏苗木生长的，令其补种好并每株苗木加罚10元，凡（群众）年龄在七岁往下的，毁坏苗木在10株往下的不按村约处罚，但令其家长补种好，超过10株往上的按村约处罚。

第五条 本屯不论是集体或个人的竹子或笋，如谁乱砍一条或偷一个笋，罚款20元，外地来我屯山界内砍竹子（笋）的，如不经过村民委、执约小组的同意，每条竹子（笋）罚款30元，竹子（笋）归还所有者。

第六条 崇尚科学，反对邪教，拒绝黄、赌、毒。本村民如发现有赌博行为的，一律没收全部赌资、赌具，并按赌资加罚3～5倍，另外加罚1500元作教育餐费用，不付罚款的，以其家种的林木作低押。

第七条　凡属我屯所管的水源林木、老残林及封山育林区的林木，一律不准毁林为地、砍柴、烧炭等，如有违反，分别给予如下处罚：

（1）按每立方米林木罚1000元；

（2）每一百斤柴火罚款2000元；

（3）每一百斤炭罚款500元；

（4）另外令其补种回被砍伐的林木株数的3～5倍。

第八条　凡偷菜类的（包括青菜、瓜、豆类、辣椒等）按每个罚款15～20倍。如偷盗者不愿交或在期限内不交款的，可以其家种的林木作抵押。

第九条　如谁不注意用火，失火烧了集体或个人的林木，要以同等树木赔偿1～2倍给损失的主人，其他罚款的事由上级处理。

第十条　人人讲究卫生，保持村庄、家庭环境整齐清洁；美化环境，爱护树木，村边的风景树木，不论是什么树种都不准砍，乱砍一条罚500元，另罚1500元给村民作教育餐费用。

第十一条　谁乱进本村民的林地里砍树作柴火的，如发现每百斤罚款50元，柴火归还所有者。

第十二条　凡是谁在山上要枞树和砍竹子的，发现一次罚款50元。

第十三条　如谁故意用毒药毒死别人的家禽、牲畜，除令其赔偿同等价款外加处罚1500元给村民作教育餐费用。

第十四条　对外来偷盗者，每个村民都有责任揭发和追捕，如见偷不报的和在追捕时故意让偷盗者逃跑的，令其负责被偷盗的全部损失。如发现偷盗者，能向执约小组汇报和敢于揭发的，可替其保密姓名，并在罚金中提40%给揭发人作鼓励奖。

第十五条　如在没有证据的情况下乱诬赖他人、乱讲别人坏话、乱冤枉人的，罚款100元，并在全屯群众会议上作检讨，挽回被诬蔑人的名誉。

第十六条　无论是外村或者本屯的偷盗者，被村约处罚过的，想报复而已经报复后，令报复者负责全部损失外加罚款1500元作教育餐费用。

第十七条　不论酒醉还是不醉乱打人的，令其负责赔偿医药费、误工费、食宿费、精神补偿费等，并加罚款1500元给村民作教育餐费用。

第十八条　破坏集体或个人的财产（包括林、作物等）以同等的物品赔偿5倍。

第十九条　如某农户需放老鼠药，必须先向村民打个招呼。如施放毒药者未告诉村民，造成某种损失的由施毒者负完全责任；如施毒者已通知村民，而其他村民未采取措施预防而造成某种损失，由损失者自负。

第二十条　凡是故意打伤别人家禽、牲畜的，则令其医治好，负责全部医药费、误工费，如伤势严重导致死亡的则令其赔偿，并罚3500元作教育餐费用。

第二十一条　罚金分配：40%给执约小组，40%给检举人，失物归还给失主，20%留给集体作公益资金积累。

第二十二条　凡办教育餐时，无故不参加的每人罚款50元，特殊情况除外。

第二十三条　广大村民要齐心协力，共同管理，互相监督，自觉参与生态村创造活动，自觉参与村庄整治。

第二十四条　农户门前实行卫生“三包”，严禁村民把垃圾扫（倒）在水泥路上，自觉将垃圾倾倒在垃圾池（桶）中。

第二十五条　严禁把杂物、垃圾等倒入溪流，污染溪流。

第二十六条　水泥路面、房屋前严禁任何人堆放柴、草等杂物及长期停放车辆。

第二十七条　每月每户收取5元保洁费，保洁费用于支付给环卫清洁人员作为劳务费。

第二十八条　环卫清洁人应定期对垃圾箱和公共场所垃圾进行清运，统一收集到指定地点（垃圾池）。

第二十九条　对从流行病严重疫区返乡人员及有传染病疑似症状的村民，应及时向村干部反映，并自觉遵守国家法规进行自我隔离，村民之间要相互监督，及时举报。

第三十条　全体村民要长期自觉参与爱国卫生活动，全面清理房前屋后、阴沟、厕所等场所环境卫生，搞好个人卫生，提高卫生意识。

第三十一条　村理事会每月进行一次卫生评比检查，在每户大门上张贴“最清洁、清洁、不清洁”标志，并把评比结果在公开栏上公布，被评为“不清洁”的农户将受到相应的处罚。

第三十二条　违反该村规民约的，视情节轻重给予违约者警告或 50 ~ 100 元的经济处罚，必要时张榜公布违规者姓名和违约情况，以示警戒。

以上村规民约希望全体村民互相监督、共同执行。此村规民约一式四份，自签订公布之日起实施生效。

本村规民约发给村民委、乡司法、派出所各一份，自存一份。

古占屯村民小组

2012 年 7 月 1 日

## 41.（广西壮族自治区金秀瑶族自治县长垌乡平道村）古占屯村规民约[①]

为了维护我屯全体人民群众的根本利益，保护人民群众的生命财产安全，促进农业生产的发展，稳定社会秩序，惩罚和教育违约群众，使我屯两个“文明”得到进一步的发展，为此，经我屯全体人民群众的共同商讨和一致意见，特重新修定本村规民约如下：

第一条　凡属集体、承包者或个人的杉木、松木，发现偷砍的，对盗窃者罚款金额按林业站木材收购价加罚人民币10 ~ 15 倍，偷砍的林木（或折价）归还失主，余下的留给屯里做公益积累资金，另外对盗窃者罚款 1500 元作教育餐费用。

---

① 高其才于 2018 年 7 月 17 日搜集。制定时间约在 2017 年 8 月 24 日。

第二条　凡是偷捡八角的，按每公斤罚款（以市场价为准）5 倍。捡八角过后，绝不允许其他村屯的村民来捡，否则一次性罚款 100 元，另外罚款 1500 元作教育餐费用。

第三条　凡属果类的，如谁乱捡和偷的，每个果罚款 5 元。

第四条　凡是我屯群众种下的和育下的苗木（包括八角、杉木、黄柏、李子、柿子、桃等），偷盗的每条苗木罚款 5 元，故意毁坏苗木，破坏苗木生长的，令其补种好并每株苗木加罚 10 元，凡（群众）年龄在七岁往下的，毁坏苗木在 10 株往下的不按村约处罚，但令其家长补种好，超过 10 株往上的按村约处罚。

第五条　本屯不论是集体或个人的竹子或笋，如谁乱砍一条或偷一个笋，罚款 20 元，外地来我屯山界内砍竹子（笋）的，如不经过村民委、执约小组的同意，每条竹子（笋）罚款 30 元，竹子（笋）归还所有者。

第六条　崇尚科学，反对邪教，拒绝黄、赌、毒。本村民如发现有赌博行为的，一律没收全部赌资、赌具，并按赌资加罚 3 ~5 倍，另外加罚 7500 元作教育餐费用，不付罚款的，以其家里的林木作抵押。

第七条　凡属我屯所管的水源林木、老残林及封山育林区的林木，一律不准毁林为地、砍柴、烧炭等，如有违反，分别给予如下处罚：

（1）按每立方米林木罚款 1000 元；

（2）每一百斤柴火罚款 2000 元；

（3）每一百斤炭罚款 500 元；

（4）另外令其补种回被砍伐的林木株数的 3～5 倍。

第八条　凡偷菜类的（包括青菜、瓜、豆类、辣椒等）按每斤罚款 15～20 倍。如偷盗者不愿交或在期限内不交款的，可以其家种的林木作抵押。

第九条　如谁不注意用火，失火烧了集体或个人的林木，要以同等树木赔偿 1～2 倍给损失的主人，其他罚款的事由上级处理。

第十条　人人讲究卫生，保持村庄、家庭环境整齐、清洁，每两户为一组，轮值一个月，负责日常巡查、打扫公共区域环境卫生，全村每个月一次大扫除，每户必须安排一个人参加，不参加的交 100 元作为人工费。

第十一条　美化环境，爱护树木，村边的风景树木，不论是什么树种都不准砍，乱砍一条 500 元，另罚款 500 元给村民作教育餐费用；谁乱进本村民的林地里砍树做柴火的，如发现每百斤罚款 50 元，柴火归还所有者。

第十二条　凡是谁在古占屋底社山要枞树和砍竹子的，发现一次罚款 50 元。

第十三条　如谁故意用毒药毒死别人的家禽、牲畜，令其赔偿同等价款外加处罚 1500 元给村民作教育餐费用。

第十四条　对外来偷盗者，每个村民都有责任揭发和追捕，如见偷不报的和在追捕时故意让偷盗者逃跑的，令其负责被偷盗的全部损失。如发现偷盗者，能向执约小组汇报和敢于揭发的，可替其保密姓名，并在罚金中提 40% 给揭发人作鼓励奖。

第十五条　如在没有证据的情况下乱诬赖他人、乱讲别人坏话、乱冤枉人的，罚款100元，并在全屯群众会议上作检讨，挽回被诬蔑人的名誉。

第十六条　无论是外村或者本屯的偷盗者，被村约处罚过的，想报复而已经报复后，令报复者负责全部损失外加罚款1500元作教育餐费用。

第十七条　不论酒醉还是不醉乱打人的，令其负责赔偿医药费、误工费、食宿费、精神补偿费等，并加罚款1500元给村民作教育餐费用。

第十八条　破坏集体或个人的财产（包括林、作物等）以同等的物品赔偿5倍。

第十九条　如某农户需放老鼠药，必须先向村民打个招呼，如施放毒药者未告诉村民，造成某种损失的由施毒者负完全责任，如施毒者已通知村民，而其他村民未采取措施预防而造成某种损失，由损失者自负。

第二十条　凡是故意打伤别人家禽、牲畜的，则令其医治好，负责全部医药费、误工费，如伤势严重导致死亡的则令其赔偿，并加罚7500元作教育餐费用。

第二十一条　罚金分配：40%给执约小组、40%给检举人、失物归还给失主、20%留作集体公益资金积累。

第二十二条　凡办教育餐时，无故不参加的每人罚款50元，特殊情况除外。

以上村规民约希望全体村民互相监督共同执行，此村规民约一式四份，自签订公布之日起实施生效。

本村规民约发给村民委、乡司法、派出所各一份，自存一份。

执约小组名单：

组　长：李东荣

副组长：盘继光

成　员：陈志良　盘绍敏　李东风

## 42.　（广西壮族自治区金秀瑶族自治县）忠良乡十八家村石牌[①]

为了维护我村社会秩序，打击危害安定团结之不良行为，确保生产发展和生活稳定，实现安居乐业，经全体村民一九九一年五月九日讨论，制定《十八家村石牌》，今后不管谁人，凡违犯本石牌的，一律按石牌处理，不徇私情，不讲情面。

一、严禁通奸。凡违者，罚男女双方各二佰元。

二、严禁赌博。凡参与者，每赌一回各罚一佰五十元。提供赌场者，罚一百元，并由“石牌执行小组”没收所得赌资、赌物及赌具。

三、严禁偷盗。

1. 偷杉木，十四公分以上的，每根罚五十元，十四公分以下的，每根罚四十元，偷松木，二十公分以上的，每根罚四十元，二十公分以下的，每根罚二十五元，偷杉木苗每株罚一元。

① 黄小筝于2016年8月10日提供。

2. 偷毛竹，每条罚十五元，楠竹，每条罚十元，毛竹笋，每个罚五元。

3. 偷灵香草每个罚四十元，绞股蓝草，每个罚十五元。

4. 偷棕衣，每斤罚十元，山苍子，每斤罚十元，棕衣苗每株罚一元。

5. 偷鸡、鸭、鹅每只罚五十元，狗，每只罚一百元。

6. 偷蜜蜂每窝罚三十元。

7. 偷香菇，每斤罚二十五元，木耳，每斤罚十五元，瓜菜每斤罚三元。

8. 偷八角每斤罚十元，黄柏，每斤罚十元。

9. 偷钱，除要全部陪（赔）退外，另按被偷钱加倍罚，偷衣物每个（件）按原价加罚。

10. 偷粮食（包括主杂粮），每斤罚五元。

11. 偷杂果，每个罚一元，柴火每扛罚五元。

四、严禁打架斗殴，凡挑事端引起打架斗殴者，罚五十元，如打伤他人的，肇事者要负责伤者的医药费（凭乡以上卫生部门发票）、误工费和营养费。

五、严禁毁林开荒（应该是指集体林、公益林）。凡毁林开荒的，幼林每亩罚二百元，中成林每亩罚三百元，竹林每亩罚一百元，所毁林木，限期由毁林者负责按面积造回林木，并护理三年，然后归还集体。

六、要严禁炸、毒、电鱼。凡炸、毒鱼的，每次罚一百元，电鱼每次罚五十元。

七、严禁放野牲畜。为了确保村巷卫生，各户饲养的牲畜一律要关养，不准放野，违者，每次罚二元，如牲畜糟蹋他人作物的，家主要负责赔偿。

八、严禁酗酒闹事或半夜明（鸣）枪。违者每次罚五十元。

九、凡外地人，在我村犯事的，一律按本石牌处理。

十、毁坏本石牌者，除负责再建或所用经费外，另加罚五百元。

十一、十六岁以上（下）小孩犯石牌，由家长承担责任。

十二、凡违犯了本石牌的，违犯者除被罚款外，另要出猪肉、大米、酒各三十斤置办酒席，请我村每户集中吃一餐，以示告诫。

十三、凡被罚款者，自处理之日起，十天内要交清全部罚款，如无现款的，则以实物折价顶抵，如超期一天，则按罚款数的5%加罚。

十四、凡举报案件者，经查核属实，则按所罚违犯者款的20%给予奖励。

十五、为执行好本石牌，由正副石牌头三人组成“石牌执行小组”，执行小组在村民委员会的领导下，具体负责对违犯本石牌的行为作处理工作。每届石牌头人任期三年。

十六、罚没款的使用规定。属于罚偷盗这部分的，如被盗的实物仍在的，实物归还失主，如实物不在的，则按罚款的50%归还失主，50%归石牌。除此以外的各条罚款全部归石牌，归名牌的罚款除付给“石牌执行小组”人员办案的误工费（每人每天十元）外，其余款全部用于本村的福利事业开支。

十七、罚没款的管理办法。实行账钱分开管，由“石牌执行小组”两位副石牌头各管一项，石牌头把关负责，群众监督。如有私分或贪污罚没款的，由村民委按所分或所贪污的总数加倍罚。

十八、本石牌自一九九一年五月九日起生效。

十八家村全体村民立

## 43. （广西壮族自治区金秀瑶族自治县忠良乡永和村）永泉屯村规民约①

为促进我村经济发展，改善村容、村貌，创造清洁、优美的生活环境，经村民大会商议，特制定本村民约：

1. 对村上公益事业不支持、故意为难，造成不良影响或较大损失的，行为超过 2 次后，以后其户所有的红、白喜事，村上人一律不得参加。

2. 垃圾不乱倒、污水不乱流、柴草不乱放，垃圾杂物统一收集、堆放。

3. 各户保持好房屋周边的环境卫生，房前屋后无积水、无杂草、无垃圾，檐沟流水通畅。

4. 不得违反村屯规划在路边堆放废土、乱石、杂物，乱挖水沟，乱搭建，不以任何形式侵占公共路面、公共场所。

5. 村卫生保洁员要认真履行清扫管理责任，垃圾收集、

① 高其才于 2019 年 8 月 30 日搜集。

焚烧处理每周不少于 2 次。

6. 偷砍他人杉木：15 年以下的每根罚 200 元，15 年以上的罚 1000 元。

7. 偷砍他人毛竹的，每条罚 50 元；偷挖竹笋的，发现一次罚 200 元。

8. 偷他人农作物砍，每次每项罚 50 元。

9. 入宅偷盗砍实物、现金，按偷盗价值 2 ~ 10 倍罚款。

10. 乱搞男女关系，违者每次罚 600 元（男女各一半），另付发现者包封 360 元。

11. 辖区内的河流、山冲，不准以炸、电、毒形式抓鱼和山蚂拐。一经发现没收作案工具，并处罚 100 ~ 300 元。

永泉屯全体村民

2013 年 9 月

## 44. （广西壮族自治区金秀瑶族自治县忠良乡）永和村村规民约①

为了加强社会主义精神文明、物质文明和政治文明建设，构建和谐社会，建设社会主义新农村，使广大村民能自我管理、自我服务、自我教育，严格规范党员、干部、群众的行为，增强法制观念，强化社会治安管理，保持社会稳定，维护广大村民的合法权益，使其真正做到：讲文明话、办文明事、

① 高其才于 2019 年 8 月 30 日搜集。

做文明人。形成良好的民风、村风，经全体村民讨论通过，制定以下村规民约。

## 第一章　村庄事务

第一条　努力学习党的路线、方针、政策，关心新农村建设事业。自觉接受国家法律、法规和社会主义荣辱观及公民基本道德的教育，积极参加文化知识和专业技能培训，争做遵规守法、诚实守信的合格公民和勤劳致富、科技致富的新型农民。

第二条　热爱家乡，热爱集体，积极支持和配合各级党委、政府涉及农业、农村、农民的工作，自觉执行村两委会、村民会议和村民代表会议的有关决定、决议和规定。

第三条　自觉保护耕地，严禁荒废耕地。村内任何单位和个人使用土地都必须服从村的统一规划和调整，不得侵占、买卖或者以其他形式非法转让土地。未经批准，不得改变土地用途，不得擅自在自留地、承包地挖塘、取土等。

第四条　村民建房应服从村庄建设规划，经村委会和有关部门批准，统一安排，不得擅自动工，违反规划或损害四邻利益，新房建好后，应拆除旧房的，必须及时拆除并退出旧的宅基地。

## 第二章　社会治安

第五条　每个村民都要学法、知法、守法，自觉地维护法律的权威和尊严，同一切违法犯罪行为、邪教组织作斗争。

第六条　村民之间应团结友爱，和睦相处，不打架斗殴，不酗酒滋事，严禁侮辱、诽谤他人，严禁造谣惑众，搬弄是非。

第七条　自觉维护社会秩序和公共安全，不阻碍公务人员执行公务。

第八条　严禁偷盗设施，哄抢国家、集体、个人财物，严禁赌博，严禁替罪犯隐藏赃物。爱护公共财产，不得损坏水电、交通、生产等公共设施。

第九条　严禁在森林附近引起火灾，森林防火、人人有责！严禁私自砍伐林木，不准在村附近或田边路旁乱挖土，严禁损害庄稼及其他农作物。

第十条　严格用水、用电管理，不经批准，不准私自安装水电设施，节约用水用电，严禁偷水偷电。

第十一条　严禁用电鱼、毒鱼、炸鱼等破坏渔业资源的方式进行捕捞，凡被查处者，依法没收渔获物、违法所得及渔具，构成犯罪的，依法追究刑事责任。

对违犯上述社会治安条款者，触犯法律法规的，报送司法机关处理。尚未触犯刑事和治安管理处罚条例的，由村委会批评教育，责令改正。

## 第三章　村风民俗

第十二条　提倡社会主义精神文明，移风易俗，反对搞封建迷信活动、邪教组织及其他不文明行为，树立良好的社会风尚。

第十三条　喜事新办，不铺张浪费，丧事从简，不搞陈规旧俗，未经批准，不准违规办酒。

第十四条　不看、不传、不制、不售黄色淫秽书刊和音像制品，不嫖、不赌，养成良好文明的社会风气。

第十五条　建立正常的人际关系，不搞宗派和宗族活动。

第十六条　积极参加村里组织的各种文化、体育活动，提倡全民健身运动。提倡见义勇为，伸张正义，遵守社会公德，扶老携幼，加强自身修养，学习好科学文化、社会知识，跟上社会步伐，用自身知识影响老一代，教育下一代，做本时代的榜样。

违犯上述规定的给予批评教育，情节较重的交司法机关处理。

## 第四章　相邻关系

第十七条　村民之间要相互尊重，相互理解，相互帮助，和睦相处，建立良好的相邻关系。

第十八条　在经营、生活、社会交往过程中，应遵循平等、自愿、互利的原则，在生产过程中，自觉服从村两委会安排，不随意更换、移动地界标志，发扬社会主义新风尚，小事不斤斤计较，退一步自然幽雅，让三分何等清闲。

第十九条　相邻之间应当团结友善，以礼相待，碰到困难要互相帮助，不损害对方利益，不偷不损毁他人的财物。要管好自己的家禽家畜，防止自家家禽家畜损毁他人的农作物和伤害他人。家庭成员之间、村民之间发生民事纠纷，应本着团结友爱的原则平等协商解决，协商不成的可申请村调委会调解，也可依法向人民法院起诉，树立依法维权意识，不得以牙还牙，以暴制暴。反对家庭暴力。

## 第五章　婚姻家庭

第二十条　全村村民要遵循婚姻自由、男女平等、尊老爱幼的原则，建立团结和睦的家庭关系。

第二十一条　婚姻大事由本人作主，反对他人包办干涉，不借婚姻索取财物。

第二十二条　自觉做到计划生育，晚婚晚育，少生优育。育龄夫妇都要严格遵守《中国人民共和国人口与计划生育法》及有关政策，严禁违法生育。

第二十三条　夫妻在家庭中的地位平等，反对男尊女卑，不准打骂妻子，夫妻双方共同承担家务劳动，共同管理家庭财产。

第二十四条　爱护未成年人，重视未成年人的教育。父母、继父母、养父母等法定监护人对未成年子女、继子女、养子女必须履行抚养义务，并保证他们接受国家规定的义务教育。村组织鼓励家长培养子女上大学，对有子女上大学的家庭给予适当的物质奖励。

## 第六章　环境卫生

第二十五条　要保持道路美化。不在村内道路及公共场所乱倒生活垃圾和建筑垃圾、乱堆放杂物，自觉爱护道路的整洁卫生。

第二十六条　要保持池子净化。要对房前屋后的水沟定期进行清理，保持沟水清澈、沟渠整洁、水沟无漂浮物和垃圾，无臭水沟。

第二十七条　要保持房前屋后清洁整洁。自觉搞好“门前三包”（包环境卫生、包无乱堆放、包绿化），自觉搞好庭院卫生及公共卫生，不倒垃圾、污水、渣土和废弃物，做到视野范围内无白色垃圾。

第二十八条　要保持公共设施完好。爱护公共设施，垃圾池、公共休闲场所等维护良好，不得刻意损坏公物，要有社会公德之心。

第二十九条　保持环境整洁。杜绝乱搭建、乱张贴、乱堆放等行为。

第三十条　保持农田水利沟渠清洁畅通。不得向农田水利沟渠中倾倒垃圾、农药瓶、玻璃瓶，丢弃农作物秸秆，直排生活污水、畜禽粪便等行为。

第三十一条　规范禽畜养殖。人畜分离，家禽要集中圈养，并达到环保要求。利用沼气池、化粪池处理好禽畜粪便，不得向水沟、巷道直排粪便和污水，病死禽畜要消毒后在不影响饮用水源水质的地方深埋处理。

## 第七章　附则

第三十二条　本规约由村民委员会负责解释。本规约与国家法律、法规、政策相抵触的，按照国家法律、法规、政策执行。

第三十三条　本规约自村民代表会议通过之日起施行，印发至本村各户并报乡政府备案。

2017 年 8 月 20 日

## 45.　（广西壮族自治区金秀瑶族自治县罗香乡琼伍村龙军屯）村规民约[①]

关于乱闯入他人八角林偷捡八角（落地果、八角花等）的规定，本规定于 2001 年农历四月十一日在全屯的群众大会讨论通过，具体如下：

一、从 2001 年四月十二日起凡属盗窃的按此规定处理。

二、各户负责监督自己的子女和亲朋，不得偷捡他人八角等。

三、违犯者每市斤按当时价格的四倍赔款，另加罚米四十斤，酒四十斤，猪肉四十斤。

四、作证人的奖励，另加违犯者五十元作为见证费。

五、本规定发给各户 1 份，执约队由本屯小组长实行。

六、本村规民约从通过之日起生效，如有违犯者永远按以上规定处理，望各位村民遵守执行。

龙军屯领导小组

2001 年 4 月 11 日

① 高其才于 2014 年 12 月 5 日搜集。

# 46.（广西壮族自治区金秀瑶族自治县罗香乡罗运村）罗运屯治安民约[①]

各位村民：

治安民约在2010年农历三月十五日晚的会场中已开始签名盖手印，现在《罗运屯治安民约》已正式成立张榜，希各位村民细心阅读，看清楚后，如果没有意见，未签名的村民，请及时到村小组处签名。以便及早复印发放到每户的户主手中。

治安民约是维护每家每户利益，也是我们每家每户经济的保护神，希望村民们自觉遵守。

罗运屯村民小组

## 罗运屯治安民约

为了稳定我村社会治安，让村民安心生产，确保村民经济作物免受侵犯，经村民小组和全村群众讨论通过，决定成立罗运屯治安队，并制定以下民约：

一、凡是成年人（十六周岁以上）进入他人八角山偷捡八角（累、叶、种子）被发现者，按半斤至十斤罚款叁仟元（3000元），十斤以上罚款伍仟元（5000元），除罚款之外，另加罚米100斤、酒100斤、猪肉150斤作全村村民教育用餐。

二、凡是十周岁以上的儿童和学生进入他八角林地偷捡八

① 高其才于2012年9月12日搜集。

角，被发现者由其家长承担责任，按一、十斤论处（九岁以上儿童没收教育）。但连犯三次按教育用餐罚米 100 斤，酒 100 斤，猪肉 150 斤。

三、凡是进入他人责任地偷捡生茶、竹笋、竹子等一切经济作物，被发现者按第一条论处（自吃自用经山主允许的情况除外）。

四、治安队员偷他人八角，按第一条处罚。

五、罚款额按当时市场价格计算。

六、偷盗者被处罚后，如有抗拒交款，由全村村民捡其八角拍卖折价（先付给村民工钱每人每天 50 元，剩余算罚款额）。如捡一年不够则捡两三年，或通过政府扣其公益林和林粮款，直至扣到罚款额足够为止。

七、罚款分配不论给队或抓到盗者村民，均按 70% 归其所有，其余 30% 归全村集体管理。

八、万一被处罚者不服，损害治安人员及村民检举人八角时，经查明，按一棵罚款 500 元论处，抗拒者移交林业公安处理。再集体八角补给治安人员检举人所受的损失。

九、治安人员待遇每人每年 500 元，作巡逻人工费。

十、治安人员一定要尽心尽力，公平、公正、公开大胆办事，要不定时进入经济林区巡逻，不留情面地把治安维护好。

十一、本民约由每户户主签名盖手印，每户保留一份，具有同等效力，自签名之日起施行，望村民互相监督，共同遵守执行。

# 47. （广西壮族自治区恭城瑶族自治县龙虎乡）龙岭村村规民约[①]

为增强我村村民遵纪守法意识，规范村民的思想道德行为，塑造村民文明健康的良好精神风貌，打击各种不法行为，切实维护人民群众的根本利益，促进我村各项经济建设的发展，经村民代表大会讨论通过，特制定村规民约如下：

一、树立良好的社会道德风尚，尊老爱幼，发扬互谅、互让的高尚风格，禁止欺老吓小、欺弱怕强、无理取闹的不良行为。

二、开展学法、用法、守法活动，增强法律意识，依法办事，正确运用法律武器维护自己和他人的合法权益，禁止横抢、蛮夺、强要的无理行为。

三、鼓励勤劳致富及发展正当的合法经营生产，禁止在我村内进行各种赌博活动，严禁偷、扒、抢的违法犯罪行为，如发现上述违法行为，村民均应该及时向公安机关举报，依法打击惩处。

四、树立长远利益观念，爱护管理好水源林、风景林、公益林、禁止盗伐行为，违者除责令补种外，并处以五倍的赔偿。

五、鼓励农户搞好农业产业结构调整，发展高产、优质、高效农业，对故意破坏生产的要处以五倍的经济赔偿，情节严重的报执法部门依法处理。

① 来自：薛新新：《论广西瑶族村规民约——以金秀、恭城瑶族自治县为例》，广西师范大学2015年硕士学位论文，附录。

六、鼓励农户发展家禽、畜牧业生产并加强管护，禁止放浪不管、糟蹋损害农作物行为，对禽、畜造成的损害责令禽、畜所有人承担二至几倍的赔偿。

七、全体村民统一行动，积极防控黄龙病。禁止从黄龙病区购进果苗，果农要积极主动砍除、销毁黄龙病树，全体村民互相监督，对拒不砍除病树的，由村干部组织村民强制砍除，人工费由该户负担，并处以每株 10～50 元的罚款，同时该户不得享受各项公益事业。

八、提倡优生优育，凡居住在本村的居民，遵守人口与计划生育法律法规，如有违者报上级计生部门处理。

以上村规民约，希全体村民共同履行、维护、遵守和执行。

村民代表签名：

龙岭村村民委员会

2011 年 4 月

## 48. （广西壮族自治区恭城瑶族自治县龙虎乡龙岭村）实乐自然村通告[①]

各位村民：

为保护我村后背木园、河边、大洲子等地的树木，特此通告如下：

---

① 来自：薛新新：《论广西瑶族村规民约——以金秀、恭城瑶族自治县为例》，广西师范大学 2014 年硕士学位论文，附录。

一、禁止在后背木园、河边、大洲子等地乱砍树木、砍柴等。望村民重视，相互监督。

对违者由自然村没收木材并上报林业公安处理。如村民个人举报并经林业部门受理的案件，自然村对举报人奖赏金500元，并对举报者保密。

二、为保持自然村现有林木面积不减少、丢失，凡是人为毁坏自然村树木的（如砍死门前屋后及地边树木的），一经查实，由自然村对毁坏树木者进行罚款，罚款额度为被毁树木市场价的3～5倍，同时责令其在原地种植同等株数树木。情节严重的，一律上报林业公安。

三、因遭受自然灾害倒损的树木，一律由自然村处理。

四、如有村民违反上述条约的，由自然村上报村委对其进行备案，两年内不得享受国家一切优惠政策。

此通告从2013年12月10日开始执行。

举报电话：

实乐村

2013年12月10日

## 49. （广东省清远市连南瑶族自治县）新寨乡人民政府乡规民约[①]

我乡政府为了把全乡各项工作顺利开展，充分地调动一切

① 高其才于2009年11月18日搜集。现为广东连南瑶族自治县大麦山镇新寨村。

的积极因素，发展商业生产，整顿好社会秩序、生产秩序，提供给新寨乡第八届人民代表大会讨论通过。

十二条乡规民约是：

第一条　凡是任何人乱砍乱伐林木一尺以上的，一条处罚酒一百二十斛，罚款 15 ~ 20 元，如果认错态度比较好的，轻处罚 15 元；九寸以下的处罚 10 元，认错态度的，罚款 5 元，情节严重的交给政法机关处理。

第二条　凡是偷鸡、鸭、猪的，一次处罚酒 80 升斛，还要赔偿损失。

第三条　凡是偷柴、菜、家庭生产工具，发现一项处罚款 50 元，还要赔偿损失。

第四条　凡是结成夫妻后，如果任何人与某方交谈破坏别人婚姻家庭的，发现处罚酒一百斛，情节严重的交给政法机关处理。

第五条　凡是任何耕牛、猪或者人，故意破坏群众的各项生产，凡发现损害农作物的罚款 10 元，猪罚 5 元，鸡鸭各罚 3 元。如果造成严重损失的，要赔损失，并根据情节轻重处理。

第六条　凡是任何人破坏四榜（旁）绿化的，损坏一株处罚 15 元。

第七条　凡是任何育龄妇女超生的，按计划生育有关政策规定处罚。

第八条　凡是新寨乡的适龄儿童，规定年满七周岁的，要求入学，如果不入学的儿童，一年罚款 6 元。

第九条　今年我乡开展教育工作，凡属 12 ~ 40 周岁的没有小学毕业的，都应参加扫盲学习班，如果不参加的，不准购买化肥，并罚款10元。

第十条　要求各位群众不要放牛到学校去，如果发现后罚款5元。

第十一条　按中央有关政策规定，不论什么人都不能占用水田做屋，如果谁占用水田做屋的，按政府有关规定处理。如果经宣传教育，认识态度不好的，也不愿意退还占用田的，全部责任田没收回乡政府。

第十二条　凡是任何干部、群众发现上述情况，并及时向乡政府报告，或者把案人抓捕归案，由乡政府作出处理，罚款金额奖报案者100%。

新寨乡人民政府

一九八四年七月六日

## 50.（广东省清远市连南瑶族自治县）大麦山镇新寨村村委会村规民约[①]

### 第一章　总则

第一条　为了和种种扰乱社会治安管理秩序的行为和损害公共财物的行为作斗争，切实加强和维护村民良好的社会治安秩序和社会环境，适应社会主义建设和人民生活的需要，特定

① 高其才于2009年11月18日搜集。

本约。

第二条　本约是根据《中华人民共和国宪法》和其他有关法规规定的精神，按照本村的实际情况而制定的。全村干部群众应坚持群防群治的方针，把秩序村规民约同教育群众自觉遵守结合起来，共同维护本合约的严肃性。

第三条　凡扰乱社会治安秩序，破坏公共财物和有关法规，情节轻微尚不够刑事处分的依照本约处罚。

## 第二章　社会治安

第四条　凡有下列扰乱社会治安秩序的处 100 元至 300 元的罚款或警告。

1．辱骂他人，无端闹事和打架不听劝阻的；

2．酒醉闹事、借酒醉无端闹事或殴打他人的，严重的除送派出所处理外，处五十元以上的罚款（不包括医疗费和造成责任的其他费用）。

第五条　凡有下列破坏公共设施行为的，除赔偿损失外加 300 元至 500 元的罚款。

1．损坏公共水管的、公共电器设备的、其他有关公益宣传设施的。

2．有意偷盗他人财物被抓的，除送派出所外，并赔偿他人财物和有关损失。

3．有意损害他人和国家有关设施的，除送派出所外要对造成的损害给予全部赔偿。

第六条　凡有下列败坏社会道德风尚行为，处 100 元至

200 元的罚款。

1. 乱搞两性关系的，不够法订婚龄非法同居的，另加罚酒 120 斤；

2. 无理、辱骂计划生育工作人员的及有关部门执行公务的工作人员的，另加罚酒 50 斤；

3. 虐待老人，不尽瞻养父母义务的；

4. 以迷信活动骗取他人财物的；

5. 以其他不正当手段，骗取他人财物的。

第七条　凡有下列违法行为的，处 100 元至 300 元的罚款。

1. 犯有小偷小摸行为的，不够法定年龄的由父母负责，够年龄的直接由当事人负责赔偿；

2. 犯有小偷小摸行为不听劝告，反而不够法定年龄父母还包容、抵抗、不接受处理的，应按有关法律加倍处罚；

3. 犯有小偷小摸行为屡教不改，情节严重的送司法机关处理。

## 第三章　计划生育的实施

第八条　凡有违反计划生育有关政策规定行为的由政府主管计生部门处理。

## 第四章　森林保护

第九条　凡有下列违反有关防火规定的行为，除按《中华人民共和国森林法》《广东省森林防火条例》交司法部门处理外，处100元至300元的罚款。

1．失火烧山烧毁林木，林地面积1.0亩以上的罚款100元至300元，还包括种松、杉苗100株，负责抚育三年，成活率达85%以上。

2．失火烧山烧毁林木，林地面积3亩以下的罚款300元，还包括种松、杉苗400株，负责抚育三年，成活率达85%以上。

3．失火造成严重后果的，交由林业部门司法机关处理，并追究其刑事责任。

第十条　凡是有下列盗窃滥伐林木行为的，林木作没收处理，每条按下列款项罚款。

1．盗伐林木长度2.5米，尾径10公分的罚款30元，林木交林业部门作没收处理；

2．盗伐林木长度4.2米，尾径10公分的罚款60元，林木交林业部门作没收处理；

3．盗伐林木和度4.2米，尾径约8公分的，三条以下罚款150元，林木交林业部门作没收处理；

4．违反以上3小点的任一小点加罚酒120斤，并对举报者奖励50元以上的举报费。

第十一条　凡有下列行为的，按下列条款处理。

1．查出乱砍乱伐作出处理后，不接受处理的，罚款50元至100元并作没收处理；

2．执法人员在执行公务中，凡有妨碍和阻止工作人员执行公务的罚款50元至100元。

第十二条　凡有下列损坏果树或药材行为的，每株罚款50元至200元的处理。

1. 损坏一米以下果树的；

2. 损坏一米以下药材的。

## 第五章　六畜管理

第十三条　凡有耕牛进入水田，已食他人作物，损坏践踏禾苗的，对于造成的作物损失除按实际情况赔偿外，外加罚小牛处罚每只15元，大牛处罚每只20元，另补助捉牛者奖励小牛15元，大牛20元。

第十四条　凡有耕牛进入菜园践食损害菜和其他经济性作物的除应按实际情况赔偿损失外，另补助捉牛者小牛15元，大牛20元。

第十五条　耕牛进入旱地、常耕地、林地践踏、食坏、损害农作物、林苗的，根据实际情况赔偿产量损失，并奖励捉牛者大牛20元，小牛15元，另通知事主后，超过10天都不接受处理的，捉牛者或村委会可自行处理变卖。

第十六条　凡有发现猪、鸡、鸭进入菜园、水田践踏、食坏农作物的罚款20元，并赔偿损失，另奖励捉其者10元。

第十七条　六畜放看的管理办法：牛放看一日为40元，羊放看一日为40元，猪放看一日为30元，鸡鸭放看一日为10元，此款归放看村民收取。

第十八条　六畜偷盗的管理办法：凡发现谁进入农村农户偷牛、羊、猪、鸡、鸭等，偷盗人被群众抓获的除赔偿所偷本物的价值之外，加罚酒30～120斤，加罚本物的同样款，并对举报落实者给予50%的奖励。

第十九条　本村规民约于第四届村民委员会、村民代表会讨论通过。

第二十条　为了更有序、有效地管理好当地矿产资源，当村民小组与投资老板签订上缴矿山山根费协议时，建议村民小组必须加入以下条款：

乙方与甲方（投资方与村民小组）签订上缴山根费协议后，按协议签订日计乙方必须在一个月内与当地村民委员会签订上缴矿山管理费协议，如逾期，本协议将自动终止，或村委会有权干扰乙方（投资方）生产、勒令停工，以及有权扣押有关物资当作上缴当年的矿山管理费。

第二十一条　（附加条款）

关于荒山开发和林木种植的范围规定：

凡是荒山开发和林木种植的村民必须在本村民小组所属山权的荒山、旱地开发和种植，如需扩大开发和种植的村民，首先征得山权所属方的村民小组同意方能开发和种植，村民如擅自把山权荒山开发和种植林木的，今后造成的有关民事和经济损失将自行负责。

第二十二条　本约自会议公布之日起实施，并望各村民遵照执行。

大麦山镇新寨村村民委员会

二〇〇八年五月一日

## 51. （湖南省永州市江永县潇浦镇）向光村村规民约[①]

讲文明、倡新风，爱党、爱国、爱家乡。

讲道德、促和谐，婆媳、妯娌笑相迎。

讲规矩、顾大局，村规民约记心间。

公私土地要分明，建房用地莫心急，村组同意再审批。水渠、道路要畅通，若有谁人敢破坏，恢复原样理当然。

学法守法走正道，偷摸扒窃人人嫌；地里庄稼被偷盗，司法处理照价赔；禽畜糟蹋农作物，调解赔偿不留情。

绿水青山要呵护，乱砍乱伐缺公德；砍一种十包成活，男女老少齐监督；若是情节严重者，及时报警来量刑。

扫黑除恶无限期，村霸势力难藏身；赌博吸毒沾上边，害人害己害家人；故意伤害他人者，法律惩处没商量。

婚丧宴请按标准，革除陋习正当时；大操大办破钱财，勤俭持家才是真；天价彩礼撑脸面，相互攀比债难偿。

尊老爱幼皆美德，赡养老人孝当先；莫把家人当奴役，虐待妻女法不容；教子有方兴百业，喜中“状元”有奖金。

垃圾扔进垃圾桶，携手共创美乡村；污水处理再排放，不准直入河流间；三千文化美名扬，生态江永千百年。

土地资源不再生，切莫断了子孙粮；一失酿成千古罪，世

① 来自：http：//zh. voc. com. cn/wx/view. php？ topic = 42&cid = 1248&tid = 107520，2020 年 4 月 27 日最后访问。制定时间不详。

世代代招骂名；乱占田地建房者，还原耕地还追责。

支持发展志愿者，倡导文明树新风；遵照村规守民约，大家庭里同欢乐；多为社会作贡献，发扬光大真善美。

村规民约是准则，人人均为执行者；相互监督你我他，大事小事必认真；年度评选文明户，家家户户创“十星”。

## 52. （湖南省怀化市溆浦县北斗溪镇）坪溪村村规民约[①]

为提高全村村民自我教育、自我管理、自我服务能力，实现“产业兴旺、生态宜居、乡风文明、治理有效、生活富裕”的乡村振兴目标，根据国家法律法规和相关政策，特制定本村规民约。

一、自觉维护党的形象。听党话、跟党走，不妄议党中央，不编造传播政治谣言、小道消息，不诋毁党的路线、方针和政策，不丑化镇村干部形象。

二、严格依规施工建房。自觉保护耕地，禁止未经审批随意占用土地，禁止私自转让或买卖土地。服从镇村统一规划，村民个人住房建设做到“先批后建”，按规划要求、批准面积、房屋设计方案进行施工建设，自觉落实花瑶风貌控制要求，配备三格以上化粪池卫生厕所，不私搭乱建。

---

① 来自：http：//zh. voc. com. cn/wx/view. php？ topic = 42&cid = 1248&tid = 107523，2020 年 4 月 27 日最后访问。制定时间为 2018 年 12 月 20 日。

三、主动维护村貌整洁。爱护环境卫生，严禁乱扔乱倒乱堆垃圾，生活垃圾必须入桶，建筑垃圾必须填埋。实行“绿化、卫生、秩序”门前三包，做好自家庭院的硬化、绿化和美化。卫生评比连续两次不清洁的罚其将公共区义务清洁一天，外出务工没时间或因其他原因不能义务清洁的，可个人请人或出资50元给保洁员代为清洁。红白喜事产生的垃圾，户主应在办完事后当天完成清扫，或由保洁员收取200元卫生费代为清扫。

四、积极保护生态环境。树立“绿水青山就是金山银山”的生态理念，严禁滥砍滥伐，严格执行“伐一造一”政策。严禁野外用火，严禁扫墓烧纸钱燃放鞭炮，严禁非法在河道采砂、排污、倒渣土、电鱼、毒鱼和炸鱼。

五、高度重视子女教育。自觉完成义务教育，杜绝辍学。凡初中毕业考上免费师范生或省级以上重点高中的，当年给予400元奖励。高中毕业考取全日制一本、二本和大专院校的，当年分别给予1000元、600元、400元奖励。考取北大、清华等全国十强院校的给予5000元奖励。对大学毕业考上全日制研究生和博士生的，分别给予3000元、4000元奖励。

六、自觉做到遵纪守法。提倡勤劳致富、勤俭持家。严禁卖淫嫖娼，严禁聚众赌博、参与地下“六合彩”，严禁吸毒贩毒、偷盗敲诈，严禁酗酒闹事、酒后驾车。不越级上访，不无理缠访，不参与集体上访或聚众闹事，不参加封建迷信和邪教活动。

七、主动实行计划生育。落实节育避孕措施，及时参加优生优育、生殖健康等检查，关心关爱失独和两女户家庭。

八、积极落实移风易俗。倡导婚事新办、丧事简办、其他不办。杜绝滥办婚丧嫁娶以外的生日酒、升学宴、工作宴等其他喜庆酒宴。尽量控制婚丧嫁娶宴席的规模和花费，原则上不超过 20 桌。非亲属间参加婚丧嫁娶酒宴礼金不超过 100 元。倡导文明节俭的丧葬方式，杜绝圈坟，严禁在高铁可视范围及规划区域内葬坟。

九、模范遵守社会公德。爱护公共财产，不得损坏水利、道路交通、供电、通信、生产生活、休闲娱乐等公共设施，违者应照价赔偿。自觉维护社会秩序和公共安全，积极配合公务人员正当执行公务，敢于与坏人坏事作斗争，积极参与集体公益事业，踊跃交纳幸福基金，成为幸福会员。

十、大力弘扬传统美德。诚信做人，礼貌待人，家庭和睦，尊老爱幼。自觉维保护老人、妇女、儿童在社会和家庭中的合法权益，禁止虐待、遗弃、伤害行为。自觉履行抚养和赡养义务。

十一、积极配合重点工作。主动支持平安创建、征地拆迁、脱贫攻坚、乡村振兴战略等中心工作。服从镇村两级的统一安排部署，杜绝自以为是、我行我素的行为。

# 第八章　白族地区村规民约

## 1.　（云南省大理白族自治州大理市喜洲镇）喜洲村村规民约[①]

一、爱国爱村，守信如一，遵纪守法，和谐平安；

二、崇尚科学，远离邪恶，讲求文明，和睦相处；

三、人人向善，杜绝嫖赌，戒奢防侈，勤俭致富；

四、孝敬父母，教育子女，婚丧简办，移风易俗；

五、禽畜圈养，狗猫严管，保护生态，封山育林；

六、急公好义，济穷扶贫，管理民主，科学发展；

七、公共设施，共同爱护，公益事业，讲究大局；

① 来自：曾文蕊：《喜洲村》，光明日报出版社2014年版，第173页。

八、计划生育，基本国策，利国利民，自觉遵守；
九、土地资源，国家所有，依法使用，不得乱占；
十、讲究卫生，治理脏乱，减少疾病，保障健康。

喜洲村村民委员会
二○一○年五月

## 2.　（云南省大理白族自治州剑川县）十三村山林管理委员会第二届代表大会决议①

会议于一九七二年十二月二十二日正式召开，由上届委员会负责同志向代表汇报了四年来林业工作情况，并提出今后林业工作的方案和措施。

本届代表的工作，以伟大领袖毛主席亲自批示颁发的九二三通知和国务院森林保护条例为准则，参照省林业工作会议各地先进经验，结合我林区情况，作如下规定：

**一、机构设置**

山林管理委员会十一人，在十一人中产生常务委员五人，常委中产生正副主任二人。即：

主任：李雄昌　　副主任：杨裔贤、段正清

常委：杨裔贤、罗桂春、李雄昌、段正清、朱家昌

委员：杨裔贤、罗桂春、李雄昌、段正清、方茂根、段正

① 来自：段炳昌等主编，白族调查组编写：《云南民族村寨调查 白族 剑川东岭乡下沐邑村》，云南大学出版社2001年版，第162－165页。

泉、陈玉培、张判林、段永和、朱家昌、刘灿

专职护林员三人即：朱家昌、陈兴泽、方茂根

共十四人负责山场日常工作。

**二、常委、委员会的权利和义务**

1. 有选举权和被选举权，可以连选连任。

2. 有权处理违反规章的坏人坏事。

3. 有权调动所属社队、社员进行林业生产和护林防火。有权按人户多寡，以文件下达生产队，调动人员，满足紧急护林之用。

4. 有权按照山规，处理乱砍滥伐的个人、集体单位等。

5. 有权对护林员教育，直至给予处分。

6. 有义务经常向广大社员宣传林业政策。

7. 有义务定期巡山查看林区情况，发现乱砍滥伐和病虫害，可召集有关会议保护森林。

**三、经营管理**

1. 财务由二人掌握，即一人掌握批砍，一人负责收费，护林员按砍伐证检查。

2. 如遇有巡山、调查林区情况，或因纠纷而误工者，不论常委、委员、代表，统一由所在大队或生产队（或自然村）记给同等劳动工分。委员会酌情给予一定的补助。

3. 经费动用到 100 元以上者，需经全体委员会和部分代表参加，50 元以下者委员会成员可以决定，否则不予以核销。

4. 柴、白杨、栎、童松树、栗树根一律不准砍。

5. 金华山、满贤林，从一九七三年一月一日起委托十三

村委员会代管理，其决定，除积肥之外，刀斧一律不准入山。违者不分阶层，没收其工具；屡教不改者，发动群众坚决打击。

6. 木料审批，仍按第一届代表大会决定为理（包括收费）。但只限本户使用，不准倒卖，违者依法论处。

**四、奖惩**

1. 凡遵守十三村林业规定，积极宣传林业政策者受奖。

2. 看到山场遭到危害，如成群偷砍、野火烧山时能挺身而出保护森林者，受大奖。

3. 为山场利益而伤者，十三村管理委员会给予一定照顾（物质经济）并建议本社队给予适当照顾。

4. 如发现山场受损失，而力所能及可以制止或免除，但熟视无睹者，给予批评。如有意破坏和包庇坏人者，根据情节给予处分，直至送司法机关处理。

**五、会议制度**

1. 常委会，定期两个月一次。有必要时可以临时召开。

2. 委员会，一个季度开一次。研究分析群众意见，检查护林员日常情况（包括护林员不能解决的问题）。

3. 代表会，每年开一次，审查委员会执行代表会情况，并制定一年林业工作方案和措施。

4. 如有特殊情况，可以提前或推迟召开代表大会。

**六、护林防火**

当前正是火险季节，护林防火应该成为十三村广大群众的主要任务。从现在开始大力宣传护林防火，人人有责，提高警惕，严防阶级敌人的破坏。

护林员是委员会委托管理入山人等的有权者，凡入山生产，过路行人均应听从合理劝告和宣传，不能与护林员无理取闹。如护林员确有错误，可报给委员会处理。

如违犯上述规定者按情节、态度没收其工具，严重者交与本社队处理。

以上规定，希十三村广大贫下中农、革命干部共同遵守，互相监督，苦干、硬干，为恢复林区和发展林区面貌而奋斗！

十三村山林管理委员会

一九七二年十二月二十五日制

## 3. （云南省大理白族自治州剑川县甸南镇）狮河村村规民约[①]

为了认真深入贯彻党在农村的各项路线、方针、政策，树立社会主义荣辱观，加快“三个文明”建设，使广大村民有一个安定祥和的生活环境。结合狮河村的村情，经村民代表提议，村委会讨论，全体村民大会通过，制定本村规民约，请全体村民共同遵守执行。

第一条　每个村民都要学法、知法、守法，自觉地维护法律的权威和尊严，同一切违法犯罪行为作斗争。

---

① 来自：杨聪：《狮河村调查 白族》，中国经济出版社 2014 年版，第 42－43 页。制定时间不详。

第二条　严禁偷盗国家、集体、个人财物，严禁赌博、吸食和贩卖毒品以及私藏违禁物品。

第三条　爱护公共财物，不损坏水利、交通、供电和生产性公共设施，禁止在环湖路过村路段、柏油路上脱粒晒粮。

第四条　节约用水、用电，严禁偷水盗电。

第五条　遵守户口管理规定，及时申报或注册登记，严格按规定办理相关手续。

第六条　婚事新办，丧事从简，破除陈规陋习，移风易俗，反对封建迷信及其他不文明行为，树立良好的社会风尚。

第七条　搞好公共、家庭、个人卫生，保持村容村貌整洁，不随地倒垃圾，不在路、道堆放粪草杂物。

第八条　自觉服从《狮河总体规划》。

第九条　村民之间要相互尊重，相互理解、谅解，互帮互助，和睦相处，建立良好的邻里关系，自觉维护社会秩序和公共安全。

第十条　严格执行《土地管理法》，依法使用土地，宅基地使用必须服从村整体规划，不得损害集体及四邻利益。

第十一条　自觉执行《人口与计划生育法》，提倡晚婚晚育，男 22 周岁、女 20 周岁始得申请办理婚姻登记手续，提倡一对夫妇生育一个孩子。

第十二条　尊老爱幼，善待孤寡老人、残疾人、未成年人，义务教育阶段不准子女辍学。

第十三条　村民拒绝执行科技、计划生育、土地、文化、教育、卫生等有关方面的政策、法规者，村委会可采取停止一切社会优抚、救济和各种手续办理的制裁措施。

第十四条　护林防火，营林造林，人人有责。加强低产林地开发利用按林业部门和本村制定的林业发展规划实施，主要发展种植华山松、红豆杉；未经批准擅自乱砍滥伐的视为非法行为，按有关规定给予处罚。

## 4.　（云南省大理白族自治州剑川县沙溪镇）石龙村村民委员会村规民约[①]

一、每个村民都要学法、知法、守法，不违法乱纪。

二、村民之间团结友爱、和睦相处。

三、自觉维护社会秩序和公共安全。

四、严禁偷盗国家、集体、个人财物。

五、爱护公共财产、不损坏国家和集体公共设施。

六、严禁私自砍伐国家、集体或他人的林木。

七、严禁毁林开荒。

八、严禁损害庄稼和在农作物田、地中放牧。

九、积极参加集体义务工。

十、积极完成各项应交税收和乡统筹、村提留。

十一、积极争创十星级文明户。

十二、提倡精神文明，移风易俗，反对封建迷信，树立良

① 来自：孙华、王红光主编：《云南白族村寨调查简报》，巴蜀书社2016年版，第209页。

好的社会风尚。

十三、喜事新办，不铺张浪费；丧事从简，不搞陈规旧俗。

十四、搞好清洁卫生和村容整洁。

十五、互相尊重，互相理解，互相帮助，和睦相处，建立良好的乡邻关系。

十六、依法使用土地，不得损害集体规划和四邻利益。

十七、遵循婚姻自由、男女平等、尊老爱幼的原则，建立团结和睦的家庭。

十八、自觉做到晚婚晚育、计划生育。

十九、父母要承担子女的抚养和教育，不准使小学生辍学。

二十、独生女必须承担赡养老人的责任，保证老人丰衣足食。

石龙村村民委员会

二〇〇三年九月一日

## 5.　（云南省大理白族自治州剑川县沙溪镇）石龙村文明公约[①]

爱国爱乡　敬业奉献　务实创新　科学发展

奋发进取　干事创业　勤劳俭朴　生活富裕

移风易俗　计划生育　健康生活　乡风文明

---

① 来自：孙华、王红光主编：《云南白族村寨调查简报》，巴蜀书社2016年版，第209－210页。制定时间不详。

保护环境　美好家园　讲究卫生　村容整洁
遵纪守法　诚实守信　村民自治　管理民主
敬老爱幼　尊重妇女　团结友善　社会和谐
崇文重教　自强不息　见义勇为　弘扬正气
举止文明　礼貌待人　热情好客　助人为乐

## 6. （云南省大理白族自治州剑川县马登镇）太平村村规民约[①]

割肉救母　孝道流芳　仿效先贤　约定成规
家庭和睦　邻里融洽　家园和美　和谐太平
党的领导　脱贫致富　爱国爱家　崇德向善
男女平等　婚姻自由　夫妻相敬　尊老爱幼
反对迷信　信奉科学　红白喜事　节俭从简
以诚待人　谦和恭让　扶贫济困　互助互帮
爱护公物　保护古迹　杜绝违建　洁净溪流
言行举止　文明礼貌　垃圾入箱　卫生环保
矛盾纠纷　平和调处　维护稳定　黄赌毒禁
民主管理　珍惜权利　举贤荐能　带领致富
扬善惩恶　净化邻里　遵规守约　全村共鉴

太平村村民委员会
二〇一八年十一月

① 胡兴东于2020年3月1日提供。

## 7. （云南省大理白族自治州鹤庆县草海镇新峰村东登村小组）松茸管理村规民约[①]

1. 承包松茸山坡的个人或个人小组上山搭房和用小枝围护松茸时，一律不准砍竹条、松树、青松叶和树杈。

2. 承包管理松茸坡的人员，一定要保护好松茸菌苗的位置，不能乱挖破坏。

3. 承包管理松茸坡的人员，不准在山中砍柴和挖疙瘩，如发现，罚款 100 ~ 4000 元。

4. 护林员每月巡查承包的松茸山坡 3 ~ 4 次，如发现砍伐松树、竹条的最低罚款每棵 100 元。

5. 如发现承包人员小组之间和外人偷卖松茸的罚款500 ~ 5000 元。

6. 本地农户一律不准进入承包区拉松毛和放牧等，如违反则罚款 50 ~ 100 元。

7. 为了促进我村松茸资源发展及护林工作，承包松茸山者必须交松茸资源风险抵押和护林风险抵押金 1000 元。

8. 开始拍卖松茸山使用权之日起至松茸采集结束下山，如出现松茸菌塘被破坏，村小组拒绝承担经济损失，由买主自己负责。

9. 上述规定，如承包者自己能解决的问题尽量自己解决，

---

① 来自：何俊等主编：《松茸的科学管理与增产措施》，云南民族出版社 2013 年版，第 54 – 55 页。

不能解决的问题由村民调解小组协助村委解决。

本规定于村民大会通过后执行。

新峰东登村小组：罗桂华　罗四代

承包人（签章）

2011 年 6 月 13 日

## 8.（云南省大理白族自治州鹤庆县松桂镇龙珠村）村规民约[①]

### 第一章　总则

第一条　为了进一步推动农村经济的发展，保持农村良好的生产生活秩序，有利于发展目标的实现，按照实事求是、扎实管用的原则，制定本《村规民约》。

第二条　《村规民约》是全村人民自我管理、自我教育、自我服务的行为规范，全村人民都要共同遵守，相互监督，违者按所规定的办法予以处理。

### 第二章　国家、集体

第三条　认真完成村组安排分配的水利建设、道路维修、电路更新等方面的义务工，对不完成的农户每天收取二十元罚款。

第四条　每个村民应积极参加村组干部通知到户的有关会

① 来自：李学龙、赵树兴：《龙珠村》，光明日报出版社 2014 年版，第 66－69 页。制定时间不详。

议，对应到会而未到会的村民今后到村委会办理任何手续时，先交清罚款50元后方可办理，如拒交者拒办，党员干部违反要加倍处罚。

## 第三章　土地管理

第五条　村民建房、围田，不得侵占集体和私人土地，不得侵占沟道、路道。

第六条　在建房中，对不批就占、少批多占、强行霸占的行为，按土地管理办法处理。

## 第四章　计划生育

第七条　实行计划生育是每一对夫妻应尽的职责，要在计划的基础上才能生育。

第八条　对早婚、早孕、非婚生育、超生和间隔不足的男女双方，按《中华人民共和国人口与计划生育法》《云南省人口与计划生育条例》和县、镇的有关规定处罚。

## 第五章　社会治安

第九条　加强农村精神文明建设，保持社会稳定是每个村民应尽的职责。

第十条　对大法不犯、小错不改的人，要在加强思想教育的基础上，进行经济处罚，对行盗在100元以下及相应价值在100元以下的小偷，抓获后收还全部赃物赃款，并按所偷价值的三至五倍罚款，100元以上的交司法部门处理。

第十一条　要小心用火，尤其是在风干物燥的季节，各户都应该加强对火源的管理，教育小孩不玩火，要远离易燃易爆物品，对因不慎引起的火灾，由其承担造成的损失，较大的火灾事故，交有关部门处理，严禁火种进林区，因人为原因造成森林火灾的交由公安机关处理。

第十二条　严禁赌博，窝赌一次，罚款 300 ~ 500 元，参赌一次罚款 200 ~ 400 元。情节严重或屡教不改者，报送公安机关处理。

第十三条　村民与村民发生矛盾不能自行化解时，应主动向村组干部反映予以调解，不得动手打人，先动手的一方，罚款 50 元，伤害较重时交公安机关处理。

第十四条　尊老爱幼是中华民族的传统美德，村民要继承和发扬这种美德，要尊敬长辈，尊敬父母，对不赡养父母、虐待父母者，不得继承父母的一切财产，同时还要给予批评教育，对造成严重后果的，报司法机关处理；父母对子女要加强教育，关心他们的成长。

第十五条　提倡社会主义精神文明，移风易俗，反对封建迷信及其他不文明行为，树立良好的社会风尚。

第十六条　喜事新办，不铺张浪费；丧事从简，不搞陈规旧俗。不请神弄鬼，不听、看、传迷信和淫秽的书刊音像。建立正常的人际关系，不搞宗派活动。

## 第六章　水电路

第十七条　每个村民都应自觉遵守水规制度，按水班规定的纪律进行灌排，不得自行挖水。对违反规定挖水的，按其灌溉的面积，每亩罚款 100～200 元；已挖了水，但未灌到田地的，每次罚款 30 元。各自然村的自来水工程，必须认真按照技术部门的统一规划进行接水。

第十八条　要遵守用电规定，防止触电事故、碰火事故的发生，村民不得自行在集体的线路上搭伙，不准偷电，不准自行撤去电表上的铅封，要接受电工安全用电的检查和改进安全隐患，如发现偷用电情况，情节轻微、认识态度好的给予 50 元的罚款处理。对情节严重、态度恶劣的给予 200～500 元的罚款。

第十九条　对影响水路、电路、道路畅通的各种树木、竹棚，村民应自觉地无条件砍去。对已做工作仍不砍掉的强行砍除，防止引起不良后果。

第二十条　每个村民应自觉维护道路路况，不得自行在道路上挖水沟，不准在路边堆放石头，不准在路上倒置核桃皮等杂物和垃圾，严禁将粮食生产的附属物铺放于泥水路段发腐烧土灰行为。

第二十一条　要认真做好村组干部所安排的防治病虫害和抗旱防洪工作。

## 第七章　牲畜管理

第二十二条　饲养牲畜的农户，要自觉管理好本户的牲畜。在放畜时，不得损坏树木、庄稼，更不能影响水源。违者按损坏价值的三至五倍赔罚。

第二十三条　农户在放牲畜期间，要认真管好火源，决不允许有意放火烧荒，如发现，每次罚款200～400元，情节严重或引起森林火灾的，追究其法律责任。

## 第八章　环境卫生

第二十四条　各家各户要经常打扫院内和周围环境卫生，清除污泥浊水，不准在公共场所和水沟、道路旁堆置粪肥，违者罚款20～50元。

第二十五条　不准乱倒垃圾、粪草，乱丢病死家禽、家畜、鼠尸，违者每只罚款10元，每头罚款20元。对病死的畜禽和灭鼠的鼠尸要做深埋处理。

## 第九章　造林护林

第二十六条　植树造林，是每一个公民应尽的义务。各农户要认真及时地完成村组安排的造林任务，积极配合护林员搞好护林工作。

第二十七条　禁止乱砍滥伐，加强对山林的管护。未经批准，不得砍伐。严禁偷砍行为，违者以五至十倍的价值处罚，情节严重的报请林业部门处理。

第二十八条　各自然村，所属自然村和所属片区应主动组织扑救，农户应无条件地服从急情需要，如熟视无睹或置之不理，将给予20～100元罚款，情节严重的加重处理。

## 9. （云南省大理白族自治州大理市上关镇）江尾村村委会桥下自然村村规民约[①]

为建设文明村社，保护生态环境，保护集体利益，革除不良风俗，经村民代表会议讨论，制定村规民约如下：

一、加强社会主义精神文明建设，热爱社会主义祖国，拥护中国共产党的领导，遵纪守法，做一个诚实公民。

二、提倡尊老爱幼，赡养老人，对虐待老人、妇女、儿童者给予批评指责，并限期改正。

三、大力提倡勤俭办事，反对铺张浪费，破除封建迷信活动。一家有事，邻里相帮。办红事时不传糖果。办白事时，除直系亲属外，一律不发孝衣孝布，一朵白花悼念亡者。

四、团结邻里，孝敬公婆，尊敬师长，争创文明家庭，远离赌博和毒品。

五、河埂路道、沟边道路属于集体所有，不容侵占，不得堆放杂物，生活污水不准排入弥苴河内。

六、保护传统的白族居民建筑风格。讲究公共环境卫生。共同构建和谐社会和文明村。

七、推广科学种田，提倡规范化种植，服从统一规划和作物品种布局。

八、各户按时交纳卫生垃圾清运费用。

---

① 来自：尹琳芳：《论我国少数民族民事习惯法的作用——以大理白族地区为中心的考察》，昆明理工大学2014年硕士学位论文。

以上八项望全体村民认真遵守，相互监督执行。

江尾村村委会桥下自然村

2010 年 1 月 5 日

## 10．（云南省大理白族自治州）洱源县（三营镇）郑家庄民族团结示范村村规民约[①]

为了推进全村村民民主法制建设，维护社会稳定，树立良好的民风、村风，创造汉、白、藏、傣、纳西、傈僳、彝各民族团结和谐、安居乐业的社会环境，促进经济发展、建设社会主义新农村，经全体村民讨论通过，制定本村规民约。

**一、社会治安**

1．每个村民都要学法、知法、守法，自觉维护法律尊严，积极同一切违法犯罪行为作斗争。

2．村民之间应团结友爱，各民族之间要相互尊重民族习惯，和睦相处，不打架斗殴，不酗酒滋事，严禁侮辱、诽谤他人，严禁造谣惑众、拨弄是非。

3．自觉维护社会秩序和公共安全，不扰乱公共秩序，不阻碍公务人员执行公务。

4．严禁偷盗、敲诈、哄抢国家、集体、个人财物，严禁赌博。

① 来自：严俊坤：《郑家庄民族关系和谐研究》，云南大学 2018 年硕士学位论文。制定时间不详。

5. 爱护集体公共财产，不得损坏水利、道路交通、供电、通信、生产等公共设施。

6. 严禁私自砍伐国家、集体或他人的林木，严禁损害他人庄稼、瓜果及其他农作物，加强牲畜看管。

**二、消防安全**

1. 加强野外用火管理，严防山火发生。

2. 家庭用火做到人离火灭，严禁将易燃易爆物品堆放在村内，定期检查、排除各种火灾隐患。

3. 加强村内防火设施建设，定期检查消防池、消防水管和消防栓，保证消防用水正常。

4. 对村内、户内电线要定期检查，损坏的要请电工及时修理、更新，严禁乱拉乱接电线。

5. 加强村民尤其是少年儿童安全用火用电知识宣传教育，提高全体村（民）消防安全知识水平和意识。

**三、村风民俗**

1. 提倡社会主义精神文明，移风易俗，反对封建迷信及其他不文明行为，树立良好的民风、村风。

2. 喜事新办，丧事从简，破除陈规旧俗，反对铺张浪费，反对大操大办。

3. 不请神弄鬼或装神弄鬼，不搞封建迷信活动，不听、看、传淫秽书刊音像，不参加邪教组织。

4. 树立正常的人际关系，不搞宗派活动，反对家族主义。

5. 积极开展清洁家园、清洁水源、清洁田园的三清洁活动，搞好公共卫生，加强村容村貌整洁，严禁随地乱倒乱堆垃圾、秽物，修房盖屋余下的垃圾碎片应及时清理，柴草、粪土应定点堆放。

6. 建房应服从村庄建设规划，经村委会和上级有关部门批准，统一安排，不得擅自动工，不得违反规划或损害四邻利益。

**四、邻里关系**

1. 村民之间要互尊、互爱、互助，和睦相处，建立良好的邻里关系。

2. 在生产、生活、社会交往过程中，应遵循平等、自愿、互惠互利的原则，发扬社会主义新风尚。

3. 邻里纠纷，应本着团结友爱的原则平等协商解决，协商不成的可申请村调解委调解，也可依法向人民法院起诉，树立依法维权意识，不得以牙还牙、以暴制暴。

**五、婚姻家庭**

1. 遵循婚姻自由、男女平等、一夫一妻、尊老爱幼的原则，建立团结和睦的家庭关系。

2. 婚姻大事由本人作主，反对包办干涉，男女青年结婚必须符合法定结婚年龄要求，提倡晚婚晚育。

3. 自觉遵守计划生育法律、法规、政策，实行计划生育，提倡优生优育，严禁超生。

4. 夫妻地位平等，共同承担家务劳动，共同管理家庭财产，反对家庭暴力。

5. 父母应尽抚养、教育未成年子女的义务，子女应尽赡养老人的义务，不得歧视、虐待老人。

## 11. （云南省大理白族自治州）洱源县城关镇下北门村倡议书[①]

**一、婚嫁村规**

1. 婚姻自由，反对封建迷信、包办婚姻。

2. 提倡不搞订婚，用押酒或赠礼品代替。

3. 迎送新娘，不在街道上搞不文明活动。

4. 本村不提倡卖箱柜。

5. 村党礼以节约互助精神办理，一份礼一个人，不携带小孩（不包括亲属邻居）。

**二、丧葬村规**

1. 对长辈应生前孝敬，送葬不开白孝，直系亲属用黑布手袖（袖标），一般胸前用白纸花代替。

2. 破除封建迷信，废除丧葬活魂中的拜阴经。

3. 农历七月十四日烧包，内亲送纸衣、纸包，亲戚以钱物相助。

4. 村党礼以节约互助，一人一份礼，不携带小孩（不包括直系亲属和邻居）。

**三、正月不提倡抬送元宵**

以上三项，系党分支部、村委会、村老龄协会倡议，希望

① 来自：詹承绪：《大理白族的婚俗和族规村约》，载中国社会科学院民族研究所民族学研究室：《民族学资料丛编 南方民族的文化习俗》，云南人民出版社1991年版，第115－116页。

全体村民自觉执行。

一九八七年十月廿八日

## 12. （云南省大理白族自治州云龙县白石乡大石壁村）巡逻公约[①]

1. 凡轮到巡查户，都应尽职尽责，努力完成巡查任务，保护全村的安全。

2. 对所属范围内发生火灾、盗窃及不安全因素，应当立即向当地政府及有关人员报告。

3. 如轮到巡查者利用工作之便，进行违法活动，加倍进行处理。

4. 巡查日期过后，巡查者不移交班，当日发生事故，由本人负责一切后果。

5. 轮到巡查之日，对以上要求公约不执行，甚至不执行巡查任务者，发生一切事故，由本户负责。

6. 从一九八四年二月份起，长年进行巡查，遵照执行上述公约，并于值完日后移交轮流值日牌及敲梆。

一九八四年二月大石壁村民

同立

① 来自：张彦光：《大石壁村的敲梆巡夜制度》，载政协云龙县文史资料委员会编：《云龙文史资料 第3辑》，内部印行，1989年10月，第41－42页。

# 13.　（云南省大理白族自治州祥云县刘厂镇大波那村）村规民约[①]

为了坚持党的四项基本原则，认真执行党的各项方针、政策，促进两个文明建设，实现社会治安的根本好转，以国家的法律法令为依据，结合大波那的实际，特制定此约，希望各村民自觉遵守执行。

## 第一章　社会治安

第一条　每个村民都要学法、知法、懂法、守法，自觉维护法律的权威和尊严，同一切违法犯罪行为作坚决的斗争。

第二条　村民之间应团结相处，互敬互爱，不打架斗殴，严禁侮辱诽谤他人，严禁造谣惑众、搬弄是非，不搞家族主义，迷信活动，不参与邪教组织。

第三条　自觉维护社会公共秩序安全，不扰乱公共场所及会场纪律，不阻碍公务人员执行公务。

第四条　认真遵守户口管理规定，出生、死亡、迁出、迁入及时上报，办理有关申报、注销手续，外出人员（非正常的）应向村治保会、联防队人员报告，并办理临时暂住手续，对形迹可疑外来人员应及时向公安机关申报。

第五条　对违反上述社会治安条款者，按以下办法处理：

---

① 来自：李卫宁、尹毅、刘兰凯编著：《欠发达地区村民自治研究》，云南科学技术出版社2006年版，第198－202页。制定时间不详。

（一）触犯法律法规的，报送司法机关处理。

（二）情节严重者，但尚未触犯刑律和治安处罚条例的，由村委会批评、教育外酌情罚款100元以上200元以下。

## 第二章　村风民俗

第一条　提倡社会主义精神文明，积极开展“十星”活动，移风易俗，婚丧喜事要从简，树立良好的社会风尚。

第二条　搞好公共卫生，做到村容整洁，不随地倒垃圾，严禁巷道内堆积粪草及村前屋后乱丢死尸，乱丢死尸一只处以10至50元罚款。严禁在村中弹石路上堆粪草、煤、土、石头等杂物，堆放不能超过5天，如超者每平方米罚款2元以上10元以下，做到人人讲卫生，户户爱清洁。

第三条　服从村、组建房规划，依法使用土地，禁止在河沟旁建造建筑物、开挖零星地等乱占耕地，互相不扯皮。

第四条　违反上述规定的，给予批评教育，并写出书面保证，情节较重的，根据本人态度，或许收回建房证，拆除建筑物恢复耕地。

第五条　严禁田间地角小偷小摸。如发现按原物价值处以五至十倍的罚款。

## 第三章　相邻关系

第一条　村民之间要相互尊重，相互理解，互相帮助，和睦相处，按“十星”标准要求建立良好的相邻关系。

第二条　村民饲养的动物、家畜造成他人损害的，由动物饲养人或管理人负责经济责任的全部损失。

第三条　邻里间发生纠纷，能自行调节的，自行调解处理，不能自行调解处理的要依靠组织解决，不能仗势欺人，强加于他人，对不听劝阻制造纠纷的当事人，根据情节轻重予以教育，造成人身或财产损坏的，必须承担医疗费用及赔偿财产损失的2至3倍。

第四条　干部因队伍歪风邪气的治理，如执行统一规划规范种植中与不执行者发生争执，而对干部进行报复的，如损坏青苗或其他财产，按保护干部政策处理，造成严重后果的，必须送交公安机关追究刑事责任，确保干部队伍的稳定。

## 第四章　婚姻家庭

第一条　全村村民要遵循婚姻自由，男女平等原则，一夫一妻制，尊老爱幼，建立团结和睦的幸福家庭。

第二条　婚姻大事由本人作主，反对他人包办干涉，不借婚姻索取财物做伤风败俗之事。

第三条　自觉做到计划生育，严格执行“一法一条例”有关规定，晚婚晚育，生男生女都一样，做到不超生、不抢怀。如有违法者依法追究责任，同时按本约规定，不办理其子女的一切户籍手续。

(1) 流动人口已婚夫妇，必须半年一次孕检证明反馈回村，一个季度寄回一次。

(2) 18岁以上未婚青年必须一年两次与村委会联系本人的基本情况，若一年内无任何消息，村上一概不出示任何证明。

（3）在外多年的已婚夫妇如 3 至 5 年与组、村无任何联系，按我村村民自治章程，户口自然消失。

第四条　对丧失劳动能力无固定收入的老人，其子女必须尽赡养义务，保证老人每年 200 斤粮，200 至 60 元生活费，油肉 20 斤，生病的医疗费 5 元以下由老人负责，10 元以上由子女及赡养人全部承担，确保老人安度晚年。

第五条　对虐待老人、打骂老人者或者无故不赡养老人者，根据情节轻重，轻者教育必须写出书面保证，重者送交司法机关处置，并作出在组内、村内除名、通报批评的处理办法，同时加倍完成赡养义务，不按调委会协议处理完成赡养义务的，村委会不出具任何证明及证据。

## 第五章　水利设施

第一条　水利是农业的命脉，凡是在水利设施、县管干渠各湖塘、沟道乱挖乱种者，超过有关部门划定界限的每开挖 0.1 亩，除处以 100 元以上 300 元以下的罚款外并恢复原样。

第二条　严禁在村中后沙河、龙江沟、龙泉路水沟倒垃圾，植树造林对村内的绿化树木损坏者罚款 100 ~ 200 元，如发现每倒一车（手推车）除自己清除外，根据本人认识错误态度处 50 元以上 200 元以下罚款。

第三条　严禁对滇中工程农业综合发展、烟水工程，各湖塘、沟道、机耕路进行损坏，人人有责任保护，如发现有意破坏者，重则罚原价值的 3 ~ 5 倍，并以破坏水利设施送交有关部门追加刑事责任。

第四条　每年大小春用水，必须服从村组统一调配，一律实行一把锄头放水，不准放霸王水，任何个人都不得乱挖滥放。

第五条　为了每年放水之用，各村民必须遵守村组的统一安排，按规定的时间内清好一切沟道水路，达到有水快流。

## 第六章　农林科技

第一条　科技是第一生产力，科学种田要放在首位，各农户每年大小春生产必须服从村、组统一规划规范种植，严格按照“三化”措施要求种好自己的责任田。

第二条　按粮食部门规定时间，积极完成国家定购粮任务。

第三条　上交统筹提留税费是每个村民的义务，每年上交提留时间为10月15日前，最迟不准超过10月20日，如不按时交清每天追加总额的2%的滞纳金和不出具任何证明。

第四条　各类承包款项要按合同规定、时间交清，否则按合同履行，新增合同村委会统一制作样本。

第五条　森林是绿色家园，保护森林人人有责，严禁乱砍滥伐、开荒、种植，违者视情节轻重处以罚款或送交林业部门处理。

第六条　对通信线路和电力设施，人人有责保护，对有非法乱接及破坏的行为坚决打击，或报有关主管部门按法律法规处理。

第七条　本约由治安综委负责实施、解释。

## 14. （云南省大理白族自治州）宾川县州城镇白庄帽自然村村规民约[①]

经2015年4月26日村民理事会、监事会组织召开村民代表会议，审议并表决通过，特制定本村规民约，请全村村民自觉遵守执行。

一、全体村民自觉践行社会主义核心价值观，坚决拥护中国共产党的领导，热爱祖国，热爱集体，热爱家乡，遵纪守法，倡导“五讲四美”、男女平等、邻里和睦、见义勇为、助人为乐，不打架斗殴和酗酒闹事，争做文明村民。

二、积极开展农村环境卫生整治，严禁垃圾随地乱倒乱堆，修盖房屋产生的建筑垃圾应及时清理，柴草、粪土应定点堆放，在村间、田间道路上堆放时间不能超过一星期，如遇特殊情况及时处理。自觉履行“门前三包”即：包卫生、包绿化、包秩序的义务和责任，主动做好“四清”即：清杂物、清污泥、清污水、清垃圾，彻底做到净化环境，美化庭院。

三、自觉开展四旁植树，保护水源，保护河流，严禁私挖乱占河道，保护树木，保护生态环境，建设生态宜居村寨。

四、提倡讲科学、学科学、用科学，移风易俗，不请神弄鬼或装神弄鬼，不搞封建迷信活动，不听、看、传淫秽书刊音像，不参加邪教组织活动，自觉抵制毒品，远离毒品，不参与赌博，不借放高利息贷款。

---

① 胡兴东于2020年3月1日提供。

五、倡导移风易俗，村民办理红白喜事应向村民监事会申报，经监事会批准后方可操办。喜事新办，丧事从简，反对盲目攀比和大操大办，客席上每桌菜控制在13个菜以内，荤素搭配合理，不使用高档香烟和酒水。劳释出狱人员不准搞庆典和请客摆酒席，建大门、房屋封顶，子女升学只可在直系亲属间进行适当的庆贺，给逝者竖碑或立生基要本着节约从简。

六、各家各户应积极缴纳新农合、城乡居民养老保险、环境卫生费水费及基础设施建设“一事一议”等合理费用。

七、建房要自觉执行村庄规划，手续齐备方可动工，不得违反规划或损害四邻利益，注意家庭用电用火安全，清明节上坟或上山放牧的村民应做好森林防火工作。

八、家庭间、成员间要互重互爱，夫妻之间互敬互爱，反对家庭暴力，父母应尽抚养教育未成年子女的义务，破除生男才能传宗接待的陋习；子女应尽赡养老人的义务，不得歧视、虐待老人。

九、坚持“一事一议”、村民理事会、监事会审议制度。对违规违约行为严肃查处，利用村内广播实行全村点名道姓的通报，并限期整改。实行党员联户责任制，统一要求，分户落实，分户实施。

十、本村规民约自公布之日起生效。

白庄帽自然村村民理事会

2015年4月26日

## 15.（云南省保山市隆阳区瓦窑镇瓦窑社区）公告①

为建设一个产业兴旺、生态宜居、乡风文明、治理有效、生活富裕的新社区，经2018年7月30日召开村民大会通过决定：

一、凡不参加公共事业建设者；

二、不交卫生、水、电管理费者；

三、乱办酒席铺张浪费者；

四、贷款不守信用者；

五、私搭乱建，不按规划者；

六、配合社区工作不积极者；

七、不执行社区两委重大决策者；

八、不孝敬父母，不奉养父母者；

九、不严格管教未成年子女者；

违反上述“九条”规定的人员，以户为单位，将列入“黑名单”管理，考察期为三个月。在考察期间，该户不得享受国家任何惠民政策，社区两委也不为该户村民办理任何相关事务。直至考察合格，村民大会作出检讨，取消“黑名单”管理后，才能恢复普通村民正常享受的权利。

中共瓦窑社区党总支（宣）

瓦窑社区村民委员会（宣）

瓦窑社区公共管理办公室（宣）

① 来自：《【进行时·保山】村规民约“约”出文明新高度》，载“云南扶贫热线”微信公众号，2019年7月25日。

## 16.　（云南省保山市隆阳区）瓦窑镇横山村村规民约[①]

经横山村第六届村民委员会第六次村民代表会议讨论通过。

为了推进横山村村庄建设，维护社会稳定，树立良好民风，创造安居乐业的社会环境，促进经济发展，更好地落实党中央提出的振兴乡村战略，建设富强、民主、文明、和谐、卫生的新农村，经全体村民讨论通过，制定本村规民约如下：

第一条　邻里团结讲礼貌，敬老爱幼夫妻和。村民之间团结友爱，和睦相处，不打架斗殴，严禁侮辱、诽谤他人，严禁造谣惑众、拨弄是非，建立团结和睦的家庭、友邻关系。

第二条　公共设施人人护，蓄意破坏照价罚。对蓄意破坏公共设施及财务（物）者，应按照原价赔付，并处以500～1000元的违约金，若不接受处罚，村委会将依法上交到相关部门进行处理。

第三条　各类垃圾不乱扔，一经发现要重处。严禁随地乱倒、乱堆垃圾秽物，严禁将垃圾倒入道路旁边及河道中，违者将处以500～1000元的违约金。

第四条　粪水横流害处大，收集处理真卫生。积极开展文明、绿色、卫生、幸福村落建设，搞好公共卫生，加强村容村貌整治。

第五条　环境清扫有专人，每人最少二十四。凡属本村村

① 来自：《【进行时·保山】村规民约“约”出文明新高度》，载“云南扶贫热线”微信公众号，2019年7月25日。

民，每年至少缴纳人均24元的卫生管理费，若拒不缴纳者，村委会将其纳入村规民约的红九条进行处理。

第六条　红白喜事不铺张，提前报批待审查。喜事新办、丧事从简，破除陈规旧俗，反对铺张浪费、大操大办。

第七条　告别土葬入公墓，清明供坟送鲜花。改革土葬，革除丧葬陋习，倡导健康文明丧葬新风尚，促进社会主义精神文明建设。

第八条　野外用火真可怕，引发火灾要坐牢。严禁一切野外用火，特别是烧地现象，一经发现野外用火及烧地现象处以200～500元的违约金，若引发火灾，将由公安机关处理。

第九条　扫黑打非步伐禁，赌钱赌酒触刑法。不准赌博、酗酒闹事；不准参加邪教组织，不听、不看淫秽书刊碟片；违反者处以100～500元的违约金。

第十条　起房盖屋规范化，两图一书把关卡。建房应服从村庄建设规划，经村委会及上级有关部门批准，统一安排，不得擅自动工，不得违反规划或损害集体、四邻利益。

第十一条　礼让三分人人好，矛盾纠纷不出村。坚持三级三调制度，做到矛盾不上交，反映不越级（三级：村民小组；村调解委员会；镇综治中心或调解委员会。三调：每级至少进行三次调解并有痕迹记录。）

第十二条　遵规守矩好村民，人人带头村庄美。倡导社会主义精神文明、移风易俗，反对不文明行为，树立良好民风。

瓦窑镇横山村村民委员会

2018年10月23日

# 第九章 哈尼族地区村规民约

## 1. （云南省红河哈尼族彝族自治州绿春县大兴镇）岔弄办事处村规民约[①]

根据本办事处实际，经办事处领导与各村委会全体干部共同酝酿、讨论，特制定出如下村规民约：

**一、关于盗窃行为的处罚**

1. 一般性盗窃行为，按所偷实物的折款罚1~3倍。

2. 凡撬门（家里、田棚）盗窃者，按实物（折款）罚3~5倍。

3. 盗窃学校财物的，发现一次罚300~500元。

---

① 来自：何斯强主编，哈尼族调查组编写：《云南民族村寨调查 哈尼族 绿春大兴镇倮别新寨》，云南大学出版社2001年版，第231－233页。

4. 殴打教师、扰乱学校正常秩序的，除赔偿医药费外，罚100～300元。

5. 损坏学校财物的，按实物（折款）罚1～3倍。

**二、男女有不正当关系的处罚**

1. 已婚男女发生不正当关系的，根据情节轻重，男女双方各罚100～300元，引产医疗费自付。

2. 非婚怀孕的，男女双方各罚250元，引产费、医疗费、误工费自付。

**三、调解各种纠纷**

1. 鸭子在6～8月间不准随便放养，一经发现，每只罚5元。

2. 牛、马践踏庄稼，须由双方当事人各押现金50元作调解费，赢的一方退回，输的一方不再退回。牛、马所践踏的粮食，由牛、马的主人赔偿。

3. 调解土地纠纷，要求调解的双方当事人各押现金50～100元作为调解费，赢的一方退回，输的一方不再退回。

4. 调解吵架、打架和家庭各种纠纷的，须由要求调解的一方或双方当事人各押现金50～100元作为调解费，赢的一方退回，输的一方不再退回。

**四、奖惩**

1. 对执行公务者（追收提留款、公定粮、农特税收以及其他）进行抵制直至围攻的罚300～500元。

2. 对检举揭发有功者，奖总罚款金额的20%，对办事人员打击报复者罚100～300元。

**附则：**

（1）以上条款在调解中能自行协商，认为双方的错误基本一致的，各支付50%的调解费。

（2）本民约只在本办事处辖区内生效，如与宪法、法律、法规相抵触时无效。

（3）调解费按三七提成，即主办方70%，协助方30%，此民约自公布之日起生效。

（4）凡在集体护林区内盗窃林木者，由自然村村委会自行处理。

（5）以上各条，若有不服者，7～15天内向上级提起上诉。

1995年7月21日

（岔弄办事处印章）

## 2.　（云南省红河哈尼族彝族自治州绿春县大兴镇岔弄办事处）新寨村村规民约[①]

第一条　民事纠纷吵架，经双方交押金33元后调解，输方不退赔。

第二条　打架斗殴者，经双方交押金66元后调解，输方不退赔。

第三条　调戏妇女者交罚金200元。

① 来自：何斯强主编，哈尼族调查组编写：《云南民族村寨调查 哈尼族 绿春大兴镇倮别新寨》，云南大学出版社2001年版，第230－231页。

第四条　非婚怀孕者罚款500元。

第五条　故意争夺用地者罚款99元。

第六条　牲畜吃毁庄稼应罚其主人40~70元。

第七条　盗伐森林者罚款150~200元。

第八条　生产用火烧山者，应罚30元。

第九条　偷拿盗窃者罚款150~300元。

第十条　破坏公益事业和财产应赔偿损失。

第十一条　逢年过节不遵行禁忌者（如干活等），罚款20元。

讨论成员：全部户主（姓名、手印）

1991年7月6日制定

## 3. （云南省红河哈尼族彝族自治州绿春县大兴镇岔弄办事处）新寨村森林管理村规民约①

1. 严禁到全村集体林、封山育林区、水源林中乱砍滥伐，毁林种地。若教育不听，到禁区乱砍滥伐者，按照《森林法》的有关规定，结合本村实际，罚款如下：

金豆架每棵0.20元；椽子每棵0.50元；桁条每棵2元；梭木罗每棵1.50元；大梁、柱子每棵各4元；一背柴3元；40公分以上的大树每棵20元。

---

① 来自：何斯强主编，哈尼族调查组编写：《云南民族村寨调查 哈尼族 绿春大兴镇倮别新寨》，云南大学出版社2001年版，第234页。此名称为编者所加。

在所罚款数中，揭发人奖50%，剩余的50%归集体。

2. 严禁到集体林、水源林、封山育林区中毁林开荒种地，禁区界线范围内的轮歇地要坚决退出。若教育不听，强行到林区开荒种地者，按照《森林法》有关规定，结合本村实际，凡砍1亩罚款30元，所砍的树木按照第一条的规定执行，所开的地要限期退耕还林，所砍的树不得使用。

3. 严禁放火烧毁森林，若违者按照《森林法》有关规定罚款如下：所毁树多的每亩15元，树少的每亩10元。

4. 群众建房所需木材必须报经本村护林员同意到指定地点按所批的数量采伐。应交所规定的管理费如下：正房每幢6元，耳房每幢3元，厨房每幢2元。修补房子的则根据实际需要数确定所交管理费。若不经同意乱砍滥伐者，按照第一条的罚款规定处理，所砍的木材全部没收归集体。

自1982年1月19日开始执行。

## 4. （云南省红河哈尼族彝族自治州绿春县大兴镇岔弄办事处新寨、上折东、下折东和倮别）交通条约①

因上折东、下折东、新寨公路经过倮别，故此各社的大、小干部特作以下协议：

① 来自：何斯强主编，哈尼族调查组编写：《云南民族村寨调查 哈尼族 绿春大兴镇倮别新寨》，云南大学出版社2001年版，第235页。

1. 死牛、死猪、死人等一律不准通过倮别。

2. 参加埋人的人也一律不准通过倮别。

3. 民族节日（昂玛翁）等特殊节日不准通过倮别。

4. 如哪个村子的群众不遵守以上条款罚款360元，还要从严惩罚。

5. 如哪个村子的干部不参加罚款，哪个村子就一律不准通车。此外各村所砌的挡墙一切后果自负。

为了尊重民族的风俗，希望各社的干部和群众自觉遵守。

上折东干部：卢大哈、陆哈之（手印）

下折东干部：卢阿昆、卢石保（手印）

新寨：德一得、李文光、李才保（手印）

倮别：孙光发、卢鲁办、卢智华（手印）

办事处领导：陆益真、罗城忠、卢维城（签名）

岔弄办事处（印章）

一九九五年元月十日

## 5. （云南省红河哈尼族彝族自治州元阳县新街镇土锅寨村）箐口村村规民约[①]

为了加强箐口村的管理，进一步规范和完善村民的习俗，制约村民不良行为，经村民小组研究，特制定以下村规民约：

① 来自：马翀炜主编：《云海梯田里的寨子 云南省元阳县箐口村调查》，民族出版社2009年版，第195－196页。

1. 全村村民必须加强安全防火意识，不准买卖及燃放烟花爆竹，小孩不准玩火，成人不准乱仍（扔）烟头。

2. 全村养猪、鸡、狗户，必须严格关养，不允许到处乱放，违反者，每头猪不论大小第一（次）罚款3元，第二次翻倍罚，如再违反，以次数翻倍罚款。

3. 全村主线道路不允许堆放任何建筑材料、柴火、稻草、垃圾、肥料等杂物，确实需要放的，必须经村民小组批准，违反者根据所占用地的平方面积，每平方罚款1元。

4. 全（村）村民除管理好主街道外，还必须管理和打扫自家卫生、房前屋后，争做清洁卫生文明户。如不进行打扫的村民小组将（对其）提出批评教育。

5. 爱护公物、人人有责，如有意损坏公共设施，按其物价值的一倍赔偿。

6. 决不允许喝酒闹事，扰乱会场秩序，违反者情节严重的送司法机关处理。

7. 不经县城建局、旅游局批准，不得擅自拆建房屋。

8. 决不允许偷窃公物和他人钱财，违者按其原价的20倍罚款。更不允许偷（电），违者当月全村的电费由违反者来支付。

9. 在箐口村的行政范围内不能有采石、挖沙等破坏地貌的行为，违反者，视情节轻重，给予罚款或送司法机关处理。

10. 不允许在白龙泉、长寿泉洗衣物、沐浴，违反者每次罚款5元。

11. 全村开群众会，若不来参会户，罚款5元。

12. 全村应大力支持各种宣传活动，即国家允许范围内的各种活动经营。做到“文明经销、礼貌待客、入门欢迎、出门再见”。

13. 本村规民约自发布之日实施。

箐口村村民小组

2002 年 12 月 24 日

## 6. （云南省普洱市江城哈尼族彝族自治县国庆乡）田房村补底村村规民约[①]

本村规民约经本村村民代表大会讨论通过，全体村民共同遵守。

### 脱贫攻坚规约

第一条　服从党委、政府的领导，不忘党委、政府的关心和帮助，说感恩话，做正直人。

第二条　贫困可耻，致富光荣，不无理争当贫困户。

第三条　积极参与脱贫攻坚，尽自己的能力建设住房、发展产业，不等不争扶贫项目，不拖全村全乡后腿。

第四条　公正评价党委、政府的脱贫攻坚工作成效，不说假话，不乱反映。

---

① 来自：搜狐网，网址：http：//www. sohu. com/a/341253772 _ 391643，2020 年 2 月 14 日最后访问。制定时间不详。

第五条 积极配合信息调查，不说谎话，如实提供家庭信息，不瞒报已享受的扶贫政策、项目、资金，确保信息真实。

第六条 按时缴纳城乡居民医疗、养老保险，保证子女就学。

第七条 违反上述任一条规约的，经本村民代表大会讨论决定：

1. 暂缓申报各类扶贫政策、项目、资金，农村低保和其他困难救助及惠农补贴；

2. 不得参与享受本村民小组的集体资产收益和其他集体资产分红；

3. 暂缓参加本村民小组各项承包活动、建房申请和办理一切证明手续。

## 环境卫生规约

1. 村内卫生、垃圾需投入垃圾池。相互监督。

2. 每月进行一次大扫除。每户最少要一个义务工参加。打扫时间为每月 18 日。

3. 村民建议将狗进行拴养，病鸡、猪、鹅、鸭，不能乱扔，要在指定位置深埋。

## 乡风文明公约

一、树立“八荣八耻”社会主义荣辱观，自觉成为有觉悟、有文化、懂经营、会管理的新型农民，积极参与社会主义新农村建设，努力做到率先发展、率先致富、率先文明。

二、自觉学法守法，维护村内的社会公共秩序，尊老爱幼，保护老人、妇女、儿童的合法权益，严禁虐待、遗弃、伤害老人、妇女和儿童，村民邻里矛盾由村调解会及时调处，村民要自觉做到不违规、违法上访。

三、全体村民都要自觉保护环境卫生，爱护公共设施，各户实行“门前三包”，积极搞好家庭环境卫生，不乱倒垃圾等杂物，确保道路清洁、沟河整洁、环境优美，提倡村民绿化、美化庭院，爱护树木花草，不盗砍、损坏林木花草。

四、提倡晚婚晚育，实行计划生育，杜绝计划外生育。

五、提倡勤俭节约，移风易俗，反对婚丧嫁娶大操大办。

六、村民建房必须服从规划，按规定施工，禁止乱占土地和违章乱搭乱建，禁止擅自在村内主要道路两侧、公共部位乱扔垃圾，乱堆杂物，占用道路，积极实施改厕、改灶和污水整治。

七、加强安全教育，搞好森林防火，注意用电安全，遵守交通法规，严禁酒后驾驶，杜绝事故发生。

八、严禁传播淫秽物品，严禁卖淫嫖娼，严禁吸、贩毒，不得参加合法宗教场所外的宗教活动或私设聚会、非法传教活动，严禁赌博和偷盗等违法犯罪活动，反对封建迷信。

九、凡被依法处罚或违反本村规民约的农户，在本年度不得参与文明户、星级户、平安家庭等评比，外来人员在本村居住的参照执行本村制度。

十、本制度如有与国家法律、法规、政策相抵触的，按国家法律、法规、政策执行。

本村规民约，若有与国家法律、法规相抵触之处应以国家法律法规为准，本村规民约由田房村补底村执行委员会执行。

## 7.　（云南省普洱市墨江哈尼族自治县新安乡）腊冬村村规民约[①]

墨江县新安乡专门制定了管理森林的村规民约，对森林进行管理，取得较好的成果。腊冬村村民委员会召开全村社员群众大会，推选2个护林员对本村的森林进行管理，规定护林员每个月用2～3天时间巡山，每天给误工费2.0元，早晚管理、每年补助15.0元，罚款的50%归护林员，50%归生产队。该村制定的管理森林村规民约如下：

① 农户新盖房子，生产队无偿给农户45棵木料50棵小料。砍伐地点由护林员安排，砍完后由护林员检查现场。

② 农户修补房子，木料数量由护林员批准，并按树木的大小核价卖给农户。

③ 农户盖草房，生产队给料10棵，小料64棵，但农户必须出钱买。

④ 农户新盖厨房，所需木料由护林员定，村民委员会批准，农户出钱购买。

⑤ 农户盖羊厩，生产队给料2棵，杂树6棵。

---

① 来自：何丕坤、何俊：《热带社会林业》，云南科学技术出版社2003年版，第158－159页。

⑥ 对偷砍树木的罚款规定，偷砍成材林（10～13cm）每棵罚款20元，未成材林每棵罚款10元，杂树每棵罚款5元：在非许允砍柴时间砍细小的柴烧，10岁以上者罚款30元，10岁以下者作教育，如果顽固不听的加倍处罚。

⑦ 护林人员的报酬每人每年补助15元，超生孩子的农户不能作护林员，护林人员的工作情况由村民委员会和社员共同监督。

⑧ 该民约从1982年12月7日开始执行。

腊冬村村民委员会

1982年12月6日

## 8. （云南省西双版纳傣族自治州勐海县布朗山布朗族乡老班章村）进入老班章车辆、游客管理办法（试行）[①]

一、进出老班章村的车辆实行实名登记管理制度。村内村民现有的车辆，统一录入智能门禁管理系统进行管理，新购置的车辆应及时到保安室办理登记手续并录入系统，出入不受限制。

（一）允许进入老班章村的车辆：

1. 老班章村民目前自行拥有的车辆或今后自行购置的

① 来自：《公告 老班章村正式实施“进入老班章车辆、游客管理办法”！》，载“和森老班章”微信公众号，2019年3月16日。

车辆；

2. 老班章村民亲戚、朋友、客商的车辆；

3. 陈升茶厂和农村信用社的车辆；

4. 老班章村民自行建盖房屋、修整道路等使用的工程车辆；

5. 党政部门公务用车；

6. 特种车辆120急救车，110警车，122交通事故处理车，119消防车等。

上述车辆进入老班章村后，老班章村民亲戚、朋友、客商的车辆由老班章村民自行引导车辆停放到自家停车场区域内，禁止停放到村内道路两侧堵塞交通，若发现按照村规民约进行处罚。陈升茶厂和农村信用社的车辆按照要求停放到各自区域停车场；工车辆停放到施工工地；特种车辆及党政部门公务用车由门卫执勤人员引导其停放到村内的公共区域场所。

（二）允许进入老班章村的车辆必须在门岗进行实名登记。

1. 进入日期、时间、事由、车辆车牌号、驾驶人员姓名、身份证号码、联系电话、随行人员人数；

2. 去往几号村民家，户主姓名及联系电话；并与户主取得联系，由门岗值班人员核实情况；

3. 属于允许进入的哪一类型车辆；

4. 进入村内后，车辆停在接待村民家中，不得占用集体公用路面，车辆和人员在村内发生的任何情况由接待的老班章村村民自行负责，茶王路不准开车进入。

5. 如发现农户及客户驾驶机动车进入茶园，如有违反一律按村规民约处理。

（三）不允许进入老班章村车辆游客及散客的车辆：

游客及散客车辆。

（四）不允许进入的车辆由门岗值班工作人员统一安排到停车场停车（停车场停车按停车场管理办法执行）。

（五）游客如自愿乘坐电瓶车（按 15 元/人收取卫生管理费。往返路线为：停车场—大门口—茶王树—瑞贡老班章茶厂—老班章村—大门口—停车场。

二、若本村村民的客户、亲戚、朋友的车停在停车场，停车卫生管理收费标准按照上述标准执行。由接待村民自行负责其客户、亲戚、朋友的接送工作。如需去茶王路参观乘坐电瓶车按 15 元/人收取卫生管理费。

三、老班章村民（哈尼族）传统节日（嘎汤帕）新年节 4 天（1 月 1 日至 1 月 5 日）和（耶苦扎）秋千节 5 天（7 月中旬至 8 月中旬，每逢生肖属牛的那一天）将允许所有车辆进入村内，车辆和人员在村内发生的一切事故将由所接待的村民家负责。散客和游客将由门岗值班人员和村民小组的民兵和治安共同管理；党政部门公务用车由村小组的民兵和治安统一管理；工程用车由建筑施工的村民管理和负责。

四、在老班章村民小组进村入户大门口设立保安室和游客中心，实行 24 小时值守。值守人员由老班章村民小组和勐海瑞贡老班章旅游投资开发有限公司共同委派（老班章村民小组每天委派 1 名村民参与值守，值守时间为早上 8 点至下午 6

点），主要负责进村入户车辆、游客登记工作。

五、停车场停车卫生管理费用收取及乘坐电瓶车卫生管理费用收取由勐海瑞贡老班章旅游投资开发有限公司会同老班章村民小组共同收取，每月核算一次，年底按照双方签订和《合作协议》进行分配使用。

六、门岗值班人员要认真履行好工作职责，若发现有游客在老班章村门岗和村内乱打广告将上报村民小组，由村民小组按照村规民约全权处理。

七、停车卫生管理费用收取和乘坐电瓶车卫生管理费用收取自2018年12月1日至2019年2月27日为试行期，2019年3月1日起正式执行。

八、该管理办法由勐海瑞贡老班章旅游投资开发有限公司会同老班章村民小组共同研究制定，双方可以根据实行情况作出修改和调整，解释权属双方共同所有。

九、该办法执行后，勐海瑞贡老班章旅游投资开发有限公司、老班章村民小组原有的管理办法与该办法有冲突的，以该办法为准。

# 第十章　黎族地区村规民约

## 1. （海南省五指山市通什镇）福关村村委会村规民约[①]

为了使我福关村村民委员会的各项工作顺利开展，根据国家法律、法规、政策和本村的情况，并经村民民主讨论，特制定如下村规民约：

1. 要爱国家，爱集体，勤劳致富，反对偷盗、损公肥私、损人利己；

2. 要讲文明礼貌，敬老爱老，遵守社会道德，反对打架斗殴；

① 来自：张跃、周大鸣主编：《中国民族村寨调查 黎族 海南五指山市福关村调查》，云南大学出版社2004年版，第266页。制定时间不详。

3. 要破旧立新，移风易俗，不赌博，不搞封建迷信活动，反对红白喜事大办，挥霍浪费；

4. 要遵守计划生育政策，反对早婚、早育、超生；

5. 积极参加环境保持工作，不捕杀野生动物，不毁坏山林，努力绿化、净化、美化环境；

6. 努力搞好场社、厂村关系，杜绝事故发生；

7. 认真贯彻执行九年义务教育法和做好脱盲工作，人人负起责任，主动送子女读书，积极配合学校做好子女的思想工作，积极参加脱盲学习，学科学、学技术、学文化。

## 2. （海南省五指山市通什镇）福关村村委会关于违犯村规民约的处罚条例[①]

一、猪、牛吃他人或集体的农作物，毁坏他人或集体的经济作物处罚：

1. 水稻按每亩罚款一千元，番薯、玉米按每亩罚款五百元，甘蔗苗每棵（罚款）五元。

2. 猪、牛主受到警告后仍不管好自己的猪、牛，第三次再去吃或毁坏他人的农作物、经济作物的，被吃或被毁坏农作物、经济作物者把猪、牛打死、打伤都没关系，一切后果由猪、牛主负责，并按上述处罚规定相应罚款。

---

① 来自：张跃、周大鸣主编：《中国民族村寨调查 黎族 海南五指山市福关村调查》，云南大学出版社 2004 年版，第 267－268 页。

二、偷他人猪、牛、狗、三鸟、菜及瓜类，按市场价罚款。

三、殴打他人者，不管酒后或不食酒，一律付给受伤者全部医疗费；严重的由村委会押送河北派出所。

四、破坏他人夫妇关系者，通奸一次罚款三百元；强奸一次每次罚款一千元并送司法部门立案处理。

五、偷砍他人或集体橡胶的，按每株罚款一千元。已枯死的罚款三百元；偷他人或集体胶水的，一次罚款两百元，偷割收胶水的一次罚款五百元。

六、和外单位发生矛盾应由村委会出面解决，若故意破坏场社关系、厂社关系者，每次每人罚款一百元。

七、其他村委会的青年到本村故意闹事，应由村委会组织青年民兵及时处理，情节严重者，可扣送河北派出所。

福关村村民委员会

一九九五年十一月十二日

## 3. （海南省五指山市通什镇）福关村村委会计划生育公约[①]

控制人口增长，提高人口素质是我国一项基本国策，实行计划生育是我们每一个公民应尽的义务。为了抓好村民委员会

① 来自：张跃、周大鸣主编：《中国民族村寨调查 黎族 海南五指山市福关村调查》，云南大学出版社2004年版，第268－269页。

的人口与计划生育工作，实现少生快富，文明奔小康，经本村村民委员会人民代表大会一致讨论通过，特制定如下人口与计划生育公约：

1. 积极响应党和国家的号召，自觉实行晚婚、晚育、少生、优生。

2. 认真执行《婚姻法》，严禁早婚、非婚生育（男 22 岁、女 20 岁为法定结婚年龄）。

3. 自觉实行计划生育，凡是要求生育的夫妇，必须向村民委员会提出申请，经报上级计生主管部门批准后，方可怀孕生育。

4. 严禁计划外生育。

5. 每对夫妇要自觉落实节育措施，做到该上环的要上环，该结扎的要结扎，计划外怀孕的要进行人流或引产。

6. 凡是需要外出从事其他职业的人员，必须向上级计生主管部门申办《婚育证》，并每半年到村民委员会接受婚育检查一次。

7. 计划外生育者或非婚生育者，要按规定自觉上缴计划外生育费。

8. 年满 15 岁至 49 周岁的人员，每年要自觉接受人口与计划生育基础知识教育。

9. 以上公约望大家共同遵守执行。

10. 本公约自 1996 年 1 月 1 日起生效。

## 4. （海南省五指山市通什镇）福关村村委会计划生育管理制度[1]

（1995 年）

为了全面贯彻执行现行的计划生育政策，把计划生育纳入法制轨道，制止早婚、早育和违反政策的婚育，努力创建计划生育合格村，特制定本计划生育管理制度。

**一、管理**

凡居住在本村委会范围内的育龄人群，必须自觉执行计划生育政策，严禁早婚早育和计划外生育，自觉落实计划生育避孕节育措施。

**二、奖励**

1. 自觉实行计划生育好的夫妇，即在规定时限范围内按计划生育者（即一孩、二孩、三孩属计划内生育），并在指定时间落实避孕节育措施的一次性发给奖金 100 元。

2. 三女户夫妇一方实行节育手术，发给营养补助 300 元。

3. 自觉领取《独生子女优待证》，除按省条例发给优待金外，村委会每年发给奖金 60 元（直至孩子满 14 周岁止）。

**三、处罚**

1. 早婚者（即低于法定年龄），罚款 60 元，非婚生育者罚款 4500 元。

---

① 来自：张跃、周大鸣主编：《中国民族村寨调查 黎族 海南五指山市福关村调查》，云南大学出版社 2004 年版，第 269 – 271 页。

2. 凡计划外怀孕者，每月征收 500 元；计划外生育第一胎或二胎者，一次性征收 4500 元；计划外生育第三胎者，一次性征收 4600 元；计划外生育第四胎者，一次性征收 8000 元，以后每多生一个子女加倍征收计划外生育费。

3. 计划外生育者，没按指定时间缴纳计划外生育费，加收 10% 的滞纳金。

4. 没有在指定时间落实节育措施者，每月罚款 50 元。

5. 育龄群众无故缺席人口与计划生育基础知识教育课者，每节课罚款 5 元。

## 5.　（海南省白沙黎族自治县荣邦乡）俄朗村环境卫生管理村规民约①

为美化村容、村貌，创造清洁、优美、和谐的生活环境，提高村民生活质量，保障村民身心健康，特制定本环境卫生规约。

一、完善保洁机制。村民小组要加强对环境卫生工作的领导，指定一名村干部专抓。聘请专职的清扫人员，配备保洁工具，专门负责辖区内主要道路、公共场所的垃圾保洁、清运工作。

---

① 来自：《俄朗村环境卫生管理村规民约》，发表时间：2016 年 4 月 21 日。载白沙党建网，网址：http：//www. baishadj. gov. cn/djxz/rbx/elc/bcgk _ 39650/201604/t20160421_ 1938236. htm，2020 年 2 月 14 日最后访问。

二、保洁员岗位责任制度。卫生专职人员要按规定认真做好本村的卫生清洁工作，村内街巷要每天清扫，实现垃圾日产日清，垃圾清扫实行“三定制度”，即定时清扫、定点存放、定时转运。

三、落实门前三包责任制。生活垃圾定点存放，杜绝乱扔、乱倒现象，保证各户庭院及房屋周围清洁卫生。

四、村容村貌标准。确保村主干道、巷道和公共场所卫生整洁，无粪堆粪坑、无散养牲畜、无私搭乱建、无柴草垛、无污水乱流，保证道路畅通；严禁占用道路及公共场所乱放建筑材料；生活垃圾存放必须入垃圾桶，定期对垃圾桶清理，不积存；及时清理道路两侧、田间地头的白色塑料袋、白色污染物。

五、庭院卫生标准。院内干净整洁，无污水；厨房清洁卫生；室内物品摆放有序，干净整齐。

六、分类处置，循环利用。保洁员督促村民执行垃圾分类制度，提倡农村生产生活垃圾分类处置，实现可循环利用。

七、农村环境卫生监督制度。户与户之间，邻里之间要互相监督垃圾的清扫、清运，村委会负责对农户门前环境卫生的检查、督促。

八、环境卫生评比制度。村委会要组织人员对全村各街道、各户门前卫生清洁情况进行检查，检查实行一月一评比，一季一总评，评出先进，鞭策后进。

九、违反上述规定者，除责令其自行清理外，视情况给予50～200元不等的罚款处理，直至追究相关责任。

十、本《环卫村规民约》解释权归荣邦乡人民政府。

白沙黎族自治县荣邦乡人民政府

2015 年 8 月

## 6.（海南省白沙黎族自治县阜龙乡）可任村村委会村规民约[①]

为了维护社会的安定和谐，促进全村各项事业的全面发展，经村民代表会议讨论通过，订立如下村规民约，望全体村民共同遵守。

1. 拥护中国共产党的领导，遵守国家法律法规，执行党和国家的路线、方针、政策。

2. 遵守社会公德、家庭美德、职业道德，讲文明、讲礼貌、尊老爱幼、和睦相处，正确处理好村民之间的相互关系，不得惹事生非，拉帮结派，不得聚众闹事，打架斗殴。

3. 弘扬正气，抵制歪风邪气，敢于同各种不良现象和违法犯罪行为作斗争，严禁赌博、吸毒、封建迷信等一切违法和不健康的活动，提倡勤俭节约，反对铺张浪费。

4. 关心集体，关心他人，关心村里公共事业，积极参加村民会议，商讨公共事务。

---

① 来自：《可任村委会村规民约》，发表时间：2016 年 4 月 21 日。载白沙党建网，网址：http：//www. baishadj. gov. cn/djxz/flx/krc/xcjs_ 39554/201604/t20160421_ 1937395. htm，2020 年 2 月 14 日最后访问。制定时间大概为 2015 年。

5. 维护村容村貌，搞好环境卫生，美化生活环境，优化育人环境，严禁乱倒垃圾脏物。

6. 村民积极履行各种义务，主动参与道路、交通、学校、水利等公益事业的修建维护工作，依法服兵役和参加民兵组织，承担抚养教育子女和赡养老人，禁止家庭暴力和虐待行为发生。

7. 自觉实行计划生育，树立晚婚晚育、优生优育、生男生女一样好、女儿也是传后人的婚育新观念，禁止无证生育和计划外生育。

8. 认真搞好土地延包工作，落实生产责任制，不得随便侵占土地，不得抛荒弃耕。

9. 搞好安全生产工作，注意防火防盗，注意交通安全，自觉服从对易燃、易爆、剧毒等危险物品和枪支、弹药、管制刀具的管理。

10. 爱护公物，不准侵占集体财物，不准损坏水利、交通、供电、电视、生产等公共设施，严格用水用电管理，禁止偷电偷水，不得私自铺设电线、水管。

11. 凡外来人员进驻本村的，也必须服从本村管理，尽到应尽义务和遵守本村村规民约。本村民外出的要办好《流动人口管理证》，并主动及时履行相关的义务。

本村规民约由村委员会负责执行，村民代表大会负责监督。对违反以上有关条款的村民，村民委员会有进行依法处罚、批评教育等权利。

## 7. （海南省白沙黎族自治县阜龙乡）可任村村委会环境卫生管理村规民约①

为了加强我村环境卫生管理，提高人民的生活质量，根据县、乡环境卫生整治的有关规定，结合我村实际，制定本村环境卫生管理村规民约。

一、各位村民要认真学习有关农村环境卫生管理的法律法规，自觉遵守卫生道德模范，增强卫生意识，养成良好的卫生习惯。

二、生活垃圾实行分类处理。不得在道路沿线、河沟等公共场所堆放、倾倒垃圾、土粪、柴炭等其他杂物。禁止焚烧垃圾、废弃塑料、橡胶以及其他产生有毒有害烟尘和臭气的物质。

三、大力实施改水改厕，彻底清除露天旧厕。

四、实行禽畜圈养，不乱排禽畜粪便，不在公共场所晾晒或堆放禽畜粪便。

五、自觉使用低毒低残留农药和生物药，不使用高毒残留生物药，不得破坏林木，严禁河道两旁搭建屋棚，不得在河道两旁取土、取沙。

六、各家各户自觉清除房前屋后的环境卫生，清除卫生死

① 来自：《可任村村委会环境卫生管理村规民约》，发表时间：2016 年 4 月 21 日。载白沙党建网，网址：http：//www.baishadj.gov.cn/djxz/flx/krc/xcjs_39554/201604/t20160421_1937830.htm，2020 年 2 月 14 日最后访问。制定时间大概为 2015 年。

角，做好“门前三包”工作。

七、不随地吐痰、便溺，不乱倒污水，不乱丢纸屑、果皮等废弃物，积极参加灭鼠、蚊子、苍蝇、蟑螂等病媒生物及消除滋生场所。

八、全体公民要爱护环境卫生设施，根据需要配备垃圾桶等，方便群众投放垃圾。

九、全体村民要相互监督，严格执行本条约，如有违反，情节较轻的，给以批评教育，屡教不改的，造成严重负面影响的，危害公共卫生状况的，给予50元至100元的罚款。

十、本村规民约自公布之日起，望广大村民相互监督执行。

## 8. （海南省白沙黎族自治县阜龙乡）那查村村委会村规民约[①]

为了维护社会稳定和谐，树立良好的民风、村风，创造安居乐业的社会环境，促进全村各项事业全面协调发展，经村民代表会议讨论通过，制定本村村规民约：

1. 热爱祖国，热爱中国共产党，热爱集体，学法知法，遵纪守法，同一切违法犯罪行为作斗争。

---

① 来自：《那查村村委会村规民约》，发表时间：2016年4月21日。载白沙党建网，网址：http：//www.baishadj.gov.cn/djxz/flx/ncc/xcjs_39546/201604/t20160421_1937292.htm，2020年2月14日最后访问。制定时间大概为2015年。

2. 爱护公共财物，不得损坏水利、交通、通信、供电、供水、生产、休闲场所等公共设施。未经批准，不私自安装水电设施，节约用水电。

3. 团结友爱，相互尊重，相互帮助，和睦相处；不打架斗殴，不诽谤他人，不造谣惑众，不拨弄是非，不仗势欺人，建立良好的邻里关系。

4. 提倡社会主义精神文明，移风易俗，喜事新办，不铺张浪费，丧事从简，不搞陈规旧俗，不搞宗族派性，反对家族主义，反对封建迷信及其他不文明行为，树立良好的社会风尚。

5. 搞好公共卫生和村容整洁，美化生活环境，优化育人环境，严禁乱倒垃圾脏物，乱堆乱放柴物。

6. 村民积极履行各种义务，主动参与道路、水利等公共设施的修建维护工作。依法服兵役和参加民兵组织，承担抚养教育子女和赡养老人义务，禁止家庭暴力和虐待行为的发生。

7. 依法使用宅基地，服从乡村建房规划，不损害整体规划和四邻利益。

8. 搞好安全生产工作，加强野外用火管理，严防山火发生。注意防火防盗、注意交通安全。自觉服从对易燃易爆剧毒等危害物品的管理；不得私藏枪支弹药。

9. 严禁私自砍伐国家、集体或他人的林木，严禁损害他人庄稼、瓜果及其他作物，加强牲畜看管；严禁乱放猪、牛、羊。

10. 自觉养路护路，维护道路畅通，不准在村道、主道边搭建违章建筑，堆放废土、乱石、杂物，不准在路肩上种植作物，侵占路面。

11. 自觉遵守计划生育法律、法规、政策，实行计划生育，提倡晚婚晚育，优生优育，严禁无计划生育或超生。

违反上述规定的由村委会给予批评教育，责令改正，情节严重的交上级有关部门处理。

## 9. （海南省昌江黎族自治县）七叉镇乙在村环境卫生管理村规民约①

第一条　为切实做好本村环境卫生整治工作，有效改善村容村貌、提高村民生活质量、优化人居环境，让村民树立“卫生关联你我他、齐抓共管靠大家”“肮脏可耻、清洁光荣”的思想，积极配合并参与村里的卫生工作。结合实际，制定本村环境卫生“村规民约”，希望全体村民共同监督遵守。

第二条　自觉搞好家庭卫生，实行房前屋后三包，即包清理排水沟；包清理猪、牛圈；包生产生活用具摆放整齐，不许占道摆放。

第三条　正确分类处理垃圾，生火做饭时随手焚烧纸屑、塑料袋和秸秆等生活垃圾；把焚烧不了的生活垃圾倒入公共垃

① 来自：《七叉镇乙在村环境卫生管理村规民约》，发布时间：2016 年 8 月 23 日。载昌江党建网，网址：http://www.changjiangdj.gov.cn/xzdj/qcz_40625/yzc_52351/bmfw_52358/201608/t20160823_2098536.htm，2020 年 2 月 14 日最后访问。

圾桶；建筑垃圾由村民清运至指定的地点统一堆放。

第四条　饲养禽畜必须圈养，尤其生猪不得放养，对未圈养且散养在巷道、村路和村庄周围的生猪，一律视为无主猪。本村村民对无主猪有权力捕捉屠宰，并及时向村委会报备。捕捉到的猪由参加捕捉屠宰的村民自行处理。

第五条　养成良好生活习惯，不说脏话、粗话，做讲卫生、有礼貌的文明人。自觉遵守卫生规定，如有违反下列情况的，村委会或管理员有权责令其自行清理或向其一次性收取相应卫生管理费。1. 对随地吐痰、吐槟榔水的及随手丢纸屑、扔垃圾的群众收取卫生管理费50元；2. 对乱倒乱堆如酒瓶等生活垃圾，或制造脏、乱、差行为的群众收取卫生管理费200元；3. 对不按规定处理建筑垃圾的群众收取卫生管理费300元。

第六条　村委会或管理员在收取卫生管理费时，应当向缴交人出具收据。卫生管理费由本村委会统一管理，且全部用于村委会环境卫生整治工作开支，不得挪作他用。村委会应当将详细账目每季度公开一次，接受村民监督审核。

第七条　对不遵守卫生规定，及无故不缴交卫生管理费的村民，村委会在其享受的政府优惠政策及相关补贴方面不作优先考虑。村委会每月组织村干部、村民代表进行卫生检查，对不合格的村民实行全村广播通报，并在村委会张榜公示。

第八条　本村规民约由村委会负责进行解释。本村规民约于2014年4月22日经村民代表大会通过，于2014年5月1日起生效实施。

## 10. （海南省昌江黎族自治县）七叉镇乙劳村环境卫生管理村规民约[①]

第一条　为切实做好本村环境卫生整治工作，有效改善村容村貌、提高村民生活质量、优化人居环境，让村民树立“卫生关联你我他、齐抓共管靠大家”“肮脏可耻、清洁光荣”的思想，积极配合并参与村里的卫生工作。结合实际，制定本村环境卫生“村规民约”，希望全体村民共同监督遵守。

第二条　自觉搞好家庭卫生，实行房前屋后三包，即包清理排水沟；包清理猪、牛圈；包生产生活用具摆放整齐，不许占道摆放。

第三条　正确分类处理垃圾，生火做饭时随手焚烧纸屑、塑料袋和秸秆等生活垃圾；把焚烧不了的生活垃圾倒入公共垃圾桶；建筑垃圾由村民清运至指定的地点统一堆放。

第四条　饲养禽畜必须圈养，尤其生猪不得放养，对未圈养且散养在巷道、村路和村庄周围的生猪，一律视为无主猪。本村村民对无主猪有权力捕捉屠宰，并及时向村委会报备。捕捉到的猪由参加捕捉屠宰的村民自行处理。

第五条　养成良好生活习惯，不说脏话、粗话，做讲卫生、有礼貌的文明人。自觉遵守卫生规定，如有违反下列情况

---

① 来自：《七叉镇乙劳村环境卫生管理村规民约》，发布时间：2016 年 8 月 25 日。载昌江党建网，网址：http：//www. changjiangdj. gov. cn/xzdj/qcz_ 40625/ylc_ 52341/bmfw_ 52348/201608/t20160825_ 2101780. htm，2020 年 2 月 14 日最后访问。

的，村委会或管理员有权责令其自行清理或向其一次性收取相应卫生管理费。1. 对随地吐痰、吐槟榔水的及随手丢纸屑、扔垃圾的群众收取卫生管理费50元；2. 对乱倒乱堆如酒瓶等生活垃圾，或制造脏、乱、差行为的群众收取卫生管理费200元；3. 对不按规定处理建筑垃圾的群众收取卫生管理费300元。

第六条 村委会或管理员在收取卫生管理费时，应当向缴交人出具收据。卫生管理费由本村委会统一管理，且全部用于村委会环境卫生整治工作开支，不得挪作他用。村委会应当将详细账目每季度公开一次，接受村民监督审核。

第七条 对不遵守卫生规定，及无故不缴交卫生管理费的村民，村委会在其享受的政府优惠政策及相关补贴方面不作优先考虑。村委会每月组织村干部、村民代表进行卫生检查，对不合格的村民实行全村广播通报，并在村委会张榜公示。

第八条 本村规民约由村委会负责进行解释。本村规民约于2014年4月22日经村民代表大会通过，于2014年5月1日起生效实施。

## 11. （海南省昌江黎族自治县）十月田镇五丰村村规民约[①]

为进一步保障村民实行自治，提高村民自我管理、自我教

① 来自：《十月田镇五丰村村规民约》，发布时间：2016年2月16日。载昌江党建网，网址：http：//www. changjiangdj. gov. cn/xzdj/sytzz/wfc/zwcwgk_ 41253/201602/t20160216_ 1768997. htm，2020年2月14日最后访问。

育、自我约束的能力，树立良好的民风、村风，进一步推进新农村建设，根据《民法通则》《村民委员会组织法》等法律、法规及有关政策，结合我村实际，经全体村民讨论通过，制定本《村规民约》。

**一、社会治安**

第一条　每个村民都要学法、知法、守法、用法，自觉维护法律尊严，积极同一切违法犯罪行为作斗争。

第二条　严禁强拿硬要，故意毁损、占用、偷盗国家、集体和个人财物。偷窃者或破坏公共卫生设施者，将以一罚二。

第三条　严禁打架斗殴、寻衅滋事。凡聚众闹事，殴打他人，哄抢或故意损毁公私财物，造成直接损伤的，必须依法追究责任、赔偿医疗费和照价赔偿损失，带头煽动闹事者从重处罚。损坏垃圾桶者，将予以赔偿，情节严重者，即处罚 50 ~ 200 元或交司法部门处理。

第四条　严禁聚众赌博，对参与赌博和提供赌博场所者必须依法追究责任并予以相应处罚。

第五条　严禁损坏水利、道路、供电、通信、生产等公共设施，违者责令恢复原状。

第六条　严禁毁林开荒，私自砍伐国家、集体或他人的林木，严禁损害他人庄稼、瓜果及其他农作物。

第七条　对违反上述社会治安条款者，触犯法律法规的，一律移送司法机关处理。尚未触犯刑律和治安处罚条例的，由村委会批评教育，责令改正，并提交书面检讨在全村大会上予以通报；对拒不改正或再犯者，取消所有优惠政策。对积极向监督执行小组检举揭发者，一经核实，给予500元的奖励，并对检举揭发者保密。

**二、村风民俗**

第八条　提倡社会主义精神文明新风，反对封建迷信及其他不文明行为，坚持各类文明户评选，倡导互敬互爱、宽容礼让、明礼诚信的和谐家风，以家风文明促村风文明、民风文明。

第九条　积极开展文明卫生村建设，加强村容村貌整治。各户负责各自房前屋后及所分保洁路段的卫生，严禁随意乱倒乱堆垃圾、秽物。垃圾实行定点倾倒，修房盖屋余下的垃圾碎片应及时清理，柴草、粪土、玻璃瓶等应定点堆放。违者限当日改正。如发现不倒入垃圾桶者，一次处罚20～50元。乱堆建筑垃圾的，一次罚100～500元；村民不得在环村路旁喝酒或酒后在环村路上砸酒瓶，违者一次罚200元。

第十条　牛、猪必须圈养，在不影响居住的情况下猪圈、牛圈等应尽量建在屋后、屋侧等隐蔽位置。

第十一条　提高安全用火、用电意识。村民野外用火要先做好隔离带后报告给村民小组长查看，并报经村委会、镇政府同意后方可用火。家庭用火要求做到人离火灭，严禁将易燃易爆物品堆放屋内，定期检查户内、户外电线，及时修理、更新，严禁乱拉乱接电线。

**三、邻里关系**

第十二条　村民之间要互尊、互爱、互助，和睦相处，建立良好的邻里关系。

第十三条　平等、自愿协商解决邻里纠纷。协商不成可申请村调解委员会调解，也可依法向人民法院起诉，不得以牙还牙，以暴制暴。严禁打架斗殴、酗酒滋事、侮辱、诽谤他人、造谣惑众、拨弄是非。

第十四条　建立正常的人际关系，不搞宗派活动，反对家族主义；不搞封建迷信活动，不准参加非法传教、聚会，违者经教育不悔改者，取消享受所有的优惠政策；不传播淫秽物品；反对铺张浪费和大操大办红白喜事，凡设筵席 3 桌以上的，必须报经村委会、镇政府同意。

第十五条　遵循婚姻自由、男女平等、一夫一妻、尊老爱幼的原则，建立团结和睦的家庭关系。

（一）婚姻大事由本人作主，禁止买卖、包办婚姻和其他干涉婚姻自由的行为；

（二）夫妻地位平等，共同承担家务劳动，共同管理家庭财产，反对家庭暴力；

（三）保护老人、妇女、儿童在社会和家庭生活中的合法权益，禁止虐待、遗弃、伤害行为；

（四）继承权男女平等。

**四、村级事务**

第十六条　自觉遵守计划生育法律、法规及相关政策，严禁法定外生育。提倡晚婚晚育，少生优生；提倡一对夫妻生育一个孩子。对于要求再生育的，必须经批准后方可生育，违者除按规定征收社会抚养费外，不得享受各项强农惠农政策；对不实行计划生育或围攻、谩骂、殴打计划生育工作人员的，视情节轻重予以处罚。对外出务工人员以及新迁入户的农户，要求缴纳3000元以上的计划生育保证金。

第十七条　父母、养父母、继父母对未成年的子女、养子女和继子女都必须依法履行抚养、教育义务，保证子女完成九年义务教育；成年子女、养子女和有抚养关系的继子女对已基本丧失劳动能力或无生活来源的父母、养父母、继父母必须依法履行赡养义务。村民发生赡养纠纷时，由村调解委员会进行调解，调解不成的，村民委员会支持被赡养人依法向人民法院提起诉讼。

第十八条　任何组织和个人使用土地都应服从政府和村委会的统一规划和调整，不得侵占、买卖或者以其他形式非法转让、变更林地、耕地、宅基地所有权；服从村镇建房规划，不扩占，不超高，搬迁拆迁不提过分要求；拆旧翻新，须经村委会批准，统一安排，不准擅自动工。未经批准非法乱建的，村集体有权将土地收回另作处理。

第十九条　积极参加兴修水利、修路、道路保洁、植树造林等公益事业和疾病防控等公益活动，对不参加冬修水利、道路建设的农户，取消各项优惠待遇。

第二十条　所辖水库和各大小山塘，所储水源都属于集体所有。承包水库、养鱼人员有保护水源储存、灌溉农田的责任，任何个人不准擅自乱开水闸放水。

第二十一条　村民应按时交纳新农合、新农保参保金。

第二十二条　矛盾纠纷要逐级反映，上访人数限定为3至5人，不得越级上访、集体上访、闹访，违者按信访有关条例处理。

**五、附则**

第二十三条　党员、干部违反本《村规民约》的，可提请村“两委”会议向上级组织建议予以党纪、政纪处分，或交党员大会与村民代表会议表决，提请罢免职务。

第二十四条　凡是违反本《村规民约》的，必须要在调查核实后，经村民委员会集体讨论作出处理决定。当事人不服，可向十月田镇人民政府申诉。

第二十五条　成立《村规民约》监督执行小组，负责监督本《村规民约》的实施。对违反本《村规民约》的，一经发现立即制止并于事后及时向村两委主要负责人书面报告。监督执行小组由村民代表会议推选产生，其成员必须是为人正派、立场坚定、公正廉洁、有较高威望的本村村民。监督执行小组对村民委员会负责并报告工作。对监督执行小组成员有徇私舞弊、收受财物、弄虚作假等行为的，任何人均可举报，一经查实将严肃处理并予以撤换。监督执行人员在履行职务时，任何人不得阻挠、抗拒或打击报复、诬告陷害监督执行人员。

第二十六条　本《村规民约》不违反法律、法规和政策的规定，在本村范围内具有普遍约束力，是所有村民的行为准则。在《村规民约》面前，人人平等，人人都必须自觉、严格遵守。党员、干部要以身作则，带头遵照执行。在本村居住的外来人员（包括流动人口）参照本《村规民约》执行。对本《村规民约》未尽事宜，参照相似条款予以处理。

第二十七条　本《村规民约》经村民代表大会讨论同意

后，公示七天，公示期满后正式实施。若与国家法律、法规相抵触的以国家法律法规为准。

第二十八条　本《村规民约》由村民委员会负责解释。

第二十九条　本《村规民约》自 2014 年 3 月 24 日起执行。

十月田镇五丰村村委会

2014 年 3 月 24 日

## 12. （海南省昌江黎族自治县）十月田镇塘坊村村规民约①

为确实做好本村各项工作，规范村民的行为，创建清洁优美的人居环境，经村民代表通过，制定《塘坊村村规民约》。望村民互相监督，共同遵守。

1. 偷窃者或破坏公共卫生设施者，将以一罚二。

2. 损坏垃圾桶者，将予以赔偿，情节严重者，即处罚 50～200 元或交司法部门处理。

3. 猪要圈养，严禁放养，猪上路就被视为无主猪，随时强行扑杀，如有主猪者，扑杀后，四分之一的猪肉给村卫生管理委员会，用于误工用餐。

① 来自：《十月田镇塘坊村村规民约》，发布时间：2016 年 6 月 22 日。载昌江党建网，网址：http://www.changjiangdj.gov.cn/xzdj/sytzz/tfc/zwcwgk_41235/201606/t20160622_2043220.htm，2020 年 2 月 14 日最后访问。制定时间大概为 2015 年。

4．牛、羊不得在村主街道、耕地作物上放养。如损坏农作物，将予以赔偿，相应给予处罚。

5．对死禽死畜要深埋，严禁丢弃在河边、江边、村民居住区域。

6．门前“三包”（包卫生、包秩序、包美化），做到污水不乱排，垃圾、杂物不乱扔，柴火、粪土不乱放。

7．严禁破坏绿化造林工程，自觉维护道路两边的一草一木。为了确保公共场所整洁，村主街道要做到无乱堆乱放、无乱扔乱倒现象，保证道路通畅。

8．生活垃圾必须投入垃圾桶，如发现不倒入垃圾桶者，一次处罚20～50元。乱堆建筑垃圾的，一次罚100～500元。

9．村民不得在环村路旁喝酒或酒后在环村路上砸酒瓶，违者一次罚200元。

10．对违反以上条款者，由村委会及村小组负责执行。除责令其自行清理外，还视情况给予50～200元不等的处罚处理，直至追究相关责任。

11．被处罚村民应当在作出处罚后，有能力者，即将交出罚金；无能力者，制定协议再交出处罚金（处罚金额交至村卫生管理委员会）。

12．如被处罚村民对处罚有异议，可以在接到处罚通知的七日内，向上级镇人民政府提出复议申请。

13．村委会及其人员在收取处罚款时，应当向缴交人出具统一的票据，并盖印章，否则，缴交人有权拒绝缴纳。收取的处罚款，由村委会或村小组统一管理，且全部用于卫生整治开支，或公益事业的开支，不得挪用作他用。如果相关管理人员将处罚款挪用、私吞，依法赔偿与依法追究相关人员的法律责任。

14.《塘坊村村规民约》由村委会及村小组负责解释与实施。如有与上级法律规定相抵触之处，应参照法律法规来执行。

15.《塘坊村村规民约》在村民代表大会上通过，经公示十五日无异议后生效实施。

## 13.（海南省昌江黎族自治县十月田镇）青山村村规民约①

为确实做好本村各项工作，规范村民的行为，创建清洁优美的人居环境，经村民代表通过，制定《青山村村规民约》。望村民互相监督，共同遵守。

1. 偷窃者或破坏公共卫生设施者，将以一罚二。

2. 损坏垃圾桶者，将予以赔偿，情节严重者，即处罚50～200元或交司法部门处理。

3. 猪要圈养，严禁放养，猪上路就被视为无主猪，随时强行扑杀，如有主猪者，扑杀后，四分之一的猪肉给村卫生管

① 来自：《十月田镇青山村村规民约》，发布时间：2016年2月15日。载昌江党建网，网址：http：//www.changjiangdj.gov.cn/xzdj/sytzz/qsc/zwcwgk_41217/201602/t20160215_1767779.htm，2020年2月14日最后访问。

理委员会，用于误工用餐。

4. 牛、羊不得在村主街道、耕地作物上放养。如损坏农作物，将予以赔偿，相应给予处罚。

5. 对死禽死畜要深埋，严禁丢弃在河边、江边、村民居住区域。

6. 门前“三包”（包卫生、包秩序、包美化），做到污水不乱排，垃圾、杂物不乱扔，柴火、粪土不乱放。

7. 严禁破坏绿化造林工程，自觉维护道路两边的一草一木。为了确保公共场所整洁，村主街道要做到无乱堆乱放、无乱扔乱倒现象，保证道路通畅。

8. 生活垃圾必须投入垃圾桶，如发现不倒入垃圾桶者，一次处罚20～50元。乱堆建筑垃圾的，一次罚100～500元。

9. 村民不得在环村路旁喝酒或酒后在环村路上砸酒瓶，违者一次罚200元。

10. 对违反以上条款者，由村委会及村小组负责执行。除责令其自行清理外，还视情况给予50～200元的不等处罚处理，直至追究相关责任。

11. 被处罚村民应当在作出处罚后，有能力者，即将交出罚金；无能力者，制定协议再交出处罚金（处罚金额交至村卫生管理委员会）。

12. 如被处罚村民对处罚有异议，可以在接到处罚通知的七日内，向上级镇人民政府提出复议申请。

13. 村委会及其人员在收取处罚款时，应当向缴交人出具统一的票据，并盖印章，否则，缴交人有权拒绝缴纳。收取的处罚款，由村委会或村小组统一管理，且全部用于卫生整治开支，或公益事业的开支，不得挪用作他用。如果相关管理人员将处罚款挪用、私吞，依法赔偿与依法追究相关人员的法律责任。

14.《青山村村规民约》由村委会及村小组负责解释与实施。如有与上级法律规定相抵触之处，应参照法律法规来执行。

15.《青山村村规民约》在村民代表大会上通过，经公示十五日无异议后生效实施。

十月田镇青山村村委会

2015 年 1 月 1 日

## 14.　（海南省昌江黎族自治县十月田镇）才地村村规民约[①]

为了推进我村民主法制建设，维护社会稳定，树立良好的民风、村风，给村民创造一个安居乐业的环境，促进经济发展，建设文明卫生新农村，根据县委县政府的指示精神，经村民代表大会通过，制定本《才地村村规民约》。望村民互相监督，共同遵守。

① 来自：《十月田镇才地村村规民约》，发布时间：2016 年 2 月 3 日。载昌江党建网，网址：http：//www. changjiangdj. gov. cn/xzdj/sytzz/cdc/zwcwgk_ 41157/201602/t20160203_ 1763870. htm，2020 年 2 月 14 日最后访问。

第一条　每个村民都要服从党和政府的领导，学法、知法、守法，团结友爱、和睦相处，不打架斗殴，不酗酒滋事，严禁侮辱、诽谤他人，严禁造谣惑众、拨弄是非。

第二条　自觉爱护公共财产，不得损坏水利、道路交通、供电、通信、生产等。

第三条　严禁破坏绿化造林工程，严禁私自砍伐国家、集体或他人的林木，严禁损害他人的庄稼、瓜果及其他作物。

第四条　加强牲畜看管，严禁放浪猪、牛、羊，不得在村主街道、耕地上放养，如损坏农作物，将以一罚三。

第五条　加强村民尤其是少年儿童安全用火用电知识教育，加强野外用火管理，提高全体村民消防安全意识，严防山火发生，若发生火灾，每个村民都要积极参与灭火救灾工作。

第六条　积极参与文明生态村建设，搞好公共卫生，加强村容村貌整治，建房应服从村庄建设规划，修房盖屋余下的垃圾碎片应及时清理。

第七条　实行门前“三包”（包卫生、包秩序、包美化），做到污水不乱排，垃圾、杂物不乱扔，柴草、粪土不乱堆乱放，生活垃圾必须投入垃圾桶，如发现不倒入垃圾桶者一次处罚50元。

第八条　自觉遵守计划生育法律、法规、政策，实行计划生育，提倡少生优育，严禁无计划生育或超生。

第九条　父母应尽抚养、教育未成年子女的义务，禁止歧视、虐待、遗弃女婴，破除生男才能传宗接代的陋习。子女应尽赡养老人的义务，不得歧视、虐待老人。

第十条　对违反以上条款者、由村委会负责执行。除责令其自行清理外，还视情况给予 50～500 元的不等处罚处理，直至追究相关责任。

第十一条　被处罚村民应当在作出处罚后的七日内将处罚金额交至村监督管理委员会，否则，村委会有权对被处罚村民在其享受的补贴或其他有权支配款项中直接扣交。如该村民在有关民事、行政事务中，需要村委会出具相关手续证明，村委会可酌情不予以办理。

第十二条　如被处罚村民对处罚有异议，可以在接到处罚通知的三日内向镇人民政府提出复议申请，镇人民政府应当接到复议申请后的十五日内作出答复，镇人民政府的答复为最终处理意见。

第十三条　村委会及其人员在收取处罚款时，应当向缴交人出具统一的票据，否则，缴交人有权拒绝缴纳。收取的处罚款，由村委会统一管理，且全部用于卫生整治开支，不得挪作他用。如果相关管理人员将处罚款挪用、私吞，依法追究相关人员的法律责任，并向村委会双倍赔偿。

第十四条　本《才地村村规民约》由村委会负责解释与实施，如有与上级法律法规相抵触之处，应参照法律法规执行。

第十五条　本《才地村村规民约》在村民大会上通过生效之日起一个月后实施。

才地村村委会

2015 年 1 月 1 日

## 15. （海南省昌江黎族自治县十月田镇）好清村村规民约[①]

为进一步保障村民实行自治，提高村民自我管理、自我教育、自我约束的能力，树立良好的民风、村风，进一步推进新农村建设，根据《民法通则》《村民委员会组织法》等法律、法规及有关政策，结合我村实际，经全体村民讨论通过，制定本《村规民约》。

**一、社会治安**

第一条　每个村民都要学法、知法、守法、用法，自觉维护法律尊严，积极同一切违法犯罪行为作斗争。

第二条　严禁强拿硬要，故意毁损、占用、偷盗国家、集体和个人财物。

第三条　严禁打架斗殴、寻衅滋事。凡聚众闹事，殴打他人，哄抢或故意损毁公私财物，造成直接损伤的，必须依法追究责任、赔偿医疗费和照价赔偿损失，带头煽动闹事者从重处罚。

第四条　严禁聚众赌博，对参与赌博和提供赌博场所者必须依法追究责任并予以相应处罚。

第五条　严禁损坏水利、道路、供电、通信、生产等公共

① 来自：《好清村村规民约》，发布时间：2016 年 2 月 15 日。载昌江党建网，网址：http：//www. changjiangdj. gov. cn/xzdj/sytzz/hqz/zwcwgk _ 41199/201602/t20160215_ 1767878. htm，2020 年 2 月 14 日最后访问。制定时间大概为 2015 年。

设施，违者责令恢复原状。

第六条　严禁毁林开荒、私自砍伐国家、集体或他人的林木，严禁损害他人庄稼、瓜果及其他农作物。

第七条　对违反上述社会治安条款者，触犯法律法规的，一律移送司法机关处理。尚未触犯刑律和治安处罚条例的，由村委会批评教育，责令改正，并提交书面检讨在全村大会上予以通报；对拒不改正或再犯者，取消所有优惠政策。对积极向监督执行小组检举揭发者，一经核实，给予500元的奖励，并对检举揭发者保密。

**二、村风民俗**

第八条　提倡社会主义精神文明新风，反对封建迷信及其他不文明行为，坚持各类文明户评选，倡导互敬互爱、宽容礼让、明礼诚信的和谐家风，以家风文明促村风文明、民风文明。

第九条　积极开展文明卫生村建设，加强村容村貌整治。各户负责各自房前屋后及所分保洁路段的卫生，严禁随意乱倒乱堆垃圾、秽物。垃圾实行定点倾倒，修房盖屋余下的垃圾碎片应及时清理，柴草、粪土、玻璃瓶等应定点堆放。违者限当日改正。

第十条　牛、猪必须圈养，在不影响居住的情况下猪圈、牛圈等应尽量建在屋后、屋侧等隐蔽位置。

第十一条　提高安全用火、用电意识。村民野外用火要先做好隔离带后报告给村民小组长查看，并报经村委会、镇政府同意后方可用火。家庭用火要求做到人离火灭，严禁将易燃易爆物品堆放屋内，定期检查户内、户外电线，及时修理、更新，严禁乱拉乱接电线。

**三、邻里关系**

第十二条　村民之间要互尊、互爱、互助，和睦相处，建立良好的邻里关系。

第十三条　平等、自愿协商解决邻里纠纷。协商不成可申请村调解委员会调解，也可依法向人民法院起诉，不得以牙还牙，以暴制暴。严禁打架斗殴、酗酒滋事、侮辱、诽谤他人、造谣惑众、拨弄是非。

第十四条　建立正常的人际关系，不搞宗派活动，反对家族主义；不搞封建迷信活动，不准参加非法传教、聚会，违者经教育不悔改者，取消享受的所有优惠政策；不传播淫秽物品；反对铺张浪费和大操大办红白喜事，凡设筵席 3 桌以上的，必须报经村委会、镇政府同意。

第十五条　遵循婚姻自由、男女平等、一夫一妻、尊老爱幼的原则，建立团结和睦的家庭关系。

（一）婚姻大事由本人作主，禁止买卖、包办婚姻和其他干涉婚姻自由的行为；

（二）夫妻地位平等，共同承担家务劳动，共同管理家庭财产，反对家庭暴力；

（三）保护老人、妇女、儿童在社会和家庭生活中的合法权益，禁止虐待、遗弃、伤害行为；

（四）继承权男女平等。

## 四、村级事务

第十六条　自觉遵守计划生育法律、法规及相关政策，严禁法定外生育。提倡晚婚晚育，少生优生；提倡一对夫妻生育一个孩子。对于要求再生育的，必须经批准后方可生育，违者除按规定征收社会抚养费外，不得享受各项强农惠农政策；对不实行计划生育或围攻、谩骂、殴打计划生育工作人员的，视情节轻重予以处罚。对外出务工人员以及新迁入户的农户，要求缴纳3000元以上的计划生育保证金。

第十七条　父母、养父母、继父母对未成年的子女、养子女和继子女都必须依法履行抚养、教育义务，保证子女完成九年义务教育；成年子女、养子女和有抚养关系的继子女对已基本丧失劳动能力或无生活来源的父母、养父母、继父母必须依法履行赡养义务。村民发生赡养纠纷时，由村调解委员会进行调解，调解不成的，村民委员会支持被赡养人依法向人民法院提起诉讼。

第十八条　任何组织和个人使用土地都应服从政府和村委会的统一规划和调整，不得侵占、买卖或者以其他形式非法转让、变更林地、耕地、宅基地所有权；服从村镇建房规划，不扩占，不超高，搬迁拆迁不提过分要求；拆旧翻新，须经村委会批准，统一安排，不准擅自动工。未经批准非法乱建的，村集体有权将土地收回另作处理。

第十九条　积极参加兴修水利、修路、道路保洁、植树造林等公益事业和疾病防控等公益活动，对不参加冬修水利、道路建设的农户，取消各项优惠待遇。

第二十条　所辖水库和各大小山塘，所储水源都属于集体所有，水库50米内属库区用地。承包水库、养鱼人员有保护水源储存、灌溉农田的责任，任何个人不准擅自乱开水闸放水。

第二十一条　村民应按时交纳新农合、新农保参保金。

第二十二条　矛盾纠纷要逐级反映，上访人数限定为3至5人，不得越级上访、集体上访、闹访，违者按信访有关条例处理。

**五、附则**

第二十三条　党员、干部违反本《村规民约》的，可提请村“两委”会议向上级组织建议予以党纪、政纪处分，或交党员大会与村民代表会议表决，提请罢免职务。

第二十四条　凡是违反本《村规民约》的，必须要在调查核实后，经村民委员会集体讨论作出处理决定。当事人不服，可向十月田镇人民政府申诉。

第二十五条　成立《村规民约》监督执行小组，负责监督本《村规民约》的实施。对违反本《村规民约》的，一经发现立即制止并于事后及时向村两委主要负责人书面报告。监督执行小组由村民代表会议推选产生，其成员必须是为人正派、立场坚定、公正廉洁、有较高威望的本村村民。监督执行小组对村民委员会负责并报告工作。对监督执行小组成员有徇私舞弊、收受财物、弄虚作假等行为的，任何人均可举报，一经查实将严肃处理并予以撤换。监督执行人员在履行职务时，任何人不得阻挠、抗拒或打击报复、诬告陷害监督执行人员。

第二十六条　本《村规民约》不违反法律、法规和政策的规定，在本村范围内具有普遍约束力，是所有村民的行为准则。在《村规民约》面前，人人平等，人人都必须自觉、严格遵守。党员、干部要以身作则，带头遵照执行。在本村居住的外来人员（包括流动人口）参照本《村规民约》执行。对本《村规民约》未尽事宜，参照相似条款予以处理。

第二十七条　本《村规民约》经村民代表大会讨论同意后，公示七天，公示期满后正式实施。若与国家法律、法规相抵触的以国家法律法规为准。

第二十八条　本《村规民约》由村民委员会负责解释。

## 16.　（海南省昌江黎族自治县十月田镇）姜园村村规民约①

为了推进我村民主法制建设，维护社会稳定，树立良好的民风、村风，给村民创造一个安居乐业的环境，促进经济发展，建设文明卫生新农村，根据县委县政府的指示精神，经村民代表大会通过，制定本《姜园村村规民约》。望村民互相监督，共同遵守。

第一条　每个村民都要服从党和政府的领导，学法、知

① 来自：《姜园村村规民约》，发布时间：2016 年 2 月 3 日。载昌江党建网，网址：http：//www.changjiangdj.gov.cn/xzdj/sytzz/jyc/zwcwgk _ 41164/201602/t20160203_ 1764082.htm，2020 年 2 月 1 日最后访问。制定时间大概为 2015 年。

法、守法，团结友爱、和睦相处，不打架斗殴，不酗酒滋事，严禁侮辱、诽谤他人，严禁造谣惑众、拨弄是非。

第二条　自觉爱护公共财产，不得损坏水利、道路交通、供电、通信、生产等。

第三条　严禁破坏绿化造林工程，严禁私自砍伐国家、集体或他人的林木，严禁损害他人的庄稼、瓜果及其他作物。

第四条　加强牲畜看管，严禁放浪猪、牛、羊，不得在村主街道、耕地上放养，如损坏农作物，将以一罚三。

第五条　加强村民尤其是少年儿童安全用火用电知识教育，加强野外用火管理，提高全体村民消防安全意识，严防山火发生，若发生火灾，每个村民都要积极参与灭火救灾工作。

第六条　积极参与文明生态村建设，搞好公共卫生，加强村容村貌整治，建房应服从村庄建设规划，修房盖屋余下的垃圾碎片应及时清理。

第七条　实行门前“三包”（包卫生、包秩序、包美化），做到污水不乱排，垃圾、杂物不乱扔，柴草、粪土不乱堆乱放，生活垃圾必须投入垃圾桶，如发现不倒入垃圾桶者一次处罚50元。

第八条　自觉遵守计划生育法律、法规、政策，实行计划生育，提倡少生优育，严禁无计划生育或超生。

第九条　父母应尽抚养、教育未成年子女的义务，禁止歧视、虐待、遗弃女婴，破除生男才能传宗接代的陋习。子女应尽赡养老人的义务，不得歧视、虐待老人。

第十条　对违反以上条款者、由村委会负责执行。除责令其自行清理外，还视情况给予 50 ~ 500 元的不等处罚处理，直至追究相关责任。

第十一条　被处罚村民应当在作出处罚后的七日内将处罚金额交至村监督管理委员会，否则，村委会有权对被处罚村民在其享受的补贴或其他有权支配款项中直接扣交。如该村民在有关民事、行政事务中，需要村委会出具相关手续证明，村委会可酌情不予以办理。

第十二条　如被处罚村民对处罚有异议，可以在接到处罚通知的三日内向镇人民政府提出复议申请，镇人民政府应当接到复议申请后的十五日内作出答复，镇人民政府的答复为最终处理意见。

第十三条　村委员会及其人员在收取处罚款时，应当向缴交人出具统一的票据，否则，缴交人有权拒绝缴纳。收取的处罚款，由村委会统一管理，且全部用于卫生整治开支，不得挪作他用。如果相关管理人员将处罚款挪用、私吞，依法追究相关人员的法律责任，并向村委会双倍赔偿。

第十四条　本《姜园村村规民约》由村委会负责解释与实施，如有与上级法律法规相抵触之处，应参照法律法规执行。

第十五条　本《姜园村村规民约》在村民大会通过生效之日起一个月后实施。

护约光荣，违约可耻。

## 17. （海南省昌江黎族自治县十月田镇）保平村村委会村规民约[①]

为了推进我村民主法制建设，维护社会稳定，树立良好的民风、村风，创造安居乐业的社会环境，促进经济发展，建设文明卫生新农村，根据《民法通则》《村民委员会组织法》等法律、法规及有关政策，结合我村实际，经全体村民代表讨论通过，制定本《村规民约》。

**一、社会治安**

第一条　每个村民都要学法、知法、守法、用法，自觉维护法律尊严，积极同一切违法犯罪行为作斗争。

第二条　严禁毁坏、盗窃、偷摸集体和个人财物，对每偷一头猪50斤以下罚1000元，50斤以上罚2000元，羊每只（罚）1000元，狗每只（罚）500元，鸡每只（罚）200元。偷牛的移交给司法部门处理。

第三条　凡是聚众闹事，煽动宗派纠纷，故意殴打他人，造成直接损伤的，除赔偿医疗费外，损失和损坏财物，除依法追究责任和照价赔偿外，并处罚款200至500元，情节严重的，提请司法机关处理。

第四条　不准任何人毁坏堤坝、田埂和山水主要流域等综

① 来自：《保平村村委会村规民约》，发布时间：2016年2月4日。载昌江党建网，网址：http://www.changjiangdj.gov.cn/xzdj/sytzz/bpc/zwcwgk/201602/t20160204_1765109.htm，2020年2月14日最后访问。

合水利基础设施，违者除责其恢复原状外，并处罚款 200 至 500 元。

第五条　严禁破坏生产，对于积极向监督执行小组检举揭发者，一经核实，给予奖励 500 元，并对检举揭发者保密。

**二、消防安全**

第六条　提高安全用火、用电意识。村民野外用火先做好隔离带后报告给村民小组长去查看核实，再报告到村委会，经镇政府同意方可用火。家庭用火做到人离火灭，严禁将易燃易爆物品堆放屋内；定期检查户内、户外电线，及时修理、更新；严禁乱拉乱接电线。

第七条　加强村民尤其是少年儿童安全用火用电知识宣传教育，提高全村村民消防安全知识水平和意识。

**三、村风民俗**

第八条　提倡社会主义精神文明，移风易俗，反对封建迷信及其他不文明行为，树立良好的民风、村风。

第九条　喜事新办，丧事从简，破除陈规旧俗，反对铺张浪费、反对大操大办。

第十条　不请神弄鬼或装神弄鬼，不搞封建迷信活动，不听、看、传淫秽书刊音像，不参加邪教组织。

第十一条　每个村民都要保护环境，讲究卫生，每天打扫房前屋后及负责所分保洁路段卫生，实行定点倒放垃圾，定点存放各类玻璃瓶，对农户不定点倒放垃圾的处罚 50 元，对社会青年和未成年人喝酒而打碎玻璃瓶的一经发现罚款 1000 元。

第十二条　家猪必须圈养，村委会设立没收圈养处，对不按规定放养的猪没收处理，农户需交 50 至 300 元罚金后才能认领。不认领者，村委会将按市场价处理，所得款项作为村委会卫生工作经费。

**四、邻里关系**

第十三条　村民之间要互尊、互爱、互助，和睦相处，建立良好的邻里关系。

第十四条　在生产、生活、社会交往过程中，应遵循平等、自愿、互惠互利的原则，发扬社会主义新风尚。

第十五条　邻里纠纷，应本着团结友爱的原则平等协商解决，协商不成的可申请村调解委调解，也可依法向人民法院起诉，不得以牙还牙，以暴制暴。严禁打架斗殴、酗酒滋事、侮辱、诽谤他人、造谣惑众、拨弄是非。造成他人伤害的，应赔偿医药费、误工费等损失。情节严重的，提请司法机关依法处理。若违反者不满十六周岁或无民事行为能力的，由其监护人代为赔偿。

**五、村级事务**

第十六条　自觉遵守计划生育法律、法规，严禁法外生育。提倡晚婚晚育，少生优生；提倡一对夫妇生育一个孩子。对于要求再生育的，必须经批准后方可生育，违者除按规定征收社会抚养费外，不得享受各项强农惠农政策；对不实行计划生育或围攻、谩骂、殴打计划生育工作人员的，视情节轻重予以处罚，直至追究法律责任。

第十七条　任何组织和个人使用土地都应服从政府和村委

会的统一规划和调整，不得侵占、买卖或者以其他形式非法转让林地、耕地；建房应服从城镇建设规划，不扩占，不超高，搬迁拆迁不提过分要求；拆旧翻新，经村委会和上级有关部门批准，统一安排，不得擅自动工，不得违反规划或损害四邻利益。

第十八条　积极参加兴修水利、修路、道路保洁、植树造林等公益事业和疾病防控等公益活动，对不参加冬修水利、道路建设的农户，就按米处罚（即每米罚 50 元），对不参加植树造林等公益活动者，按天数处罚（即每天 100 元）等，并取消各项优惠待遇。

第十九条　矛盾纠纷要逐级反映，参加人数 3 至 5 人，不得越级上访、集体上访、闹访，违者按信访有关条例处理。

第二十条　村民按时交纳新农合、新农保参保金。

**六、附　则**

第二十一条　党员、干部违反本《村规民约》的，可提请村“两委”会议向上级组织建议予以党纪、政纪处分，或交党员大会与村民代表会议表决，提请罢免职务。

第二十二条　凡是违反本《村规民约》要进行处理的，必须要在调查核实后，经村民委员会集体讨论决定，不得擅自处理。当事人若不服处理决定，其可以向十月田镇人民政府申诉。

第二十三条　成立《村规民约》监督执行小组，负责监督本《村规民约》的实施。对于违反本《村规民约》的，一经发现须立即制止并于事后及时向村两委主要负责人书面报告。监督执行小组由村民代表会议推荐产生，对村民委员会负责并报告工作。对监督执行小组成员有徇私舞弊、收受钱财、弄虚作假行为的，任何人均可举报，一经查实将严肃处理并予以撤换。监督执行人员在履行职务时，任何人不得阻挠、抗拒或打击报复、诬告陷害监督执行人员。

第二十四条　本《村规民约》不得违反法律、法规和政策的规定，在本村范围内具有普遍的约束力，是所有村民的行为准则。在《村规民约》面前，人人平等，人人都必须自觉、严格遵守。党员、干部要以身作则，带头遵照执行。在本村居住的外来人员（包括流动人口）参照本《村规民约》执行。对本《村规民约》未规定的其他事宜，参照本《村规民约》相似条款处理。

第二十五条　本《村规民约》经村民代表大会讨论通过后，公示期七天，自公示期满后正式实施。本村规民约，若有与国家法律、法规相抵触之处应以国家法律法规为准。

第二十六条　本《村规民约》由村民委员会负责解释。

十月田镇保平村村委会

2015 年 1 月 1 日

## 18. （海南省昌江黎族自治县十月田镇）保平环境卫生村规民约①

为切实做好本村环境卫生整治工作，创建清洁优美的人居环境，根据县委县政府的指示精神，经村民代表大会通过，制定本《环境卫生村规民约》，望村民互相监督，共同遵守。

1. 偷窃或破坏公共卫生设施者，将以一罚三。

2. 损坏垃圾桶者，将以两倍处罚。

3. 猪要圈养，严禁放养。猪上路就被视为无主猪，随时强行扑杀。

4. 牛、羊不得在村主街道、耕地上放养，如损坏农作物，将以一罚三。

5. 对死禽死畜要深埋，严禁丢弃在河边、江边、村民居住区。

6. 门前“三包”（包卫生、包秩序、包美化），做到污水不乱排，垃圾、杂物不乱扔，柴草、粪土不乱放。

7. 生活垃圾必须投入垃圾桶，如发现不倒入垃圾桶者一次处罚50元。

8. 为了确保公共场所整洁，村主街道要做到无乱推乱放、无乱扔乱倒现象，保证道路畅通。

---

① 来自：《保平环境卫生村规民约》，发布时间：2016年2月4日。载昌江党建网，网址：http://www.changjiangdj.gov.cn/xzdj/sytzz/bpc/zwcwgk/201602/t20160204_1765107.htm，2020年2月14日最后访问。制定时间大概为2015年。

9. 严禁破坏绿化造林工程、自觉维护道路两边的一草一木。

10. 对违反以上条款者，由村委会负责执行。除责令其自行清理外，还视情况给予50~500元不等处罚处理，直至追究相关责任。

11. 被处罚村民应当在作出处罚后的七日内将处罚金额交至村卫生管理委员会，否则，村委会有权对被处罚村民在其享受的补贴或其他有权支配款项中直接扣交。如该村民在有关民事、行政事务中，需要村委会出具相关手续证明，村委会可酌情不予以办理。

12. 如被处罚村民对处罚有异议，可以在接到处罚通知的三日内向镇人民政府提出复议申请，镇人民政府应当在接到复议申请后的十五日内作出答复，镇人民政府的答复为最终处理意见。

13. 村委会及其人员在收取处罚款时，应当向缴交人出具统一的票据，否则，缴交人有权拒绝缴纳。收取的处罚款，由村委会统一管理，且全部用于卫生整治开支，不得挪作他用。如果相关管理人员将处罚款挪用、私吞，依法追究相关人员的法律责任，并向村委会双倍赔偿。

14. 本《环境卫生村规民约》由村委会负责解释与实施，如有与上级法律法规相抵触之处，应参照法律法规执行。

15. 本《环境卫生村规民约》在村民大会通过生效之日起一个月后实施。

十月田镇保平村村委会

## 19.　（海南省昌江黎族自治县十月田镇）王炸环境卫生村规民约[①]

为切实做好本村环境卫生整治工作，创建清洁优美的人居环境，根据县委县政府的指示精神，经村民代表大会通过，制定本《环境卫生村规民约》。望村民互相监督，共同遵守。

第一条　偷窃或破坏公共卫生设施者，将以一罚三。

第二条　损坏垃圾桶者，将以两倍处罚。

第三条　猪要圈养，严禁放养。猪上路就被视为无主猪，随时强行扑杀。

第四条　牛、羊不得在村主街道、耕地上放养，如损坏农作物，将以一罚三。

第五条　对死禽死畜要深埋，严禁丢弃在河边、江边、村民居住区。

第六条　门前“三包”（包卫生、包秩序、包美化），做到污水不乱排，垃圾、杂物不乱扔，柴草、粪土不乱放。

第七条　生活垃圾必须投入垃圾桶，如发现不倒入垃圾桶者一次处罚50元。

第八条　为了确保公共场所整洁，村主街道要做到无乱推

---

① 来自：《王炸环境卫生村规民约》，发布时间：2016年2月3日。载昌江党建网，网址：http://www.changjiangdj.gov.cn/xzdj/sytzz/wzc/zwcwgk_41171/201602/t20160203_1764356.htm，2020年2月14日最后访问。

乱放、无乱扔乱倒现象，保证道路畅通。

第九条　严禁破坏绿化造林工程，自觉维护道路两边的一草一木。

第十条　对违反以上条款者，由村委会负责执行。除责令其自行清理外，还视情况给予50～500元的不等处罚处理，直至追究相关责任。

第十一条　被处罚村民应当在作出处罚后的七日内将处罚金额交至村卫生管理委员会，否则，村委会有权对被处罚村民在其享受的补贴或其他有权支配款项中直接扣交。如该村民在有关民事、行政事务中，需要村委会出具相关手续证明，村委会可酌情不予以办理。

第十二条　如被处罚村民对处罚有异议，可以在接到处罚通知的三日内向镇人民政府提出复议申请，镇人民政府应当在接到复议申请后的十五日内作出答复，镇人民政府的答复为最终处理意见。

第十三条　村委会及其人员在收取处罚款时，应当向缴交人出具统一的票据，否则，缴交人有权拒绝缴纳。收取的处罚款，由村委会统一管理，且全部用于卫生整治开支，不得挪作他用。如果相关管理人员将处罚款挪用、私吞，依法追究相关人员的法律责任，并向村委会双倍赔偿。

第十四条　本《环境卫生村规民约》由村委会负责解释与实施，如有与上级法律法规相抵触之处，应参照法律法规执行。

第十五条　本《环境卫生村规民约》在村民大会通过生

效之日起一个月后实施。

王炸村村委会

2015 年 5 月 22 日

## 20.（海南省昌江黎族自治县叉河镇）老羊地村村规民约[①]

为了推进我村民主法制建设，维护社会稳定，树立良好的民风、村风，创造安居乐业的社会环境，促进经济发展，建设文明卫生新农村，经全体村民讨论通过，制定本村规民约。

**一、社会治安**

1. 每个村民都要学法、知法、守法，自觉维护法律尊严，积极同一切违法犯罪行为作斗争。

2. 村民之间应团结友爱，和睦相处，不打架斗殴，不酗酒滋事，严禁侮辱、诽谤他人，严禁造谣惑众、拨弄是非。

3. 自觉维护社会秩序和公共安全，不扰乱公共秩序，不阻碍公务人员执行公务。

4. 严禁偷盗、敲诈、哄抢国家、集体、个人财物，严禁赌博，严禁替罪犯藏匿赃物。

5. 严禁非法生产、运输、储存和买卖爆炸物品；经销烟火、

① 来自：《老羊地村村规民约》，发布时间：2016 年 3 月 18 日。载昌江党建网，网址：http：//www. changjiangdj. gov. cn/xzdj/chz_ 40596/lyd/dwcwgk_ 46887/201603/t20160318_ 1799406. htm，2020 年 2 月 14 日最后访问。

爆竹等易燃易爆物品须经公安机关等有关部门批准。不得私藏枪支弹药，拾得枪支弹药、爆炸物品，要及时上交公安机关。

6. 爱护公共财产，不得损坏水利、道路交通、供电、通信、生产等公共设施。

7. 严禁非法限制他人人身自由或非法侵犯他人住宅，不准隐匿、毁弃、私拆他人邮件。

8. 严禁私自砍伐国家、集体或他人的林木，严禁损害他人庄稼、瓜果及其他农作物，加强牲畜看管，严禁放浪猪、牛、羊。

对违反上述社会治安条款者，触犯法律法规的，报送司法机关处理。尚未触犯刑律和治安处罚条例的，由村委会批评教育，责令改正。

**二、消防安全**

1. 加强野外用火管理，严防山火发生。

2. 家庭用火做到人离火灭，严禁在将易燃易爆物品堆放户内、寨内，定期检查，排除各种火灾隐患。

3. 加强村寨防火设施建设，定期检查消防池、消防水管和消防栓，保证消防用水正常。

4. 对村内、户内电线要定期检查，损坏的要请电工及时修理、更新，严禁乱拉乱接电线。

5. 加强村民尤其是少年儿童安全用火用电知识宣传教育，提高全体村民消防安全知识水平和意识。

**三、村风民俗**

1. 提倡社会主义精神文明，移风易俗，反对封建迷信及其他不文明行为，树立良好的民风、村风。

2. 红白喜事由红白喜事理事会管理，喜事新办，丧事从简，破除陈规旧俗，反对铺张浪费、反对大操大办。

3. 不请神弄鬼或装神弄鬼，不搞封建迷信活动，不听、看、传淫秽书刊音像，不参加邪教组织。

4. 建立正常的人际关系，不搞宗派活动，反对家族主义。

5. 积极开展文明卫生村建设，搞好公共卫生，加强村容村貌整治，严禁随地乱倒乱堆垃圾、秽物，修房盖屋余下的垃圾碎片应及时清理，柴草、粪土应定点堆放。

6. 建房应服从村庄建设规划，经村委会和上级有关部门批准，统一安排，不得擅自动工，不得违反规划或损害四邻利益。

7. 村“两委会”是防违控违的第一责任人，“两委会”对辖区内的违法建设有处置权。

违犯上述规定的给予批评教育，出具检讨书，情节严重的交上级有关部门处理。

**四、邻里关系**

1. 村民之间要互尊、互爱、互助，和睦相处，建立良好的邻里关系。

2. 在生产、生活、社会交往过程中，应遵循平等、自愿、互惠互利的原则，发扬社会主义主义新风尚。

3. 邻里纠纷，应本着团结友爱的原则平等协商解决，协商不成的可申请村调解委调解，也可依法向人民法院起诉，树立依法维权意识，不得以牙还牙，以暴制暴。

**五、婚姻家庭**

1．遵循婚姻自由、男女平等、一夫一妻、尊老爱幼的原则，建立团结和睦的家庭关系。

2．婚姻大事由本人作主，反对包办干涉，男女青年结婚必须符合法定结婚年龄要求，提倡晚婚晚育。

3．自觉遵守计划生育法律、法规、政策，实行计划生育，提倡优生优育，严禁无计划生育或超生。

4．夫妻地位平等，共同承担家务劳动，共同管理家庭财产，反对家庭暴力。

5．父母应尽抚养、教育未成年子女的义务，禁止歧视、虐待、遗弃女婴，破除生男才能传宗接代的陋习。子女应尽赡养老人的义务，不得歧视、虐待老人。

**六、本村规民约自2013年1月1日起实施。**

老羊地村村委会

2013年1月1日

## 21. （海南省昌江黎族自治县叉河镇）唐村村民卫生公约[①]

为了增强全体村民的卫生意识，提高村民自我教育、自我

① 来自：《唐村村民卫生公约》，发布时间：2016年3月18日。载昌江党建网，网址：http://changjiangdj.gov.cn/xzdj/chz_40596/tc/dwcwgk_46907/201603/t20160318_1799192.htm，2020年2月14日最后访问。

约束的能力，自觉维护公共卫生形象，特制定以下村民卫生公约：

一、全体村民必须遵守国家有关环境保护的法律、法规和有关政策。

二、建设文明、整洁的家园是每个村民应尽的义务，全体村民应人人参与村爱国卫生日活动，提倡以讲卫生为光荣，不讲卫生为可耻的文明卫生新风尚，自觉改善环境卫生面貌。

三、做好家庭环境卫生，定期进行卫生清理，家中杂物堆放整齐，做到家具整洁亮丽，周边环境卫生清洁。

四、配合村环卫队做好垃圾集中处理工作，不乱倒、乱放生活垃圾和随处放建筑垃圾。

五、自觉维护道路、河道及公共场所的环境卫生，不乱丢果壳和杂草杂物，保持整洁。

六、对不文明的卫生行为，做到相互监督、相互约束，人人参与，相互帮助，相互提高。

七、对发生不讲公德、不讲卫生，并且不接受教育的户将取消年度十星级文明家庭评创资格。

八、不准随意焚烧秸秆和有害物品，排放未经处理的人、畜粪便，在道路上晒东西和堆放建筑材料，蔑视环卫工作人员。

唐村村委会

2015 年 5 月 6 日

## 22. （海南省昌江黎族自治县乌烈镇）乌烈村村规民约[①]

为了推进我村民主法制建设，维护社会稳定，树立良好的民风、村风，创造安居乐业的社会环境，促进经济发展，建设文明卫生新农村，特制定本村规民约。

**一、社会治安**

1. 每个村民都要学法、知法、守法，自觉维护法律尊严，积极同一切违法犯罪行为作斗争。

2. 村民之间应团结友爱，和睦相处，不打架斗殴，不酗酒滋事，严禁侮辱、诽谤他人，严禁造谣惑众、拨弄是非。

3. 自觉维护社会秩序和公共安全，不扰乱公共秩序，不阻碍公务人员执行公务。

4. 严禁偷盗、敲诈、哄抢国家、集体、个人财物，严禁赌博，严禁替罪犯藏匿赃物。

5. 严禁非法生产、运输、储存和买卖爆炸物品；经销烟火、爆竹等易燃易爆物品须经公安机关等有关部门批准。不得私藏枪支弹药，拾得枪支弹药、爆炸物品，要及时上交公安机关。

6. 爱护公共财产，不得损坏水利、道路交通、供电、通

---

① 来自：《乌烈村村规民约》，发布时间：2016 年 2 月 3 日。载昌江党建网，网址：http：//www. changjiangdj. gov. cn/xzdj/wlz _ 40647/wlc/zwgk _ 40850/201602/t20160203_ 1764659. htm，2020 年 2 月 14 日最后访问。制定时间大概为 2015 年。

信、生产等公共设施。

7. 严禁非法限制他人人身自由或非法侵犯他人住宅，不准隐匿、毁弃、私拆他人邮件。

8. 严禁私自砍伐国家、集体或他人的林木，严禁损害他人庄稼、瓜果及其他农作物，加强牲畜看管，严禁放养猪、牛、羊。

9. 对违反上述社会治安条款者，触犯法律法规的，报送司法机关处理。尚未触犯刑律和治安处罚条例的，由村委会批评教育，责令改正。

**二、消防安全**

1. 加强野外用火管理，严防山火发生。

2. 家庭用火做到人离火灭，严禁将易燃易爆物品堆放户内、寨内，定期检查，排除各种火灾隐患。

3. 加强村内防火设施建设，定期检查消防池、消防水管和消防栓，保证消防用水正常。

4. 对村内、户内电线要定期检查，损坏的要请电工及时修理、更新，严禁乱拉乱接电线。

5. 加强村民尤其是少年儿童安全用火用电知识宣传教育，提高全体村民消防安全知识水平和意识。

**三、村风民俗**

1. 提倡社会主义精神文明，移风易俗，反对封建迷信及其他不文明行为，树立良好的民风、村风。

2. 红白喜事，喜事新办，丧事从简，破除陈规旧俗，反对铺张浪费、反对大操大办。

3. 不请神弄鬼或装神弄鬼，不搞封建迷信活动，不听、看、传淫秽书刊音像，不参与邪教组织。

4. 建立正常的人际关系，不搞宗派活动，反对家族主义。

5. 建房应服从村庄建设规划，经村委会和上级有关部门批准，不得擅自动工，不得违反规划或损害四邻利益。

**四、卫生管理**

1. 养成良好的卫生生活习惯，不说脏话、粗话，不随地吐痰、吐槟榔水，不随手丢纸屑、扔垃圾。

2. 自觉搞好家庭卫生，并实行门前三包（包清理排水沟，包清理猪、牛圈，包打扫卫生）。

3. 正确处理垃圾，垃圾倒放前要分三类进行存放或打包，即生活垃圾（食物类）、可回收利用垃圾（塑料类）、建筑垃圾（石头砖瓦类）。生活垃圾要拿到指定地点堆放，以便垃圾清运车进行收集处理；建筑垃圾由村民清运至政府指定的地点倒放。

4. 每户村民的牲畜、家禽必须圈养，尤其生猪不得放养，若放养被村委会干部或保洁人员发现，应缴交卫生管理费人民币壹佰圆或贰佰圆（100～200元），50市斤（含50市斤）以下缴交人民币壹佰圆（100元），50市斤以上缴交人民币贰佰圆（200元）。村民的牲畜放养第二次被发现加倍收取卫生管理费。

5. 村民小组组长每月向每户村民收取人民币贰圆（2元）卫生保洁费（五保户免收），卫生保洁费专款专用，用于垃圾转运和垃圾车维修等费用。

6. 以上规定每个村民应自觉遵守，如有不遵守者，卫生保洁员有权对其收取卫生管理费。随地吐痰、吐槟榔水的或随手丢纸屑、扔垃圾的群众，卫生保洁员有权责令其自行清理或向其一次性收取人民币伍拾圆（50 元）卫生管理费；对乱倒乱堆生活垃圾的或制造脏、乱、差行为的群众，卫生保洁员有权责令其自行清理或向其一次性收取人民币贰佰圆（200 元）卫生管理费；对不按规定处理建筑垃圾的人，卫生保洁员有权责令其自行清理或向其一次性收取清理所产生的费用。

7. 村委会在收取卫生管理费时应当向缴交人出具统一的卫生管理费收据。否则，缴交人有权拒绝缴交。对拒不缴交卫生管理费的村民，村委会有权从其享受的相关补贴或其他有权支配款项中直接扣交。村委会对拒不缴交卫生管理费的村民，如该村民在有关民事、行政事务中，需要村委会出具相关手续证明，村委会有权不予以办理。

8. 所得卫生管理费，由村委会统一收取和管理，且全部用于村环境卫生整治工作开支，不得挪作他用。

9. 卫生管理费的收缴及使用情况，村委会应当将详细账目每个公历年度公开张贴一次，村民有权进行审核，提出意见。否则村民有权拒缴卫生管理费。如果村委会或他人将卫生管理费挪用、私吞，应依法追究相关人员的法律责任，并向村委会双倍赔偿所挪用、私吞的卫生管理费。

## 23. （海南省昌江黎族自治县乌烈镇）长塘村村规民约①

**一、社会治安**

1．每个村民都要学法、知法、守法，自觉维护法律尊严，积极同一切违法犯罪行为作斗争。

2．村民之间应团结友爱，和睦相处，不打架斗殴，不酗酒滋事，严禁侮辱、诽谤他人，严禁造谣惑众、拨弄是非。

3．自觉维护社会秩序和公共安全，不扰乱公共秩序，不阻碍公务人员执行公务。

4．严禁偷盗、敲诈、哄抢国家、集体、个人财物，严禁赌博，严禁替罪犯藏匿赃物。

5．严禁非法生产、运输、储存和买卖爆炸物品；经销烟火、爆竹等易燃易爆物品须经公安机关等有关部门批准。不得私藏枪支弹药，拾得枪支弹药、爆炸物品，要及时上交公安机关。

6．爱护公共财产，不得损坏水利、道路交通、供电、通信、生产等公共设施。

7．严禁非法限制他人人身自由或非法侵犯他人住宅，不准隐匿、毁弃、私拆他人邮件。

---

① 来自：《长塘村村规民约》，发布时间：2016年2月3日。载昌江党建网，网址：http：//www.changjiangdj.gov.cn/xzdj/wlz_40647/ztc/zcfg_40860/201602/t20160203_1764681.htm，2020年2月14日最后访问。

8. 严禁私自砍伐国家、集体或他人的林木，严禁损害他人庄稼、瓜果及其他农作物，加强牲畜看管，严禁放养猪、牛、羊。

9. 对违反上述社会治安条款者，触犯法律法规的，报送司法机关处理。尚未触犯刑律和治安处罚条例的，由村委会批评教育，责令改正。

**二、消防安全**

1. 加强野外用火管理，严防山火发生。

2. 家庭用火做到人离火灭，严禁将易燃易爆物品堆放户内、寨内，定期检查，排除各种火灾隐患。

3. 加强村内防火设施建设，定期检查消防池、消防水管和消防栓，保证消防用水正常。

4. 对村内、户内电线要定期检查，损坏的要请电工及时修理、更新，严禁乱拉乱接电线。

5. 加强村民尤其是少年儿童安全用火用电知识宣传教育，提高全体村民消防安全知识水平和意识。

**三、村风民俗**

1. 提倡社会主义精神文明，移风易俗，反对封建迷信及其他不文明行为，树立良好的民风、村风。

2. 红白喜事，喜事新办，丧事从简，破除陈规旧俗，反对铺张浪费、反对大操大办。

3. 不请神弄鬼或装神弄鬼，不搞封建迷信活动，不听、看、传淫秽书刊音像，不参与邪教组织。

4. 建立正常的人际关系，不搞宗派活动，反对家族主义。

5．建房应服从村庄建设规划，经村委会和上级有关部门批准，不得擅自动工，不得违反规划或损害四邻利益。

**四、卫生管理**

1．养成良好的卫生生活习惯，不说脏话、粗话，不随地吐痰、吐槟榔水，不随手丢纸屑、扔垃圾。

2．自觉搞好家庭卫生，并实行门前三包（包清理排水沟，包清理猪、牛圈，包打扫卫生）。

3．正确处理垃圾，垃圾倒放前要分三类进行存放或打包，即生活垃圾（食物类）、可回收利用垃圾（塑料类）、建筑垃圾（石头砖瓦类）。生活垃圾要拿到指定地点堆放，以便垃圾清运车进行收集处理；建筑垃圾由村民清运至政府指定的地点倒放。

4．每户村民的牲畜、家禽必须圈养，对未圈养且散养在巷道、环村路上的生猪一律视为无主，并作无主处理。对未圈养的生猪（放在村道上的），一经发现，村“两委”（即村党支部委员会、村民委员会）干部、卫生协管员有权利按规定予以一律打死并不作任何赔偿。村民耕牛管理，如主人管理不好，损坏群众庄稼，按损失的10倍以上赔偿。村民幼牛、羊管理，如主人管理不好随便乱跑乱放损坏群众庄稼一律打死，打死主人必须投报村委会方可领物。即无责任无任何赔偿，打死不追究责任。幼牛、羊打死后无主认领，村两委有权当作无主物处理。

5．以上规定每个村民应自觉遵守，如有不遵守者，卫生保洁员有权对其收取卫生管理费。随地吐痰、吐槟榔水的或随手丢纸屑、扔垃圾的群众，卫生保洁员有权责令其自行清理或向其一次性收取人民币伍拾圆（50元）卫生管理费；对乱倒乱堆生活垃圾的或制造脏、乱、差行为的群众，卫生保洁员有权责令其自行清理或向其一次性收取人民币贰佰圆（100元）卫生管理费；尤其是不能将垃圾倒在公路对面的草丛中，一经发现重罚150元卫生管理费。对不按规定处理建筑垃圾的人，卫生保洁员有权责令其自行清理或向其一次性收取清理所产生的费用。

6. 村委会在收取卫生管理费时应当向缴交人出具统一的卫生管理费收据。否则，缴交人有权拒绝缴交。对拒不缴交卫生管理费的村民，村委会有权在其享受的相关补贴或其他有权支配款项中直接扣交。村委会对拒不缴交卫生管理费的村民，如该村民在有关民事、行政事务中，需要村委会出具相关手续证明，村委会有权不予以办理。

7. 所得卫生管理费，由村委会统一收取和管理，且全部用于村环境卫生整治工作开支，不得挪作他用。

8. 卫生管理费的收缴及使用情况，村委会应当将详细账目每个公历年度公开张贴一次，村民有权进行审核，提出意见。否则村民有权拒缴卫生管理费。如果村委会或他人将卫生管理费挪用、私吞，依法追究相关人员的法律责任，并向村委会双倍赔偿所挪用、私吞的卫生管理费。

乌烈镇长塘村村委会

2015年1月1日

## 24. （海南省昌江黎族自治县乌烈镇）峨沟村卫生村规民约[①]

为了弘扬公共道德，维护公共秩序，规范村民行为，促进我村和谐发展，创造美好峨沟家园，结合本村实际，制定本村环境卫生“村规民约”，希望广大村民共同监督遵守。

一、养成良好的卫生生活习惯，不说脏话、粗话，不随地吐痰、吐槟榔水，不随手丢纸屑、扔垃圾。

二、村民要自觉搞好家居卫生。家禽要圈养；生活垃圾（如：塑料袋、烂纸屑等）要烧毁或者倒入垃圾池内；建筑垃圾要深埋土中；农户如有猪、鸡、鸭、狗等畜禽死亡的，要自行深埋土中，不得放入垃圾池内；自觉保持好房屋周边的环境卫生，做到房前屋后无积水、无杂草、无垃圾、无粪便。

三、自觉维护道路畅通、水利设施的贯通、不得将农药瓶、塑料品等垃圾倒入村道和各大、小水渠。路边搭建棚不得超过路面，不得乱挖破坏，违者罚款150元。

四、相关处罚规定，对随地吐痰、随手扔垃圾者，卫生保洁员有权责令其自行清理或向其一次性收取50元卫生管理费；对乱倒乱堆生活垃圾者，卫生保洁员有权责令其自行清理或向其一次性收取100元卫生管理费，尤其是不能将垃圾倒在公路

---

① 来自：《峨沟村卫生村规民约》，发布时间：2016年1月26日。载昌江党建网，网址：http://www.changjiangdj.gov.cn/xzdj/wlz_40647/egc_40821/cwgk_40828/201601/t20160126_1758995.htm，2020年2月14日最后访问。

对面的草丛中，一经发现重罚150元卫生管理费；对不按规定处理建筑垃圾的人，卫生保洁员有权责令其自行清理或向其一次性收取清理所产生的费用。

五、全村已实施综治片区管理，划分为若干个卫生责任区，每个责任区都负责的干部，负责监督检查工作。凡发现危害和破坏公共卫生设施的人员和事件都要及时处理。同时，我们希望村民积极举报窃取或破坏公共卫生设施者，共同维护我们村的环境卫生，被举报者一经查实，将以一罚十处置，严重者将移交公安机关。

六、所得卫生管理费，由村委会统一收取和管理，且全部用于村环境卫生整治工作开支。

七、本村规民约由峨沟村村委会负责进行解释。

八、本村规民约于2014年5月10日经村民代表大会通过，于2014年5月10日起生效实施。

九、本协议一式两份，双方各执一份。自双方签字盖章之日起生效，具有法律效力。

## 25.（海南省昌江黎族自治县乌烈镇）道隆村村规民约①

经村民代表大会讨论通过，订立以下村规民约，希望全体

① 来自：《道隆村村规民约》，发布时间：2016年1月26日。载昌江党建网，网址：http://www.changjiangdj.gov.cn/xzdj/wlz_40647/dlc/cwgk_40801/201601/t20160126_1758779.htm，2020年2月14日最后访问。制定时间大概为2015年。

村民相互监督共同遵守。

一、每年冬修水利要求每户上水利7天，如有不上水利的每户按1天30元收费，作为支持冬修水利伙食开支。

二、严禁践踏花草树木，损坏一株，罚款50～100元，并补栽一株，举报者奖励50～100元。

三、卫生垃圾按指定地点倒放，如随便乱倒，罚款100元，并要求清理干净，举报者奖励100元。

四、如有在硬化道路上随地吐槟榔水，要求违反者用水清洗干净，并且交一份检讨书。

五、服从村建房规划，如不按规划建房，村委会不出示证明办理宅基地证，同时强行拆除。

六、严禁损坏庄稼、瓜果及其他作物。

七、搞好村公共卫生和村容整洁，做到人畜分离，污水不乱流，柴草不乱放，房前屋后不积水。

八、凡村里发生的自然灾害，村民要积极主动救灾、抗灾，把灾害造成的损失减少到最低程度。

九、遵守棋子湾高铁站相关管理规定，对破坏公共财产及水利设施者加倍赔偿。

十、凡违反本村规民约的农户，在本年度内不得获得本村的优惠政策，外来人员在本村居住的参照本村规民约。

道隆村村民委员会

## 26. （海南省昌江黎族自治县乌烈镇）白石村村规民约[①]

为了推进我村民主法制建设，维护社会稳定，树立良好的民风、村风，创造安居乐业的社会环境，促进经济发展，建设文明卫生新农村，特制定本村规民约。

**一、社会治安**

1. 每个村民都要学法、知法、守法，自觉维护法律尊严，积极同一切违法犯罪行为作斗争。

2. 村民之间应团结友爱，和睦相处，不打架斗殴，不酗酒滋事，严禁侮辱、诽谤他人，严禁造谣惑众、拨弄是非。

3. 自觉维护社会秩序和公共安全，不扰乱公共秩序，不阻碍公务人员执行公务。

4. 严禁偷盗、敲诈、哄抢国家、集体、个人财物，严禁赌博，严禁替罪犯藏匿赃物。

5. 严禁非法生产、运输、储存和买卖爆炸物品；经销烟火、爆竹等易燃易爆物品须经公安机关等有关部门批准。不得私藏枪支弹药，拾得枪支弹药、爆炸物品，要及时上交公安机关。

6. 爱护公共财产，不得损坏水利、道路交通、供电、通

---

① 来自：《白石村村规民约》，发布时间：2016 年 1 月 26 日。载昌江党建网，网址：http://www.changjiangdj.gov.cn/xzdj/wlz_40647/bsc/cwgk_40790/201601/t20160126_1758466.htm，2020 年 2 月 14 日最后访问。制定时间大概为 2015 年。

信、生产等公共设施。

7. 严禁非法限制他人人身自由或非法侵犯他人住宅，不准隐匿、毁弃、私拆他人邮件。

8. 严禁私自砍伐国家、集体或他人的林木，严禁损害他人庄稼、瓜果及其他农作物，加强牲畜看管，严禁放养猪、牛、羊。

9. 对违反上述社会治安条款者，触犯法律法规的，报送司法机关处理。尚未触犯刑律和治安处罚条例的，由村委会批评教育，责令改正。

**二、消防安全**

1. 加强野外用火管理，严防山火发生。

2. 家庭用火做到人离火灭，严禁将易燃易爆物品堆放户内、寨内，定期检查、排除各种火灾隐患。

3. 加强村内防火设施建设，定期检查消防池、消防水管和消防栓，保证消防用水正常。

4. 对村内、户内电线要定期检查，损坏的要请电工及时修理、更新，严禁乱拉乱接电线。

5. 加强村民尤其是少年儿童安全用火用电知识宣传教育，提高全体村民消防安全知识水平和意识。

**三、村风民俗**

1. 提倡社会主义精神文明，移风易俗，反对封建迷信及其他不文明行为，树立良好的民风、村风。

2. 红白喜事，喜事新办，丧事从简，破除陈规旧俗，反对铺张浪费、反对大操大办。

3．不请神弄鬼或装神弄鬼，不搞封建迷信活动，不听、看、传淫秽书刊音像，不参与邪教组织。

4．建立正常的人际关系，不搞宗派活动，反对家族主义。

5．建房应服从村庄建设规划，经村委会和上级有关部门批准，不得擅自动工，不得违反规划或损害四邻利益。

**四、卫生管理**

1．养成良好的卫生生活习惯，不说脏话、粗话，不随地吐痰、吐槟榔水，不随手丢纸屑、扔垃圾。

2．自觉搞好家庭卫生，并实行门前三包（包清理排水沟，包清理猪、牛圈，包打扫卫生）。

3．正确处理垃圾，垃圾倒放前要分三类进行存放或打包，即生活垃圾（食物类）、可回收利用垃圾（塑料类）、建筑垃圾（石头砖瓦类）。生活垃圾要拿到指定地点堆放，以便垃圾清运车进行收集处理；建筑垃圾由村民清运至政府指定的地点倒放。

4．每户村民的牲畜、家禽必须圈养，尤其生猪不得放养，若放养被村委会干部或保洁人员发现，应缴交卫生管理费人民币壹佰圆或贰佰圆（100～200元），50市斤（含50市斤）以下缴交人民币壹佰圆（100元），50市斤以上缴交人民币贰佰圆（200元）。村民的牲畜放养第二次被发现加倍收取卫生管理费。

5．村民小组组长每月向每户村民收取人民币贰圆（2元）卫生保洁费（五保户免收），卫生保洁费专款专用，用于垃圾转运和垃圾车维修等费用。

6. 以上规定每个村民应自觉遵守，如有不遵守者，卫生保洁员有权对其收取卫生管理费。随地吐痰、吐槟榔水的或随手丢纸屑、扔垃圾的群众，卫生保洁员有权责令其自行清理或向其一次性收取人民币伍拾圆（50元）卫生管理费；对乱倒乱堆生活垃圾的或制造脏、乱、差行为的群众，卫生保洁员有权责令其自行清理或向其一次性收取人民币贰佰圆（200元）卫生管理费；对不按规定处理建筑垃圾的人，卫生保洁员有权责令其自行清理或向其一次性收取清理所产生的费用。

7. 村委会在收取卫生管理费时应当向缴交人出具统一的卫生管理费收据。否则，缴交人有权拒绝缴交。对拒不缴交卫生管理费的村民，村委会有权在其享受的相关补贴或其他有权支配款项中直接扣交。村委会对拒不缴交卫生管理费的村民，如该村民在有关民事、行政事务中，需要村委会出具相关手续证明，村委会有权不予以办理。

8. 所得卫生管理费，由村委会统一收取和管理，且全部用于村环境卫生整治工作开支，不得挪作他用。

9. 卫生管理费的收缴及使用情况，村委会应当将详细账目每个公历年度公开张贴一次，村民有权进行审核，提出意见。否则村民有权拒缴卫生管理费。如果村委会或他人将卫生管理费挪用、私吞，依法追究相关人员的法律责任，并向村委会双倍赔偿所挪用、私吞的卫生管理费。

# 27. （海南省昌江黎族自治县海尾镇高石塘村）村民卫生公约[①]

为了增强我村全体村民的卫生意识，提高村民自我教育、自我约束的能力，自觉维护公共卫生形象，特制定以下村民卫生公约：

一、全体村民必须遵守国家有关环境保护的法律、法规和有关政策。

二、建设文明、整洁的家园是每个村民应尽的义务，全体村民应人人参与村爱国卫生日活动，提倡以讲卫生为光荣，不讲卫生为可耻的文明卫生新风尚，自觉改善环境卫生面貌。

三、做好家庭环境卫生，定期进行卫生清理，家中杂物堆放整齐，做到家具整洁亮丽，周边环境卫生清洁。

四、配合村环卫队做好垃圾集中处理工作，不乱倒、乱放生活垃圾和随处放建筑垃圾。

五、自觉维护道路、河道及公共场所的环境卫生，不乱丢果壳和杂草杂物，保持整洁。

六、对不文明的卫生行为，做到相互监督、相互约束，人人参与，相互帮助，相互提高。

七、对发生不讲公德、不讲卫生，并且不接受教育的户将

① 来自：《村民卫生公约》，发布时间：2016 年 3 月 23 日。载昌江党建网，网址：http：//www. changjiangdj. gov. cn/xzdj/hwz _ 40669/stc/dwcwgk _ 46987/201603/t20160323_ 1812005. htm，2020 年 2 月 14 日最后访问。

取消年度星级文明家庭评创资格。

八、不准随意在橡胶林里焚烧秸秆和有害物品，排放未经处理的人、畜粪便，在道路上晒东西和堆放建筑材料，蔑视环卫工作人员。

九、不准向河沟丢含有有毒农药瓶和排泄污染的液体。

十、建筑垃圾不得向垃圾桶、河里倒放。

十一、本环境卫生公约自公布之日起实施。

高石塘村党支部

高石塘村村委会

2015 年 1 月 7 日

## 28. （海南省三亚市保亭黎族苗族自治县）加茂镇村规民约①

为了进一步促进我镇两个文明建设，加快农村经济稳步发展，给群众一个安定的发展经济环境，经本次人民代表大会研究讨论通过，特制定如下村规民约：

1. 热爱中国共产党，热爱社会主义祖国，坚持社会主义道路，自觉遵守贯彻执行党的路线、方针、政策，遵守各级政府的法规法令。正确处理国家、集体、个人三者关系，不断加快祖国现代化建设步伐。

---

① 来自：本书编写组：《黎族田野调查》，海南省民族学会编印，2006 年 7 月，第 39－40 页。制定时间不详。

2. 热爱集体、爱护公共财物，敢于同破坏集体利益的行为作斗争，发扬民族优良传统，管好自家的畜禽，不搞损坏家乡声誉和利益的事情，凡是损坏他人财物的，要照价赔偿；盗窃他人财物的，抓到按原财物单价的200%进行罚款。对禽畜破坏作物的，除照价赔偿外，禽类罚款5～20元/只；猪罚款10～15元/只；羊罚款50～200元/头。

3. 提倡学习科学文化知识，学习掌握农村生产实用技术，倡导科学的生活方式，反对封建迷信，聚众赌博，移风易俗，不参与传播邪教、淫秽物品活动。

4. 发扬热爱集体观念，热爱劳动，积极参加集体组织的各项义务劳动，搞好生产，诚实经商，勤俭持家，勤劳致富。反对偷窃财物、造假掺杂、走私贩私、偷税漏税行为。

5. 加强爱国主义教育，移风易俗，提倡婚事新办、丧事简办、乔迁不办。反对婚事、丧事、喜庆大操、大办，铺张浪费。

6. 倡导家庭和睦相处、敬老爱幼、夫妻恩爱，婆媳、姑嫂、妯娌、兄弟之间互相关心体贴，不虐待老人儿童。

7. 提倡乡间邻里团结互助，亲邻相帮。反对酗酒闹事，打架斗殴，凡是酗酒闹事者，一旦发现，派出所就将其留制，直到酒醒承认错误，如是涉及社会治安问题，要从重处理。提倡与所在地学校、机关单位、国营农场、外商等单位团结协助认真维护学校、机关单位、国营农场、外商等单位的工作、学习、生产、生活的正常秩序。

8. 遵守婚姻法，自觉执行国家计划生育政策。提倡晚婚晚育、少生优生。实行婚姻自由，反对买卖包办婚姻、近亲结婚、早婚早育、歧视妇女等行为。

9. 做好封山、育林、护林、蓄水、造林绿化和保护耕地工作。坚持土地公有制，有计划地开发使用土地，鼓励农民群众植树造林，保护森林资源，杜绝没有计划的开发利用土地及禁止一切毁林开荒、乱砍盗伐行为的发生与非法占用耕地建造房屋。

10. 鼓励与支持农民发展生产、发展畜牧业、发展经济，优化产业结构，禁止一切破坏行为发生，如发现人为破坏果树者罚款 50～200/棵，损坏经济林木罚款 10～100 元/株。

11. 农户出售耕牛，买牛商人与耕牛主必须在村小组办理出售耕牛证明，方可出售，否则派出所应扣此牛进行审查。

12. 搞好生态村建设，做好村容村貌卫生整洁，搞好村容规划建设，做到房屋、村路、排水沟、家禽家畜栏圈安排有序优美，搞好环境卫生，鼓励农民建造沼气池、户厕，户户饮用卫生水。

13. 注意交通与用电安全。遵守交通规则，禁止在公路、街道两侧建、放阻碍物，车辆人村（街）要慢行，文明节约用电、不偷电、耗电。

14. 加强社会治安综合治理工作，发挥群防群治作用，组织村级治保会，组织护村队，搞好场乡联防互助工作，要不断增强人民群众的法律意识和法律观念，努力搞好防盗防火工作。

15. 对外常住或暂住人员一律要向村联防队申报居住或暂

住手续，在住村期间里遵守本公约。

16. 本公约自颁布之日起实施，每个公民要认真执行，如有违犯以上条款者，视情节轻重予以处罚。触犯刑事的，由执法部门依法追究刑事责任。

## 29.（海南省三亚市保亭黎族苗族自治县加茂镇）毛林村村规民约①

为了进一步推动我村的物质文明和精神文明建设，经广大群众讨论，特定如下村规民约：

1. 热爱中国共产党，自觉贯彻党的路线、方针、政策。

2. 热爱社会主义祖国，坚持社会主义道路，遵守各级政府的法规、法令，正确处理国家、集体、个人三者关系，为祖国四化建设多作贡献。

3. 热爱集体，爱护集体财产，敢于同破坏集体利益的坏人坏事作斗争，发扬家乡的优良传统，不搞损坏家乡声誉和利益的事情。

4. 提倡学习科学文化知识、健康向上的生活方式。反对封建迷信、聚众赌博。反对酗酒闹事，打架斗殴。

5. 热爱劳动，搞好生产，勤劳致富。

6. 勤俭持家，移风易俗，提倡婚事新办，丧事简办。反

① 来自：本书编写组：《黎族田野调查》，海南省民族学会编印，2006 年 7 月，第 38 页。制定时间不详。

对婚丧喜庆大操办，铺张浪费。

7．家庭和睦团结，敬老爱幼，夫妻恩爱，婆媳、姑嫂、妯娌、兄弟之间互相关心体贴，不虐待老人儿童。

“十三五”国家
重点图书出版规划项目

南方主要少数民族乡规民约与社会治理研究丛书

# 南方少数民族村规民约汇编

下卷

高其才　池建华◎编

湘潭大学出版社

# 目 录

**第十一章 傣族地区村规民约 951**

1. （云南省西双版纳傣族自治州勐海县勐遮乡）曼刚寨村规民约（1994 年）／951
2. （云南省西双版纳傣族自治州勐海县勐遮乡）曼垒村村规民约（1994 年 11 月 22 日）／953
3. （云南省西双版纳傣族自治州勐海县勐遮乡）曼恩寨村规民约（1998 年）／954
4. （云南省西双版纳傣族自治州）勐腊县勐仑镇城子村村委会自治章程（村规民约）（时间不详）／955
5. （云南省临沧市耿马傣族佤族自治县孟定镇）景信寨村规民约（2008 年）／962
6. （云南省临沧市双江拉祜族佤族布朗族傣族自治县）沙河乡允俸村景亢组村规民约（2017 年 7 月 6 日）／963
7. （云南省德宏傣族景颇族自治州瑞丽市姐勒乡姐东村）喊沙寨村规民约（2000 年 1 月 30 日）／966

8. （云南省德宏傣族景颇族自治州陇川县）城子镇姐乌村村委会菜园村规民约（1991 年 1 月 20 日）/ 970
9. （云南省德宏傣族景颇族自治州芒市遮放镇街道村委会）二村村规民约（2004 年 9 月）/ 971
10. （云南省普洱市思茅区）倚象镇下寨村村规民约（2018 年 12 月 1 日）/ 974
11. （云南省玉溪市新平彝族傣族自治县戛洒镇）戛洒村官竜小组村规民约（2010 年 6 月 14 日）/ 976

**第十二章 畲族地区村规民约 979**

1. （浙江省丽水市景宁畲族自治县）沙湾镇叶桥村村规民约（2013 年 4 月 23 日）/ 979
2. （浙江省丽水市景宁畲族自治县沙湾镇）叶桥村森林防火村规民约（2009 年 10 月）/ 984
3. （浙江省丽水市景宁畲族自治县大地乡）大地村村规民约（2013 年 10 月）/ 985
4. （浙江省丽水市景宁畲族自治县鹤溪街道）双后岗村规民约（2017 年）/ 990
5. （浙江省丽水市景宁畲族自治县标溪乡）处基村计划生育村规民约（2012 年 3 月 20 日）/ 997
6. （浙江省丽水市龙泉市）竹垟畲族乡盖竹村村规民约（2017 年）/ 1000
7. （浙江省丽水市莲都区老竹畲族镇）梁村村村规民约（2018 年 9 月）/ 1006

8.（浙江省丽水市莲都区老竹畲族镇）丁公村村规民约（2018年9月28日）/ 1009
9.（浙江省丽水市莲都区老竹畲族镇）沙溪村村规民约（2018年10月1日）/ 1012
10.（浙江省丽水市莲都区老竹畲族镇）新陶村村规民约（2018年10月1日）/ 1016
11.（浙江省丽水市莲都区老竹畲族镇）老竹村村规民约（2018年10月9日）/ 1019
12.（浙江省丽水市遂昌县三仁畲族乡）好川村村规民约（2015年）/ 1023
13.（浙江省丽水市遂昌县三仁畲族乡）坑口村村规民约（2017年5月）/ 1026
14.（浙江省丽水市松阳县板桥畲族乡）大毛科村村规民约（2018年12月）/ 1031
15.（浙江省丽水市云和县雾溪乡）坪垟岗村村规民约（2018年10月）/ 1034
16.（浙江省杭州市桐庐县）莪山畲族乡塘联村村规民约（2018年10月25日）/ 1041
17.（浙江省杭州市桐庐县莪山畲族乡）沈冠村村规民约（2018年10月25日）/ 1043
18.（浙江省杭州市桐庐县莪山畲族乡）中门民族村村规民约（2018年10月25日）/ 1047
19.（浙江省杭州市桐庐县莪山畲族乡）龙峰民族村村规民约（2018年10月）/ 1051

20.（浙江省杭州市桐庐县莪山畲族乡）新丰民族村村规民约（2018 年 10 月 25 日）／1052
21.（浙江省杭州市桐庐县莪山畲族乡）尧山村村规民约（2018 年 10 月 25 日）／1055
22.（福建省宁德市蕉城区八都镇）猴盾村村规民约（2017 年）／1058
23.（福建省宁德市蕉城区霍童镇）东岭村疫情防控村规民约 10 条（2020 年 2 月）／1060
24.（江西省赣州市寻乌县）澄江镇汶口畲族村村规民约（2019 年 5 月）／1061
25.（安徽省宣城市宁国市云梯畲族乡）千秋村村规民约（2012 年 6 月）／1065
26.（安徽省宣城市宁国市云梯畲族乡云梯村）禁渔通告（2017 年 7 月）／1069

**第十三章　傈僳族地区村规民约　1070**

1.（云南省怒江傈僳族自治州泸水县上江乡百花岭村）村规民约（1993 年）／1070
2.（云南省怒江傈僳族自治州泸水市）称杆乡双奎地村控辍保学村规民约（2017 年 12 月 4 日）／1077
3.（云南省怒江傈僳族自治州福贡县架科底乡）阿打村村规民约顺口溜（2019 年 5 月 17 日）／1078
4.（云南省迪庆藏族自治州维西傈僳族自治县）保和镇村民委员会村规民约（2006 年 5 月 12 日）／1080

5.（云南省丽江市华坪县永兴傈僳族乡）马鹿村十组组规民约（2018 年 8 月 27 日）/ 1084
6.（云南省丽江市玉龙纳西族自治县黎明傈僳族乡）黎光村河上组社区自然保护地管理条例（2018 年 7 月 25 日）/ 1085
7.（云南省丽江市玉龙纳西族自治县黎明傈僳族乡）黎光村色冲落组社区自然保护地管理条例（2016 年 4 月 6 日）/ 1087
8.（云南省保山市隆阳区芒宽彝族傣族乡白花林村）芒岗自然村村规民约（1999 年 8 月）/ 1089

**第十四章 仡佬族地区村规民约 1091**

1.（广西壮族自治区百色市隆林各族自治县德峨镇么基村）村规民约（1998 年 6 月 22 日）/ 1091
2.（贵州省安顺市普定县白岩镇双坑村新寨仡佬族自然村）计划生育与奖励扶助制度（时间不详）/ 1093

**第十五章 拉祜族地区村规民约 1095**

1.（云南省普洱市孟连傣族拉祜族佤族自治县景信乡）回俄村村规民约（时间不详）/ 1095
2.（云南省普洱市澜沧拉祜族自治县糯福乡）南段村公所公民条例（1991 年 7 月 25 日）/ 1096
3.（云南省普洱市澜沧拉祜族自治县糯福乡）南段村公所取水管理制度（1996 年 8 月 1 日）/ 1099

4.（云南省普洱市澜沧拉祜族自治县糯福乡）南段村公所龙竹蓬寨寨规（1992 年）／1101

5.（云南省普洱市澜沧拉祜族自治县糯福乡）南段村公所革新寨寨规（1993 年）／1101

6.（云南省普洱市澜沧拉祜族自治县糯福乡）南段村公所南段老寨寨规（1995 年）／1102

7.（云南省临沧市）双江（拉祜族佤族布朗族傣族）自治县忙糯乡邦界村村规民约（2019 年 6 月 1 日）／1103

8.（云南省临沧市双江拉祜族佤族布朗族傣族自治县）忙糯乡邦界村有机茶园管理办法（2019 年 5 月）／1115

9.（云南省临沧市临翔区南美拉祜族乡）多依村多依林自然村村规民约（2016 年）／1118

10.（云南省临沧市临翔区南美拉祜族乡）南美村竹笆山自然村村规民约（2019 年 5 月 5 日）／1124

11.（云南省西双版纳傣族自治州勐海县布朗山区班章乡）巴卡囡寨拉祜族村规（时间不详）／1128

**第十六章　佤族地区村规民约　1129**

1.（云南省临沧市耿马傣族佤族自治县四排山乡）石佛洞村村规民约（2019 年）／1129

2.（云南省临沧市沧源佤族自治县勐董镇）龙乃村村规民约（2014 年 1 月 1 日）／1130

3.（云南省临沧市沧源佤族自治县勐董镇帕良村）村规民约（1999 年 11 月 19 日）／1146

4.（云南省临沧市沧源佤族自治县勐角民族乡）翁角村村规民约（2004 年）／1150

5.（云南省临沧市镇康县）军赛（佤族拉祜族傈僳族德昂族）乡岔路村村民委员会岔路组村规民约（2008 年 7 月 5 日）／1156

6.（云南省保山市腾冲市清水乡三家村村中寨）村规民约（2019 年）／1163

7.（云南省保山市腾冲市清水乡三家村村中寨）美丽乡村门前三包责任书（2019 年）／1164

第十七章　水族地区村规民约　1165

1.（贵州省黔南布依族苗族自治州三都水族自治县周覃镇）板料村村规民约（1980 年）／1165

2.（贵州省黔南布依族苗族自治州三都水族自治县周覃镇）板光村生态环境保护公约（2014 年 9 月 6 日）／1168

3.（贵州省黔南布依族苗族自治州三都水族自治县三洞乡）板告村村规民约（时间不详）／1169

4.（贵州省黔南布依族苗族自治州三都水族自治县九阡镇）水各村村规民约（2009 年 12 月 1 日）／1170

5.（贵州省黔南布依族苗族自治州三都水族自治县）中和镇水根村卫生公约（2015 年 5 月 1 日）／1175

6.（贵州省黔南布依族苗族自治州三都水族自治县都江镇）怎雷村村规民约（2016 年）／1176

7.（贵州省黔南布依族苗族自治州荔波县朝阳镇）山江村环

境卫生公约（2017 年 10 月）／1178
8.（贵州省黔南布依族苗族自治州都匀市奉合乡）杉木村三、四、五组规章制度（1999 年 7 月 7 日）／1180
9.（云南省曲靖市富源县古敢水族乡）补掌村公所村规民约（1992 年 4 月 1 日）／1181
10.（云南省曲靖市富源县古敢乡都章村二社下排）治水公约（时间不详）／1186
11.（云南省曲靖市富源县古敢水族乡）补掌生态村村规民约（2010 年）／1187
12.（广西壮族自治区河池市南丹县六寨镇）龙马村村规民约（1987 年）／1188

第十八章 纳西族地区村规民约 1192

1.（云南省丽江地区丽江纳西族自治县）白华乡乡规民约（1987 年 7 月 20 日）／1192
2.（云南省丽江地区丽江纳西族自治县黄山乡）吉来村村规民约（1989 年 8 月 20 日）／1195
3.（云南省丽江地区丽江纳西族自治县黄山乡）白华行政村村规民约（1991 年 10 月 8 日）／1198
4.（云南省丽江市玉龙纳西族自治县奉科镇）奉科村村委会村规民约（时间不详）／1200
5.（云南省丽江市玉龙纳西族自治县）奉科镇奉科村新型冠状病毒肺炎疫情防控通知（2020 年 1 月 28 日）／1203
6.（云南省迪庆藏族自治州香格里拉市三坝纳西族乡）江边

村村规民约（2014 年 4 月 1 日）／1204

## 第十九章　羌族地区村规民约　1208

1. （四川省阿坝藏族羌族自治州）理县蒲溪乡乡规民约（1991 年 2 月 10 日）／1208
2. （四川省阿坝藏族羌族自治州汶川县龙溪乡）垮坡村村规民约（1991 年 10 月 26 日）／1216
3. （四川省阿坝藏族羌族自治州汶川县龙溪乡）俄布村村规民约（1991 年 10 月 28 日）／1219
4. （四川省阿坝藏族羌族自治州汶川县龙溪乡）阿尔村村规民约（时间不详）／1221
5. （四川省阿坝藏族羌族自治州汶川县雁门乡）白水村村规民约（时间不详）／1222
6. （四川省阿坝藏族羌族自治州汶川县雁门乡）萝卜寨村规民约（2014 年 9 月 12 日）／1224

## 第二十章　仫佬族地区村规民约　1226

1. （广西壮族自治区河池市罗城仫佬族县四把镇）石门村村规民约（时间不详）／1226
2. （广西壮族自治区河池市罗城仫佬族县四把镇）石门村田心屯村规民约（2001 年 6 月）／1229
3. （广西壮族自治区河池市罗城仫佬族县四把镇）石门村计划生育法则（时间不详）／1230
4. （广西壮族自治区河池市罗城仫佬族县四把镇）铜匠村科

技文化活动中心管理规定（时间不详）/ 1232
5. （广西壮族自治区河池市罗城仫佬族县四把镇）铜匠村环境卫生管理规定（2007 年）/ 1233
6. （广西壮族自治区河池市罗城仫佬族县四把镇大新村）大梧屯村规民约（2012 年）/ 1234
7. （广西壮族自治区河池市罗城仫佬族县东门镇）凤梧村村规（2000 年 10 月 1 日）/ 1236
8. （广西壮族自治区河池市罗城仫佬族县东门镇）凤梧村防毒、戒毒条例（时间不详）/ 1239
9. （广西壮族自治区河池市罗城仫佬族县东门镇凤梧村上凤立屯）社会事务村规民约（时间不详）/ 1240
10. （广西壮族自治区河池市罗城仫佬族自治县小长安镇）龙腾村大勒洞屯村规民约（2013 年 5 月）/ 1242

第二十一章　景颇族地区村规民约　1243

1. （云南省德宏傣族景颇族自治州瑞丽市）弄岛乡乡规民约（1999 年 6 月 14 日）/ 1243
2. （云南省德宏傣族景颇族自治州瑞丽市弄岛乡等噶村）青年规章制度（时间不详）/ 1246
3. （云南省德宏傣族景颇族自治州瑞丽市景颇族）村规民约（时间不详）/ 1247
4. （云南省德宏傣族景颇族自治州盈江县铜壁关乡）铜十条（时间不详）/ 1248

## 第二十二章 布朗族地区村规民约 1250

1. （云南省红河哈尼族彝族自治州金平苗族瑶族傣族自治县马鞍底乡马鞍底村）牛场坪村村规民约（2008 年 10 月 23 日）／1250
2. （云南省临沧市双江拉祜族佤族布朗族傣族自治县邦丙乡）南直村村规民约（2015 年 7 月 15 日）／1256
3. （云南省临沧市双江拉祜族佤族布朗族傣族自治县邦丙乡）邦丙村村规民约（时间不详）／1260
4. （云南省保山市施甸县木老元布朗族彝族乡）木老元村村规民约（时间不详）／1263
5. （云南省西双版纳傣族自治州勐海县）布朗山（布朗族）乡勐昂村公所村规民约（1996 年 2 月 20 日）／1265
6. （云南省西双版纳傣族自治州勐海县布朗山布朗族乡）勐昂村公所村规民约（1996 年 6 月 30 日）／1271
7. （云南省西双版纳傣族自治州勐海县布朗山布朗族乡）勐昂行政村村规民约（1998 年 8 月）／1278

## 第二十三章 毛南族地区村规民约 1281

1. （广西壮族自治区环江毛南族自治县下南乡）南昌屯村规民约（1991 年 7 月）／1281
2. （广西壮族自治区环江毛南族自治县下南乡）中南村村规民约（1994 年 12 月 30 日）／1285
3. （广西壮族自治区环江毛南族自治县下南乡）仪凤村村规

民约（2000 年 9 月 18 日）/ 1290
4.（广西壮族自治区环江毛南族自治县下南乡）波川村村规民约（2007 年）/ 1294
5.（广西壮族自治区环江毛南族自治县思恩镇）清潭村村规民约（时间不详）/ 1298

第二十四章 普米族地区村规民约 1300

1.（云南省丽江市宁蒗彝族自治县永宁乡落水自然村）村规民约（1997 年 1 月 1 日）/ 1300
2.（云南省丽江市宁蒗彝族自治县永宁乡泸沽湖自然村）村规民约（1999 年 5 月 25 日）/ 1304

第二十五章 阿昌族地区村规民约 1308

1.（云南省德宏傣族景颇族自治州陇川县）户撒阿昌族乡村规民约（1996 年 7 月 14 日）/ 1308
2.（云南省德宏傣族景颇族自治州梁河县）九保阿昌族乡横路村村民公约（2019 年）/ 1311
3.（云南省德宏傣族景颇族自治州梁河县）曩宋（阿昌族）乡弄别村村规民约（2019 年 3 月 6 日）/ 1312
4.（云南省）德宏州梁河县曩宋（阿昌族）乡关璋村大横山组村规民约（2019 年 5 月 9 日）/ 1316
5.（云南省）德宏州梁河县曩宋（阿昌族）乡关璋村关璋二组村规民约（2019 年 5 月 9 日）/ 1320
6.（云南省）德宏州梁河县曩宋（阿昌族）乡关璋村弄丘三

组村规民约（2019 年 5 月 9 日）／1324

第二十六章 怒族地区村规民约 1328

1. （云南省怒江傈僳族自治州贡山独龙族怒族自治县丙中洛乡）查腊社村规民约（时间不详）／1328
2. （云南省怒江傈僳族自治州福贡县鹿马登乡）布拉底村村规民约（2016 年）／1333

第二十七章 京族地区村规民约 1336

1. （广西壮族自治区防城港市东兴市江平镇）万尾村村规民约（1999 年 9 月 20 日）／1336
2. （广西壮族自治区防城港市东兴市江平镇山心村）村规民约（1995 年 4 月 8 日）／1339

第二十八章 基诺族地区村规民约 1342

1. （云南省西双版纳傣族自治州景洪市基诺山基诺族乡）巴亚村村公所村规民约（1998 年）／1342
2. （云南省西双版纳傣族自治州景洪市）基诺山基诺族乡巴亚村村公所教育、卫生、计划生育管理制度（1998 年）／1346
3. （云南省西双版纳傣族自治州景洪市基诺山基诺族乡巴飘村）建设社会主义新农村村规民约（2009 年 6 月）／1348
4. （云南省西双版纳傣族自治州景洪市基诺山基诺族乡攸乐

巴来村委会）小普希生态茶园建设村规民约（2016 年 1 月 1 日）/ 1354

第二十九章 德昂族地区村规民约 1357

1. （云南省德宏傣族景颇族自治州潞西市三台山德昂族乡）出冬瓜村村规民约（1998 年 10 月 1 日）/ 1357
2. （云南省德宏傣族景颇族自治州潞西市三台山德昂族乡勐丹村）冷水沟村规民约（1999 年 8 月 13 日）/ 1361

第三十章 门巴族地区村规民约 1364

1. （西藏自治区山南市错那县）贡日门巴民族乡乡规民约（2002 年）/ 1364

第三十一章 独龙族地区村规民约 1366

1. （云南省怒江傈僳族自治州贡山独龙族怒族自治县）独龙江乡乡规民约（2003 年 3 月 26 日）/ 1366
2. （云南省怒江傈僳族自治州贡山独龙族怒族自治县）独龙江乡乡规民约（2013 年 1 月 9 日）/ 1370
3. （云南省怒江傈僳族自治州贡山独龙族怒族自治县独龙江乡）迪政当村委会村规民约（2001 年 9 月 20 日）/ 1377
4. （云南省怒江傈僳族自治州贡山独龙族怒族自治县丙中洛乡）双拉村村规民约（1998 年 6 月 15 日）/ 1381
5. （云南省怒江傈僳族自治州贡山独龙族怒族自治县丙中洛

乡）双拉村村规民约（2004 年 6 月 24 日）／1383

第三十二章 高山族地区村规民约 1387

1.（福建省漳州市南安市仙都镇）大地村村规民约（2018 年 10 月）／1387

第三十三章 珞巴族地区村规民约 1391

1.（西藏自治区林芝市米林县南伊珞巴民族乡）琼林村村规民约（2002 年）／1391

2.（西藏自治区林芝市米林县南伊珞巴民族乡）琼林村牲畜看护公约（2002 年）／1392

后 记 1393

# 第十一章 傣族地区村规民约

## 1. （云南省西双版纳傣族自治州勐海县勐遮乡）曼刚寨村规民约①

第一条 村民打架，情节轻由村委会处理，罚金视情况而定；情节严重的交村公所、乡派出所处理。情节轻微与否以治伤的医疗费是否在1000元人民币以内为标准。

第二条 偷盗村民财物者，所盗财物价值1000元以下，由村委会处予教育或罚金，罚金依情况而定；所盗之财物价值1000元以上者，交村公所、村派出所处理。

第三条 关于赌博。除村中死人后的7天外，一律不准赌

① 来自：张晓辉主编，傣族调查组编写：《云南民族村寨调查 傣族 勐海勐遮乡曼刚寨》，云南大学出版社2001年版，第133－134页。制定时间为1994年。

博，否则交派出所处理。

第四条　村民间影响大的纠纷，由村委会先调解，处理不了交村公所处理，村公所处理不了由乡派出所处理。

第五条　丈夫打妻子的，由村委会先教育，不改的处予罚款。

第六条　对有流氓行为者，处予100元的罚款。

第七条　强奸的交派出所处理。

第八条　通奸的先对双方进行教育，并各处予50元的罚款。

第九条　外来人口到本村与村民通婚落户的，要交一定的钱给村委会。交钱的数目视情况而定，如果通婚发生在曼刚寨与曼短寨、曼恩寨，交100元；如果与另外的村寨通婚的视情况而定。

第十条　在本村结婚的要交给村委会50元钱，杀10只鸡，用于修护寨心，分少量给“召曼”。

第十一条　关于离婚。如果双方均提出离婚的，要各交50元钱给村委会；如果只是一方主张离婚的，由提出离婚的一方交100元钱给村委会。

第十二条　关于“上新房”。谁家上新房要拿一瓶酒、两包烟给民兵班长（“伙子头”），由其发给老人们。

## 2.　（云南省西双版纳傣族自治州勐海县勐遮乡）曼垒村村规民约[①]

一、关于打架斗殴的问题。如打架，不管谁先动手，不论是什么民族，谁受伤，住院费是多少，家属、亲戚朋友到医院看望病人的，每人每天支付给亲友10元，拖拉机接送费等全部由先动手打人者支付，另还要加以罚款500元。

二、不管是谁，走出村子去偷什么东西，被他人抓着，他们如果处理，村委会一概不管，若偷东西这事传到村里，影响村寨名誉的，给予处罚；偷本村鸡、菜等的，价格是多少，由偷者支付，并处罚100元~500元。

三、关于打牌、玩麻将的问题。打牌、玩麻将要分时间，村里有人死亡不允许玩牌，不允许在家里打牌或赌钱，如果多次劝告不听者，将没收牌并给予罚款50元~100元。

以上条款，望全体村民遵守，如有违反，都将按有关条款给予处罚，决不给予放宽处理。此《民约》自1994年11月23日起执行。

曼垒村村委会、全体村民

1994年11月22日

① 来自：张晓辉主编，傣族调查组编写：《云南民族村寨调查 傣族 勐海勐遮乡曼刚寨》，云南大学出版社2001年版，第241页。

## 3. （云南省西双版纳傣族自治州勐海县勐遮乡）曼恩寨村规民约[①]

（曼恩村村干部党小组开了3天会，订好后公布。1998年重新订）

第一条　40岁以上到65岁要做坏事，赕佛喝酒还要罚50元。

第二条　40岁以下不管男女，要做坏事（含通奸）罚100元。

第三条　30岁以下到18岁要做坏事、吵架、打架，引起外人上村，医药费要全部赔，并罚500元。

第四条　按照计划生育，男要22岁，女要20岁，才让结婚。如果年龄不到结婚生子，按乡政府的规定罚500元～1000元。

第五条　不管男女要维护好婚姻关系，一方提出离婚：男罚100元或女罚100元，如果双方同意男女各罚50元。

第六条　16岁以上的人小偷小摸，不管偷什么，第一次抓住教育，再偷罚200元。

第七条　每家养的牛要保管好，如果牛到田里吃庄稼，地里吃菜，罚100元。

第八条　我寨子有166户，887人，如果村上开会不参

① 来自：张晓辉主编，傣族调查组编写：《云南民族村寨调查 傣族 勐海勐遮乡曼刚寨》，云南大学出版社2001年版，第240－241页。

加，罚50元。

第九条　我寨子不管男女老少，村民委员会叫学习、派义务工，不到或不完成的罚50元。

第十条　我寨子不管任何人都是一个寨子的人，如果谁说搞人家的牛、鸡、猪，罚100元；如果真的搞，罚500元。

第十一条　16岁以上要赌博，不干活，教着不听的，罚200元。还要报公安处理。

## 4.　（云南省西双版纳傣族自治州）勐腊县勐仑镇城子村村委会自治章程（村规民约）①

为了做好我村社会主义新农村建设和小康生活建设工作，打击各种违法犯罪活动，强化和谐社会，科学推进村寨发展，调解各种纠纷，消除各种不稳定因素，创造良好的社会环境，使农村更加和谐，集中精力投入经济建设，为精神文明和物质文明建设创造一个良好的社会氛围，使每个村民都认识到热爱党、热爱社会主义、热爱祖国、热爱集体、热爱劳动，履行公民义务，完成各项任务和义务教育等，学法、懂法、遵纪守法，维护社会公共秩序、遵守本村的规章制度，爱护公物、爱护集体财产、保护自然资源和环境等；尊重老人、维护好妇女儿童的合法权益、家庭和睦、邻里团结、互助互谅、教育子

① 来自：金少萍：《西双版纳城子傣族村寨文化变迁的民族志研究》，知识产权出版社2014年版，第231－235页。制定时间不详。

女、争当五好家庭、讲文明、讲礼貌、遵守社会公德、保护公共环境卫生清洁等，努力学习文化科学知识，移风易俗，树立好村风、民风，反对铺张浪费，执行基本国策，搞好优生优育、计划生育等；提高警惕，加强防范，维护社会治安稳定，不吸毒、不赌博、不打架斗殴，特制定本条例。所规定的自治条例，村民如有违反和破坏，首先以教育批评为主，屡教不改的则按相关条例依法进行处罚。

**第一条　纪律方面**

1. 各村小组，在村干部组织召开村民会议时，要求年满18周岁的村民全部按时参加（特殊情况除外），并提出各项合理建议，为本村的建设献言献策，无特殊情况的不允许请假和中途退场。

2. 重大民族节日和文体活动，要求各村积极参加，工时在1至4小时内的按半天计算，5至8小时内按一天时间计算。不参加者按男工50元、女工30元进行罚款。

3. 年满18周岁至45周岁以内的村民，要求每年完成义务工作15工，46岁以上55岁以下村民要求每年完成村义务工7工，法律规定的特殊群体除外。村干部、村委会支书、主任、副主任、妇女主任要监督执行并带头完成。计生宣传员、学生、和尚可免。村委会委员、村组长、副组长、报账员、妇女组长、治保调解、保安、联防、各群体代表，每参加一次会议（除晚上会议以外），半天按半天计算，年累计超过15个工的发放误工补贴。补给年误工补贴按本村组的年经济收入金额适当补给，具体方法由村民或代表讨论制定。

**第二条　集体所有土地和财物管理**

1. 长期以来承包集体土地的村民按承包合同规定，在政策允许的范围内，每年按时交纳土地承包金，不得以任何理由拒交，限期不交的按应交承包金的15%加以罚款。如遇自然灾害，经村民代表会议讨论方可减免。

2. 根据《中华人民共和国农村土地承包法》的相关规定，我村的土地使用者是承包者，从2007年1月1日起，按比例向集体提交土地使用费：①除宅地外，原私留地、鱼塘等在转让和被征用时得到的钱款，按一定比例提交集体；②荒草、荒滩、荒地、荒岛、荒山、荒沟占用者按受益的一定比例提交集体，并且该土地如遇集体有整体规划发展需用时，由集体收回并给予一定的补偿。

3. 村民向集体承包的荒山、荒地，现已成为经济林地的，如需转让、转卖，应通过集体同意，并终止原合同，由集体与新的承包方签订合同或协议，并报上级主管部门备案。

4. 责任田、私留田、原有生产道路等，被占或征用的处理方法：①除了国家征收规定价以外，每分土地都要进行集体与被征用土地者协商定价，才能进行；②国家征用责任田，集体向原承包方提取土地补偿金15%，私留田提取补偿金20%。原有的生产道路一律归集体所有。

5. 原有的集体林、荒坡、荒沟、荒山、荒草没有经过集体划分而被私人乱砍乱占超过1998年种植界限以外的面积和株树的，按60%归集体所有。如造成森林严重破坏和环境污染的，直接停止其管理，并将依法上报有关部门追究其法律责任。

6. 各村寨的村周围和生产地带原有的风景树和古树，应加予保护，任何村组和个人不得乱砍乱伐、随意出售。如有违反者，将上报林业主管部门依法处理。

7. 加强水土、自然资源的管理。河边、道路两边、水沟边、水田边绝不允许铲、砍、围和种植各种经济作物，违者罚款200元，造成自然资源损坏和经济损失的要责令修复和加倍赔偿。

**第三条　任务工的安排方法**

1. 在各村基础设施建设中，所有农户，含住村的机关工作人员，都要承担户头或人头任务。比如：安装自来水管、架设电力设施、建设公共场所、集资修路、维修水井和修建民族传统文化活动中心，应按户头或人头完成集资任务。除困难户、五保户、残疾人（一、二级）、老年人减免以外，任何人不得以任何理由拒交，但法律规定不允许的不得强迫命令。

2. 承包责任田的村民，每年3月底至4月25日应投工投劳兴修水沟、水坝，为春耕生产做好前期准备。按每条沟长度除以责任田亩数来计算，不参加者，收取每人次工日50元~100元补工费。堵坝分工方法根据本村的实际情况按现场所需的材料除以责任田的亩数派工备料并验收，不合格者加补加固费10~20元。工日按每2亩以上5亩以下为一个工日，6亩以上10亩以下为2个工日，10亩以上为2．5个工日。2个工日以上安排在第二、第三次修复日。如没有出现洪水冲毁就不存在补工，不参加者，每工日补交工费30~50元，除特殊减免外，任何人不得以任何理由不参与和不交款。

**第四条　预防、控制和消除传染病发生流行**

1. 为了保障人民群众的健康，提高生活质量，各村寨应定期打扫卫生，清洁生活污水，疏通排水沟渠。各家各户要做到室内外整洁干净。村内道路旁，柴火、木材、车辆停放要规范，整体保持村容村貌整洁。各村寨要建立统一的垃圾堆放场，并定期清除垃圾场内垃圾。各村寨每季度进行一次喷洒消毒，防治疾病的传播流行。同时村寨内禁止建立中、小型加工厂。

2. 村寨内外与学校旁的个体经营户，要自觉接受工商、卫生等主管部门的监督管理，并办理各种经营许可证方可经营，以防止从外界把带病的禽类和三无产品带进村寨内销售。如不执行此令，造成严重后果的罚款 500～1000 元，并上报有关部门。

**第五条　各项安全**

1. 每年春夏季节，天干风大，各村各寨要提前做好防火工作，并指定专人轮流巡查。村寨内外和橡胶林发现明火却无人在场时，应立即报告村领导，并马上组织村寨内消防员和群众进行灭火自救。

2. 为了加强交通安全，各村寨要积极配合交通管理部门做好《道路交通安全法》和各项法律法规的宣传工作。村寨内不满十六周岁少年，不得驾驶机动车辆上路；年满十六周岁以上必须到交管部门进行培训，并领取到机动车驾驶证后方可驾车上路。任何人不得购买无牌无证车辆。购买负案车辆者，后果自负。新购的各型车辆要求在法定时间内到车管部门办理落户手续，如不照章办理，村委会有权向车管部门进行举报。

3. 严禁在村内喝酒闹事，打架斗殴；严禁在晚上 12 点以后，大声喧哗放高音喇叭、轰大油门等，充分保证村民的睡眠和休息；严禁吸毒和赌博；严禁夫妻间大吵大闹、动手打架；严禁各户之间争斗打架。违反者罚款 50 ~ 100 元，情节严重者移交公安机关依法处理。

4. 严禁在江河水稻（田）进行炸鱼、触鱼、农药毒鱼等，如有发生，违者罚款 300 ~ 500 元，并没收非法工具。

5. 凡外来人员须在各村寨进行经营活动或打工等，必须到各村寨领导处进行登记，并签定各项经营合同，违者罚款 100 ~ 200 元。

**第六条　婚姻家庭与计划生育**

1. 为了每个家庭的美满和幸福，每个村民必须做到尊老爱幼、男女平等，做到法律面前人人平等。

2. 婚姻必须男女完全自愿，禁止包办和买卖婚姻。禁止一方强迫于他方和一切干涉婚姻自由的行为；严禁家庭暴力和虐待、遗弃老人和妇女儿童，切实维护老人和妇女儿童的合法权益。违者将移交上级主管部门依法处理。

3. 提倡晚婚晚育，积极响应国家的计划生育政策，鼓励优生优育，奖励独生子女家庭，提高人口素质。坚决杜绝和打击超生行为，违者将上报有关部门进行处理。

**第七条　义务教育**

为了扫除文盲，提高整体人口素质，凡年满七周岁儿童，家长有责任送其入学校接受国家制定的九年义务教育。有条件的男童，在送入学校学习汉语文化知识的同时，进入寺庙当和尚接受傣族传统文化的教育。掌握好各方面文化知识，长大后为社会主义新农村建设做出积极的贡献。如有不把子女送入学校学习的家庭，村委会有权上报，按国家九年义务教育法论处，后果自负。

**第八条　建筑规划**

1．为了早日实现社会主义新农村建设的目标，各村寨必须加强美化和绿化环境，在村寨总体统一规划的建设项目中，各村寨村民必须服从村委会的用地规划，不得多占道路，不得随便占用集体场所和损坏集体林木。

2．村民在新建和翻新住房过程中，必须保持傣族的传统结构，不执行者将不列入今后村集体经济收益分配的名单中。

**第九条　村务公开、财务公开**

为了保证公平、公开、公正，各村小组经济管理人员，每季度向群众公布本村的各项经济收支情况，让群众知情，接受群众监督；为了统一思想认识，将村寨内进行的各项事务公开，征询群众意见建议。

以上村规民约，各村寨干部依照执行。

为早日实现文明、民主、富裕的社会主义新农村，为构建和谐发展的新农村，为了城子村委会各村小组的经济腾飞，让我们一起共同奋斗！

## 5. （云南省临沧市耿马傣族佤族自治县孟定镇）景信寨村规民约①

（2008 年）

1. 本村结婚，男方上门由男方出 4666 元，讨媳妇男方出 8666 元，外村不做规定，外村娶本村姑娘，男方要给老人钱，孟定坝的 100 元，远一点的 200 元，外省给 400 元；

2. 男女关系，罚款，男方 300 元，女方 300 元，扫寨子，伙食费在外；

3. 嫁到村里面和嫁到村外面的，结婚不到 7 个月就坐月子，罚扫寨子；

4. 结婚过后村寨妇女到外面玩，发生关系，被丈夫抓到，罚扫寨子叫去处理，处理费 300 元，男的到寨外发生关系，处理费 100 元；

5. 打架吵架罚款错方：200 元，处理费 60 元，谁处理就付给谁，剩下 160 元付给对的人；

6. 偷盗者抓到罚 300 元，全部付给抓到的人；

7. 破坏私人财产被抓到集体罚款 1000 元，给来告诉的人 500 元，余 500 元给（有）损失的人。处理费 100 元，在 1000 元之外，双方觉得太少就由双方来商定罚多少；

8. 景信村干部、代表 2 个、老人为群众办事的财产被破

① 来自：杨方圆：《耿马县景信寨傣族当下乡村治理中的传统权威研究》，云南民族大学 2018 年硕士学位论文。

坏、损失，被抓到就罚他，抓不到，损失的财产就由景信村每家每户来集资付给他，到第二回被知道还是同一个人，就逐出寨子（损失的价格在500元以上）。

## 6.（云南省临沧市双江拉祜族佤族布朗族傣族自治县）沙河乡允俸村景亢组村规民约①

按照“六个共同”的社会管理方式，为推进民主法制建设，维护社会稳定，树立良好的民风村风，创造和谐稳定的社会环境，建设“村美、民富、人欢乐”的美丽村庄，经全体村民讨论通过，制定以下村规民约。

**一、社会治安**

（一）每个村民都要学法、知法、守法，自觉维护法律尊严，积极同一切违法犯罪行为作斗争。

（二）村民之间应团结友爱，和睦相处，不打架斗殴，不酗酒滋事，严禁侮辱、诽谤他人，严禁造谣惑众、造谣是非。

（三）自觉维护社会秩序和公共安全，不扰乱公共秩序，不阻碍公务人员执行公务。严禁偷盗、敲诈、哄抢国家、集体、个人财物，严禁赌博、严禁替罪犯藏匿赃物。

（四）严禁非法生产、运输、储存和买卖爆炸物品；经销烟火、爆竹等易燃易爆物品须经公安机关等有关部门批准。不得私藏枪支弹药，拾得枪支弹药、爆炸物品，要及时上交公安

① 胡兴东于2020年3月1日提供。

机关。对违反上述社会治安条款者，触犯法律法规的，报送司法机关处理。尚未触犯刑律和治安管理处罚条例的，由村民理事会批评教育，责令改正。

**二、消防安全**

（一）爱护公共财产，不得损坏水利、道路交通、供电、通信、生产等公共设施。严禁非法限制他人人身自由或非法侵犯他人住宅，不准隐匿、毁弃、私拆他人邮件。

（二）严禁私自砍伐国家、集体或他人的林木，严禁损害他人庄稼、瓜果及其他农作物，加强牲畜看管，严禁放养家禽。

（三）加强野外用火管理，严防山火发生。家庭用火做到人离火灭，严禁将易燃易爆物品堆放户内、村组内，定期检查、排除各种火灾隐患。对村内、户内电线要定期检查，损坏的请电管员及时修理、更新，严禁乱拉乱接电线。加强村民尤其是少年儿童安全用火用电知识宣传教育，提高全体村民消防安全知识水平和意识。

**三、村风民俗**

（一）积极开展文明卫生村建设，搞好公共卫生，加强社会主义精神文明（建设），移风易俗，反对封建迷信及其他不文明行为，树立良好的民风、村风。

（二）红白喜事互助办理，按照从简的原则，反对铺张浪费、反对大操大办。不搞封建迷信活动，不听、看、传淫秽书刊音像，不参加邪教组织。

（三）建立正常的人际关系，不搞宗派活动，反对家族、小团体拉帮结派损坏集体利益。

（四）村容村貌整治，实行统一规划、分组分片管理，责任到户到人。不得有乱停车辆、乱堆放杂物、挤占道路的行为，村内环境卫生实行 5 天 1 次进行清扫，保持清洁。如遇检查、指导等工作，应及时清扫。同时，注重家庭环境卫生和个人卫生；村民理事会将对不爱护公共环境卫生、影响村容村貌的行为进行批评教育，对不按时清扫的责令限期清扫，并每人每次处罚金 30 元。

**四、邻里关系**

（一）村民之间要互尊、互爱、互助，和睦相处，建房应服从村庄建设规划，经村民理事会批准，统一安排。

（二）在生产、生活、社会交往过程中，应遵循平等、自愿、互惠互利的原则，发扬社会主义新风尚。邻里纠纷，应本着团结友爱的原则平等协商解决，村民理事会协商未达成的可申请村调解委员会调解，也可通过依法向人民法院起诉，树立依法维权意识，不得打击报复。

**五、婚姻家庭**

（一）遵循婚姻自由、男女平等、一夫一妻、尊老爱幼的原则，建立团结和睦的家庭关系。男女青年结婚必须符合法定结婚年龄要求，提倡晚婚晚育。

（二）自觉遵守计划生育法律、法规、政策，实行计划生育，提倡优生优育，严禁无计划生育或超生。

（三）夫妻地位平等，共同承担家务劳动，共同管理家庭财产，反对家庭暴力。

（四）父母应尽抚养、教育未成年子女的义务，破除生男才能传宗接代的陋习。

（五）子女应尽赡养老人的义务，不得歧视、虐待老人。

沙河乡允俸村景亢理事会

2017 年 7 月 6 日

## 7. （云南省德宏傣族景颇族自治州瑞丽市姐勒乡姐东村）喊沙寨村规民约[①]

我喊沙寨为促进经济繁荣，社会稳定，促进精神文明和物质文明建设，特制定村规民约如下。

**第一条　吸毒人员必戒**

（一）从戒毒着手，如本人不愿意戒毒，则由村民小组领导及民兵将其送戒毒所强制戒毒。

（二）从制定村规民约之日起，新老吸毒人员如三次戒毒都未奏效，村民小组有权收回本人责任田，如有家人袒护吸毒者则一同赶出村。

（三）村民小组领导和民兵因执行公务和劝说吸毒者而遭到他人报复的，未破案之前，其经济损失由全体村民共同补偿。查明以后，报复者要赔偿 100% 的经济损失，并按价罚款

① 来自：郝时远、任一飞主编，郑信哲，孙懿，乌小花著：《中国少数民族现状与发展调查研究丛书·瑞丽市 傣族卷》，民族出版社 2006 年版，第 174－177 页。

1～2倍，如不能赔偿则以责任田抵押。

（四）对零星贩毒者，罚款500～1000元，如屡教不改则收回本人责任田，取消村里户口。

**第二条　关于社会治安问题**

（一）本寨村民如果无理取闹、惹是生非，后果自负。如需村里出面解决，先交解决费，还要100元押金。弄清是非后，惹事者还需支付每人每天15元误工费。

（二）红白喜事中，喝酒闹事损坏公共物品，要加倍赔偿。酗酒闹事不听劝阻者，罚款100～500元。

（三）年轻人在外惹是生非、无理取闹，经两次教育不听者，第3次由村民小组罚款500～1000元，并要写保证书，如不服则收回责任田。

（四）本寨道路、农田机耕路、水沟、水坝、水管、水井、电线等要爱护，互相监督，积极协助水利局管好河坝。如有违反者，将按上级有关规定处罚，所占宅地已种经济作物及林木的由村民小组收回，并责令退回原状。

（五）对偷鸡摸狗现象，本寨一律不负任何责任，并罚款实际价格两倍以上。

**第三条　关于外来人上门落户问题**

（一）由外地上门落户的傣族要有介绍人和担保人，村民小组领导有权向介绍人和担保人问明本人的情况。如有吸毒和盗窃行为的一律不允许上门落户。上门落户者要交500元落户费，上门者满两年才能成为正式户口。

（二）本州外的汉族上门落户也要介绍人和担保人，村民小组领导有权问明情况，如有吸毒和盗窃行为的一律不允许上门落户，只有无吸毒和盗窃行为者才能上门落户，但需交2000元落户费，一年后才能正式落户。

（三）来本寨落户者要遵守本寨的村规民约和当地民族习惯，违者可随时取消本人户口。

**第四条　关于男女关系问题，根据乡规民约处理**

**第五条　关于流动人口管理问题**

（一）到本寨的流动人员，居住时间较长者要向村委会报告，接纳流动人员的寨民要向村委会担保，如发现流动人员不良行为，户主要承担一切责任。

（二）短期流动人员要向民兵班长汇报，说明来意。如有不报者，村里出现任何问题，都由接纳其的寨民承担两倍以上的经济损失。

**第六条　关于计划生育问题**

（一）本寨育龄妇女要服从计生委安排，有计划地生育。

（二）如有发生抢生超生者，村委会报上级计生办处理。

**第七条　关于九年义务教育问题**

九年义务教育是我国教育政策方面的一项规定，家长要扶持自己的子女读完。

九年义务教育，如有不愿意者则按上级有关规定处理。

**第八条　关于本寨义务工问题**

（一）群众有义务交纳国家定购粮和提留，如不能完成，村民小组收回责任田。

（二）凡本寨的一切义务工，必须一户出一人，如有特殊情况要向村委会说明原因，无特殊情况也不说明原因的，每个义务工罚款10元。

**第九条　关于盗窃行为问题**

（一）经查实，由村民小组领导及其成员评估后按物品价格的1∶10来处理。以此推算，如果拿不出现金则由村民小组收回盗窃者承包的责任田作罚金，另行出租给有能力种植的人，直到与罚金相符为止，如盗窃10元以上物品两次以上的，由村民小组收回盗窃者责任田一亩。

（二）如盗窃者没有田地也拿不出罚金，由村民小组全体成员把他赶出寨子，永远不许回寨。

**第十条　关于行凶行为**

不听民兵、村民小组领导及其成员劝告者，但没有造成损失的，由村民小组罚款1000元以上2000元以下。造成严重事情的要交上级公安机关处理。如有家庭成员出来袒护或阻拦，每人要罚款1000元以上2000元以下。

**第十一条　关于社会治安问题的补充**

如村民小组成员的亲人和朋友来住两天以上的，必须要向民兵班长说明情况。

如不说明情况的，由民兵罚款50～100元。

此村规民约望全村各族群众共同遵守。

以上民约期限为3年。

喊沙寨村民小组

2000年1月30日

# 8. （云南省德宏傣族景颇族自治州陇川县）城子镇姐乌村村委会菜园村规民约[①]

因1990年泥石流滑坡搬迁到姐乌乡姐乌村村委会全村的18户、94人，为了维护全村名誉、防止偷窃、吸毒、打架、斗殴和寨与寨之间的关系，经全村通过，制定了村规民约。

1. 吸毒：凡生产队领导吸毒的，收回责任田2亩，凡社员吸毒的收回责任田1.7亩。

2. 偷盗：凡偷盗价值100元以下的任何东西，罚款500～1000元。凡偷盗价值100元以上的任何东西，罚款1000～2000元。

3. 外寨偷盗：凡是偷盗领（邻）邦寨子的任何东西，邻（邻）邦寨子罚款多少，本寨子一例不管，本寨照样还罚500元。

4. 打架斗殴：凡在本寨打架斗殴的，必须双方压（押）金500元，经双方解决。哪家输理，哪家出500元归生产队，清工的误工费每天30元，由输理的出，有理的退还压（押）金。

5. 凡寨子上有红白喜事，本寨子一例（律）不得赌钱，若有哪家不听，他（她）家有事，本寨人一例（律）不去帮忙。

---

① 来自：《〈村规民约〉就是治村法宝——记向毒品说不的村民小组》，载德宏长安网，网址：http://www.dhzf.gov.cn/content-8-36364-1.html，2020年2月14日最后访问。

组　长：杨青柱　　副组长：杨青龙

保证人：杨清林　杨清柱　陆朝清　冯怀广　郭荣进
段兴旺　吴兴禄　张鸿旺　杨清伦　叶所亮
李林跃　杨清能　麻国际　杨清龙　张加奎
杨清济　杨清山　张洪然

城子镇姐乌村村委会

1991 年元月 20 日

## 9. （云南省德宏傣族景颇族自治州芒市遮放镇街道村委会）二村村规民约①

为进一步搞好物质文明和精神文明建设，维护本村治安环境，保护公、私财物，保障经济健康发展，真正做到有章可循，经协商并结合村实际，特制定以下村规民约：

一、拥护共产党的领导，热爱社会主义，热爱集体，遵纪守法。

二、积极参加各种社会公益活动，按时、按规定，交纳各种提留款，如果不交纳，集体有权收回其责任田。

三、不准搞偷摸行为，违者除退回所偷财物外，还应给予罚款处理（罚款一半归集体，一半归被盗者）。

1. 偷鸡、鸭无论大小，每只罚款 100 元。

2. 偷谷、料，除归还所偷谷料外，再罚 300 元。

---

① 胡兴东于 2020 年 3 月 1 日提供。

3．在他人鱼塘撒网偷鱼，除没收渔网外，再罚款200元。

4．在他人鱼塘钓鱼一次，罚款100元。

5．偷拖拉机、脱粒机，以及拖拉机的犁和耙，除照价赔偿外，再罚款1500元。

6．偷柱子一根罚款200元。

7．偷行条一根罚款50元。

8．偷生柴一担罚款10元。

9．偷蔬菜一市斤罚款10元。

10．偷竹子（包括竹笋）每棵罚款50元。

四、不准酗酒闹事和打架，违者除赔偿受害者全部经济损失外，再视情节轻重给予罚款300~500元（罚款一半归集体，一半归受害者）。

五、不准吸食毒品，一经发现强行送戒毒所戒断，如果再复吸，集体有权收回所承包田、地，然后再罚500元（罚款全部归集体）。

六、不准与有夫之妇、有妇之夫通奸，违者罚款男女双方各1000元（罚款全部归集体）。

七、对调戏妇女、耍流氓者罚（在外1000元，屋内2500元），罚款归集体、女方各一半。

八、对强奸未遂者罚款1500元（罚款归集体一半，女方一半）。

九、不准卖淫嫖娼，违者罚款500元。

十、不准侮辱他人人格，不准对他人骗偷、骗神或辱骂，不拨弄是非，破坏他人家庭团结，违者罚款500元（罚款全部归集体）。

十一、不准有意伤害他人财物和损坏公共财物，违者除赔偿受害者全部经济损失外，再视情节处予一倍的罚款（罚款归集体一半，受害者一半）。

十二、不准投药毒鱼、家禽、牲畜等，违者除赔偿损失外，处予罚款500元（罚款归集体，受害者各一半）。

十三、不准在村内聚众赌博，违者每人每次罚款50元（罚款全部归集体）。

十四、不准诈骗他人财物，违者除退回所骗取财物外，再罚款500元（罚款集体一半，受害者一半）。

十五、加强户口管理，凡有外来人，户主要到村长家申报登记，住宿三个月以上者，应到派出所办理暂住手续，违者对户主和客人罚款200元（罚款全部归集体）。

十六、不准在蔗田、蔗地、河埂、道路挖沙虫、蚂蚁蛋，违者每人每次罚款100元（罚款全部归集体）。

十七、不准随意侵占集体和他人承包土地，不经集体批准侵占一次，除退还所侵占土地外，罚款100元（罚款全部归集体）。

十八、对报复、损坏村干部、调解员的财物的，又无法破案的，按实际损失由全村群众一起赔偿，切实保护村干、调解员的利益和安全。

十九、按规定每家必须参加义务工（注：每亩责任田必须出满三个工日），如有特殊情况可以找人替工或者以资代劳，每个工日按14元计算。

二十、父母有责任和义务供子女上学，并完成九年义务教育，如不完成按有关规定每年每人罚款300元，并必须送子女到学校就读。

二十一、以上规定，望本村全体村民自觉遵守，严格执行，不得违反，本规定于2004年9月实施。

## 10.（云南省普洱市思茅区）倚象镇下寨村村规民约①

第一条　没有共产党就没有新中国，我们要爱党，跟党走，爱家乡爱集体。

第二条　公家叫做呢事赶紧做，有什么事情么先跟村干部跟领导说，不要来一来就一大窝呢闹，问题解决不了还违法。

第三条　寨子是大家呢，每个月1号那天叫打扫卫生么，家家动着点，老实忙呢一家来一个就得啦，半亩三分田的寨子每个月扫扫就不会脏了，不来么开会被点名批评害羞呢，还得交50块么更是划不着。

第四条　不管在家还是出克，火么不要乱烧，电么不要乱摸，啊个水塘塘么不要得不得克跳，单个生命要认得（真）爱惜。

第五条　有病么要克医院瞧，装神弄鬼要不得，法轮功不

---

① 来自：《村规民约记不住、不管用？普洱这样干……》，载搜狐网，网址：http：//www.sohu. com/a/341253772_ 391643，2020年2月14日最后访问。

要练，封建迷信活动不消信。

第六条　红白喜事么节约点，铺张浪费么划不着。姑娘儿子到年纪再结婚，两口子么要好好过，小娃娃么不要来不来就砸，单个呢爹妈要好好领。

第七条　小组开会么跑着点，单个呢利益要发言呢，有什么会上说，不要背后叽里咕噜嚼舌根影响团结嘞，不克开会么有什么好处都革人家拿克，单个还憨包撸粗呢瞧电视，第二天想想一个星期早点钱又不有了。

第八条　不是单个呢东西不要克拿，看见瞧着呢东西不要眼红，不要克砸，不然抓着么害羞喃。

第九条　一个寨子呢人么和和气气呢，啊个酒喝不得少喝些，喝喝一个瞧不着一个，整克整来又要干架；大家在一起是缘分喃，哪家有事么克帮着点。

第十条　集体捏东西不要克占用，公共设施、文化活动室大家要认得（真）爱护。

第十一条　水头林大家打伙保护好，不要乱砍乱伐乱建。

第十二条　这个是大家一起讨论出来捏，以后就这种做了，一个监督一个点。这种我们寨子才会好过呐！

签字：

倚象镇下寨村村委会

2018 年 12 月 01 日

## 11．（云南省玉溪市新平彝族傣族自治县戛洒镇）戛洒村官竜小组村规民约①

为了维护社会秩序，净化社会空气，弘扬劳动人民的优良传统，建设社会主义精神文明，使本组的生活生产有一个良好的社会环境。参照国家的有关法律、法规、法令，结合本组实际情况，经村民大会共同协商，在居委会的村规民约基础上，特订立本组村规民约，供本组村民共同遵守执行。

第一条　遵守国家法律、法规、法令，每个居民都要学法、知法、守法，自觉地维护法律和权威和尊严，同一切违法犯罪行为作斗争。

第二条　维护妇女、儿童、老人和残疾人的合法权益，严禁虐待和歧视妇女、儿童、老人和残疾人。

第三条　执行国家计划生育政策，提倡晚婚晚育、少生优生，杜绝重男轻女恶习，认识计划生育国策利国利民，亲属邻里相互监督，切实控制人口的增长，对抗拒不执行计划生育的外逃户，一要注销户口，二要收回承包土地，对窝藏计划生育对象的农户，要给予从重处罚，并承担一切责任。

第四条　移风易俗，提倡勤俭节约，反对铺张浪费，严禁包办婚姻，丧事从简，按以小组签订《丧葬习惯陋习改革责任书》执行的办丧事户给予补助安埋费500元。

第五条　提倡勤劳致富，爱护集体公益事业，杜绝小偷小

① 胡兴东于2020年3月1日提供。

摸和盗窃行为。

第六条　破除封建迷信，反对装神弄鬼，严禁参加各种非法邪教组织以及贩卖传播淫秽书籍和录像带。

第七条　自觉维护集镇治安，不得阻碍执法治安工作人员执行公务，严禁聚众械斗。

第八条　注意村寨用火、用电安全，预防火灾事故的发生。

第九条　遵守交通法规，认真学习，执行国家制定的有关道路交通安全法律、法规和政策。

第十条　严禁执行国家《土地管理法》，认真履行土地家庭承包责任制有关规定。

第十一条　保护生态环境，防止疫情发生，严格执行人畜禽分居。不得在寨子内关养猪、牛和大群鸡、鸭等，不听警告者，村组领导有权对其处理，并且不得享受集体利益和国家给予的利益，如发生疫情及其他情况其户主承担一切责任。

第十二条　严格执行外来人员户口管理条例。

一、在本组租房的外来人员，户主要做好登记，并把有关材料报送当地派出所备案。

二、外来租房人员在其租房内出现计划生育外生育，其户主要承担一切责任，并处罚5000元。

三、租房人在其租房内死亡，其户主要承担扫寨子的一切费用。

第十三条　按照规划建房，街道、巷道等公共场所不得乱搭、乱建、乱占、乱摆。否则，经群众大会讨论后，对其违章建筑物坚决拆除，所产生的费用由违章户负责。

第十四条　树立社会主义新风尚，增强集体观念，积极参加会议和公益事业义务劳动，不参加会议者和不出义务工者，每次罚款50元，超过半小时扣30元（请假除外）。

第十五条　集体土地出租，村小组搞村文明建设及公益事业等项目，要按“一事一议”程序进行，村民签名同意过半才能实施。

第十六条　严格执行国家《义务教育法》，家长需配合学校抓好学生思想政治教育，特别对“违纪”少年的帮教，在校学生要好好学习，尊敬老师，讲文明，讲礼貌，讲道德。为了对未来人才的培养和鼓励，对成绩优异的三好学生给予一定的奖励，每一次（奖励50元），凡考取高中及中专给200元，大专给400元，大学本科的学生，小组给予600元的奖学金，同时在群众大会上表彰其父母。

第十七条　凡是违反上级规定及违反《治安管理处罚条例》都必须按《条例》进行处罚。

第十八条　本村规民约自通过之日起执行。

戛洒社区官竜小组<br>2010年6月14日

# 第十二章　畲族地区村规民约

## 1.　（浙江省丽水市景宁畲族自治县）沙湾镇叶桥村村规民约①

为推进我村民主法制建设，维护社会稳定，树立良好的民风、村风，创造安居乐业的社会环境，促进经济发展，建设文明卫生的新农村，经村民代表大会讨论通过，制定本村《村规民约》。

一、凡是本村村民必须遵纪守法，争做好村民。

二、全体村民要认真执行《中华人民共和国人口与计划

① 来自：《浙江农民信箱·万村联网工程·景宁县沙湾镇叶桥村》，http：//www. zjwclw. cn/zdxx/xwlb/viewcgmy. jsp？ zdid = 26384&&id = 4014948，2020 年 4 月 21 日最后访问。

生育法》和《浙江省人口与计划生育条例》，并自觉实行计划生育，提倡优生优育。

三、提倡一对夫妻只生育一个子女，若符合《浙江省人口与计划生育条例》规定，可申请安排生育第二胎，由夫妻双方本人申请，村两委审核，上报审批。领取《生殖健康服务证》和《再生育证》，同时必须与村两委签订计划生育管理协议书，并交生育关怀资金500元。顺产三个月、剖腹产六个月自觉落实放环的予以退还，并奖励100元，计划内二孩生育后并落实结扎术的一次性奖励200元。若违反村计划生育管理协议的，则按协议内容征收违约金。

四、计划外怀孕对象，必须自觉落实引流产术，如有拒不做引流产手术的，按村计划生育管理协议书以及有关规定处理。

五、已生育过一个以上（含一个）子女的已婚育龄妇女，除（已结扎的）必须参加一年二次“三查”，不按时参加“三查”者，罚款100元，拒不查者，不享受政府的优惠政策。

六、严禁未婚生育和非法抱养、领养、寄养孩子。

七、遵循婚姻自由、男女平等、一夫一妻、尊老爱幼的原则，建立团结和睦的家庭关系，反对家庭暴力。

八、父母应尽抚养、教育未成年子女的义务，禁止歧视、虐待、遗弃女婴，破除生男才能传宗接代的陋习。儿女应敬老养老，切实履行好赡养老人义务。

九、每个村民都要学法、知法、守法，自觉维护法律尊严，积极同一切违法犯罪行为作斗争。

十、自觉维护社会秩序和公共安全，不扰乱公共秩序，不阻碍公务人员执行公务。

十一、严禁偷盗、敲诈、哄抢国家、集体、个人财物，严禁赌博。

十二、爱护公共财产，不得损坏水利、道路交通、供电、通信等公共设施。

十三、严禁私自砍伐国家、集体或个人的林木，违者必须处罚。发现乱砍他人的林木，每株罚款 50～100 元，并给举报人的一定奖励。情节严重的移交法律部门处理。严禁损害他人庄稼、瓜果及其他农作物。

十四、加强野外用火管理，严防火灾发生。发生森林火灾的，当事人应支付参加扑火人的误工费，必须栽树还林。造成损失面积过大的，交由林业部门依法处理。家庭用火做到人离火灭，严禁将易燃易爆物品堆放户内、村内，定期检查，住宅排除各种火灾隐患。

十五、严禁在康庄路和村内道路两侧种植农作物和乱堆木材等生产生活工具，积极协助镇康庄办做好康庄公路的日常养护工作，如果公路和村内道路受雨水冲刷倒塌不能方便通行时，每位村民均有义务在村民委员会的牵头下开展抢修，保证道路通畅运行。

十六、加强河道管理，严禁任何人将建筑垃圾、生活垃圾以及其他杂物倒入河道，如发生乱倒杂物行为，当事人必须将河道恢复原貌并依据情节轻重给予 50 元至 300 元的罚款。

十七、每位村民都必须明白“家和万事兴，人宁天下宁”

的道理。必须自觉地把个人的理想与家乡的振兴联系起来，把个人的事业与村内的发展联系起来，大力弘扬顾全大局、无私奉献精神，积极拥护上级党委政府和村两委的决策部署，积极支持各项事业发展和建设，作出应有的贡献。

十八、全体村民都要大力发扬“纯朴厚道、坚忍不拔、鼎力支持、敢闯天下”的精神，勤劳创业、富而思进，顾好“小家”，更顾“大家”，携手共建美好家园。特别是在项目推进、产业发展和基础设施建设等各项社会事业建设的政策处理上务必站在全局的高度上予以拥护支持，决不允许漫天要价甚至敲竹杠。对于坚决不拥护支持上级党委政府和村两委决策部署，在工作中无理取闹、漫天要价甚至敲竹杠阻碍项目建设和工程施工的行为坚决予以打击和惩处。必要时对所涉及土地和其他集体所有资产等村集体所有权予以调整置换。

十九、依照法律法规的规定，村集体对辖区内的土地（包括耕地、宅基地及荒地荒山等一切土地），行使“三权”（所有权、发包权、处置权），任何人不得占为私有。本村村民有承包、使用、管理的权利。

二十、村委会对两证（耕地承包证及住宅使用证）以内的土地给予合法使用权。对两证以外的土地有权统一规划、开发和利用。对取得所有权的，因集体需要开发和利用的，亦可提前收回，退回剩余的合同金，并给予青苗费补偿（未经批准擅自种植的不予补偿），对毁坏土地的给予处罚；情节严重、影响极坏的交有关部门依法追究责任。

二十一、村干部必须全心全意为村民服务，廉洁自律，决不允许利用职权为个人谋取私利。但村干部政治、经济、作风上确实有问题，村民可以实事求是地反映、举报。

二十二、为了村干部更好地开展工作，村民不得任意造谣、中伤、诽谤村干部，情节严重的要追究其法律责任。

二十三、村民之间要互敬、互爱、互助，和睦相处，建立良好的邻里关系。邻里纠纷，本着团结友爱的原则平等协商解决，协商不成的申请村调解委员会调解，也可依法向人民法院起诉，树立依法维权意识，不得以牙还牙，以暴制暴，村委调解双方必须先交误工费，每人每天100元，根据当事人情节分别负担。

二十四、积极支持村级公益事业建设，政策处理标准或需集资款按照村集体研究决定执行，对于不支持者，村集体有权对其作出处理，可不享受国家与集体的一切优惠政策。

二十五、对户实行“三包”，禁止乱倒乱堆垃圾，修房盖屋余下的垃圾碎片应及时清理，垃圾按村整体规划倒入垃圾池中。

二十六、本村规民约自村民代表会议通过之日起施行。以前规定与本约有抵触的，以本约为准。如本约与法律、法规和国家政策相抵触的，以法律、法规和国家政策为准。外来人员在本村居住的参照执行本村规民约。

叶桥村村民委员会

2013年4月23日

## 2.　（浙江省丽水市景宁畲族自治县沙湾镇）叶桥村森林防火村规民约①

一、为了切实搞好森林消防工作，有效预防火灾的发生，确保我村森林资源安全，经村民代表大会通过，特制定本森林消防村规民约。

二、强化户主火源管理工作责任，严格野外用火审批。凡是没有取得野外用火许可，在防火期内擅自野外用火的每次罚款 50～500 元。举报者奖励 25～250 元。如发生火灾视情节予以追求相关刑事和民事责任。

三、严格控制生产性火源，严格遵守“六不烧”规定（没有用火许可不烧，久旱无雨不烧，三级风以上不烧，没有开好防火线不烧，没有组织好扑火人员不烧，没有准备好扑火工具不烧）。

四、认真接受镇村护林防火组织的监督、检查，服从领导，出现违约事件，自愿接受处罚。

五、在本辖区内，发现森林火灾，每个村民要积极参加扑火。同时及时向村委报告，不参加扑救森林火灾的，每次处予 50～100 元罚款。

不动员妇女、年老病残、儿童和中小学生直接上山扑火。

---

① 来自：《浙江农民信箱·万村联网工程·景宁县沙湾镇叶桥村》，http://www.zjwclw.cn/zdxx/xwlb/viewcgmy.jsp? zdid=26384&&id=4011863，2009－11－06 发布，2020 年 4 月 21 日最后访问。制定时间大概为 2009 年 10 月。

六、加强对痴、傻、呆等人群监督，对痴呆傻等无民事行为人造成森林火灾的，对其监护人进行依法处理。

七、本村规民约自发布之日起施行。

## 3. （浙江省丽水市景宁畲族自治县大地乡）大地村村规民约①

### 第一章 总 则

第一条 为引导全体村民树立“爱国守法、明礼诚信、团结友爱、勤俭自强、敬业奉献”的基本道德观念，提高自我管理、自我教育、自我服务的自觉性和能力，努力把本村建设成“生产发展、生活宽裕、乡风文明、村容整洁、管理民主”的社会主义新农村，根据国家有关法律、法规和政策，制定本村规民约（以下简称：规约）。

第二条 本规约具有村与村民、村民与村民之间的契约性质，对全体村民均有相同的约束力。全体村民都应当自觉遵守执行，任何人不得以在外经商、务工为由拒绝执行。居住在本村的外来人员参照执行本规约。

第三条 违反规约，应承担相应责任。承担责任的方式：

① 来自：《浙江农民信箱·万村联网工程·景宁县大地乡大地村》，http://www.zjwclw.cn/zdxx/xwlb/viewcgmy.jsp? zdid = 12346&&id = 4015006，2013 - 10 - 24 发布，2020 年 4 月 21 日最后访问。制定时间大概为 2013 年 10 月。

一、批评教育；二、赔礼道歉；三、写出悔过书；四、违约行为公示或通报；五、恢复原状或赔偿损失。

第四条　村民委员会对违反本规约的行为人作出处理决定前，除予以口头批评教育的外，必须查明事实，收集证据，集体讨论。处理决定须以书面形式，应公平公正、合乎情理。处理决定和相关材料要全部存档。村委成员不得公报私仇，借此打击报复平时对自己有意见的村民。

第五条　本村的党员、干部和村民代表应当模范遵守和执行本规约。

第六条　全体村民特别是党员、干部、村民代表要见义勇为，一旦发现违反规约的行为，要大胆制止。对单独难以处置的情形，要及时报告村领导，以防事态扩大。村民委员会对见义勇为、大胆制止违反本规约行为者予以表扬和一定的物质奖励。

## 第二章　村民行为规范

第七条　努力学习党的路线、方针、政策，关心新农村建设事业。自觉接受国家法律、法规和社会主义荣辱观及公民基本道德的教育，积极参加文化知识和专业技能培训，争做遵规守法、诚实守信的合格公民和勤劳致富、科技致富的新型农民。

第八条　热爱家乡，热爱集体，积极支持和配合各级党委、政府涉及农业、农村、农民的工作，自觉执行村党支部、村民委员会、村民会议和村民代表会议的有关决定、决议和规定。

第九条　自觉保护耕地，严禁荒废耕地。村内任何单位和个人使用土地都必须服从村的统一规划和调整，不得侵占、买卖或者以其他形式非法转让土地。未经批准，不得改变土地用途，不得擅自在自留地、承包地挖塘、挖砂、取土等。

第十条　村民建房应服从村庄建设规划，经村委会和有关部门批准，统一安排，不得擅自动工，违反规划或损害四邻利益，新房建好后，应拆除旧房的，必须及时拆除并退出旧的宅基地。

第十一条　实行计划生育，鼓励一对夫妇只生一个孩子。育龄人员自觉采取避孕节育措施，已婚育龄妇女自觉参加环孕检。严禁计划外生育。

第十二条　凡符合服兵役条件的村民，应积极参加兵役登记和体检。严禁不参加兵役登记、体检，故意做假体检不合格和拒绝应征入伍的行为。

第十三条　尊敬长辈，严禁虐待、打骂、遗弃等伤害老年人的行为。成年子女、继子女、养子女和其他赡养义务人及其配偶对基本丧失劳动力或无生活来源的父母、继父母、养父母和其他应赡养的老年人必须履行赡养义务。赡养支出不得低于本村村民的基本生活水平。

第十四条　爱护未成年人，重视未成年人的教育。父母、继父母、养父母等法定监护人对未成年子女、继子女、养子女必须履行抚养义务，并保证他们接受国家规定的义务教育。村组织鼓励家长培养子女上大学，对有子女上大学的家庭给予适当的物质奖励。

第十五条　实行男女平等，保护妇女在社会和家庭生活中的合法权益。丈夫不得以妻子无现金收入、只生女孩等种种理由打骂和虐待妻子。任何人不得剥夺已婚女子的合法继承权。丧偶女子有继承遗产和携带未成年子女再婚的权利。家庭生活中不得歧视女孩子。

第十六条　不得违反法定程序越级上访和聚众集体上访。不借口煽动群众到机关、学校、企业、事业单位、村民委员会办公地、他人住宅和公共场所起哄闹事、制造事端、扰乱社会治安秩序。

第十七条　不参加法轮功、呼喊派等邪教和非法宗教组织的活动。不利用迷信活动造谣惑众、骗财骗物。不得捏造虚假的事实欺骗群众，引发恐慌；不得诽谤他人、污辱他人人格。

第十八条　不随意在公路、村道上晾晒农作物和其他物品。不私设障碍影响交通。不损毁、移动公共指示标志、有线电视广播线路等公共设施。不损毁村机耕路、排灌水渠、水库闸门、村道路灯、花木草坪、办公物品、村务公开栏、自来水主管、文化体育卫生设施和其他集体设施、集体财物。

第十九条　不盗伐国家、集体、他人的林木和损毁政府明令保护的珍稀树木。砍伐承包经营的山林，必须依法办理相关手续，严格按照审批的数量范围伐木，及时补种树苗。各家各户要积极植树造林，绿化环境。

第二十条　死禽、死畜要挖坑深埋，作无害化处理，生活垃圾要集中到村公共垃圾池。发现多数家禽家畜得病，要及时向村委会报告，以防发生大面积的疫情。猪圈、牛栏、厕所要勤清理，以免臭气、脏水污染环境。要注意饮食卫生，以防病从口入。禁止在集体和农户房屋外墙乱贴乱涂广告，应当保持整洁。

第二十一条　生产生活和祭奠扫墓时，要严格控制火种火苗，严防火灾发生。田间、菜地、果园使用农药，应当设立明显的告示。灭鼠灭蟑用药，要放在小孩不易发现的位置。果园、菜地不得乱拉电网。施工拉线接电应由电工师傅操作。

第二十二条　相邻之间应当团结友善，以礼相待，碰到困难要互相帮助，不损害对方利益，不偷不损毁他人的财物。要管好自己的家禽家畜，防止自家家禽家畜损毁他人的农作物和伤害他人。家庭成员之间、村民之间发生民事纠纷，应本着团结友爱的原则平等协商解决，协商不成的可申请村调委会调解，也可依法向人民法院起诉。

第二十三条　要破除封建迷信，反对婚嫁、丧葬铺张浪费，提倡勤俭持家、节约办事。

第二十四条　严格执行殡葬法规，倡导生态殡葬，严禁乱葬乱埋。

第二十五条　村民对村干部执行公务有意见的，应当通过正常途径向其上级领导反映，不得污辱、诽谤、围攻和殴打执行公务的村干部。

## 第三章　对违反规约的处理

第二十六条　凡违犯本规约的，除触犯有关法律应由政府有关部门实施行政处罚和司法机关追究刑事责任外，村民委员会有权根据客观事实和本规约第三条的规定，酌情对行为人作出相应的处理决定。

第二十七条　对损坏村集体财物、设施的行为人，责令恢复原状或赔偿损失。对拒不恢复原状或赔偿损失的，则在村公开栏上公示违反本规约的行为（或通过村广播向全村通报），并以村经济合作社（或村民委员会）的名义报请政府有关部门处理或向人民法院起诉。

第二十八条　凡有家庭成员违反本规约的，该家庭当年不能参加市、乡镇、村级各类先进推荐评比，同时不得享受村里的各项优惠待遇。

### 第四章　附则

第二十九条　本规约由村民委员会负责解释。本规约与国家法律、法规、政策相抵触的，按照国家法律、法规、政策执行。

第三十条　本规约自村民代表会议通过之日起施行，印发至本村各户和住本村的外来人员，报乡政府（镇政府、街道办事处）备案。

## 4.　（浙江省丽水市景宁畲族自治县鹤溪街道）双后岗村规民约[①]

为提高全体村民自我管理、自我教育、自我服务的能力，

① 蓝法勤于2020年4月25日提供，制定时间大概为2017年。

建设社会主义新农村，根据法律、法规和有关政策的规定，制定本村规民约。

一、凡本村村民必须遵纪守法，遵守村规民约，争做好村民。

二、全体村民要认真执行新的《中华人民共和国人口与计划生育法》和《浙江省人口与计划生育条例》，自觉实行计划生育，提倡优生优育。

1. 已婚育龄妇女中符合生育政策对象要在准备怀孕前三个月参加孕前优生检查。

2. 外出经商、务工的育龄人员，必须到街道办理流动人口婚育证明，外出后一个月内将准备的通信地址报告村委，如有地址变动及时联系。

3. 对违反计划生育政策的人员，按以下规定执行：①五年内停批建房、林木砍伐；②不享受低保、低收入农户政策和救济救助、产业扶助等政策；③五年内不予入党入团、评先评优，不进入村两委班子；④不享受县里的其他扶持政策。

4. 已领取《独生子女证》但没履行法律法规规定义务的对象：①取消当年农村合作医疗保险个人费用减免资格；②取消参加计划生育家庭意外伤害保险；③不享受低保、低收入等扶持政策。

三、做好“双清”工作，保持全村卫生整洁。

1. 全面清理河道废弃漂浮物、病死动物、河中障碍物和沿岸垃圾，做到河面清洁。

2. 农村成堆垃圾清理，无污水沟、臭水沟，房前屋后整洁有序。

3. 创建卫生家庭

“三无”：无乱搭乱建、乱堆乱放，无乱扔垃圾、乱排污水，无放养畜禽。

“三有”：有卫生厕所，有地面硬化，有绿化。

“三整洁”：屋内整洁，房前屋后整洁，房子外立面整洁。

“三自觉”：自觉实行门前“三包”制度，主要任务包括：“一包”门前市容整洁，无乱设摊点、乱搭建、乱张贴、乱涂写乱刻画、乱吊挂、乱堆放等行为；“二包”门前环境卫生整洁，无裸露垃圾、粪便、污水，无污迹，无渣土，无蚊蝇滋生地；“三包”门前责任区内的设施、设备和绿地整洁等。

4. 加强村容村貌整治，搞好公共卫生，严禁随地乱倒乱堆垃圾、秽物，修房盖屋余下的垃圾碎片应及时清理，对道路统一管理，对户实行“三包”（即包管理、包维修、包收益）。

5. 每月不定时对村农户进行卫生检查，在年终时给卫生较好的农户一定的物质和精神奖；对卫生不好的农户采取一定的措施和批评，经提出整改意见不落实的农户，将取消村里有关政策的享受。

四、遵守法律，自觉维护社会秩序，确保本村社会治理安全。

1. 每个村民都要学法、知法、守法，自觉维护法律尊严，积极同一切违法犯罪行为作斗争。

2. 自觉维护社会秩序和公共安全，不扰乱社会公共秩序，不阻碍公务人员执行公务。

3. 严禁偷盗、敲诈、哄抢国家、集体、个人财物，严禁赌博，严禁替罪犯藏匿赃物。

4. 严禁非法生产、运输、储存和买卖爆炸、毒品等物品，经销烟火、爆竹等易燃易爆物品须经公安机关等有关部门批准。不得私藏枪支弹药，拾得枪支弹药、爆炸物品要及时上交公安机关。

5. 爱护公共财产，不得损坏水利、道路交通、供电、通信等公共设施。

6. 严禁非法限制他人人身自由或非法侵犯他人住宅，不准隐匿、毁弃、私拆他人邮件。

7. 违反治安管理的行为并对他人造成损害的，行为人和其监护人应当依法承担民事责任。

8. 对已满 14 周岁不满 18 周岁的人违反治安管理的，可从轻和减轻处罚；不满 14 周岁的人违反治安管理的不予处罚，但必须责令其父母和监护人严加管理。

9. 精神病人在不能辨认或者不能控制自己行为的时候，违反治安管理的，不予处罚，但是应当责令其监护人严加管理和治疗。间歇性的精神病人在精神正常的时候违反治安管理的，应当给予处罚。

10. 醉酒的人违反治安管理的应当给予处罚，醉酒的人在醉酒状态中对本人危害或者对他人的人身财产及公共安全有危害和威胁的，应当对其行为采取保护措施约束至酒醒。

11. 严禁酒后驾驶。为了防止和减少交通安全事故，发现酒后驾驶者，村民有权制止。

五、土地与基础设施管理。

为了加强土地管理，维护土地的社会主义公有制，保护开发土地资源，合理利用土地，切实保护耕地，促进社会经济可持续发展，特制定本条。

1．十分珍惜、合理利用土地和切实保护耕地是我国的基本国策，我们应当采取措施，全面规划，严格管理，保护、开发土地资源，严禁非法占用、转让、买卖土地的不正当行为，违者除了责令废除契约外，并给予300元至500元的赔偿。

2．任何个人不得私自将国有土地做宅基地使用，如有必要时应以书面形式向村支两委提出申请，报请政府相关部门审批后方可使用，否则给予300元至500元的赔偿。

3．任何人不得非法损毁基础设施，如道路、水池、水窖、坡改梯等，违者除了责令恢复其原状外，给予500元至1000元的赔偿，情节严重的还依法追究其相关责任。

4. 禁止任何个人在公路旁边三米内建房，违者除了责令迁出外，给予300元至500元的赔偿。

六、林地与荒山管理。

为了保护、培育和合理利用森林资源，加快国土绿化，发挥森林蓄水保土、调节气候、改善环境和提供林产品的作用，适应社会主义建设和人民生活的需要，特制定本条。

1．严禁私自砍伐国家、集体和他人的林木、毛竹。对森林实行限额采伐，鼓励植树造林、封山育林。加大森林覆盖面积，任何个人不得将已规划为自己个人使用的林山乱砍乱伐，如有乱砍滥伐现象者，从重从严处罚，每砍伐一棵10公分以上的杉、松、杂木处200～500元的赔偿，10公分以下的处500～1000元的赔偿，每砍伐毛竹一枝处50～200元的赔偿。家用材由村委及林业部门审批后砍伐。严禁损害他人庄稼、瓜果及其他农作物，加强牲畜看管，严禁放养家畜。

2. 严禁乱挖竹笋。在禁挖期间或者在别人竹园挖笋子，每挖一只赔偿100元，对举报者以20%的赔偿金额给予奖励，其他归村集体经济收入。

3. 任何个人不得带火种进入山林或者森林旁边燃烧杂草。违者，情节轻微的给予警告处理，情节严重的处以2000元至3000元的罚款或依法追究其刑事责任。

4. 一切为规划给个人管理使用的荒山归村委会集体所有，任何人不得以任何借口侵占使用，违者除了责令停止侵占外，处以500元至1000元的赔偿。

七、土地、宅基地的管理及使用标准：

1. 任何个人不得私自将土地的使用性质改变和耕地面积做宅基地使用。

2. 公民个人需要宅基地的标准是：宅基地必须建在规划的指定地点，但个人必须以书面形式提出申请，并附村民组组长鉴定签字，报请村委会核实后，提交政府相关单位审批方可使用，违者给予300元至500元的赔偿。

3. 任何个人不得私自以其他形式转让和买卖土地，确实需交换使用，先以书面形式向村委提出申请，报请村民代表大会讨论后批复，并按交换价的3%计算管理费，未经申请批复而私自转让和买卖的，其产生一切交换行为无效，并给予200

元的赔偿。

4. 依照法律法规的规定，村集体对辖区内的土地（包括耕地、宅基地及荒地荒水等一切土地），行使“三权”（即所有权、发包权、处置权），任何人不得占为私有。本村村民有承包使用管理的权利。

5. 村委会对两证（耕地承包证及住宅使用证）以内的土地给予合法使用权，对两证以外的土地有权统一规划、开发和利用。对取得使用权的，因集体需要开发和利用的，也可提前收回，退回剩余的合同金，并给予青苗补偿（未经批准擅自种植的不予补偿）。对毁坏土地的给予处罚，情节严重、影响极坏的，交有关部门依法追究责任。

八、提倡社会主义精神文明，牢记“八荣八耻”，树立良好的民风、村风。积极参加健康的娱乐活动，不参赌，不为赌博提供任何方便，不搞封建迷信活动，不听、看、传播淫秽书刊音像，不参加邪教组织。

九、村民之间要互尊互爱互助，和睦相处，建立良好的邻里关系，邻里纠纷应本着团结友爱的原则，平等协商解决，协商不成的可申请村调解委调解，也可依法向人民法院起诉，树立依法维权意识，不得以牙还牙，以暴制暴。

十、适龄儿童和青少年有依法接受教育的权利和义务，其法定监护人应保证其接受九年制义务教育。符合服兵役条件的村民，要积极参加兵役登记、体检和应征。

十一、父母应尽抚养、教育未成年子女的义务，禁止歧视、虐待、遗弃女婴，破除生男才能传宗接代的陋习。儿女应敬老养老，切实履行好赡养老人义务。

十二、家庭用火做到人离火灭，严禁将易燃易爆物品带放户内、村内，定期检查、排除各种火灾隐患。对村内、户内电线要定期检查，损坏的要请电工及时修理、更新，严禁乱拉乱接电线。加强村民尤其是少年儿童安全用火用电知识宣传教育，提高全体村民消防安全知识水平和意识。

十三、本村规民约自村民代表会议通过之日起施行。以前规定与本约有抵触的，以本约为准。如本约与法律、法规和国家政策相抵触的，以法律、法规和国家政策为准。外来人员在本村居住的参照执行本村规民约。

## 5.　（浙江省丽水市景宁畲族自治县标溪乡）处基村计划生育村规民约[①]

一、实行计划生育，人人有责，户户争创“晚婚晚育，少生优生，文明幸福，勤劳致富”的小康型新家庭。

二、结婚必须参加免费婚前医学检查并领取结婚证，符合政策规定要求生育子女的，应先参加免费孕前优生检测，签订《计划生育管理协议书》，再领取《生殖健康服务证》后，方可生育。

① 来自：《浙江农民信箱·万村联网工程·景宁县标溪乡处基村》，http：//www. zjwclw. cn/zdxx/xwlb/viewcgmy. jsp？ zdid＝29461&&id＝4014943，2020 年 4 月 21 日最后访问。

三、可再生育的夫妻要求再生育的，应先参加免费孕前优生检测，签订《计划生育管理协议书》，申请领取《再生育证》后，方可生育。

四、持有《独生子女父母光荣证》的本村村民，一是在审批宅基地、村集体经济收益分红等利益分配时，独生子女按两人计算。再婚前分别持有《独生子女父母光荣证》，且两个独生子女都带入现家庭的本村村民，在审批宅基地、村集体经济收益分红等利益分配时，每个独生子女按1.5份计算。二是在农村居民医疗保险统筹时享受减半征收。三是享受独生子女家庭意外伤害保险。四是独生子女家庭户父母在年满60周岁时给予享受国家奖励扶持补助每年每人960元。五是本村户口的独生子女考上大学本科的实行奖励，本村已领取《独生子女父母光荣证》的父母发生特殊困难的村委将优先安排医保补助、民政救济、扶贫、节日走访慰问等。

五、凡已生育的育龄妇女，必须按规定落实可靠的避孕节育措施。

六、凡孕、环检对象，每年必须自觉按时接受一年两次检查。

七、计划外怀孕的妇女，要自觉到医院或计生指导站终止妊娠，否则按计划生育有关政策规定处理。

八、已造成计划外生育的夫妇，除按省《条例》规定的上限标准征收社会抚养费外，同时规定：

1. 非法同居生育的，三年内停批建房、林木砍伐。

2. 多生一胎的，本户五年内停批建房、林木砍伐。

3．多生二胎以上的，本户十年内停批建房、林木砍伐。

4．对非法收养和怀孕出生婴儿下落不明的按本人生育孩子论处。

5．违反计划生育政策的家庭，在救济物资分配、务工、经商等方面均不予照顾。5 年内不准推荐县乡各类代表，不准入党入团等。

6．外出经商、务工的育龄人员，必须到乡（镇）政府办理《流动人口婚育证明》，外出后一个月内将准确的通信地址报告村委，如有地址变动应及时联系。

九、本村计划生育管理对象，外出经商务工的，必须每年两次同本村两委联系，若没有联系，亲属又不知其下落的，村两委有权收回责任田、责任山，并可另行发包。

十、拒绝、阻碍、侵犯计划生育工作人员执行公务的，要从重处理。触犯法律的，交由司法机关处理。

十一、租住在本村外来人员的计划生育管理，适用本《村规民约》。

十二、本《村规民约》经村民代表大会讨论通过，从公布之日起执行。

标溪乡处基村村民委员会

2012 年 3 月 20 日

# 6. （浙江省丽水市龙泉市）竹垟畲族乡盖竹村村规民约[①]

为全面深化基层民主法治建设，更好地发挥村民委员会自我管理、自我教育、自我服务的作用，促进解决农村基层治理中的实际问题，根据《中华人民共和国村民委员会组织法》的规定，制定本村规民约。

## 第一章　总则

第一条　拥护中国共产党的领导，认真执行党的路线、方针、政策，遵守法律、法规和村民自治章程，自觉履行公民义务，争做“有闯劲、肯实干、善团结、共发展”的新时代公民。

第二条　服从村党支部和村民委员会的管理和领导，积极参与集体组织的各项活动，支持和监督村委会工作，经常向村两委会提出合理化的建议和意见。

## 第二章　婚姻家庭

第三条　夫妻双方在家庭中地位平等，应互尊互谅，共同承担家庭事务，共同管理家庭财产，反对家庭暴力。

第四条　子女应尽赡养老人义务，关心老人、尊重老人。父母应尽抚养未成年人子女和无生活能力子女的义务，不虐待

① 黄元珊于2018年12月20日提供。制定时间为2017年。

儿童。

## 第三章　邻里关系

第五条　坚持互尊互爱、互帮互助、互让互谅，共建和谐融洽的邻里关系。

第六条　提倡邻里守望，邻居外出走亲访友、务工经商，应帮助照看，遇到异常情况及时联系相关人员。主动关心和帮助孤寡老人和残疾人员。与外来人员和谐相处，不欺生、不排外。

## 第四章　和谐家园

第七条　积极配合参与“五水共治、剿灭劣V类水、三改一拆、六边三化”共建美丽家园、共创美好生活。积极参与“移风易俗、乡风文明”行动，执行《文明操办婚丧喜事约定书》相关规定，倡导婚事新办、丧事简办。

第八条　共同维护村庄整洁，认真做好包卫生、包绿化、包秩序“门前三包”；提倡实行垃圾源头分类、减量处理、定点投放，严禁向河道、沟渠丢垃圾、排污水；圈养家畜家禽，禁止未经批准规模化养殖畜禽，严禁乱扔乱丢病（死）畜禽。

第九条　共同遵守村庄整体规划，生产生活设施建设要先报批，严禁未批先建、少批多建。

第十条　增强生态环保意识，不得使用明令禁止的农药，降低农药、化肥施用强度，推广生物防治技术，推广施用有机化肥、缓释肥，禁止焚烧农作物秸秆。

第十一条　保护文物古迹、古树名木、古建筑，珍惜和保护农田、山林、水源、水产等资源，爱护公共设施。

第十二条　凡划分给村民的自留山、责任山原有的路、溜，任何人不准随意封闭、改线，如需新开路、溜须经双方协商同意后方可进行，以避免产生纠纷、争执。如因山林、水田、自留地等界址产生纠纷，村委必须组织调解解决，村级调解不成再向上级有关部门反映。

第十三条　根据殡葬法及绿色生态葬法的相关规定，不得在乡道沿线视线范围内进行殡葬，在规定之外的山片殡葬，葬坟农户必须在取得相应山主同意后方可进行殡葬。原有老坟墓按原状。

第十四条　采伐竹子、林木，必须依法审批，严禁乱砍乱伐。必须尊重林权，严禁砍伐他人片山的竹、木等，包括挖冬笋、药材等，如有发现违反，每根罚款 50 元，情节严重或履教不改者，交由司法机关处理。

第十五条　承包山地与耕地相邻的地块，山地上的果树、林木、毛竹等其枝叶不得延伸至耕地，应以滴水在本山地为准。连片产粮地块农田不准种植树木、竹子等，影响四周农田阳光。

第十六条　自留山、责任山四周内原有自留地，应归原户种植农作物，山主不能侵吞原户自留地。

第十七条　为保持河道的生态平衡，禁止在辖区河道内电鱼、毒鱼、炸鱼。如有发现一律没收作案工具，违反者需鸣炮放鱼苗，并视情况严重程度处 500 ~ 2000 元罚款，情节严重或履教不改者，交由司法机关处理。

第十八条　公路沿线两边严禁任何人堆放竹木等杂物，以免影响行人、车辆行驶安全。不得在道路两边搭建违章建筑，路边农户应该搞好门前道路清洁卫生，保证水沟畅通。

第十九条　为了鼓励村里青少年努力读书，树立好学上进的育人风气，对于考上一本重点院校的大学生给予500元奖励，对于考上北大、清华大学的一次性奖励5000元。

第二十条　为了鼓励村里青年积极参军入伍，对于积极应征入伍的优秀青年给予500元奖励。

## 第五章　平安建设

第二十一条　提倡用协商办法解决各种矛盾纠纷，协商不成功的，可申请到村、乡镇调委会调解，也可依法向人民法院起诉。依法理性表达利益诉求，不得无理信访、越级信访和集体上访，不得闹事滋事、扰乱社会秩序。

第二十二条　主动做好平安宣传，村民之间、家庭成员之间要互相提醒帮助、教育监督，不沾“黄、毒、赌”，不参加邪教组织，不参与传销活动，严防发生火灾、生产、交通、溺水等安全事故。

第二十三条　严禁山边烧草烧灰，防止森林火灾发生，如因此发生火灾，当事人要承担赔偿责任。

第二十四条　水火无情人有情，村干部应立即组织村民救火救灾，村民应积极参与救火防洪抢险行动。

## 第六章　民主参与

第二十五条　严格遵守村级组织换届选举纪律，有以下情形之一的，不能确定为村级组织成员候选人（自荐人），如果当选，当选无效：

1. 被判处刑罚或者刑满释放、缓刑期满未满5年的；

2. 涉黑涉恶受处理未满5年以及加入邪教组织的；

3. 受到党纪处分尚未超过所受纪律处分有关任职限制期限以及涉嫌严重违法违纪正在接受纪检、监察、公安、司法机关立案调查处理的；

4. 有拉票贿选或其他不正当竞争行为被查处未满5年的；

5. 丧失行为能力的。

有以下情形之一的，不宜确定为村级组织成员候选人（自荐人），如果当选，本人应当主动辞职：

1. 有严重违法用地、违章建房行为尚未整改，以及近5年内有严重损害生态环境、违反计划生育政策多生育行为被查处的；

2. 近5年内有煽动群众闹事、扰乱公共秩序的；

3. 有恶意失信行为被法院纳入失信被执行人名单且至今未撤销的；

4. 有长期外出不履职、干部考核不称职等辞职承诺情形的；

5. 近3年内先锋指数考评中曾被评为不合格党员的；

6. 道德品质低劣，在群众中影响较坏的（如侵占或长期拖欠集体资产未还的；涉毒被查处的；2002年9月以来有严重违法多生育子女行为未处理的；近 3 年内因“黄、赌、毒”受到行政拘留以上处罚的等情形）。

第二十六条　有以下情形之一的，建议取消民政补助、帮扶救助、村资金互助信贷等相关扶持政策：

1. 抵制“三改一拆”“五水共治”“环境卫生整治”“美丽乡村建设”“平安乡镇创建”等；

2. 违反计划生育、不配合“三查”“放环”等工作；

3. 私自上访，且事前不通报村里的；

4. 故意破坏村公共设施且不赔偿的；

5. 不服从组织安排，不参与乡村两级组织的重大活动的；

6. 道德品质低劣，在群众中影响较坏的。

## 第七章　奖惩措施

第二十七条　村民委员会每年进行先进评比，经村两委商议后，由村民委员会表彰奖励模范遵守村规民约的家庭和村民个人。

第二十八条　凡违反本村规民约的，经村两委商议后，由村民委员会对行为人酌情作出批评教育、公示通报、责成赔礼道歉、写出悔改书、恢复原状或赔偿损失等相应处理决定。

## 第八章　附则

第二十九条　本村规民约由村党组织和村民委员会负责解释，由村监会监督执行。

第三十条　本村规民约自村民会议通过之日起施行。

## 7. （浙江省丽水市莲都区老竹畲族镇）梁村村村规民约[①]

为健全自治、法治、德治相结合的乡村治理体系，更好地发挥村民自治组织及全体成员自我管理、自我教育、自我服务的作用，推进依法治村，依据《中华人民共和国村民委员会组织法》等相关规定，特订立梁村村村规民约，供全体村民共同遵守执行。

一、拥护中国共产党的领导。认真学习贯彻习近平新时代中国特色社会主义思想，执行党的路线、方针、政策，遵守法律、法规和村民自治章程，自觉履行公民义务，争做新时代文明村民。

二、接受村党支部和村民委员会的领导和管理，积极参与集体组织的各项活动，支持和监督村委会的工作，经常向村两委会提出合理化的意见和建议。

三、爱护村交通、通信、供电、文体、卫生、绿化、办公、污水处理等设施。对于村集体经济所得收益的使用，本村享受误工补贴的人员及补贴标准；本村公益事业的兴办和筹资筹劳方案及建设承包方案；土地承包经营方案；村集体经济项目的立项、承包方案；征地补偿费的使用、分配方案；以借贷、租赁或者其他方式处置村集体财产；村低收入户、困难户、救济对象的评定；涉及村集体和村民利益的其他重大事项

① 黄元珊于2018年12月20日提供。

的决定；村规民约的修订草案；村庄建设规划；经济合作社股民认定等村级重大事项通过村民代表会议对村级事务书面投票方式进行阳光票决。

四、自觉弘扬慈孝文化。家庭成员间要平等相待，长辈要关心爱护小辈，为孩子树立好榜样；子女要孝敬长辈，履行好赡养老人的义务，做好日常行孝“五件事”（一天一问候、一月一交流、生日一份礼、清明一祭祖、过年一团聚）。不慈孝者不得享受免抵押“惠德信贷”，不能得“孝老文明星”，不能当选文明家庭。

五、自觉弘扬志愿精神。做到邻里和睦相处，团结互助，积极关爱留守老人、留守妇女、留守儿童、残疾人和困难家庭，形成你帮我、我帮你的良好风尚。

六、自觉开展移风易俗。传承节俭优良传统，反对铺张浪费，做到婚丧喜事简办。单方操办婚丧宴的，宴席桌数不超过 20 桌；婚嫁双方合办婚宴的，宴席桌数不超过 30 桌。非亲人员随礼不超过 100 元。婚丧事车队车辆不超过 6 辆。操办丧事时花圈总数不超过 10 个，出殡鼓乐队人数不超过 6 人。

七、人人爱护生态环境。积极配合参与“五水共治”“三改一拆”“六边三化三美”“洁净村居”“垃圾分类”相关工作，实行门前三包：1. 包卫生。负责房前屋后环境清扫，不乱丢垃圾，不乱排污水，做好垃圾分类，随时保持整洁。2. 包绿化。负责保护房前屋后花草树木，并精心养护。3. 包秩序。房前屋后不乱堆杂物、不乱停车、不乱晒衣被、不放养家禽家畜。

八、自觉参加文明积分管理。建立新时代农民文明银行，由村文化礼堂文明理事会具体负责，设立文明户人均积分榜，每季度对得（扣）分情况进行公示公告。每年组织开展评选（复评）“六星文明户”，按照总户数的10%评选村级“最美文明户”，县和乡镇择优评选镇级、县级“最美文明户”，并实行多种奖励制度。

九、自觉遵守建房审批制度。建房做到先拆后建，未经审批不得乱搭乱建任何房屋或简易棚，若发现，立即无条件清理，并取消三年内建房审批资格。审批建房时需向村委会交纳10000元押金，从审批之日起18个月内，外墙必须粉刷完毕，且及时清理建筑垃圾，否则没收押金。照规办事的，工程结束后予以退回押金。

十、自觉执行计划生育政策。杜绝计划外生育，凡计划外生育者不得享受上级、村里一切优惠政策。

十一、村民不得到他人山上乱挖冬笋、鞭笋、春笋，如发现乱挖者，每根赔偿50元；对举报者每根奖励30元。

十二、严禁任何人在本村辖区范围内的溪里和水库池塘电鱼、毒鱼、炸鱼、网鱼。如有违者，电、毒、炸鱼者每次赔偿5000～10000元，给予举报者奖励2000～5000元。网鱼者每次赔偿500～5000元，给予举报者奖励500～2000元。情节严重或屡教不改者，交由执法机关处理。

十三、积极参加新型农村合作医疗，履行兵役义务，做好民兵工作、拥军优属工作。

十四、积极维护社会治安和社会稳定。做好防火、防盗、防事故工作，及时劝解调解矛盾纠纷，促进安全团结。倡导文明娱乐，不参与赌博，杜绝毒品。一经发现，由上级相关部门对其进行批评教育，情节严重者移交执法机关处理。

十五、本村规民约适用于梁村村全体村民，如有与国家法律、法规、条例相抵触，以国家法律法规条例为准。

十六、本村规民约经梁村村村民代表（或户主）会议审议通过，自发布之日起执行。

莲都区老竹畲族镇梁村村村民委员会

2018 年 9 月 29 日

## 8. （浙江省丽水市莲都区老竹畲族镇）丁公村村规民约[①]

为健全自治、法治、德治相结合的乡村治理体系，更好地发挥村民自治组织及全体成员自我管理、自我教育、自我服务的作用，推进依法治村，依据《中华人民共和国村民委员会组织法》等相关规定，特订立丁公村村规民约，供全体村民共同遵守执行。

一、拥护中国共产党的领导。认真学习贯彻习近平新时代中国特色社会主义思想，执行党的路线、方针、政策，遵守法律、法规和村民自治章程，自觉履行公民义务，争做新时代文明村民。

二、接受村党支部和村民委员会的领导和管理，积极参与

① 黄元珊于 2018 年 12 月 20 日提供。

集体组织的各项活动，支持和监督村委会的工作，经常向村两委会提出合理化的意见和建议。

三、爱护村交通、通信、供电、文体、卫生、绿化、办公、污水处理等设施。对于村集体经济所得收益的使用，本村享受误工补贴的人员及补贴标准；本村公益事业的兴办和筹资筹劳方案及建设承包方案；土地承包经营方案；村集体经济项目的立项、承包方案；征地补偿费的使用、分配方案；以借贷、租赁或者其他方式处置村集体财产；村低收入户、困难户、救济对象的评定；涉及村集体和村民利益的其他重大事项的决定；村规民约的修订草案；村庄建设规划；经济合作社股民认定等村级重大事项通过村民代表会议对村级事务书面投票方式进行阳光票决。

四、自觉弘扬慈孝文化。家庭成员间要平等相待，长辈要关心爱护小辈，为孩子树立好榜样；子女要孝敬长辈，履行好赡养老人的义务，做好日常行孝“五件事”（一天一问候、一月一交流、生日一份礼、清明一祭祖、过年一团聚）。不慈孝者不得享受免抵押“惠德信贷”，不能得“孝老文明星”，不能当选文明家庭。

五、自觉弘扬志愿精神。做到邻里和睦相处，团结互助，积极关爱留守老人、留守妇女、留守儿童、残疾人和困难家庭，形成你帮我、我帮你的良好风尚。

六、自觉开展移风易俗。传承节俭优良传统，反对铺张浪费，做到婚丧喜事简办。单方操办婚丧宴的，宴席桌数不超过20 桌；婚嫁双方合办婚宴的，宴席桌数不超过 30 桌。非亲人员随礼不超过100元。婚丧事车队车辆不超过6辆。操办丧事时花圈总数不超过10个，出殡鼓乐队人数不超过6人。

七、人人爱护生态环境。积极配合参与“五水共治”“三改一拆”“六边三化三美”“洁净村居”“垃圾分类”相关工作，实行门前三包：1. 包卫生。负责房前屋后环境清扫，不乱丢垃圾，不乱排污水，做好垃圾分类，随时保持整洁。2. 包绿化。负责保护房前屋后花草树木，并精心养护。3. 包秩序。房前屋后不乱堆杂物、不乱停车、不乱晒衣被、不放养家禽家畜。

八、自觉参加文明积分管理。建立新时代农民文明银行，由村文化礼堂文明理事会具体负责，设立文明户人均积分榜，每季度对得（扣）分情况进行公示公告。每年组织开展评选（复评）“六星文明户”，按照总户数的10%评选村级“最美文明户”，县和乡镇择优评选镇级、县级“最美文明户”，并实行多种奖励制度。

九、自觉遵守建房审批制度。建房做到先拆后建，未经审批不得乱搭乱建任何房屋或简易棚，若发现，立即无条件清理，并取消三年内建房审批资格。审批建房时需向村委会交纳10000元押金，从审批之日起18个月内，外墙必须粉刷完毕，且及时清理建筑垃圾，否则没收押金。照规办事的，工程结束后予以退回押金。

十、自觉执行计划生育政策。杜绝计划外生育，凡计划外生育者不得享受上级、村里一切优惠政策。

十一、村民不得到他人山上乱挖冬笋、鞭笋、春笋，如发现乱挖者，每根赔偿50元；对举报者每根奖励30元。

十二、严禁任何人在本村辖区范围内的溪里和水库池塘电鱼、毒鱼、炸鱼、网鱼。如有违者，电、毒、炸鱼者每次赔偿5000～10000元，给予举报者奖励2000～5000元。网鱼者每次赔偿500～5000元，给予举报者奖励500～2000元。情节严重或屡教不改者，交由执法机关处理。

十三、积极参加新型农村合作医疗，履行兵役义务，做好民兵工作、拥军优属工作。

十四、积极维护社会治安和社会稳定。做好防火、防盗、防事故工作，及时劝解调解矛盾纠纷，促进安全团结。倡导文明娱乐，不参与赌博，杜绝毒品。一经发现，由上级相关部门对其进行批评教育，情节严重者移交执法机关处理。

十五、本村规民约适用于丁公村全体村民，如有与国家法律、法规、条例相抵触，以国家法律法规条例为准。

十六、本村规民约经丁公村村民代表（或户主）会议审议通过，自发布之日起执行。

莲都区老竹畲族镇丁公村村民委员会

2018年9月28日

## 9. （浙江省丽水市莲都区老竹畲族镇）沙溪村村规民约[①]

为健全自治、法治、德治相结合的乡村治理体系，更好地

① 黄元珊于2018年12月20日提供。

发挥村民自治组织及全体成员自我管理、自我教育、自我服务的作用，推进依法治村，依据《中华人民共和国村民委员会组织法》等相关规定，特订立沙溪村村规民约，供全体村民共同遵守执行。

一、拥护中国共产党的领导。认真学习贯彻习近平新时代中国特色社会主义思想，执行党的路线、方针、政策，遵守法律、法规和村民自治章程，自觉履行公民义务，争做新时代文明村民。

二、接受村党支部和村民委员会的领导和管理，积极参与集体组织的各项活动，支持和监督村委会的工作，经常向村两委会提出合理化的意见和建议。

三、爱护村交通、通信、供电、文体、卫生、绿化、办公、污水处理等设施。对于村集体经济所得收益的使用，本村享受误工补贴的人员及补贴标准；本村公益事业的兴办和筹资筹劳方案及建设承包方案；土地承包经营方案；村集体经济项目的立项、承包方案；征地补偿费的使用、分配方案；以借贷、租赁或者其他方式处置村集体财产；村低收入户、困难户、救济对象的评定；涉及村集体和村民利益的其他重大事项的决定；村规民约的修订草案；村庄建设规划；经济合作社股民认定等村级重大事项通过村民代表会议对村级事务书面投票方式进行阳光票决。

四、自觉弘扬慈孝文化。家庭成员间要平等相待，长辈要关心爱护小辈，为孩子树立好榜样；子女要孝敬长辈，履行好赡养老人的义务，做好日常行孝“五件事”（一天一问候、一月一交流、生日一份礼、清明一祭祖、过年一团聚）。不慈孝者不得享受免抵押“惠德信贷”，不能得“孝老文明星”，不能当选文明家庭。

五、自觉弘扬志愿精神。做到邻里和睦相处，团结互助，积极关爱留守老人、留守妇女、留守儿童、残疾人和困难家庭，形成你帮我、我帮你的良好风尚。

六、自觉开展移风易俗。传承节俭优良传统，反对铺张浪费，做到婚丧喜事简办。单方操办婚丧宴的，宴席桌数不超过20桌；婚嫁双方合办婚宴的，宴席桌数不超过30桌。非亲人员随礼不超过100元。婚丧事车队车辆不超过6辆。操办丧事时花圈总数不超过10个，出殡鼓乐队人数不超过6人。

七、人人爱护生态环境。积极配合参与“五水共治”“三改一拆”“六边三化三美”“洁净村居”“垃圾分类”相关工作，实行门前三包：1. 包卫生。负责房前屋后环境清扫，不乱丢垃圾，不乱排污水，做好垃圾分类，随时保持整洁。2. 包绿化。负责保护房前屋后花草树木，并精心养护。3. 包秩序。房前屋后不乱堆杂物、不乱停车、不乱晒衣被、不放养家禽家畜。

八、自觉参加文明积分管理。建立新时代农民文明银行，由村文化礼堂文明理事会具体负责，设立文明户人均积分榜，每季度对得（扣）分情况进行公示公告。每年组织开展评选（复评）“六星文明户”，按照总户数的10%评选村级“最美文明户”，县和乡镇择优评选镇级、县级“最美文明户”，并实行多种奖励制度。

九、自觉遵守建房审批制度。建房做到先拆后建，未经审批不得乱搭乱建任何房屋或简易棚，若发现，立即无条件清理，并取消三年内建房审批资格。审批建房时需向村委会交纳10000元押金，从审批之日起18个月内，外墙必须粉刷完毕，且及时清理建筑垃圾，否则没收押金。照规办事的，工程结束后予以退回押金。

十、自觉执行计划生育政策。杜绝计划外生育，凡计划外生育者不得享受上级、村里一切优惠政策。

十一、村民不得到他人山上乱挖冬笋、鞭笋、春笋，如发现乱挖者，每根赔偿50元；对举报者每根奖励30元。

十二、严禁任何人在本村辖区范围内的溪里和水库池塘电鱼、毒鱼、炸鱼、网鱼。如有违者，电、毒、炸鱼者每次赔偿5000～10000元，给予举报者奖励2000～5000元。网鱼者每次赔偿500～5000元，给予举报者奖励500～2000元。情节严重或屡教不改者，交由执法机关处理。

十三、积极参加新型农村合作医疗，履行兵役义务，做好民兵工作、拥军优属工作。

十四、积极维护社会治安和社会稳定。做好防火、防盗、防事故工作，及时劝解调解矛盾纠纷，促进安全团结。倡导文明娱乐，不参与赌博，杜绝毒品。一经发现，由上级相关部门对其进行批评教育，情节严重者移交执法机关处理。

十五、本村规民约适用于沙溪村全体村民，如有与国家法律、法规、条例相抵触，以国家法律法规条例为准。

十六、本村规民约经沙溪村村民代表（或户主）会议审议通过，自发布之日起执行。

莲都区老竹畲族镇沙溪村村民委员会

2018年10月1日

## 10. （浙江省丽水市莲都区老竹畲族镇）新陶村村规民约①

为健全自治、法治、德治相结合的乡村治理体系，更好地发挥村民自治组织及全体成员自我管理、自我教育、自我服务的作用，推进依法治村，依据《中华人民共和国村民委员会组织法》等相关规定，特订立新陶村村规民约，供全体村民共同遵守执行。

一、拥护中国共产党的领导。认真学习贯彻习近平新时代中国特色社会主义思想，执行党的路线、方针、政策，遵守法律、法规和村民自治章程，自觉履行公民义务，争做新时代文明村民。

二、接受村党支部和村民委员会的领导和管理，积极参与集体组织的各项活动，支持和监督村委会的工作，经常向村两委会提出合理化的意见和建议。

三、爱护村交通、通信、供电、文体、卫生、绿化、办公、污水处理等设施。对于村集体经济所得收益的使用，本村享受误工补贴的人员及补贴标准；本村公益事业的兴办和筹资

① 黄元珊于2018年12月20日提供。

筹劳方案及建设承包方案；土地承包经营方案；村集体经济项目的立项、承包方案；征地补偿费的使用、分配方案；以借贷、租赁或者其他方式处置村集体财产；村低收入户、困难户、救济对象的评定；涉及村集体和村民利益的其他重大事项的决定；村规民约的修订草案；村庄建设规划；经济合作社股民认定等村级重大事项通过村民代表会议对村级事务书面投票方式进行阳光票决。

四、自觉弘扬慈孝文化。家庭成员间要平等相待，长辈要关心爱护小辈，为孩子树立好榜样；子女要孝敬长辈，履行好赡养老人的义务，做好日常行孝“五件事”（一天一问候、一月一交流、生日一份礼、清明一祭祖、过年一团聚）。不慈孝者不得享受免抵押“惠德信贷”，不能得“孝老文明星”，不能当选文明家庭。

五、自觉弘扬志愿精神。做到邻里和睦相处，团结互助，积极关爱留守老人、留守妇女、留守儿童、残疾人和困难家庭，形成你帮我、我帮你的良好风尚。

六、自觉开展移风易俗。传承节俭优良传统，反对铺张浪费，做到婚丧喜事简办。单方操办婚丧宴的，宴席桌数不超过20 桌；婚嫁双方合办婚宴的，宴席桌数不超过 30 桌。非亲人员随礼不超过 100 元。婚丧事车队车辆不超过 6 辆。操办丧事时花圈总数不超过 10 个，出殡鼓乐队人数不超过 6 人。

七、人人爱护生态环境。积极配合参与“五水共治”“三改一拆”“六边三化三美”“洁净村居”“垃圾分类”相关工作，实行门前三包：1. 包卫生。负责房前屋后环境清扫，不乱丢垃圾，不乱排污水，做好垃圾分类，随时保持整洁。2. 包绿化。负责保护房前屋后花草树木，并精心养护。3. 包秩序。房前屋后不乱堆杂物、不乱停车、不乱晒衣被、不放养家禽家畜。

八、自觉参加文明积分管理。建立新时代农民文明银行，由村文化礼堂文明理事会具体负责，设立文明户人均积分榜，每季度对得（扣）分情况进行公示公告。每年组织开展评选（复评）“六星文明户”，按照总户数的10%评选村级“最美文明户”，县和乡镇择优评选镇级、县级“最美文明户”，并实行多种奖励制度。

九、自觉遵守建房审批制度。建房做到先拆后建，未经审批不得乱搭乱建任何房屋或简易棚，若发现，立即无条件清理，并取消三年内建房审批资格。审批建房时需向村委会交纳10000元押金，从审批之日起18个月内，外墙必须粉刷完毕，且及时清理建筑垃圾，否则没收押金。照规办事的，工程结束后予以退回押金。

十、自觉执行计划生育政策。杜绝计划外生育，凡计划外生育者不得享受上级、村里一切优惠政策。

十一、村民不得到他人山上乱挖冬笋、鞭笋、春笋，如发现乱挖者，每根赔偿50元；对举报者每根奖励30元。

十二、严禁任何人在本村辖区范围内的溪里和水库池塘电鱼、毒鱼、炸鱼、网鱼。如有违者，电、毒、炸鱼者每次赔偿5000~10000元，给予举报者奖励2000~5000元。网鱼者每次赔偿500~5000元，给予举报者奖励500~2000元。情节严重或屡教不改者，交由执法机关处理。

十三、积极参加新型农村合作医疗，履行兵役义务，做好民兵工作、拥军优属工作。

十四、积极维护社会治安和社会稳定。做好防火、防盗、防事故工作，及时劝解调解矛盾纠纷，促进安全团结。倡导文明娱乐，不参与赌博，杜绝毒品。一经发现，由上级相关部门对其进行批评教育，情节严重者移交执法机关处理。

十五、本村规民约适用于新陶村全体村民，如有与国家法律、法规、条例相抵触，以国家法律法规条例为准。

十六、本村规民约经新陶村村民代表（或户主）会议审议通过，自发布之日起执行。

莲都区老竹畲族镇新陶村村民委员会

2018 年 10 月 1 日

## 11．（浙江省丽水市莲都区老竹畲族镇）老竹村村规民约[①]

为健全自治、法治、德治相结合的乡村治理体系，更好地发挥村民自治组织及全体成员自我管理、自我教育、自我服务的作用，推进依法治村，依据《中华人民共和国村民委员会组织法》等相关规定，特订立老竹村村规民约，供全体村民共同遵守执行。

一、拥护中国共产党的领导。认真学习贯彻习近平新时代

① 黄元珊于 2018 年 12 月 20 日提供。

中国特色社会主义思想，执行党的路线、方针、政策，遵守法律、法规和村民自治章程，自觉履行公民义务，争做新时代文明村民。

二、接受村党支部和村民委员会的领导和管理，积极参与集体组织的各项活动，支持和监督村委会的工作，经常向村两委会提出合理化的意见和建议。

三、爱护村交通、通信、供电、文体、卫生、绿化、办公、污水处理等设施。对于村集体经济所得收益的使用，本村享受误工补贴的人员及补贴标准；本村公益事业的兴办和筹资筹劳方案及建设承包方案；土地承包经营方案；村集体经济项目的立项、承包方案；征地补偿费的使用、分配方案；以借贷、租赁或者其他方式处置村集体财产；村低收入户、困难户、救济对象的评定；涉及村集体和村民利益的其他重大事项的决定；村规民约的修订草案；村庄建设规划；经济合作社股民认定等村级重大事项通过村民代表会议对村级事务书面投票方式进行阳光票决。

四、自觉弘扬慈孝文化。家庭成员间要平等相待，长辈要关心爱护小辈，为孩子树立好榜样；子女要孝敬长辈，履行好赡养老人的义务，做好日常行孝“五件事”（一天一问候、一月一交流、生日一份礼、清明一祭祖、过年一团聚）。不慈孝者不得享受免抵押“惠德信贷”，不能得“孝老文明星”，不能当选文明家庭。

五、自觉弘扬志愿精神。做到邻里和睦相处，团结互助，积极关爱留守老人、留守妇女、留守儿童、残疾人和困难家庭，形成你帮我、我帮你的良好风尚。

六、自觉开展移风易俗。传承节俭优良传统，反对铺张浪费，做到婚丧喜事简办。单方操办婚丧宴的，宴席桌数不超过20桌；婚嫁双方合办婚宴的，宴席桌数不超过30桌。非亲人员随礼不超过100元。婚丧事车队车辆不超过6辆。操办丧事时花圈总数不超过10个，出殡鼓乐队人数不超过6人。

七、人人爱护生态环境。积极配合参与“五水共治”“三改一拆”“六边三化三美”“洁净村居”“垃圾分类”相关工作，实行门前三包：1. 包卫生。负责房前屋后环境清扫，不乱丢垃圾，不乱排污水，做好垃圾分类，随时保持整洁。2. 包绿化。负责保护房前屋后花草树木，并精心养护。3. 包秩序。房前屋后不乱堆杂物、不乱停车、不乱晒衣被、不放养家禽家畜。4. 严禁向河道、沟渠丢垃圾、排污水。

八、自觉参加文明积分管理。建立新时代农民文明银行，由村文化礼堂文明理事会具体负责，设立文明户人均积分榜，每季度对得（扣）分情况进行公示公告。每年组织开展评选（复评）“六星文明户”，按照总户数的10%评选村级“最美文明户”，县和乡镇择优评选镇级、县级“最美文明户”，并实行多种奖励制度。

九、村民建房必须服从村镇规划，经村委会和有关部门批准后统一安排，严禁未批先建，少批多建，违章搭建，严格执行先拆旧后建新，并将旧宅基地退还给村集体所有。如本村在旧房改造中，多余宅基地由村统一安排，不得出售给非本村村民，在原拆原建的基础上，应根据村有关规定向村交纳一定的网管设施费，具体设施费收取标准由村民代表大会通过的办法收取。

十、增强生态环保意识，不得使用明令禁止的农药，降低农药、化肥施用强度，推广生物防治技术，推广施用有机肥、缓释肥。

十一、加强野外用火管理，定期检查、排除各种火灾隐患，严防山火发生。禁止在交通干线附近以及人口集中区域等地落天焚烧秸秆、落叶等易产生烟尘污染的物质。

十二、不得随意在公路或村道旁晾晒农作物及其他物品，不得私设路障妨碍交通，不得在农用机耕道上和村内绿化带上种植有关农作物。

十三、严禁破坏村内景观及配套建设，不得在景观上放养牲畜和家畜。

十四、禁止盗伐国家、集体或他人的林木，若须砍伐承包经营地或自留山林木的，须经村委会和有关部门批准后方可实施。

十五、自觉遵守建房审批制度。建房做到先拆后建，未经审批不得乱搭乱建任何房屋或简易棚，若发现，立即无条件清理，并取消三年内建房审批资格。审批建房时需向村委会交纳10000元押金，从审批之日起18个月内，外墙必须粉刷完毕，且及时清理建筑垃圾，否则没收押金。照规办事的，工程结束后予以退回押金。

十六、自觉执行计划生育政策。杜绝计划外生育，凡计划外生育者不得享受上级、村里一切优惠政策。

十七、村民不得到他人山上乱挖冬笋、鞭笋、春笋，如发现乱挖者，每根赔偿50元；对举报者每根奖励30元。

十八、严禁任何人在本村辖区范围内的溪里和水库池塘电鱼、毒鱼、炸鱼、网鱼。如有违者，电、毒、炸鱼者每次赔偿5000～10000元，给予举报者奖励2000～5000元。网鱼者每次赔偿500～5000元，给予举报者奖励500～2000元。情节严重或屡教不改者，交由执法机关处理。

十九、积极参加新型农村合作医疗，履行兵役义务，做好民兵工作、拥军优属工作。

二十、积极维护社会治安和社会稳定。做好防火、防盗、防事故工作，及时劝解调解矛盾纠纷，促进安全团结。倡导文明娱乐，不参与赌博，杜绝毒品。一经发现，由上级相关部门对其进行批评教育，情节严重者移交执法机关处理。

二十一、本村规民约适用于老竹村全体村民，如有与国家法律、法规、条例相抵触，以国家法律法规条例为准。

二十二、本村规民约经老竹村村民代表（或户主）会议审议通过，自发布之日起执行。

莲都区老竹畲族镇老竹村村民委员会

2018年10月9日

## 12. （浙江省丽水市遂昌县三仁畲族乡）好川村村规民约[①]

为了更好地发挥村民委员会自我管理、自我教育、自我服

① 黄元珊于2018年12月28日提供。

务的作用，推进依法治村，使全体村民在日常村务管理、生产生活中有章可循，根据《中华人民共和国村民委员会组织法》的规定，特订立好川村村规民约，供全体村民共同遵守执行。

一、拥护中国共产党的领导，认真执行党的路线、方针、政策，遵守法律、法规和村民自治章程，自觉履行公民义务，争做“有闯劲、肯实干、善团结、共发展”的新时代村民。

二、服从村党支部和村民委员会的管理和领导，积极参与集体组织的各项活动，支持和监督村委会的工作，经常向村两委会提出合理化的建议和意见。

三、爱护村交通、通信、供电、村委办公场所。

四、邻里和睦相处，团结互助，家庭成员间要平等相处，尊老爱幼，保护妇女、老人和残疾人的合法权益。

五、自觉维护环境卫生，实行门前三包：即包卫生，负责门前及周围环境清扫，要随脏随扫，做到“五无”：无果壳、无烟蒂纸屑、无垃圾渣土、无积水污泥、无杂物脏物，并协助管理环卫设施。包绿化，每家每户开展垃圾分类。在门前及周围按要求负责保护树木、花草，做到严格管理，精心养护，设施不受损毁，绿化美化环境。包秩序，维护门前及周围的村容村貌，做到不乱堆放泥沙、石子、木料等杂物，主街道两旁住房阳台和人行道无乱堆杂物、无乱晒衣被、无放养家禽家畜。不在村级道路上堆放杂物，路肩上不得种植茶叶及蔬菜等，保证道路畅通。并自觉将治虫后的农药瓶、塑料制品等杂物带回，放入垃圾箱。

六、村每年组织实施六星文明户评比活动：洁净家庭户，每半年由村委会组织到农户检查，评比出一等奖 2 户、二等奖 5 户，三等奖 10 户，并给予一定的物质奖励。孝老爱亲户，评选出金奖 1 户，银奖 2 户，铜奖 3 户。

七、自觉执行建房审批制度，做到先拆后建，未经审批不得乱搭乱建任何房屋或简易棚，若发现，立即无条件清理，并取消三年内建房审批资格。审批建房时需向村委会交纳 10000 元押金，从审批之日起 18 个月内，外墙必须粉刷完毕，否则没收押金。工程结束后予以退回。

八、认真执行计划生育政策，杜绝计划外生育，凡计划外生育者不得享受上级、村里一切优惠政策。（好川村人口与计划生育村民自治公约附后）

九、村民不得到他人山上乱挖冬笋、鞭笋、春笋。如发现乱挖者，每根罚款 50 元，对举报者每根奖励 30 元。

十、严禁任何人在好川辖区范围内的溪里和水库电鱼、毒鱼、炸鱼、网鱼、钓鱼。如有违者，电、毒、炸鱼者每次罚款 5000 ~ 10000 元，给予举报者奖励 2000 ~ 5000 元。网、钓鱼者每次罚款 500 ~ 5000 元，给予举报者奖励 500 ~ 2000 元。情节严重或屡教不改者，交由司法机关处理。

十一、积极参加新型农村合作医疗，履行兵役义务，搞好民兵工作，做好拥军优属工作。

十二、积极维护社会治安和社会稳定，做好防火、防盗、防事故工作，严禁秸秆焚烧，严禁森林防火期间一切野外用火，及时劝解调解矛盾纠纷，促进安全团结。倡导文明娱乐，不参与赌博，杜绝毒品。如发现一次，由上级相关部门对其进行批评教育，情节严重者移交司法部门处理。

十三、本村规民约，适用于好川村全体村民，如有与国家法律、法规、条例相抵触，以国家法律法规条例为准。

十四、本村规民约经好川村村民代表会议审议通过，自发布之日起执行。

好川村村民委员会

二〇一五年　月　日

## 13. （浙江省丽水市遂昌县三仁畲族乡）坑口村村规民约[①]

为了更好地发挥村民委员会自我管理、自我教育、自我服务的作用，推进依法治村，使全体村民在日常村务管理、生产生活中有章可循，根据《中华人民共和国村民委员会组织法》的规定，特订立坑口村村规民约，供全体村民共同遵守执行。

一、拥护中国共产党领导，认真执行党的路线、方针、政策，遵守法律、法规和村民自治章程，自觉履行公民义务。

二、服从村党支部和村民委员会的管理和领导，积极参加集体组织的各项活动，支持和监督村委会的工作，积极为村庄发展出谋划策。

三、积极维护社会治安和社会稳定，主动做好平安宣传，村民之间、家庭成员之间要互相提醒帮助、教育监督，不沾

① 黄元珊于2018年12月28日

“黄毒赌”，不参加邪教组织，不参与传销活动，严防发生火灾、生产、交通、溺水等安全事故。

四、党员、村干部创先争优，服务群众制度

1. 党员必须定期参加党建学习及党员干部远程教育活动，每月不少于 2 次。

2. 党员、村干部划分卫生责任区，监督检查好自己责任区域的卫生。

3. 党员、村干部做好外出育龄妇女计生结对、产业结对、弱势群体结对、地质灾害户结对、参军家属结对，公益活动带头参加。

五、生态保护制度

1. 严禁在百丈坑、横坑、三尖岩等公益林区域砍伐树木及其他破坏植被的行为，严禁在公益林区域从事破坏生态活动，如捕捉野兽、飞禽、石蛙、鱼蛇类等，违者交送县森林公安处理。

2. 严禁在河道乱倒垃圾，严禁在田野及河道电鱼、毒鱼、炸鱼、网鱼和捕青蛙。如有违者每次罚款 1000～20000 元。上高大桥下堰坝至坑口大桥下河道禁止垂钓，如有违者每次罚款 500～5000 元，各村民如发现应及时向村两委报告，村委会将给予 200～1000 元奖金。情节严重或屡教不改者，交由司法机关处理。

六、公共设施保护制度

1. 不得破坏及占用水利设施，如渠道、堰坝、水库等，不得私自在自来水主管上接自来水。

2. 不得破坏及占用村庄道路、竹山公路、基耕路等农业生产设施。

3. 不得破坏村庄绿化，如苗木、花卉等。

4. 借用村文化礼堂办红白喜事必须上交500元押金，使用后须打扫卫生、清洗地面，恢复原样则押金退还。另村一次收取电费50元，损坏礼堂设施必须赔偿。

七、公共场所管理制度

1. 停车制度。车辆必须停放在各自然村附近停车场内或私人车位，并停放整齐，不得停放在公共活动场所、球场、公园道路上。

2. 农产品交易制度。茶叶、笋竹等农产品必须在村茶叶市场、停车场或其他私人宽阔区域交易，不得在公共活动场所或道路上交易，影响交通。

3. 不得在公路边、公共场所堆放柴火、建筑材料等杂物，影响村容村貌和交通秩序。

4. 生产农作用车、摩托车不得停放在游步观光道上，应停放在最近的停车场内，步行至农田，农业运输车辆在观光道上进行农作运输装卸后应立即离开观光道。

八、计生制度

育龄妇女必须按时参加“三查”工作，提倡晚婚晚育、优生优育，不超生，不出现计划外生育。不符合生二胎的人员和符合生二胎的人员在二胎生育后需落实长效措施，在小孩出生后上报户口时到会计处上交1000元押金，长效措施落实后押金给予退还。

九、卫生制度

各户必须做好自家房前屋后卫生工作，共同维护公共场所卫生，开展垃圾分类，不乱倒垃圾，务农作业后，农药、肥料等瓶袋要带回投入垃圾箱（桶）。

十、相邻权制度

1. 不得到别人山上盗挖冬、春、鞭笋，违者罚款 50 ~ 1000 元，附加农户 1 ~ 10 元（每斤）赔偿金。

2. 不得侵占别人的山、田、公地，毁坏地界标志物。

十一、建房制度

1. 不准乱搭乱建，建房须依法审批，新建户上交 1 万元押金，布局风格按本村村庄规划设计，建成后押金归还，不按要求建设的押金没收纳入村集体收入。

2. 不得私自买卖土地，村民之间流转、转让土地必须首先经村两委通过，如私下进行流转、转让，坑口村不给予办理审批手续。

十二、殡葬制度

1. 公墓必须按统一规格（园林式），位置按规定距离依次排序。

2. 葬礼品不得堆放公路上或其他公共场所，必须堆放在里弄竹山公路上，葬礼品送到墓地必须焚烧，只可保留一对鲜花。

3. 叶坞片出殡必须走忠村公路，上高、坑口片出殡走农场路。

4. 死者家属开死亡证明时上交 500 元押金，按村殡葬制度殡葬的退还押金，另补助 500 元公墓建设费。

十三、礼仪倡导制度

我村是省级美丽乡村试点村，同时评上了“遂昌最美乡村”，我们要做好最美乡村、最美村民的表率，邻里要团结，家庭要和睦，子女要孝顺长辈，老人也要体谅、理解子女，我村今后要发展乡村旅游，所以更要提倡礼仪礼貌，有领导或旅客来参观旅游，我们要热情接待，领导客人离开时要主动欢送，树立坑口村美丽乡村、美丽村民的形象。

十四、村级组织换届选举制度

有以下情形之一的，不能确定为村级组织成员候选人（自荐人），如果当选，当选无效：

1. 被判处刑罚或者刑满释放、缓刑期满未满5年的；

2. 违反计划生育未处理或者受处理后未满5年的；

3. 涉黑涉恶受处理未满3年的；

4. 受到党纪处分尚未超过所受纪律处分有关任职限制期限的；

5. 丧失行为能力的。

有以下情形之一的，不宜确定为村级组织成员候选人（自荐人），如果当选，本人应当主动辞职：

1. 煽动群众闹事、扰乱公共秩序的；

2. 有严重违法用地、违章建房行为拒不整改的；

3. 长期外出不能正常履行职务的；

4. 有辞职承诺情形的；

5. 被评为不合格党员的；

6. 道德品质低劣，在群众中影响较坏的。

十五、违反村规民约奖惩制度

（一）村民委员会每年进行先进评比，经村两委联席会议商议后，由村民委员会表彰奖励模范遵守村规民约的家庭和村民个人。

（二）如违反本村规民约

1. 取消一切优抚政策。

2. 建房审批、贷款审批或其他经村委审批的手续及开办证明由村民代表会议表决通过。

3. 子女升学、子女工作单位录取，来村委了解其家属和本人在村表现时，村委会将如实反映。

十六、村规民约是我们坑口村这个大家庭的“家训”，坑口村村民必须严格履行、共同遵守，如有与法律、法规、条例相抵触，以国家法律法规条例为准。

十七、本村规民约经坑口村村民代表会议通过后，自发布日起执行。

坑口村村民委员会

二〇一七年五月

## 14. （浙江省丽水市松阳县板桥畲族乡）大毛科村村规民约[①]

为健全自治、法治、德治相结合的乡村治理体系，更好地

① 黄元珊于2018年12月28日提供。

发挥村民自治组织及全体成员自我管理、自我教育、自我服务的作用，推进依法治村，依据《中华人民共和国村民委员会组织法》等相关规定，特订立大毛科村村规民约，供全体村民共同遵守执行。

一、拥护中国共产党的领导。认真学习贯彻习近平新时代中国特色社会主义思想，执行党的路线、方针、政策，遵守法律、法规和村民自治章程，自觉履行公民义务，争做新时代文明村民。

二、接受村党支部和村民委员会的领导和管理，积极参与集体组织的各项活动，支持和监督村委会的工作，经常向村两委会提出合理化的意见和建议。

三、爱护村交通、通信、供电、文体、卫生、绿化、办公、污水处理等设施。

四、自觉弘扬慈孝文化。家庭成员间要平等相待，长辈要关心爱护小辈，为孩子树立好榜样；子女要孝敬长辈，履行好赡养老人的义务，做好日常行孝“五件事”（一天一问候、一月一交流、生日一份礼、清明一祭祖、过年一团聚）。不慈孝者不得享受免抵押“惠德信贷”，不能得“孝老文明星”，不能当选文明家庭。

五、自觉弘扬志愿精神。做到邻里和睦相处，团结互助，积极关爱留守老人、留守妇女、留守儿童、残疾人和困难家庭，形成你帮我、我帮你的良好风尚。

六、自觉开展移风易俗。传承节俭优良传统，反对铺张浪费，做到婚丧喜事简办。单方操办婚丧宴的，宴席桌数不超过20桌；婚嫁双方合办婚宴的，宴席桌数不超过30桌。非亲人员随礼不超过 100 元。婚丧事车队车辆不超过 6 辆。操办丧事时花圈总数不超过 10 个，出殡鼓乐队人数不超过 6 人。

七、人人爱护生态环境。实行门前三包：1. 包卫生。负责房前屋后环境清扫，不乱丢垃圾，不乱排污水，做好垃圾分类，随时保持整洁。2. 包绿化。负责保护房前屋后花草树木，并精心养护。3. 包秩序。房前屋后不乱堆杂物、不乱停车、不乱晒衣被、不放养家禽家畜。

八、自觉参加文明积分管理。建立新时代农民文明银行，由村文化礼堂文明理事会具体负责，设立文明户人均积分榜，每季度对得（扣）分情况进行公示公告。每年组织开展评选（复评）“六星文明户”，按照总户数的 10% 评选村级“最美文明户”，县和乡镇择优评选镇级、县级“最美文明户”，并实行多种奖励制度。

九、自觉遵守建房审批制度。建房做到先拆后建，未经审批不得乱搭乱建任何房屋或简易棚，若发现，立即无条件清理，并取消三年内建房审批资格。审批建房时需向村委会交纳 10000 元押金，从审批之日起 18 个月内，外墙必须粉刷完毕，且及时清理建筑垃圾，否则没收押金。照规办事的，工程结束后予以退回押金。

十、自觉执行计划生育政策。杜绝计划外生育，凡计划外生育者不得享受上级、村里一切优惠政策。

十一、村民不得到他人山上乱挖冬笋、鞭笋、春笋，如发现乱挖者，每根赔偿 50 元；对举报者每根奖励 30 元。

十二、严禁任何人在本村辖区范围内的溪里和水库池塘电鱼、毒鱼、炸鱼、网鱼。如有违者，电、毒、炸鱼者每次赔偿5000～10000元，给予举报者奖励2000～5000元。网鱼者每次赔偿500～5000元，给予举报者奖励500～2000元。情节严重或屡教不改者，交由执法机关处理。

十三、积极参加新型农村合作医疗，履行兵役义务，做好民兵工作、拥军优属工作。

十四、积极维护社会治安和社会稳定。做好防火、防盗、防事故工作，及时劝解调解矛盾纠纷，促进安全团结。倡导文明娱乐，不参与赌博，杜绝毒品。一经发现，由上级相关部门对其进行批评教育，情节严重者移交执法机关处理。

十五、本村规民约适用于大毛科村全体村民，如有与国家法律、法规、条例相抵触，以国家法律法规条例为准。

十六、本村规民约经大毛科村村民代表（或户主）会议审议通过，自发布之日起执行。

大毛科村村民委员会

2018年12月10日

## 15. （浙江省丽水市云和县雾溪乡）坪垟岗村村规民约[①]

### 第一章　总　则

第一条　为全面深化基层民主法治建设，促进解决农村基

① 黄元珊于2018年12月28日提供。制定时间为2018年10月。

层治理中的实际问题，促进家庭和睦、邻里和洽、家园和美，保障村民群众安居乐业，加强基层政权建设，根据《中华人民共和国宪法》《中华人民共和国村民委员会组织法》和有关法律、法规、政策，经全体村民讨论通过，制定本村规民约。

第二条　坚持党的领导，坚持法治、德治、自治相结合，培育和践行社会主义核心价值观，倡导爱国敬业、诚信友爱、崇德向善，传承优良传统文化，树立良好村风民风。

第三条　本村村民应当自觉遵守本村规民约。党员村民要带头遵守本村规民约，充分发挥先锋模范作用。居住在本村的外来人员，参照遵守本村规民约。

## 第二章　婚姻家庭

第四条　遵循婚姻自由、男女平等、尊老爱幼原则，共建团结和睦的家庭关系。

第五条　夫妻双方在家庭中地位平等，应互尊互谅，共同承担家庭事务，共同管理家庭财产，反对家庭暴力。

第六条　遵守计划生育政策，提倡晚婚晚育、优生优育。

第七条　子女应尽赡养老人义务，关心老人、尊重老人。外出子女要经常回家看望父母。父母应尽抚养未成年人子女和无生活能力子女的义务，不虐待儿童。

第八条　倡导立家规、传家训、树家风；倡导文明新风，喜事新办，丧事简办，不铺张浪费，不盲目跟风攀比；不搞封建迷信活动，不搞宗派活动。

## 第三章　卫生和健康

第九条　遵守计划生育政策，提倡一对夫妻生育两个子女。严禁非医学需要的胎儿性别鉴定和选择性别人工终止妊娠行为。

第十条　本村卫生与健康工作由村党支部书记和村民委员会主任负总责，由村卫计网格员承担日常事务。凡居住在本村的人员，包括本村村民、外来暂住人口，都必须遵守国家人口与计划生育法律、法规。

第十一条　积极贯彻落实好上级制定的有利于卫生和健康发展的政策，完善鼓励按政策生育的配套制度。在国家提倡一对夫妻生育一个子女期间，自愿终身只生育一个子女的夫妻，可以向乡人民政府申请办理《独生子女父母光荣证》。

1. 农村居民持有有效《独生子女父母光荣证》的家庭，在审批宅基地、村级集体经济收益分红等利益分配时，独生子女按两人计算。

2. 农村居民在承包土地和山林、社会扶助、困难补助等，在同等条件下，优先照顾独生子女家庭。

## 第四章　乡风文明

第十二条　坚持互尊互爱、互帮互助、互让互谅，共建和谐融洽的邻里关系。

第十三条　遵循平等自愿、团结友善、互惠互利原则，在生产、生活和社会交往中以诚相待，相互支持配合。

第十四条　提倡邻里守望，邻居外出走亲访友、务工经商，应帮助照看，遇到异常情况及时联系相关人员。主动关心和帮助孤寡老人和残疾人员。与外来人员和谐相处，不欺生、不排外。

第十五条　严格执行“五个不超”事项。即非亲人员随礼不超过100元；婚嫁双方合办婚宴的，宴席桌数不超过30桌，单方操办的，不超过20桌；其他喜事不超过5桌；丧事不超过20桌；办婚治丧车队通过城乡道路的车辆不超过6辆；花圈、花篮、花匾等总数不超过10个；丧事严管区外鼓乐队人数不超过6人。执行落实好“五个禁止”和“八个严禁”事项。

## 第五章　美丽家园

第十六条　积极配合参与水源保护、人口转移、大搬快治、剿灭劣V类水、小城镇环境综合治理、治危拆违、生猪散养整治和六边三化三美等重点工作，共建美丽家园、共创美好生活。

第十七条　共同遵守村庄整体规划，生产生活设施建设要先报批，严禁未批先建、少批多建。

第十八条　共同维护村庄整洁，认真做好包卫生、包绿化、包秩序“门前三包”；提倡实行垃圾源头分类、减量处理、定点投放，严禁向河道、沟渠丢垃圾、排污水；圈养家畜家禽，禁止未经批准规模化养殖畜禽，严禁乱扔乱丢病（死）畜禽。

第十九条　增强生态环保意识，不得使用明令禁止的农药，降低农药、化肥施用强度，推广生物防治技术，推广施用有机化肥、缓释肥；禁止焚烧农作物秸秆。

第二十条　保护文物古迹、古树名木、古建筑，珍惜和保护农田、山林、水源、水产等资源，爱护公共设施、草木花卉。

第二十一条　增强环保护绿意识，严禁本村村民在村域范围内乱砍乱伐。

第二十二条　对村外人员在村域范围内的毛竹林、山林进行挖笋、砍伐竹、木等行为要坚决予以制止，上述人员不听劝阻的要依法上报相关部门，所造成的环境和经济损失，依据国家相关法律法规进行惩处和制裁。

第二十三条　增强水源保护意识，严禁在村域范围内各河道以任何形式抓石蛙等野生动物行为，对于村外人员从事以上活动的要坚决予以制止，不听劝阻的要依法上报相关部门，所造成的环境和经济损失，依据国家相关法律法规进行惩处和制裁。

## 第六章　平安建设

第二十四条　大力发扬主人翁精神，积极参与平安村创建活动，积极参加平安志愿者、义工、义务巡逻等群防群治活动，共同维护村庄平安和谐，共享平安建设成果。

第二十五条　支持配合和积极参与“网格化管理、组团式服务”，发现安全生产隐患、社会治安问题、食品药品安全隐患、环境污染问题、各类矛盾纠纷以及各种可疑人员、违法犯罪行为，应及时告知网格员、村民小组长或村干部。

第二十六条　家庭有易肇事肇祸精神病人、刑释人员、社区服刑人员或误入邪教人员的，要加强教育引导和管理帮扶，发生异常情况及时向村党组织和村民委员会报告，并配合做好相关工作。

第二十七条　提倡用协商办法解决各种矛盾纠纷，协商不成功的，可申请到村、乡镇调委会调解，也可依法向人民法院起诉。依法理性表达利益诉求，不得无理信访、越级信访和集体上访，不得闹事滋事、扰乱社会秩序。

第二十八条　主动做好平安宣传，村民之间、家庭成员之间要互相提醒帮助、教育监督，不沾“黄毒赌”，不参加邪教组织，不参与传销活动，严防发生火灾、生产、交通、溺水等安全事故。

## 第七章　民主参与

第二十九条　积极参与村级民主管理，珍惜自身民主权利，坚持从本村公益事业发展和全体村民共同利益出发，认真提建议、作决策、选干部。

第三十条　严格遵守村级组织换届选举纪律，自觉抵制拉票贿选等违法违纪行为，不以个人关系亲疏、感情好恶、利益轻重为标准进行推荐和选举。

第三十一条　应推选奉公守法、品行良好、公道正派、廉洁自律、热心公益、具有一定文化水平和工作能力的人员担任村干部。

有以下情形之一的，不能确定为村级组织成员候选人（自荐人），如果当选，当选无效：

1. 被判处刑罚或者刑满释放、缓刑期满未满5年的；

2. 违反计划生育未处理或者受处理后未满5年的；

3. 涉黑涉恶受处理未满3年的；

4. 受到党纪处分尚未超过所受纪律处分有关任职限制期限的；

5. 丧失行为能力的。

有以下情形之一的，不宜确定为村级组织成员候选人（自荐人），如果当选，本人应当主动辞职：

1. 煽动群众闹事、扰乱公共秩序的；

2. 有严重违法用地、违章建房行为拒不整改的；

3. 长期外出不能正常履行职务的；

4. 有辞职承诺情形的；

5. 被评为不合格党员的；

6. 道德品质低劣，在群众中影响较坏的。

## 第八章　奖惩措施

第三十二条　村民委员会每年进行先进评比，经村两委联席会议商议后，由村民委员会表彰奖励模范遵守村规民约的家庭和村民个人。

第三十三条　凡违反本村规民约的，经村两委联席会议商议后，由村民委员会对行为人酌情作出批评教育、公示通报、责成赔礼道歉、写出悔改书、恢复原状或赔偿损失等相应处理决定。

### 第九章　附　则

第三十四条　本村规民约由村党组织和村民委员会负责解释。

第三十五条　本村规民约自村民会议通过之日起施行。

## 16.（浙江省杭州市桐庐县）莪山畲族乡塘联村村规民约[①]

为了推进基层民主法制建设，实行村民自我教育管理，维护社会稳定，树立良好的村风、民风，促进经济发展，提升村民生活品质，创造安居乐业的社会环境，建设文明卫生新农村，经全体村民代表讨论通过，制定以下村规民约。

一、坚持党的路线、方针、政策，坚持社会主义方向，爱党、爱国、爱家，自觉维护自身声誉。

二、遵纪守法、爱护公物，不得损坏水利、道路、供电、通信、生态等公共设施，维护集体利益，遵守社会公德。不以监督工程、维护集体利益等名义，寻衅滋事、扰乱村社会公共秩序。

三、邻里之间互助互爱，村民之间和睦相处，不打架斗

① 蓝法勤于2018年12月18日提供。

殴，不酗酒闹事，严禁侮辱诽谤他人，严禁造谣惑众，拨弄是非。出现纠纷以和为贵，实事求是协商解决。

四、尊老爱幼，孝敬老人，子女应尽赡养老人的义务，不得歧视、虐待老人。父母应尽抚养子女的义务，关爱教育下一代。

五、积极开展环境卫生、庭院整治、垃圾分类等工作，实行门前三包，节约用水，爱护水资源，严禁将生活垃圾和建筑垃圾倾倒到河道、路边，定点投放。从我做起不焚烧秸秆，为保护大气环境贡献力量。

六、饲养家畜家禽实行圈养，不得乱搭乱建饲养棚舍。

七、严禁偷盗、敲诈，严禁电鱼和私自捕鱼，不扰乱公共秩序，不参加邪教，不乱砍伐、损害他人利益，情节严重者交司法机关处理。

八、建房应服从村庄建设规划，严格执行“一户一宅”“拆旧建新”的原则，先批后建，不得擅自动工，不损害四邻利益。实行“即查即拆”原则，严厉处置新违法建筑。新房与村庄排水排污管道做好连接，建好化粪池，做到污水不直排。

九、积极为符合申报低保、残保的农户，按照上级部门的要求填写相关资料，集体讨论决定，按程序办理。积极为符合条件的低收入农户、困难户办理困难救助。多次检查庭院卫生和垃圾分类较差的农户，反响较大的，酌情取消年度困难结对帮扶慰问款。

十、加强森林防火，禁止野外一切用火，不准上山烧纸和放烟花爆竹，对发现违章用火者按规定查处，情节严重的追究刑事责任。

十一、积极参加各项志愿者服务，适龄青年参加兵役体检，孕妇参加孕检，优生优育，严禁计划外生育，积极参加义务献血等公益性活动。

十二、积极响应殡葬综合改革，倡导厚养薄葬、绿色殡葬，按照县里相关规定推行节地生态安葬。

十三、村股份经济合作社引导土地承包经营权流转，支持和保护村民间合法的土地流转行为，促进农业规模经营。农户积极配合村集体公共设施建设。

十四、积极开展网格巡查，配合巡查人员开展村里相关工作。

塘联村村民委员会

2018 年 10 月 25 日

## 17.　（浙江省杭州市桐庐县莪山畲族乡）沈冠村村规民约[①]

为进一步增强村民自治意识，维护集体利益，整治社会秩序，实行社会综合治理，促进家庭和睦、邻里和谐、家园和美，保障村民群众安居乐业，打造美丽的村庄。经村两委会讨论同意、村民代表会议通过，特订立二十五条村规民约。

① 蓝法勤于 2018 年 12 月 18 日提供。

第一条　每个村民都要学法、知法、守法，自觉维护法律尊严，积极同一切违法犯罪行为作斗争。

第二条　有序推进沈冠村民宿产业的整体发展，有效提升行业规范化管理水平，组建沈冠村“稻香沈冠”民宿管理中心，如不服从管理，民宿管理中心有权解除协议，同时取消被服务资格。

第三条　弘扬家庭美德，赡养关爱老人、抚养教育子女，反对家庭暴力，互尊互谅共担家庭事，共建团结和睦的家庭关系。对外来投资、游客等人员热心帮助、真诚相待，不欺生、不排外。

第四条　倡导立家规、传家训、树家风，争做文明家庭。

第五条在生产、生活中涉及邻里间利益关系的，应坚持互商互谅原则，不升级扩大矛盾，以诚相待，文明化解。

第六条　提倡邻里守望、相互照应，遇到异常情况及时报告。主动关心和帮助孤寡老人和残疾人员。

第七条　保护渔业资源，严禁电鱼、网鱼、炸鱼等行为。

第八条　严禁私采滥伐林木，损害他人农作物。

第九条　遵守村庄规划，建房必须经过合法手续审批，不得“未批先建、少批多建、批东建西”。

第十条　加大对古屋、古桥、古巷、古树等古迹和非物质文化遗产的保护。

第十一条　严禁私采盗挖砂石、非法盗采矿产资源。

第十二条　充分盘活本村土地、山林、水面、闲置房屋等优质资源，促进集体经济增收。

第十三条　饲养家畜实行圈养，严禁乱搭乱建饲养棚舍，定时清理畜禽粪便，病死的牲畜统一集中处理。

第十四条　认真做好包卫生、包绿化、包秩序的“门前三包”责任，全面建立垃圾分类、定点投放机制，严禁向河道、沟渠丢垃圾、倒污水，建立垃圾分类、门前保洁、公共厕所美丽庭院日常评分制度，开展“星级农户”评比。

第十五条　严禁在林区和禁火期间的一切野外用火。砍伐林木要经林业部门的审批，禁止村民私自上山乱砍滥伐，对盗伐森林或者其他林木者，要据《森林法》第二十二条的规定，除了责令赔偿损失，没收盗伐林木、毛竹、笋以外，对情节恶劣者移送司法机关依法惩处。

第十六条　自来水管道设施，水表外由村委统一管理，水表内（含水表）由户主管理。水表外管道，村民不得擅自私接。水费收缴时间为每年二次（6 月、12 月），不及时交纳水费户，村管理人员有权停止供水。损坏自来水设施的，按实际产生费用赔偿。

第十七条　本村村民户口已迁移出去的，要再次迁入本村的，提交村民小组组长和村民代表讨论同意后迁入，迁入的户口一律不享受本村村民待遇。

第十八条　健全“网格化管理、组团式服务”机制，落实好网格长、网格员在第一时间排查纠纷、发现问题的责任制。发挥网格作用，加强志愿者、义工队伍建设，广泛开展治安巡逻、垃圾分类、保洁美化等群防群治活动。

第十九条　在村老年人协会的带领下开展养老互助活动，

实施养老互助网格化管理责任制度，树立以“老年人为本”的服务理念，解决老人的生活照料、精神慰藉、文化活动等需求问题，保障老年人合法权益，禁止虐待、遗弃、伤害老年人行为。

第二十条　村调委会和网格员要切实掌握矛盾纠纷动态，着力做好化解工作。家庭有易肇事肇祸精神病人、刑释人员、社区服刑人员或误入邪教人员的，要加强教育引导和管理帮扶，发生异常情况及时向村党组织和村民委员会报告，并配合做好相关工作。

第二十一条　鼓励村民积极参与村级事务民主管理，依法理性表达利益诉求，不得无理信访、越级信访和集体上访，不得闹事滋事、扰乱社会秩序。

第二十二条　严格遵守村组织换届选举纪律，自觉抵制拉票贿选等违法违纪行为，不以个人关系亲疏、感情好恶、利益轻重为标准进行推荐和选举，不推选“五不能六不宜”人员。

第二十三条　对勤奋学习、品德优良并考取名牌大学的学生，给予物质奖励和精神鼓励。

第二十四条　违反本村村规民约的，除触犯法律由有关部门依法处理外，村民委员会按以上村规民约可作出如下处理：1. 予以批评教育；2. 责令其恢复原状或照价赔偿；3. 取消享受或者暂缓享受村里的各种福利待遇；4. 凡被依法处罚或违反本村村规民约的农户，在本年度不得评先进。外来人员在本村居住的参照执行本村村规民约。

第二十五条　自觉将污水纳入污水管网，严禁污水乱排、直排，爱护并维护农村生活污水工程，发现问题及时报告、处理。

本村规民约自全体村民会议表决通过之日起施行，由村两委会负责解释。

莪山畲族乡沈冠村村民委员会

2018 年 10 月 25 日

## 18.（浙江省杭州市桐庐县莪山畲族乡）中门民族村村规民约[①]

（2018 年 10 月 25 日经全体村民会议表决通过）

为进一步增强村民自治意识，维护集体利益，整治社会秩序，实行社会综合治理，促进家庭和睦、邻里和洽、家园和美，保障村民群众安居乐业，打造向往的村庄。经村两委会讨论同意、村民代表会议通过，特订立二十五条村规民约。

第一条　积极统筹各方资源，紧扣自治、法治、德治“三治融合”的治理理念，遵守和维护宪法。

第二条　弘扬家庭美德，赡养关爱老人、抚养教育子女，反对家庭暴力，互尊互谅共担家庭事，共建团结和睦的家庭关系。对外来人员热心帮助、真诚相待，不欺生、不排外。

第三条　倡导立家规、传家训、树家风，争做文明家庭。

第四条　在生产、生活中涉及邻里间利益关系的，应坚持

① 蓝法勤于 2018 年 12 月 18 日提供。

互商互谅原则，不升级扩大矛盾，以诚相待，文明化解。

第五条　提倡邻里守望、相互照应，遇到异常情况及时报告。主动关心和帮助孤寡老人和残疾人员。

第六条　保护渔业资源，严禁在莪溪流域一切捕鱼、电鱼、毒鱼活动。一旦发现毒鱼，补偿村委购买鱼苗费用10000元，电鱼、炸鱼没收工具并补偿购买鱼苗费3000元，捕捞与和钓鱼（村规定垂钓区除外）没收一切捕捞工具并补偿购买鱼苗费用500元。

第七条　严禁私采滥伐林木，损害他人农作物。

第八条　遵守村庄规划，建房必须经过合法手续审批，不得“未批先建、少批多建、批东建西”。

第九条　加大对古屋、古桥、古巷、古树等古迹和非物质文化遗产的保护。

第十条　严禁私采盗挖砂石、非法盗采矿产资源。

第十一条　充分盘活本村土地、山林、水面、闲置房屋等优质资源，促进集体经济增收。

第十二条　饲养家畜实行圈养，严禁乱搭乱建饲养棚舍，定时清理畜禽粪便，病死的牲畜统一集中处理。

第十三条　认真做好包卫生、包绿化、包秩序的“门前三包”责任，全面建立垃圾分类、定点投放，严禁向河道、沟渠丢垃圾、倒污水，建立垃圾分类、门前保洁、公共厕所美丽庭院日常评分制度，开展“星级农户”评比。

第十四条　严禁在林区和禁火期间的一切野外用火。砍伐林木要经林业部门的审批，禁止村民私自上山乱砍滥伐，对盗伐森林或者其他林木者，要根据《森林法》第二十二条的规定，除了责令赔偿损失，没收盗伐林木、毛竹、笋以外，对情节恶劣者移送司法机关依法惩处。

第十五条　自来水管道设施，水表外由村委统一管理，水表内（含水表）由户主管理。水表外管道，村民不得擅自私接。损坏自来水设施的，按实际产生费用赔偿。

第十六条　本村村民户口已迁移出去的，除国家政策允许和婚嫁原因迁入户口以外，其余一律不得再次迁入本村，迁入的户口一律不享受本村村民待遇。

第十七条　健全“网格化管理、组团式服务”机制，落实好网格长、村民小组长在第一时间排查纠纷、发现问题的责任制。发挥群团组织作用，加强志愿者、义工队伍建设，广泛开展治安巡逻、垃圾分类、保洁美化等群防群治活动。

第十八条　在村老年人协会的带领下开展养老互助活动，实施养老互助网格化管理责任制度，树立以“老年人为本”的服务理念，解决老人的生活照料、精神慰藉、文化活动等需求问题，保障老年人合法权益，禁止虐待、遗弃、伤害老年人行为。

第十九条　村调委会要切实掌握矛盾纠纷动态，着力做好化解工作。家庭有易肇事肇祸精神病人、刑释人员、社区服刑人员或误入邪教人员的，要加强教育引导和管理帮扶，发生异常情况及时向村党组织和村民委员会报告，并配合做好相关工作。

第二十条　鼓励村民积极参与村级事务民主管理，依法理性表达利益诉求，不得无理信访、越级信访和集体上访，不得闹事滋事、扰乱社会秩序。

第二十一条　严格遵守村组织换届选举纪律，自觉抵制拉票贿选等违法违纪行为，不以个人关系亲疏、感情好恶、利益轻重为标准进行推荐和选举，不推选“五不能六不宜”人员。

第二十二条　对勤奋学习、品德优良并考取名牌大学的学生，给予物质奖励和精神鼓励。

第二十三条　自觉将污水纳入污水管网，严禁污水乱排、直排，爱护并维护农村生活污水工程，发现问题及时报告、处理。

第二十四条　积极推行殡葬改革，服从殡葬管理政策。骨灰统一安放在村公墓山（茅草台），套墓由村统一定制，从下到上、从左到右依次排放，村户籍人口收费4800元/穴；祖籍在中门村人员收费7200元/穴。

第二十五条　违反本村村规民约的，除触犯法律由有关部门依法处理外，村民委员会按以上村规民约可作出如下处理：1. 予以批评教育；2. 责令其恢复原状或照价赔偿；3. 取消享受或者暂缓享受村里的各种福利待遇；4. 凡被依法处罚或违反本村村规民约的农户，在本年度不得评先进。外来人员在本村居住的参照执行本村村规民约。

本村规民约自全体村民会议表决通过之日起施行，由村两委会负责解释。

中门民族村村民委员会

2018年10月25日

# 19.（浙江省杭州市桐庐县莪山畲族乡）龙峰民族村村规民约[①]

## 生态宜居

清洁家园　美丽庭院　从我做起
建房审批　建筑垃圾　按规执行
生活污水　统一纳管　有序排放
生活垃圾　要做分类　定时投放
家禽家畜　实行圈养　整洁村庄

## 产业兴旺

村级事业　集体发展　全民支持
承包山林　合法用地　不得侵占
勤劳创业　投身发展　奉献乡村

## 乡风文明

崇文尚德　尊师重教　修身立业
热心公益　尊老爱幼　团结互助
邻里和睦　家庭和谐　文明友爱
赡养老人　抚养子女　义不容辞
移风易俗　深化殡改　绿色殡葬

① 蓝法勤于2018年12月18日提供。制定时间为2018年10月。

志愿服务　义务巡逻　积极参与

**治理有效**

学法知法　懂法守法　依法治国
邻里纠纷　避免激化　和解互让
社会秩序　公共安全　共同维护
节约用水　安全用电　自觉执行
生态资源　野外用火　加强管理

## 20.（浙江省杭州市桐庐县莪山畲族乡）新丰民族村村规民约[①]

为了推进民主法制建设，维护社会稳定，树立良好的民风、村风，创造安居乐业的社会环境，促进经济发展，建设文明卫生新农村，经全体村民讨论通过，制定以下村规民约。

1. 热爱家乡，热爱集体，积极支持和配合各级党委、政府涉及农业、农村、农民的工作，自觉执行村党支部、村民委员会、村民会议和村民代表会议的有关决定、决议和规定。

2. 严禁私自砍伐国家、集体或他人的林木，严禁损害他人庄稼；对偷树木、偷挖笋（冬笋、毛笋、高节竹笋）等损害他人种植物的，按种植物当时市场价赔偿，情况严重的由国家法律处理。

① 蓝法勤于2018年12月18日提供。

3. 为进一步发展村旅游产业，加强对村域范围内民宿、农家乐等管理，增加村集体收入，村股份经济合作社对企业民宿按照一个房间一年1000元收取卫生管理费，对本村村民民宿按照一个房间一年500元收取卫生管理费，对本村村民开办农家乐按照一年1000元收取卫生管理费，以后将视物价进行合理调整。

4. 河内禁止电、毒、炸鱼，河内严禁倾倒生活垃圾和建筑垃圾，路边、河道里、机耕路一律不准种菜占有。

5. 加强野外用火管理，严防山火发生。家庭用火做到人离火灭，严禁将易燃易爆物品堆放户内、村内，定期检查、排除各种火灾隐患。

6. 积极开展美丽庭院建设，努力扮靓家园，搞好公共卫生，加强村容村貌整治，严禁随地乱倒乱堆垃圾，修房盖屋余下的垃圾碎片应及时清理，柴草、粪土应定点堆放，做好房前屋后整治。每家每户做好垃圾分类工作。对不配合本村工作的农户（垃圾分类、违章建筑、污水等），一律暂停享受上级优惠政策。

7. 建房应服从村庄建设规划，不得违反规划或损害四邻利益，设计要具有畲族文化特色建筑，切实维护好戴家山传统村落，经批准，要在当地建房的不得超过二层，须土木建筑。

8. 五保户去世后的宅基地、自留地、林地、山林土地归村集体所有，其亲戚及本小组不得干涉。对农户私自调换建房土地及收到集体征用土地的全额征用费的农户，永久性得不到本小组再分配土地。涉及征用土地并已拿到租金的农户，由本小组分配土地。

9. 涉及享受国家政策的进城安置户，一律不得在本村建房、买房、租房；针对上级有关部门规定，其宅基地、自留地一律归村集体所有。对已迁出户口的农户，不得私自迁入本村。由其所在的小组全体农户签字，一致同意方可迁入。

10. 凡符合兵役条件的村民，应积极参加兵役等级和体检。应征入伍的村委给予奖励。爱护未成年人，重视未成年人的教育。父母、继父母、养父母等法定监护人对未成年子女、继子女、养子女必须履行抚养义务，并保证他们接受国家规定的义务教育。村委会鼓励家长培养子女上大学，对有子女上大学的家庭给予一定的奖励。

11. 村民之间要互尊、互爱、互助，和睦相处，建立良好的邻里关系。邻里纠纷，应本着团结友爱的原则平等协商解决，协商不成的可申请村调解委调解，也可通过依法向人民法院起诉，树立依法维权意识，不得以牙还牙，以暴制暴。

12. 遵循婚姻自由、男女平等、一夫一妻、尊老爱幼的原则，建立共建和睦的家庭关系。自觉遵守计划生育法律、法规、政策，实行计划生育，提倡优生优育，严禁无计划生育或超生。父母应尽抚养、教育未成年子女的义务，禁止歧视、虐待、遗弃女婴，破除生男才能传宗接代的陋习。子女应尽赡养老人的义务，不得歧视、虐待老人。

莪山畲族乡新丰民族村村民委员会

2018 年 10 月 25 日

## 21.（浙江省杭州市桐庐县莪山畲族乡）尧山村村规民约[①]

（2018年10月25日经全体村民会议表决通过）

为进一步规范村民日常生产生活行为，努力实现生态宜居、产业兴旺、乡风文明、治理有效、生活富裕的新农村建设目标，依据相关法律、法规和政策的要求，经村两委会讨论同意、村民代表会议通过，特制定本章程。

**第一条　生态宜居**

积极开展文明卫生村建设，搞好公共卫生，加强村容村貌整治，严禁随地乱倒乱堆垃圾、秽物，修房盖屋余下的垃圾碎片应及时清理，柴草、粪土应定点堆放；积极配合做好垃圾分类工作，生活垃圾需进行“一分二无”，定点定时投放。

自觉遵守“五水共治”有关规定，做好污水处理工作，树立水域环境安全意识，不得将生活垃圾、污水等排入池塘、小溪、河道等水域。

村民饲养家畜家禽实行圈养，不得乱搭乱建饲养棚舍，定时清理畜禽粪便，对死禽死畜要进行深埋或送集中处理点处理。

村民自觉服从殡葬管理政策。骨灰统一安放在村公墓山（前山湾里），套墓由村统一定制，从上到下、从左到右依次排放，本村户籍人口收费5000元/穴；祖籍在尧山村人员收费

① 蓝法勤于2018年12月18日提供。

7000元/穴。

**第二条　产业兴旺**

大力支持和推动村里的各项事业发展，集体与个人利益发生冲突时，应以大局为重。

村民不得侵害他人自有或承包山林财产，否则必须赔偿相应损失。集体公共财物受到损害时，村民有权进行阻止，有权到村委会进行举报。个人利益受到损害时，应先跟村委进行沟通、调解。

**第三条　乡风文明**

全体村民要学法、知法、守法，自觉维护法律的权威和尊严，反对封建迷信活动，不搞宗派活动，坚决抵制“黄、赌、毒”等非法活动。

家庭或邻里如发生纠纷，当事人应避免矛盾激化与扩大，应互让或和解，并及时申请村调解委员会调解，调解不成功的，村调委会应上报乡调委会调解，当事人也可直接向人民法院提起诉讼。

村民有义务维护村内的和谐稳定，义务参与平安村创建活动，积极参加平安志愿者、义务巡逻等群防群治活动，自觉遵守社会公德，共同维护村庄和谐稳定。

**第四条　治理有效**

自觉维护社会秩序和公共安全，不阻碍公务人员执行公务。

严禁偷盗公共设施，哄抢国家、集体、个人财物，爱护公共财产，不得损坏水电、交通、生产等公共设施。

严禁非法生产、运输、存储和买卖危及公共安全的危险品。

严禁非法限制他人人身自由或非法侵占他人住宅，不制作、出售、传播淫秽资料。

严格用水、用电管理，未经批准，不准私自安装水电设施，节约用水用电，严禁偷水偷电。

严格遵守“一户一宅”建房制度，一户农户只能有一处宅基地，宅基地面积按人口标准审批，不得私自乱搭乱建；对发生的新违建进行“即查即拆”，严厉处置新违法建筑。

保护森林生态资源，不乱开乱采、乱砍滥伐、毁林开荒；加强野外用火管理，严防山火发生。在森林防火期间，禁止一切野外用火。

**第五条　生活富裕**

夫妻地位平等，共同承担家务劳动，共同管理家庭财产，反对家庭暴力。在生产、生活、社会交往过程中，应遵循平等、自愿、互惠互利的原则，发扬社会主义主义新风尚。

父母应尽抚养、教育未成年子女的义务，禁止歧视、虐待、遗弃女婴，破除生男才能传宗接代的陋习。子女应尽赡养老人的义务，不得歧视、虐待老人。

**第六条　相关奖惩规定**

凡符合兵役条件的村民，应积极报名参加体检，如能光荣应征入伍的，村奖励 1000 元，以示鼓励。

凡考上桐中的应届生给予 500 元的奖励，考上一本的应届毕业生，给予 1000 元以上不等的奖励（如是重点和名牌大学将有更高的奖励）。

违反本村村规民约的，除触犯法律由有关部门依法处理外，村民委员会按以上村规民约可作出如下处理：1. 予以批评教育；2. 责令其恢复原状或照价赔偿；3. 取消享受或者暂缓享受村里的各种福利待遇；4. 凡被依法处罚或违反本村村规民约的农户，在本年度不得评先进。外来人员在本村居住的参照执行本村村规民约。

**第七条　村级运维管理**

村级运维管理包括专项服务类事项运维管理和公共服务类事项运维管理两个方面。其中，专项服务类事项运维管理考核内容共有农村卫生保洁管理、农村文化礼堂运行管理、农村生活垃圾资源化减量化处理长效管理、农村生活污水处理设施运维长效管理、村级便民中心运行管理、农村饮水安全管理、文物建筑保护管理 7 项。

本村规民约自全体村民会议表决通过之日起施行，由村两委会负责解释。

莪山畲族乡尧山村村民委员会<br>2018 年 10 月 25 日

## 22. （福建省宁德市蕉城区八都镇）猴盾村村规民约[①]

1. 拥护中国共产党的领导，认真贯彻执行党的路线、方

① 颜恺于 2020 年 3 月 11 日提供。制定时间约为 2017 年。

针、政策和法律法规，自觉维护、服从村级党组织的领导和村民委员会的管理。

2. 爱护集体财产，爱护公共设施，敢于同破坏集体利益的好人好事作斗争。

3. 热爱劳动，发展生产，学习科学文化知识，勤劳致富。

4. 保护生态环境，珍惜自然资源，积极参与植树造林、森林防火、生态修复工程、生活污水治理等，保护好古树名木，不能破坏古迹。

5. 自觉参与家园清洁行动，按时缴纳垃圾处理费，做好垃圾分类，定点投倒垃圾，严禁将垃圾投入河沟和道路两侧，不乱堆杂物，不放养家禽，死禽死畜要做无害化处理，保持道路、河沟和房前屋后整洁美观。

6. 遵守计划生育基本国策，鼓励按政策生育，落实计划生育奖励扶助和优先优惠政策。

7. 自觉保护耕地，严禁抛荒，遵守村庄规划，严禁违法占地和违章建房，严格执行建房申请报批制度，按规定的层数和面积建房，不“贪大求洋、盲目攀比”，实现功能完善、外观完整，与周边环境相协调。

8. 增强法律意识，维护法律权威，做到学法、知法、守法，依法理性反映诉求，依法处理村民纠纷。

9. 参加“平安村”创建活动，严禁参与“黄赌毒”、诈骗、偷盗、邪教组织、传销等违法行为和不健康的活动，积极举报涉黑涉恶涉枪涉赌和“村霸”等突出问题，参与邻里守望、文明交通、安全用火等活动，维护良好社会秩序。

10. 自觉维护国家安全，参加国防建设和爱国主义教育活动，凡符合条件的社区居民，要主动履行服兵役的义务。

11. 弘扬社会主义核心价值观，崇尚向上向善、尊老扶弱、重义守信、赈灾救难，遵守社会公德和家庭美德，倡导邻里团结、男女平等、婚姻自由、家庭和睦，禁止歧视、遗弃、虐待老人、残疾人和未成年人，反对家庭暴力、侵害妇女儿童合法权益。

12. 树立乡风文明，移风易俗，提倡婚事新办、丧事简办、丧葬火化、乔迁不办，反对婚丧喜庆大操大办、铺张浪费，抵制封建迷信。

## 23. （福建省宁德市蕉城区霍童镇）东岭村疫情防控村规民约10条[①]

一、不走亲戚，不聚餐、少串门、少出门。

二、不组织、不参与各类民间正月习俗性聚集活动。

三、“白事”一律简办、“红事”一律不办。

四、不接触野生动物及其分泌物。

五、外出要佩戴口罩，在家要勤洗手。

六、少酗酒、不打牌、不打麻将，规律休息。

七、有从武汉、温州及外省返乡的人员要主动向村（居）

① 来自：《东岭村疫情防控村规民约10条》，载“霍童镇东岭畲族村务公开监督台”微信公众号，2020年2月11日。制定时间大概在2020年2月初。

委会进行登记报备，主动服从在家进行隔离观察 14 天措施。

八、无论是谁，如果有出现发热、咳嗽等症状，必须及时到医院发热门诊就诊，并第一时间向村（居）委会报告。

九、不造谣、不信谣、不传谣。

十、多做暖人心的事，爱护医护人员，积极主动配合政府工作人员。

## 24.（江西省赣州市寻乌县）澄江镇汶口畲族村村规民约①

为了推进我村民主法制建设，维护社会稳定，树立良好的民风、村风，创造安居乐业的社会环境，促进经济发展，建设文明卫生新农村，结合本村实际，征求村民和村民代表会议审议通过，特制定本《村规民约》，作为全体村民共同的行为规范。

**一、总则**

1. 全村村民必须在村党支部、村委会直接领导下，坚定不移地执行党的路线方针和政策，热爱党，坚持走中国特色社会主义道路。自觉遵守国家的法律法规，履行公民的义务，积极认真及时地完成村党支部和村委会依法形成的决定所规定的任务。

2. 本约用于规范和调整村民与集体的一般权利和义务关系。

---

① 罗云亮于 2020 年 4 月 15 日提供。

3. 本村村民和暂住本村的外来务工人员均适用本约，有违反本约行为的，依照本约处理。

4. 有违反其他不在本约条款内调整的行为按照上级法律法规及政策或村委会的另行规定处理。

5. 全村村民必须自觉遵守执行本约。

**二、社会治安**

1. 每个村民都要学法、知法、守法，自觉维护法律尊严，积极同一切违法犯罪行为作斗争。

2. 村民之间应团结友爱，和睦相处，不打架斗殴，不酗酒滋事，严禁侮辱诽谤他人，严禁造谣惑众、拨弄是非。

3. 自觉维护社会秩序和公共安全，不扰乱公共秩序，不阻碍公务人员执行公务。

4. 严禁偷盗、敲诈、哄抢国家、集体、个人财物，严禁赌博、严禁替罪犯藏匿赃物。

5. 严禁非法生产、运输、储存和买卖爆炸物品；经销烟火、爆竹等易燃易爆物品须经公安机关等有关部门批准。不得私藏枪支弹药，拾得枪支弹药、爆炸物品，要及时上交公安机关。

6. 爱护公共财产，不得损坏水利、道路交通、供电、通信、生产等公共设施。

7. 严禁非法限制他人人身自由或非法侵犯他人住宅，不准隐匿、毁弃、私拆他人邮件。

8. 严禁私自砍伐国家、集体或他人的林木，严禁损害他人庄稼、瓜果及其他农作物，加强牲畜看管，严禁放浪猪、牛、羊。

**三、消防安全**

1. 加强野外用火管理，严防山火发生。

2. 家庭用火做到人离火灭，严禁将易燃易爆物品堆放户内，定期检查、排除各种火灾隐患。

3. 加强防火设施建设，定期检查消防池、消防水管和消防栓，保证消防用水正常。

4. 对村内、户内电线要定期检查，损坏的要请电工及时修理、更新，严禁乱拉乱接电线。

5. 加强村民尤其是少年儿童安全用火用电知识宣传教育，提高全体村民消防安全知识水平和意识。

**四、村风民俗**

1. 提倡社会主义精神文明，移风易俗，反对封建迷信及其他不文明行为，树立良好的民风、村风。

2. 红白喜事由红白喜事理事会管理，喜事新办，丧事从简，破除陈规旧俗，禁止铺张浪费、反对大操大办。

3. 不请神弄鬼或装神弄鬼，不搞封建迷信活动，不听、看、传淫秽书刊音像，不参加邪教组织。

4. 建立正常的人际关系，不搞宗派活动，反对家族主义。

5. 积极开展文明新村建设，搞好公共卫生，加强村容村貌整治，严禁随地乱倒乱堆垃圾、秽物，随地吐痰。

**五、土地管理**

1. 建房应服从建设规划，经上级有关部门批准，统一安排，不得擅自动工，不违反规划或损害四邻利益。禁止非法占用耕地建造房屋。禁止在小区过道搭建屋棚。

2. 任何个人不得侵占、买卖、出租或者以其他形式非法转让和变更村集体或他人的土地使用权。

**六、邻里关系**

1. 村民之间要互尊、互爱、互助，和睦相处，建立良好的邻里关系。

2. 在生产、生活、社会交往过程中，应遵循平等、自愿、互惠互利的原则，发扬社会主义新风尚。

3. 村民家庭或邻里间发生纠纷，由村调解委员会进行调解。调解不成的，可向镇调解委员会申请调解或向人民法院提起诉讼，树立依法维权意识，不得以牙还，以暴制暴。

**七、婚姻家庭**

1. 遵循婚姻自由、男女平等、一夫一妻、尊老爱幼的原则，建立团结和睦的家庭关系。

2. 婚姻大事由本人作主，反对包办干涉，男女青年结婚必须符合法定结婚年龄要求，提倡晚婚晚育。

3. 自觉遵守计划生育法律、法规、政策，实行计划生育，提倡优生优育，严禁无计划生育或超生。

4. 夫妻地位平等，共同承担家务劳动，共同管理家庭财产，反对家庭暴力。

5. 父母应尽抚养、教育未成年子女的义务，禁止歧视、虐待、遗弃女婴，破除生男才能传宗接代的陋习。子女应尽赠养老人的义务，不得歧视、虐待老人。

**八、其他**

1. 本村规民约如有与国家法律、法规、政策相抵触的，按国家法律、法规、政策规定执行。

2. 村民委员会对模范遵守村规民约和勇于揭发坏人坏事的村民，就应予以表扬和奖励，对打击报复者，作严肃处理。

3. 本村村规民约的解释权属于村民委员会。

4. 本村村规民约自村民会议通过之日起施行。

汶口村村民委员会

二〇一九年五月

## 25. （安徽省宣城市宁国市云梯畲族乡）千秋村村规民约[①]

为推进民主法制建设，维护社会稳定，树立良好的民风、村风，创造安居乐业的社会环境，促进经济发展，建设文明和美丽云梯。经全体村民同意，制定以下村规民约。

**一、社会治安**

1. 每个村民都要学法知法守法。自觉维护法律尊严，积极同一切违法犯罪行为作斗争。

2. 村民之间应团结友爱，和睦相处，不打架斗殴，不酗酒闹事，不吸食毒品，不参与卖淫嫖娼，不侮辱、诽谤他人，严禁造谣惑众、拨弄是非。

3. 自觉维护社会秩序和公共安全，不扰乱公共秩序，不妨碍公务人员执行公务。

① 蓝晓芬于2020年4月22日提供，制定时间大概为2012年6月。

4. 严禁偷盗、敲诈、哄抢国家、集体、个人财务（财物），严禁赌博，严禁替罪犯藏匿赃物。

5. 爱护公共财物，不得损坏水利、道路、交通、供电、通信、生产等公共设施。

6. 严禁私自砍伐国家、集体或他人的林木，严禁损害他人庄稼、瓜果及其他农作物。加强牲畜看管，严禁放养猪、牛、羊。

7. 加强野外用火管理，严防火山（灾）发生。

对违反上述社会治安条款者，触犯法律法规的，报送司法机关处理，尚未触犯刑法和治安管理处罚条例的，由村委会批评教育，责令改正。

**二、村风民俗**

1. 畲族家风靠家族世代沿袭，是畲族人勤劳、朴实精神风貌的体现，是家族传承的一种精神力量。家风影响民风，民风体现社风，千秋畲族人总结提炼了“安徽畲族家风家训十八条”：珍惜土地，远离破坏生态；热爱国家，远离崇洋媚外；爱村爱民，远离自损自毁；敢为人先，远离封闭保守；崇尚文明，远离庸俗不雅；懂得感恩，远离是非不分；言而有信，远离出尔反尔；以礼待人，远离粗言粗语；尊师重教，远离金钱崇拜；崇法守规，远离违法不良；勤劳节俭，远离懒惰浪费；厚养薄葬，远离攀比排场；男女平等，远离性别歧视；敬重祖先，远离自大自负；邻里和睦，远离恶言离间；尊老爱幼，远离势力霸道；孝敬父母，远离不管不顺；家庭和睦，远离家人争吵。

2. 红白喜事由红白喜事理事会管理，喜事新办，丧事从简，破除陈规旧俗，反对铺张浪费，反对大操大办。婚事新办。依法办理婚姻登记，坚持婚事新办，废除陈规陋习，不讲排场，不讲阔气，不大摆宴席。仪式从简，一天办完，车队规模不得超过 8 辆，男女方婚礼宴席不超过二十桌，家庭置办每桌不超过 600 元（不含烟酒，含食材及厨师劳务费），酒店办理不得超过 1000 元（不含烟酒）。随礼金额不超过 200 元。鼓励举办集体婚礼、旅游结婚等新型婚礼模式。摒弃滥发请柬、大摆宴席、天价彩礼、高额礼金等不良风气。严禁在公共场所乱贴红纸、过度“闹婚”、大量燃放烟花爆竹等不文明行为。丧事从简。提倡厚养薄葬，简化治丧仪式，缩短治丧时间和缩小规模，倡导文明节俭的丧葬新风。在尊重民俗的情况下，倡导文明低碳祭扫，引导村民采取鲜花祭奠、植树祭奠、网络祭奠等绿色生态方式祭奠死者。全乡范围内新增骨灰必须进入公墓集中安葬，严禁乱埋乱葬，倡导采取生态安葬方式和不保留骨灰形式安葬。

3. 倡导小事不办，树立新型人情观。老人做寿、满月周岁、开学入伍、乔迁新居、开业店庆等喜庆事宜提倡不办，如需简办，提倡以一束鲜花、一句问候、一条信息等方式表达贺意。

4. 倡导恶俗禁办。树立新型生活观，摒弃低俗庸俗媚俗行为，做到不过度闹喜、燃放烟花鞭炮、鸣放电子礼炮高音喇叭、沿路抛洒祭品、建豪华墓葬等，不请神弄鬼和装神弄鬼，不搞封建迷信活动。坚决抵制邪教及“黄赌毒”等违法犯罪行为。

5. 积极开展美好乡村建设，搞好公共卫生，做到垃圾分类处理。加强村容村貌整治，严禁随地乱倒乱堆垃圾、秽物，修房盖屋余下的垃圾碎片应及时清理。柴草、粪土应定点堆放。

6. 建房应服从村庄建设规划，经村委会和上级有关部门批准，统一安排，不得擅自动工，不得违反规划或损害四邻利益。

**三、社会功德**

1. 村民之间要互尊、互爱、互助，和睦相处，建立良好的邻里关系。

2. 在生产、生活、社会交往过程中，应遵循平等、自愿、互利互惠的原则，发扬社会主义新风尚。

3. 邻里纠纷应本着团结友爱的原则，平等协商解决，协商不成的可申请村调解委调解，也可向人民法院起诉，树立依法维权意识，不得以牙还牙、以暴制暴。

4. 遵循婚姻自由、男女平等、一夫一妻、尊老爱幼、夫妻平等的原则，建立团结和睦的家庭关系，禁止家庭暴力。

5. 婚姻大事由本人作主，反对包办干涉，男女青年结婚必须符合法定解决（结婚）年龄要求，提倡晚婚晚育。

6. 自觉遵守计划生育法律、法规、正常（政策），实行计划生育，提倡优生优育，严禁无计划生育和超生。

7. 父母应尽抚养教育未成年子女的义务，禁止歧视、虐待、遗弃女婴，破除生男才能传宗接代的陋习。子女应尽赡养老人的义务，不得歧视、虐待老人。

**四、违反本村规民约的，除触犯法律由有关部门依法处理外，本村可作出如下处理：**

1. 予以批评教育二；

2. 责令其恢复原状或作价赔偿；

3. 视情况给予经济处罚；

4. 取消享受或者暂缓享受本村的各种优惠待遇。

**五、凡违反本村规民约要进行处理的，必须在调查核实后，经本村村民委员会集体讨论、决定，不得擅自处理。**

**六、凡被依法处罚或违反本村规民约的村民，在本年度取消评优评先的资格。外来人员在本村住的参照执行本村规民约。**

**七、本村规民约有与国家法律、法规、政策相抵触的，按国家规定执行。**

**八、本村规民约自村民会议（村民代表会议）通过之日起试行。**

## 26.　（安徽省宣城市宁国市云梯畲族乡云梯村）禁渔通告①

为进一步做好护渔，有效保护好我村的特有鱼种和极具观赏价值的野生石斑鱼，我村制作了护渔警告牌，明令禁止电鱼、毒鱼、网鱼、炸鱼等恶劣手段，如有违反上述规定的一律交公安部门处理。

---

①　宁国市云梯畲族乡云梯村先锋网，http：//newwcwy.ahxf.gov.cn/Skin4/Content/？VillageID = 7264&NewsID = 1514865，发布日期：2017 - 08 - 09，2020 年 4 月 21 日最后访问。制定时间大概为 2017 年 7 月。

# 第十三章 傈僳族地区村规民约

## 1. （云南省怒江傈僳族自治州泸水县上江乡百花岭村）村规民约[①]

（1993 年）

反对迷信，不说神，不信神，不搞巫婆神汉等封建迷信活动。

提倡勤俭持家，反对铺张浪费、奢侈挥霍和婚丧喜庆事宜等大操大办。

加强群防群治，搞好社会治安综合治理，提高全民族的法制观念，制造良好的社会秩序。

---

① 来自：肖迎主编，傈僳族调查组编写：《云南民族村寨调查 傈僳族 泸水上江乡百花岭村》，云南大学出版社 2001 年版，第 136－142 页。

结合我村的实际情况，特制定本公约：

第一条　严格遵守执行《中华人民共和国土地管理法》，维护土地的社会主义公有制，十分珍惜和合理利用土地，制止乱占耕地和滥用土地的行为，做维护土地的卫士。

社员对自己承包的土地拥有经营权即管理权和使用权，但不准出租、买卖或者以其他形式非法转让（包括自留山、自留地、宅基地），不准批准任何单位、任何人占地起房盖屋。

集体或个人承包经营的耕地，不准弃耕、丢荒，对弃耕丢荒者每亩征收弃耕荒芜费旱地水田 50～100 元；弃耕荒芜两年的，除征收荒芜费外，并由生产合作社收回土地使用权。

第二条　集体或个人所承包的土地受法律保护，不准他人占用和侵犯。对破坏四至界线或标志侵占他人田边地角者，除限期退还并赔偿当年损失外，罚款 10～50 元。

第三条　土地承包者每年交的提留，必须在当年 12 月底以前交清，不准拖欠、逾期，违者收回所承包的土地并罚以该地年产值的一倍（其他承包项目可参照本条执行）；对于不可抗拒的自然灾害可区别对待。

第四条　坚定不移地执行计划生育政策，严格控制人口数量，提高人口质量，使人口增长与经济和社会发展水平相适应，与资源和生态环境相协调，非农业人口除有特殊困难外，只准生育 1 胎；农业人口除有特殊困难者，只准生育 2 胎。

严格控制生育指标，杜绝超计划的生育。凡超生者，集体有权收回该农户承包土地总面积的一半。

凡抢生、早生、非婚生育者均按超生论处。

对偷生、躲生者从重处罚；对流动人口的计划生育由常住户口所在地管理。知情不报者罚款500元；对庇护躲生者，按超生论处。

凡违反计划生育而造成生活困难的大户，一般不列入国家扶贫对象。

第五条　妨碍计划生育工作人员执行公务，侵犯计划生育工作人员及其家庭成员人身权和财产权的，除责令赔偿损失外由公安机关依照法律规定从重处罚。

计划生育管理人员在执行政策的过程中，对那些谩骂者及攻击中国共产党、攻击社会主义制度等行为者，根据情节有权处以罚款10～100元。

第六条　对拒绝接受人民政府及村公所下达的生产任务和不服从统一规划、不参加公益事业的农户，经过做工作仍然不接受者，一次性罚扣所下达生产任务的土地面积及相应人民币，扣除的土地可作另行承包，以作政府机动数处理。

第七条　每个农村劳动力每年须完成义务工20个，劳动积累工20个，用于农田水利基本建设，由村公所统一使用；如不完成需向村公所交纳相应人民币（每个工日不低于5元）。义务工劳动积累以当年计算，不得跨年累计。

第八条　渠道水利要配备1～2人作常年水利管理员。管理员在水利上下（左右）50米内有权对开田炸石、取土建窖、挖穴建坟、放牧及砍伐树木等不利于水利管理的行为进行处罚。罚金10～100元。

第九条　对（对于）破坏人畜饮水管道、通信线路、广播线路、喇叭和路灯的行为者，可立即扭送到乡派出所处理，一切费用由破坏者支付。

第十条　乡村公路要进行分级管理，由村公所统一分到社，再由各社分到各户承包管理。农户要对所承包的公路负责养护，除特殊大塌方需投入20个工以上的工程外，要负责保护需修理的路段，以保证路面平坦通畅。管理任务只分到18岁以上的劳动力。对于破坏公路桥梁等公共设施的行为，农户有权在自己的管理段进行处理并处罚10～100元。

第十一条　为了保障手扶拖拉机的正常运输及行车安全，做到以车养路，全乡范围内的一切机动车辆，每辆每年向乡镇企业办公室交纳乡村公路维修费70元，义务车工每年一天，由村公所统一安排。违反者如不出示有关证明，不准在乡村公路上行驶。维修费70%留村公所，30%交乡企业办。

第十二条　保护庄稼，人人有责。乱放牲畜危害他人农作物者，除赔偿损失外，每天罚款5～50元。农户也可以在自防自卫的前提下，采取适当的防范措施，进行有效保护并出安民告示。

第十三条　对毁林开荒、乱砍滥伐者，除责令其赔偿损失外，补种破坏数目的50倍并处于2～5倍以上的罚款。

在他人自留山、责任山、承包山上偷砍柴者，每背罚50～100元；木料（不分大小、长短）每棵20～200元；乱砍风景树，每株罚50～500元。

禁止捕猎国家保护动物和益鸟珍禽。违者罚款捕猎物价值的1～2倍，并没收其捕猎物和工具。

第十四条　偷电使用者，每发现一次罚款5～30元。因偷电违反安全用电引起失火、触人事故者，除负赔偿责任外，罚款20～100元。

第十五条　思想麻痹、不注意安全用火、放火烧荒者，造成森林火灾，每亩收损失费50～500元，并负责参与扑火人员的误工费每人每天5元；对逃避责任者每亩罚款500～1000元，触犯刑法者追究其刑事责任。

第十六条　公共场所严禁携带匕首、三棱刀、弹簧刀或其他管制刀具，违者没收携带物并罚款10～100元。

第十七条　小偷小摸尚不够刑事处罚的罚款10～500元，偷盗之物退还原主，屡教不改者加倍惩罚。

乱搞两性关系，破坏他人家庭，尚不够刑事处罚的罚款100～500元；造成不良后果的要采取强制性措施。

禁止歧视、侮辱、侵害、虐待和遗弃残疾人，保护儿童妇女合法权益，打击拐卖妇女、儿童活动。

第十八条　不论机关、企事业单位、农村社队的干部职工和农民，不管采取任何方式进行赌博活动的，罚款10～500元，并没收全部赌注；为赌徒提供场所者，罚款50～600元；包庇他人，知情不举报者，按赌徒论处，罚款10～500元。一切赌博非法所得全部没收。

机关干部、职工参与赌博经教育不改者，给予党纪、政纪处分，直至开除公职。

第十九条　对于包办婚姻、乱开婚姻证明、假证明者罚款50～100元，情节严重造成不良后果的加重处罚或给予行政处罚。

第二十条　对贩卖假药者，每次罚款 10 ~ 200 元并没收其非法所得；危害他人身心健康的，责令赔偿一切费用，包括医药费、营养滋补品及误工费。

第二十一条　凡属倒卖农用物资，如化肥、农药、薄膜等控制商品者，每次罚款倒卖数金额的 1 ~ 2 倍，并没收其非法经营物。

第二十二条　要正确贯彻党的宗教信仰政策，任何公民都有信仰或不信仰宗教的自由；坚持独立自主、自办教会的原则。违反自传、自治、自养“三自方针”的，经教育不改，每次罚款 20 ~ 300 元。

任何人不得利用宗教进行破坏社会秩序、损害公民身心健康、妨碍国家教育制度的活动。

第二十三条　为了提高全民素质，使少年儿童在德、智、体等方面发展，父母或者其他保护人必须送适龄的子女或者被监护人按时入学，接受国家规定年限的义务教育。

适龄儿童、少年不入学校接受义务教育的，除对其父母或监护人批评教育外，并采取有效措施责令其送子女或被监护人入学。

第二十四条　对搞封建迷信骗取他人钱、财、物者，除没收非法所得外，每天罚款 10 ~ 100 元。

第二十五条　反对和取缔“一贯道”活动，打击“一贯道”秘密串连、煽动人心等一切活动，经书、财物全部没收；情节严重、影响极坏、触犯刑律的由公安机关追究刑事责任。

第二十六条　辱骂、诽谤、威胁他人或工作人员及其家属，打架斗殴，酗酒闹事，每次罚款10～100元，并赔偿一切损失费用。

经过多次批评教育，仍屡教不改的，加倍罚款。

第二十七条　为了保护和发展水产资源，不准在江河中炸鱼、电鱼、毒鱼，违者每发现一次罚款5～100元，并没收渔具。

第二十八条　有意损坏公路、桥梁、水利设施者，除责令其修复外，罚款20～100元；情节严重、触犯刑律者，由公安机关追究刑事责任。

第二十九条　凡属家庭纠纷，每调解一次，收取调解费5～10元；合同纠纷调解一起，收取调解费20～50元；其他纠纷每起收取调解费5～20元。调解员、证人的误工费每个半天收3元，一整天收5元，当面开单兑现，不得拖欠。

调解前当事人双方须预交调解费及误工费。调解结束后，还胜诉方预交费的50%，败诉方预交费则全部收取。哪级调解，由哪一级收取。

第三十条　以上各项活动，如出现妨碍工作人员执行公务、侵犯工作人员的人身权和财产权的，由公安机关从重处罚。各种罚款在接到罚款通知书3个月内交清，不准拖欠，否则采取强制措施令其执行。

第三十一条　各种罚款的管理使用，各村公所自留70%，上缴乡政府30%。罚款金额必须做到专款专用，不得借支或挪用。农村由各村社收取，机关由司法部门或派出所收取。

## 2.　　（云南省怒江傈僳族自治州泸水市）称杆乡双奎地村控辍保学村规民约[①]

一、学龄儿童和青少年有依法接受教育的权利和义务，子女辍学是违法行为，保证适龄未成年人接受义务教育是父母的法定义务。

二、自觉遵守教育法律法规，不以任何理由剥夺子女或被监护人接受义务教育的权利。子女或被监护人在年满 3 ~ 5 周岁时，要送到相关幼儿园（学前班）接受学前教育。子女或被监护人完成九年义务教育后，要将其送到高中学校或中职学校接受高中阶段教育。

三、未保证适龄未成年人接受义务教育的家庭，视为自动放弃享受国家优惠政策。村委会有权取消其农村低保户、建档立卡贫困户等评定资格，在医疗、就业、危房改造、扶贫项目、新农合、经营项目等方面不给予优惠待遇。

四、村委会不予办理或暂缓办理违反教育政策的家庭在生产、生活中申请需要办理的各种事项。

称杆乡双奎地村村委会

2017 年 12 月 4 日

① 来自：《称杆乡完成控辍保学村规民约修正上墙工作》，载摆时之乡 · 中国泸水网，网址：http：//www. ynls. org. cn/list. asp？ id = 14202，2020 年 2 月 14 日最后访问。

## 3. （云南省怒江傈僳族自治州福贡县架科底乡）阿打村村规民约顺口溜[①]

习总书记发号令，阿打上下齐响应。
爱党爱国爱集体，学法知法遵守法。
干群团结一条心，脱贫致富奔小康。
黄赌毒偷不沾边，邻里乡亲乐翻天。
扫黑除恶层层抓，发现问题举报他。
相信科学讲文明，村民人人笑开心。
红白喜事易风俗，封建迷信难驻足。
大操大办惹人嫌，勤俭持家人人夸。
男方二二女二十，结婚登记才合法。
优生优育更重要，生男生女都一样。
孝敬老人是传统，薄养厚葬品行坏。
自家娃娃要爱护，书读九年是义务。
退学结婚或打工，亲爹亲妈成被告。
挖机美容和烹饪，高中技校政策多。
读完书后再工作，技术在手心不慌。
外出务工报组长，方便有事你我他。
农合医疗人人交，生病住院报销高。

---

① 来自：李蕾、张永雯、钟黎明：《阿打村召开村民代表大会》，载“筑梦架科底”微信公众号，2019 年 5 月 19 日最后访问。该村规民约的具体制定时间是 2019 年 5 月 17 日。

建档立卡医保通，看病不难还省钱。
大病小病有依靠，无儿无女吃五保。
干净整洁同打村，清洁卫生我来担。
环境卫生要搞好，鸡鸭猪狗要管好。
房间院外常常扫，屋后垃圾不乱甩。
个人卫生要保持，衣服和脸都干净。
勤劳致富人人夸，好吃懒做别学他。
易地搬迁政策好，儿女将来不折腾。
修房造屋需审批，违法建设必处理。
美丽公路是我家，路域环境靠大家。
安全用电要规范，私拉乱接有隐患。
不带火种进山林，农家肥料庄稼好。
集体经济要配合，共同受益划得着。
大棚蔬菜和养殖，阿打走上致富路。
国家惠农政策好，产业结构调整棒。
低保按照标准来，义务劳动听安排。
上访闹事也无用，坚持正义与公平。
正当诉求及时办，无理诉求不予处。
村规民约字虽少，共同践行大家好。

阿打村村民委员会宣

## 4．（云南省迪庆藏族自治州维西傈僳族自治县）保和镇村民委员会村规民约①

（2006 年 5 月保和镇农村第二届村民代表大会通过）

第一条　为认真贯彻党的农业农村政策，促进我村经济发展、社会进步，特制定本村规民约。

第二条　认真贯彻执行以家庭联产承包经营为主、统分结合的双层经营体制和农业、农村政策。

1．土地、森林、矿山等所有权属国家、集体所有，承包户只有经营使用权。土地经营权在承包期内生不增、死不减、大稳定、小调整。

2．家庭成员参加工作的，应征入伍提干的农转非的、绝户的，均收回其承包地，作为村民小组的机动地；嫁到本镇其他村民小组的虽不需迁移户口，但要在一年内办理变更手续；家有男孩但需招婿的必须经村民大会讨论通过方可落户。

3．国家建设、集体公益事业建设需要征用土地，承包户应本着“个人利益服从集体利益、国家利益”的原则，应予以积极支持，不准百般刁难，无理取闹。征地费按土地政策属集体所有，对土地承包户应按规定给予补偿。

4．农户因住房紧张而新批宅基地，又转让给他人的，按规定向生产社交纳土地权属管理费。

① 来自：黄健英、王德强主编：《豪猪龙爪箐村调查 傈僳族》，中国经济出版社 2011 年版，第 337－339 页。

5. 每年村民小组组长、会计的60元业务补助费，误工一天补助10元，实误实报。

6. 村民要自觉维护道路、水利、沟渠等公共设施，若有损坏则照价赔偿。

7. 严格宅基地审批手续。农户只能在社里统筹安排的住宅建设区内，并在办理好有关建房手续的前提下建房；有旧房出售的、有宅基地转让的、有住房出租的农户均不得再批给宅基。

8. 依法管理好自留山，爱护集体、国家森林，维护生态环境，不准乱砍滥伐。家中确实需要建设用木材的需按规定办理许可证。

9. 集体经济是发挥集体功能的基础。国家征用土地的经费作为集体经济的主要来源之一，社干部及社成员要维护集体利益，壮大集体经济，发挥集体功能作用，解决生产生活中个体承包想解决而无法解决的诸如道路、水利之类的问题。

10. 不得擅自挪用集体资金，村民小组如需使用资金须经得村民会议讨论通过，方可支出。

11. 实行社务公开，每年社里将财务、计生、宅基地审批、提留、义务工等情况向村民公布一次，接受群众监督，倾听群众的意见和建议。

12. 不经村民小组、村委会同意，非农业人员、干部职工、离退休干部不准在生产社管理范围内的田边地角、沟渠两侧、荒山荒坡等地方，开挖种地。保护生态平衡，防止水土流失。

第三条　加强社会主义民主法制建设。

1. 重大村务由全体村民民主决策。社干部要充分尊重村民的民主权利；村民要积极维护集体利益，不得假公济私。

2．严格遵守《土地管理法》《森林法》《环境保护法》《人口与计划生育法》等法律、法规。依法保护好土地、森林、水等资源，不超生抢生，维护生态环境，实现人与自然的和谐发展。

3．贯彻落实《义务教育法》《兵役法》《妇女权益保障法》《未成年人保护法》《老年人权益保障法》等法律、法规。依法保障少年儿童接受义务教育的权利。全村适龄儿童积极响应国家九年义务教育，家长要积极教育和支持子女接受九年义务教育直至完成更高的学业。

4．进一步强化社会治安综合治理。搞好“四防”工程、群防群治，推动整体联动防范。

5．邻里要团结、家庭要和睦。邻里经常闹纠纷的和家庭成员中有打架斗殴、酗酒闹事的，村里将给予批评教育。

第四条　积极投身社会主义精神文明建设。

1．家长要教育子女、长辈要教育晚辈遵纪守法。遵守社会公德，不做违法乱纪的事，不做有损于他人、有损于集体、国家的事，积极争做“四有”新人。

2．农户积极参加创建“十星级”文明户活动，争星创星，努力建设富裕、守纪、礼尚、文明的幸福家庭。

3．村民要积极参加健康向上的文体活动。不赌博、不吸毒贩毒，不从事黄色音像、书刊等经营活动。

4．移风易俗，倡导文明新风提倡婚事、丧事简办，禁办其他客事，勤俭节约，反对大操大办，奢侈浪费。

5. 村民要崇尚科学，反对封建迷信，要形成学科学、用科学的好风尚。靠科学和勤劳的双手发家致富。不能利用封建迷信活动麻痹群众思想，损害他人利益，影响社会稳定。

6. 村民要自觉维护公共环境卫生，搞好家庭卫生。房前屋后要打扫干净，不乱堆垃圾。

第五条　认真贯彻执行国家退耕还林政策。

退耕还林是一项“德政工程、富民工程”，是改善生态环境的一项重要措施，是增加农民收入，促进地方经济发展的主要途径。

1. 退耕还林承包经营户应严格履行退耕还林承包经营合同。

2. 退耕还林要遵循“谁造林，谁受益，谁管护”的原则，在管护的过程中要尽到责任，要当作自身的根本利益对待。

3. 承包经营户要保证树种（苗）的成活率在95%以上，要适时进行补植补造。

4. 加强退耕还林的管理，在退耕还林地块内禁止林粮间作和复耕。

严禁在退耕还林地块内放牧，适时清除地块的高秆杂草，在清除过程中不得（使用）犁撬。

5. 不按规定看管种植树种（苗）的经营户，经检查验收不符合规定的将收回《以粮代赈粮食供应证》。

第六条　本村规民约于2006年5月12日经保和镇农村第二届村民代表大会通过生效。

保和镇农村村民委员会

2006年5月12日

## 5. （云南省丽江市华坪县永兴傈僳族乡）马鹿村十组组规民约[①]

为大力践行社会主义核心价值观，规范马鹿村村民自治管理，使马鹿村十组村民自我管理、自我教育、自我服务，听党话，跟党走，感党恩，勤劳致富，建设美好家园，结合马鹿村十组实际，制定本组组规民约：

一、组内禁止卖酒、饮酒。

二、凡不支持、不参加公共事业建设者，不服从上级党委政府、村委领导者，不支持脱贫攻坚工作者。

三、不遵纪守法，不尊老爱幼，不赡养老人，不搞好邻里团结，不教育未成年子女者。

四、不保护环境，滥砍盗伐，毁林开荒，违法林下种植者。

五、红白事铺张浪费者。红白事宴请人数控制在 200 人（20 桌）以内，宴请每桌菜品不超过 12 个，赠送礼盒或礼品价值不超过 100 元，操办婚事要提前 10 天进行申报，如实说明操办事由、时间、地点、规模、标准等。丧事可在事后 10 天内补报。

六、凡未经小组开会同意私自流转土地、林地买卖房屋

① 来自：《酒后不干活、爱赌博……实施禁酒禁赌令后，丽江这个地方咋样了？》，载搜狐网，网址：http：//m. sohu. com/a/324802842_ 391640，2020 年 2 月 14 日最后访问。

者，小组集中开会收回私自流转的土地、林地及房屋宅基地等。

七、乱扔垃圾及家庭卫生脏、乱、差者。[①]

八、相邻土地边界种植经济林木的，相邻两户土地各退后1米种植，林木长大超过界线的砍枝丫。

违反以上八条规定的村民，由村委会以户为单位列入“黑名单”，上马鹿村“红黑榜”，在全村予以公示；违反规定行为触犯国家法律法规的，报送相关部门依法处理。确定考察期为三个月，在考察期内，该户不得享受国家任何优惠政策，村民小组长不为该户办理相关手续，村委会也不为该户办理相关手续。家中有红白喜事，村民拒绝帮忙，直至考察合格，取消“黑名单”管理后，才能恢复普通居民正常享有的权利。

2018年8月27日经马鹿村第十村民小组召开小组会议通过此份马鹿村十组组规民约，并于2018年8月27日开始实行。

## 6.（云南省丽江市玉龙纳西族自治县黎明傈僳族乡）黎光村河上组社区自然保护地管理条例[②]

为更好地进行生态保护，为子孙后代留下青山绿水的美好

① 上述“二”“三”“四”“七”条疑没有表述完整，应有处罚性内容。

② 来自：雪境：《云南原住民：我的社区我做主》，载“GangriNeichog雪境”微信公众号，2019年8月8日最后访问。

家园，经河上组全体村民讨论通过，建立社区自然保护地，特制定以下管理条例：

**一、社区自然保护地范围**

东至利马河，南至吉后组，西至启坐落，北至河下组，面积约5726亩。

**二、保护措施：**

1. 保护地范围内，严禁偷砍盗伐一切松树、杂木进行买卖；禁止毁林开荒；严禁放牧时乱砍树枝；经管理小组或村民会议批准后，可合理利用居民与建筑用材。

2. 河上组境内利马河及河内的鱼类资源归河上组全体村民所有及行使管理。任何人未经村民会议或管理小组同意，不得进行任何形式的捕鱼、卖鱼行为。

3. 保护地内禁止外来人员采挖各种林下资源。

**三、奖惩措施：**

1. 全体村民共同监督，发现违反上述规定者向管理小组举报，由管理小组追究责任，实施惩罚，同时将罚金的20%给予举报者，并为其保密。

2. 违规私自砍伐木材者，按每棵树的大小进行罚款，直径10厘米及以下的树木每棵罚款50元，直径10～30厘米的树木每棵罚款50～200元，直径30厘米及以上的树木每棵树罚款200元，同时没收工具。

3. 本村村民在保护地范围内违规捕鱼者，罚款5600元。若不听劝者，继续再次捕鱼者，管理小组将组织召开村民会议商讨如何对其进行处罚。

4. 外来人员在河上组保护地范围内采挖林下资源者，没收其所得物，并以合理价格将其所得物处理给本村村民，所得钱款纳入村寨银行公共资金。如有拒交罚款的，从其村寨银行入股资金中扣除。若有未参加村寨银行或外村人员，则上报林业主管部门给予严重处罚。

**四、管理小组负责人**

李海云、熊春、熊政、熊正东、熊丽军

以上条例，自签字之日起生效，全体村民共同监督落实，并欢迎广大社会人士监督举报。

河上组全体村民

2018 年 7 月 25 日

## 7.（云南省丽江市玉龙纳西族自治县黎明傈僳族乡）黎光村色冲落组社区自然保护地管理条例[①]

为更好地进行生态保护，为子孙后代留下青山绿水的美好家园，经色冲落组全体村民讨论，建立社区自然保护地，特制定以下管理条例：

**一、社区自然保护地范围**

森林管护范围：与黎明村堆存米、高峰、别独伍、黎光怒扒落相连接的所有集体林、责任山划定为重点水源林保护地，

---

① 来自：耿得安：《环境保护中的契约精神》，载“丽江健康与环境研究中心”微信公众号，2016 年 11 月 14 日最后访问。

面积约6000亩。

**二、保护措施**

1. 在森林管护范围内，村民急需使用木材的，经村民会议讨论通过方可使用；

2. 严禁毁林、毁草开荒；

3. 河流范围内，严禁把垃圾、动物尸体等丢进水沟、河边；

4. 严禁在色冲落河沟里捉鱼、电鱼、毒鱼；

5. 每年每户出一个劳力收拾一天垃圾。

**三、奖惩措施**

全体村民共同监督，发现违反上述规定者向管理小组举报，由管理小组负责追究责任，具体罚款标准如下：

1. 私自砍伐木材，每棵罚款100元（直径15公分以上）；

2. 在河里丢弃垃圾、动物尸体，罚款100～500元；

3. 捉鱼、电鱼或毒鱼，罚款200～300元并没收工具和物品。

如有拒交罚款的，从其村寨银行入股资金中扣除。若有未参加村寨银行或外村人员，则上报林业主管部门或环保部门给予严重处罚。

管理小组为举报人保密，同时从公共积累中给予举报人300～500元奖励。

**四、管理小组负责人**

乔成、乔万勇、李云

色冲落组全体村民

2016年4月6日

## 8.　（云南省保山市隆阳区芒宽彝族傣族乡白花林村）芒岗自然村村规民约[①]

为促进我村经济发展及社会各项事业的全面发展，加快中荷合作项目——森林保护与社区发展示范项目在我村顺利实施，把我村建设成富裕文明的新农村，有效地促进高黎贡山自然保护事业的发展，维护生态平衡，现结合我村实际，制定本公约如下：

一、村民有义务为本村经济发展及社会各项事业的全面发展作贡献；

二、本村公民有义务参加农田水利建设，维修道路、植树造林、维护山林及其他公益事业建设，依法享受公民权利，承担民事义务；

三、对外来游客必须做到：服务周到、礼貌待客，在观赏民族舞蹈活动中合理收取费用，应按本地传统歌舞让游客满意；

四、对破坏生产、生活、公共设施，妨碍村寨安全，按情节轻重，依法进行处罚；

五、村民有义务保护水源，禁止任何人乱倒垃圾、污染水源；

六、禁止牲畜进入示范区，若发现，按每个脚印 5 元进行

① 来自：郭辉军、范建华主编：《云南生态环境、民族文化与经济社会协调发展研究》，云南科学技术出版社 2004 年版，第 202 页。

处罚；

七、全村村民有责任进行森林保护，维护生态平衡，不得擅自到保护区进行偷砍盗伐、偷捕盗猎等违法活动，且有义务参加森林扑火；

八、加强各民族之间、单位与单位之间、人与人之间的团结，互相尊重，互相支持，同心同德，倡导“五讲四美”，为社会稳定作贡献。

以上条例各位村民自觉遵守，认真执行监督和协助村委会，共同搞好工作，以上条例于一九九九年八月一日起开始执行。

芒岗自然村村民委员会

1999 年 8 月

# 第十四章　仡佬族地区村规民约

## 1.　（广西壮族自治区百色市隆林各族自治县德峨镇么基村）村规民约[①]

根据《中华人民共和国宪法》和“地方村民组织”的有关规定，为保护我社集体所有制的权益不受到侵犯和破坏，使集体所有制经营地域范围内的一草一木一株一亩得到切实保护，为子孙后代造福，特制定如下公约：

**一、封山育林的管理与处罚**

1. 因本社集体所有制经营地域复杂，以各社山界早已确界清楚，山权所辖界至以（一段空白，疑为林区周至地名，

① 来自：郝国强：《小村大美——广西仡佬族文化变迁图像》，民族出版社2014年版，第182－183页。

尚未填写）共□□个社的大部分接界均属本社封山育林区，任何单位或个人不得进山砍生干柴，违者重罚。

2. 本社的林木使用，除原分给各自的柴山由各自管理使用，集体建设动用封山育林木的由集体讨论决定，个人需用的就□论价或酌情解决，希望全体社民共同维护集体利益不受外来侵犯和破坏。

3. 处罚：发现砍一根不论生干柴和大小一律罚款 50 元，以此类推，罚没款的分成办法，其中举报人 10 元、处理领导小组处理费 20 元，其余留作集体公积金。

**二、农业生产的管理与处罚**

1. 农业是国民经济的基础，粮食是基础的基础，人以食为天，无农不稳，无粮则乱，主动保护好春耕生产、冬种作物，提高单位面积产量，维护有种有收人人有责，违者重罚。

2. 对破坏农作物生产的处罚：凡已种下地后，未护理的玉米苗，牲口践踏或人为损失的每株赔偿粮食 0. 3 斤，护理第一次赔 0. 5 斤。第二次赔 1 斤，以此类推。

3. 牲口践踏冬种农作物过失者按实际面积产量赔，故意放牛、马、猪、羊践踏者除按损失产量赔偿外另加罚每头牛、马 50 元，猪、羊每头 30 元，鸡、鸭每只 10 元。

4. 在地头抓获牲口践踏农作物的，当天要亲自通知畜主来认领，如五天不认领者当作无主由处理领导小组迫（应为“拍”）卖，所得收入扣除期间管理费牛马每头 10 元，山羊每只 5 元外，余额奖给有功人员 10%，领导小组处理务工费 25%（凡抓获牲口一天以上的管理费同上），其余留作集体公积金：

**三、治安管理与处罚**

1. 为保一方平安，树立良好的社会风气，净化社会道德，在本社有偷摸抓获后按实际损失赔偿外加罚200元，罚金的分成办法奖给抓获有功人员或举报人40元，领导小组处理费60元，其余留作集体公积金。

2. 以上公约指（应为“旨”）在维护本社的集体和个人的经营权和所有权不受侵犯，任何单位和个人违反此条例的一律按照上述条款予以重罚，如处罚不服的交由乡人民政府依法处理，望全体社民共同遵守。

本公约发布之日生效。

附：领导小组成员名单：

组　长：孔金文　　　副组长：黄正荣

成　员：郭卜追　郭卜弟

法人代表：郭秀新

一九九八年六月二十二日

## 2.　　（贵州省安顺市普定县白岩镇双坑村新寨仡佬族自然村）计划生育与奖励扶助制度[①]

对新寨仡佬族自然村独生子女户和二女绝育户的夫妻，从

① 来自：彭刚主编：《新寨自然村调查 仡佬族》，中国经济出版社2010年版，第129页。制定时间不详。

年满 50 周岁的当年起，每人每年领取生产扶助金 300 元；

对符合生育第二个子女条件、自愿放弃生育并办理《独生子女父母光荣证》的夫妻，从年满 40 周岁起，每人每年领取生产扶助金 300 元。

# 第十五章　拉祜族地区村规民约

## 1.　（云南省普洱市孟连傣族拉祜族佤族自治县景信乡）回俄村村规民约[①]

尊老爱幼家和睦，团结邻里相互助；
若是欺虐残弱老妇幼，村民共谴不相助。
爱护环境树文明，庭院整洁村共治；
若是脏乱邋遢弃村务，村民嫌弃不入户。
脱贫振兴感党恩，立志勤劳创富路；
若是消极懒惰等靠要，惠你政策不投票。
重教除愚学技能，繁荣文艺康健体；

① 来自：普凤娇：《景信乡：村规民约唱成歌》，载《普洱日报》2018 年 10 月 29 日。制定时间不详。

若是沉迷酗酒搞迷信，拔除穷根不容易；
勤俭持家办事务，移风易俗立新风；
若是黄赌毒来又滋事，村民蔑视加法治。
自治德治兼法治，美丽新村靠创治；
若是违法乱纪违规约，村子家庭见祸事。

## 2. （云南省普洱市澜沧拉祜族自治县糯福乡）南段村公所公民条例[①]

在全国人大五届会议制定的“新宪法草案”中规定，中华人民共和国的一切权利属于人民，规定了人民应该享有的民主权利，必须有一个稳定的社会主义秩序。我们生活在祖国的大家庭中，要讲团结、讲文明、讲友爱，互相帮助支持，为了把我们村建成繁荣、富强的新边疆，结合我村的实际情况，制定了村民公约。条例如下：

1. 坚持党的四项基本原则和一个中心，两个基本点，认真学习马列主义、毛泽东思想，用马列主义和毛泽东思想，武装每个干部、社员的头脑。

2. 响应党中央的号召，加强党政军民的团结和民族的团结，互相热爱、互相帮助、互相支持，把国民经济搞上去。要控制人口的增长，要加强计划生育工作，每对夫妇只能生两

① 来自：王晓珠主编，拉祜族调查组编写：《云南民族村寨调查 拉祜族 澜沧糯福乡南段老寨》，云南大学出版社 2001 年版，第 146 – 148 页。

胎，不能再生第三胎，如超生按上级文件精神照办。

3. 要树立精神文明政治标准，男女青年恋爱期间，没有成熟的，达不到结婚年龄的，不管逃到哪方住起来，对社会影响较大的，双方各罚款5元，交村民委员会处理。有夫妻的，或发生不正当两性关系的，双方各罚款15元后处理。

4. 要加强青少年的教育，一定要热爱人民。送孩子上学读书，适龄入学儿童八至十二岁的一定要上学读书。如果一个不上学一年罚款7.5元。

5. 延长土地承包时，本人承包的地界互相一律不得侵犯。轮歇地、自留地、责任山等地界，如有侵犯者，罚款5元后，原本交回他人的土地。。

6. 党、政、军、人民团体、个人、集体的牲畜管理。放牛一律放到已定的牧场放牧，不准放到育林区和茶林区。严禁放到茶林，严禁出境放牧，避免涉外事件的发生。同时，经划定的地界，一律不准进入开荒种地；已经耕种的，一律停止耕种；经教育帮助无效的，收回该户承包的轮歇地。

7. 从延长土地承包时起，集体林、风景林、防护林、路旁林、水源林，禁止任何人乱砍乱伐。如发现乱砍乱伐者，不论树林大小，每棵罚款5元，树同样栽赔，砍伐一棵，栽三棵，并保证成活。所罚的款处理20%奖给报告者，30%交村公所，50%交小队为育林费用。

8. 大牲畜糟蹋庄稼，无论损失大小多少，一律互助协商赔偿，严禁无理取闹。如大牲畜管理较差的看守人，不负责任地把牲畜到处放逃，加倍惩罚。惩罚部分食物交集体作为积累。

9. 严防森林火灾。如有意放火烧山，按已毁坏森林面积计算，每亩罚款 1.5 元，打火误工补助每一个工 1 元，由放火烧山者负责。如无故失火，积极请示报告，毁坏面积和打火人工，根据实际情况，群众商量处理。同时要抓好教育，在每年的 1 ~6 月份，要做好值班工作，防好家火问题，每个村都要有一个 3 ~5 人的领导小组。

10. 为了维护社会治安工作，加强社会主义法律，严禁烟毒进入我境内，保证人民身体健康；一律禁止烟毒吸食买卖，如经发现，一次吸食大烟罚款 30 元。为了搞好精神文明建设，要做到人有厕所和牲畜有圈。如果在我村范围内酒醉无理，打架斗殴，对社会影响较大的罚款 5 元。

11. 各社员要划清宗教信仰和封建迷信的界限。中华人民共和国宪法规定，每个公民有宗教信仰的自由，有不信仰宗教的自由。封建迷信早已废除，是属国家、法律不允许恢复发展的。每个公民必须遵守法律、法令，违者视情节、态度酌情处理。

12. 不许赌博。如发现赌博者，一次没收并罚款 30 元，罚款的 50% 奖给报告者，30% 交自然村，20% 交村公所。

13. 延长土地承包时，社员承包的空林荒山，长年不种树，不育苗和管理不上的，集体收回该户承包的荒山，由本村另作安排。

14. 延长土地承包时，社员承包的水田，如不很好的耕种，把水田放荒，集体收回，另作安排。

15. 为了我村的治安管理，如发现偷鸡摸狗，一次罚款5元，本人的东西原本要还。

16. 社员承包的土地，不得转让买卖、出租等。

注：为了把我国国民经济搞上去，为实现四个现代化的顺利进行，使我村广大人民尽早尽快地富裕起来，以下各项规定，每一个公民要认真学习、宣传，做到家喻户晓、人人皆知。

南段行政村

1991年7月25日

## 3. （云南省普洱市澜沧拉祜族自治县糯福乡）南段村公所取水管理制度①

根据我南段村的实际情况，为了加强管理我村的三个水池和两条水管，特作如下规定：

1. 村公所、粮店、商店、教师、个体户，每人每月交2元。

2. 南段老寨、新寨，每户每月每人交0.2元。

3. 南段边防检查站集体每月交10元。

4. 外来的各单位建筑用水，每月交20元（注：如不满一个月的，也一样照收）。

① 来自：王晓珠主编，拉祜族调查组编写：《云南民族村寨调查 拉祜族 澜沧糯福乡南段老寨》，云南大学出版社2001年版，第150－151页。

5. 外来暂住户的，每人每月交 5 元（长住户每人每月交 2 元）。

6. 管理水池和水管的老寨 2 人、新寨 2 人，每人每月发给 10 元的误工费。

7. 管理员每年 1 ~6 月份晚上 11 点负责关掉大小池的水，早上 5 点钟负责放水。

8. 村公所、各单位、个体户的水龙头损坏，自已去购买，管理员负责安装。

9. 每年村公所、各单位、个体户、农户的水费一次性在 11 月底交清。

10. 水费由村文书收取，村长负责保管，年底向大家宣布支出。

11. 如果水池、水管发生不可抗拒的自然灾害，大家商量去维修。

12. 以上规定从 1996 年 8 月 1 日起执行，带动大家配合，一起来管理好我们的水源。

节约用水光荣，浪费用水可耻。

特此规定

南段村公所

1996 年 8 月 1 日

## 4.　（云南省普洱市澜沧拉祜族自治县糯福乡）南段村公所龙竹蓬寨寨规[①]

（1992 年制定）

1．任何人不准到境外贩毒。严禁寨里人吸毒，吸毒一次罚款 15 元，贩毒一两罚款 30 元，并报告上级有关部门。父子、夫妻、邻里之间都要互相监督，互相约束。

2．不准赌博，赌博一次罚款 30 元。

3．不准过境放散牛或开荒种地，以免引起两国人之间（指缅甸的班摆、班顺等地居民）的纠纷。

4．不准山火烧到境外，不准到境外狩猎。

5．不准偷盗，第一次偷盗，偷一罚二；第二次偷盗，偷一罚三。

6．不准乱搞两性关系，违者罚款。

7．不准吃狗肉、牛肉。

## 5.　（云南省普洱市澜沧拉祜族自治县糯福乡）南段村公所革新寨寨规[②]

（1993 年制定）

1．逢年过节和平时一律不准打牌。因为打牌会让人养成

---

① 来自：王晓珠主编，拉祜族调查组编写：《云南民族村寨调查 拉祜族 澜沧糯福乡南段老寨》，云南大学出版社 2001 年版，第 127－128 页。

② 来自：王晓珠主编，拉祜族调查组编写：《云南民族村寨调查 拉祜族 澜沧糯福乡南段老寨》，云南大学出版社 2001 年版，第 128 页。

好吃懒做的坏习惯，引起夫妻间的互相猜疑，造成家人不和。

2. 发现有偷盗行为的，先由父母教育，后由舅舅教育，再交“卡些”惩罚。

3. 男的玩弄了女的，事后又不愿娶该女为妻，女的讲出来后，罚款男方25元，已有身孕的罚款120至150元。

4. 男女青年恋爱自由。但相处一段时间后，觉得又不合适，男女双方罚款6元，交“着巴”买香和蜂蜡到“寨神”处谢罪。

5. 不同辈分的人通奸被发现后，女方家有权到男方家抄家，任意拖牛拉猪，要把当事者赶出寨子。

## 6. （云南省普洱市澜沧拉祜族自治县糯福乡）南段村公所南段老寨寨规①

（1995年制定）

1. 不吸食大烟，抓获吸食者送交政府处理。

2. 不赌博，抓获者给予罚款处理。

3. 不调戏妇女。

4. 不偷盗、不打架，要团结友爱。

5. 不欺骗人，要诚实。

6. 要孝敬父母、尊重长辈、尊重头人，对头人要有礼节，

① 来自：王晓珠主编，拉祜族调查组编写：《云南民族村寨调查 拉祜族 澜沧糯福乡南段老寨》，云南大学出版社2001年版，第128－129页。

要听老人的话，要永远保持自己民族的礼。

7. 不准砍伐水源林、神山林的树，不准割水源林、神山林上的草。

8. 不准放牛进茶地。不准放牛吃别人的庄稼。

9. 春节前，全寨人都要来打扫寨子，干干净净地迎接“天神”回寨过年。

10. 恋爱自由，婚姻自己做主张，但在农忙季节不能“串姑娘”。

## 7.（云南省临沧市）双江（拉祜族佤族布朗族傣族）自治县忙糯乡邦界村村规民约①

“国无法不治，村无规不兴”。为有效巩固脱贫成果，促进乡村振兴，实现 2020 年同步全面建成小康社会的目标，邦界村在忙糯乡党委、政府的坚强领导下，广泛征求群众意见，共同组织修订完善了村规民约，经全村村民代表会议表决通过并向忙糯乡政府备案，现予以公布。

全文如下：

### 双江自治县忙糯乡邦界村村规民约

### 第一章　总则

第一条　为建设“产业兴旺、生态宜居、乡风文明、治

① 来自：《〈双江自治县忙糯乡邦界村村规民约〉2019 年最新!》，载“微微邦界”微信公众号，2019 年 5 月 30 日最后访问。

理有效、生活富裕”的新邦界，营造本村自我管理、自我约束、自我教育和自我创新发展的良好社会氛围，充分调动全村村民积极建设家乡和振兴家乡的热情，围绕全面建成小康社会的目标，根据法律、法规和国家有关政策规定，结合本村实际，制定本村规民约。

第二条　建设新邦界，坚持以“产业兴旺、生态宜居、乡风文明、治理有效、生活富裕”的方针为总指导。

第三条　居住在本辖区内的村民、驻村企业、单位及其他组织、外来人员应当遵守本村规民约，党员干部和村民代表要模范带头遵守和执行。

第四条　村民委员会执行本村规民约应当遵循公平公正、合法合理的原则，不得公报私仇；村民委员会依据本村规民约作出的处理决定，村民应当严格执行，不得无故推诿，不得打击报复村民委员会成员。村民委员会的处理决定和相关材料应当全部存档。

第五条　村民委员会对本村规民约的执行进行日常监督和管理，对违反本村规民约的，村民委员会视情节作出相应的批评教育、责令整改，情节严重的移交相关部门处理。

第六条　本村规民约与国家法律、法规、政策不一致的，按国家法律、法规和政策执行。本村规民约根据社会经济发展情况适时修改。

## 第二章　组织建设

第七条　全村村民应当秉承吃水不忘挖井人的传统，牢记没有共产党就没有今天的幸福生活，坚决拥护中国共产党的领导，知党恩、感党恩、听党话、跟党走。

第八条　村党总支是全村各项工作的中心，要坚定不移执行党的路线方针和政策，带头弘扬“头顶理想、脚踩泥巴、心中有民、手上有招、创新干、团结干、拼命干”的临沧作风，做到“公道正派、明来明去、有点办法”。

第九条　全村村组干部、党员干部和乡村振兴理事会成员及公益性岗位人员要在村党总支的领导下开展工作，要自觉拥护党总支的领导，牢固树立大局意识和服务意识，克己奉公，为家乡发展贡献智慧和力量。当村组干部出现空缺、不能履职或不认真履职的，报经上级同意后，要及时组织群众进行补选配强。

第十条　全村村民要坚持民主集中制原则，少数服从多数，集体利益大于个人利益，众志成城，积极投身家乡建设，为家乡发展贡献力量，自觉做美丽家乡的建设者、参与者、推动者、实践者。

第十一条　全村村组干部要做好上令下达，确保政令畅通，按时组织召开村组群众会议。召开村组群众会议或开展集体义务活动时，村组干部不认真履职未通知到位的，给予警告和批评教育，情节严重的予以撤职；全村村民要按时参加各类村组会议，无故不参加会议或集体义务活动的，三次以内给予警告，三次以上每户每次缴纳200元集体活动违约金，由村长代收并作为村集体资金使用。

## 第三章　产业发展

第十二条　全村村民应当坚持产业发展是脱贫致富的根基，因地制宜，围绕“产业兴旺、生态宜居”的目标，巩固发展养殖业、畜牧业、种植业等传统产业，重点打造茶叶产业，积极发展烤烟、桑蚕、甘蔗等短平快产业，多渠道多路径促进增收，从单打独斗转为抱团发展，摒弃小我，主动融入全村经济社会整体发展的大环境大格局中。

第十三条　茶叶产业是全村“一村一品”产业，全村村民应当明确“有机生态”是茶叶发展最核心的竞争力。全村茶树所有者、经营者应履行好茶树、茶园管护的主体责任和义务，强基地，创品牌，自觉认真管理茶园，改善优化茶园生态环境，共同努力建成有机生态茶园示范基地，共同为打造邦界有机生态茶叶品牌而不懈努力。

第十四条　每个村民都有确保茶园有机生态的责任和义务。全村茶园一律禁止使用草甘膦、百草枯、莠去津等农药，应当使用锄头、镰刀、割草机、微耕机等农用机械、器具进行物理除草、松土；一律禁止使用化肥等影响茶叶品质的肥料，应当使用有机肥或农家肥提高土壤肥力；一律禁止使用生长调节剂，确保茶叶品质优良。

第十五条　全村茶园禁止套种玉米、烤烟等影响茶叶品质的其他农作物，所有影响茶叶品质的核桃树、竹子等一切杂物一律予以移植或砍伐，确保茶园干净卫生、生态系统良好。

第十六条　全村村民要树立茶园管护意识，科学管理，茶园每年 7 ~8 月份要深挖（耕）一次以改良土壤，提高土壤肥力，在 11 ~12 月份要再挖（耕）一次，确保杂草清除、土壤空气流通和茶树生长。

第十七条　全村村民应当严格保护古茶树，禁止随意砍伐古茶树，禁止对古茶树进行挖根剥皮等破坏行为。对古茶树的保护、管理和利用应坚持保护优先、科学管理、合理利用的原则，兼顾生态、社会和经济效益协调发展。要保护好“忙糯乡茶王树”，树立保护牌，划定保护区域，保护和改善其生长环境。

第十八条　村委会是全村茶园管理、农药及肥料管控的中枢机构，要积极向上级有关部门请求资金支持和技术培训，做好管理、服务、监督和保障工作。

第十九条　全村茶园施用有机肥由村委会统一通过农资管理部门向有资质的肥料销售商采购，全村村民应当经过村委会进行登记购买，确保有机肥含量、质量达标。使用农家肥的，在施肥前要经过无害化处理。

第二十条　全村村民要积极预防茶园病虫害，发现有病虫害或其他问题，要第一时间向村组干部或村委会报告，不得擅自使用农药。

第二十一条　全村茶叶专业合作社、初制所等加工企业不得占用基本农田，不得侵害国家和集体利益，土地利用一律要做到合法合规。要按照规定标准对茶叶进行生产加工，对于卫生条件达标、手续合法齐全、土地使用合法、群众口碑良好等各方面达标的初制所，村委会将积极争取上级部门资金给予重点扶持。

第二十二条　全村建立茶农黑名单制度，若有农户违规使用农药化肥，将列入茶农黑名单在全村范围群众会上通报批评，并在村委会和村内交通要道上予以通报公示，全村所有茶叶加工企业不得对其茶叶进行收购加工，同时，茶农还要一次性向村集体缴纳2000元集体违约金。茶叶加工企业违反以上约定的，要一次性向村集体缴纳所收购茶农三倍的集体违约金（即6000元），由村长代收并作为集体资金使用。

第二十三条　村民要以身作则，互相监督，互相看齐。全村配备茶叶质保监督技术管理员，由生态护林员兼任。村委会将积极邀请相关专业人士对全村茶农进行技术培训，茶叶质保监督技术管理员要负责对组内的茶园进行质量监督管理和具体技术指导。同时，鼓励全村村民发现有人打药等违约行为时积极向村委会进行检举揭发，对于检举揭发并核实的，每次将给予1000元奖励。

第二十四条　全村茶农可以根据意愿与初制所订立收购协议或者加入茶叶专业合作社，确保茶叶定向供给，对于按照要求管理的茶园，初制所不得以茶叶样子不好或其他理由故意压低价格，也不得变相抬高茶叶价格。

第二十五条　全村茶农要按照要求管理茶园，对于茶园管理到位、茶叶品质优良，值得大家学习的茶农典范，村委会每年将评选10户代表用集体资金给予奖励表彰。

第二十六条　鼓励全村茶农、初制所、企业积极对外宣传营销本村茶叶，“走出去”的同时鼓励引进企业或者自己投资建厂进行茶叶深加工，探索开发茶饮品、茶生活用品等，共同推动茶产业向管理规范化、生产标准化、经营产业化、营销品牌化方向发展。

第二十七条　全村村民要结合自身实际积极发展烤烟、桑蚕、甘蔗等短平快产业，在发展过程中要统筹考虑全村发展，结合村级施工图、项目清单、万名干部规划家乡行动的相关规划，服从村委会的具体安排，统一规划地块，统一使用集体财物，相互配合支持共同促进产业规划项目落地实施，实现共同发展、生活富裕的目标。

## 第四章　环境卫生

第二十八条　村委会要做全村环境卫生的标杆，村干部、驻村队员要共同打扫卫生，共同管护花园，共同营造干净舒适的工作和生活环境。全村村民要树立卫生工作人人参与，美好环境家家受益的思想，管住脏、乱、差，创造洁、净、美，共同营造清洁家园人人有责、保护环境从我做起的良好氛围，积极配合并参与村庄环境卫生保洁工作。

第二十九条　环境卫生以村民小组为单位实行片区管理，全村保洁员在片区内负责本片区内的环境卫生督查、管理和清扫，确保道路清洁、干净，杜绝乱扔、乱倒、乱丢垃圾的行为。

第三十条　全村村民应当维护好本村环境卫生，自觉维护公共道路环境卫生，自觉搞好家庭卫生及房屋周边的环境卫生，做到房前屋后无积水、无杂草、无垃圾。

第三十一条　村民家中的禽畜提倡集中圈养，不得随意放养，禁止给禽畜使用超量或不合格的饲料，严禁使用化学药品。禽畜粪便不得在公众区域内到处乱排乱放，影响村容村貌和村庄干净整洁。

第三十二条　任何人不得在道路边搭建违章建筑，堆放废土、乱石、杂物或以其他形式侵占路面；不得人为损坏道路，禁止在道路上乱挖排水沟；不得在公共场所、道路上凉晒、堆放畜禽粪便、粮食。修房盖屋余下的建筑垃圾要及时清理，柴火要堆放整齐。

第三十三条　进村寨道路的清扫以户为单位每周清扫一次。清扫卫生时，每户必须安排 1 人自带工具参与清扫，不出工的农户将按每次 200 元的标准缴纳集体违约金用于公益事业。（特殊情况需报村民组长，特殊情况如：生病、家有红白事等）。

第三十四条　村委会驻地和每个村民小组要设置垃圾处理池和垃圾桶，村民要将生活垃圾堆放到垃圾池和垃圾桶，不得乱倒垃圾、乱堆粪土、乱排污水、乱放杂草和酒瓶。

第三十五条　村民发现危害和破坏公共卫生设施的人和事，要积极制止并及时向村委会报告；严禁窃取或破坏公共卫生设施如垃圾池、垃圾桶等，一经查实，将移交公安机关处置。

第三十六条　任何人不得在辖区的河内实施炸鱼、电鱼、毒鱼等违法行为，要保护环境，爱护生态。若违反，将缴纳 1000 元集体违约金用于公益事业，严重者移交公安机关处理。

第三十七条　村民要自觉维护生态环境，爱护村组内绿化带的树木、花草，不得随意砍伐森林和树木，不得随意破坏花草。对破坏生态环境和随意破坏花草等行为，要按要求恢复原状并赔偿损失，严重者移交公安机关处理。

第三十八条　村民要养成良好的生活习惯，树立每个人都是村庄代言人的意识，注重讲究卫生，自觉洗衣叠被，积极整理家务，主动向干净整洁看齐。村委会将组织村民每年评出10户“洁净家庭”、1个“最美村庄”并予以表彰，并在享受党和国家的惠民政策和项目实施上予以优先考虑。

## 第五章　乡风民俗

第三十九条　全村要按照社会主义新农村的总体要求，以营造文明和谐农村新风尚为目标，摒弃“等、靠、要”思想，变“要我干”为“我要干”，共同营造勤劳质朴、积极向上、团结一心、富于创造、勇于拼搏的良好乡风民风，共建团结、拼搏、互爱、互助、和睦、诚信的良好文化氛围，争创“乡风文明示范村”。

第四十条　全村村民要遵纪守法，要自觉学法、知法、懂法、守法，严格守住法律底线，禁止盗窃、强奸、抢劫、毁坏他人财物、吸毒运毒等违法行为，杜绝聚众赌博、酗酒、嫖娼、打架斗殴、侮辱、诽谤他人等歪风邪气，抵制好逸恶劳、好吃懒做、啃老等不良行为，争做遵纪守法、诚实守信、勤劳致富、遵守社会公序良俗的好村民。

第四十一条　全村村民要遵守交通安全法律法规，杜绝无证驾驶、农用车载人、酒后驾驶、超速驾驶等交通违法行为，不乘坐无证经营、无牌无照车辆，不乘坐存在安全隐患的车辆，防止重大安全事故的发生。

第四十二条　村民之间要团结友善，互帮互助，不得无端谩骂，无理取闹，拉帮结伙，挑拨离间；不得造谣惑众、搬弄是非，仗势欺人。邻里之间发生纠纷能自行调解的要自行调解，不能自行调解的要向村组干部或村委会提出，村一级解决不了按程序逐级上报解决，不得越级上报，不得恶意上访和造谣是非、混淆视听。

第四十三条　全村村民要树立勤俭节约的意识，不铺张浪费、不盲目攀比，做到婚事新办、丧事简办、神事不办。婚嫁娶亲不得强要高额彩礼，不得违规请客，盲目和别人攀比，大肆挥霍和乱吃乱造，操办婚丧事宜一律要向村委会报备。

第四十四条　全村村民要继承和发扬优秀民族文化，挖掘培育拉祜族民间文化，村委会要定期组织全村村民开展文艺文化活动，村民要积极配合开展乡村文艺文化活动，闲暇时间要在文化室自觉组织开展打歌等业余活动，共同营造农村良好文化氛围，丰富村民精神文化生活。

第四十五条　全村村民应当踊跃参与积极配合支持公益事业，积极服从本村各个规划项目实施，不得无理取闹、漫天要价、阻碍项目正常实施。建房要服从规划，起房盖屋必须服从村庄规划，经自然村理事会实地踏勘，报村委会和上级有关部门批准后方可实施，不得擅自动工，不得私搭乱建，挤占公共路道，不得违反规划和损害村集体利益。

第四十六条　全村村民要爱护公共财产，不得在公路上设置障碍，不得损毁、移动交通指示警示标志；不得损坏水利（包括：高效节水灌溉工程及人饮工程的水管、闸阀、沟渠）、供电、通信、生产等公共设施，共同弘扬真善美，倡导新风尚，如有人为损坏的除责令其修复原状外并向村集体缴纳200元的集体违约金，由村文书代收，用于集体公益事业，情节严重的移交相关部门处理。

第四十七条　全村村民要配合村委会每年按时上缴农村新型医疗保险及养老保险，不得以各种理由拒交、缓交，要自觉养成无病就防、小病不拖、大病入院的良好习惯，确保各项医疗保障政策落实到位。

第四十八条　全村村民要注意用火用电安全，不得将易燃易爆物品堆放户内，家庭和野外用火要做到人离火灭，村内、户内电线要定期检查，损坏的要请电工及时修理、更新，不得乱拉乱接电线，排除各种火灾隐患。发生火灾时，应及时向村委会和乡政府报告并组织村民进行积极扑救。

## 第六章　婚姻家庭和教育

第四十九条　全村村民要树立“家是最小国，国是千万家”的意识，自觉经营好小家，坚持和和美美，以“和”为先的家庭经营观念，弘扬敬老爱幼、互敬互爱的良好家风，共同维护平等、和睦、文明、幸福的婚姻家庭关系。

第五十条　坚决反对早婚早育，鼓励晚婚晚育。严格遵守婚姻法相关规定，结婚年龄男不得早于二十二周岁，女不得早于二十周岁。坚持婚姻自由、一夫一妻的婚姻制度，禁止包办、买卖婚姻和其他干涉、破坏他人婚姻自由的行为，禁止借婚姻索取财物；夫妻之间应当互相忠贞，禁止重婚，禁止有配偶者与他人同居，自觉维护社会公德。

第五十一条　家庭要自觉执行计划生育，自觉遵守二孩政策，禁止超生，自觉树立男女平等的意识，摒弃男尊女卑、重男轻女的陈规陋习，保护妇女、儿童的合法权益。

第五十二条　夫妻之间地位平等，要互敬互爱，相互尊重，任何一方都有积极参加生产、工作、学习和社会活动的自由，发生矛盾时要平等协商解决，协商解决不了的要及时请求村组干部或村委会帮助解决，禁止殴打谩骂，禁止家庭暴力。

第五十三条　夫妻共同承担赡养老人、抚育子女的义务。善待老人，平等对待双方老人，禁止以不给饭吃、侮辱等形式遗弃或虐待老人。要共同承担家务劳动，共同管理家庭财产。兄弟之间、妯娌之间、婆媳之间要团结友爱，和睦相处，积极发扬尊老爱幼、孝老爱亲的传统美德。

第五十四条　全村村民要树立尊师重教的良好风尚。父母有教育引导子女的责任和义务，全村所有 6 至 16 岁的适龄儿童必须送往学校读书，辍学适龄儿童由监护人负责劝其返学，确保所有适龄儿童都接受义务教育。鼓励子女接受高等教育，考起大学的，村委会将用集体资金按照本科 1000 元、专科 500 元的标准予以鼓励，并帮助落实各项教育扶贫政策和积极动员社会帮扶。

第五十五条　家庭成员有精神病人、智障人士的，监护人应履行监护责任，积极治疗，因监护人监护不到位给他人造成损害的，应承担一切赔偿责任。

### 第七章　附则

第五十六条　本村规民约由邦界村民委员会负责解释，由村务监督委员会负责监督执行。

第五十七条　本村规民约自 2019 年 6 月 1 日起开始施行。

## 8.（云南省临沧市双江拉祜族佤族布朗族傣族自治县）忙糯乡邦界村有机茶园管理办法[①]

第一条　茶叶产业是全村“一村一品”产业，全村村民应当明确“有机生态”是茶叶发展最核心的竞争力。全村茶树所有者、经营者应履行好茶树、茶园管护的主体责任和义务，自觉认真管理茶园，改善优化茶园生态环境，强基地，创品牌，共同努力建成有机生态茶园示范基地，共同为打造邦界有机生态茶叶品牌而不懈努力。

第二条　每个村民都有确保茶园有机生态的责任和义务。全村茶园一律禁止使用草甘膦、百草枯、莠去津等农药，应当使用锄头、镰刀、割草机、微耕机等农用机械、器具进行物理除草、松土；一律禁止使用化肥等影响茶叶品质的肥料，应当

① 来自：《忙糯乡邦界村有机茶园管理办法》，载“微微邦界”微信公众号，2019 年 5 月 30 日最后访问。

使用有机肥或农家肥提高土壤肥力；一律禁止使用生长调节剂，确保茶叶品质优良。

第三条　全村茶园禁止套种玉米、烤烟等影响茶叶品质的其他农作物，所有影响茶叶品质的核桃树、竹子等一切杂物一律予以移植或砍伐，确保茶园干净卫生、生态系统良好。

第四条　全村村民要树立茶园管护意识，科学管理，茶园每年 7 ~ 8 月份要深挖（耕）一次以改良土壤，提高土壤肥力，在 11 ~ 12 月份要再挖（耕）一次，确保杂草清除、土壤空气流通和茶树生长。

第五条　全村村民应当严格保护古茶树，禁止随意砍伐古茶树，禁止对古茶树进行挖根剥皮等破坏行为。对古茶树的保护、管理和利用应坚持保护优先、科学管理、合理利用的原则，兼顾生态、社会和经济效益协调发展。要保护好“忙糯乡茶王树”，树立保护牌，划定保护区域，保护和改善其生长环境。

第六条　村委会是全村茶园管理、农药及肥料管控的中枢机构，要积极向上级有关部门请求资金支持和技术培训，做好管理、服务、监督和保障工作。

第七条　全村茶园施用有机肥由村委会统一通过农资管理部门向有资质的肥料销售商采购，全村村民应当经过村委会进行登记购买，确保有机肥含量、质量达标。使用农家肥的，在施肥前要经过无害化处理。

第八条　全村村民要积极预防茶园病虫害，发现有病虫害或其他问题，要第一时间向组干部或村委会报告，不得擅自使用农药。

第九条　全村茶叶专业合作社、初制所等加工企业不得占用基本农田，不得侵害国家和集体利益，土地利用一律要做到合法合规。要按照标准对茶叶进行生产加工，对于卫生条件达标、手续合法齐全、土地使用合法、群众口碑良好的初制所，村委会将积极争取上级部门资金给予重点扶持。

第十条　全村建立茶农黑名单制度，若有农户违规使用农药化肥，将列入茶农黑名单在全村范围群众会上通报批评，并在村委会和村内交通要道上予以通报公示，全村所有茶叶加工企业不得对其茶叶进行收购加工，同时，茶农还要一次性向村集体缴纳2000元集体违约金。茶叶加工企业违反以上约定的，要一次性向村集体缴纳所收购茶农三倍的集体违约金（即6000元），由村长代收并作为集体资金使用。

第十一条　村民要以身作则，互相监督，互相看齐。全村配备茶叶质保监督技术管理员，由生态护林员兼任。村委会将积极邀请相关专业人士对全村茶农进行技术培训，茶叶质保监督技术管理员要负责对组内的茶园进行质量监督管理和具体技术指导。同时，鼓励全村村民发现有人打药等违约行为时积极向村委会进行检举揭发，对于检举揭发并核实的，每次将给予1000元奖励。

第十二条　全村茶农可以根据意愿与初制所订立收购协议或者加入茶叶专业合作社，确保茶叶定向供给，对于按照要求管理的茶园，初制所不得以茶叶样子不好或其他理由故意压低价格，也不得变相抬高茶叶价格。

第十三条　全村茶农要按照要求管理茶园，对于茶园管理到位、茶叶品质优良、值得大家学习的茶农典范，村委会每年将评选10户代表用集体资金给予奖励表彰。

第十四条　鼓励全村茶农、初制所、企业积极对外宣传营销本村茶叶，“走出去”的同时鼓励引进企业或者自己投资建厂进行茶叶深加工，探索开发茶饮品、茶生活用品等，共同推动茶产业向管理规范化、生产标准化、经营产业化、营销品牌化方向发展。

第十五条　本办法由邦界村村民委员会负责解释并监督执行，自2019年6月1日起开始施行。

邦界村村民委员会

2019年5月

## 9. （云南省临沧市临翔区南美拉祜族乡）多依村多依林自然村村规民约[①]

为打造省级文明示范村，把多依村建设成为特色鲜明的产业发达村、生态优良村、文体活跃村、民主和谐村，经全村讨论通过，制定本村村规民约。

**一、社会治安**

1．每个村民都要学法、知法、守法，自觉维护法律尊严，积极同一切违法犯罪行为作斗争。

① 胡兴东于2020年3月1日提供。制定时间为2016年。

2. 村民之间应团结友爱，和睦相处，不打架斗殴，不酗酒滋事。严禁辱骂、诽谤他人，严禁造谣惑众、拨弄是非。

3. 自觉维护社会秩序和公共安全，不扰乱公共秩序，不妨碍公务人员执行公务。

4. 严禁偷盗、敲诈、哄抢国家、集体、个人财物。严禁赌博、严禁替罪犯藏匿赃物。

5. 严禁非法生产、运输、储存和买卖爆炸物品；严禁贩卖和吸食毒品；经销烟花爆竹等易燃易爆物品须经公安有关部门批准；不得私藏枪支弹药、爆炸物品。

6. 爱护公共财产，不得损坏水利、道路交通、供电、通信、生产等公共设施。

7. 严禁非法限制他人人身自由或非法侵犯他人住宅，不准隐匿、毁弃、私拆他人邮件。

8. 严禁私自砍伐国家、集体或他人的林木，严禁损害他人庄稼、瓜果及其他农作物，加强牲畜看管。

对违反上述社会治安条款者，触犯法律法规的，报送司法机关处理。尚未触犯刑律和治安管理处罚条例的，由村委会批评教育，责令改正。

**二、消防安全**

1. 家庭用火做到人离火灭，严禁将易燃易爆物品堆放户内、村内，定期检查、排除各种火灾隐患。

2. 不断加强村防火设施设备建设，定期检查，保证消防设施使用正常。

3. 对村内、户内电线要定期检查，损坏的要请电工及时修理、更新，严禁乱拉乱接电线。

4. 加强村民尤其是少年儿童安全用火用电知识宣传教育，提高全体村民消防安全知识水平和意识。

**三、村风民俗**

1. 提倡社会主义精神文明，移风易俗，反对封建迷信及其他不文明行为，树立良好的民风、村风。

2. 红白喜事由红白喜事理事会管理，喜事新办，丧事从简，破除陈规旧俗，反对铺张浪费、反对大操大办。

3. 不请神鬼或装神弄鬼，不搞封建迷信活动，不听、看、传淫秽书刊音像，不参加邪教组织。

4. 建立正常的人际关系，不搞宗派活动，反对家族主义。

5. 积极开展文明卫生村建设，搞好公共卫生，加强乡容乡貌整治，严禁随地乱倒乱堆垃圾、秽物，修房盖屋余下的垃圾碎片应及时清理，柴草、粪土应定点堆放。

6. 建房应服从村庄建设规划，经乡政府和上级有关部门批准，统一安排，不得擅自动工，不得违反规划或损害四邻利益。

违反上述规定的给予批评教育，出具检讨书，情节严重的交上级有关部门处理。

**四、邻里关系**

1. 村民之间要互尊、互爱、互助，和睦相处，建立和谐的邻里关系。

2. 在生产、生活、社会交往过程中，应遵循平等、自愿、互惠互利的原则，发扬社会主义新风尚。

3. 邻里纠纷，应本着团结友爱的原则平等协商解决，协商不成的可申请村调委会调解，也可依法向人民法院起诉，树立依法维权意识，不得以牙还牙、以暴制暴。

**五、婚姻家庭**

1. 遵循婚姻自由、男女平等、一夫一妻、尊老爱幼的原则，建立团结和睦的家庭关系。

2. 婚姻大事由本人作主，反对包办干涉，男女青年结婚必须符合法定结婚年龄要求，提倡晚婚晚育。

3. 自觉遵守计划生育法律、法规、政策，实行计划生育，提倡优生优育，严禁无计划生育或超生。

4. 夫妻地位平等，共同承担家务劳动，共同管理家庭财产，反对家庭暴力。

5. 父母应尽抚养、教育未成年子女的义务，禁止歧视、虐待、遗弃女婴，破除生男才能传宗接代的陋习。子女应尽赡养老人的义务，不得歧视、虐待老人。

**六、村容村貌和环境卫生管理**

1. 村属各种道路都是公共设施，不准私人占用打场晒粮和堆草堆肥、乱倒垃圾、拴牛拴羊，以免发生交通事故。发现有人占用村属路道，除限期搬走外，另给予公开批评教育。

2. 所有道路要保持清洁卫生、畅通无阻。沿路住户要经常打扫清查各自门前及左右附近路面上垃圾粪便。要自觉保护水泥路面，不准在水泥路面上卸砖头石块，故意破坏水泥路面的，照价赔偿。

3. 所有水泥路两侧绿化带内，不准沿路住户搭建各种建筑物和堆放杂物，以免影响村容和绿化。

4. 村四周沟渠路旁不准乱倒垃圾、乱扔死亡农畜家禽和死人遗物。

5. 所有建房农户必须在开工前到村及乡建房管理部门办好相关手续，否则不准进料，房屋必须按规划标准建造，房屋竣工后必须及时按标准砌好下水道。

6. 灌溉用水和饮用水要服从管理员管理，要节约用水。

**七、基础设施建设**

1. 所指的公共基础设施是指本村范围内的生产性基础设施和生活性基础设施，如农田水利设施、教育设施、体育设施、道路、桥涵、林木、房屋、土地、广播、电线等。

2. 成立以村党支部书记为组长的公共基础设施管护领导小组，领导我村的公共基础设施管护工作。

3. 成立以村委会主任为队长、村组干部为队员的公共基础设施管护小分队。

4. 小分队在村公共基础设施管护领导小组的领导下，负责对本村公共基础设施的看管与养护，对破坏上述设施的行为要及时制止，并上报村公共基础设施管护领导小组和村两委。

5. 故意破坏上述设施者，要以原价3倍以上进行赔偿；在耕作中无意损坏上述设施，并能主动维修的，按原价进行赔偿。

6. 对破坏上述设施的程度比较严重、性质比较恶劣、触犯法律法规的，移交司法机关处理。

7. 保护公共基础设施，本村村民人人有责，不但要管好自己，而且要监督他人，发现有破坏行为，主动制止并立即报告小分队。

8. 管护小分队每年要对本村的公共基础设施进行一次检查养护，费用由村委会负责。

9. 村委会每年进行一次评比，对自觉遵守管护办法，并有突出贡献的村民，给予一定的物质和荣誉奖励。

**八、计划生育**

1. 村委会在村党支部的领导下，组织和带领全体村民共同完成年度人口与计划生育目标管理任务，不断促进村民婚育观念的转变。村支部书记、村委会主任对全村计划生育工作负总责，村“两委”班子中分工一名委员专抓计划生育工作。

2. 村委会每月组织有关人员专题研究一次计划生育工作，及时解决疑难问题，每年两次向村民大会专题报告计划生育工作。保证对计生工作的人、财、物投入，农村转移支付资金用于计划生育的部分不少于人均6元。

3. 村委会应自觉接受村民会议、村民代表会议和青年、妇女、民兵、计生协等群众组织的监督。

4. 经常开展群众性“自我管理、自我教育、自我服务”活动，带动群众少生优生，宣传群众树立文明进步的婚育观念，开展多种生育、生产、生活服务，为群众排忧解难，在计划生育和全村“两个文明”建设中发挥主力军作用。

5. 村民要落实安全、有效的避孕节育措施，同时，接受计划生育技术指导、咨询以及与计划生育有关的临床医疗服务。

6. 村民应自觉实行晚婚晚育和计划生育，及时落实安全可靠的避孕节育措施，积极参加孕期保健和生殖健康保健，自觉接受人口与计划生育基础知识教育。

7. 村民应自觉履行上级有关计划生育的法规、规定和有关义务。

8. 设立计划生育“连心箱”和“连心电话”，听取村民对计划生育工作意见和建议。

9. 因失职渎职，导致生育指标落实、避孕节育措施落实等服务不及时，流动人口计划生育管理不到位的，瞒、漏、错报人口出生和新婚等计生重大失误的，对有关责任人和工作人员进行批评教育，限期改正，并按有关程序给予扣减补贴直至罢免职务的处分。

**九、教育卫生**

1. 严格抓好九年义务教育，严禁子女辍学。

2. 为激励村民子女向高层次学习深造，加大本村人才培养力度，实行一次性奖励。

以上各条款经村民代表大会讨论通过，希望所有群众自觉遵守，互相监督。

## 10. （云南省临沧市临翔区南美拉祜族乡）南美村竹笆山自然村村规民约①

### 第一章　总则

第一条　为实施乡村振兴战略，实现村民“自我管理、

① 胡兴东于2020年3月1日提供。

自我教育、自我服务、自我约束、自我发展”，爱党爱国爱集体，遵纪守法，自觉践行社会主义核心价值观，履行公民义务，着力构建自治、法治、德治相结合的乡村治理新体系，营造共建共治共享社会治理格局。

## 第二章　规约内容

第二条　支持和配合上级和村民理事会制定的本村发展的有关决定、决议和规定。

第三条　自觉投身社会主义新农村建设，投工投劳、筹资筹款，积极参与“四治一改一拆一增”“七改三清”等专项行动。

第四条　不违法违规占地用地，不乱建乱搭。建房不得违反村庄规划，不损害四邻利益，遵守“一户一宅”管理规定，未经村委会和上级有关部门批准，不擅自动工建设。

第五条　自觉保护耕地，严禁荒废耕地，耕地使用要符合村的统一规划，不得非法改变其用途或转让。

第六条　自觉维护村容村貌整洁有序，不乱拉乱挂，不乱堆乱放，不乱张乱贴。

第七条　按规定要求做好生活垃圾处理，落实门前“三包”（即包卫生、包绿化、包秩序），自觉缴交保洁费，不乱扔乱倒垃圾，不露天焚烧垃圾，自觉将垃圾投放至指定的垃圾收集点。

第八条　注重生态环境保护，不露天焚烧稻秆及其他农作物，保持空气质量。

第九条　注意森林防火，生产生活中尤其祭奠扫墓时，要严格控制火种火苗，严防火灾发生。注重保护林地，不毁林开荒。

第十条　不散养禽畜，做到人畜分离、集中圈养。禽畜圈养场所、厕所要勤清理，以免臭气、脏水污染环境。发现多数禽畜得病，要及时向村委会报告，不得擅自处理，防止发生大面积疫情。

第十一条　爱护村庄绿化、村道路灯、环保设施、公共标志、文体器材等公共设施及集体财物。

第十二条　自觉维护道路安全畅通，不在路边违建或堆放废土、乱石、杂物或种植作物；不侵占路面，不在道路上乱挖排水沟或晒、打农作物。

第十三条　积极参与兴修水利建设，自觉维护水利设施，及时清淤修整，确保农田灌溉正常。

第十四条　团结互助，相互尊重，男女平等，和睦相处，不粗言乱语、不诽谤他人，不拨弄是非，不仗势欺人，不造谣、信谣、传谣，共同构建新时代和谐的邻里关系。

第十五条　尊老爱幼，子女必须履行赡养父母义务，父母必须重视子女教育，保证子女接受义务教育。

第十六条　不搞封建迷信，不参加邪教和非法宗教活动；移风易俗，喜事新办，丧事从简，破除陈规旧俗，反对铺张浪费，反对大操大办，倡导社会主义精神文明新风。

第十七条　不参与涉黑涉恶等违法活动，积极配合上级有关部门开展扫黑除恶专项斗争。自觉抵制黄、赌、毒，倡导健康文明的生活方式，共同营造良好的社会风气。

第十八条　不违反法定程序越级上访和聚众集体上访，不煽动群众聚众闹事，不扰乱社会公共秩序。

## 第三章　规约监督

第十九条　由村民理事会负责对村民遵守《村规民约》的情况进行监督。

第二十条　本村的党员、干部、理事会成员和村民代表要模范带头遵守《村规民约》，一旦发现有违反行为，要大胆制止、及时处理。

第二十一条　村民对监督人员的处理有不同意见的，可向村、乡反映，不得借机侮辱、诽谤、报复监督人员。

第二十二条　违反《村规民约》，要承担相应责任：（1）批评教育；（2）赔礼道歉；（3）写悔过书；（4）对违约行为进行通报；（5）恢复原状或赔偿损失；（6）扣发村集体经济分红；（7）其他村民提出的约束办法。

## 第四章　规约实施

第二十三条　本《村规民约》经2019年5月5日村民会议表决通过后生效，并抄报村委会及乡人民政府备案。

第二十四条　本《村规民约》从公布之日起执行，请全体村民（包括居住、外出务工村民）共同遵守、自觉执行。

南美村竹笆山自然村

2019年5月5日

## 11.（云南省西双版纳傣族自治州勐海县布朗山区班章乡）巴卡囡寨拉祜族村规[1]

1. 禁偷窃。偷一棵竹子罚三元，一圈（三丈）藤篾罚三元，一背柴罚三元，一筒土靛罚 0.75 元。出门时偷吃蜂蜜，按蜂桶大小赔偿；回来时偷吃蜂蜜，可以不赔，因回家路上肚子饿，拿点吃的并不算偷。青包谷、黄瓜、地瓜等能吃的瓜果都可吃一点，只要不带走不算偷；

2. 不准吸食鸦片，否则被撵出寨子；

3. 不准懒惰，正常年景下，连续三年不够吃全村不予帮助；

4. 牛马糟蹋庄稼，按损失程度赔偿；

5. 不准娶妾重婚，否则要罚挑带刺的扁担游寨子。

---

① 来自：梁克生主编，政协澜沧拉祜族自治县委员会编：《拉祜族史》，云南民族出版社 2003 年版，第 332－333 页。制定时间不详。

# 第十六章　佤族地区村规民约

## 1. （云南省临沧市耿马傣族佤族自治县四排山乡）石佛洞村村规民约[①]

邻里间，不吵架，互帮互助似一家；
火乱烧，电乱牵，人命财产当儿戏；
讲卫生，爱整洁，环境需要大家保；
去打工，报组长，有事方便对你讲；
村组路，要爱护，致富动脉保畅通；
不乱砍，不乱伐，绿水青山是财富；
议事会，不独断，大事群众说了算；

① 来自：《耿马自治县石佛洞村：突出基层党建引领村规民约凝聚人心》，载“平安耿马”微信公众号，2019 年 7 月 26 日最后访问。制定时间大概为 2019 年。

红白会，管宴请，喜事丧事要备案；
丧喜事，慎简办，勤俭节约显美德；
黄赌毒，快举报，教育帮扶引正道；
长有慈，少有孝，岁数大了有依靠；
家有老，如有宝，精心赡养传孝道；
育子女，教育先，知识能将命运改；
等靠要，快扔掉，自强不息最重要；
村脱贫，户摘帽，勤劳走出幸福道；
此条约，要谨记，幸福新村我来建。

## 2. （云南省临沧市沧源佤族自治县勐董镇）龙乃村村规民约①

### 第一章　总则

第一条　为了建设社会主义新农村，构建和谐社会，争取早日实现“生产发展、生活宽裕、乡风文明、村容整洁、管理民主”的美好目标，根据《中华人民共和国村民委员会组织法》和有关法律、法规，结合本村实际，制定本村规民约。

第二条　凡是本村村民和居住本村的外来人员都要遵守本村规民约。

第三条　本村规民约的解释权归村民委员会。

① 胡兴东于2020年3月1日提供。

## 第二章　乡风文明

第四条　热爱祖国，拥护中国共产党，爱护本村，维护本村的合法权益和名誉。

第五条　努力学习文化知识，努力学习科学技术，不断提高文化素质、思想素质、道德素质和科学技术素质。

第六条　努力生产，努力工作，艰苦奋斗，勤劳致富，智力致富，反对贪逸恶劳。

第七条　遵守社会公德，诚信做人，爱护个人声誉，反对损人利己，反对损公肥私，反对见利忘义，反对为富不仁。

第八条　崇尚科学，反对愚昧，禁止以迷信手段骗财，坑害群众。

第九条　遵纪守法，反对违法乱纪。不偷盗，不斗殴，不赌博，不卖淫嫖娼，不吸毒贩毒，不违法建房，不违反村和村民小组的规划建房。每户只能拥有一处宅基地，申请建新房的村民，荒废的旧宅基地应归还原集体。

第十条　不违法买卖、转让土地。违法买卖、转让土地造成村土地流失的，土地承包到期时，应依到期日的地价赔偿发包方。凡属非承包的土地，因公益、公共事业建设需要，使用人应及时交出土地，对其地面附属物，使用人可以获得适当的补偿。承包地，因公益、公共事业建设需要，承包人不同意出让的，村委会或村民小组可以为其兑换土地。

第十一条　讲究文明礼貌，助人为乐，知恩图报，敬老爱幼，亲朋邻里团结互助，有矛盾时，通过协商或合法途径解决，反对以强欺弱，以众欺寡。村民之间有纠纷，当事人自愿，可用书面申请村委会调解。

第十二条　爱惜资源，俭朴治家，反对铺张浪费，婚丧喜庆尤其要注意节约。

第十三条　提高安全意识，注意防火防盗，注意安全生产，特别注意用电安全和交通安全，禁止私藏爆炸物。

第十四条　做好家庭和睦，夫妻恩爱，孝顺父母公婆，爱护子女儿媳，特别要让老年父母公婆老有养、老有乐、病有医，反对家庭暴力，反对抛弃家庭成员。违反的，村委会、老人协会有权干涉。

第十五条　养成良好的公共卫生习惯，柴草不乱垛，禽畜不乱放，臭水不乱流，粪便不乱堆，垃圾不乱扔。

第十六条　开展健康的文化娱乐活动，反对败坏社会风气的低级下流娱乐，禁止传播淫秽录像和书刊。

第十七条　支持发展集体经济，热心公共、公益事业，爱护公共财物。爱护水、电、道路、水利、通信等公共设施，爱护公共花草树木。不拖欠、挪用村或村民小组的公款，拖欠、挪用公款，申请建房时村民委员会将不予以支持。

第十八条　遵守义务教育法，父母或其他法定监护人都应依法保证其儿童、少年按时入学和完成义务教育。切实担负起农村教育发展中的管理责任，促使辖区内教育健康发展。加大教育执法力度，认真贯彻执行国家有关教育法律、法规、政策，促使辖区内教育健康协调发展。采取有效措施，抓好控辍保学，积极组织适龄儿童、少年入学，严格控制义务教育阶段学生辍学，巩固和提高“两基”成果，确保义务教育各项指标达到国家和省定指标要求。小学入学率达 99．5% 以上，初中入学率达 98% 以上。小学辍学率控制在 1% 以内，初中辍学率控制在 3% 以内。15 周岁人口中初等教育完成率达 98% 以上，17 周岁人口中初等教育完成率达 90% 以上，残疾儿童少年入学率达 90% 以上。确保九年义务教育阶段外来务工随迁子女及农村留守儿童少年接受义务教育。加大高中教育宣传力度，完成下达的普高、职高年度招生任务。

第十九条　遵守兵役法，有服兵役义务的村民都应积极依法服兵役。

## 第三章　计划生育

第二十条　每位村民都要学习、宣传党和国家的计划生育政策，都要遵守《中华人民共和国人口与计划生育法》、《云南省人口与计划生育条例》等法律法规，依法享有计划生育的权利和履行计划生育的义务。遵守计划生育是每个村民应尽义务，违反计划生育依照《云南省人口与计划生育条例》进行依法处理，对违反计划生育不执行计生处理的，有谩骂、侮辱，殴打计划生育工作人员等行为者，按有关法律法规和政策严肃处理，情节严重的移交司法机关。

第二十一条　鼓励青年实行晚婚晚育（男满 25 周岁，女满 23 周岁），严禁早婚早育（男未满 22 周岁，女未满 20 周岁），男女双方结婚必须达到法定婚龄，依法登记，并领取的《生育服务证》后方可怀孕生育，违反者计划生育者村委会对夫妇进行处罚，超生一个夫妇交处罚金20000元，非法生育的（含已领结婚证时间不满的，就生育的夫妇）交处罚金10000元。

第二十二条　禁止超生，禁止婚外生育，禁止非法抱养、送养孩子，禁止弃婴。对非法抱养孩子的一律退回原籍，发现弃婴的应及时向公安、民政、计生部门报告，由有关部门协调处理。

第二十三条　已婚育妇应自觉学习熟练掌握计生“两基”知识，经抽查不合格的，应参加计生知识培训班，直至熟悉为止。

第二十四条　严禁非医学需要进行胎儿性别鉴定，持证的必须与村委会签订不非法胎儿性别鉴定合同书。确因医学需要终止妊娠的，必须报告村干部并到镇级出具证明，经临沧市计生鉴定小组或市计生服务站鉴定、市计生委批准。因意外造成流产的必须在24小时内报告村委、驻村工作队，先上环，待调查清楚后，方可办理延证手续。持《生育服务证》擅自终止妊娠的，属第一胎的五年内不安排生育；属第二胎的则吊销《生育服务证》，并落实绝育措施。

第二十五条　育妇生育第一个孩子后，必须在42～90天内上环（或皮埋），如不宜上环（或皮埋）的，经计生服务所（站）出具证明；生育二孩（含第一胎双胞胎，政策性第二孩）后，必须在60天内落实结扎措施。对迟迟不落实的，采取强制措施。

第二十六条　一方为非农业人口生育一孩的，必须在3个月内办理《独生子女父母光荣证》。

第二十七条　查环查孕的对象每年必须接受四轮的“两查”(3月、6月、9月、12月份)，具体日期由村委会提前通知，两查对象应按时参加，逾期三天的必须说明原因。

第二十八条　凡跨市（县）经商、务工等外出一个月以上的育龄妇女（18~49周岁)，应与村委会签订《流动人口计划生育合同书》，并到镇计生办办理流动人口《婚育证明》，没办理的，在婴儿出生的一个月内应向村委会如实申报出生，并到派出所办理户口证明。

第二十九条　男女结婚，女（男）方应在婚后一个月内把户口迁入婚嫁地。生育孩子的家庭，在婴儿出生的一个月内应向村委会如实申报出生，并到派出所办理户口证明。

第三十条　凡本村男满16周岁、女满15周岁以上的未婚青年（在校生除外)，要与村委会签订不早婚早育，不暗婚暗育保证书，每年应接受两次未婚青年见面教育，具体日期由村委会提前5天通知，对象应准时参加。

第三十一条　凡村辖区内的用工单位、房屋出租房主，必须通知外来人员在入住七天内，将计生情况准确地向村委会申报，并接受上级计生审验。违者按国家《流动人口计划生育工作管理办法》有关规定处罚。

第三十二条　党员、村两委要带头教育子女遵守计生政策，实行计划生育，违反者按规定报上级给予党政纪处分和经济处罚；村责任人失职造成政策外生育的给予降职直至撤职(罢免)，本村村民违反计划生育政策者，不纳为入党积极分子和后备干部，不享受本村规定的优惠待遇和其他照顾。

## 第四章　管理民主

第三十三条　村干部应廉洁奉公，确立“权为民所用，情为民所系”真心实意为村民办实事、办好事，带领村民致富，建设社会主义新农村。村干部，包括村民小组长行使公权违反规定，给村级、村民小组或村民造成损失的，应当承担赔偿责任。

第三十四条　村级有关重要决策和重要事项，村民有参与权、监督权和评议权；村级有关重大决策和重大事项应让村民参与或由群众代表参与，接受村民监督，让村民评议，让村民满意。每年1月1日村委会召开一次村民大会，审议村委会的工作报告、村财收支以及村级有关的重大决策和重大事项。村级重大工程的管理人员，普通村民应占50%以上。

第三十五条　村委会应建立严密的村级财务管理制度，成立有村民代表、联合体联长、理事会成员参加的理财组和监督组，每季度由理财组、监督组对村财收支进行审核并印发到各村民小组上墙公示，又让村民小组长存档一份备查。

第三十六条　有关村级企业承包经营、土地管理、工程建设等严格依照《勐董镇村级企业承包经营公开制度》《勐董镇村级土地管理公开监督制度》《勐董镇村级工程建设项目公开制度》等相关规定执行。

## 第五章　惠农资金管理

第三十七条　按照种粮农民补贴政策，由理事会组织召开小组村民会议，采取“一事一议”的方式，确定符合享受的农户，经审核、公示无异议后上报。

第三十八条　农户无故不管理承包田地，土地荒芜；不按产业规划种植地块的，均不得享受种粮补贴政策。

第三十九条　按照油菜补贴政策，由理事会组织召开小组村民会议，采取“一事一议”的方式，确定符合享受的农户，经审核、公示无异议后上报。

第四十条　油菜种植严格按照“双低”品种的要求，不符合品种要求的农户不再享受油菜补贴。

第四十一条　能繁母猪的统计上报，严格按照畜牧部门的要求进行统计，由各村民小组统计并张榜公布，群众无异议后上报。

第四十二条　村委会应与能繁母猪养殖户签订养殖管理协议书，并缴纳违约金。

第四十三条　根据畜牧部门对能繁母猪保险的标准和要求，进行投保的能繁母猪，由镇兽医站技术人员统一佩戴标识耳标，由村兽医员进行跟踪管理。

第四十四条　对投保能繁母猪，必须按照畜牧部门的要求进行重大动物疫病和常规疫病免疫，若不执行疫病免疫的，能繁母猪死亡不给予保险理赔。

第四十五条　参加保险期间，养猪农户把能繁母猪进行屠宰或以其他行为骗取保险资金，经查实，将追回当年补贴和保险。

第四十六条　对上报能繁母猪存栏和死亡数弄虚作假的，

经查实，将追究相关工作人员的责任。

第四十七条　违反以上规定拒不交回补贴、保险和违约金的农户，由村委会张榜公布，并在三年内不得享受其他扶持项目。

第四十八条　因违反规定交回的补贴和违约金，用于本组的公益事业。

第四十九条　农村低保严格按照相关文件、制度和程序，确定享受范围、享受对象和享受标准，实行一年一次动态调整和管理，实行按月发放。

第五十条　村民委员会负责定期对全村的低保对象进行排查，发现不符合享受低保政策的农户立即上报并取消其补助资格。

第五十一条　享受低保对象：

1．积极参与新农村建设，履行村、组义务劳动的农户。

2．丧失劳动能力的孤寡老人、残疾人和无劳动力家庭。

3．子女在校就读高中（含高中）以上的农户。

4．独生子女户。

5．农村低保实行超生户一票否决制。

第五十二条　全村不具备抗御6级地震能力的民居房，有加固价值的进行加固或加固改造，没有加固价值的进行拆除重建。补助标准以勐董镇补助标准为准。

第五十三条　确定享受补助对象程序。由村民委员会根据农户申请情况，确定农户实际建设类型和享受补助标准。制定出实施方案，明确房屋建设农户、建房（加固或加固改造）

规格和质量标准、避险场所和疏散通道建设标准及资金预算、建设工期。

第五十四条　由村民委员会对建设户进行公示，公示期满群众无异议，召开村民会议表决通过后，报县农村民居地震安全工程建设领导小组批复实施。补助资金按照工程进度以“一折通”形式分两次直接兑付给农户，工程进度达到或超过一半时，由村民委员会提出申请报建设局审核，审核同意后将一半资金打入所涉农户“一折通”。工程结束，经县建设局检查验收合格后兑现另一半。建设户必须在村民委员会规定的时限内开工，开工后必须在 120 天内完工。开工后 80 天内完不成工程进度一半的，不兑现另一半补助资金，在规定的 120 天内完成工程并经验收合格的，仍有享受资格，但补助资金只能在验收合格后一次性兑付。建设户必须交纳 2000 元的工期保证金，在规定的时间内验收合格后一次性退还给农户，如在规定的时间内完不成工程，2000 元保证金不再退还给农户，交由理事会用于公益事业。

第五十五条　改造户建设要求及方式：在确定加固改造户时与其签订协议，先由县建设局将补助资金打入农户“一折通”，再由农户把 2000 元钱交由理事会并提出建设方案，由村民委员会审核同意后统一组织实施。资金的使用范围，仅限用于民居房建设、疏散通道（村庄道路）及避险场所（公共活动场所）建设和村容村貌整治。

第五十六条　按照城乡一体化规划要求，为加速社会主义新农村建设，市、县采取部门挂钩帮扶的方式建设特色民居房。建设标准必须符合临沧市新农村民居房建设 23 种推荐户型或龙乃村新农村民居房建设户型，建成后达到庭院干净整洁，排污通畅，美化绿化。

第五十七条　新农村民居房建设坚持群众自愿、量力而行的原则。由农户填写《民居房建设审批表》，分别经理事会、村民委员会审核同意后，由村民委员会对建设户进行公示，公示期满群众无异议，报县、镇社会主义新农村建设工作领导小组办公室审核合格，批准建设。

第五十八条　资金采取项目整合的形式，包括：农村民居地震安全工程建设补助资金、财政扶贫及新农村建设项目补助资金、挂钩部门扶持资金及其他项目补助资金。补助标准为每户 15000 元。

第五十九条　工程验收、资金拨付及交纳工期保证金等事项参照民居地震安全工程建设补助资金要求。

## 第六章　耕地保护

第六十条　自然村耕地保护线划定应经自然村村民会议“一事一议”通过，耕地保护红线划定后，在耕地保护红线以内不得建盖房屋和其他建筑，村民和辖区内单位建盖房子只能在耕地保护红线以上的适宜人居住的山地，但其在耕地保护红线以内的房子原则上要拆除并恢复为耕地。

第六十一条　现有的耕地原则上不得占用，除经县级以上人民政府土地管理部门批准，按照全县旅游总体规划实施外，不得改变用途，要改变用途必须经小组村民会议“一事一议”

通过公示后报请县级以上土地管理部门审批。未经“一事一议”审批擅自占用耕地和改变耕地用途的，由小组村民会议“一事一议”后报请县级土地部门强制恢复。

## 第七章　奖罚规定

第六十二条　违反计划生育法律、法规的，除了依法受处罚外，还要村委会缴交违约金；早婚的应缴纳5000元；早孕的应缴纳5000元；非法抱养、送养一个孩子的应缴纳5000元；逾期不上环、不结扎的，应缴纳500元；无故不参加“两查”的，每期应缴纳500元；逾期不督促外来人员申报计生情况的单位或房主，应缴纳500元。违约金全部用于计生事业。

第六十三条　计生“三户”（独生子女户、双女户、特扶户）在享受法定奖励及上级各项优惠政策的基础上，可再享受如下优惠：

1. 计生“三户”优先优惠办理手续。

2. 计生“三户”免费享受技术信息服务，优先参加家政服务队伍。

3. “独生子女”户的子女考上本科时，每人奖励500元，考上专科时，每人奖励300元。

第六十四条　本村子女考上重点大学，村委会一次性发给奖学金500元给予鼓励。文体活动获奖的本村村民，获全国性三等奖以上的（含三等奖）村委会发给奖金500元；获全省性三等奖以上的发给奖金300元；获临沧市级三等奖以上的发给奖金200元；县级三等奖以上的发给奖金100元。

第六十五条　在建设社会主义新农村的工作中，以书面形式提出合理化建议，每被采纳一条，村委会发给奖金 100 元；在建设中，表现突出的，年终经村民代表大会表决确认为先进个人的，村委会发给奖金 200 元。

第六十六条　抢险救灾、见义勇为，包括劝架、反盗窃、救死扶伤、救困助弱表现突出，受镇以上人民政府表彰的，村委会发给奖金 500 元。

第六十七条　对村“两委”下达的核桃、竹子种植任务，不按照“五个一”要求种植，管护达不到“三率”要求的农户，不允许提取当年“一折通”里的国家惠农资金，要求限期整改后，经理事会或产业协会检查验收合格后，报村委会审核并公示后，农户方可提取。农户所提取的惠农资金必须投入在购买生产生活资料上，如种子、苗木化肥、农药及劳动工具或劳动支出，不得用于高消费、赌博、购买彩票和酗酒等，一旦发现惠农资金改变用途，由理事会追回所领取的惠农资金，用于公益事业，并取消（农户）下一年的享受资金。严禁进入地块放牧，因放牧造成苗木受损害，或故意破坏苗木的，违者每株罚款 200 元，并要求补植补造，情节恶劣者，将按照治安管理法追究法律责任。为破坏核桃、竹子管理行为积极提供线索的人员，经查实后给予一次性奖励 100 元。

第六十八条　本村村民在工作或创业中有突出贡献的，受区市级以上人民政府表彰的先进个人，村委会发给奖金 500 元给予奖励。

第六十九条　在社会公德、遵纪守法、邻里团结、家庭和睦等方面，表现突出的，经党员、老人协会理事成员推荐，通过村民代表大会表决确认的文明家庭，村委会发给荣誉证书，奖金100元。

第七十条　在民事纠纷调解工作中，效果显著的，年终经村民代表大会确认为调解优秀分子的，村委会发给奖金100元。

## 第八章　社会综治维稳安

第七十一条　法律法规

1. 每个村民都要学法、知法、守法，自觉维护法律尊严，积极同一切违法犯罪行为作斗争。

2. 村民之间应团结友爱，和睦相处，不打架斗殴，不酗酒滋事，严禁侮辱、诽谤他人，严禁造谣惑众、拨弄是非。

3. 自觉维护社会秩序和公共安全，不扰乱公共秩序，不阻碍公务人员执行公务。

4. 严禁偷盗、敲诈、哄抢国家、集体、个人财物，严禁赌博、严禁替罪犯藏匿赃物。

5. 严禁非法生产、运输、储存和买卖爆炸物品；经销烟火、爆竹等易燃易爆物品须经公安机关等有关部门批准。不得私藏枪支弹药，拾得枪支弹药、爆炸物品，要及时上交公安机关。

6. 爱护公共财产，不得损坏水利、道路交通、供电、通信、生产等公共设施。

7. 严禁非法限制他人人身自由或非法侵犯他人住宅，不准隐匿、毁弃、私拆他人邮件。

8. 严禁私自砍伐国家、集体或他人的林木，严禁损害他人庄稼、瓜果及其他农作物，加强牲畜看管，严禁放浪猪、牛、羊。

第七十二条　严禁拖拉机载人、摩托车超载，禁止村内飙车（含摩托车飙车），若发现一次罚款200元。

对违反上述社会治安条款者，触犯法律法规的，报送司法机关处理。尚未触犯刑律和治安管理处罚条例的，由村委会批评教育，责令改正。

第七十三条　消防安全

1. 加强野外用火管理，严防山火发生。

2. 家庭用火做到人离火灭，严禁将易燃易爆物品堆放在户内、寨内，定期检查、排除各种火灾隐患。

3. 对村内、户内电线要定期检查，损坏的要请电工及时修理、更新，严禁乱拉乱接电线。

4. 加强村民尤其是少年儿童安全用火用电知识宣传教育，提高全体村民消防安全知识水平和意识。

## 第九章　公共（公益）事业

第七十四条　以村民“一事一议”筹资筹劳为基础的“村内户外”公共（公益）事业建设，主要包括农田水利设施、村组公路、村庄道路、电力设施、集体饮水工程修建、管理、维护等，以及村民认为需要的其他公共（公益）事业建设。

第七十五条　村内兴办公共（公益）事业建设所需筹资筹劳，实行“一事一议”制度，由村民会议或户长会议讨论通过。

第七十六条　经“一事一议”决定兴办的公共（公益）事业建设及相关筹资筹劳事宜，必须人人参加，户户参与，不参与投工者，按当地工价折资兑现。

第七十七条　村组公路、村庄道路、农田水利设施、电力设施、集体饮水工程修建、管理、维护原则上由村民小组为单位组织实施。

## 第十章　义务教育和兵役

第七十八条　学龄儿童和青少年有依法接受教育的权利和义务，其法定监护人应保证子女接受九年制义务教育，鼓励子女多学科学文化知识。

第七十九条　凡符合服兵役条件的本村青少年，都有服兵役的义务，应积极主动参加兵役登记、体检和应征。

## 第十一章　水利建设

第八十条　每个村民要爱护水利设施、沟渠，保护水源，全村由水利员管理水利，实行一户一表制，每月由水利员进行造册登记，水费按 1 元一个立方收取，水费由村委会统一管理使用，按照 50% 水费补助水利管理员；50% 水费支付维修费及水源补助金。

## 附　则

第八十一条　本村规民约于 2014 年 1 月 1 日经村民会议表决通过。

第八十二条　本村规民约自通过之日起正式实施。

# 3.（云南省临沧市沧源佤族自治县勐董镇帕良村）村规民约[①]

——每一个村民要学法、知法、守法，自觉维护法律的权威与尊严。

——坚持四项基本原则，实行民主集中制，加强组织纪律性，服从支部、村委会和小组的领导和安排，积极参加开会，学习和参加各种公益产业活动。

——自觉维护社会秩序和公共安全，不扰乱公共秩序，不妨碍公务人员执行公务，把各小组（社）的社会治安同全村的发展、稳定大局联系起来，同一切违法犯罪作斗争，确保帕良的改革和发展顺利进行，使粮食增产、经济增收更上一个台阶。

——严格遵守每月的“逢九”“逢十”制度，“逢九”村

① 来自：李兵主编，佤族调查组编写：《云南民族村寨调查 佤族 沧源勐董镇帕良村》，云南大学出版社 2001 年版，第 91、92、93、96、97、98 页。本村规民约由各部分整理而成。

民集体学习日，内容由村党支部、村委会指定，村民小组、党小组组织实施，小组干部要利用学习日向村民宣传政策、法律和法规常识，提高村民自身素质；“逢十”为休息日，休息前村民要打扫好卫生，而后由各小组青年开展文体活动，如不参加学习和活动一早上的人，扣掉全天义务工。

——建立正常人际关系，不搞宗派和宗教活动。

——村民之间相互尊重、相互理解、相互帮助、和睦相处，建立良好的邻里关系。

——在经营、生活、借贷和社会交往中，遵循平等、公正、互利原则，自觉服从村委会安排。

——村民饲养动物造成他人损失的，动物饲养人负经济责任；限制行为能力的人对他人造成损害，监护人应负经济责任。

——邻里间发生纠纷，能自行调解的要依靠组织解决，不能仗势欺人，对不听劝阻而造成纠纷的当事人，情节轻微的给予教育，造成人身伤害的，必须承担医疗费用，对于损害的财产按实际损失的两倍以上罚款。

——发生山林火灾，责令当事人赔偿损失的 100%，并支付灭火人员的误工费。情节严重的，追究当事人法律责任。

——不允许本村村民外出流浪，男青年不准蓄留长发，违法乱纪者罚款 5 元。

——认真遵守户口管理规定，出生、死亡要及时申报或注销；外来人员不搞副业，居住期不允许超过 5 天，谁家请人来做小工，谁家管，不允许让外来人员替出义务工，不能随便乱在河里捞沙卖、拿砖头卖等，须到村委会治保处汇报并办理手续。

——发生大牲畜吃掉或践踏庄稼，放牧和受损双方经由小组干部调解处理，由调解员根据发生经过和损失来裁决，茶树每棵（赔）5元，其他作物按质论价赔偿，调解员的误工费，由双方协商支付，如调解员不能及时处理，由损失方扣留大牲畜，扣留期间由放牧方支付误工管理费。

——家畜家禽要关养，践踏庄稼被村民打死打伤，村委会、小组不予受理。

——绝育夫妻需领养小孩，只能收养一人，被收养者的母亲不允许生育第三胎，再生按超生处理。

——两个小孩都是女的，允许其中一个招上门女婿，但上门者须是中国籍公民。

——土地是国家宝贵资源，属国家所有，是不可再生资源，是农民赖以生存、发展和致富的最主要生产资料，必须合理开发和合理利用每一寸土地。

——属于集体场地，任何农民不得私自侵占，尤其公路附近的农户。不准在村附近或田边路旁乱挖土，禁止损害庄稼。

——依法使用宅基地，老宅基地要严格尊重历史状况，新批基地按村镇规划执行，不得损害集体规划和四邻利益，服从村镇规划，不挤占、不超占、不乱占宅基地。

——农户之间田界线，任何人不得私自侵占，如侵占，侵占方必须退回侵占面积，并按侵占面积退给被侵占者粮食和经济所得，事态严重者，给予严重处理。

——必须认真管理好全村的公路、涵洞，保证道路、涵洞畅通。

——每个村民有责任有义务管理好大河（即勐董河），凡发现在河内炸鱼的，每炸一炮罚款 30 元，谁抓着放炮炸鱼者，给予奖励罚款金额的 50%。

——全村所辖大河跨入各组小排灌沟，任何人不得堵占，如发现类似情况，据情节轻重给予教育和罚款处理。

——严格用水、用电管理，不经批准，不得私自安装用电设施，要切实爱护用电用水设施，节约用水用电，严禁偷水偷电。

——发现滥砍乱伐盗卖国有、集体公山林木、农户自留山林的林木，村委会除没收砍伐林木外，要加以罚款。罚款标准：砍一棵床子罚 5 元，砍一棵行条木的罚 7 元；盖房子的要向村委会交纳育林费，经请示同意砍伐的每立方（米）交 50 元，不经请示而砍伐的每立方（米）交 200 元，罚款由村委会和小组分管。

——农户种松木、杉木或竹子等，必须在自己的山林内种植，不得随便乱在其他农户的山林地或集体山林上种，否则山林主人有权没收。

——农户需在某农户的自留地、山或所属场地建房的，必须通过协商同意后方可建盖，谁家占用负责赔偿被占用方损失，茶、果木每棵 5 元为起点进行赔偿。

——全村要保护好水源林，具体由第四党小组负责监管。不得随便滥砍乱伐，如谁不经第四党小组批准进行砍伐，要根据其所砍数量多少进行罚款。如集体使用必须经第四党小组同意后砍伐。公山由第三党小组监管，不得随便砍伐，如需使用要向第三党小组请示批准方可砍伐。未经批准砍伐的，每砍一排柴罚款 80 元，村民不得在其他家山林和公山上捡柴。

——本村规民约于 1999 年 11 月 19 日经村党支部、村委会、村民代表会议及村民小组长会议讨论通过，于 1999 年 11 月 20 日颁布执行。

## 4. （云南省临沧市沧源佤族自治县勐角民族乡）翁角村村规民约[①]

为贯彻落实党在农村的各项路线方针、政策、保证社会稳定，民族团结，经济发展，保持良好的社会环境，促进三个文明建设。在与国家法律法规不相抵触的前提下，本着以教育为主、惩罚为辅的原则，结合本村实际，特制定村规民约。

### 第一章　村规民约的权力和义务

第一条　《村规民约》是代表全村集体的意志和利益，它的行为是代表集体利益的执行行为。要求每个村民必须严格遵守执行，任何人不得私自滥用执行、公报私仇。

第二条　《村规民约》在执行过程中必须有三人以上的村社干部参加主持解决，否则不予成立，当事人可以要求或拒

① 胡兴东于 2020 年 3 月 1 日提供。本村规民约的制定时间为 2004 年。

绝，执行时必须照章办事，不得滥加乱改，一意孤行。

第三条　《村规民约》在执行过程中的一切处罚和罚款部分，全部属于集体行为，应归集体所有，任何人不得挪做私用，如有私情参杂，当事人可以拒绝或提出抗议。

第四条　按《村规民约》作出的一切处理，如有不服可以向人民政府复议或上诉法院，不得无故拒绝执行，对抗《村规民约》。

第五条　本《村规民约》只限在本村辖区内使用，不准跨区对外实施，如确有跨区事件发生，可以通过双方共同协调解决，或者上报司法机关处理。

第六条　全村村民必须遵守《村规民约》办事，不得私自组织进行拉事、闹事、嗑事，不得私自乱惩乱罚，不得拉帮结伙为私人出头摆事，如有类似事件发生，当事人可以抗拒，并上报村委会、乡政府和司法机关处理。

第七条　按《村规民约》规定进行的一切处罚，当事人必须在议事当日兑现，如没有现金可以用实物按市场价值照价抵罚，在正常情况下，如有反抗，执行组可以强制执行，以物抵罚。

第八条　《村规民约》执行组，由村治保组和调解组成员组成，在执行时，必须有2人以上的村社干部带领执行，执行可以严格，但不可粗暴，不准打骂当事人任何方，尽量避免人物损伤；任何人不得妨碍执行组执行村务，不得打击村务人员，如有违反，将视情节轻重处予50~100元的处罚，并报公安机关处理。

第九条　《村规民约》不得凌驾于国家法律之上，必须服从于国家的法律、法规和大政方针、政策，服从于党委政府的领导，要为全村大众利益服务。

第十条　为了对本村负责，进行强制管理，对于违反《村规民约》并触犯了法律的村民，除由我村报送司法机关外，按照《村规民约》规定处罚，实行法律触犯以外的处罚。

第十一条　《村规民约》规定的处罚只允许：罚款、没收，要求恢复、补偿损失、赔礼道歉、批评教育、警告等。不允许拘留刑讯逼供，体罚当事人。

## 第二章　维护社会秩序

第十二条　村民小组组织的各项活动，群众一律参加，无故不参加者，经教育不改的，今后其人有任何困难，村组织将不予照顾和帮助，如有优惠政策也不予考虑。如义务工不参加者以每个工 20 元处罚，召开群众大会无故不参加者处罚 5 元，而且必须当日交清，原则上不得请假（特殊情况除外）。

第十三条　晚上十点钟后，社会青年或其他人员不得进入校园内，如有事找学生或者找老师，必须得到校领导的同意，若未经同意进入校园，发生的任何事由本人一人负责，并且处罚 1 排以上的柴火归学校所有，不砍柴者按 50 元处罚。

第十四条　流动户口管理，户主必须配合村、治保组搞好流动人口登记，流动人员必须自觉向村民小组、治保组登记，并按每人每月向村委会交纳 5 元的管理费。如已暂往一个月以上还未申报的，查实后每人每月罚 50 元，户主每月罚十元。

第十五条　任何人在本村范围内不得聚众赌博，对提供赌场赌具者。除没收赌资外罚 100～200 元。如有违反，屡教不改、态度恶劣的报公安机关处理。

第十六条　不准吸毒、贩毒和运输毒剂。一经发现立即报送公安机关。如本村村民在本村范围内零星贩毒，除报送公安机关外，集体收回其承包田地。

第十七条　严禁破坏砍伐水源林、风景林、封山林、道路河边竹森林。如未经村民小组同意私自砍伐，除没收或按市场价赔偿外，多少不论大小，按市场价的 2 倍罚款。

第十八条　不经村民小组同意，开荒种地，毁林开荒的每亩罚款 100～500 元。并要求在开荒地内补种树木。归还集体所有，不经村民小组同意毁坏出卖，抵押自留山的，收回自留山归集体所有。

第十九条　集体建设须占用私人田地的，所占用田地属于承包合同范围的召开村民代表大会解决，承包合同范围外的由集体提前通知本人，无条件占用。

第二十条　任何人不准以任何理由在主人不在或不同意的情况下随意拿人东西、偷盗东西。一经发现一律按偷盗处理，所偷的任何东西，除要归还原物或照价赔偿外，另按被盗物市场价的 50% 处罚，处罚部分归集体所有，严重的报送公安机关处理。

第二十一条　任何人不准以任何理由扰乱会场和其他场所。否则一律按每人 50～100 元处罚，情节恶劣的报公安机关处理。

第二十二条　酒后打架闹事造成他人损失和伤害的，除照价赔偿和负责医疗及其他费用外。对闹事者处100～300元的罚款，情节严重的报送公安机关处理。

第二十三条　任何人不准以任何理由破坏公私财物。如有违反，除按破坏程度照价赔偿或照原样修复外，另罚款损失的50%。

第二十四条　不管有意或无意破坏生产、毁坏农田设施的，除要修复原状或照价赔偿外，另罚款毁坏、损失程度的40%，情节严重的报送公安机关处理。

第二十五条　牲畜践踏庄稼、果木造成损坏的，视现场由双方协调赔偿损失，猪要求圈养。如因放养造成他人损失的，一切后果自负。

第二十六条　烧地、烧蔗地时因没有开好防火带引起火灾造成他人损失的，当事人应赔偿一切损失（损失包含烧毁财物和扑火费用），并由集体处罚50～200元。严重的报公安机关处理。

第二十七条　男女未婚青年在恋爱期间，还没有领取结婚证前，引起女方怀孕后不要的，由男方赔偿女方青春损失费2000～5000元，另罚款500～1000元归集体。

第二十八条　男女双方成家后，有一方又和他人发生男女关系，引起双方家庭纠纷的各罚双方600～1000元，罚款归集体所有。

第二十九条　对构成强奸事实的，由当事人赔偿女方5000～10000元，另罚1000元归集体，并报公安机关处理。

第三十条　诽谤他人，造成他人名誉损害的视情节轻重处罚 50～150 元，此款归集体作为恢复名誉调解费。

第三十一条　本村村民必须严格遵守《人口与计划生育条例》，如确违反计划生育法的，村民小组有权收回部分或全部责任田。

第三十二条　村民个人不能出租集体土地。如发展经济需要集体土地的，必须经村民小组同意，与村民小组签订承包合同；未经批准，善（擅）自使用集体土地的，村民小组有权收回，并征收地租费。

第三十三条　村民建房需要宅基地的，需占用公共田地的，需经村民小组批准，方可建房，未经批准，善（擅）自建房的，须限期拆除，如不拆除，村民小组有权强制拆除。

第三十四条　集体土地只能由村民小组或村委会统一出租。村民小组出租的集体土地，须经村民大会讨论通过，必须签订书面合同或者协议。报村委会审批盖章后，由司法所见证后方可出租，否则发生一切后果自负。村民小组要向村委会交纳出租金的 20%，做村委会的发展资金。

第三十五条　村委会、村民小组成员在执行村务时必须要以集体为出发点，不讲个人恩怨，不公报私仇。以大局为重，维护团结稳定。

第三十六条　村社干部要相互团结、相互学习和教育，敢于开展批评与自我批评。思想统一。全心全意为人民办实事，不得相互推诿或逃避办事，不得以任何方式私用集体财产。村民理财小组按期对村财务进行清理。如发现村委会和村民小组有合伙私分集体财产情况，证据确凿的，村民有权要求村干部返还所有财物，并处予100~600元的罚款。10人以上村民可以联名上报乡政府或向人民法院起诉，并申请罢免该村干部。

第三十七条　村委会、村民小组必须每年向村公开村务和财务，公开时必须以书面形式通过村民大会，给予公布，在公布过程中，村民有权向大会提出意见，有权知晓财务的真实性、有权审查公开的内容是否真实。如村民发现公开不完全或不合理，可以当场指责，并要求重新公开。

第三十八条　本规定自村民大会通过之日生效。

## 5.（云南省临沧市镇康县）军赛（佤族拉祜族傈僳族德昂族）乡岔路村村民委员会岔路组村规民约[①]

（二〇〇八年七月五日村民代表大会通过）

### 第一章　总　则

第一条　为维护农村生产生活、经营秩序和社会治安稳定，提高全体村民自我管理、自我教育、自我约束的能力，促进全村的安定团结和物质、精神、科技三个文明建设，加快社会主义新农村建设，根据《宪法》《村民委员会组织法》《森林法》《农村土地承包法》等法律、法规和有关政策规定，制定该村规民约（以下简称本约）。

① 胡兴东于2020年3月1日提供。

第二条　凡在本组区域内从事社会、经济活动的自然人、法人和其他社会、经济实体均受本约的保护和约束。

## 第二章　土地山林基础设施、牲畜的保护及管理

第三条　保护和合理利用土地资源，是每个村民和职责。集体所有和集体承包给农户的土地要服从整村规划。土地的承包、开垦、流转等，必须严格依照土地的权益属性进行，但遇有国家法律或政策性调整的除外。

（一）保证耕地充分发挥效益，农户的土地，不得随意丢荒，违者每亩罚款50至100元，承包户无力耕种的土地可由集体收回另行承包或有偿出让，维护承包合同的效力，承包户必须按时、按质、按量完成上级下达的任务，违反合同书收回承包土地。

（二）维护集体土地和村民的承包土地，严禁任何单位和个人以各种借口据为己有。违者、引起纠纷者，除负责赔偿损失外，还要负责参加处理人员的误工补助，并罚款100至300元，情节严重者依法追究法律责任。

（三）民事纠纷的处理，户与户发生的纠纷由村民小组自行处理，如经组上处理意见不服的，从处理之日起15日内上报村委会。

第四条　发展林业，保护和改善生态环境，加强对现有森林、防护林、水源林、风景林的保护，控制水土流失，改善生态环境。

（一）保护水利设施，合理利用水资源。

（二）实施封山育林。禁止毁林开荒，乱砍滥伐林木，违者按树根部横断面直径每市寸赔偿 1 至 10 元，同时罚款 100 至 500 元；严禁在经济林内放养牲畜，如果出现放牧现象，每头次罚款 50 元，并赔偿损失，情节严重或损失较大者报请林业部门进行协助处理。

（三）护林防火人人有责。一旦发生林火灾，要及时组织扑救，无论单位或个人都必须无条件参加扑火救林，并追究纵火者的责任。一是要负责扑火人员的误工补助；二是要赔偿造成的全部损失。每亩按 500 至 1000 元（赔偿）；三是每起罚款 100 至 1000 元，情节严重或造成损失较大者加倍处罚或追究刑事责任。

（四）加强林地管理。农户要加强自己的林地管理，为避免土地界纠纷，户与户之间每年至少要清理一次四至界线。坚持采伐与保护并重的原则，成熟的用材林应当根据不同情况，分别采取择伐、皆伐和渐伐方式。皆伐应当严格控制，并在采伐的当年或者次年完成更新造林。防护林和物种用途林中的名胜古迹和革命纪念地森林、自然保护区的森林，严禁采伐；农村居民采伐自留山和个人承包集体林木，由县级林业主管部门或受其委托的军赛乡人民政府审核发放采伐许可证。

（五）积极发展林产业。要抓住全县大力发橡胶、咖啡等产业的机遇，在完成县、乡下达的种植任务的基础上，积极组织村民发展适宜林木种植。

第五条　保护和加强公共设施建设，改善生产条件。

（一）每年每户村民代表都要参加小组组织的修道路、水道和沟坝义务事项，加强对公共设施的管理。

（二）加强电网管理。各村民负责监督好管电员按高低压所属范围进行管理，如停电持续 24 小时，管电员必须按照村委会安排的排查顺序一次查明原因，并及时处理好。若不按规定执行，毁坏变压器以及造成其他损失，追究主管人员和直接责任人责任；管电员每个季度按计量箱电度数额收费，所得金额的 10% 返还组上，其中 5% 组上管理，5% 上交村委会。管电员如不服本约规定，本组有权进行撤换处理。

（三）毁坏沟坝、道路、桥梁者除修复建筑物外，每起罚款 100 至 500 元。

第六条　保护和发展和畜牧业，加强畜牧的管理。牲畜是人民群众生产生活和发展经济不可缺少的一个组成部分，既要保护和发展又要加强管理，决不能乱放、损坏他人利益。

（一）保护大牲畜，严禁对大牲畜投毒、毒打或以其他手段致伤残死，违者除赔偿损失外，每起罚款 100 至 500 元。

（二）加强牲畜管理、严禁乱放损坏他人利益，对乱放牲畜损害他人利益的除每起罚款 100 至 500 元外，羊、猪、鸡、狗损害他人利益的，警告一次不听的后果自负。

（三）人为造成他人利益损失的，除赔偿损失外，每起罚款 200 至 500 元。

## 第三章　维护教育卫生事业的发展，努力提高人口素质

第七条　加强校场、校舍管理，维护学校的合法权益不受

侵犯，严禁任何人侵占、破坏学校场地和设备，扰乱教堂秩序，违者除赔偿损失外，罚款100至500元。

第八条　经过教育仍拒绝送适龄儿童入学，拖孩子后腿，不供女孩子读书，拉孩子回家劳动的家长，依照有关政策规定，不得享受任何优惠待遇。

第九条　卫生方面，坚持“预防为主，防治结合”的方针，加强儿童免疫工作，依靠科技进步，破除封建迷信，对利用封建迷信装神弄鬼、卜卦算命、骗取钱财的迷信职业者，除没收用品外，罚款100至500元。

第十条　尊师重教，维护教师和学生的合法权益，教师热爱社会主义教育事业，努力提高自己的思想文化和业务水平，忠于职责，甘于奉献，爱护学生，严禁教师体罚或变相体罚学生；学生应尊师好学，严禁任何人辱骂殴打教师，违者严格按《治安管理处罚条例》处理。

## 第四章　认真贯彻实施《婚姻法》《人口与计划生育法》，移风易俗，勤俭节约办理婚丧事，反对铺张浪费

第十一条　严格执行《婚姻法》中关于结婚年龄的规定，严禁未到法定年龄非法同居的计划外生育。

（一）必须依法按照2003年10月1日起实施的以身份证、户口簿为依据进行结婚登记。对未到法定年龄出具证明的干部进行批评教育，罚款50至100元，并追回证明书。

（二）未办理结婚登记手续就生儿育女的，每对罚款1000至3000元，并责令到婚姻登记机关补办手续。

**第五章　加强社会治安管理，为整组人民的生产生活创造更好的社会环境，整组村民都应重视和加强社会治安管理，严禁偷盗、赌博、酗酒闹事，违者根据情节进行罚款**

第十二条　拦路抢劫和要挟他人的行为，除赔偿损失外，罚款200至1000元。

第十三条　对偷盗少量财物者，除赔偿损失外，罚款100至500元。

第十四条　对酗酒闹事、打架斗殴的，除赔偿损失外每起罚款100至500元。

第十五条　对利用各种形式进行赌博的，罚款100至500元，重者交法律机关处理。

第十六条　无故殴打他人者，造成他人人身伤害，除负责医药、误工、营养等费用外，每起罚款100至500元，重者交法律机关处理。

**第六章　根据县、乡两级政府发展橡胶产业有关规定，结合该村实际，制定出适宜的管理制度**

第十七条　大牲畜进入胶地，每头每次罚款10元，如损坏苗的情况下，胶龄一年以内者每株赔偿50元；二至三年者每棵赔偿100元；四至五年者每棵赔偿150元；五年以上者每棵赔偿200元。赔偿胶龄计算含终期计算本数。

第十八条　猪羊等进入胶园，不论大小每头每次罚款5元；如致胶树毁损，依照第十七条进行处理。

第十九条　如有人故意损坏胶苗，不分实生苗和嫁接苗每株罚款500元。

## 第七章　妥善处理干群关系，促进全组社会经济全面发展，构建和谐社会

第二十条　各村民要认真贯彻落实党的路线、方针、政策，要积极配合好村委会工作，搞好群众关系。

第二十一条　村民要认真完成上级下达的各项任务，如不按规定执行，其产生的负影响和损失，由其自行承担。

## 第八章　附　则

第二十二条　本约所涉民事、行政、刑事部分事由，均为通过法定渠道报由行政、司法执法机关或其授权执法机构受理事由。

第二十三条　本约由村民自治组织负责解释；自村民代表大会通过之日起执行。

军赛乡岔路村村委会　岔路村村民小组

二〇〇八年七月五日

## 6.（云南省保山市腾冲市清水乡三家村村中寨）村规民约[①]

一、爱党、爱国、爱集体、爱家，关心公共事业，主动参加寨子组织的公益活动。

二、严禁红白喜事大操大办，不请满月客、满岁客，不铺张浪费。

三、左邻右舍搞好团结、互相帮助。不准造谣生事、搬弄是非。

四、要学法、守法，遵守社会公德，不准赌钱打牌、偷摸扒窃。

五、开展美丽乡村建设，搞好环境卫生，严禁乱倒垃圾、乱堆杂物、乱排污水、私搭乱建、破坏绿化。

六、家庭和睦、尊老爱幼，认真教育子女，反对家庭暴力。

七、遵循婚姻自由，提倡晚婚晚育、优生优育。

八、邻里纠纷平等协商，不准挑起事端、打架斗殴。

九、不搞封建迷信活动，远离黄赌毒，不参加邪教组织。

十、自力更生勤劳致富，不等不靠脱贫摘帽。

① 来自：为爱筑家：《美丽腾冲大家建·清水中寨美如画》，载“壹加壹旅居”微信公众号，2019年9月18日最后访问。制定时间大概为2019年。

## 7. （云南省保山市腾冲市清水乡三家村村中寨）美丽乡村门前三包责任书[①]

一包卫生：负责门前地面保洁；禁止乱倒垃圾、乱泼污水、乱堆杂物、乱吊乱挂。

二包绿化：负责保护、管理好门前树木花草和绿化、美化设施。

三包秩序：禁止乱停车辆、乱摆摊点、乱搭棚亭和出店经营；举报打牌赌博、打架斗殴等扰乱社会秩序的行为。

① 来自：为爱筑家：《美丽腾冲大家建·清水中寨美如画》，载“壹加壹旅居”微信公众号，2019 年 9 月 18 日最后访问。制定时间大概为 2019 年。

# 第十七章 水族地区村规民约

## 1.（贵州省黔南布依族苗族自治州三都水族自治县周覃镇）板料村村规民约[①]

为了维护社会治安，保护森林化及人民生产果实、林场，经我大队全体队员、社员群众充分讨论，决定制定条例如下：

**一、森林方面**

1. 各生产队老林或新培育的杉、柏树一律不准乱砍：（1）如乱砍一棵圆周达一尺五寸以上者罚款玖拾元，一尺五寸以下罚款贰拾元；（2）乱砍松、杉、柏等枝条每支罚一元；（3）挖树桩每挑罚拾元。

---

① 来自：饶文斌：《贵州三都水族村规民约探析》，广西师范大学2016年硕士学位论文。

2. 凡入幼林区割草者罚拾伍元。

3. 偷砍杂柴每挑罚拾元。

4. 放火烧毁森林、荒地每亩罚拾元，草坡每亩罚伍元。

**二、生产果实方面**

5. 乱入别人地边割草每挑罚拾元。

6. 外地人入本大队范围内的田坎或地边割草者，每挑罚伍元。

7. 盗别人粮食罚壹佰元，经济果实罚叁拾元。

8. 盗别人的田里、塘里的鱼罚伍拾元。

9. 盗别人稻草、油菜、秧苗罚贰拾元。

10. 盗别人家禽（鸡、鸭、鹅）每只罚伍元，狗每只罚伍拾元，猪每只（头）罚壹佰元。

11. 盗别人家畜（牛、马匹）每头（匹）罚叁佰元，原畜归喂主。

12. 放家禽吃田中稻谷或残坏秧田每只罚伍元。

13. 放牛、马吃别人大、小麦、玉米、水稻、秧苗或其他农作物者每头（匹）罚贰拾元，被毁的大、小麦、玉米、每窝罚粮半斤，水稻每窝罚粮壹斤。

14. 盗竹笙，每根罚伍元。

15. 偷摘果、木场或个人房前屋后的果树、果子每个罚壹元。

16. 盗被人洗晒衣物、布、鞋袜每件罚拾元，失物照价赔偿。

17. 严禁破坏水库、水沟、田坎，如发现罚叁拾元。

18. 严禁外地人拉马车入板料大队境内的地边、田坎，若有每次发壹拾元。

19. 严禁投毒毒死别人的家禽或家畜，若发现者，家禽每只罚伍拾元，狗每只罚贰拾元，牛每头罚伍佰元，马匹每匹罚肆佰元。

20. 勾引有妇之夫者，罚米、酒、肉贰佰叁拾斤。

21. 凡属老人过世需要安葬事先交两委，然后安葬，如未经两委偷葬者罚款伍拾元。

22. 严禁勾引外地人口来偷盗，如发现者，罚贰佰元，勒令找回失物。

23. 为了维护交通秩序，公路两旁的标志，大、小公桩、风景树，一律不准破坏，如破坏者，除照价赔偿外，每件还罚款拾元。

24. 严禁放火烧山，如违反者，不论大人小孩，一律以壹佰叁拾斤酒、肉、米偿众。

25. 所罚款数由村上决定提取罚款数额的百分之三十元给集体。

26. 本条例坚决执行，任何人不得任意篡改、破坏。

27. 本条例自 1980 年执行，希各方亲友各自遵守。

廷牌公社上板料大队全体群众

周覃公社下板料大队全体群众

## 2.（贵州省黔南布依族苗族自治州三都水族自治县周覃镇）板光村生态环境保护公约①

为保护和改善我村生态环境，控制环境污染，促进生产、生活与环境的协调发展，让大家有个山清水秀、环境优美的宜居环境，经全体村民讨论通过，特制定本公约，望全体村民共同遵守：

一、保护生态环境人人有责，保护环境从我做起，全体村民要树立保护环境光荣、破坏环境可耻的观念，任何人都有对破坏环境的单位和个人进行检举的权利和义务。

二、在适宜种树的季节，积极参加村级组织的义务植树活动，山上山下、房前屋后、田间地角，见缝插绿，摘花种草，绿化环境。

三、严禁野外用火，确需野外用火的，必须划出隔火带，用火全程必须有人监视，最后还要把火子浇灭或用细土盖上方可离开，确保野外用火安全，严格森林火灾。

四、严禁砍伐天然林，如有发现应及时举报，查证核实后，根据情节和后果给予警告、没收和罚款，人工林需按国家有关规定进行间伐及时补种。

五、严禁捕杀国家保护的野生动物，如有发现应及时举报，查证核实后，根据情节和后果给予警告、没收和罚款处

① 来自：饶文斌：《贵州三都水族村规民约探析》，广西师范大学2016年硕士学位论文。

理，情节严重的将移送公安机关处理。

六、大力推广用电、用气、太阳能等卫生、清洁的新能源，尽量减少使用柴火，减少生态破坏和环境污染。

板光村村民委员会

2014 年 9 月 6 日

## 3.（贵州省黔南布依族苗族自治州三都水族自治县三洞乡）板告村村规民约[①]

为了维护社会治安，保持我大队人民财物、森林及劳动果实，经全体群众讨论制定公约如下，我大队老林和新培育的松、杉、柏树等幼树，不准乱砍。

（一）如乱砍一棵圆周达一尺者罚款陆拾元，一尺以下罚款叁拾元；

（二）砍松杉等枝条每支罚款壹元；

（三）挖树桩每挑罚款贰拾元；

（四）凡入幼树区割草者罚款贰拾元；

（五）偷砍杂紫、毛紫每挑罚款贰拾元；

（六）放火烧毁森林每亩罚款叁拾元；

（七）放火烧毁荒草坡罚款拾伍元；

（八）放牛进入造林基地，每头罚款叁拾元，勒令栽培

① 来自：饶文斌：《贵州三都水族村规民约探析》，广西师范大学 2016 年硕士学位论文。

种活。

（该村村规民约内容刻在石碑上，下面内容因埋在土里而无法辨认）

## 4.（贵州省黔南布依族苗族自治州三都水族自治县九阡镇）水各村村规民约[①]

### 第一节　村风民俗和邻里关系

第一条　要树立社会主义新风尚，坚决反对封建恶习和一切陈腐观念，各家各户都要尊老爱幼、尊婆爱媳、相敬、夫妇相敬、姑嫂相敬、和睦相处、勤俭持家。

第二条　红白喜事，要破旧立新，大力提倡艰苦奋斗、勤俭节约的原则，反对婚、丧、嫁、娶大操大办，反对封建迷信活动。

第三条　对不赡养父母、公婆，经教育不改者，村小组、村委会责令其交大米500斤、生活费500元供养老人，并教育赡养老人（两个儿子以上另行协商解决）。

第四条　虐待打骂父母、公婆，对丈夫、妻子、子女、儿媳经教育不改的，一次罚款50元至100元，并在各村小组及村委会广播上做深刻检讨，触犯刑法的报送司法机关追究其刑

---

① 来自：饶文斌：《贵州三都水族村规民约探析》，广西师范大学2016年硕士学位论文。

事责任。

## 第二节　社会治安

第五条　维护全村社会稳定是全体村民的义务，每个村民都要学法、知法、守法、依法治村，同一切违法犯罪行为作斗争。凡在公共场所打架斗殴、搞流氓活动者，按《治安管理处罚条例》的有关规定处理，应当拘留的送公安派出所处理，因口舌是非或生产、生活琐事引起纠纷，由所在村小组调解，村小组调解无效，转村委会调解委员会调解，发生纠纷的双方都应该交调解费30～50元。

第六条　凡无理取闹、出口伤人的，经教育不改者，一次罚款30～50元，部分农户或少数个人在工作人员（包括村组干部等）执行任务时，无理取闹、妨碍阻挠威胁工作人员正常执行任务的，视情节轻重罚款50～150元，对动手打人的，除赔偿相应的医疗费用外，一次罚款50～200元。

第七条　凡偷盗集体、个人物品及农民生产生活用具者，按情节轻重，按物品现行价三至十倍罚款，构成犯罪的，由司法机关处理。对部分偷盗行为作如下规定：偷鸡一只罚款10～50元，偷大米一公斤罚款3元，偷杂粮一公斤罚款2元，偷蔬菜一公斤罚款2元，偷鲜烟叶一公斤罚款5元，偷桑叶一公斤罚款2元，偷肥（农家肥）一挑罚款5～10元。偷砍树木一棵，直径10公分以上者罚款50～300元，直径10公分以下罚款30～150元，所偷物品除罚款外，一律归还原主（所偷物品除归还原主外，已出售和处理无法追回的按现行物价核算）。

第八条　为维护广大人民群众的根本利益，对因放牧损害集体和个人利益（损害庄稼），受害者有权将牲畜拉至村委会综治办。对其罚款30～60元，交款后教育牧户可以拉回牲畜，并写出书面保证今后不再发生类似情况，如屡教不改者罚款100～200元。

第九条　对破坏通信线路、广播线路、照明线路，乱打广播者罚款100～500元，除罚款外还必须赔偿损失费，情节严重者由司法机关追究法律责任。

## 第三节　村庄、道路、基础设施

第十条　凡是集体承包给农户的土地，农户只有使用权，所有权属于集体，自留地、宅基地、责任田地不准买卖，农户建设必须由本人申请，交上级各有关部门批准后方可建造，如出现乱建、少批多建、乱占耕地、打围墙、建房超占道路、水沟等，视情节轻重给予罚款50～500元，并按《土地管理法》有关规定拆除。

第十一条　各村小组输水站必须由专人看管，如领导安排不当，由领导负责，如看管者玩忽职守、造成损失，由看管者本人负责，集体不承担任何责任和损失。

第十二条　所属学校必须坚持党的教育方针，培育“四有”新人，要大力开展学雷锋、树新风活动，反对极少数学生爬墙、翻墙及破坏公物、幼树及庄稼的行为，坚决杜绝学生赌博、拦路抢劫等不法行为，如有发生，已达刑事责任年龄者，报送司法机关处理，司法机关认为不构成犯罪的，按本民约有关条例处理，社会、学校、家长有责任做好教育工作。

第十三条　凡是在沟渠、道路旁乱开乱挖者，（不属于村小组分给的），每平方米罚款 5 元，严禁在河道炸鱼，违者每次处 100 元罚款。

第十四条　人人都必须爱护村庄道路，讲究卫生，对破坏公路、村圧道路、河堤的，必须限期恢复，除恢复外根据影响程度，给予罚款 50 ~ 150 元，对死亡的猪、狗、鸡必须深埋，严禁乱扔乱放，群众检举，如发现一次罚款 20 元。

第十五条　不准在道路上堆放石头、沙子、肥料，在烤烟育苗期间，不准在道路上辗营养袋，不准挖道路，乱填水沟，影响道路、水沟通畅，如发现有违反者，限期搬走修好，并罚款（拒态度）20 ~ 50 元，严禁在蔬菜基地道路上乱堆和向水沟内乱扔杂物，违者除限期搬走外，视态度罚款 20 ~ 50 元，对破坏基础设施者，视破坏程度给予处罚。

第十六条　林业。凡属各村民小组集体山林修枝砍伐，必须经村委会报林业部门，经审批同意后方可进行，未经批准自修枝砍伐者，将按有关林业规定给予处罚。

第十七条　防火工作

1. 村民小组建立的宣传员在本村小组范围内要确实搞好防火宣传工作，合理地排除各种火险隐患。

2. 山火：保护森林生态资源，是利国、利民、利己的大事，是造福子孙后代的一件大事，也是每个公民应尽的义务，结合本村委会的实际，搞好护林防火工作。

（1）在林区及林场地区，严禁带火入山，在火源检查点、林区内，必须接受工作人员检查，自觉交出火源，若不配合，视情节轻重给予10~50元罚款处理。

（2）在清明节期间，强调“九严禁”中的第二条规定，“不允许在上坟期间烧香烧纸，燃放鞭炮”等违法违规行为，一旦出现，每个家族都有族长，直接追求族长的责任，没有族长的直接追究当事人的责任，并作出50~500元罚款，另外必须在村委会、村广播上作出深刻检讨。

第十八条　积极完成上级下达的公共事业，如不完成者，按照经济数额，可采取罚款处理，停办一切行政手续，情节严重的要追究法律责任。

第十九条　财务管理、村委会农经站与村民小组会计应做到民主管理，日清月结，做到账目、单据、现金算清楚，认真接受人民群众的监督。

以上各条望全体党员、干部、广大人民群众认真遵照执行，达到自我治理、自我管理、自我教育经常化，促进我村委会“两个文明”建设，为社会主义建设作出贡献。

以上村规民约条例由2010年起生效。

2009年12月1日

水各村村委会

## 5.（贵州省黔南布依族苗族自治州三都水族自治县）中和镇水根村卫生公约①

为把我村建设成为整洁优美、文明健康、和谐有序的新型村寨，经两委研究，村民代表讨论通过，特制定如下卫生公约：

一、各农户无乱放、乱堆杂物，做到人畜分离、集中圈养，不得散养，对死禽要实现深埋处理，不准乱扔，避免疾病传播，确保村容整洁美观。

二、村民要注意自己屋内随时打扫干净，收拾整洁、敞亮。

三、本村设立卫生基金，主要用于本村卫生工作的奖励、值班人员的误（务）工补助等，卫生基金的资金主要是本村籍领财政工作的国家各级各部门工作人员、常年外出务工人员及社会各界爱心人士的捐款。

四、每户缴纳卫生保证金 100 元，如每户家庭成员违反本公约，应当罚款的，将直接从缴纳的保证金中扣除，余款退还给本人，如卫生任务履行得好，未受任何处罚，则保证金如数退还，或转入下一年度卫生保证金。

五、本村将对全村寨划分卫生区域，并将各卫生区域清洁划分到联保户，卫生区域为 3～5 户为一个卫生联保小村，每天负责对自己的卫生区域进行卫生清扫，各卫生责任的联保户相互监督，如在卫生区域出现垃圾，卫生不达标，联保户有义

① 来自：饶文斌：《贵州三都水族村规民约探析》，广西师范大学 2016 年硕士学位论文。

务共同去清扫，牲畜在寨内道路上拉下的粪便由牲畜的主人及时清扫干净。

六、本条例自公布之日起生效。

水根村村民委员会

2015 年 5 月 1 日

## 6.（贵州省黔南布依族苗族自治州三都水族自治县都江镇）怎雷村村规民约[①]

为了维护社会的安定和谐，促进全村各项事业的全面发展，进一步推进和完善民主法制建设，树立良好的民风，创造安居乐业的社会环境，结合国家的相关法律、法规，根据本村情况，制定本村规民约。

**一、践行社会主义核心价值观**

践行富强、民主、文明、和谐、自由、平等、公正、法治、爱国、敬业、诚信、友爱的社会主义核心价值观。

**二、移风易俗**

1. 除结婚嫁女、丧葬酒以外，严禁办建房酒、状元酒、满月酒等其他酒席，本村建房需要请亲友邻居帮忙的，可以请客吃饭，须严禁收礼，提倡喜事新办，不铺张浪费，结婚嫁女、丧事简办。

① 来自：中央电视台《乡土》：《乡村新风尚，水族村落有妙招》，载“又见故乡”微信公众号，2019 年 4 月 3 日最后访问。制定时间大概为 2016 年。

2. 遵循移风易俗，维护执行殡葬改革制度，提倡文明祭祀，严禁把火种带入山林。

**三、邻里关系**

1. 村民之间要相互尊重、和睦相处，建立良好的邻里关系。

2. 在生产经营活动中，应遵循平等、自愿、互利的原则，发扬大事讲原则、小事讲风格的优良作风。

**四、婚姻家庭**

1. 提倡晚婚晚育，禁止早婚早育。

2. 婚姻家庭中实行男女平等，反对男尊女卑，反对家庭暴力，要互相尊重和包容，夫妻之间应共同勤俭持家。

3. 父母、继父母不准虐待子女、继子女、老人，子女、继子女对父母、继父母有赡养义务。

**五、环境卫生、整脏治乱与卫计**

1. 村民房前屋后要实行“门前五包”（“五包”是指门前包卫生、包绿化、包村组级公用设施、包建筑物容貌、包安全秩序维护的五项制度）。

2. 屋内卫生包绿任务，保证垃圾归类处理，屋内家具、生活用品、衣物规范有序摆放，对各种物品等统一指定地点堆放，避免影响院屋内整体形象。

3. 严禁在饮用水源上游地带养殖家禽、倒垃圾等，一切对饮水源造成污染情节严重的移交司法机关处理。

4. 村级公路两旁 5 米范围内为路界，禁止乱倒乱堆，违者限期拆除或申请强制拆除。

5. 发现在路界内（组寨内）乱搭乱建的行为，村委通知限期整改，如不按期整改的，将申请强制拆除。

6. 搞好公共卫生，保持村容村貌干净整洁，保持道路畅通，公路两旁不准乱堆乱放，不准在公路上占道晾晒谷物等一切有影响道路通行的行为。

7. 严禁在村内书写、张贴喷涂广告。

**六、社会治安**

1. 村民应该学法、知法、守法，自觉维护法律的权威和尊严，敢于同一切违法犯罪行为作斗争。

2. 不打架斗殴，不酗酒闹事，严禁侮辱、诽谤他人。

3. 自觉维护社会治安秩序和公共卫生，不阻碍国家公务人员执行公务。

4. 遵守社会公德，严禁非法限制他人人身自由。

**七、户籍管理**

1. 认真遵守户籍人口管理工作规定，及时申报和注销出生或死亡人口。

## 7. （贵州省黔南布依族苗族自治州荔波县朝阳镇）山江村环境卫生公约①

为搞好村容村貌，努力建设环境整洁优美的文明山江，特制定卫生公约如下：

① 来自：《观摩大比武评比促创新——朝阳镇开展村庄环境治理现场观摩会》，载“瓜果朝阳艺术天堂”微信公众号，2018年1月26日最后访问。

1．崇尚文明、树立新风，牢固树立社会主义荣辱观，坚持以讲卫生为荣、不讲卫生为耻。

2．搞好门前植树栽花，绿化美化家园。

3．带头弘扬正气，敢于同一切不讲卫生、破坏村庄环境的行为作斗争。

4．全村村民立即行动起来，积极开展“三清三改”（清垃圾、清污泥、清杂物，改厨、改圈、改厕）工作。

5．每户村民的房前屋后及院内，要做到无垃圾、无污水、无乱堆乱放，坚持每天一小扫，每周一大扫。

6．不准在屋檐下、公共道路两边及公共场所堆放柴草物料，废弃建筑材料及时清走，保证道路畅通，无人为路障。

7．不准随地吐痰，不准乱丢果皮、纸屑、烟头及其他杂物，不准随处乱涂、乱贴、乱刻。积极消灭四害，并彻底铲除其根源。

8．垃圾和污物应倒入固定垃圾池，任何人不准乱倒乱放，要自觉养成人人讲卫生、个个爱整洁的良好风气。

9．村委会负责督促检查各家各户及主要公共场所卫生情况，每季度检查一次，并进行评比和公示。

10．如有违反公约，轻者给予批评教育，如有屡教不改和情节严重者，给予10～20元的经济处罚，并责令其改正不道德行为。

11．对遵守公约好的村民，年终经过评比，将给予表扬和奖励。

山江村村委会

2017年10月

# 8.（贵州省黔南布依族苗族自治州都匀市奉合乡）杉木村三、四、五组规章制度①

为维护集体利益，进一步稳定和完善农村家庭联产承包责任制，使集体林及草场资源免遭严重破坏，从而使之得到合理利用，也极大地提高村民的生产积极性，让村民早日摆脱贫困，实现富裕生活，杉木村三、四、五组召开集体会议，并通过执行以下规定：

从一九九九年七月七日开始，各农户只能在自己的土地区域（包括田埂、地埂、山林）内割草、砍柴、放牧（包括牛、马、羊）。如有违反上述规定者，一律进行罚款处理。

（1）割柴一挑，（除赔偿外）罚款五十元。

（2）割草一挑，（除赔偿外）罚款三十元。

（3）放牧一次一头，（除赔偿外）罚款五十元。

上述规定希望各户共同维护遵守，同时搞好团结，制止外村组人员的破坏，对敢于制止者将进行奖励。此规定执行后，如发生界线争执，双方应心平气和进行协商，不可因小失大。在不能够共同协商的情况下，可请求村民委员会调解。

特此决定。

杉木村三、四、五组全体成员

一九九九年七月七日

① 来自：郑宝华主编：《谁是社区森林的管理主体 社区森林资源权属与自主管理研究》，民族出版社2003年版，第123页。

## 9. （云南省曲靖市富源县古敢水族乡）补掌村公所村规民约[①]

各村委会、各社：

为了确保依法治村的顺利实施，保持政令畅通，认真执行好党委、政府的各项方针政策，搞好民族之间的团结，增强民族的法制观念，解决好民族之间的纠纷，做到民族团结，社会稳定，经济发展，特定此民约。

### 第一章　生产和生活

第一条　凡属补掌村公所管辖内的全体村民，要严格遵守党的方针政策、法律、法令和民约。每年上级政府下达的各项生产计划，村民在承包的土地上必须完成，如完不成的农户，又不执行计划安排的，在耕地面积上多收集体提留 100 元，粮食 100 公斤。如放荒一亩土地，按县政府〔1989〕16 号文件规定，收荒芜费 200 元。

第二条　凡承包着集体耕地的村民，每年必须在 11 月 30 日以前缴清国家的公粮、合同粮和集体提留及义务工。超期完不成的，村公所和村民委员会有权采取行政手段强迫执行，态度恶劣者处罚款 50 元～100 元。

第三条　牲畜损坏庄稼，1. 青苗每平方米按 50 元至 100

① 来自：张巨成主编，水族调查组编写：《云南民族村寨调查 水族 富源古敢乡都章村》，云南大学出版社 2001 年版，第 119－123 页。

元处罚款；2. 损坏哪种作物就按哪种作物的最高产量赔偿。

第四条　在农田水利灌溉中，实行上满下流的原则，任何人不得弄垮沟渠等水利设施及他人田埂，如有违反本规定的，除修好以外，处罚款50元~100元

第五条　不论任何人，有意破坏生产的，除赔偿损失外，罚款50元~200元。

## 第二章　森林

第六条　对于森林火灾按村公所关于《冬季护林防火》之规定予以处理外，每堆火罚50元~200元。

第七条　在村旁、路旁、河流、沟渠等处绿化区的林木一律禁止砍伐，砍伐一棵罚栽10棵，并处罚款30元~100元。如有大树对他人生命财产安全确实有危害的，可向村公所或村民委员会提出，经批准后方可砍伐。如不砍伐的，大树对他人造成的一切损失由树主负责。

第八条　凡属住补掌村公所境内的每个公民，每年栽四旁植树10棵，在2月15日前完成。实行验收制度，缺一棵罚款1元。各村社的祭山林和有文物古迹的地方一律不准开荒种地，对违反者，罚款200元~500元，情节严重的，依法处理。

第九条　林木在发生争执时一律处理归公，任何人都不得砍伐，否则按森林法处理。

第十条　凡属村民建房户如土地有争论一律不给审批。先动工后审批的，罚款50元~100元。

第十一条　沿公路一带严禁开山炸石，以免影响公路。确实需要在公路边开采的缴押金200元，每平方米交山本费5元。恢复公路原状后，可退回押金。

第十二条　凡属在本村公所境内烧砖、瓦和烧石灰的，一律缴管理费5元/平方米。

## 第三章　环境保护

第十三条　在村庄内严禁牲畜污染水源、道路、公共场所，多次违规不听劝阻的处罚10元～20元。

第十四条　对道路和其他建筑物进行挖坑、垮塌、水源断水给他人造成损失的除赔偿损失外，根据情节，处罚款50元～100元。

第十五条　对污染损坏公告、通告、通知及其他标语、布告、公约和各种宣传栏的处罚款50元～200元，并追究其责任。

## 第四章　民事纠纷

第十六条　在处理各种民事纠纷问题上，收调处费50元～100元，村委会调解小组收30元～50元。

第十七条　对打架斗殴的处罚款50元～100元，第三者支持打架的处罚款50元，情节严重者，送交公安机关处理。

第十八条　辱骂他人引超争吵，对他人进行不礼貌行为的处罚款10元～20元。

## 第五章　治安管理

第十九条　在我村公所管辖区内从 1992 年 4 月 1 日起夜间 12 点钟后严禁不正常的活动，如有特殊情况的须向当地领导汇报，否则，误伤不负责任。

第二十条　在我境内严禁进行炸鱼、毒鱼，严禁在封山育林地区砍柴、割草、放牧，严禁在有建筑物和桥梁处爆破，违者处罚款 100 元～200 元。

第二十一条　凡属外地人到本村管辖区内暂住五天以上的必须到村公所办理暂住手续。如没有证件又没有村民证实，身份不清的交治安管理费 10 元，并办理住户手续。

第二十二条　对偷盗瓜、菜等作物者，除原物归还外，处罚款 50 元～100 元；偷盗家禽类的除赔偿以外，处罚款 100 元～200 元；偷盗树木者按森林法予以处理，情节严重者，送公安机关处理。

第二十三条　借用他人的物资不经他人批准、同意而引起纠纷的，一律按盗窃处理。

第二十四条　对利用娱乐活动进行赌博的，一人次罚款 50 元～100 元，主谋者罚 200 元。

## 第六章　公共秩序

第二十五条　在影场、会场扰乱公共秩序的处罚款 50 元～200 元。情节严重者，送交公安机关处理。

第二十六条　阻碍交通、道路，在道路上设障碍物影响交通运输通道的处罚款 20 元 ~ 30 元。

第二十七条　破坏各种标志、机电设备、输电线路和建筑物的，除恢复原状外，处罚款 200 元 ~ 400 元，并赔偿一切损失。

## 第七章　计划生育和婚姻

第二十八条　凡属计划生育一律按政府文件的最高标准执行处理。

第二十九条　办理结婚登记时，没有正式手续和证明的一律不办理登记手续。如出嫁外省，结婚后才来补办手续的，除持有证据和介绍人外，需交补办费 50 元 ~ 100 元，还要女方本人和家长到村公所签字后方可办理。

## 第八章　妨碍公务

第三十条　对殴打教师、学生、职工、干部及本辖区的一切工作人员，妨碍教学秩序和公家事者，处罚款 50 元 ~ 100 元，并赔偿他人的一切医药费用及误工费，情节严重的，送交执法部门依法处理。

第三十一条　上述规定由村公所社会治安综合治理办公室和村民委员会治安调解小组负责处理。对处理不服的在 15 日内向上一级人民政府的相关部门提出新的处理意见，否则，以当地处理为准。

第三十二条　以上所规定的处罚由综合治理办公室和村委会治保组织及民兵组织负责执行。

第三十三条　本民约共9章32条，从1992年4月1日起实施生效。

附：本民约一式43份，报县政法委、乡政府各一份，村公所综合治理办公室一份，发各村社一份，毗邻地区贵州村社各发一份。

## 10.（云南省曲靖市富源县古敢乡都章村二社下排）治水公约①

第一条　在我们这一小项工程，各户投资壹佰壹拾伍元贰角，其中有一户投资肆拾捌元，总投资壹仟伍佰肆拾伍元陆角。

第二条　各户要有责任心保护好、管理好自来水管。

第三条　发现任何人破坏水管，按总投资额赔偿一半。在我们这14户之内，破坏水管、水池，要按原物修理为准。

第四条　在十年之后，搬到比水位高的地方去住的用水户，需要其余几户退回集资财产无效。在十年之内，搬到比水位高的地方去住的用水户，每年按20%的折旧费退回。

第五条　从1月到5月不能用水。除了1至5月之外，要看水大小，水大可以平时用水。

第六条　从即日起治水条约有效，各用户不得有违反，若

① 来自：张巨成主编，水族调查组编写：《云南民族村寨调查 水族 富源古敢乡都章村》，云南大学出版社2001年版，第142－143页。制定时间不详。

违反者，每次罚款10元~20元。不管任何人发现破坏水管、水池者，从罚款中提出50%作为奖金。

## 11.　（云南省曲靖市富源县古敢水族乡）补掌生态村村规民约①

为把补掌村建设成为生态优化、环境优美、生产发展、生活富裕的农家乐园，形成“全民动手、人人参与”建设生态家园的生动局面，营造“水清、沟洁、路畅、宅美、树绿、果香、花艳、气净”的生态景象，特制定村规民约。

一、要自觉清除居住区周边杂草、杂物，保持室内外整洁，不在沟头、路边倒垃圾、乱堆柴草，不发生脏、乱、差现象。

二、要自觉维护生态景观环境，保护绿化，保护耕地，不损坏花草树木，不乱砍乱伐、不乱搭乱建，乱埋乱葬。

三、要自觉遵守农业标准化生产要求，不使用高毒、高残留农药，不单纯使用化肥。

四、要自觉维护水系洁净，不在沟河里、河边林带平台设置禽畜饲养点以及棚舍，不向沟河内丢扔田间杂草等生产垃圾。

五、要自觉收集、规范处理废农药瓶（袋）、废农药薄膜、废电池等，不随意丢弃有毒有害废弃物。

① 胡兴东于2020年3月1日提供。该村规民约的制定时间为2010年。

六、要自觉清除承包田范围内沟边、路边杂草，合理利用作物秸秆，不在田间中心机耕路上堆积垃圾，不在田间路边焚烧秸秆。

七、要自觉维护公共区域环境卫生，积极参加环境整治活动，不做影响他人居住环境和有损生态环境的事情。

## 12. （广西壮族自治区河池市南丹县六寨镇）龙马村村规民约[①]

（1987年）

1. 每个村民必须认真贯彻执行党的路线、方针和政策，自觉执行国家的法律、法令。自觉遵纪守法。

2. 每个村民必须完成上级分配的各项任务，如上交土地费公积金、公益金、教育附加费等，并限于每年农历十月交清。

3. 各农户所承包的长耕地不准丢荒，如发现丢荒者按每亩罚款200～300元。

4. 不允许乱占耕地建房（除办理审批手续外），违者除按《土地管理法》规定处罚外，还按每平方米处以5～10元的罚款。

5. 各村屯及农户要共同遵守土地界限，不能随意移动，

① 来自：玉时阶等：《现代化进程中的岭南水族：广西南丹县六寨龙马水族调查研究》，民族出版社2008年版，第94－96页。

违者除更正外，一次性罚款 300～500 元。

6. 符合结婚的男女青年，必须自觉到镇民政办理结婚登记手续，同时到计划生育部门办理准生证，违者按计划生育政策处罚。

7. 每个村民要认真执行计划生育政策，坚持做到“一环二扎”的原则，凡是已婚育龄妇女每季度无条件地接受孕检一次。

8. 禁止卖淫嫖娼，禁止种毒、吸毒、贩毒，违者按《社会治安管理处罚条例》从重处罚。

9. 严禁聚众赌博，严禁为赌博提供场所和赌具，如有违反给予 50 元以上 100 元以下的罚款，情节严重的交公安机关处理。

10. 严禁打架斗殴、酗酒闹事，严禁到学校无理取闹，干扰教学秩序，如有违反，情节轻微的给予 50 元以上 400 元以下罚款，情节严重的交由司法机关处理。

11. 严禁窝藏外来不明真相的人员及逃避超生对象，一旦发现即报当地政府和公安部门处理。

12. 严禁破坏通信路线，盗窃电话线或用石头打电杆电瓷，违者除令其赔偿损失外，还处以 1000 元以上罚款。严禁偷牛盗马、偷鸡摸狗，查出后除按市场价赔偿外，还负责物主因此误工的一切经济损失，并对其给予一次性罚款 200 元，构成犯罪的报公安机关处理。

13. 严禁偷砍偷捡别人的原物（包括林木、瓜、果、蔬菜等）。如有违反，除赔偿物主损失外，还要给予偷者 100 元以上 500 元以下的罚款。

14. 严禁放火烧山，开荒种地要做好防火措施，失火烧物要赔偿被烧物主的损失，失火烧林、竹等植物要补种包活，并护理三年。故意放火除补种包活、护理三年外，还要一次性罚款 100 元以上 500 元以下，情节严重的交政法机关按刑律惩处。

15. 严禁破坏水利、电力和饮水设施。如抓到除赔偿损失外罚款 500 元并责令其写检讨书张贴全村，构成犯罪的报公安机关处理。

16. 严禁放浪牲畜、家禽损坏糟蹋农作物。如有糟蹋，除照损失作物多少赔偿物主当年产品，另外，每头罚款 20 元，每只罚款 10 元，抓到浪牛浪马，每天每头收看管人工费 20 元，经公告 5 天后无人认领的交村委会做无主处理。

17. 各村屯及农户，每年规定在十二月份前要完成对所在辖区范围内路面的维修，如不完成的按每华里罚款 30 ~ 50 元。

18. 家长有积极送子女上学的义务，如发现有适龄儿童不入学的按每个适龄儿童罚款 50 ~ 100 元。

19. 要相信科学，移风易俗，如有红、白喜事要新办，不准搞铺张浪费，不准搞封建迷信。

20. 凡违反道德伦理、破坏团结和睦的给予批评、教育、责令悔过，对造成社会影响及名誉侵权的，要向对方赔礼道歉，恢复名誉、赔偿损失。

21. 提倡家家养猫灭鼠，对损害灭鼠动物的要罚款（罚款多少由各屯自定）。提倡各村旁植树造林美化环境。经常搞好环境卫生，增进村民健康。

22. 提倡社会主义精神文明，做到尊老爱幼，互相尊重，反对封建迷信的良好社会风气。

23. 凡外来我村做工、租种田地、护林的人员，要按惯例规定到派出所办理暂住证。外来人员违反我村村规民约的，按村规民约处理，拒不执行的由雇主负责赔偿。

24. 以上村规民约的实施由各村民小组、治安联防队、村委会共同负责。所有罚款一律交村委会入公共积累，参加处理人员由村委会从收取的罚款中发给误工费，半天 10 元，全天 20 元，村民参加治安工作或检举揭发坏人有功的人员，由村、镇表彰奖励，与坏人搏斗致伤残的，由村、镇报给综治办，从见义勇为基金中给予抚恤，村规民约从公布之日起生效。

# 第十八章　纳西族地区村规民约

## 1.　（云南省丽江地区丽江纳西族自治县）白华乡乡规民约[①]

一、坚持党的四项基本原则，反对资产阶级自由化，继续清除“左”的思想影响，坚决贯彻执行党的三中全会以来的路线、方针、政策，热爱党、热爱祖国、热爱社会主义。

二、积极参加社会主义精神文明和物质文明的建设，坚持改革，做有理想、有道德、有文化、守纪律的社会主义新人；做勤劳致富、守法致富、带动群众致富的新农民。

---

① 现为云南省丽江市玉龙纳西族自治县黄山镇白华村。来自：段钢、代春强主编，纳西族调查组编写：《云南民族村寨调查 纳西族 丽江黄山乡白华村》，云南大学出版社2001年版，第109－111页。

三、积极开展“五好家庭”“文明村”竞赛活动。做到尊老爱幼、讲文明、家庭和睦、邻里团结；自力更生，艰苦奋斗；增收节支、增产节约、勤俭持家；移风易俗，婚事新办、丧事从简。乡、村每年召开一次评选和表彰“文明村”“五好家庭”活动。

四、严格遵守各种经济合同，积极完成国家合同定购任务，按时交清集体提留款和承包款，不准拖延不交。如不按合同办理，集体有权收回另行承包。

五、严格遵守计划生育基本国策和条例。如有提前生育者或早婚早育者，罚款150元，超生多胎者罚款980元，一次付清。如有抗拒或辱骂计划生育工作人员的按情节轻重给予罚款。自觉遵守婚姻法，提倡晚婚，男女双方达不到法定婚龄（男22岁、女20岁）者，罚款240元；如有一方达不到婚龄者罚款120元，女方达不到婚龄结婚生育者罚款270元。

六、严格执行土地管理法。土地属于国家、集体所有，不得多占土地或强占地基，乱占公路、村道、田间公路和空闲地，不准乱挖田埂，不得在承包地或自留地上挖土、挖沙。社员建房地基，必须经社员大会讨论通过，村民委员会同意，乡县政府批准。按批准手续村委会用全乡统一标准；长7.2丈，宽5.4丈，划给后才能建房。破土动工时必须经村长检验。

七、努力搞好社会治安。坚决制止赌博和迷信活动，不准打架斗殴，违者根据情节轻重负担被打伤者药费、营养费、误工费、护理费，情节严重的报公安部门依法制裁。如有偷盗，查获后限期退还赃款赃物，无物照价赔还。不准酗酒闹事和故意扰乱社会秩序，违者按《治安管理处罚条例》处理。民事纠纷要先由村委员会调解无效才报乡政府解决。

八、维护集体利益、保护公共设施。自觉维护乡村内的桥梁、公路、水闸、电杆、电线、农田、集体房屋；保护果木、庄稼、鱼禽和大小牲畜。违者按损失程度全部赔还，责令限期修复或罚款。每户每年每亩出两个义务工，包括公益事业建设和开会等。乡、村召开的会议和组织的公益事业建设都应积极参加，服从分配，违者每人每天罚款5元。

九、维护电灯、电话线路。各村应推选一名有一定知识和技术的电工，切实搞好安全用电工作，电路和电器设备要保证完好；非主管人员不能任意接电，如不经电表外接电路的按电厂规定罚款没收一切用具，并追究责任。

十、积极开展中小型水利建设，加强水利管理。坚持一把锄头放水，特别是农田用水紧张季节，要统一设置水管员，各村、社都要服从于全乡的统一调动，不得另搞一套，各户要绝对服从水管员的安排，违者追究责任。

十一、认真搞好财务管理。乡、村都要制定财务管理制度。每年以村、社为单位进行一次财务清理工作，做到账目清楚，账款相符，并向群众公布，如有挪用，贪污，占用公款、公物的行为要严肃处理。

十二、切实关心军烈属、五保户和社会困难户，帮助他们解决生产、生活中的实际困难。

十三、关心教育事业，尊敬老师；爱护、关心学生的成长进步，重视培养人才。努力学习科学、技术学习文化知识，坚持科学种田。重视和发展乡、村医疗卫生、畜牧防疫治病工作，积极开展爱国卫生运动，禽畜死厂，必须深埋处理，不准随便乱丢，避免污染环境。

十四、决不放松粮食生产，积极开展多种经营努力发展专业户、重点户，保护他们的合法权益，促进乡、村经济的全面发展。全乡广大共产党员、共青团员和干部、群众都要自觉遵守乡规民约，为促进我乡社会主义物质文明和精神文明的建设而共同努力。

白华乡党支部、乡人民政府

一九八七年七月二十日

## 2. （云南省丽江地区丽江纳西族自治县黄山乡）吉来村村规民约[①]

一、坚持党的四项基本原则，反对资产阶级自由化，继续清除“左”的思想影响，坚决贯彻执行党的十届三中全会以来的路线、方针、政策，热爱党、热爱祖国。

二、积极参加社会主义精神文明建设和物质文明建设，坚持改革，做有理想、有道德、有文化、守纪律的社会主义新人，做勤劳致富、守法致富、带动群众致富的农民。

三、积极开展“五好家庭”竞赛活动，做到尊老爱幼、

① 来自：段钢、代春强主编，纳西族调查组编写：《云南民族村寨调查 纳西族 丽江黄山乡白华村》，云南大学出版社2001年版，第112－114页。

讲文明、家庭和睦、邻里团结，搞好干群关系，互相不得谩骂，自力更生、艰苦奋斗，增收节支、增产节约、勤俭持家，移风易俗，婚事新办、丧事从简，积极开展法律学习，每年召开一次评选和表彰“五好家庭”活动。

四、严格遵守各种经济合同，积极完成国家合同定购任务，按时交清集体提留款和承包款，不准拖延不交，如不按合同办理，集体有权收回另行承包。

五、自觉严格地遵守各项计划生育政策，提倡晚婚、晚育，违者罚款应按时交清。

六、严格执行“土地管理法”。土地属国家集体所有，不得多占或强占土地，乱占公路、村道、田间公路和空闲地，不准乱挖田埂，不得在承包地或自留地上挖土、挖沙。社员建房的宅基地经村民委员会会同县政府批准。地基按原规划分上、中、下三片给每户按顺序划给。（中片粮场顺序由张旭新房南边开始量；中片先要者有选择权）

建房批准手续在本年 9 月 30 日前办理全的划分地基，9 月 30 日后办理的牵涉青苗赔款的由建房者赔偿后划给。

七、努力搞好社会治安，坚决制止赌博和封建迷信活动，不准打架斗殴。如有偷盗，查获后限期退还赃款赃物，无物照价赔还。不准在公共场所内酗酒闹事和故意扰乱社会秩序，民事纠纷要先由村委会调解，调解无效报行政村、乡政府解决。

八、维护集体利益，保护公共设施，自觉维护乡村内的桥梁、公路、水闸、电杆、电线、农田、集体房屋，保护果木、庄稼、鱼禽和大小牲畜。违者按损失程度全部赔还、责令限期修复或罚款。村召开的会议和组织的公益事业建设都应积极参加，服从分配，开家长会不参加的罚款5元。

九、切实搞好安全用电和节约用电工作，电路和电器设备要保证完好。抽水接线只能在下转头接，上转头与中途绝对不能接电。生活用电要遵守用电规定，如发现偷电，第一次罚款30元，第二次罚款60元，第三次罚款100元，并切断偷电户电源，交清罚款后再接线。按期交清电费，如不按期交纳，延期一天罚一元，不交者取消用电权。抽水拿鱼每天每次每台抽水交电费30元，并通过电工先交款后接电。电表必须装在屋外便于查电处理，连户主线路不准经过房内，各户要安装加工动力电表的必须经村委会同意，动力功率注册后才能安装，但不得与抽水机争电，负荷过重时白天不得加工，绝对保证抽水用电。

十、认真搞好财务管理，做到账目清楚，账款相符。每年9月30日前组成临时清查小组进行查账，并要张榜公布，接受群众监督。如有挪用、贪污公款公物的行为报上级有关部门处理。

十一、关心教育事业，尊敬老师，爱护学校，关心学生的成长进步，重视培养人才，努力学习科学技术。

十二、切实关心军烈属、五保户、社会困难户，帮助他们解决生产、生活中的实际困难。

十三、坚持科学种田，积极开展爱国卫生运动。禽畜死尸必须深埋处理，不准随便乱丢，避免污染环境。

十四、绝不放松粮食生产，积极开展多种经营，努力发展专业户、重点户，保护他们的合法权益，促进全村经济全面发展。

全村共产党员、共青团员和干部群众都要自觉遵守村规民约，为促进全村精神文明和物质文明建设而共同努力。

吉来村党小组

吉来村村委会

一九八九年八月二十日

## 3. （云南省丽江地区玉龙纳西族自治县黄山乡）白华行政村村规民约[①]

为了进一步继续坚持党在农村的各项基本政策，完善家庭联产承包，充分发挥统分结合的优势，逐步增加集体资金和社员收入，行政村特定以下几条村规民约：

一、全体村民必须坚持四项基本原则，热爱中国共产党、热爱社会主义、热爱祖国，积极参加村社组织的各种会议，学习党的各项方针政策，在村委会集体领导下，民主管理、群策群力，重大问题由村委、支委党小组研究决定后执行。

二、社员必须完成各种上交提留、合同定购任务和投工投劳，维护山、水、田、林、路和公共设施，遵守计划生育政策

① 来自：段钢、代春强主编，纳西族调查组编写：《云南民族村寨调查 纳西族 丽江黄山乡白华村》，云南大学出版社2001年版，第114－115页。

及土地管理法，对不执行者，按合同法和有关法规执行。

三、宅基地经乡、村审批后，按规定执行，不许任意扩大、侵占集体道路和用地。不听村社规定，按有关审批规定执行；任意挑选或扩大宅基地者，按土地管理法收回地基和罚款处理。私欠公款、与公安局挂钩者不给地基。

四、不许乱放牲畜，统一拴管，以免损坏庄稼，乱放者所引起后果由本人负责。

五、每年九月九日定为行政村修路日，修村道巷道、田间道，各村社统一组织指挥，每劳力出义务工 12 个，机动车一天，手推车每户一辆。未到者劳力每工 5 元，机动车每天出 20 元，手推车每天 5 元。

六、反对大吃大喝，提倡节约。我行政村根据本村的情况，各自然村定出一个杀猪日期，2 ~ 5 天杀完提倡不请客、少请客。

七、每年九月份进行清理村社账务，整理收支情况，向支部大会作收支情况报告，并向群众大会作细数公布。

八、要求全体村民严格执行县人大党委会关于婚丧二事从简办理的规定，坚持勤俭办一切事业的方针，提倡婚丧二事从简、生日、满月、“49”、“36”、年猪等少请客和不请客。

白华行政村村公所

一九九一年十月八日通过执行

# 4. （云南省丽江市玉龙纳西族自治县奉科镇）奉科村村委会村规民约①

为了推进我村民主法制建设，维护社会稳定，树立良好的民风、村风，创造安居乐业的社会环境，促进经济发展，建设乡风文明、村容整洁、管理民主的新农村，经全体村民讨论通过，制定本村规民约。

**一、社会治安**

1. 每个村民都要学法、知法、守法，自觉维护法律尊严，积极同一切违法犯罪行为作斗争。

2. 村民之间应团结友爱，和睦相处，不打架斗殴，不酗酒滋事，严禁侮辱、诽谤他人，严禁造谣惑众、拨弄是非。

3. 自觉维护社会秩序和公共安全，不扰乱公共秩序，不阻碍公务人员执行公务。

4. 严禁非法生产、运输、储存和买卖爆炸物品；经销烟火、爆竹等易燃物品须经公安机关等有关部门批准。不得私藏枪支弹药，拾得枪支弹药、爆炸物品，要及时上交公安机关。

5. 爱护公共财产，不得损坏水利、道路交通、供电、通信、生产等公共设施。

6. 严禁私自砍伐国家、集体或他人的林木；严禁损害他人庄稼、瓜果及其他农作物。

---

① 来自：《奉科村村委会村规民约》，载“奉科村村民委员会”微信公众号，2019 年 4 月 26 日最后访问。制定时间不详。

**二、消防安全**

1. 加强野外用火管理，严防山火发生。

2. 每年防火期（4 月、5 月、6 月）严禁在野外使用明火，另村民须配合本村民小组护林员排班轮流巡山，具体排班由村民小组组长和护林员协商排班，每次 2～3 户，村民如若不履行轮班巡山职责，每缺勤一次扣除 50 元当年或下年的公益林补贴，所有扣款充用于本村民小组活动经费。

3. 家庭用火做到人离火灭，严禁将易燃易爆物品堆放户内、寨内，定期检查、排除各种火灾隐患。

4. 对村内、户内电线要定期检查，损坏的要请电工及时修理、更新，严禁乱拉乱接电线。

5. 加强村民尤其是少年儿童安全用火用电知识宣传教育，提高全体村民消防安全知识水平和意识。

**三、村风民俗**

1. 提倡社会主义精神文明，移风易俗，反对封建迷信及其他不文明行为，树立良好的民风、村风。

2. 不请神弄鬼或装神弄鬼，不搞封建迷信活动，不听、不看、不传淫秽书刊音像，不参加邪教组织。

3. 建立正常友好的人际关系，不搞宗派活动，反对家族主义。

4. 积极开展文明卫生村建设，搞好公共卫生，加强村容村貌整治，严禁随地乱倒乱堆垃圾、秽物，每户或几户需有一个固定的垃圾堆放点，并定期烧毁；修盖房屋余下的垃圾碎片应及时清理，柴草、粪土应定点堆放。

5. 建房应服从村庄建设规划，经村委会和上级有关部门批准，统一安排，不得擅自动工、不得违反规划或损害四邻利益。

**四、邻里关系**

1. 村民之间要互尊、互爱、互助，和睦相处，建立良好的邻里关系。

2. 在生产、生活、社会交往过程中，应遵循平等、自愿、互惠互利的原则，发扬社会主义新风尚。

3. 邻里纠纷，应本着团结友爱的原则平等协商解决，协商不成的可申请村调解委调解，也可依法向人民法院起诉，树立依法维权意识，不得以以牙还牙、以暴制暴的方式处理。

**五、婚姻家庭**

1. 遵循婚姻自由、男女平等、一夫一妻、尊老爱幼的原则，建立团结和睦的家庭关系。

2. 夫妻地位平等，共同承担家务劳动，共同管理家庭财产，反对家庭暴力。

3. 父母应尽抚养、教育未成年子女的义务，所有适龄入学儿童均按时接受教育，禁止歧视、虐待、遗弃女婴，破除生男才能传宗接待的陋习。子女应尽赡养老人的义务，不得歧视、虐待老人。

## 5. （云南省丽江市玉龙纳西族自治县）奉科镇奉科村新型冠状病毒肺炎疫情防控通知①

各位村民：

针对严峻的疫情防控形势，为认真贯彻落实全省重大突发公共卫生事件一级响应措施，进一步做好疫情防控工作，切实保障人民群众生命安全与身体健康，根据“奉科镇新型冠状病毒感染的肺炎疫情防控工作会议”的安排部署，现将有关事项告知如下：

1. 1月28日下午18时起，所有车辆和人员禁止进入奉科镇奉科村境内，“只准出、不准进”，请大家积极配合，服从管理。

2. 1月28日起停运所有客运、货运车辆、渡口船只，请大家积极配合、相互转告。

3. 即日起，全面禁止、取消各类公众聚集性活动。本着对他人负责，为家人负责，停止所有春节宴请、拜年聚餐等集会活动，停办或延办喜事，严禁走亲访友。

4. 如有发热、咳嗽、咳痰等症状时，请您及时联系村委会和村小组长，主动告知医生旅居史，确保正确诊疗。

5. 严禁传谣造谣，做到不信谣不传谣，科学预防。

6. 如有违反者、不听劝者，将采取相关措施。

---

① 来自：《奉科镇奉科村新型冠状病毒肺炎疫情防控通知》，载“奉科村村民委员会”微信公共号，2020年1月28日。

请各位村民相互监督，有情况积极上报。让我们共同努力，一起行动起来，为自己和家人创建一个健康舒心的生活环境！

奉科村党总支部

奉科村村民委员会

2020年1月28日

## 6.（云南省迪庆藏族自治州香格里拉市三坝纳西族乡）江边村村规民约[①]

为了把江边村建设成为“生产发展、生活宽裕、乡风文明、村容整洁、管理民主”的美丽乡村，根据《中华人民共和国村民委员会组织法》等相关法律法规，结合江边村实际，特制定本村规民约。

**一、社会治安**

（一）全体村民要自觉遵守国家法律法规，自觉维护社会秩序和公共安全，不打架闹事、不酗酒滋事、不吸毒贩毒、不得侮辱诽谤他人、造谣惑众、搬弄是非。

（二）自觉遵守交通法规、不得无证驾驶、不得违法载人载货。

（三）不得非法生产、运输、储存和买卖爆炸物品，不得

① 来自：中国共产党香格里拉市委员会网，网址：http：//dw. xgll. gov. cn/html/2014/xw_ jcdt_ sbx_ 1023/4251. html，2020年2月14日最后访问。

私藏枪支弹药。

（四）爱护公共财物，不得损坏水利、水池、道路、交通、供电、生产等设施。

**二、消防安全**

（一）加强防火教育、强化野外用火管理，严防森林火灾。

（二）家庭用火要做到人离火灭，设立消防安全员，定期检查村寨内各种火灾隐患。

（三）加强用电管理，对村内、户内电线安全定期检查，损坏的及时维修、更新，不得乱拉乱接电线，确保用电安全。

（四）节庆期间烟花爆竹燃放要规范管理。

**三、土地管理**

（一）实行严格的耕地管理制度，不得随意占用耕地，不得随意转让土地、宅基地使用权，不得非法占用基本田地建房。

（二）承包土地流转必须经过村委会批准。

（三）不得私挖乱采各种矿产资源、砂石材料，不得在本村范围内无证开办砂石厂。

（四）各村民小组之间不得乱占土地，村民不得占用集体土地。

**四、林地管理**

（一）要树立爱护森林资源、保护生态环境意识，严禁乱砍滥伐毁坏森林，村民建房用材要依法办理采伐手续。

（二）禁止乱砍滥伐林木、乱占林地和毁林开荒，禁止一切私拉偷运木材活动，禁止猎杀珍稀野生动物和破坏珍稀野生植物。

（三）防火期内，不准在林内烧灰积肥，禁止烧木炭，不准无民事行为能力及限制民事行为能力之人随意上山玩火，如上山用火发生火灾，由监护人承担一切责任。

（四）森林火灾的肇事者要承担扑火消耗的费用和赔偿火灾造成的损失，情节严重的依法追究法律责任。

（五）按照林权改革制度，管理好属于自己林权范围内的林地。在属于自己的社有林里面，出现违规砍割灌木和树木者，举报到村委会，经村委会和监督委员会核实，证据确凿，第一次罚款 100 元，第二次开始罚款 300 元。

（六）依法做好退耕还林工作。

**五、水源管理**

（一）棉沙坝水渠和江边大沟是关系全村生产生活用水的命脉沟渠，全村村民有义务爱护和管理好沟渠，各村民小组用水必须严格遵守既定的水班制度，不得随意调整和破坏水班制度。

（二）管理好现有的沟渠、水窖、水池，村委会做好节约用水教育管理工作。

（三）在水班制度期间，未经过用水村民小组和村委的同意,私自偷盗他人班次的水，不论集体或个人，一经发现核实，村委会将用该组的惠民政策来制约当事人所属村民小组。水班看水人员发现并举报到村委会，经村委会及监督委员会核实，证据确凿，第一次罚款 300 元，第二次开始罚款 500 元。

**六、婚姻家庭**

（一）夫妻地位平等，共同承担家务劳动，共同管理家庭财产，反对家庭暴力。

（二）自觉遵守计划生育法律法规，提倡优生优育，父母应尽抚养教育未成年子女义务，禁止歧视、虐待、遗弃女婴。

（三）子女应尽赡养老人义务，不得歧视、虐待老人。

**七、村风民俗**

（一）树立良好的村风，坚决抵制各种邪教，全体村民不得参与各种邪教组织。

（二）村民之间要团结友爱，邻里之间要互助互爱，如果发生矛盾纠纷，本着平等友爱的原则协商解决，协商不成的可申请村委会调解，也可以依法向人民法院起诉，树立依法维权意识。

**八、村务管理**

（一）按照上级有关规定实行村务公开制度，不定期公开村级有关物资分配、资金兑现情况。

（二）所有江边村公民都有权利监督村里的财务公开状况。

（三）上述罚款款项都从各组惠农一折通集体总数里扣除，扣除部分返还给受损村民小组。

**九、附则**

（一）本村规民约最终解释权归村委会。

（二）本村规民约由村监督委员会监督实施。

二〇一四年四月一日

# 第十九章　羌族地区村规民约

## 1. （四川省阿坝藏族羌族自治州）理县蒲溪乡乡规民约[①]

随着经济政策的落实和国民经济的发展，商品经济的进一步发展，城市与农村的形势发展已经进入了全国飞跃的新局面。为了进一步完善党在农村的各项经济政策，巩固、消化、补充、完善改革已经取得的成果，提高人民的物质文化生活水平。遵照小平同志的指示：一手抓建设，一手抓法制的战略措施，对广大人民群众必须加强法纪教育和共产主义思想教育，使社会风气有个根本好转，为了继续向全体公民基本普及法律

① 来自：龙大轩：《乡土秩序与民间法律：羌族习惯法探析》，中国政法大学出版社2010年版，第333－339页。

常识，增强人们的法制观念，人人都能学法、懂法、守法、护法，做有理想、有文化、有道德、守纪律的一代新人，养成依法办事的习惯，学会用法律手段来促进“两个文明”的建设，维护国家、集体和个人三者的合法权益。同一切违法犯罪行为作斗争是我国“普法”工作的一个重要任务，但是在稳定和完善各种生产责任制的前提下，有些人对法制观念淡薄，经常出现各种不同类型的民事纠纷，阻碍着“两个文明”的建设。因此，为了加强物质文明和精神文明的建设，树立良好的社会道德风尚，改变贫困落后的面貌，创造一个良好的生产秩序、工作秩序、社会秩序、人民生活及教育推广秩序，尊老爱幼的新风尚，巩固和发展农村的大好形势，运用法律手段管理经济，进一步搞好社会治安综合治理，完善治安承包合同，根据我乡的实际情况，制定本乡《乡规民约》。

第一条　乡规民约的性质是：经过乡人民代表大会充分讨论和强烈要求而制定出来的，带有强制的规范，从一定意义上讲，它是法的属性和补充。

第二条　乡规民约的范围是：不触及国家法律、法令以及《治安管理处罚条例》，但它又必须是处理人民内部矛盾。

第三条　乡规民约的执行机构是：乡社会治安综合治理办公室。即公安、治保、调解、民政、司法、武装部、共青团、妇联、计划生育委员会、财粮、林政联合办公室。

第四条　调处人员的任务是：熟悉业务，宣传教育，善于调查研究，提高工作效率，核实揭发材料和口诉问题反映，接受不服处理的正当要求进行复查。

第五条　违反乡规民约的处罚有下列四种：

（1）批评教育；

（2）检讨（包括口头、书面检讨和大小会检讨）；

（3）罚款（两日内拒不交者，在罚款基数上加百分之十至百分之二十）；

（4）情节严重者，报公安派出所处理。

第六条　对破坏、侵占集体和村民生产资料有下列三款，并处罚款贰拾元至伍拾元。

第一款　偷挖破坏侵占集体和村民生产资料林木（含用材林、经济林木）者，除退回赃物以外，并赔偿经济损失。

第二款　偷拿集体、村民等少量财物的，即：粮食、蔬菜、鸡、衣物、花草、盆景等，按原价赔偿其经济损失。

第三款　偷拿和破坏国家、集体、村民水利设施设备的，即电器、电话线路、广播线路、高压线路、钢管、胶管、电杆，毁坏抽水设备、桥栏杆、乡村马路的，速报司法机关依法追究刑事责任。

第七条　对损公肥私、侵吞集体和他人利益的，除了没收和赔偿经济损失以外，报有关部门予以处理或依法追究刑事责任。

第一款　用花言巧语拉拢外地人员雇请用工，少付工钱或不付工钱，或吓唬他人造成纠纷和后果的。

第二款　家禽家畜管理不善，损害他人农作物、林木的。

第三款　无论本地或外地行商者，以假劣货冒充真货贩卖，危害人民身体健康，骗取钱财的。

第四款　因各种原因利（用）非法手段，故意刁难他人索取利益的。

第五款　起坏心盗窃他人家禽家畜转手倒卖，有意致残，宰杀吃掉，用药毒致死的。

第六款　未到法定年龄的少年、学生，损害国家、集体、村民财产的，追究其家长或教师的责任。

第七款　未经批准或已批准住宅基地，利用各种关系和手段，多占或强占耕地、荒坡、滩地面积的，按有关土地管理法规予以严肃处理。

第八条　经教育不改，搞封建迷信，乱砍滥伐，乱占耕地面积，违反计划生育法规行为，酗酒闹事，铺张浪费（即：操办婚事、大办丧事），拖欠银行贷款，抗交各种税收，围攻党委政府干部职工等造成后果的，有下列处罚：

第一款　不信科学，搞封建迷信，除了没收索取的钱财外，对造成的如有后果者，罚款伍元至贰拾元。

第二款　凡乱砍滥伐，乱占耕地面积，违反计划生育法规，酗酒闹事，铺张浪费，拖欠银行贷款，抗交各种税收，围攻党政干部等造成后果者，规定不审批申请木材、申请住宅基地，不给任何困难补助或救济。

第九条　因各种原因和矛盾引起打架斗殴的，将处以罚款和处理，情节严重报送公安机关。

第一款　破坏他（她）人家庭，作风下流，调戏妇女，乱搞两性关系造成后果的，强奸妇女，拦路劫持女青年团伙的，直接报公安机关严肃处理。

第二款　虐待老人、儿童、公、婆、媳、婿，经教育多次不改而造成后果的。

第三款　干扰正常教学秩序、其他业务部门正常上班秩序，冲击政府机关，聚众寻衅闹事，谩骂殴打公务人员，经劝阻不听，造成后果的，给予罚款或报公安机关依法处理。

第四款　不服管理，多次教育不改，继续闹事，骂“花鸡公”侮辱人格，殴打他人并造成后果的，给予批评教育、罚款处理。

第五款　不重视培养子女和普及教育事业，借口困难，造成学龄儿童不能上学或中途停学的。

第十条　对寻衅闹事，拨弄是非，造成后果的，罚款伍元至伍拾元。

第一款　干扰和歪曲计划生育政策，造谣是非，故弄玄虚，拒交超生和无计划生育费的，谩骂殴打执行公务人员的(除触犯刑律)。

第二款　在执行政策中，滥用职权，徇私舞弊，拉宗族关系，歧视他人，处理了问题后，报复谩骂他人。

第三款　在工作中了解情况偏听偏信，为亲戚说话办事，引起干群之间造成矛盾吵嘴闹架的。

第四款　家犬咬伤他人引起纠纷造成后果的。

第五款　经教育不改，蛮不讲理耍地头蛇，一贯称霸，肆意横行乡里。

第六款　惊慌失措，不按时就寝休息，影响他人学习工作休息，造成工作失误，引起吵架的。

第十一条　扰乱社会治安秩序的，罚款伍元至叁拾元。

第一款　酗酒闹事，影响正常工作秩序，阻挠工作人员正常上班和阻挠劝阻的。

第二款　因小型搞赌博不听劝阻的。

第三款　处理问题中或当发现纠纷时，表面劝解伪装好人，领导面前讨好卖乖，暗地参加支持亲朋好友，有意阻挠正常开展工作并造成后果的。

第四款　因纠纷引起，当事人需解决问题，处理人故意推诿伪装好人，暗地又支持某一方，造成后果的。

第五款　在公共场所，看电影、电视、结婚、死人，请客座席中，扰乱社会治安秩序，谩骂执行公务人员，打架斗殴造成后果的。

第十二条　违反安全用水、用电，引起火警隐患的，罚款贰拾至伍拾元。

第一款　未经电工人员许可同意，私自安电炉、乱接电源线路和私撤电表作假样的。

第二款　每月不按时交纳电费，拖欠电费影响大局的。

第三款　引起火警火灾，烧毁草场面积约零点五亩以内的，森林用材林两株以内的，烧毁建筑房占地面积五平方以内的（超过范围的依法追究其责任）。

第十三条　违反交通安全的，罚款拾元至叁拾元。

第一款　沿公路线上放牧者，经批评教育不改，造成阻碍公路中有乱石、石沙和泥土，造成人行车辆危险和造成后果的。

第二款　有意在公路中间乱开挖水沟，堵塞涵洞水渠造成后果的。

第三款　无证驾驶各类机动车辆，强行拦路乘车，除了造成严重后果以外，一律由本人负责。

第四款　因交通路政不规范，自行造成隐患，寻衅闹事、诬蔑他人的。

第十四条　外来人员在当地肇事，违反本约有关条款，罚款伍元至叁拾元，并追究其牵线人。

第一款　冒充各处技术，骗取财物的；以情说爱为由，拐骗妇女儿童的，传播淫秽书画，算卜卦，骗取钱财的。

第二款　本乡人员外出肇事，均由地方处理，如贵地单位通知我方取保，肇事者须负担起所耽误人员的一切费用开支。

第十五条　遵守国家政策、法令，积极缴纳农业税和其他各种税收、集体的上交管理费，归还银行贷款。拖欠集体债权债务款和企业欠款，故意拖欠、拒交的或谩骂殴打催收人员的，罚款伍元至贰拾元。

第一款　到期不交态度恶劣的（在总金额中处罚百分之十）。

第二款　辱骂殴打经办人员的。

第三款　歪曲党的政策，散布谣言，影响极响（按：原文即如此）的。

第四款　不履行各种承包合同中的金额义务，在应交款中加收百分之十五，继续拖延上交时间追加到百分之二十，同时召开村民大会，其合同作废，另转包他人从新（重新签订）承包合同，并责令原承包人按合同中所欠金额限期退回。

第十六条　对需要处理问题的，但又对上述条款包括不进去的，罚款贰元至拾元。

第一款　因对问题处理不满（并严肃处理是非者），寻机报复他人，检举揭发和处理过人员的。

第二款　捏造事实和造谣，败坏他人名誉，依仗后台权势仇视他人，书写信件诬告他人的。

第三款　明知违反乡规民约，凭个性横要个人威风，企图达到私利和荣誉，故意嘲笑或贬低他人，从中接受贿赂的。

第四款　因其他问题利用此事，围攻各级干部，致不能正常工作而造成后果的

第十七条　违反乡规民约后，要求处理问题的双方当事人先预交处理费各三十元，待问题处理后，收肇事者方，退轻者方百分之八十（罚款、损失在外）。

第十八条　乡管工作和调处人员在执行乡规民约时，要刚直不阿，秉公办事，如果不按乡规民约办事，从亲朋角度，仗势后台等关系，搞不利于团结，支持歪门邪道，投机倒把，经济建设受损失，乱批乱签条子、报告，私自拉公款和贷款的，应按有关条款予以严肃处理。情节严重者报司法机关追究其责任。

第十九条　双方当事人需要处理问题，经传讯不到者，均可视其态度和情节轻重给予加罚（按第五条第四种处理）。

第二十条　工作需要，抽派协助参加处理的人员，误工费由双方当事人、责任人承担，肇事者承担百分之八十，另一方承担百分之十。

第二十一条　对于敢揭发检举问题，不论干部、群众、学生都应给予奖励，奖励分为精神和物质两种（即：公开奖励、不公开奖励），对检举揭发者实行绝对保密安全。

第二十二条　加强普及法律常识的宣传，宣起互教互学的习惯，人人遵守法律、法令、法规，力争户户争当遵纪守法的“光荣户”，村村寨寨争当遵纪守法的“文明村寨”荣誉称号。

第二十三条　此《乡规民约》，从公布之日起执行。

蒲溪乡第七届人民代表大会第二次会议全体代表讨论通过。

一九九一年二月十日

## 2.　（四川省阿坝藏族羌族自治州汶川县龙溪乡）垮坡村村规民约[①]

为加强法制建设，以法治村，维护本村社会秩序，打击各种破坏生产和公共设施行为，保护本村生产生活正常进行，除按国家法律法规执行外，特制定以下村规民约。经全体村民讨论通过，望互相监督，共同遵守。

第一条　做有社会主义觉悟的“四有”村民，遵守党的各项方针政策，做到学法、懂法、守法。增强社会主义公民意识，履行村民应尽的义务，学习农业科学技术，搞好科学种田，关心国家大事。

---

①　来自：龙大轩：《乡土秩序与民间法律：羌族习惯法探析》，中国政法大学出版社 2010 年版，第 339 – 341 页。

第二条 提倡晚婚晚育，少生优生，自觉履行计划生育义务，凡强行超生第一胎者，除按政策规定处罚外，另给予下列处理：

1. 不批宅基地。

2. 不批自用木材指标。

3. 不给困难补贴。

4. 不安排土地。

凡强行超生第二胎者，除按以上处理外，再给予下列处罚：

1. 收回上等承包地 1 至 2 亩。

2. 不能享受国家和村上的一切福利待遇。

第三条 所有村民应积极植树造林，自觉爱护林木，保护生态平衡，严禁乱砍滥伐，私买私卖木材，乱捕乱猎珍稀动物。如有违反者，除按“森林法”和有关政策处理外，另给予下列处罚。

1. 凡乱砍滥伐木材者，村上处罚每立方米一百元，没收全部木材，十年不批自用木材指标，罚栽五百株树木，经验收合格为准。

2. 乱在村上的封山林里砍柴一背，罚款五十元，罚栽树木一百株，经村委会验收合格为准，以此类推，乱砍一根者，罚款十元，罚栽树木十株。

3. 乱捕乱猎珍稀动物者，村上给予五百元的罚款处理。

第四条 所有村民应珍惜每一寸土地，凡乱占耕地修房造屋，指东占西，超面积建房，除按政策规定处理外，村上另在国家罚款的基础上再增加百分之十的罚款，并限期补办手续。

第五条　所有村民有对公路的保护、保养义务。除公路沿线的责任地外，杜绝在公路沿线开荒种地，违约者给予下列处理。

1. 凡在公路沿线开荒种地者，给予一百元至二百元处理；

2. 在公路沿线乱倒石渣、废弃物者，给予五十元至一百元处理。

凡违反以上两条者，同时义务清理和保养公路一年。

第六条　本村村民应按村委规定，积极参加义务投工投劳，每享受一份责任地，投义务工十个，特殊基建另行安排，少投一个义务工，扣四元，超投一个义务工，奖三元。

第七条　发扬平等、团结友爱、互助的新型社会主义关系，做到家庭团结、邻里和睦、村户团结、尊老爱幼，不偷盗扒窃，不打架斗殴，不准私拉乱接电源，不准损坏公私财物，如有违约，视其情况，给予下列处罚：

1. 虐待老人和儿童，除按法律规定追究刑事责任外，按家庭人数计算，人平多投义务工十个，并限期改正虐待行为；

2. 乱拉乱接电源者，村上给予五十元至一百元的处理；

3. 偷盗扒窃、打架斗殴者，除按治安室依法处理外，村上再根据治安室的处理结果加倍处理；

说明：（1）以上条款如有与法律法规相抵触的，按法律法规执行；（2）本村民约从通过之日起生效；（3）如需修改本村民约，需半数以上村民提议。

垮坡村全体村民

一九九一年十月二十六日

## 3.（四川省阿坝藏族羌族自治州汶川县龙溪乡）俄布村村规民约[①]

为加强法制建设，依法治村，维护社会秩序，打击各种破坏生产和公共设施（按：疑缺“的行为”三字），经村支部、村委会研究，交全体村民讨论通过，特拟定以下村规民约。

一、做有理想、有道德、有文化、有纪律的社会主义公民，积极送子入学，遵守党的各项方针政策，学习科学技术，搞好科学种田，关心国家大事。

二、拥护中国共产党，热爱社会主义祖国，建设和发展平等、团结、友爱、互助的社会主义新型关系，做到家庭团结、邻里团结、村户团结。

三、发扬国家利益、集体利益、个人利益相结合的社会主义、集体主义精神。积极完成国家税收和集体提留，有计划地归还集体欠款。不履行者村委会有权折价处理生产资料，收回承包地。

四、做到积极生产、勤劳致富，不搞非法经营活动，反对大操大办、铺张浪费、损人利己、损公肥私、金钱至上的思想和行为。

五、发扬社会主义、人道主义精神，关心人，尊敬人，特别要保护儿童，尊重妇女，尊敬老人，尊敬烈军属和荣誉军

① 来自：龙大轩：《乡土秩序与民间法律：羌族习惯法探析》，中国政法大学出版社2010年版，第341－343页。

人，关心帮助残疾人，遵守公共秩序，讲文明礼貌，不赌博，不酒后闹事，不耍流氓手段，不打架斗殴，违者村调解员有权按照村规民约收违约费二十元至五十元，情节严重的，交乡治安室依法追究刑事责任。

六、人人爱护村上的公物，保护村上的环境和资源，资源的开发利用必须由村委会统一规划安排，不准私自开发资源，违者收取二百元至三百元的损失补偿费，严重者按有关法律条款追究刑事责任。

七、保护个人、村寨、家户内外的环境卫生，不乱倒垃圾粪便，保持村寨通道公共卫生，消灭犬只，防止黑热病，提倡文明、健康、科学的生活方式，克服社会上的传统坏风俗和愚昧落后的东西，改变婚嫁丧葬中的陈规漏（按：应为“陋”字）习，破除封建迷信。

八、提倡晚婚晚育，少生优生，按照“宪法”规定，夫妻双方都有实行计划生育的义务，违者除给予规定罚款外，还要收回夫妇双方的上等承包地一亩至二亩，同时不审批宅基地，不批自用木材指标，不准随意开荒，不享受困难补助，不招工、招干，不享受切待遇，如有调整土地时一律不安排。

九、积极参加法律知识的学习，做到学法、知法、护法、守法，增强社会主义公民意识，履行公民的基本权利和义务。

十、积极参加植树造林，自觉爱护林木，严禁滥砍乱伐，私买私卖，乱捕乱猎，毁林开荒，不乱占耕地，不在耕地上修房造屋，违者除没收外，收损失补偿一百元至二百元。

十一、人人做到防火、防盗，安全用电，违反操作，乱接电源，造成后果追究责任，遇到险情及时报告，村内发生火灾，人人勇跃争先抢救。

十二、凡是村上的重大事情，必须由村委会、村支部研究出方案，交群众大会通过方能实施，村上所有干部要做到为政清廉，不行贿受贿，不贪污挪用公款，作风正派，村上财务往来，定期向村民公布，做到收支合理，账务清楚，群众满意。以上各款，经村民通过之日起生效，凡违反本条约者，按村规民约条款处理。

俄布村全体村民

一九九一年十月二十八日

## 4.　（四川省阿坝藏族羌族自治州汶川县龙溪乡）阿尔村村规民约[①]

为了促进本村经济和社会健康发展，维护村民利益，更好地增强自我管理、自我教育、自我服务、自我约束的能力，规范行为，使村民做有理想、有道德、有文化、守纪律的新型农民，特制定本村规民约。

1. 全体村民必须执行党和国家的路线、方针、政策，保护公共财物，遵纪守法。

2. 自觉维护社会秩序，抵制歪风邪气，尊老爱幼，家庭

① 来自：何斯强、蒋彬主编：《中国民族村寨调查 羌族 四川汶川县阿尔村调查》，云南大学出版社2004年版，第209页。制定时间不详。

和睦，团结互助友爱，讲究卫生，移风易俗，美化环境。

3. 严禁赌博、吸毒，婚丧嫁娶不得铺张浪费，一切从简，不得搞封建迷信活动。

4. 保护环境，保护森林，严禁乱砍乱伐，认真做好护林防火工作，做好本村的退耕还林还草工作。

5. 严禁乱占耕地，修房造屋严禁批东占西，批少占多，严禁乱开矿乱采矿。

6. 村里的公共财物（如机耕道、学校、水利等基础设施）必须加强管理，村民自觉爱护。

7. 严禁超计划生育，积极送子女搞好九年义务制教育。

8. 不得拖欠国家的税费。

以上制度希望村民自觉遵守，相互监督，如有违背，情节轻者说服教育，情节重者按国家政策、法律、法规进行处理，同时给予一定的经济制裁。

## 5. （四川省阿坝藏族羌族自治州汶川县雁门乡）白水村村规民约①

为了推进我村民主法治建设，维护社会稳定，树立良好的民风、树风，创造安居乐业的生活环境，促进经济发展，建设文明卫生新农村，使广大村民能自我管理、自我服务和自我教

① 来自：代玉龙：《西部乡村治理中村规民约研究》，西华师范大学2019年硕士学位论文。制定时间不详。

育。增强法治观念，强化社会治安管理，维护社会稳定和广大村民的合法权益，真正做到：做文明人，办文明事，讲文明话，形成一种良好的村风，使每个人明事理，辨是非，维护法律的严肃性。经全体村民讨论通过特制定本村规民约。

一、热爱祖国、听党的话。

二、遵守法律法规。

三、搞好民族团结。

四、依法治村。

五、爱党爱国、感恩自强、增强民族责任感。

六、遵纪守法、健康娱乐、严禁赌博、酗酒闹事、惹是生非、无理上访。

七、邻里和睦、团结互助、严禁宗教纠纷。

八、卫生整洁、维护村寨环境，严禁车辆乱停、杂物乱堆、垃圾乱倒、畜牧散放，实施门前三包。

九、封山育林，严禁乱砍乱伐，野外生火。

十、计划生育，严禁非婚生育、超生多生。

十一、自觉履行各种义务，服从组织安排，主动参与公共事业。

十二、严禁破坏村内集体公共设施，违禁者依法赔偿，并追究责任。

本村规民约经村民大会通过，由村组干部带头执行，全体村民共同遵守。

# 6. （四川省阿坝藏族羌族自治州汶川县雁门乡）萝卜寨村规民约[①]

（2014 年 9 月 12 日）

为了建设社会主义新农村，推动男女平等，促进萝卜寨村和谐发展，特制定《萝卜寨村规民约》，具体条款如下：

第一条　每个村民都要学法、知法、守法，自觉维护法律尊严，崇尚科学。反对封建迷信，自觉抵制“法轮功”及各类邪教组织，积极同一切违法犯罪行为作斗争。严禁村民参与邪教组织活动，严禁参与黄赌毒。

第二条　严禁在景区乱搭乱建彩钢棚等，严禁在自家房前屋后乱搭乱建，维护景区整体风貌，如有搭建者，限期拆除。

第三条　在景区内只能在专用停车场停车，严禁车辆乱停乱放；村民只能在村委会坝子头摆摊设点，严禁在景区其他地方乱摆摊点。

第四条　旅游品摊点严禁销售假虫草、假玉石、假药材等；如有违反者，全部没收假冒产品，经教育无悔改者，将张榜公示。

第五条　禁止向游客销售野生动物。如有违反者，村委会及时向森林公安报案，绝不袒护。

第六条　严禁农家乐、旅游用品店、小卖部等经营户宰

① 来自：宋玉霞：《羌族乡规民约在其基层治理中的应用研究——基于“中国羌族第一寨”萝卜寨的调查》，四川省社会科学院 2017 年硕士学位论文。

客、恶意拉客，如有违反，经教育仍不悔改的，将摘掉诚信经营户牌子，并张榜公示。

第七条 严禁村民任意破坏旅游基础设施和村公共设施，如经发现，将勒令其自行修复，经教育仍不悔改者，除张榜公示外，将请当地公安派出所介入调查处理。

第八条 积极提倡全体村民爱护卫生，门前三包；如连续两次发现门前脏乱的，将摘掉五好家庭牌子。

第九条 积极参与村两委组织各种会议和文艺活动。

第十条 积极参与村两委组织投工投劳公益建设活动。凡是没有按照要求投工投劳的，按照当地平均工价按天向村委缴纳工钱。

第十一条 尊老爱幼，尊重妇女儿童权益，关注留守及病残儿童健康成长。一经发现，不赡养父母、家庭暴力，我们将张榜公示。

第十二条 在村两委组织下，通过村民代表评选“十佳文明户”“五好家庭户”“遵纪守法户”，每个村民小组各 3 户，“好儿媳”“好婆婆”每个村民小组各 2 名；根据平时检查、巡查情况，评出“最不清洁户”黄牌一户，召开村民大会予以表彰，对黄牌户通报批评。加强村民思想道德建设，激发村民的荣誉感和责任感，促进村风村貌有根本好转。

# 第二十章 仫佬族地区村规民约

## 1. （广西壮族自治区河池市罗城仫佬族县四把镇）石门村村规民约[1]

### 一、社会治安

第一条 全体村民要学法守法，自觉遵守社会公德，维护社会治安，同一切违法犯罪行为作斗争。

第二条 村民要团结友爱，和睦相处。不寻衅滋事，不打架斗殴，不准挑拨是非，侮辱诽谤他人，违者除赔礼道歉外，还要赔偿损失，情节严重的报公安机关处理。

第三条 自觉维护社会稳定和公共安全，不扰乱公共秩

---

① 来自：章立明、俸代瑜主编：《仫佬族广西罗城县石门村调查》，云南大学出版社2004年版，第172－174页。制定时间不详。

序，不阻碍公务人员执行公务。

第四条　严禁聚众赌博，严禁为他人提供赌博场地和赌具，违者令其写检讨，情节严重的报有关部门处理。

第五条　爱护公物。不准损坏水利、交通、供电等公共设施。违者要责令修复或赔偿。

第六条　严禁偷窃、敲诈、哄抢国家、集体、个人财物，严禁替罪犯隐藏赃物。

第七条　不传播淫秽物品，不调戏妇女，自觉维护妇女的合法权益，违者视情节交有关部门处理。

第八条　禁止非法限制他人人身自由，或非法侵入他人住宅行为，违者视其情节给予批评教育，造成后果的令其赔偿损失，情节严重者交政法部门处理。

第九条　禁止乱砍滥伐国家、集体或他人的森林，严禁毁坏庄稼及其他农作物，严禁乱放猪、马、牛、羊啃青。

第十条　认真遵守户口管理规定，出生、死亡要及时申报或注销，外来人员需要在本村短期居留的，应向村治保汇报。

第十一条　对违犯上述社会治安条款者，按以下办法处理：

1. 触犯法律法规的，报送司法机关处理。

2. 情节严重但尚未触犯刑律和治安管理处罚条例的，由村民委批评教育。

**二、村风民俗**

第十二条　提倡社会主义精神文明，移风易俗，相信科学，反对封建迷信及其他不文明行为，喜事新办，丧事从简，勤俭节约，反对铺张浪费，树立良好的社会风尚。

第十三条　加强各民族间的团结，建立正常的人际关系，不搞宗派和宗族活动。

第十四条　搞好公共卫生，保持村容村貌整洁有序，不随便倒垃圾，排污水，不乱堆柴草、粪肥等。

第十五条　实行九年制义务教育，家长要认真履行送子女上学的义务，不准出现小学生辍学的现象，违者给予批评教育或报教育部门制裁。

第十六条　建立“十星级文明户”评比制度，实施半年初评，年终总评，经评审委员会审定，对“十星级文明户”给予表彰和奖励。

**三、相邻关系**

第十七条　自觉遵守社会公德，互尊互敬，互谅互让，和睦相处，正确处理好民间纠纷，不能仗势欺人，建立良好的邻里关系，建房不得影响他人通行，采光、排水不得影响整体规划。

第十八条　加强牲畜、家禽的管理，造成他人损失的，由饲养人或管理人承担民事责任。

第十九条　应依靠村、屯调解组织解决邻里纠纷，有纠纷应及时向屯、村组织报告，由调解组织、仫佬族双方当事人调解处理，做到小纠纷不出屯，一般纠纷不出村，就地调解，不得将矛盾上升。

**四、婚姻家庭**

第二十条　实行婚姻自主，男女平等，反对包办、干涉、买卖婚姻，提倡晚婚晚育，少生优生，尊老爱幼，建立团结和睦的家庭关系，禁止男女非法同居。

第二十一条　反对男尊女卑，夫妻在家中地位平等，共同当家理财，共同承担家务劳动，禁止打骂虐待。

第二十二条　子女、儿媳有赡养父母老人的义务，不准打骂虐待老人，不准干涉老人的婚姻及财产处理。对不尽赡养父母义务的子女、儿媳，由村调解会调解处理，对调解不服者，交司法部门处理。

第二十三条　继父母有承担未成年或无生活能力子女的抚养、教育责任，不得虐待病残子女、继子女和收养的子女。

第二十四条　对父母的遗产，男女有平等的继承权，任何人不得干涉。

## 2.（广西壮族自治区河池市罗城仫佬族县四把镇石门村）田心屯村规民约[①]

（2001 年 6 月）

一、严禁在村内、村边使用老鼠药药老鼠，违反者一经发现罚款 50～100 元，并赔偿损失。

二、垃圾必须倒在规定的地方，乱倒的罚款 20～60 元，各家各户要管理好自己的猪、牛、马、鸡、鸭等，不准随便在

① 来自：章立明、俸代瑜主编：《仫佬族广西罗城县石门村调查》，云南大学出版社 2004 年版，第 174－175 页。

田间损坏庄稼，如有违反者，轻者罚5～10元，重者罚100～500元，损坏东西照赔。

三、在属于我村的封山育林区乱砍柴火、烧木器等罚款50～100元。

四、不准在本屯人家的鱼塘里乱电鱼，否则罚款100～500元，若发现有偷鸡摸狗等偷窃行为，轻则罚款100～500元，严重的由公安部门处理。

五、为了树立高尚的道德品质、打击歪风邪气，凡违反本民族及本屯风俗习惯的，罚款100～400元。

六、聚众赌博，通过三次教育不思悔改的，罚款50～100元。

七、冲荒、成药为本屯的绿化点，严禁放牛、马、羊等，违者罚款10～20元。

八、罗汉山封山育林，禁止开荒、砍柴，违者罚款50。100元，放火烧山者罚款100～500元。

九、不准外屯人放牛进入我屯的牧林区，违反者罚款30～50元。

## 3. （广西壮族自治区河池市罗城仫佬族县四把镇）石门村计划生育法则[①]

一、国家法律法规，村民必须自觉实行计划生育，做到少

① 来自：章立明、俸代瑜主编：《仫佬族广西罗城县石门村调查》，云南大学出版社2004年版，第64－65页。制定时间不详。

生，优生，计划生育，不违反计划生育法规，违者按照国家有关法律、法规接受处理。

二、已婚育妇女必须按时参加每季度一次的妇检和每年参加一次健康检查，积极配合做好生殖保健工作，不得无故不参加检查。

三、按时参加镇、村召开的计划生育工作，各种会议和人口培训，掌握各种有关的避孕知识和1～2门养殖技术。

四、外出务工的育龄期人员，必须与村委会签订合同，并领取《流动人口婚育证明》才能外出，返回三日内向村委会报告，外出期间必须在当地接受检查，并按季度寄回检查证明。

五、已婚妇女要领取生育证才可生育，小孩出生5天后要向村委会和村民委小组报告。

六、按照《广西壮族自治区人口与计划生育条例》要求落实避孕节育措施。

七、不支持、包庇、藏匿违反计划生育的对象，发现有违反计划生育政策法规的人和事，及时向村委会或计生部门报告。

八、实行村务公开，民主监督，公开计划生育法规、法律及本村制定的规章制度，公开本村生育情况，公开计划生育财务收支情况。

九、村委会的计生干部要定期向村民委代表大会汇报本村计划生育工作，接受监督，听取意见。

十、违反本村村规民约的，由计划生育村民代表大会研究处理。

## 4.（广西壮族自治区河池市罗城仫佬族县四把镇）铜匠村科技文化活动中心管理规定[①]

在上级的关心和支持下，村科技文化活动中心已经建成，为加强管理特制定本规定：

一、严禁在活动中心楼墙壁乱写乱画（包括小孩），如有违反，除负责恢复原貌开支外另处300元罚款。

二、严禁破坏活动中心任何设施，如有破坏（包括小孩），按双倍赔偿并处500元罚款。

三、戏台和篮球场内严禁停放车辆、严禁堆放杂物，如有违反，处500元罚款。

四、严禁在活动中心及周边乱倒垃圾，如有违反，处200元罚款。

五、严禁破坏活动中心周边花草林木，如有违反，处200~1000元罚款。

六、严禁偷窃活动中心公物，如有违反，按本村《村规民约》“六个半”处罚。

以上规定希望我村村民共同遵守，如有违反，除按规定处罚外，召开村民大会检讨。

---

① 来自：刘永佶主编：《铜匠村调查》，中国经济出版社2011年版，第20－21页。制定时间不详。

## 5．（广西壮族自治区河池市罗城仫佬族县四把镇）铜匠村环境卫生管理规定[①]

为保持本村环境整洁，达到绿化、美化、净化的环境标准，特制定本规定：

一、聘请本村一名五保户为村卫生管理员。

二、每户每月交纳2元垃圾处理及卫生管理费，作为卫生管理员劳务开支。

三、严禁乱倒垃圾，各户垃圾放在大门旁，由卫生管理员拉到垃圾池。

四、严禁随地吐痰、乱扔果皮瓜核、烟头纸屑等废弃物。

五、本村水池分饮水区、洗菜区、洗衣区、杂物清洗区和肉类清洗区，严禁混乱使用；水池旁严禁乱丢垃圾。

六、卫生管理员每天负责将各户垃圾拉到垃圾池，每三天打扫一次巷道，每星期清洗一次水池。

以上规定希望我村村民共同遵守，如有违反按本村《村规民约》处罚。

① 来自：刘永佶主编：《铜匠村调查》，中国经济出版社2011年版，第21页。制定时间大概为2007年。

## 6. （广西壮族自治区河池市罗城仫佬族县四把镇大新村）大梧屯村规民约[①]

为促进本屯社会主义精神文明、物质文明建设，树立良好的民风、村风，崇尚文明新风，创造良好的人居环境，经全体村民代表讨论通过，特制定本公约。

**一、治安管理和处罚办法**

（一）治安处罚分为：警告、罚款两种。治安管理处罚必须以事实为依据，应当公开、公正，办理治安处罚应当坚持教育与处罚相结合的原则（未满十四岁的另行处理）。

（二）严禁小偷小摸行为。在本屯范围内，发现偷瓜、果、玉米等，除赔偿物主损失外，并按每个罚款5元处理；发现偷家禽的，除赔偿物主损失外，还要罚款100～200元；偷家畜或入室盗窃的，除追回原物外，情节严重的交由公安机关处理。

（三）严禁把家禽、家畜放养到田里，若是损坏他人农作物的，除赔偿物主损失，（按：后面内容缺失）

（四）邻屯的家畜损坏我屯农作物的，除了赔偿物主损失外，并按自行协商来处罚。

**二、环境卫生管理和处理办法**

（一）环境卫生管理处罚分为警告、纠正教育、罚款。对

① 来自：陈姣姣：《仫佬族地区民间调解机制研究》，广西民族大学2018年硕士学位论文。制定时间大概为2012年。

不服从处理的由屯治安人员或屯委强制执行。

（二）各屯民要积极保护本屯范围内田园，不再在田间地头以及田间沟渠乱丢农药瓶、塑料袋等，不得在耕作区乱放养牲畜造成他人农作物损毁；各住户自行把生活垃圾收集好，拿到村里指定的地点倒，不得将垃圾随地抛洒、弃置、乱放，不得乱写乱画、不得乱搭棚舍、不得乱堆柴草、不得让禽畜乱跑；各家农户要自觉保护本屯饮水安全，在本屯饮水水源100米范围内不得乱倒、乱放垃圾，乱堆牲畜粪料，不得有损害村容和环境卫生的其他行为，违者处以50～100元的罚款。即要遵循：1．清洁家园五不准：垃圾不准乱扔、墙壁不乱画、物品不乱堆、污水不乱排、禽畜不乱放。2．清洁水源四不准：树木不乱砍、污水不入河、垃圾不倒河、污物不扔河。3．清洁田园三不准：农药瓶不乱丢、塑料袋不乱扔、灌水渠不堵。

（三）新建房屋、装修、拆房等工程废弃物，不得长期堆放在屯里（垃圾池）和公共场所及道路上，违者要其清理干净并处50～100元的罚款。

（四）垃圾清运工作制度：

1．清运时间：每天上午7：30－10：30。

2．清运负责人：保洁员。

3．具体要求：各户于每天上午10点钟之前将自家的生活垃圾置于指定地点，由本屯保洁员统一运送到本屯垃圾池进行集中焚烧。

4．一个月内，保洁员不按时清运垃圾的，第一次由屯委给予警告，第二次处罚10～20元，第三次处罚50～100元，第四次由屯委讨论作出解雇处理。

（五）不得损害公物、路灯、道路、花圃树等基础设施；不得放火烧山、不得进入我村后山封山育林区砍伐树木。

（六）严禁破坏活动中心任何设施（包括小孩），不得在戏台和篮球场内停放车辆、堆放杂物及周边乱倒垃圾、破坏花草树木等。如有违反，除负责恢复原貌外，还处以 100～200 元罚款，并召开群众大会检讨。

（七）“门前三包”制度：为了建立农村环境卫生的长效管理机制，实行环境卫生“门前三包”责任制。“门前三包”是指包卫生、包秩序、包绿化管护三项内容，要求本屯住户的周边环境干净整洁、秩序整齐、绿化苗木不受摧毁，切实做到“自扫门前雪”。

（八）每月组织全屯群众开展一次全民爱国卫生运动。

## 7. （广西壮族自治区河池市罗城仫佬族县东门镇）凤梧村村规[1]

（2000 年 10 月 1 日）

### 一、社会治安

第一条　每个村民都要学法、知法、守法，自觉地维护法律的权威和尊严，同一切违法犯罪行为作斗争。

---

① 来自：岳雪莲：《仫佬族流动人口与流出地社会变迁研究——基于广西罗城凤梧村的调查》，中南民族大学 2011 年博士学位论文。

第二条　村民之间应团结友爱，和睦相处，不打架斗殴，不酗酒滋事，严禁侮辱、诽谤他人，严禁造谣惑众、搬弄是非，严禁赌博。

第三条　自觉维护社会秩序和公共安全，不扰乱公共秩序，不阻碍公务人员执行公务。

第四条　严禁偷盗、敲诈、哄抢国家、集体、个人财物。

第五条　爱护公共财产，不得损害水利、交通、供电、生产等公共设施。不得在公路上晒粮、挖沟、堆积粪土，不得以任何理由妨碍交通秩序。

第六条　不制作、出售、传播淫秽物品，不侮辱调戏妇女，遵守社会公德。

第七条　严禁私自砍伐国家、集体和他人的林木，严禁损害庄稼、农作物，严禁牛马啃青，糟蹋庄稼，严禁偷电。

第八条　认真遵守户口管理规定，出生、死亡要及时申报和注销。

第九条　对违犯上述条款者，按以下办法处理：

（一）触犯法律法规的，报送司法机关处理。

（二）情节严重，但尚未触犯刑律和治安管理处罚条例的，由村委会批评、教育外，责令其酌情缴纳补偿费。

**二、村风民俗**

第十条　提倡社会主义精神文明，移风易俗，反对封建迷信及其他不文明行为，树立良好社会风尚。

第十一条　喜事新办，不铺张浪费；丧事从简，不搞陈规旧俗。

第十二条　建立正常的人际关系，不搞宗派和宗族活动。

第十三条　搞好公共卫生和村容整洁，不随地倒垃圾，修房盖屋余下的垃圾碎片及时清理，柴草、粪土按指定地点堆放。

第十四条　违犯上述规定的给予批评教育，写出检讨，情节严重的责令其酌情缴纳补偿费。

**三、相邻关系**

第十五条　村民之间要相互尊重，相互理解，相互帮助，和睦相处，建立良好相邻关系。

第十六条　依法使用宅基地，老宅基地要严格尊重历史状况，新宅基地按村镇规划执行，不得损害整体规划和四邻利益。

第十七条　邻里发生纠纷，能自己调解的自己调解，不能调解的要依靠组织解决，不能仗势欺人蛮横无理。造成人身或财产损坏的，必须承担医疗和其他赔偿费用。财产损坏按2倍以上补偿。

**四、婚姻家庭**

第十八条　婚姻大事由本人作主，反对他人包办干涉，男女平等，一夫一妻，尊老爱幼。

第十九条　自觉做到计划生育，晚婚晚育。

第二十条　对丧失劳动能力无固定收入的老人，其子女必须赡养，每年400斤口粮，200元钱，两套衣服，生养死埋，有病就医。

第二十一条　父母、继父母一定要抚养未成年子女，供其上学，不准虐待病、痴、残儿。

第二十二条 对父母的遗产，男女有平等的继承权。

以上村规民约望全体村民共同遵守，村民委负责监督执行。

## 8．（广西壮族自治区河池市罗城仫佬族县东门镇）凤梧村防毒、戒毒条例①

1．在广大村民间进行有关毒品知识的宣传，增强村民的防毒、拒毒、戒毒意识。

2．不定期地深入各屯队巡访，发现吸毒嫌疑人员立刻组织戒毒小组成员对其进行教育、劝诫，帮助吸毒人员戒除毒瘾，回归社会。

3．建立各屯队吸毒人员档案，定期向戒毒小组报告其戒毒情况；发动广大群众向戒毒小组揭发、反映涉毒人员和涉毒事件，形成有效的社会监控。

4．为戒毒康复人员提供职业技能培训、职业指导，为其就学、就业、就医提供援助。

5．对于吸毒成瘾、屡教不改的吸毒人员，要配合当地公安机关或相关政府机构对其进行强制隔离戒毒。

---

① 来自：岳雪莲：《仫佬族流动人口与流出地社会变迁研究——基于广西罗城凤梧村的调查》，中南民族大学2011年博士学位论文。制定时间不详。

## 9. （广西壮族自治区河池市罗城仫佬族县东门镇凤梧村上凤立屯）社会事务村规民约[①]

为了维护社会稳定，树立良好的村风民风，创造安居乐业的社会环境，促进经济发展，建设乡风文明新农村，经过全体村民通过，制定本村村规民约。

一、未经批准，不私自安装用水用电设施，严禁偷水偷电，发现违规的，村民有义务制止并及时向屯委报告：对违规者，第一次警告；第二次罚款 100～300 元，并向本屯群众作公开检讨；经处罚后仍再犯的，罚款每次增加 100 元。

二、邻里之间要团结友爱、相互尊重、和睦相处，不诽谤他人，不造谣惑众，不拨弄是非，不仗势欺人。

三、搞好公共卫生环境和村容整洁，做到人畜分离，垃圾不乱倒，粪土不乱堆，污水不乱流，柴草不乱放，房屋前后不积水，檐沟处处要疏通。

四、发现破坏公共设施的人和事积极制止并及时向屯委、理事会报告；窃取或破坏公共设施的，由理事会提出处理意见，村民大会或村民代表会议通过后执行；情节严重者移交公安机关依法处理。

五、依法使用宅基地，服从村镇建房规划，不损害村庄整体规划和集体利益、其他群众利益、整体规划和四邻利益。

---

① 来自：黄荣幸：《基层治理法治化视野下民族地区法治村屯建设研究》，广西师范大学 2017 年硕士学位论文。制定时间不详。

六、积极主动参与以创建优美环境、优良秩序、优质管理为主要内容的“创三优”工作，总体上达到“五有”目标，即：有整洁有序的生产生活环境，有基本完备的环卫基础设施，有相对固定的环卫保洁人员，有比较健全的长效管理制度，有行之有效的考核奖惩机制。

七、遵守国家计划生育政策，自觉学习优生优育知识，实行男女平等。宣传尊老爱幼的传统美德。优生优育，男女平等，尊老爱幼。

八、凡是对集体资金的使用，必须召开村民大会讨论，有2/3以上群众同意方可使用。

九、凡是对全村各项公益事业的规划、申报、建设、实施必须经过村民大会讨论，有2/3以上群众同意为通过。

十、提倡社会主义精神文明——移风易俗。喜事新办，不铺张浪费，丧事从简，不搞陈规旧俗，树立良好的社会风尚。

以上公约由村民理事会监督实施，模范执行村规民约的村民，视表现进行表扬或奖励；对违犯村规民约的村民，或教育制止，或取消村级福利待遇，违犯国家法律法规的，送交司法机关依法处理。

上风立屯理事会

## 10.（广西壮族自治区河池市罗城仫佬族自治县小长安镇）龙腾村大勒洞屯村规民约[①]

为贯彻落实自治县党委、政府关于开展“美丽罗城·清洁乡村”活动，打造天蓝、地绿、水净、洁美乡村，优化农村人居环境，改善村容村貌，营造洁美的和谐社会环境，经冲伙屯村民召开群众大会，特制定本屯的村规民约如下：

一、本屯群众要保持门前整洁，房屋前后无杂草，门前无乱摆乱放，家畜圈舍、厕所安排得当，粪便垃圾入池，门前用具摆放整齐有序。

二、自己的水田旱地，每日要清收和处理各种农业生产废弃物及杀虫用过的瓶袋。

三、本屯公共生活用水，水源必须保持清洁，水源四周严禁倒放垃圾及影响水源的杂物。

四、本屯要爱护好自己家庭的卫生和公共环境卫生，家庭卫生每天坚持一清扫，公共环境卫生每月全屯清扫一次，其余由本屯保洁员清扫。

五、清扫后的垃圾要倒放到指定点，不能乱排乱倒。

六、本规定，从屯群众大会通过之日起实行。

龙腾村大勒洞屯

二〇一三年五月

---

① 来自：《罗城旅游攻略/骑行大勒峒，探秘罗城仫佬族代表聚居地》，载马蜂窝网，网址：http：//www. mafengwo. cn/i/5592056. html，2020 年 2 月 14 日最后访问。

# 第二十一章 景颇族地区村规民约

## 1. （云南省德宏傣族景颇族自治州瑞丽市）弄岛乡乡规民约[①]

（1999年1月通过，1999年6月14日修改）

一、进一步加强民族团结，牢固树立“汉族离不开少数民族，少数民族离不开汉族，各民族都相互离不开”的思想。凡在我乡辖区内的人员都必须把维护民族团结作为各民族的最高利益和全乡奔“小康”的保证，任何人员不得制造事端，挑起民族矛盾，一经发生，视其情节，给主要责任人和其他责任人员分别处以1000元和500元的罚款，情节恶劣和产生严

---

① 来自：王皎主编，景颇族调查组编写：《云南民族村寨调查 景颇族 瑞丽弄岛乡等嘎村》，云南大学出版社2001年版，第131－133页。

重后果的，移交司法机关处理。

二、积极开展“拥军优属、拥政爱民”活动，不断加强警政警民团结。要按照“同呼吸、共命运、心连心”的要求，进一步加强地方与农场的团结，任何人员不得违反这个原则，如出现有影响警政警民团结和地方与农场团结的事，要追究责任，并给予1000元以上8000元以下的罚款。此条适用于我乡辖区内的所有单位及人员（含农场、部队）。

三、严禁贩卖、吸食和注射海洛因，凡在弄岛乡辖区内经查明有吸食或注射毒品行为以及从其住宅或身上查获毒品者，除没收全部赃款赃物外，根据行为情节轻重，处以200元以上1000元以下罚款。乡戒毒所工作人员在获得情报（线索）的情况下方可外出执勤堵卡。在堵卡时有权对可疑人员进行检查，如被查人员拒绝检查甚至态度恶劣，辱骂执勤人员的，可扭送当地派出所依法处理。

四、对损坏国家和集体财产及公共设施（如公路桥梁、水利、通信）和军事设施的人员，情节严重的移交司法机关追究其刑事责任，情节轻微的，除计价赔偿外，一次性罚款300元。

五、严格执行护林防火和安全防火规定。不管什么人引起火灾，都要追究刑事责任，并根据火灾损失情况，给予一定的经济处罚。

六、要保护妇女的合法权益，不得调戏、污辱和虐待妇女。如有伤风败俗的行为发生，除按民间习俗处理外，给予一次性罚款300元。

七、对酗酒闹事和打架斗殴、扰乱社会治安者，不分民族类别，一律给予罚款500元以上1000元以下，给他人造成损失的要负责赔偿一切费用。

八、坚决打击小偷小摸行为，对抓获的小偷，要令其如数归还失主，并根据认错态度给予300元以上1000元以下的罚款。

九、加强婚姻管理，严格执行《婚姻法》和《婚姻登记管理条例》。并根据法定年龄进行结婚登记，如不登记的，不安排生育指标，责令其进行结婚登记。同时处以150元至300元的罚款。另外，要大力提倡勤俭、文明办婚事。

十、严格执行计划生育的各项管理规定，对抢生和超生户分别按以下标准进行处罚。即：抢生户罚款300元以上1000元以下，超生户罚款500元以上1000以下；流动人口按15000元以内进行处罚，并限期交清，如超期抗拒不交者，可以强行扣留物资抵押。

十一、父母对子女入学读书负责。为了鼓励学生读书，使我乡早出人才，多出人才。凡在我乡辖区内的农业人口子女考上大专以上院校的给予一次性奖励3000元（其中；乡政府负责承担2000元，学生所在村寨承担1000元）。

十二、严厉打击拐卖妇女、儿童的人贩子，如发现，除没收所得赃款赃物外，移交公安机关处理。

十三、为维护村干部的切身利益和正常工作，村干部在依法治村、依法办事中若受到打击报复或侵害造成的损失，必须由报复者全部赔偿，并给予200元以上500元以下的罚款。在未查清报复者之前，该村必须根据损失情况给予酌情补偿，补偿费由本村农户或集体资金负担，待查清报复者之后再给予退还。此条适用于本乡的管辖范围（如在管辖范围外的缅甸或其他乡镇租种土地等所造成的打击报复，本乡一概不给予追究）。

十四、严禁毁林开荒和进行刀耕火种。需要木材或开荒种地的要经村委会批准，违者要追究责任，并视情节罚款500元到1500元。行政村和自然村有权对偷盗、滥砍伐木材和毁坏森林人员进行制止和处罚，并暂扣押一切工具。

十五、饲养各类牲畜的家庭，要管养好自己的牲畜。如管理不好给他人造成损失的，应给予计价赔偿。

十六、对市以外带有婚姻关系到我乡落户的人员一次性收费500元，不带有婚姻关系的收费2000元。收费办法：自然村收取40%，行政村收取40%，乡政府收取20%，此费只用于公益事业，不能用在其他方面。

十七、本《民约》由乡人大主席团负责解释。

十八、本《民约》自一九九九年三月一日起施行，同时废止原《乡规民约》。

## 2. （云南省德宏傣族景颇族自治州瑞丽市弄岛乡等嘎村）青年规章制度[①]

1. 青年男女要自尊、自爱、自强；

---

① 来自：王皎主编，景颇族调查组编写：《云南民族村寨调查 景颇族 瑞丽弄岛乡等嘎村》，云南大学出版社2001年版，第136页。制定时间不详。

2. 在统一安排工作时，要服从安排，听从指挥；

3. 男女之间若有不正当关系发生，青年组委有权罚50～200元人民币，并严重警告；

4. 不容许有偷盗、打架、酗酒闹事、报复他人的行为；

5. 青年男女之间，相互关心、体贴，相互促进，最终达到共同进步；

6. 组织上交给的任务应按质量完成，否则后果自负；

7. 不准有吸毒、贩毒行为，并宣传好毒品的危害性；

8. 青年男女应尊重老人、尊敬领导，讲文明、讲道德。

## 3. （云南省德宏傣族景颇族自治州瑞丽市景颇族）村规民约①

1. 村民老幼都要团结在农尚周围。家家户户都在农尚实地指胖。神桩（勒板）、木生网内生存活动。

2. 兄弟隔壁邻居村寨，要和睦相处，团结友爱。

3. 尊老爱幼。尊敬爱护长辈，孝顺父母、公祖，不遗弃虐待老幼，敬老爱幼是人人应尽的责任，不能推卸敬老助幼的义务。

4. 人人要修养道德品质。要做正派之人，说谎话、骗人、偷盗行为的懒惰贼人不能养，全村寨要团结齐心审查，严肃

① 来自：金学文：《农尚文化研究》，德宏民族出版社2007年版，第22页。制定时间不详。

惩罚。

5. 对思想品质低劣、男女作风不正、乱搞两性关系的人一经发现不讲情面进行处理。特别是同姓乱搞两性关系，非法生育的，要严肃处罚后，将其驱出农尚外，不予入农尚。

6. 祭农尚不齐心、不出祭品、不参加祭祀农尚活动的户，进行分初次和两次从轻处罚教育。如再次出现屡教不改者，不予计算为本村寨户口；该户人出什么事、有什么事，村寨人一律不予帮助。

7. 村寨人谁家有什么事，或打算要搞什么事，事先报告村寨山官头人，不报告者，有什么事、闯出什么祸，山官头人和寨子群众不予负责，自己承担其所有责任。

8. 村民老小对村寨的山林竹木、田地、荒山草牧场要像保护自己的生命一样进行保护。不能有对自己无关的思想，不关心、不爱护，甚至有别的企图和搞破坏。如有此类人按农尚制度、村规民约进行惩处。

## 4.（云南省德宏傣族景颇族自治州盈江县铜壁关乡）铜十条①

第一条　爱护生态。不得炸鱼、电鱼、毒鱼；遇到炸鱼、电鱼、毒鱼的，要制止。不得随意砍伐、毁坏林木；不得偷猎

① 来自：《村规民约——“铜十条”》，载“魅力凯邦亚”微信公共号，2019 年 9 月 22 日最后访问。制定时间不详。

野生动物；提倡家边种花、种菜、种树。

第二条　管好牲畜。牛、马、羊等牲畜，白天要有人看管，夜里要进圈。破坏庄稼，照价赔偿。

第三条　移风易俗。不准借六六小庆、满月满岁宴、高寿宴、进新房等收取礼金。结婚、丧事要从简，挂礼不超过100元。

第四条　严格禁毒。村民严禁贩毒，发现要举报。严禁吸毒，吸毒要扭送戒毒。

第五条　讲究卫生。家里卫生要天天打扫；村庄道路卫生划片区到户，一个星期打扫1～2次；寨子大扫除每月1次，不准随意乱倒垃圾，不准倒在河边、沟边、路边。

第六条　邻里和谐。要自觉搞好邻居关系，不准随便闹矛盾，遇到矛盾纠纷，要及时请村组干部调解。严禁搬弄是非、造谣生事、伤风败俗。

第七条　尊老爱幼。要孝敬老人，关心子女，严禁家暴，不准不赡养老人，不准修建活人墓。

第八条　树立新风。不准有适龄儿童辍学；不准未成年人参与宗教活动；不准境外人员进村寨传教；不准性别歧视；做人做事要老实，懂感恩；勤耕苦作，发家致富。

第九条　遵纪守法。不准组织参与走私、赌博、偷盗、敲诈、勒索；不准酗酒肇事，不喝“冷酒”，不当“酒醉包”；积极参与扫黑除恶，发现涉黑涉恶线索及时上报。

第十条　合法出入。禁止非法出入境，发现非法越境人员及时上报。

# 第二十二章　布朗族地区村规民约

## 1.（云南省红河哈尼族彝族自治州金平苗族瑶族傣族自治县马鞍底乡马鞍底村）牛场坪村村规民约[①]

### 第一章　总则

第一条　为切实保障村民的合法权益，维护农村社会稳定，创造和谐有序的生产、生活环境，促进物质文明、政治文明、精神文明的协调发展，按照自我管理、自我教育、自我服务、自我约束的原则，经本村村民会议讨论通过，特制定本村规民约。以下简称（本约）。

---

① 来自：谭安：《红河州布朗族分支（莽人）直过区村寨政治的变迁》，云南师范大学2013年硕士学位论文。

第二条　村规民约是群众性自我约束、自我管理的行为规范准则，适用范围限于本村辖区内。

第三条　扰乱社会秩序、妨害公共安全、侵犯公民人身权利和公私财物，造成犯罪的，司法机关依法追究刑事责任，触犯治安管理处罚法的由公安机关处理，情节轻微的按本约处理。

第四条　本约以事实为依据，根据有关法律、法规和政策，坚持教育与处罚相结合的原则，由村民自觉遵守、互相监督和共同管理。

## 第二章　维护社会治安

第五条　每个村民都要学法、知法、守法，自觉维护法律的权威和尊严，同一切违法犯罪行为作斗争。

第六条　爱护公共财产，不得损坏水利、交通、供电、生产等公共设施，如有损坏，处200元罚款，并照价赔偿公共财物损失。

第七条　对盗窃家禽、禽类、牲畜、粮食、农作物用品等，除退还物品外，按所盗物的当时市场价格处予加一倍的罚款（物品退还被盗主人），罚款分配主人20%，揭发人40%，集体40%。

第八条　村民之间由小事引发打架，给对方造成重伤或轻伤的，责任者负责他人的医疗及误工费，视情节轻重并罚款50元至200元，所得的罚款，村小组提留60%，40%交村委会。

第九条　村民每天上午不准喝酒，如有处50元罚款。以酒代醉闹事，不听劝告的，打伤他人的医疗及误工费由闹事者负责，并处160元至200元的罚款，罚款金60%交村小组，40%交村委会。

第十条　干扰村干部和国家工作人员依法执行公务的，处180元至200元罚款，村委会（分配）70%，村民小组（分配）30%。

第十一条　发生纠纷经过协商、调解，破坏纠纷现状的，除赔偿损失外，处以60元的罚款，交集体所有。

第十二条　提供赌博场所及其他各种赌博工具进行赌博的，没收全部赌具和收缴全部现金。责令罚款100元至200元。态度恶劣的加倍罚款。

第十三条　不按每年农历九月十五日以后采收草果的，处200元至400元的罚款，处罚金30%交村委会，40%交村民小组，30%奖给举报者。违反本约破坏他人草果秧及老棚分秧被盗，每棵（草果）秧赔偿2元，老棚秧（赔偿）5元，并处以100元至200元罚款，赔偿金归个人所有，处罚金30%交村委会，30%交村民小组，40%奖给举报者。

第十四条　草果地要买卖的须到村委会集体经济管理委员会办理相关手续，若不按本约规定办理相关手续双方私自买卖的，本村民小组和村委会有权没收归集体，并处罚双方各300元。

第十五条　提倡学科学，用科学，破除迷信。积极开展科学种田，科学养殖，违反本约非法参与各种邪教，并影响正常生产、生活的罚款50元，罚金交集体所有。

第十六条　提倡尊老爱幼，赡养老人和抚养子女的风尚，开展“五好家庭”活动。如出现不赡养老人和抚育子女的，处100元至200元的罚款，罚款归集体所有。

第十七条　因当事人对家禽、家畜管理不善相互斗架致死伤的损失，由当事人双方各承担一半，一方管理一方不管理致死伤的，全部由不管理方赔偿损失。

第十八条　不准在市场上买卖病牲畜、家禽或肉食进村寨。违反本约造成他人损失的，除赔偿他人损失外，处以50元至100元罚款。

第十九条　由于管理不善，牛、马、猪、羊、鸡、鸭、鹅损害农作物的，由管理者照价赔偿给受损农户。

第二十条　不准在田边、地角投毒，若有投毒给他人牲畜、家禽死亡的除照价赔偿外，并罚款100元至200元。罚款金交主人20%，揭发人30%，集体50%。

第二十一条　因各种民间民事纠纷，当事人一方组织他人强拉对方的牲畜或者其他财物的，除退赔原物或折价赔偿损失外，处以原物总价值3倍以上罚款。

第二十二条　每个村民都有举报揭发违法犯罪行为的义务，知情不报，经查证属实者，处以200元以下罚款，交集体所有。

## 第三章　村风民俗

第二十三条　提倡社会主义精神文明，移风易俗，反对封建迷信及其他不文明行为，树立良好的社会风尚。

第二十四条　不听、不看、不传淫秽和反动的书刊音像。

第二十五条　建立正常的人际关系，不搞宗派和宗族活动。

第二十六条　搞好公共卫生和村容整治，不随地倒垃圾、秽物，每星期打扫本村公共卫生 2 次；修房盖屋余下的垃圾碎片及时清理，柴草粪土按指定地点堆放，如不遵守本条规定，处 200 元罚款。

## 第四章　婚姻家庭

第二十七条　全体村民要遵循婚姻自由、男女平等、一夫一妻、尊老爱幼的原则，遵守家庭美德，建立团结和睦的婚姻家庭关系。

第二十八条　自觉做到计划生育，提倡晚婚晚育，自觉遵守人口与计划生育相关政策。

第二十九条　乱搞男女关系，双方各罚款 150 元，利用各种手段影响他人家庭团结的，罚款 200 元，罚金 60% 交村民小组，40% 交村委会。

第三十条　对未婚先孕或未婚生育者，除按文件规定执行外，男女双方各罚 200 元，处罚金 60% 交村民小组，40% 交村委会。

## 第五章　文化教育

第三十一条　村民应当按时参加村民小组、村委会组织的各种文化学习及会议，村民小组应当对村民参加会议的情况记录考勤，凡缺席一次罚款 10 元，罚金交集体所有。

第三十二条　每个村民都必须参加公益义务劳动，并积极完成集体或上级分配的任务，否则缺一个工日罚款五十元，罚金交集体所有。

第三十三条　有下列行为之一，处 100 元以下罚款：

（一）青、壮年不参加脱盲学习的；

（二）父母或其他监护人不送适龄子女入学的。

## 第六章　土地山林农田水利

第三十四条　土地属国家、集体所有。村民所承包的责任田地未经有关部门批准，不得作为非农业生产及建房使用，违者责令其复耕。如不执行者，申请土地执法部门处理。由此造成的一切责任由当事人承担。

第三十五条　村民因发展种植业、养殖业而需租用集体土地的，须经村民小组同意，交村委会及土地管理部门审批后按合同规定的地点和用途使用，不准将合同用地进行非法出租和转手倒卖，违者村民小组有权报请村委会终止合同，收回土地使用权，不作任何补偿。

第三十六条　农户未经村民小组及村委会批准同意，不得私自乱开集体土地。已经开发开荒的应无偿退给村民小组。（如属特殊情况由双方协商处理）

第三十七条　树立护林防火人人有责的观念。村民在家及野外用火，引发的火灾损失由当事人负责赔偿，情节严重者交司法机关处理，其他按（森林法）有关规定处理。

第三十八条　保护森林是每个村民义不容辞的责任，未经村民小组或村委会批准，任何单位和个人都不得乱砍伐森林，违者砍一立方米木头罚款500元（除国有外）。

第三十九条　经2008年10月23日召开村民大会讨论一致通过。

## 2.　（云南省临沧市双江拉祜族佤族布朗族傣族自治县邦丙乡）南直村村规民约[①]

（2015年7月15日）

**一、公共卫生**

① 为加强村容、村貌的管理，创造清洁、优美的生活环境，促进社会主义物质文明和精神文明建设，根据国家颁布的相关法律法规，结合本村实际，特制定本约。全体村民应树立“卫生关联你我他、齐抓共管靠大家”“肮脏可耻、清洁光荣”的思想，积极配合并参与“村环境卫生保洁工作领导小组”组织的各项卫生工作。

② 农户必须自觉搞好家居卫生，做到人畜分离，集中圈养（拴养），不得散养，出现狗咬人，狗主人家负责全部经济责任，对死禽死畜要进行深埋。

③ 自觉保持好房屋周边的环境卫生，做到垃圾不乱倒，

① 来自：杨竹芬：《非物质文化遗产保护与布朗族蜂桶鼓舞传承研究》，云南大学出版社2017年版，第57－60页。

粪土不乱堆，柴草不乱放，将垃圾倒入指定的位置。

④ 各农户必须自觉维护道路、水利设施的贯通，不得将垃圾、农药瓶和田埂草倒入道路、河流、水渠中。

⑤ 凡发现危害和破坏公共卫生设施的人和事要积极制止并及时向村报告。一经查实，将以一罚十处置，严重者将移交公安机关。

**二、水利和村公共设施**

① 不准任何人毁坏水沟、自来水管道、公路设施和山水主要流域等综合水利基础设施，违者除责令其恢复原状外，并处罚款 500 元。

② 村民都有维护村公共财产的责任和义务，对于损毁村公共财产的除责令其恢复原状外，同时处罚 500 至 1000 元。

**三、森林保护消防安全**

为保护森林资源和人民生命财产的安全，提高村民自我管理、自我教育、自我约束的能力，根据上级有关规定，做好森林保护工作。

① 每个村民都要自觉遵守森林消防的有关法律法规，珍惜和保护本村的森林资源，敢于同一切破坏森林资源的违法犯罪行为作斗争。

② 每个村民都有预防森林火灾的义务，积极参与村部署的护林联防工作，形成森林消防“自我管理、自我约束、群防群治”的良好氛围。

③ 在森林防火期内，从事农林业生产性野外用火应向村委会报告，经村委会申请办理生产用火许可证后方可在规定的

时间和地点用火。禁止在林区燃放鞭炮、烤火、野炊、吸烟、烧蜂窝等野外用火。违者如触犯法律，则由有关部门依法处理。

④ 一旦发现火情，村民应立即向村委会报告，并在村委会的组织下自觉投入扑救。禁止残疾人、老年人、孕妇、中小学生和其他未成年人参加扑救森林火灾。

⑤ 每个村民要积极举报森林火灾肇事者，并配合有关部门进行调查取证。

⑥ 每个村民要保护森林消防设施，严禁损坏或者擅自拆除森林消防标志、宣传牌、宣传标语等。

**四、社会治安**

① 每个村民都要学法、知法、守法，自觉维护法律尊严，积极同一切违法犯罪行为作斗争。

② 村民之间应团结友爱，和睦相处，不打架斗殴，不酗酒滋事，严禁侮辱、诽谤他人，严禁造谣惑众、拨弄是非。

③ 自觉维护社会秩序和公共安全，不扰乱公共秩序，不阻碍公务人员执行公务。

④ 严禁偷盗、敲诈、哄抢国家、集体、个人财物，严禁赌博、严禁替罪犯藏匿赃物。

⑤ 严禁非法生产、运输、储存和买卖爆炸物品；经销烟火、爆竹等易燃易爆物品须经公安机关等有关部门批准。不得私藏枪支弹药，拾得枪支弹药、爆炸物品，要及时上交公安机关。

⑥ 爱护公共财产，不得损坏公共设施。

⑦ 严禁非法限制他人人身自由或非法侵犯他人住宅，不准隐匿、毁弃、私拆他人邮件。

⑧ 严禁损害他人庄稼、瓜果及其他农作物，加强牲畜看管，严禁乱放猪、牛、羊。如有牲畜毁坏他人农作物的情况出现，牲畜的主人必须赔偿受损农户的损失。

对违反上述社会治安条款，重者报送司法机关处理。轻者由村委会批评教育，责令改正。

**五、精神文明**

① 开展慈孝文化宣传。开展“孝德工程”建设，广泛弘扬慈孝传统美德、助推村风文明。

② 提倡讲文明，树新风；讲礼貌，尊老幼；家庭和睦，邻里团结；尊师重教，助残济贫；美化村容，绿化村庄；积极开展健康有益的文体活动。

**六、发展生产**

积极参与烤烟、咖啡、核桃、坚果、茶叶产业发展。

**七、扶贫攻坚**

① 全体农户要摒弃“等、靠、要”思想，双手向下，从土地里“刨”出财富来。

② 村班子、理事会要明确“扶贫不扶懒”的扶贫思想，鼓励村民依靠自己勤劳的双手发展产业，实现脱贫。

③ 申请建房补助及贷款的农户要讲诚信。拿到补助及贷款的农户，要按安置时间完成建房任务。

**八、附则**

① 本村规民约，如有不尽事项，由村委会会同村党支部

提出修改意见，报村民代表大会通过，另作修改补充。

② 本村规民约，若有与国家法律、法规相抵触之处应以国家法律法规为准。本民约从公布之日起实施。

## 3.（云南省临沧市双江拉祜族佤族布朗族傣族自治县邦丙乡）邦丙村村规民约[①]

为了推进民主法制建设，维护社会稳定，树立良好的民风、村风，创造安居乐业的社会环境，促进经济发展，建设文明卫生新农村，经全体村民讨论通过，特制定本约。

**一、社会治安**

① 每个村民都要学法、知法、守法，自觉维护法律尊严，积极同一切违法犯罪行为作斗争。

② 村民之间应团结友爱，和睦相处，不打架斗殴，不酗酒滋事，严禁侮辱、诽谤他人，严禁造谣惑众、拨弄是非。

③ 自觉维护社会秩序和公共安全，不扰乱公共秩序，不阻碍公务人员执行公务。

④ 严禁偷盗、敲诈、哄抢国家、集体、个人财物，严禁赌博、严禁替罪犯藏匿赃物。

⑤ 严禁非法生产、运输、储存和买卖爆炸物品；经销烟火、爆竹等易燃易爆物品须经公安机关等有关部门批准。不得私藏枪

① 来自：杨竹芬：《非物质文化遗产保护与布朗族蜂桶鼓舞传承研究》，云南大学出版社2017年版，第62－65页。制定时间不详。

支弹药，拾得枪支弹药、爆炸物品，要及时上交公安机关。

⑥ 爱护公共财产，不得损坏水利、道路交通、供电、通信、生产等公共设施。

⑦ 严禁非法限制他人人身自由或非法侵犯他人住宅，不准隐匿、毁弃、私拆他人邮件。

⑧ 严禁私自砍伐国家、集体或他人的林木，严禁损害他人庄稼、瓜果及其他农作物，加强牲畜看管，严禁放浪猪、牛、羊。

对违反上述社会治安条款者，触犯法律法规的，报送司法机关处理。尚未触犯刑律和治安管理处罚条例的，由村委会批评教育，责令改正。

**二、消防安全**

① 加强野外用火管理，严防山火发生。

② 家庭用火做到人离火灭，严禁将易燃易爆物品堆放户内、寨内，定期检查、排除各种火灾隐患。

③ 加强村寨防火设施建设，定期检查消防池、消防水管和消防栓，保证消防用水正常。

④ 对村内、户内电线要定期检查，损坏的要请电工及时修理更新，严禁乱拉乱接电线。

⑤ 加强村民尤其是少年儿童安全用火、用电知识宣传教育，提高全体村民消防安全知识水平和意识。

⑥ 在林区 500 米内的生产用火，必须办理生产用火许可证，按用火许可证规定的要求用火（开挖防火线、遵守用火时间、组织好人员、报告护林员）。

⑦ 核桃地内严禁用火。

⑧ 有精神病人的农户，在防火期必须加强看守。

**三、村风民俗**

① 提倡社会主义精神文明，移风易俗，反对封建迷信及其他不文明行为，树立良好的民风、村风。

② 红白喜事由红白喜事理事会管理，喜事新办，丧事从简，破除陈规旧俗，反对铺张浪费、反对大操大办。

③ 不请神弄鬼或装神弄鬼，不搞封建迷信活动，不听、看、传淫秽书刊音像，不参加邪教组织。

④ 建立正常的人际关系，不搞宗派活动，反对家族主义。

⑤ 积极开展文明卫生村建设，搞好公共卫生，加强村容村貌整治，严禁随地乱倒乱堆垃圾、秽物，修房盖屋余下的垃圾碎片应及时清理，柴草、粪土应定点堆放。

⑥ 建房应服从村庄建设规划，经村委会和上级有关部门批准统一安排，不得擅自动工，不得违反规划或损害四邻利益。

违犯上述规定的给予批评教育，出具检讨书，情节严重的交上级有关部门处理。

**四、邻里关系**

① 村民之间要互尊、互爱、互助，和睦相处，建立良好的邻里关系。

② 在生产、生活、社会交往过程中，应遵循平等、自愿、互惠互利的原则，发扬社会主义新风尚。

③ 邻里纠纷，应本着团结友爱的原则平等协商解决，协商不成的可申请村调解委调解，也可依法向人民法院起诉，树

立依法维权意识，不得以牙还牙，以暴制暴。

**五、婚姻家庭**

① 遵循婚姻自由、男女平等、一夫一妻、尊老爱幼的原则，建立团结和睦的家庭关系。

② 婚姻大事由本人作主，反对包办干涉，男女青年结婚必须符合法定结婚年龄要求，提倡晚婚晚育。

③ 自觉遵守计划生育法律、法规、政策，实行计划生育，提倡优生优育，严禁无计划生育或超生。

④ 夫妻地位平等，共同承担家务劳动，共同管理家庭财产，反对家庭暴力。

⑤ 父母应尽抚养、教育未成年子女的义务，禁止歧视、虐待、遗弃女婴，破除生男才能传宗接代的陋习。子女应尽赡养老人的义务，不得歧视、虐待老人。

## 4．（云南省保山市施甸县木老元布朗族彝族乡）木老元村村规民约[①]

经村民代表会议讨论决定，全体村民应当共同遵守以下约定：

一、全体村民要争做“爱国守法、明礼诚信、团结友善、勤俭自强、敬业奉献”的合格公民。

---

① 来自：郗春媛：《人口较少民族社会文化变迁研究——以云南布朗族为例》，中央民族大学 2011 年博士学位论文。制定时间不详。

二、村民与村民之间发生纠纷，应采取法律程序，请示基层调解组织或司法机关调处，双方不能互相吵闹和辱骂、殴打，防止矛盾激化，影响村民安宁。

三、爱护公共财产，不损坏水利、交通、供电生产等设施，确保“三通”。

四、不私自砍伐国家、集体或他人的林木，不乱放山火。

五、自觉增强防火、防盗意识，保持家庭及其房屋周围环境卫生。

六、村民之间不互相侵占耕地、田埂，不在田间路边乱挖坑取土、取沙、取石。

七、不擅自占用集体的房屋、场地、设施和设备等。

八、村民从事个体私营经济，应合法经营，按政策纳税和交费。

九、提倡科学和文明，反对封建迷信、反对黄赌毒及邪教活动，树立良好的社会风尚。

十、搞好公共卫生，不在道路、水沟等公共场地乱倒乱堆垃圾，死畜要远离水源和居住地进行深埋。

十一、邻里间要相互尊重，互相支持帮助，和睦相处，正确处理乡邻间接水、排水、通行、通风、采光等方面的问题。

十二、投毒灭鼠须经过村民小组长同意，要有安全告示。

十三、管理好自己饲养的家畜，若家畜给他人或庄稼造成损害的，饲养人要自觉赔偿经济损失。

十四、尊老爱幼，不辱骂、虐待老人，不虐待妇女和儿童，家长要保证子女依法完成九年义务教育。

十五、村民要积极参与公益事业建设，完成应尽义务。

十六、各民族之间相互关爱，团结进步。

十七、村民违反本村规民约 2、3、4、6、7、8、10、13、14、15 等中之一条，尚未达到司法机关或行政机关处理条件的，根据情节轻重，分别给予批评教育、训诫或收取违约金 10 至 50 元处理。

十八、退耕还林地块，严禁家畜进入，若出现由其负责赔偿相应损失。

十九、本村规民约由木老元村村民委员会负责解释和监督执行。

## 5. （云南省西双版纳傣族自治州勐海县）布朗山（布朗族）乡勐昂村公所村规民约[①]

随着改革开放和搞活农村经济建设的需要，为了保障国家和集体及个人的合法权利，进一步加强社会主义法制，完善社会治安综合治理工作，结合我行政村村公所的实际情况，特制定以下村规民约：

**一、纳税和各种提留未交的处罚**

1. 无故不交各种税金和提留的（如：水田面积、茶叶、旱地［按人均提留］、鱼塘等一切提留和纳税项目），若不按

① 来自：谭晓健主编，布朗族调查组编写：《云南民族村寨调查 布朗族 勐海布朗山乡新曼峨村》，云南大学出版社 2001 年版，第 160－164 页。

时交纳的，一律按银行的利息标准计算。

2. 在本村公所管辖区内建房的农户，应按每间10.00元纳税金，要求建房者在建房施工的费用中扣除，如不提留的一切税款由建房者交纳，自用打烧的砖瓦上交大瓦房15.00元，小瓦房10.00元，无故不交纳者，查明原因后加重一倍的处罚。

**二、有关破坏森林的处罚**

1. 盗伐森林的一律按棵计算，根部直径在20公分（厘米）以上的，每棵赔（偿）损失费50元，若是偷卖者加罚50元。

2. 盗伐一棵行条（注：原文如此，疑为树木）的赔偿5元~20元，树木归还原主，如是偷卖者加罚10元~30元。

3. 在集体林乱砍柴禾（即柴火，这里指活树），拖拉机赔偿损失费20元~50元，柴禾（即柴火）归还原主，如是偷卖者罚款50元~100元，大型拖拉机和汽车按四手扶拖拉机计算论处，手推车按一手扶拖拉机计算处理。

4. 在风景区和水源森林（水源涵养林）内偷砍小树的，每棵罚款5元~50元交集体，若是偷卖的加倍处罚。

5. 乱毁林开荒的，按面积计算，每亩罚款500元，到时限期退耕和还林，禁止种植（农作物）。

6. 乱放火烧山损坏森林的，按每亩300元~500元进行处罚，所用扑灭山火的工日，按每个工时10元计算，无故不交者，加赔（倍）处罚500元。

**三、对小偷小摸的处罚**

1. 偷牛、猪的，要如实地退还失主，或按市场价赔偿损失，并视情节轻重，罚款300元～500元，构成犯罪的送交公安机关处理。

2. 偷鸡、鸭、鹅、鱼的，如数退还失主，或按价格赔偿损失，并按每次罚款50元～100元。

3. 在集体和私人鱼塘内用枪打或偷钓鱼的，每次罚款20元～50元；偷放他人鱼塘者，按产量赔偿损失，并按情节轻重处50元～100元罚款。

4. 偷砍竹子和竹笋及蔬菜类的，除退还货物外罚款50元。

5. 偷砍芭蕉和香蕉树的，按每棵10元处罚。

6. 偷自行车和机动车配件的，按价格赔偿失主，并罚款100元，构成犯罪的送交公安机关处理。

7. 偷采茶叶，按每公斤处罚5元，并按市场价格赔偿失主。

8. 偷盗各类果树的，根据果树的大、小，每棵按10元～100元赔偿失主，并罚款20元。

**四、对破坏生产和生活设施的处罚**

1. 饲养大牲畜的农户无故不管好自己的牛，损坏他人的庄稼，牛主人（除）要负责赔偿经济损失费用外，同时负责牲畜管理费，每天10元。

2. 乱在田间和水沟下鱼笼，破坏田埂和沟道者，（除）没收工具并修复外，罚款20元；乱放毒药者，赔偿全部损失并罚款100元。

3. 严禁购买带传染病的牛、猪、鸡进行饲养，若造成传染而损失的，负责（赔偿）全部经济损失，并处300元罚款。

4. 损坏集体的财产、建筑物、水利、交通、通信、电力、电视接收台及生产、生活设施的，除负责修理费外，根据情节轻重，每次（样）罚款100元~500元，后果严重的交公安机关处理。

5. 村民使用的房屋、菜地和自留山、责任山，所有权属于集体所有。如村民非法占用土地的，责令退还集体所有，并限期拆除或没收，若非法占用土地建盖建筑物和设施的，并按非法占用数额的30%处罚。

6. 若发生打架斗殴和酗酒闹事的，对其劝阻不听者，造成一定后果的赔偿经济损失和医药费等一切费用，并处50元~100元的罚款，造成严重后果的交公安机关处罚。

7. 聚众赌博的，每人每次罚款50元，并没收身上所带的钱和赌具。

8. 乱栽种果树和竹子在他人田间、地内及沟渠道旁的，一律拔除，若不听者，罚款20元。

9. 男、女双方乱搞两性关系的，罚款200元~500元，(根据）其影响及性质进行处罚和追究刑事责任，处理的一切费用由男女双方负责承担。

10. 群众之间发生纠纷找村干部要求处理解决的费用，一律由无理一方负责；如不找村干部处理解决，但自己又无法解决，后期又来找村干部解决的，双方各罚款50元。

11. 对村委会干部和党员打击报复或破坏干部和党员的财产、财物的，每次罚款100元~200元；若没有抓到肇事者，，造成的损失由每户出 10 元～20 元进行赔偿；如受害者不报而自作主张处理，一律不赔偿其经济损失；如果虚报欺骗他人的，应给予赔偿他人的名誉损失费 100 元～200 元。

12．上级领导来召开和村公所、村委会召开的群众大会，每户所有劳动力都要参加，至少每户一人要参加，无故不参加会议者，按户核算，一人不到出义务工费 5 元（特殊情况除外），每次开会时注意加强清查。

13．每年每个劳动力要求出 10 个～15 个义务工，参加集体组织的义务劳动，无故不参加者，每个工按 10 元交集体，特殊情况着（酌）情处理。

**五、关于违反计划生育管理规定的处罚**

1．村公所党支部亲自抓、负总责，村委会干部和党员要大力支持、执行支部的决定，如果村干部和党员不协助及支持抓好此项工作的，视情节给予处罚 50 元。

2．按计划生育政策规定，自 1996 年以来超生第三胎者罚款 500 元～1000 元（指双方都是本地人），如拿不出钱，要拍卖财产和房屋。

3．如间隔不到 4 年生育第二胎的，罚款 100 元～200 元。

4．如没有办理结婚手续的，给予 50 元～100 元的处罚（外地人加倍处罚，国家政策除外）。

5．外来人员在本村安家手续不齐全而违反计划生育政策的，处 2000 元～5000 元的罚款。

其他规定：

1．以上村规民约条例一般情况下按规定由本村干部处理，如处理不了的，报村公所干部下去协助处理，一切开支费用由无理方支付。

2. 对违法乱纪者，举报的村民一次奖励20元～50元（并给予绝对保密），但应避免诬告错告。

3. 以上属罚款100元以下的由村民委员会干部收交，100元以上罚款由全村群众一户一人参加去收交，若有胆小怕事者不去参加收取的，出人均10元的义务工时费。

4. 到本村公所辖区暂住的，除到当地公安机关办理暂住手续外，还必须向村公所缴纳每年度50元村镇建设费（包括半边户）。

5. 村公所、自然村两级干部若挪用或贪污集体提留和财产的，除按实赔偿外，视情节、态度处以1000元～2000元罚款，构成犯罪的送交公安机关处理。

6. 本行政村公所、自然村、个人签订各种合同必须由村公所认可，报乡党委、政府批准，方可生效，否则一切后果自负。

7. 需要村公所出示证明的，收取手续费5元，外地到本村公所办理结婚证的，收取手续费40元。

8. 以上条款处罚（的收入），村公所、自然村各分成50%。

9. 本《村规民约》适用于本村公所辖区内的一切村寨，并于1996年3月1日起执行。

布朗山乡勐昂村公所

1996年2月20日

# 6.　（云南省西双版纳傣族自治州勐海县布朗山布朗族乡）勐昂村公所村规民约[①]

## 第一章　总则

第一条　为保障国家、集体和个人的合法权益不受侵犯，依法调整人们在生产、生活和社会交往中的经济关系和人际关系，适应改革开放和经济发展的需要，加强社会治安，维护社会秩序，加强精神文明建设，确保社会治安稳定，维护安定团结，使人民群众有一个安居乐业的社会环境。根据《宪法》和有关法律规定，结合本村实际制定本村规民约。

第二条　全村各族人民必须依据《村规民约》规范自己的言论和行动，不能违犯《村规民约》。

第三条　违犯村规民约，扰乱社会秩序，妨害公共安全，侵犯公民的人身权利，侵犯国家、集体和个人的财产构成犯罪的，依法追究刑事责任；构不成刑事犯罪的，依照《治安管理处罚条例》和《村规民约》给予处罚。

第四条　本《村规民约》适应于勐昂村公所辖区内发生的一切违反《村规民约》的行为，外来人员违反《村规民约》的依照本约处罚或交送公安部门处理。

---

① 来自：谭晓健主编，布朗族调查组编写：《云南民族村寨调查 布朗族 勐海布朗山乡新曼峨村》，云南大学出版社2001年版，第166－173页。

## 第二章　纳税和提留处罚

第五条　村民必须积极主动上缴国家公粮、定购粮。在当年12月30日前完成公粮、定购粮交售任务。未经批准减免、缓交并故意拖延或不完成的罚款20元~30元。

第六条　鼓励村民积极兴办企业和二、三产业，但要树立国家观念，积极交纳税金，包括土地税、资源税、交易税、屠宰税、营业税、房产税等各种税收。不积极缴纳税金或故意偷税、漏税的，罚款税金总额的5倍~10倍。

第七条　积极上交承包金、提留金和各种集资款项（包括土地、山林、茶园、水田、果木等的提留金和承包金），如不按时提交的，按银行存款利息计收处罚。

第八条　村民必须积极完成义务工日，按国家政策规定，16岁以上、50岁以下农村劳动力，必须积极出义务工，主要用于农田、水利设施、公路和其他公益事业的建设，集体决定出的义务工，每个村民必须按时参加。如不参加的每个义务工收取10元的罚金。罚金30%（归）集体留用，70%由参加义务工的群众平分。

## 第三章　政策、法律处罚

第九条　按国家《婚姻法》规定，结婚年龄达到男22周岁、女20周岁才允许结婚。达不到法定年龄的结婚者，处以100元~200元罚金。虚报年龄或出具假证明，骗取结婚证的，处以200元~300元罚款，结婚者罚款300元~500元。

第十条　有生育能力的，必须严格执行《人口与计划生育条例》，做到一放二扎三不超，提倡一对夫妇只生一个，未经批准生育第三胎的，按《条例》规定处以4000元罚款，如拿不出钱的，村委会有权拍卖（其）家产和房屋，间隔不到四年生育（第）二胎的罚款200元～400元，无（未）结婚生育的，罚款1000元。

第十一条　村民在自已家周围打围墙，要服从村建规则。不得影响公共道路。如不顾公共道路，影响交通秩序者，责令本人限期拆除，经多次动员劝说，本人置之不理、无动于衷或者寻找歪理、辱骂、威胁村委会干部和执行公务人员的，村里发动群众拆除，并由本人支付工时费，同时处以50元～100元罚款。

第十二条　破坏国家、集体和个人财产、交通道路、建筑物、水利、电力、机械及其他生产、生活等设施的，除责令修复和赔偿外，根据情节处以损坏价值的3～5倍的罚款，后果严重的交公安部门处理。

第十三条　保护森林，人人有责。对盗伐国家和集体森林、树木的，以棵计算，根部直径15公分（厘米）以上的，每棵赔偿损失50元，果木每棵赔偿50元～100元，茶树每棵（赔偿）30元，竹子每棵（赔偿）20元。

第十四条　纵火烧山的，交林业部门查办，属生产用火失火烧毁森林的，小面积烧毁达不到判刑的，每亩处以1000元～5000元罚款，大面积烧毁森林（的）交林业公安部门处理。

第十五条　未经批准毁林开荒的，每亩处以 1000 元 ~ 5000 元罚款，同时还要责令其退耕还林，严禁种植。

## 第四章　社会治安处罚

第十六条　偷窃处罚：

1. 盗窃电视机、录音机、录像机、缝纫机、手表、金银首饰、手扶拖拉机、柴油机、摩托车、自行车、高压线、电话线、电灯线、水管等各类物资，经查获后，达不到判刑的，除追回原物赔还原主，原物不在（则）折价赔偿原主外，（并）处以按其所盗物资折价的 3 ~ 5 倍罚款。

2. 偷牛、马、猪、鸡及毒杀家禽，经查获后（按如下规定办理）：①偷或毒杀牛、马、猪、鸡达不到判刑的，原物返还原主，原物被卖或毒杀了的，除按其市场最高价折款赔偿原主外，处以原物折价 3 ~ 5 倍的罚款。②牛、马、猪等牲畜糟蹋庄稼造成损失的，损失一蓬稻苗赔 0. 50 元，损失一棵苞谷苗赔 0. 50 元，一棵甘蔗赔 1. 00 元，一棵茶苗赔 5 元，一棵果树赔 10 元，一棵芭蕉（树）赔 5 元。

3. 偷粮食、蔬菜、水果及其他农作物的，当场抓获的除没收原物外，处以被盗物折价 3 ~ 5 倍的罚款。

4. 偷衣物、布料及家具、用品等，查获后追回赃物返还失主，赃物被销毁的，照价赔还，另处物品价格 3 ~ 5 倍的罚金。

5. 盗窃现金，经查追回赃款外，另外处罚所盗现金数的 200% 。

第十七条　赌博处罚：

1. 不许用麻将、扑克、骰子、牌九等各种赌具参与或聚众赌博。（否则）每人每次罚款 20 元 ~ 100 元，身上携带的现金、赌具全部没收。

2. 提供场所、赌具的，处以 100 元 ~ 500 元的罚款。

第十八条　打架斗殴处罚：

1. 凡聚众打架，故意殴打他人，破坏社会秩序，造成人身伤害的，除承担一切医药费、营养费、伙食费、误工补贴和看护人的伙食费、误工费外，处以 50 元 ~ 1000 元的罚款。造成严重伤害构成犯罪的，交由公安部门处理。

2. 经常故意辱骂他人或捏造罪名，诽谤诋毁他人，对他人进行人身攻击，不听劝告的，罚款 50 元 ~ 10 元，并向他人赔礼道歉，承认错误，保证今后不再重犯。

3. 群众间由于纠纷问题，不找领导、组织解决，双方无组织无纪律地吵闹打架，影响社会秩序，双方不论有理无理，均罚款 30 元 ~ 50 元。

4. 夫妇双方闹不团结，引起吵架、打架，村委会出面调解的，收取 10 元调解费。

第十九条　保护妇女儿童的合法权益，对于侵害妇女和儿童的给予以下处罚：

1. 犯有一般流氓行为、侮辱调戏妇女的，处以 30 元 ~ 50 元罚款，严重的交公安部门处理。

2. 犯有强奸罪，达到判刑（标准）的，交由公安部门处理，强奸未遂，达不到判刑（标准）的，处 200 元 ~ 500 元罚款。

3. 乱搞两性关系的，男方处以 50 元～100 元罚款，女方处 20 元～50 元罚款，并按民族风俗习惯处罚。

4. 第三者蓄意干涉、破坏他人婚姻家庭，造成家庭不和或家庭破裂等严重后果的，男女双方均处以 100 元～300 元罚款或按民族习惯处罚。

5. 15 岁以下儿童违反规约行为的，可以训诫，造成损失的，由监护人负责赔偿损失，主动投案、自首、承担错误的，可给予从轻罚（发）落。

6. 拐卖妇女者按 1500 元～2000 元处罚，情节严重的交公安部门处罚。

7. 本村青年在无特殊原因情况下，晚上超过 10 点钟，不得随便进入学校。殴打师生或调戏女生的处 200 元～300 元罚款。

## 第五章　其他处罚

第二十条　村委会干部通知群众开大会，要求每户参加，1 人到会，而无故不到、事先不请假的，每人每次出义务工费 5 元，归入集体福利基金。

第二十一条　村公所召开各种干部、党员会，通知到本人，本人既不请假也不参加会议的，由本人交 5 元钱给村公所，是党员会议的，收交的钱并入党费或党员会费用。

第二十二条　严禁对村委会、村公所干部、党员打击报复或破坏农作物及财物和家畜，违者按第十六条规定给予处罚，后果严重的送交公安部门处理。群众对打击报复或破坏农作物及财物家畜（的行为），要积极检举揭发，如暂时查不出来，造成的损失由全寨人平摊，待查出后再由破坏者赔偿。

第二十三条　以上罚款在100元以下，由村委会配合治安员处理，100元以上由治安员、村委会全体和各户参加一人去处理，如果胆小怕事不参加的，出5元的误工费。

第二十四条　以上条约（条文）治安员和村委会无法处理或处理不了的，（由）村公所下来处理，吃的一切伙食费均由败诉方负责。

第二十五条　违反村规民约处罚的财物和查获的违禁品，以及被没收的一切作案工具等全部交村公所，由村公所处理，该奖励、该退还村委会的退还村委会，该上缴的部分上缴。任何人不得擅自截留。

## 第六章　奖励办法

第二十六条　不论任何人，当场抓获盗窃犯的，奖励盗窃物品价值的30%。

第二十七条　及时提供线索破获案件的，奖励被盗物资价值的10%。

第二十八条　对违法乱纪者敢于制止或举报的一次性奖励20元~100元。

## 第七章　附则

第二十九条　本规定适用于勐昂村公所辖区内9个自然村的各族村民。

第三十条　本《村规民约》的解释权在村公所，有任何问题均由村公所负责解释。

第三十一条　本《村规民约》于1999年7月1日起执行。

布朗山乡勐昂村公所

1996年6月30日

（村公所盖章）

## 7.　（云南省西双版纳傣族自治州勐海县布朗山布朗族乡）勐昂行政村村规民约①

随着改革开放和搞好农村经济建设的需要，为了保障国家和集体、个人的合法权益，进一步加强社会主义法制、完善社会治安综合治理工作，结合行政村的实际情况，特制定村规民约如下：

一、主动纳税和交纳各种提留（水田面积按人均提留，茶叶、旱地按人头提留）。

二、建房提留，在村公所辖区建房的农户每间按10元提留。

三、保护森林，逐年减少轮歇地的砍伐，对毁林盗木等给予以下处罚：

1. 毁林开荒者，按面积计算，每亩罚款500元，并限期

---

① 来自：谭晓健主编，布朗族调查组编写：《云南民族村寨调查 布朗族 勐海布朗山乡新曼峨村》，云南大学出版社2001年版，第165－166页。

退耕还林。

2. 放火烧荒毁坏森林等，按每亩 300 元 ~500 元处罚。

3. 在水源森林（水源涵养林）区域内和风景林区偷砍树木者，每棵罚款 50 元。

四、保护生产和生活设施，保护电力、通信设施，对以上设施造成损坏者处以 100 元 ~500 元罚款。

五、每个劳动力每年须出十五个义务工修水渠、水沟、道路等。

六、禁止打架斗殴、酗酒闹事。

七、禁止赌博和吸毒。

八、遵守国家计划生育政策。

1. 党员、干部带头执行计划生育政策。

2. 对超生者罚款 1000 元。

3. 对外来人员超生者罚款 2000 元 ~5000 元。

九、村民使用的田地、自留山、责任山，所有权属于集体。

十、执行国家的义务教育法，适龄儿童应由家长主动送至学校上学。

十一、外来人员到本村安家落户的，需征得村干部同意后，每年交 100 元管理费给村里。

十二、如有通奸行为的，须按民族的风俗习惯处理，再罚款 300 元 ~500 元。

十三、不准在村内杀猪、牛、羊等大小牲畜。

十四、各自然村执行行政村制定的“村规民约”，也可以根据各自然村的民族特点和实际参照执行。

十五、本《村规民约》适用于村公所辖区内的一切村寨，并于1998年9月1日起执行。

布朗山乡勐昂行政村

1998年8月

# 第二十三章　毛南族地区村规民约

## 1. （广西壮族自治区环江毛南族自治县下南乡）南昌屯村规民约①

为维护全屯的群众利益，维护社会秩序、生产秩序和人民群众的生活秩序，保障社会主义革命和社会主义改革建设事业的顺利进行，要严格治理危害社会安定团结的危害分子，本屯群众特议定下列村规民约：

**一、关于社会治安问题**

（一）本屯群众不管任何人严格禁止在渠道里面炸鱼或者投农药，造成牲畜损失、河堤损坏者要追究刑事责任，另外罚

---

① 来自：匡自明、黄润柏主编：《毛南族 广西环江县南昌屯调查》，云南大学出版社2004年版，第254－258页。

款 30 ~ 50 元。

（二）禁止破坏电话线路、照明线路或者其他通信设备，造成严重后果的要追究刑事责任，并罚款 5 元以上。

（三）任何人严禁在村前、村后、路边有意投毒，造成家禽家畜损失者，要追究刑事责任，要按损失轻重赔偿。（保苗投毒要有标志，损失不赔偿）

（四）故意杀人、故意伤害他人身体健康或者其他流氓活动要负刑事责任。并要及时上报，扭送政法机关处理。

（五）聚众斗殴伤害他人、侮辱妇女，或者进行其他流氓活动要负刑事责任，并要及时上报。

（六）严禁搞拐卖人口、变相谋骗钱财的行为，造成他人经济损失的要追究刑事责任，并交有关部门处理。

（七）本屯禁止任何人利用任何手段聚众扰乱社会秩序、生活秩序或者其他公共场所秩序，撕毁布告或其他文件广告，违者罚款 5 元以上。

（八）严禁贩毒品或种植毒品如大烟，违者交政法机关处理。

（九）严禁聚众赌博或虐待家庭人员，违者按情节轻重处理。

（十）防贼防盗是搞好社会治安的根本大事，不管何时，生人进村庄，每个村民都有权利监督与盘问，若有为贼人窝藏赃物，使贼人有落脚之地，并供给作案条件者，一经查出与贼同罪。另外，自本公约决定之日起，若有违反者，全屯群众到贼人家里或者到窝藏贼人的家里，有猪杀猪，无猪杀鸡、鸭、鹅、羊共餐一顿。

（十一）本屯如有某人去某地偷盗者，一经查出也按照上述第（十）条规定处理，若负隅顽抗，送政法机关处理。

（十二）小孩儿童惯偷者，按情节轻重要责令家长负责管教，罚款时要由家长开钱，必要时也可由政府收容教养。

（十三）本队和邻近队果树或者其他农作物，不准任何人乱偷，违者罚款 10 元以上。

（十四）未成年儿童小孩打群架伤害他人身体健康的，要责令其家长负责全部医药费，并赔礼道歉，严加管教子女。

（十五）本屯群众不管任何人不准以任何名义乱盗砍别人竹木、竹苗，违者罚款每株 5 元，并要补种竹木。

**二、关于封山育林问题**

（一）封山育林是《森林法》规定的，本屯或邻近队群众都要严格维护，统一遵守执行，任何人以任何借口盗伐、滥伐封山区或者他人自留山，一律按照《森林法》规定或者封山区屯村规民约条款进行处理。

（二）凡是砍伐育林山或者自留山上的林木，每砍一株按口径大小当场众议，砍伐成中柱以上者，罚 30～50 元，并没收归主人。

（三）不管本队或邻近队盗砍、滥砍别人的自留山即柴山则按每百斤生柴罚 3 元，柴火全部没收归主人。

（四）植树造林、保持生态平衡是每个公民神圣职责，凡有意烧山、毁灭山林者，除按情节轻重罚本人补种外，造成严重损失则送交有关部门处理。

（五）集体森林要集体使用。本队或外队群众不准乱盗砍，集体公用除外。如有违者罚款20元以上。

**三、关于田间管理问题**

（一）水利是农业的命脉，不准任何人在水渠里、田坟上任意放牛吃草，践踏禾苗，违者要全部赔偿，影响水渠通水的，要责令本人从头到尾清理渠道，不从者则交群众大会处理，罚5元以上，若负隅顽抗则加倍罚之。

（二）别人的水田不准任何人乱开放，如刚放肥料损失要赔偿，放水如经过别人田块要通过本人同意，违者要赔偿并道歉。

（三）本屯或邻队放牲畜践踏禾苗及黄豆或玉米者，罚款每头20～30元，捉拿牲畜过夜者按24小时计算收取收养费10元，如损失部分田，放牛者负责赔偿，如发现上述情况捉拿者奖罚款的60%，余下部分发给处理人员。

（四）本屯群众或者儿童乱投石头进别人秧田，损失的部分要追究赔偿，发现的人有教育制止的责任。

（五）本屯群众或者儿童不准破坏水利设施，如发现谁破坏就要谁修理。影响田间管理的，按情节轻重交群众大会处理。

（六）本屯猪、羊、牛、鸡、鸭、鹅践踏禾苗或者秧苗被当场抓得，按情节轻重由双方主人面议，并罚每只1元。

**四、养猫公约**

（一）本屯以邻户来组织养猫；每三户要养猫一只，谁不养如发现死猫则交由他负责赔偿，若负隅顽抗，则交群众会议处理。

（二）在养猫之后严禁投毒，谁投毒毒死猫要加倍赔偿。

（三）养猫以后如发现谁以家猫当野猫开枪打死，本屯群众要到他家共餐一顿。吃什么临时决定，有什么吃的杀什么。不服者，以后有红、白事则自理，全屯拒绝参加。

**五、关于义务劳动问题**

（一）全屯村民每一个人都有责任参加公共义务劳动，但有事缺工者或无故不参加者将作出下列规定。

（二）按情节轻重，有特殊情况事先向队干部请假方可免工。

（三）假若有无故拒绝者，群众有权向他收取工日，并按当时工日标准来计算收费。

（四）假若有参加出工不从头到尾者，则按小时计工，不满勤部分须交款补工日。

公约自订立之日起有效。

南昌屯村民委章

1991 年 7 月

## 2.　（广西壮族自治区环江毛南族自治县下南乡）中南村村规民约[①]

为了维护社会秩序和公共安全，保护公私财产和人身权利不受侵犯，树立良好的村风、民风，创造安居乐业的社会环

---

① 来自：包其剑：《毛南族习惯法研究——以环江县下南乡毛南族为例》，广西师范大学 2011 年硕士学位论文。

境，结合本村实际，经全体村民讨论通过，制定本村规民约。

第一条　有下列扰乱社会秩序行为之一，尚不构成刑事处罚的，处二十元以上两百元以下罚款：

1．扰乱机关、学校、企事业单位和从事合法经营的个体工商户、专业户、市场秩序，致使工作、教学、营业、生产、科研不能正常进行的；

2．扰乱车站、圩场、村寨娱乐场所，偷接闭路电视、偷电等造成不良影响的；

3．结伙斗殴，寻衅滋事，侮辱妇女或者进行其他流氓活动，造成不良影响的；

4．拒绝、阻碍治安人员、税务工商管理人员和其他国家机关工作人员依法行使公务，使不能进行工作的。

第二条　有下列妨碍公共安全行为之一，尚不构成刑事处罚的，处二十一元以上两百元以下罚款：

1．发生火警，尚不构成村寨火灾的，处十五元以上五十元以下罚款；

2．利用农药和其他有危害人畜安全的药品下河毒鱼造成河水污染的，处二十元以上一百元以下罚款；

3．用电具下河电鱼或用雷管炸鱼的，除没收电具雷管外，处二十元以上五十元以下罚款；

4．故意在公路路面上堆放石头、木头，影响交通安全，尚未造成事故的，处二十元以上一百元以下罚款；

5．疯狗咬人，狗主除负责医药费、营养费和误工费外，处二十元罚款。

第三条　有下列侵犯公私财产行为之一，尚不构成刑事处罚的，处二十元以上两千元以下罚款：

1. 偷盗林木，偷盗杉木一根的，罚款一百元；偷盗松木的，减半处罚，物退还原主的，再减半处罚；

2. 偷砍楠竹的，除原物退还原主外，每根罚款十元；原物不在的，每根罚款 20 元；

3. 偷鸡鸭的，在退还原物给失主外，每只鸡鸭罚款五十元；原物不在的，每只鸡鸭罚款三至五倍；撬门入屋偷鸡鸭的，一次罚款伍佰元；

4. 盗窃其他财物的，按财物价二至五倍罚款，除追回或赔偿损失外，同时并处点名通报；

5. 偷放塘、田盗鱼的，除赔偿原主外，处五十元以上两百元以下罚款；

6. 哄抢国家、集体、个人财物数额不大的，除赔偿损失外，处五十元以上两百元以罚款；

7. 毁坏其他公私财物的，除赔偿损失恢复原状外，处二十元以上两百元以下罚款。

第四条　有下列侵犯他人人身权利行为之一，尚不构成刑事处罚的，处二十元以上两百元以下罚款：

1. 公然侮辱他人或者捏造事实诽谤他人，造成不良影响的，处二十元以上一百元以下罚款或者警告；

2. 故意打人致伤（轻微伤害）的（包括醉酒打架），除负责医药费外，处二十元以上三十元以下罚款或警告；

3. 因争吵打伤他人，造成一般伤害或轻微伤害的，除负责医药费、误工费等费用外，处三十元罚款，属于正当防卫打伤对方的，免付医药费和免于罚款；

4. 虐待家庭成员，受虐待人要求政府出面处理的，处三十元罚款。

第五条　有下列破坏他人生产行为之一，尚不构成刑事处罚的，除赔偿损失外，处二十元以上两百元以下罚款：

1. 故意断绝他人田水，致使他人稻田干裂，造成减收或无收的，根据实际清况，处五十元以下罚款；

2. 放任耕牛毁坏他人农作物的，农作物主可把耕牛关养起来，限其十日内领牛并每天付五元营业费给关养者。凡超期不来领牛的，关养者有权将牛使用一个月的劳役（即耕、犁田一个月），还要罚放牛者每头每次十元，关死不负一切责任。

3. 放养猪破坏他人农作物的，除赔偿损失外，每头每次罚款十元（打死归主）；

4. 放养鸡鸭破坏他人生产，乱进他人稻田吃谷的，除赔偿损失外，每只每次罚款五元（鸡鸭打死归主）；

5. 生产用火或其他用火造成山林火灾，不构成刑事责任的，除赔偿损失补造林外，处两百元以下罚款，同时点名通报批评。

第六条　凡有卖淫、嫖娼、拐卖妇女儿童行为之一，尚不构成刑事处罚的，处一千元以下罚款：

1. 不听教育，以卖淫为生或容留卖淫、嫖宿暗娼的，处三百元以上一千元以下罚款；

2．以做媒为名拐卖妇女儿童证据确凿的，处伍佰元以上一千元以下罚款。

第七条　严禁赌博，凡聚众赌博、开设赌场，为赌博提供条件、参加赌博，不够刑事处罚的，处两百元以下罚款：

1．惯赌屡教不改的，处两百元罚款；

2．为赌博提供场所、赌具的，处两百元罚款；

3．参赌一次罚款十元，两次三十元，三次六十元，四次以上的罚款一百元。

第八条　加强木材市场管理，严格履行木材采伐制度，违者处三十元以上一千元以下罚款：

1．凡在我村屯境内经营木材的单位和个人，一律不许收购生木材，晚上不许装运木材，违者除没收木材外，处两百元以上一千元以下罚款；

2．今后群众要砍伐木材的，一律要凭生产队证明，经村公所审批，限制的时间内扛木头进村，否则，一律没收生木材，并处以三十元以上五十元以下罚款；

3．严禁进入他人柴山砍柴头，违者处二十元以上一百元以下罚款。

第九条　凡违反治安管理行为，够拘留条件的，则按《治安管理处罚条例》执行。

第十条　原定的村规民约，如有超越本村规民约规定的，一律按本村规民约规定的条款执行。

第十一条　保护人民群众与违法、违反治安管理行为作斗争的所有公民，对揭发检举的有功人员，政府对此保密和保护安全，并适当给予奖励，对打击报复检举者的，从严惩治。

第十二条　本条约从一九九五年元月一日起实行。本条约的解释权归村民委员会。

中南村村民委员会

一九九四年十二月三十日

## 3.　（广西壮族自治区环江毛南族自治县下南乡）仪凤村村规民约[①]

为了推进我村民主法制建设，维护社会稳定，树立良好的村风、民风，创造安居乐业的社会环境，构建和谐社会，促进经济发展，建设文明卫生新农村，经全体村民讨论通过，制定本村村规民约。

**一、社会治安**

1. 每个村民都要学法、守法，自觉维护法律尊严，积极同一切违法犯罪行为作斗争。

2. 村民之间应团结友爱，和睦相处，不打架斗殴，不酗酒滋事，不侵犯他人财产、不损坏他财物。严禁侮辱、诽谤他人，严禁造谣惑众、拨弄是非。

3. 自觉维护社会秩序和公共安全，不扰乱公共秩序，不阻碍公务人员执行公务。

① 来自：包其剑：《毛南族习惯法研究——以环江县下南乡毛南族为例》，广西师范大学2011年硕士学位论文。

4. 严禁偷盗、敲诈、哄抢国家、集体、个人财物，严禁赌博，严禁替罪犯藏匿赃物。

5. 严禁非法生产、运输、储存和买卖爆炸物品；经营烟火、爆竹等易燃易爆物品须经公安机关等有关部门批准。不得私藏枪支弹药，拾得枪支弹药、爆炸物品要及时上交公安机关。

6. 爱护公共财产，不得损坏水利、道路交通、供电、通信、生产等公共设施。

7. 严禁非法限制他人人身自由或非法侵犯他人住宅，不准隐匿、毁弃、私拆他人邮件。

8. 严禁私自砍伐国家、集体或他人的林木，严禁损害他人庄稼、瓜果及其他农作物，加强牲畜看管，严禁放浪猪、牛、羊。

**二、消防安全**

1. 加强野外用火管理，严防山火发生。

2. 家庭用火做到人离火灭，严禁将易燃易爆物品堆放户内、寨内，定期检查、排除各种火灾隐患。

3. 加强村寨防火设施建设，定期检查消防池、消防水管和消防栓，保证消防用水正常。

4. 对村内、户内电线要定期检查，损坏的要请电工及时修理、更新，严禁乱拉乱接电线。

5. 加强村民尤其是少年儿童安全用火用电知识宣传教育，提高全体村民消防安全知识水平和意识。

**三、村风民俗**

1. 提倡社会主义精神文明，移风易俗，反对封建迷信及其他不文明行为，树立良好的民风、村风。

2. 红白喜事由红白喜事理事会管理，喜事新办，丧事从简，破除陈规旧俗，反对铺张浪费、反对大操大办。

3. 不请神弄鬼，不搞封建迷信活动，不听、看、传淫秽书刊音像，不参加邪教组织。

4. 建立正常的人际关系，不搞宗派活动，反对家族主义、霸权主义。

5. 建房应服从村庄建设规划，经村委会和上级有关部门批准，统一安排，不得擅自动工，不得违反规划或损害四邻利益。

**四、清洁工程**

1. 村、屯建立健全“清洁工程”制度，严禁随地乱倒垃圾，杜绝村内、屯内“脏、乱、差”等现象。

2. 路内路外、村内村外、屯内屯外、屋内屋外清洁整齐美观，不准乱堆、乱摆、乱建、乱贴，不得随地大小便。

3. 新建和修建的房屋和其他建筑物产生的垃圾，谁做谁处理。

4. 各屯养蚕户严禁把蚕渣、病蚕随地乱丢或倒在河流中，消毒后按指定地方深埋。

**五、邻里关系**

1. 村民之间要互尊、互爱、互助，和睦相处，建立良好的邻里关系。

2. 在生产、生活、社会交往过程中，应遵循平等、自愿、互惠互利的原则，发扬社会主义新风尚。

3. 邻里纠纷，应本着团结友爱的原则平等协商解决，协商不成的可申请村或乡政府调解委调解，也可依法向人民法院起诉，树立依法维权意识，不得以牙还牙，以暴制暴。

**六、婚姻家庭**

1. 遵循婚姻自由、男女平等、一夫一妻、尊老爱幼的原则，建立团结和睦的家庭关系。

2. 婚姻大事由本人作主，反对干涉包办婚姻，男女青年结婚必须符合法定结婚年龄条件，提倡晚婚晚育。

3. 自觉遵守计划生育法律、法规、政策。实行计划生育，提倡优生优育，严禁无计划生育或超生。

4. 夫妻地位平等，共同承担家务劳动，共同管理家庭财产，反对家庭暴力。

5. 父母应尽扶养、教育未成年子女的义务，禁止歧视、虐待、遗弃女婴，破除生男才能传宗接代的陋习。子女应尽赡养老人的义务，不得歧视、虐待老人。

**七、财产继承**

1. 保护村民私人财产继承权，继承权女子享有同男子平等的权利，不得歧视。

2. 继父、继母、养父、养母、继子女或养子女与生父、生母、生子女享有同等继承财产权利。

3. 禁止继承人侵犯其他继承人继承遗产的权利。

**八、纠纷调处**

1. 家人之间或他人之间发生纠纷，双方本着互谅互让的原则协商解决或通过正常渠道向政府有关部门申请依法解决。禁止采取过激行为自行解决。

2. 与个人或集体间发生的土地、山林、水利纠纷，双方本着互谅互让的原则协商解决，或通过正常渠道向有关人民政府申请解决，在纠纷解决之前，任何一方不得改变争议地的现状。

**九、未成年人或限制民事能力人违反上述约定，由其监护人负责教育和承担违约责任**

对违犯上述所列条款，触犯法律、法规的，报送司法机关依法处理，除赔偿损失或返还原物或恢复原状外，视情节轻重收取违约金 5～50 元。违约金收取管理由本村民小组组干执行。

仪凤村村规民约

二〇〇〇年九月十八日

## 4. （广西壮族自治区环江毛南族自治县下南乡）波川村村规民约[①]

为了推进我村民主法制建设，维护社会稳定，树立良好的村风民风，创造安居乐业的社会环境，构建和谐社会，促进经济发展，建设文明卫生新农村，经全体村民讨论通过，制定本村村规民约。

**一、社会治安**

1. 每个村民都要学法、守法，自觉维护法律尊严，积极同一切违法犯罪行为作斗争。

2. 村民之间应团结友爱，和睦相处，不打架斗殴，不酗酒滋事，不侵犯他人财产、不损坏他人财物。严禁侮辱、诽谤

① 来自：李澜主编：《波川村调查》，中国经济出版社 2011 年版，第 56－59 页。

他人，严禁造谣惑众、搬弄是非。

3. 自觉维护社会秩序和公共安全，不扰乱公共秩序，不阻碍公务人员执行公务。

4. 严禁偷盗、敲诈、哄抢国家、集体、个人财物，严禁赌博，严禁替罪犯藏匿赃物。

5. 严禁非法生产、运输、储存和买卖爆炸物品；经营烟火、爆竹等易燃易爆物品须经公安机关等有关部门批准。不得私藏枪支弹药，拾得枪支弹药、爆炸物品要及时上交公安机关。

6. 爱护公共财产，不得损坏水利、道路交通、供电、通信、生产等公共设施。

7. 严禁非法限制他人人身自由或非法侵犯他人住宅，不得隐匿、毁弃、私拆他人邮件。

8. 严禁私自砍伐国家、集体或他人的林木，严禁损害他人庄稼、瓜果及其他农作物，加强牲畜看管，严禁放养猪、牛、羊。

**二、消防安全**

1. 加强野外用火管理，严防山火发生。

2. 家庭用火做到人离火灭，严禁将易燃易爆物品堆放户内、寨内，定期检查、排除各种火灾隐患。

3. 加强村寨防火设施建设，定期检查消防池、消防水管和消火栓，保证消防用水正常。

4. 对村内、户内电线要定期检查，损坏的要请电工及时修理、更新，严禁乱拉乱接电线。

5. 加强村民尤其是少年儿童安全用火用电知识宣传教育，

提高全体村民消防安全知识水平和意识。

**三、村风民俗**

1．提倡社会主义精神文明。移风易俗，反对封建迷信及其他不文明行为，树立良好的民风、村风。

2．红白喜事由红白喜事理事会管理，喜事新办，丧事从简，破除陈规旧俗，反对铺张浪费、反对大操大办。

3．不请神弄鬼，不搞封建迷信活动，不听、看、传淫秽书刊音像，不参加邪教组织。

4．建立正常的人际关系，不搞宗派活动，反对家族主义，霸权主义。

5．建房应服从村庄建设规划，经村委会和上级有关部门批准，统一安排，不得擅自动工，不得违反规划或损害四邻利益。

**四、清洁工程**

1．村、屯建立健全“清洁工程”制度，严禁随地乱倒垃圾，杜绝村内、屯内“脏、乱、差”等现象。

2．路内路外、村内村外、屯内屯外、屋内屋外清洁整齐美观，不准乱堆、乱摆、乱建、乱贴，不得随地大小便。

3. 新建和修建的房屋和其他建筑物产生的垃圾，谁做谁处理。

4. 各屯养蚕户严禁把蚕渣、病蚕随地乱丢或倒在河流中，消毒后按指定地方深埋。

**五、邻里关系**

1．村民之间要互尊、互爱、互助，和睦相处，建立良好的邻里关系。

2. 在生产、生活、社会交往过程中，应遵循平等、自愿、互惠互利的原则，发扬社会主义新风尚。

3. 邻里纠纷，应本着团结友爱的原则平等协商解决，协商不成的可申请村或乡政府调解委员会调解，也可依法向人民法院起诉，树立依法维权意识，不得以牙还牙，以暴制暴。

**六、婚姻家庭**

1. 遵循婚姻自由、男女平等、一夫一妻、尊老爱幼的原则，建立团结和睦的家庭关系。

2. 婚姻大事由本人作主，反对干涉包办婚姻，男女青年结婚必须符合法定结婚年龄条件，提倡晚婚晚育。

3. 自觉遵守计划生育法律、法规、政策。实行计划生育，提倡优生优育，严禁无计划生育或超生。

4. 夫妻地位平等，共同承担家务劳动，共同管理家庭财产，反对家庭暴力。

5. 父母应尽扶养、教育未成年子女的义务，禁止歧视、虐待、遗弃女婴，破除生男才能传宗接代的陋习。子女应尽赡养老人的义务，不得歧视、虐待老人。

**七、财产继承**

1. 保护村民私人财产继承权，女子享有同男子平等的继承权，不得歧视。

2. 继父、继母、养父、养母、继子女或养子女与生父、生母、生子女享有同等继承财产权利。

3. 禁止继承人侵犯其他继承人继承遗产的权利。

**八、纠纷调处**

1. 家人之间或他人之间发生纠纷，双方本着互谅互让的原则协商解决或通过正常渠道向政府有关部门申请依法解决。禁止采取过激行为自行解决。

2. 与个人或集体间发生的土地、山林、水利纠纷，双方本着互谅互让的原则协商解决，或通过正常渠道向有关人民政府申请解决，在纠纷解决之前，任何一方不得改变争议地的现状。

**九、未成年人或限制民事行为能力人违反上述约定，由其监护人负责教育和承担违约责任**

对违反上述所列条款，触犯法律、法规的，报送司法机关依法处理，除赔偿损失或返还原物或恢复原状外，视情节轻重收取违约金 5 ~ 50 元。违约金收取管理由本村民小组组干执行。

二〇〇七年

## 5. （广西壮族自治区环江毛南族自治县思恩镇）清潭村村规民约[①]

一、文明礼貌。尊重人，关心人。不讲粗话脏话，不打人骂人。废除陋习，积极参加“三户”评比、文明家庭创建

① 来自：吴东：《少数民族村寨村民自治法理分析》，广西大学 2010 年硕士学位论文。制定时间不详。

活动。

二、遵纪守法。不赌博，不吸毒贩毒；不制作、出售、传看黄色书刊、音像制品。自觉学法、懂法、守法，依法规范和养成良好的行为习惯，约束和制止不文明行为。

三、助人为乐。为老、幼、残、孤、烈军属做好事办实事。尊老爱幼，扶贫帮困，热爱家乡，热心公益。

四、爱护公物。不损坏水、电、道路、卫生、通信等市政公共设施，节约用水用电，搞好防火防盗工作。

五、邻里团结，和睦相处，相互谦让，搞好环境卫生，节制娱乐，不大声喧哗或做妨碍他人休息的活动。

六、勤俭持家。诚实劳动，以俭聚财，量入为出，反对浪费。不讲排场，不比阔气。男女平等，赡养老人。

七、计划生育。坚持晚婚晚育，优生优育。不未婚同居，不未婚先孕，不计划外怀孕和生育。

八、移风易俗。婚事新办，丧事从简。宣传科学文化知识，不搞封建迷信活动。

# 第二十四章　普米族地区村规民约

## 1.　（云南省丽江市宁蒗彝族自治县永宁乡落水自然村）村规民约[①]

为使我村各项工作走上制度化、规范化的轨道，促进各项事业的全面发展，使我村早日实现脱贫致富奔小康，经村委会研究，结合我村实际，特制定本村规民约。

第一条　每个村民要处理好农业生产与其他服务业之间的关系，珍惜土地，提倡科学种田，增加农业投入，始终把农业生产放在第一位。在播种和收割期间，要服从村委会的统一安

① 来自：刘韵涵主编，普米族调查组编写：《云南民族村寨调查 普米族 宁蒗永宁乡落水村》，云南大学出版社2001年版，第113－117页。该村规民约有缺损，内容不全。

排，在规定的时间范围内进行，违者处以罚款50元至100元。

第二条　农户要管理好自家的牲畜，放牧、收牧要做好接交工作。牲畜吃庄稼，一旦被守地人赶回，按村委会的有关规定实行处罚。

第三条　为了创造一个良好的社会秩序和治安环境，坚决禁止一切酗酒闹事、敲诈勒索、侮辱他人和有伤民族风俗风情的言行，造成不良影响的，处以罚款50元至100元。

第四条　对结伙斗殴，煽动宗族家族闹事、赌搏（博）或为赌搏（博）提供场所，有骗取、偷盗行为的，处以罚款100元至200元。情节严重的送交司法部门处理。

第五条　为了体现民族特色和（民族）勤劳、善良、热情好客的传统美德，一切从事旅游业服务的人员，必须做到合法经营，礼貌待人，周到服务，收费合理，并服从有关部门的监督管理。

第六条　一切从事旅游服务的人员，包括家庭旅社、餐厅、歌舞厅、游马队、游湖队、锅庄舞队以及在乌马河摆摊设点的服务人员都必须一律穿着民族服饰，着装要做到整洁卫生，美观大方。违者处以罚款20元至100元。

第七条　为保障游客的生命安全，一切参加游马队、游湖队的人员必须听从组长和值班调度的安排和调遣，禁止一切带有不安全因素的船只和马匹从事营业服务；严格做到游船内配备救生衣；马匹一经出租，服务人员必须做到马到哪里人到哪里，以保证游客安全。违者处以罚款20元至100元。

第八条　为保护泸沽湖的水体和自然植被不受污染和破

坏，在我村地界内（从司哪至红岩子），我村一律实行特级保护。在此范围内禁止乱倒垃圾；严禁向湖中直接排放污水；严禁炸鱼、打野鸭、捕杀野生动物并协助有关部门搞好护林防火工作，禁止乱砍滥伐，破坏森林、风景树等。违者处以罚款100 元至 500 元。

第九条　在我村水源区（从鼓节得罗到依歪罗）禁止砍伐任何树木、打草积肥、开採（采）石头、取土等，违者处以罚款 100 元至 500 元。

第十条　凡是在大渔坝泥石流区取沙、採（采）石，每立方收取 5 元土地损补费，违者按标准的 10 倍处罚。

第十一条　为合理利用和珍惜土地资源，禁止一切非法占用公共场所、人行马道、破坏水利设施等行为，在本人承包地内修房造屋，须经村委会研究同意，报经上级有关部门审批方可进行。违者处以罚款 50 元至 100 元。

第十二条　经营健身、娱乐性服务项目的人员，必须遵守有关法律法令和行业管理条令，文明经商、合理收费，不得以不健康的手（法）招揽客人。违者（除）视情节处罚外，对其营业执照或经营机构予以取缔。

第十三条　凡在我村从事经营旅社、饮食的行业每月收取环境、资源、管理费 30 元，酒吧、歌舞厅（收取）60 元。

第十四条　凡是（从）外来到我村□□□□□（的经营户），不论是独营的联营的，必须向村□□□（委会申）报所经营的项目、范围、从业□□□□（人数、负）责人名单等，除按以上规定□□□□（交纳各种费）用外，按人头交纳综合管理□□□□□（治安费每人）10 元。违者按标准的□□□□□（□倍处罚）。

第十五条　每个村□□□□□□□□（民应关心和积极支）持公益事业，并保正（证）□□□□□□□（村民）积极参加各项公益事□□□□□□□□□（业的投工投劳，不参）加的处以罚款 30 元□□□□□（至 50 元）。

第十六条　□□□□□□□□□□（对阻碍、扰乱村委会工）作人员执行□□□□□□□□□□□□（公务的，处以罚款 50 元至）200 元，□□□□□□□□□□□□（情节严重的送交司法部门）处理。

第十七条　□□□□□□□□□□□□□□□□□□□，□□□□□□□□□□□□□□，□□□□□□□□□□□。

第十八条　□□□□□□□□□□（本村规民约自一九九七）年元月一日起生效。

（宁蒗彝族自治县永宁乡落水村公所印章）

（云南省宁蒗县泸沽湖村委会印章）

泸沽湖落水村村民委员会

一九九七年元月一日

报：永宁乡党委、政府、落水行政村。

送：村民每户一份，在落水村从事旅游服务的经营户各一份。旅管委、公安分局、泸沽湖自然保护区管委会、泸沽湖鱼政所各一份。

## 2. （云南省丽江市宁蒗彝族自治县永宁乡泸沽湖自然村）村规民约①

为使我村各项工作走上制度化、规范化的轨道，促进各项事业的全面发展，结合本村的实际情况和上届村规民约（注：1997年1月1日制定的村规民约）的有关条例的基础上，经新一届村委会讨论研究，特制定本村规民约。

第一条　每个村民要处理好农业生产与旅游业之间的关系，珍惜土地，提倡科学种田，增加农业收入，在播种和收割期间要服从村委会的统一安排，在规定的时间、范围内进行，违者处以罚款50元至100元。

第二条　农户要管理好自家的牲畜，放牧、收牧要做好接交工作。牲畜吃庄稼，一旦被守地人赶回，按村委会的有关规定实行处罚。

第三条　保持摩梭大家庭走婚习俗等民族风情，是每个村民的权利和义务。

第四条　为创造一个良好的社会环境，禁止一切酗酒闹事、敲诈勒索、强买强卖、拦路堵客、拉客、诽谤他人和有伤民族风俗风情的言行，造成不良影响的，处以罚款50元至100元。

第五条　对结伙斗殴，煽动家族闹事、村民与村民之间吵

---

① 来自：刘韵涵主编，普米族调查组编写：《云南民族村寨调查 普米族 宁蒗永宁乡落水村》，云南大学出版社2001年版，第117－120页。

架、打架，有骗取偷盗行为的处以罚款 100 元至 200 元，情节严重的送交司法部门处理。

第六条　一切从事旅游服务的本村村民，骑马队、划船队、锅庄舞队以及在乌马河摆摊设点的本村服务人员，必须一律穿戴民族服饰，着装要做到整洁卫生，美观大方，违者处以罚款 10 元至 50 元。

第七条　为保障游客的生命安全，一切参加骑马队、划船队的人员必须听从组长和值班调度的安排和调遣，禁止一切带有不安全因素的船只和马匹从事营业服务；严格做到游船内配备救生衣；马匹一经出租，服务人员必须做到马到哪里人到哪里，以确保游客的安全，如一旦发生事故，一切责任由责任人员负责，违者并处以 20 元至 100 元的罚款。

第八条　划船人员和游客禁止向湖内乱扔垃圾和废弃物；严禁在沿湖一带洗车，违者处以罚款 10 元至 50 元。

第九条　门前实行三包。每天早上接待户必须打扫和清理门前的垃圾和湖面的漂浮物，并集中堆放，在规定的时间、地点内清运与处理；公共场所由划船组负责，违者处以罚款 10 元至 50 元。

第十条　为保护泸沽湖的水质和自然植被不受污染和破坏，在我村地界内（从司哪至红岩子），我村一律实行特级保护。在此范围内严禁乱倒垃圾，严禁向湖中直接排放污水，严禁炸鱼、打野鸭、捕杀野生动物，并协助有关部门搞好护林防火工作，严禁乱砍滥伐，违者处以罚款 50 元至 500 元。

第十一条　在我村水源区（从鼓节得罗至依歪罗）禁止

砍伐任何树木、打草积肥、开采石头、取土等，违者处以罚款100元至500元。

第十二条　除本村村民自用外，在大渔坝泥石流区取沙采石，每立方收取6元土地损补费。

第十三条　为合理利用和珍惜土地资源，禁止一切非法占用公共场所、人行马道，破坏水利设施等行为，在本人承包地内修房造屋，须经村委会研究同意并办理有关手续后，方可进行。违者处以罚款50元至500元。

第十四条　坚决杜绝一切买卖承包土地行为，出租承包土地必须向村委会申报批准，出租年限在十年之内，出租承包土地者，必须向村委会交纳出租费的10%。如发现违反上述行为，村委会有权没收承包土地，使用权归本村所有，并给予1000元至5000元的经济处罚。

第十五条　凡在我村从事经营旅社、饮食的外商，每月收取环境资源管理费70元，咖啡屋、茶馆50元，美容美发厅、歌舞厅70元，小卖部40元，烧烤店40元。

第十六条　凡是外来到我村的经营户或工程队，不论是什么性质的，必须向村委会申报并登记所经营的项目、范围、从业人数、负责人名单等，每月收取治安费2元，一星期之内不来申报登记者处以罚款20元至50元。

第十七条　每个村民应关心和积极支持公益事业，在校学生一律不准参与骑马、划船、篝火晚会等公共服务行业；每个村民应积极参加各项公益事业的投工投劳，不参加的处以罚款30元至50元。

第十八条　对阻碍、扰乱村委会工作人员执行公务的，处以罚款50元至200元，情节严重的送交司法部门处理。

第十九条　凡是无身份证件的外来人口，不得长期停留我村，一经发现，立即驱逐出村。

第二十条　在本村举行丧事时，全村每户必须有一名男同志参加丧礼，违者罚款30元。

第二十一条　凡在我村的外来经商者，违反上述村规民约的，按以上条款进行处罚，情节严重的，村委会有权实行重罚和逐出本村。

第二十二条　本村规民约自一九九九年五月二十八日起生效。

（云南省宁蒗县永宁乡泸沽湖自然村村委会印章）

泸沽湖自然村村民委员会

一九九九年五月二十五日

报：永宁乡党委、政府、落水行政村。

送：村民每户一份，在落水村从事旅游服务业的经营户各一份，旅管委、公安分局、泸沽湖自然保护区管委会、泸沽湖鱼政所各一份。

# 第二十五章　阿昌族地区村规民约

## 1.　（云南省德宏傣族景颇族自治州陇川县）户撒阿昌族乡村规民约[①]

### 第一章　总则

第一条　为维护本乡各村生产、生活、公共秩序，促进农村经济的发展，保护公民的合法权益，端正村风村纪，依据国家有关法律、法规结合户撒乡实际，制定本民约。

第二条　全体村民应自觉遵守国家法律、法规，遵守社会公德，加强民族团结，积极发展生产，靠勤劳致富，不断促进

① 来自：王志良、文小勇主编，阿昌族调查组编写：《云南民族村寨调查 阿昌族 陇川户撒乡芒东下寨》，云南大学出版社2001年版，第132－134页。

两个文明建设。

第三条　村民违反国家法律、法规构成犯罪的，由公安机关的有关执法部门依法处理，村民无论干部、群众都在适用本规定时一律平等。

## 第二章　村风村纪

第四条　村委会召开群众大会，村民应积极参加会议。

第五条　婚事、丧事起屋建房，提倡勤俭节约，树立新风尚，不得索要彩礼。

第六条　村民要学科学、学文化，适龄儿童必须按时入学，接受教育。

第七条　村民的公益事业，如道路、水利建设等，村民应积极主动地参加。

第八条　国家公路、水利等建设需占用或拆迁房屋的，必须服从政府的总体规划，不得刁难或乘机索要钱财。

第九条　村民有责任对吸毒人员进行教育、管理、监督、帮助其戒除毒瘾。

第十条　村民应按规定主动上交公粮。

第十一条　村民遇有家庭和邻里纠纷应主动到社会、村委会去解决。

## 第三章　村民的行为规范及罚则

第十二条　有下列行为之一的，处 200 元以下（含 200 元）的罚款。

（一）知情不报、购买赃物、包庇、纵容者。

（二）妨碍公务人员执法的。

（三）封建迷信、骗财害人的。

（四）不送适龄儿童入学，扰乱教育秩序的。

（五）耍流氓手段、侵害妇女儿童的。

第十三条　有下列行为之一的，除赔偿损失外，处500元以下（含500元）的罚款。

（一）村民遇到土地、山林、婚姻及其他纠纷不报告村委会和有关部门解决，而进行械斗、杀猪牵牛，进行所谓洗寨子活动的。

（二）酗酒闹事，打架斗殴，侮辱诽谤他人，虐待家庭成员的。

（三）偷盗、抢夺、敲诈勒索、故意损坏私人财物的。

（四）赌博和传播淫秽物品的。

第十四条　村民违反计生、教育、税务、土地森林及法规的按有关规定进行处理。

## 第四章　裁决与执行

第十五条　村民违反村规民约的，由社委会、村委会集体研究公正裁决。违反人对裁决不服的可以提出上诉。超过十五日不上诉的，即不受理视为裁决生效。如果不服村公所裁决的五日内向乡政府上诉。并作最终裁决。

第十六条　裁决后拒绝交纳罚款的，可扣押其他财物折价处理顶抵罚款。

第十七条　村公所收罚款必须单独列账，做到账目清楚并半年报乡政府一次，经乡党委、政府批准后可作村委会、社委会的活动经费和其他公积金使用。

### 第五章　附则

第十八条　各村寨在不违反国家法律、法规和本民约的前提下，可结合乡村本寨的实际，制定本村本寨寨规。

第十九条　本民约由乡政府负责解释。

第二十条　本民约从一九九九年十一月一日起执行。原制定的乡规民约同时废止。

户撒阿昌族乡政府

一九九六年七月十四日

## 2.　（云南省德宏傣族景颇族自治州梁河县）九保阿昌族乡横路村村民公约[①]

一、拥护党的方针政策，遵守各项法律法规。

二、邻里之间团结友爱，和睦相处，不寻衅滋事，严禁□□。

三、自觉维护社会秩序和公共安全，不扰乱公共秩序，不

① 来自：王灵萍：《九保阿昌族乡横路村沙坡村民小组多举措巩固环境卫生整治成果》，https：//www. sohu. com/a/315089572_ 797048，2020 年 4 月 22 日最后访问。

□□□□公务人员妨碍执行公务。

四、倡导文明新风，节约办事，遵守《横路村红白喜事管理规定》。

五、不请神弄鬼或装神弄鬼，不搞封建迷信，不听、看、传播淫秽书刊音像，不参加邪教组织。

六、卫生门前三包，维护公共卫生，做到户内户外干净整洁。严禁随地乱倒乱堆垃圾、杂物，柴草、粪土定点堆放，不得影响他人和影响公共卫生。村内卫生分片区负责制，形成片区长＋巷道＋农户的卫生包干体系。每月的1号为该自然村的卫生整治日（即1日、11日、21日）。

七、严禁吸食毒品，发现一切与毒品有关犯罪活动报告给公安机关。

八、热心公益，积极参加公益性劳动。遇到统一□□的公益性劳动不得以任何理由推脱，不出力就出钱。

九、按时缴纳水费、垃圾费。

本村规民约经本村，以2019年□月□日村民大会讨论通过施行，每位村民都要认真遵守执行。

## 3. （云南省德宏傣族景颇族自治州梁河县）曩宋（阿昌族）乡弄别村村规民约[①]

为了推进我村民主法制建设，维护社会稳定，树立良好的

① 杨雪莲于2020年5月6日提供。

民风、村风，创造安居乐业的社会环境，促进经济发展，建设文明新村，根据法律、法规和国家有关政策规定，经村民代表讨论通过，制定本村规民约。

一、全体村民均有保护耕地的义务。村内任何组织和个人使用土地都应服从村的统一规划和调整，不得侵占、买卖或者以其他形式非法转让土地。

二、村民建房必须服从统一规划，并按照规定程序申报，在领取《建房许可证》后，按批准的地点和面积施工建房。

三、实行计划生育。计划外生育者，谩骂、侮辱、殴打计划生育工作人员等行为者，按有关法律法规和政策严肃处理。

四、学龄儿童和青少年有依法接受教育的权利和义务。其法定监护人应保证子女接受九年制义务教育。

五、本村任何单位和个人一律不准招用 16 周岁以下的人做工。违者责令其限期辞退，情节严重的，报有关部门依法处理。

六、凡符合服兵役条件的本村村民，都有服兵役的义务，应积极主动参加兵役登记、体检和应征，对逃避服兵役（包括不参加初检、不参加复检和体检合格拒绝服兵役）的村民，按照有关法律和政策规定予以处理，情节严重的由有关部门依法追究法律责任。

七、要尊老爱幼，保护老人、妇女、儿童在社会和家庭生活中的合法权益，禁止虐待、遗弃、伤害行为。任何人不得剥夺已婚女子的合法继承权。丧偶女子有继承遗产和带户再婚的权利。

八、父母、继父母、养父母对未成年的子女、继子女和养子女必须依法履行抚养义务。成年子女、继子女、养子女及其配偶，对基本丧失劳动能力或无生活来源的父母、继父母、养父母必须依法履行赡养义务。

九、村民发生赡养纠纷时，由调解委员会进行调解，调解不成的，村民委员会支持被赡养人依法向人民法院提起诉讼。

十、严禁任何单位和个人非法制造、经销、买卖、私藏管制刀具、火枪等凶器和危险品；严禁吸毒、贩毒。任何人不得以各种借口煽动群众到机关、学校、村民委员会办公地、他人住宅起哄捣乱、闹事、制造事端，不得寻衅滋事，扰乱社会治安秩序。

十一、不准非法搜身、侵入他人住宅和限制他人人身自由，不准诽谤他们和侮辱妇女，邻里之间发生纠纷不得采用威胁、要挟的方法，对殴打他人造成伤害的，应赔偿医药费、误工费等，情节严重的，提请司法机关依法处理。

十二、不偷拿国家、集体、他人财物，不在公路、河道上设置障碍，不损毁、移动指示标志，不损毁机耕道路、排灌渠道、耕作机械等集体公共设施，不乱砍滥伐树木。违反者，或作价赔偿，或予以清除、修复和补种，情节严重，损失重大的，提请司法机关依法处理。

十三、严禁传播淫秽物品，严禁卖淫嫖娼，严禁赌博和小偷小摸，反对迷信活动，严禁利用迷信活动造谣惑众、骗取财物。

十四、积极推行殡葬改革，服从殡葬管理。提倡勤俭节约，反对婚嫁、丧葬大操大办。

十五、严格执行信访条例，不得违法违规上访。

十六、违反本村规民约的，除触犯法律由有关部门依法处理外，村民委员会可作出如下处理：

1. 予以批评教育；

2. 责令其恢复原状或作价赔偿；

3. 取消享受或者暂缓享受村里的各种优惠待遇。

十七、凡违反本村规民约要进行处理的，必须在调查核实后，经村民委员会集体讨论、决定，不得擅自处理。

十八、凡被依法处罚或违反本村规民约的农户，在本年度不评先进、文明户、五好家庭户、遵纪守法户。外来人员在本村居住的参照执行本村规民约。

十九、本村规民约有与国家法律、法规、政策相抵触的，按国家规定执行。

二十、为了本村的村容村貌，全面提升弄别村的人居环境，全村村民必须按时参加每月逢七清扫，垃圾营运费每人2元，在每月的七号前交清。

二十一、本村规民约自村民代表会议讨论通过之日起施行。

曩宋乡弄别村村委会

2019 年 3 月 6 日

## 4. （云南省）德宏州梁河县曩宋（阿昌族）乡关璋村大横山组村规民约[①]

为树立良好村风、民风，促进本村经济社会等各项事业顺利发展，根据《中华人民共和国村民委员会组织法》及相关法律法规，制定本村规民约。

第一条　村民应积极参与和支持村集体各项事务，有特殊原因须进行说明，村组召开村民大会、组织义务劳动，每户至少要有一人参加，以会议签到为准，不参加的每次处 100 元罚金。

第二条　村民对村组干部或村小组有意见，可以向本人或村小组提出，也可以向村委会或上级反映。严禁对村组干部进行诽谤、殴打等打击报复。进行打击报复的，赔偿损失并处 1000 元罚金，情节严重的，报公安机关处理。村组干部遭打击报复造成损失而无法查证侵害人时，由村集体承担其全部损失。

第三条　村民应爱护环境卫生。实行门前三包，划分到户的责任区域一天一扫；应管好鸡、狗、牛、马等家禽和牲畜，统一进行圈养，严禁乱放乱养，违者处 200 元罚款；严禁向沟渠、田地等不是垃圾堆放规划点倒放垃圾，违者处 500 元罚款；家畜经过道路产生粪便和泥土等，主人要进行清理，违者处 200 元罚款。村民要主动按照乡上的要求按时足额缴纳垃圾

① 杨雪莲于 2020 年 5 月 6 日提供。

清理运金。

第四条　严禁私自占用公路、巷道和活动室等公共场地和设施，违者处500元罚金。因生产、生活需要占用公共设施，须向村小组进行说明，并限期清除。

严禁破坏公共财物、交通、通信、供电和水利等设施，违者赔偿损失，并处500元罚金，情节严重的，报司法机关处理。

第五条　严禁大操大办婚丧喜事。一般村民除为本人及子女操办婚事，为直系亲属（配偶、父母、子女、祖父母、外祖父母）操办丧事外，其余事由不操办客事。以庆生祝寿、升学入伍、就业退休等事由操办的宴席，不得邀请亲属以外的人员参加，只能以家宴的方式操办，不得散发请帖，不得占用党员活动室、村民活动中心等组织阵地。

压缩宴请规模，婚事丧事宴请总人数控制在200人（20桌）以内。婚事丧事宴请只办理1次。宴请每桌菜品不超过12个，其中荤菜不超过总数的一半，每桌费用控制在200元以内；烟酒支出不超过每桌支出的30%，提倡使用本地符合安全质量饮用标准的自产酒。在办理婚丧喜事期间，严禁拱猪酗酒，如不听劝告者，须签下出现任何后果与主人家无关、一切责任自己承担的承诺书。

为切实减轻农村群众人情负担和经济负担，参加农村客事宴请，赠送礼金或礼品价值不超过100元，严格控制宴请天数，正客控制在一顿饭，办客天数控制在一天，相帮除外每家只能去一人，管理活动室人员不能随便开门，不能随便外借碗

筷，要按批复执行。婚事提前10天向村民小组申报，由村委会报备批复，丧事可在事后10天内补报，党员领导干部和国家公职人员按干管权限申报备案，村党组织、村委会和村监委成员向乡党委申报备案，经批准后方可办理。申报情况在一定范围内进行公示，接受群众监督。

以上关于婚丧喜庆事宜的规定，违者将处1000元罚款，并没收相关礼金，党员和村组干部带头遵守并执行。

第六条　严禁结伙斗殴、寻衅滋事、酗酒打架或闯入他人家里吵架、闹事；禁止夜里12点后在村巷道大声吵闹；各民族、各户之间要和谐相处，团结互助，严禁大吵大闹。违者处200元罚金。情节严重的报送公安机关处理。

第七条　严禁偷盗他人家禽、牲畜、塘鱼、农林作物等私人财物，违者赔偿损失并处500元罚金。情节严重的报送公安机关处理。

第八条　严禁参与封建迷信和邪教活动，违反规定的，处200元罚款。严禁乱传播谣言，无事生非，违者罚款200元，情节严重的报送公安机关处理。

第九条　严禁赌博，违反者处500元罚款。严禁设摊摆赌，违者处2000元罚款，情节严重的报送公安机关处理。

第十条　严禁吸毒、贩毒，村民贩卖毒品的，对其家庭处5000元罚款，并将贩毒人员移交公安机关。有吸毒人员的家庭，家属要积极配合有关部门对吸毒人员进行强制戒毒。家属不配合工作、包庇吸毒人员等，处1000元罚款，立即报送公安机关处理。戒断毒瘾回村的吸毒人员，与村民小组签订禁毒保证书，缴纳1000元保证金，一年未复吸的，退还保证金。一经发现复吸，立即报送公安机关处理，保证金充入禁毒基金。

第十一条　严禁村民私自占用集体土地，非法转让或出卖所承包土地，违者罚款1000元，土地收归集体所有；严重的报送公安机关处理。严禁私自改变土地性质，违者处1000元罚款并恢复土地原貌，如不限期整改，报送公安机关处理。

第十二条　为保证我村的青山绿水，严禁村民在生态公益林盗伐林木，每棵罚款100元，集体林盗伐由村集体处理，违反者罚款500元，情节严重的报送公安机关处理。

第十三条　村民要积极主动参与“扫黑除恶”专项斗争，主动摸排线索，及时向上级报告掌握的相关情况，对发现的问题线索不包庇、不隐瞒。

本村规民约由执约领导小组监督执行，执约领导小组由村民提名表决或选举产生，人数为5人。违反规定的罚金作为村集体收入进行保管、使用，严禁任何人私吞罚金。村民违反本规定不接受处罚，经村小组研究，不得享受某些惠农政策、补助，所处罚金从蔗款、烟款或其他收入中扣缴。须经村组办理各项事务不予受理，红白喜事村民不予相帮。

本村规民约于2019年5月9日生效，原有规定与此规定不一致的，按此规定执行。如部分条款与国家相关法律法规相违背，以国家法律法规为准。

## 5.（云南省）德宏州梁河县曩宋（阿昌族）乡关璋村关璋二组村规民约[1]

为树立良好村风、民风，促进本村经济社会等各项事业顺利发展，根据《中华人民共和国村民委员会组织法》及相关法律法规，制定本村规民约。

第一条　村民应积极参与和支持村集体各项事务，有特殊原因须进行说明，村组召开村民大会、组织义务劳动，每户至少要有一人参加，以会议签到为准，不参加的每次处100元罚金。

第二条　村民对村组干部或村小组有意见，可以向本人或村小组提出，也可以向村委会或上级反映。严禁对村组干部进行诽谤、殴打等打击报复。进行打击报复的，赔偿损失并处1000元罚金，情节严重的，报公安机关处理。村组干部遭打击报复造成损失而无法查证侵害人时，由村集体承担其全部损失。

第三条　村民应爱护环境卫生。实行门前三包，划分到户的责任区域一天一扫；应管好鸡、狗、牛、马等家禽和牲畜，统一进行圈养，严禁乱放乱养，违者处200元罚款；严禁向沟渠、田地等不是垃圾堆放规划点倒放垃圾，违者处500元罚款；家畜经过道路产生粪便和泥土等，主人要进行清理，违者处200元罚款。村民要主动按照乡上的要求按时足额缴纳垃圾

---

① 杨雪莲于2020年5月6日提供。

清理运金。

第四条　严禁私自占用公路、巷道和活动室等公共场地和设施，违者处500元罚金。因生产、生活需要占用公共设施，须向村小组进行说明，并限期清除。

严禁破坏公共财物、交通、通信、供电和水利等设施，违者赔偿损失，并处500元罚金，情节严重的，报司法机关处理。

第五条　严禁大操大办婚丧喜事。一般村民除为本人及子女操办婚事，为直系亲属（配偶、父母、子女、祖父母、外祖父母）操办丧事外，其余事由不操办客事。以庆生祝寿、升学入伍、就业退休等事由操办的宴席，不得邀请亲属以外的人员参加，只能以家宴的方式操办，不得散发请帖，不得占用党员活动室、村民活动中心等组织阵地。

压缩宴请规模，婚事丧事宴请总人数控制在200人（20桌）以内。婚事丧事宴请只办理1次。宴请每桌菜品不超过12个，其中荤菜不超过总数的一半，每桌费用控制在200元以内；烟酒支出不超过每桌支出的30%，提倡使用本地符合安全质量饮用标准的自产酒。在办理婚丧喜事期间，严禁拱猪酗酒，如不听劝告者，须签下出现任何后果与主人家无关、一切责任自己承担的承诺书。

为切实减轻农村群众人情负担和经济负担，参加农村客事宴请，赠送礼金或礼品价值不超过100元，严格控制宴请天数，正客控制在一顿饭，办客天数控制在一天，相帮除外每家只能去一人，管理活动室人员不能随便开门，不能随便外借碗

筷，要按批复执行。婚事提前10天向村民小组申报，由村委会报备批复，丧事可在事后10天内补报，党员领导干部和国家公职人员按干管权限申报备案，村党组织、村委会和村监委成员向乡党委申报备案，经批准后方可办理。申报情况在一定范围内进行公示，接受群众监督。

以上关于婚丧喜庆事宜的规定，违者将处1000元罚款，并没收相关礼金，党员和村组干部带头遵守并执行。

第六条　严禁结伙斗殴、寻衅滋事、酗酒打架或闯入他人家里吵架、闹事；禁止夜里12点后在村巷道大声吵闹；各民族、各户之间要和谐相处，团结互助，严禁大吵大闹。违者处200元罚金。情节严重的报送公安机关处理。

第七条　严禁偷盗他人家禽、牲畜、塘鱼、农林作物等私人财物，违者赔偿损失并处500元罚金。情节严重的报送公安机关处理。

第八条　严禁参与封建迷信和邪教活动，违反规定的，处200元罚款。严禁乱传播谣言，无事生非，违者罚款200元，情节严重的报送公安机关处理。

第九条　严禁赌博，违反者处500元罚款。严禁设摊摆赌，违者处2000元罚款，情节严重的报送公安机关处理。

第十条　严禁吸毒、贩毒，村民贩卖毒品的，对其家庭处5000元罚款，并将贩毒人员移交公安机关。有吸毒人员的家庭，家属要积极配合有关部门对吸毒人员进行强制戒毒。家属不配合工作、包庇吸毒人员等，处1000元罚款，立即报送公安机关处理。戒断毒瘾回村的吸毒人员，与村民小组签订禁毒保证书，缴纳1000元保证金，一年未复吸的，退还保证金。一经发现复吸，立即报送公安机关处理，保证金充入禁毒基金。

第十一条　严禁村民私自占用集体土地，非法转让或出卖所承包土地，违者罚款1000元，土地收归集体所有；严重的报送公安机关处理。严禁私自改变土地性质，违者处1000元罚款并恢复土地原貌，如不限期整改，报送公安机关处理。

第十二条　为保证我村的青山绿水，严禁村民在生态公益林盗伐林木，每棵罚款100元，集体林盗伐由村集体处理，违反者罚款500元，情节严重的报送公安机关处理。

第十三条　村民要积极主动参与“扫黑除恶”专项斗争，主动摸排线索，及时向上级报告掌握的相关情况，对发现的问题线索不包庇、不隐瞒。

本村规民约由执约领导小组监督执行，执约领导小组由村民提名表决或选举产生，人数为5人。违反规定的罚金作为村集体收入进行保管、使用，严禁任何人私吞罚金。村民违反本规定不接受处罚，经村小组研究，不得享受某些惠农政策、补助，所处罚金从蔗款、烟款或其他收入中扣缴。须经村组办理各项事务不予受理，红白喜事村民不予相帮。

本村规民约于2019年5月9日生效，原有规定与此规定不一致的，按此规定执行。如部分条款与国家相关法律法规相违背，以国家法律法规为准。

# 6. （云南省）德宏州梁河县曩宋（阿昌族）乡关璋村弄丘三组村规民约①

为树立良好村风、民风，促进本村经济社会等各项事业顺利发展，根据《中华人民共和国村民委员会组织法》及相关法律法规，制定本村规民约。

第一条　村民应积极参与和支持村集体各项事务，有特殊原因须进行说明，村组召开村民大会、组织义务劳动，每户至少要有一人参加，以会议签到为准，不参加的每次处 100 元罚金。

第二条　村民对村组干部或村小组有意见，可以向本人或村小组提出，也可以向村委会或上级反映。严禁对村组干部进行诽谤、殴打等打击报复。进行打击报复的，赔偿损失并处 1000 元罚金，情节严重的，报公安机关处理。村组干部遭打击报复造成损失而无法查证侵害人时，由村集体承担其全部损失。

第三条　村民应爱护环境卫生。实行门前三包，划分到户的责任区域一天一扫；应管好鸡、狗、牛、马等家禽和牲畜，统一进行圈养，严禁乱放乱养，违者处 200 元罚款；严禁向沟渠、田地等不是垃圾堆放规划点倒放垃圾，违者处 500 元罚款；家畜经过道路产生粪便和泥土等，主人要进行清理，违者处 200 元罚款。村民要主动按照乡上的要求按时足额缴纳垃圾

① 杨雪莲于 2020 年 5 月 6 日提供。

清理运金。

第四条　严禁私自占用公路、巷道和活动室等公共场地和设施，违者处500元罚金。因生产、生活需要占用公共设施，须向村小组进行说明，并限期清除。

严禁破坏公共财物、交通、通信、供电和水利等设施，违者赔偿损失，并处500元罚金，情节严重的，报司法机关处理。

第五条　严禁大操大办婚丧喜事。一般村民除为本人及子女操办婚事，为直系亲属（配偶、父母、子女、祖父母、外祖父母）操办丧事外，其余事由不操办客事。以庆生祝寿、升学入伍、就业退休等事由操办的宴席，不得邀请亲属以外的人员参加，只能以家宴的方式操办，不得散发请帖，不得占用党员活动室、村民活动中心等组织阵地。

压缩宴请规模，婚事丧事宴请总人数控制在200人（20桌）以内。婚事丧事宴请只办理1次。宴请每桌菜品不超过12个，其中荤菜不超过总数的一半，每桌费用控制在200元以内；烟酒支出不超过每桌支出的30%，提倡使用本地符合安全质量饮用标准的自产酒。在办理婚丧喜事期间，严禁拱猪酗酒，如不听劝告者，须签下出现任何后果与主人家无关、一切责任自己承担的承诺书。

为切实减轻农村群众人情负担和经济负担，参加农村客事宴请，赠送礼金或礼品价值不超过100元，严格控制宴请天数，正客控制在一顿饭，办客天数控制在一天，相帮除外每家只能去一人，管理活动室人员不能随便开门，不能随便外借碗

筷，要按批复执行。婚事提前 10 天向村民小组申报，由村委会报备批复，丧事可在事后 10 天内补报，党员领导干部和国家公职人员按干管权限申报备案，村党组织、村委会和村监委成员向乡党委申报备案，经批准后方可办理。申报情况在一定范围内进行公示，接受群众监督。

以上关于婚丧喜庆事宜的规定，违者将处 1000 元罚款，并没收相关礼金，党员和村组干部带头遵守并执行。

第六条　严禁结伙斗殴、寻衅滋事、酗酒打架或闯入他人家里吵架、闹事；禁止夜里 12 点后在村巷道大声吵闹；各民族、各户之间要和谐相处，团结互助，严禁大吵大闹。违者处 200 元罚金。情节严重的报送公安机关处理。

第七条　严禁偷盗他人家禽、牲畜、塘鱼、农林作物等私人财物，违者赔偿损失并处 500 元罚金。情节严重的报送公安机关处理。

第八条　严禁参与封建迷信和邪教活动，违反规定的，处 200 元罚款。严禁乱传播谣言，无事生非，违者罚款 200 元，情节严重的报送公安机关处理。

第九条　严禁赌博，违反者处 500 元罚款。严禁设摊摆赌，违者处 2000 元罚款，情节严重的报送公安机关处理。

第十条　严禁吸毒、贩毒，村民贩卖毒品的，对其家庭处 5000 元罚款，并将贩毒人员移交公安机关。有吸毒人员的家庭，家属要积极配合有关部门对吸毒人员进行强制戒毒。家属不配合工作、包庇吸毒人员等，处 1000 元罚款，立即报送公安机关处理。戒断毒瘾回村的吸毒人员，与村民小组签订禁毒保证书，缴纳1000元保证金，一年未复吸的，退还保证金。一经发现复吸，立即报送公安机关处理，保证金充入禁毒基金。

第十一条　严禁村民私自占用集体土地，非法转让或出卖所承包土地，违者罚款1000元，土地收归集体所有；严重的报送公安机关处理。严禁私自改变土地性质，违者处1000元罚款并恢复土地原貌，如不限期整改，报送公安机关处理。

第十二条　为保证我村的青山绿水，严禁村民在生态公益林盗伐林木，每棵罚款100元，集体林盗伐由村集体处理，违反者罚款500元，情节严重的报送公安机关处理。

第十三条　村民要积极主动参与“扫黑除恶”专项斗争，主动摸排线索，及时向上级报告掌握的相关情况，对发现的问题线索不包庇、不隐瞒。

本村规民约由执约领导小组监督执行，执约领导小组由村民提名表决或选举产生，人数为5人。违反规定的罚金作为村集体收入进行保管、使用，严禁任何人私吞罚金。村民违反本规定不接受处罚，经村小组研究，不得享受某些惠农政策、补助，所处罚金从蔗款、烟款或其他收入中扣缴。须经村组办理各项事务不予受理，红白喜事村民不予相帮。

本村规民约于2019年5月9日生效，原有规定与此规定不一致的，按此规定执行。如部分条款与国家相关法律法规相违背，以国家法律法规为准。

# 第二十六章　怒族地区村规民约

## 1.　（云南省怒江傈僳族自治州贡山独龙族怒族自治县丙中洛乡）查腊社村规民约[①]

### 一、农业

农业是国民经济的基础，粮食是农民生活基础的基础。各级村社干部和各族群众，都必须高度重视粮食生产，必须严格教育那些不务正业和游手好闲的人要诚实劳动，勤劳致富。对丢荒两年以上的良田好地，村社有权强行收回转包他人经营管理。农转非后，原来的承包地原则上要交回集体，经过村社研究同意，可以继续承包的，提留在原来的基础上增收 40%。

① 来自：赵美主编，怒族调查组编写：《云南民族村寨调查 怒族 贡山丙中洛乡查腊社》，云南大学出版社 2001 年版，第 138－142 页。制定时间不详。

居住在本社的非农业户口的居民要参加本社的义务劳动，例如，兴修水利、植树造林等，并尊重本地区民族的习惯，不能拖欠提留，拖欠一年以上的要增收10%的滞纳金。

在水田和坡度为25度以下的旱地里不准种植各种经济林木，本村社的村民要积极参加农田水利建设，增加对农业的投入，提高粮食的单产量，有条件的村社还要组织人员参加一些农作物种植方法的科技培训。

**二、牧业**

牧业是国民经济的重要组成部分，必须抓好发展畜牧业的工作。有条件的村社要进一步开发牧场，引进优良品种，加强兽医工作，严禁带病肉类上市，提倡圈养和专人放牧，反对无人看管和昼夜放牧的行为。出现牲畜糟蹋庄稼，若是牛马之类的大牲口，不得轻易伤害，要事先通告当事双方，让村社协商调解，受损户可以直接向畜主要求赔偿损失，若畜主不赔偿又不管理的，可以当场打死打伤，有关部门不予受理。

**三、水利**

水利是农业的命脉，也是人和牲畜赖以生存的重要条件，必须保护好水利设施。不得随意毁坏水利的各种设施，水利设施上下50米内，不仅不得乱砍滥伐，而且每年都要有意识地进行人工造林，必须做到“谁受益，谁负责管理”，以保证水利畅通。村社里有从山上直接引水饮用的，要注意保护，而且饮用水道不得用来灌溉农田。

**四、水电**

水电是人们生活生产中不可缺少的能源。凡是通电的村社及单位，要积极配合水电部门，加强管理和维护好电力设施，教育和宣传用电的知识，积极交纳电费。水电部门要按照有关规定合理收费。如果村社居民发现水电设施损坏要及时通告村公所和村社的有关干部。

**五、保护野生动物植物**

保护野生动植物，是全乡每个公民应尽的义务。在林业生产上，要积极发展，保护幼林区，合理开发利用，三者有机结合起来，做到有伐有栽。要走人工造林与自然更新相结合的路子，严防森林火灾。一旦发生火灾，每个村社的公民都要不分地界，不分民族，积极参加扑火工作，开伐林木一定要有合法的手续，要处理好牧场与绿色产业的关系，原则上在坡度 25 度以上的旱地里均可种些经济林木。

**六、交通**

交通事业是发展国民经济不可或缺的重要组成部分，每个公民都有义务管理和维护。因自然灾害造成的道路阻塞，辖区内村公所要组织力量及时抢修。坚决反对破坏交通设施的行为，保证道路畅通无阻，为经济建设服务。

**七、教育**

百年大计、教育为本。要树立“人民教育人民办，办好教育为人民”的思想。乡政府要尽一切努力帮村里的学校共同把教育抓好，要改善和充实师资队伍和就学条件，村公所和村里学校要把本地区的教育情况定期汇报到乡政府。村社里组织各种力量，每年为所在学校尽一定的义务（例如送柴之类的活儿），每个家庭户每年要投入 2 个义务工。确保我村社教育事业健康发展，保证适龄儿童的入学率和在校生的巩固率。抓好“希望工程”的工作，村社家庭中的长辈要积极督促适龄儿童上学校，为培养新一代人才贡献一片爱心。

**八、科学技术**

科学技术是第一生产力，要大力推广科学实用技术。科学技术涉及各个领域、各个行业。各行各业要大力提倡科技兴农，学科学、用科学。通过科学技术获得更多更好的效益，逐步实现小康生活水平。村公所组织的科学技术培训或讲座（宣传），村社的居民要前往参加，村社里的各族人民要互相学习科学种田的经验，团结互助共同进步。

**九、卫生事业**

卫生事业是人类文明的标志，是人类身体健康的重要环节。因此各村社要认真做好房前屋后、公共场所内外的环境卫生，防止传染病的传播。遇上感染病菌，要及时到村医生那里去咨询、医治。卫生部门要做好防疫治病工作。为我村社各项事业的发展提供一个良好的清洁的卫生环境。

**十、婚姻**

婚姻家庭是组成社会的细胞，和睦相处的婚姻家庭是稳定社会和人民安居乐业的基础。每个公民要严格遵守《婚姻法》组成家庭，实行计划生育。男女双方都必须持户口到婚姻登记机关登记后，方可组成家庭。严禁拐卖妇女、儿童，制造不利于团结的事端，要遵纪守法，助人为乐，无私奉献。提倡“五讲四美”“三热爱”。尊老爱幼，尽到赡养老人的义务。继续倡导婚事新办，维护公共秩序，保护公共设施。理想道德教育要与精神文明建设相结合。

**十一、宗教信仰**

宗教信仰自由是我国宪法明文规定的，各种宗教组织活动都必须遵循国家的有关规定和政策，不能与政府的方针、政策相抵触，和村规民约相违抗。不得以宗教活动搞封建迷信。严禁动员少年儿童入教。不得跨乡进行传教活动，同时也禁止外地人到本乡村进行传教。发现非法入境搞宗教活动的，当地村民应及时向有关部门报告，以维护本乡正常的宗教活动和社会的稳定。

**十二、精神文明建设**

文化建设是精神文明建设的重要组成部分。通过文化建设可以开阔人们的视野，增长知识，增进友谊和团结，也可防止丑恶现象的发生。我村社要继续发扬民族文化传统，积极组织青年团员举办各种文体活动，来丰富人们的文化生活，陶冶人们的情操。

**十三、对各部门的要求**

村社、村公所及各单位是本村经济建设中必不可少的后勤服务部门，每个单位、部门都要密切联系群众，依靠群众，处处为群众利益着想。决不能有任何损害群众利益的行为发生，不得以单位部门的局部利益损害群众的整体利益。要树立全心全意为人民服务的思想，以提高人民的生活水平，作为我们每个单位一切工作的出发点和归宿。

## 2.（云南省怒江傈僳族自治州福贡县鹿马登乡）布拉底村村规民约[①]

为贯彻实施《中华人民共和国村民委员会组织法》，加强基层民主政治建设，保证在村党总支的领导下实行村民自我管理、自我教育、自我服务，保证村务工作正常运转，促进我村经济发展和社会进步，维护社会安定团结，营造健康向上的村风民风，调动广大村民建设现代化新农村的积极性，结合布拉底村实际，制定本村规民约。

第一条　党员明职责、亮身份、做表率。村干部、党员积极学习、宣传、执行国家各项法律法规和政策，廉洁自律，带头履行《村规民约》。

第二条　尊老爱幼，崇尚教育。摒弃落后的风俗，凡子女须孝养父母，夫妻双方平等对待双方老人。关爱未成年人，保护未成年人的合法权益，父母不得以任何理由和形式虐待未成年子女。适龄儿童、少年依法享有接受教育的权利，任何家庭不得无故不送适龄儿童上学。

第三条　邻里和睦，团结友爱。不打架、不酗酒、不赌博，不辱骂毁谤他人。不得聚众闹事，不得煽动种族、宗派纠纷。邻里发生纠纷，能自行调解的要自行调解，不能自行调解，要依法进行调解。

① 来自：《布拉底村村规民约》，载“情美布拉底”微信公共号，2017 年 5 月 9 日。制定时间为 2016 年。

第四条　积极参加村内公益事业。村内举办公益事业，每户居民都有义务参加村内的公益事业建设，若无故不参加者，每人缴纳务工费 100.00 元。无劳动能力者不承担筹资筹劳义务。

第五条　爱护公共财产与公共设施。任何组织和个人应当维护村庄道路，不得破坏公路和私自占用路面，损坏者要求恢复原貌或照价赔偿。

第六条　严格执行《怒江傈僳族自治州农村宅基地管理办法》。村民的宅基地所有权属于集体，个人只有经营使用权。宅基地实行规划管理，居民申请宅基地，除符合规定的建房条件外，应当同时符合村内建设规划。经依法批准的农村宅基地，只能用于农村居民住房及其附属设施建设，不得非法转让、出租，不得改作他用。除宅基地外本村辖区内的所有土地，除了法律规定属于国家所有的以外，村民的自留地、承包地、自留山等所有权属于集体，个人只有经营使用权。

第七条　增强环保意识，维护环境卫生。保持村容清洁卫生，不准乱贴乱画，不准在人马道路、乡村公路沿线和村公共场所等地堆放杂物或晾晒农作物。保持饮水卫生，不准在饮水源头清洗脏物、洗澡、喷洒农药、排放有毒有害物质。

第八条　村民必须履行门前屋后三包责任制。即包卫生、包绿化、包秩序。每天自觉打扫好房子周围及房内卫生。房内的衣柜、凳椅要整齐摆放，生活垃圾不得随地乱放乱倒，须统一倒在垃圾桶内。乱扔乱倒垃圾者，一经发现，罚款 500 ~ 1000 元，举报者予以奖励。每周六为村环境卫生整治日，每户要自觉打扫房前屋后卫生，并参加公共区域卫生整治。

第九条　家畜实行圈养，不准放养。对放养家畜的，一经发现，罚款500～1000元。因放养家畜导致村民财产受损的，家畜主人照价赔偿；因放养导致家畜死亡，家畜主人自行负责。

第十条　护林防火，人人有责。如发现野外火源，村民应积极扑灭；村民用火造成火灾损失，赔偿由此带来的一切损失。构成犯罪的，移交有关部门依法追究刑事责任。

第十一条　违反村民规约的，应承担相应责任。承担责任的方式：（1）批评教育；（2）赔礼道歉；（3）违约行为公示或通报；（4）恢复原状或赔偿损失；（5）扣除享受的补贴；（6）对构成违法犯罪的行为，报公安机关处理。

第十二条　本村规民约经村民代表大会讨论通过。全体村民都应当自觉遵守执行，任何人不得以在外经商、务工等不在村内生活为由拒绝执行；居住在本村的外来人员须按照本规约执行。

# 第二十七章　京族地区村规民约

## 1.　（广西壮族自治区防城港市东兴市江平镇）万尾村村规民约[①]

为了维护社会治安，保证改革开放的顺利进行，使人民群众有一个良好的生活环境。根据万尾村的村情岛情，特制定如下村规民约。

一、严格土地管理审批制度。禁止滥占国家、集体土地（含沿海荒地、林地）建私房和其他用途。违者处以每平方米7~20元罚款。

二、不准破坏水利设施（含排灌大坝、涵洞、水闸、海

① 来自：周建新、吕俊彪等：《从边缘到前沿广西京族地区社会经济文化变迁》，民族出版社2007年版，第176页。

堤等），违者除赔偿损失外，并处以 10～200 元罚款。

三、各农户必须保持农田排灌圳渠畅通。凡不按时清理自己（田四周圳渠）而影响他人排灌的，由村委会追究其责任并让其做出经济补偿。屡次拖拉或不完成的，村委会责令生产队收回其农田，由生产队另行发包。

四、严禁滥伐和偷盗、毁坏集体或他人林木（含树枝和海榄树）。违者按树枝、树干分别处以 1 元、50 元罚款，情节严重的扭送公安机关处理。

五、不准在公共交通要道设置路障和毁坏道路，违者处以 20～300 元罚款。

六、坚决打击在集体或个体户的房屋养殖塘和场地进行盗窃、投毒等破坏活动。违者除按价格赔偿被害者损失外，并处以 50～1000 元罚款，造成重大损失的交由公安机关惩处。

七、严禁在未搞好护岛工程，影响护岛、湖林工程的地方取沙、挖土或淘矿，违者处以 30～200 元罚款。

八、禁止任何偷盗和诈骗行为，违者除追回原款物，处以 3～10 倍的罚款外，还责成其写书面检讨 30 份并张贴于各生产队、村委会、自家门口及村内繁华地方。引入和窝藏盗犯、代销赃物的，以盗论处。

九、严禁破坏水产资源，不准在海、沟中炸鱼、毒鱼、电鱼，违者处以 20～300 元罚款。

十、不准无理取闹，严禁聚众斗殴，更不准擅自招引外来闲散人员介入村中民事纠纷。违者除责成写书面检讨外，还处以 50～200 元罚款。情节严重的，交由公安机关惩处。

十一、严禁各种赌博和变相赌博行为。违者除没收赌具、赌款外，并处以 50 ~ 100 元罚款，（提供）窝赌和为赌博提供方便的，以赌论处。

十二、爱国家，爱集体。坚决完成上级分配的各项任务。凡拖欠或抗拒不缴纳上级按政策规定下达的各项费用及粮物的，除批评教育外，还给予必要的行政制裁。

十三、坚决禁止卖淫嫖娼活动，违者处以 50 元以上 500 以下罚款。

十四、坚决打击封建迷信活动，凡利用封建迷信活动骗取他人财物的，除没收道具外，并处以 30 ~ 200 元罚款。

十五、狠狠打击破坏生产的盗窃行为。凡在陆地上盗窃他人网具、机具及其他生产工具的，除追回原物外，视被盗时间长短，处以 100 ~ 1000 元罚款。在海上盗窃的，加倍处罚。

十六、渔民在作业中拾到的网具，应在 3 天内上报村委会，5 天内没人认领的归拾者所有；拾者不报，按盗窃论处。

十七、维护教学秩序。禁止在学校范围内高声喧哗、呐喊和（搞）其他影响教学的行为，不得损坏校内门窗、花草、树木和侵占学校场地，违者处以 10 ~ 200 元罚款。

十八、保护生态环境人人有责。不得在林中和沿海防护林带打鸟。违者处以 50 ~ 100 元罚款。

十九、在本村范围内从事经营活动的铺、摊、店门一律实行门前四包（包秩序、包治安、包文明、包卫生）。违反门前四包规定的，视情节轻重，第一次处以 50 ~ 100 元罚款，重犯者则责令其限期撤离本村。

二十、凡户口不是本村的人员（含外国人员）来村探亲访友或从事经商、劳动就业需留宿本村的，属探亲访友的报所在生产队干部备案。属经商或劳动就业的要到村委会报告备案，其劳务管理除按有关规定外，要一次性缴纳治安保证金50元（离村时无违法行为可退回）和治安管理费50元，违者，不准在本村从事经商和劳动就业。

二十一、维护社会治安，人人有责。对违法者，坚决严惩不贷；对检举揭发者从罚款中给予40%奖励，并为举报人保密。

以上村规民约，在本村与法律有同等约束力。

一九九九年九月二十日

## 2.　（广西壮族自治区防城港市东兴市江平镇山心村）村规民约[①]

为了维护社会治安，保证社会秩序的顺利进行，使人民群众有一个良好的生产生活环境，根据本村的情况，特定如下村规民约：

1. 严格土地管理审批制度，禁止滥占国家、集体土地建新房或作他用，违者处以每平方米7元至80元罚款。

2. 不准破坏水利设施（含排灌水渠、涵洞、水闸、海堤

① 来自：马居里、陈家柳主编：《中国民族村寨调查京族广西东兴市山心村调查》，云南大学出版社2004年版，第134－135页。

等），违者除赔偿损失外并罚款 10 ~ 100 元。

3. 各农户必须保持农田排灌渠道畅通，凡不按时清理自己农田四周水渠而影响他人排灌的，由村公所追究其经济赔偿责任，屡教不改者村公所责成生产队收回其责任田另行发包。

4. 严禁滥伐和偷盗他人林木，违者按树枝树干分别处以 1 元、50 元罚款，情节严重的，扭送公安机关处理。

5. 严禁在公共交通要道设置路障或破坏交通道路，违者处以 20 ~ 300 元罚款。

6. 坚决打击在集体或个体户的房屋、养殖塘以及其他场地进行盗窃、投毒等破坏活动，违者除按市场价赔偿受害者损失外，并处以 50 ~ 100 元罚款，造成重大损失的交给公安机关惩处。

7. 禁止各种偷盗和诈骗行为，违者除追回原财物外，并处以 3 ~ 10 倍的罚款，还要其写 100 份悔过书张贴各生产队、村公所、自家门口及村内外繁华地带，引来或窝藏（盗犯）、代销赃物的，按盗窃论处。

8. 不准无理取闹，严禁聚众斗殴。更不准擅自招引外来闲散人员介入村中民事纠纷。违者除写出书面检讨外，还要处以 50 ~ 200 元罚款。情节严重的移交政法机关处理。

9. 严禁各种赌博和变相赌博行为，违者除没收赌具、赌资外，并处以 100 ~ 1000 元罚款，（提供）赌窝和为赌博提供方便的按赌博论处。

10. 爱国家，爱集体，坚决完成上级分配的各项工作任务，凡有意拖交或抗拒不交缴上级按政策下达的各项费用及粮物的，除批评教育外，还要给予必要的经济制裁。

11. 坚决禁止卖淫嫖娼活动，违者给以 50～5000 元罚款。

12. 坚决打击封建迷信活动，凡利用封建迷信活动骗取他人财物的，除没收道具外，并罚款 30～200 元。

13. 维护教育秩序，严禁在学校范围内大声喧哗、呐喊或搞其他影响教学的行为，严禁毁坏校内门窗、花草树木或侵占学校场地，违者处以 10～300 元罚款。

14. 维护社会治安，人人有责，对违反者，坚决严惩不贷，对检举揭发者，从偷盗（物资）中给予 40% 的金额作为奖励。

以上是本村的村规民约，与法律有同等效力，从 1995 年元月 1 日起，由全村干部、群众、治安联防队共同执行实施。

山心村公所全体村民

一九九五年四月八日

# 第二十八章　基诺族地区村规民约

## 1.　（云南省西双版纳傣族自治州景洪市基诺山基诺族乡）巴亚村村公所村规民约①

第一条　遵守国家的宪法、法规、法令，自觉严格履行土地承包义务和职责。

第二条　巴亚村公所党支部和村公所领导是乡党委和乡政府的派出机构，是负责指导监督本村各村委会执行本村规民约的领导机关，有权委托和直接查处各村发生的大小治安问题和其他纠纷等违约事项。对各村委会在执行村规民约中有偏差的

① 来自：张锡盛主编，基诺族调查组编写：《云南民族村寨调查 基诺族 景洪基诺山基诺族乡》，云南大学出版社2001年版，第167－170页。制定时间大概为1998年。

事，有权进行纠正。

第三条　十八岁至五十岁的村民必须积极参加本村村民委员会及上级领导召开的各种会议，有事或有病者一律请假，对无故不参加者，群众罚款3元，干部、党员根据“双目标管理规定”扣分，缺席一次扣5分。

第四条　村民应自觉维护本村的团结，村民如发生口角及斗殴，经村委会讨论决定，视情节给予罚款50～100元，造成重伤的负责赔偿医疗费及误工补贴，情节严重者交公安司法部门依法处置。

第五条　每个村民必须管理好所养的猪和牛，不得侵害他人和集体的利益，若猪、牛损害他人的庄稼和经济作物的，首先把牲畜牵住，并根据栅栏打的好坏及对牲畜的管理到实地调查后处理，屡教不改的可将牲畜打死在地里，根据当时情况处理。

第六条　外来人员必须到村民委员会申请登记，并每人每月交纳管理费5元，拒绝不交管理费的，村民委员会有权下令其不准在村里住宿，外省市（县）人员不予落户。

第七条　为了造福子孙后代，村上划为集体林的，任何村民及外来人员，不得用任何借口到集体林中砍一草一木，开垦种地若需要采伐，必须办理好完备手续，如乱砍滥伐，一棵竹子罚款10元，一棵树罚款50～100元，砍伐种地的，每亩罚款500～1000元。

第八条　为保护水源及本村环境，经林业部门和村上划定的水源林和风景林不得乱砍滥伐，若违反者，按第七条规定执行。

第九条　全体村民应遵纪守法，坚决反对偷鸡摸狗的行为，对于偷鸡摸狗的行为，除退回所偷赃物外，给予偷一罚十的处理，情节严重的交公安司法部门处理。

第十条　在砂仁采收季节，不得去采败果，一经发现，按第九条之规定执行。

第十一条　做好防火工作。每年2月~6月村委会每月派2~3人巡查火情，早上九点到下午六点无人在家时，不留有明火，如经发现，罚款5元。由于父母对幼儿子女看管不严发生火灾，由父母承担后果。

第十二条　严禁吸毒、贩毒、嫖娼卖淫，对乱搞两性关系者，双方各罚款300元，归集体所有，并在群众大会上检讨。

第十三条　村民不得无故在村里鸣枪，也不得捕杀国家保护动物；对鸣枪者收缴其猎枪，并罚款30元，或按有关文件规定处理。

第十四条　严禁在村内以任何形式进行赌博，一经发现，没收赌具，并罚款100元。

第十五条　村民开荒种地，放火烧地，必须在当年三月十五日前结束，放火时必须砍出防火线，派专人负责，如放火烧着他人橡胶，从种植年限计起，每年每株赔偿5元。

第十六条　无故损坏村民经济林木的，视其情节轻重，每株罚款10~20元。

第十七条　必须严格执行国家计划生育政策，禁止早婚早育，山区夫妇控制在两胎以内，第三胎必须报上级计生委批准，禁止生育第四胎，超生罚款1000～3000元。

第十八条　要保护妇女儿童，尊老爱幼，对不尊敬或虐待老人、妇幼者视其情节轻重给予5～10元罚款，对不赡养老人者给予教育并责令赡养老人，同时给予罚款500元的老人赡养费，情节严重的强令赡养老人并给予加重罚款。

第十九条　村民不得违反承包的土地界线（包括两山一地、林权三定的土地界线），若侵犯他人土地，每亩赔偿100元，并退还土地。

第二十条　村民发生纠纷或出现重大事件，上级部门派专人处理所开支的费用，由肇事者承担。

第二十一条　按村规民约的规定所罚的款，必须在一个月内还清。

第二十二条　要维护村容村貌，经常打扫卫生，积极配合有关部门进行防病治病工作。

第二十三条　集体提留、统筹费，必须于当年十一月三十日以内交清。不按时交者以15%的利息计收。

第二十四条　国家税、公粮、余粮要按时交清，不按时交纳，按有关规定处理，公余粮在次年十二月三十日以前交清。

第二十五条　村民要自觉爱护集体财产，损坏集体（或他人）财产，照价赔偿，有意者给予罚款50～100元。

第二十六条　本约自公布之日起执行。

巴亚村公所、党支部、村建队

## 2. （云南省西双版纳傣族自治州景洪市）基诺山基诺族乡巴亚村村公所教育、卫生、计划生育管理制度[①]

### 第一章　加强学校教育管理，提高公民文化素质

第一条　村公所成立文教、卫生、计划生育领导小组，并指定一名负责人。

第二条　凡年满七周岁的儿童，不分性别、民族，都应进校读书。年满七周岁不上学或未读完小学而中途退学者，除特殊情况外，处罚其父母200元社会文盲管理费。

第三条　主管人员要监督教师教学。上课时间教师不得随意离开学校，有事外出应向村委会或学校请假。

第四条　村学校校舍建设用工，凡属服务范围内的各村群众（包括无子女入学的群众），都不得拒绝出工和集资。否则，每个工日收取30元误工费。

第五条　在村校任教的合同教师，所在村每月每人供给大米15公斤，价格低于市场价0.61元/公斤。

第六条　学校每学期应及时向家长汇报学生学习状况及其他情况。并组织过好一年一度的“六一”儿童节，组织学生参加一切有意义的活动。

---

① 来自：张锡盛主编，基诺族调查组编写：《云南民族村寨调查 基诺族 景洪基诺山基诺族乡》，云南大学出版社2001年版，第274－276页。制定时间大概为1998年。

第七条　做好学生少先队指导工作及爱国主义教育工作。

第八条　凡有侵害学校利益、扰乱学校正常秩序、侵占破坏学校场地、妨碍教学工作、殴打教师等行为的，情节严重的交司法部门处理，其余的按情节轻重给予行政处罚或处100元至500元的罚款。

第九条　对破坏学校一切财物的，除照价赔偿外，处予原价格1~5倍的罚款。

## 第二章　坚决执行计划生育政策，控制人口增长

第一条　根据1997学法办发的43号文件《关于实施云南省人口与计划生育条例规定的通知》，农村青年男女积极参加婚前教育，依法登记结婚符合生育年龄者，领取生育证后方能怀孕；未领取生育证先孕者，自怀孕之日起开始每日征收计划外怀孕100元罚款，无生育证者加倍罚款。

第二条　实行计划生育间隔三岁，对生育间隔不到三周岁的按所达不到的月份计罚，每达不到一个月计罚100元。

第三条　严厉制裁惩罚早婚早育，出现早婚早育者，必须征收早婚早育费。每月征收200元。从生育之月起至满法定婚龄——农村男性22岁以上，女性20岁以上。

第四条　提倡晚婚晚育、少生优生，对晚婚晚育、少生优生的农村夫妇，一次性奖200元。

第五条　农村夫妇控制在两胎以内，制止生育第三胎，需生育第三胎的根据《村规民约》的第十条的规定，经审查方可生育第三胎（如遗传性残废不能成长为正常劳动力的）。

第六条　结婚和离婚必须履行法律登记手续，未办理法律手续而结婚、离婚的处200元罚款。

第七条　涉及其他计划生育政策的非正当行为按《云南省人口与计划生育条例》执行，对流动人员违反计划生育的加倍惩罚。

### 第三章　加强卫生管理，提高防病、治病意识

第一条　各自然村要定期打扫环境卫生，加强卫生管理，对死家畜要挖穴深埋，不能丢，否则处予30元以上罚款。

第二条　村公所村医要不定期下乡宣传有关条例及母婴保健法，提高农民的自我保健意识。要按时完成上级下达的各项指标任务及村公所任务，并落实好各种数据及时上报。

## 3. （云南省西双版纳傣族自治州景洪市基诺山基诺族乡巴飘村）建设社会主义新农村村规民约[①]

为了保障农村村民行使自我管理，自己教育，自己服务的权利，进一步增强村民的爱国主义、集体主义的意识，树立良好的社会道德风尚，实行农村基层社会主义民主和发展农村社会主义物质文明、精神文明，特制定本村村规民约，本约自公布之日起，全体村民必须遵照执行。村规民约的执行情况由村

① 来自：王玉芬主编：《巴飘村调查》，中国经济出版社2010年版，第442－446页。

民委员会负责督促检查。

**一、民主管理**

1. 村民委员会要积极宣传党的路线、方针、政策，组织村民学习文化科学技术，发展生产；把上级下达各项任务落实到农户，年终将农户完成任务情况向群众公布。

2 村民委员会必须坚持群众路线，充分发扬民主，热心为群众办实事，不得以权谋私，多吃多占。村民委员会加强民主理财，要健全和建立民主理财制度，村级财务须半年向村民公开一次，一年公开两次。村民应该服从村民委员会的管理，有经济问题应向村委会反映。对干部打击报复者，轻者批评教育，造成经济损失的，由当事者赔偿，情节严重的，送交公安司法部门追究法律责任。若村干部受到打击报复而无法得到赔偿的，则由村委会调解处理打击报复者家中财产（如橡胶地、茶叶地等）作为村干部的赔偿。

3. 集体各项公益事业建设必须通过“一事一议”制度来商议决定；争取以奖代补。

**二、土地管理**

1. 不提倡土地出租，但村民无劳力和无能力耕种的将责任田向外出租的在同等条件下，首先照顾本村民小组租种，如本村民小组无人租种的，方能向外租种，但必须经过村民小组同意，自行签订合同或协议书的，村民小组有权收回田地。

2. 村民不得占用集体的田间道路、水沟、公路和公共财产，已经占用的要退还，并按村建设规划来修复。

3. 村民不得违反承包的土地界线（包括“两山一地”的

土地界线），若侵犯他人土地，按《中华人民共和国农村土地承包法》有关规定处理，并退还林地。

**三、集体公益事业**

1. 村民必须积极投工投劳参加集体公益事业活动。若召开会议紧急、重要，则本村16～60岁的村民必须参加，不参加会者每人每次扣10元，确有特殊情况不能参加的，必须向村民小组请假。党员除罚款外根据“双目标管理规定”扣分。

2. 全体村民都要增强卫生意识，经常打扫室内外卫生，逢年过节必须开展卫生大扫除活动。每月15日、30日打扫卫生，并由村委会组织村小组分组进行打扫，交叉监督。

3. 做好人饮水的管理，不装水表，如损坏水管、水池和其他设施的，照价赔偿。

**四、民间调解**

1. 每个农户都要管好自家的牲畜，避免糟蹋庄稼，如牲畜糟蹋庄稼造成损失的，原则上损失多少赔偿多少。

2. 家庭经常闹纠纷，造成恶劣影响的经三次调解教育仍不改的罚款100元。

3. 根据《中华人民共和国动物防疫法》规定，本村内饲养的动物（猪牛、羊、犬、禽），必须接受免疫，对自食、出售或病死的动物所产生的不良后果自负。

4. 要保护妇女儿童，尊老爱幼，对不尊敬或虐待老人、妇幼者给予5～10元罚款；对不赡养老人，同时给予教育并责令赡养老人，同时给予罚款1000元的老人赡养费，情节严重的强令赡养老人并给予加重罚款。不能鄙视残疾人，要一视同仁，对鄙视残疾人者给予批评教育。以上罚款统一由村委用于帮助困难人员、老人、残疾人等。

5 村民发生纠纷或出现重大事件，上级部门派专人处理时所开支的费用，由肇事者承担。

6. 按规定所罚的款，必须在 3 天内交清。若不按时交纳，每天按滞纳金的 1% 进行罚款。

7. 村民要自觉爱护集体财产，损坏集体（或他人）财产，照价赔偿，故意损坏的给予罚款 200 ~ 500 元。

8. 党员、村干部、妇女和其他村民凡受不同层次的表彰，就有不同程度的奖励：受乡村表彰者当年村组给予补助 50 元奖金，受市级表彰者补助 100 元，州级 150 元，省级 200 元。

**五、杜会治安**

1. 村民不得打架斗殴、酗酒闹事，对出现此情况者第一次进行批评教育，屡教不改者除赔偿损失外，并处罚款 500 元以上，情节严重者交公安司法部门处理。

2. 村民应该遵纪守法，坚决反对偷盗行为，除了退回所偷赃物外，给予偷一罚十的处理，情节严重的交公安司法部门处理。

3. 村民应该自觉维护本村的团结，村民如果发生口角以及斗殴，经村委会讨论决定，依据情节给予罚款 50 ~ 100 元，情节严重者交公安司法部门依法处理。加强对家长、子女的教育，严禁吸毒、贩毒、嫖娼卖淫。如出现吸毒、贩毒者，除了提交公安部门处理外，对户主罚款 1000 元。

4. 发生男女不正当性关系者，双方各罚款 500 元。

5．严禁在村内以赢利为目的的聚众赌博，一经发现，没收赌具和赌资，并对组织赌博者罚款1000~5000元。

6．严禁本村村民飚车和烙通摩托车排气管，如发现一次，经劝说不改者，按故意扰乱社会秩序，罚款500~1000元；屡教不改者，没收摩托车钥匙。禁止未成年人驾驶机动车。

**六、人口管理**

1．要提倡婚姻自由，晚婚晚育，男必须满22岁，女必须满20周岁方可申请结婚，在子女订婚和结婚时，提倡勤俭节约，反对大操大办，更不能索取高额彩礼费（订婚费）。

2．必须严格执行国家计划生育有关条例，禁止早婚早育，山区夫妇控制在两胎以内，第三胎必须报上级计生委批准，禁止生育第四胎，报由计生部门处罚。

**七、控辍保学**

1．为发展民族教育，每个村民都要承担一定的教育责任，有责任积极送自己的子女上学。对7周岁以上的适龄儿童，父母不送上学的按《基诺族乡实施九年义务教育行政处罚》进行处罚。对中途辍学的学生，父母必须积极动员返校完成九年义务教育。

2．村组对学生采取奖励优秀办法，本村考取市级中学（高中）奖励100~200元；州级中学（高中、中专）奖励200~400元；省级高中或大学奖励400~600元；奖金由村集体经济收入或党、团、村干部捐资，村民自愿捐资每年兑现一次奖学金。若中途无故辍学，将所兑现的奖学金退回村集体所有。

**八、护林防火**

1. 做好防火工作。每年2～6月村组每周派2～3人巡查火情；早上9点到下午6点无人在家时，不留有明火，如经发现，罚款5元。由于父母对儿女看管不严发生火灾，由父母承担后果。

2. 为了造福子孙，村上划为集体林的，任何村民不得以任何借口到集体林中砍伐一草一木、开垦种地；若需要采伐，必须办理好完备手续，如果乱砍滥伐，一棵竹子罚款10元，一棵树罚款50～100元，砍伐种地的，每亩罚款1000～2000元。

3. 为保护水资源以及本村环境，经林业部门和村上划定的水资源和风景林不得乱砍滥伐，如果违反，按以上第二条规定执行。

4. 村民开垦种地，放火烧地，必须在当年四月初前结束，放火时必须砍出放火线，必须派专人负责，因烧地烧着经济作物的，村规民约定为橡胶苗当年每株25元，逐年递增20元，开割胶树每株250元。

5. 无故（如翻拖拉机）损坏村民经济林木的，根据情节轻重每株经济作物罚款10～20元。故意破坏证据确凿的罚每株橡胶300元。

**九、安全用电**

加强用电管理，不论生活、生产、照明用电，一律由电工安装，如私自接电造成损失的后果自负。对偷电行为，偷一次罚100元，第二次罚200元，偷第三次的，报乡电管站挂名处理。

十、村容建设

1．村民应该爱护公共设施，谁破坏谁照价赔偿，并恢复原状，爱护花草树木，实行门前养花种树“三包”制度。

2．农户必须建造抗震民居房，提倡建造基诺族特色栏杆式楼房。内设车库、农具房、户厕和卫生洗澡间，户均宅基地必须控制在150平方米以内，每家每户和公共场所必须配备灭火器。

3．村民使用宅基地的农户必须向村民小组提出申请，由村民委员会批准，由乡建设部门审核批准方可建盖。违反者必须退回宅基地。储备地任何人不得侵占，只作增加农户的宅基地，违反者罚款5000元。

4．村民的住宅、公共设施及其他设施必须按照“村寨建设规划”要求进行，不得擅自乱建房造屋，违反者必须退回违规建房用地。

5．“村寨建设规划”自2009年6月起实施。

## 4.（云南省西双版纳傣族自治州景洪市基诺山基诺族乡攸乐巴来村委会）小普希生态茶园建设村规民约[①]

为推近基诺族乡（攸乐）小普希生态茶园建设，提升攸乐茶叶品质，以茶叶改造带动农民增收为目的，以“生态立

① 胡兴东于2020年3月1日提供。

茶”为核心，建设“优质、生态、高效”茶园，造就绿色、健康、环保的茶树种植业；把基诺族乡（攸乐）小普希建成中国最优质的普洱茶基地之一，特制定本村村规民约。

一、全面做好茶园林木的保护与管理，严禁砍伐茶园树木，或挖取树根，或大量修砍树枝。

二、茶园内禁止使用化学肥料、农药、生长调节剂等化学合成物质，做到“不施肥，不打农药，不打催芽剂，不打除草剂”，病虫害防治以粘虫色板和人工械杀为主，严格禁止使用任何高毒、剧毒、高残留农药和农业部门明文禁止使用的农药产品，如甲胺磷、六六六、DDT、三氯杀螨醇、氯化乐果、乐果等。

三、茶园内茶树以放养为主，禁止大量修剪，可适量轻度修建，茶园内除草管理以人工锄草为主，建议每年的 7 ~ 8 月份放养茶树。

四、外来茶叶（鲜味、干毛茶）禁止流入本村，做茶叶（鲜味、干毛茶）流出不流进。

五、如村民不能按上述条款管理茶园，经核实发现有违规行为，村民小组对违规农户处理办法如下：

1. 哪家农户茶园内若发现使用化学农药，使用农药那片茶园由村民小组收回村集体管理使用，所得收益权归村集体所有。并处罚该农户 1000 元的同款。收回的该片茶园几年内归还看该农户后期表现再做协调处理。

2. 若发现哪家茶农或茶商将外来的茶叶（鲜味、干毛茶）带入村寨，当场没收或销毁鲜味、干毛茶，并扣留运输工具，交由交警队处理。并对该农户或茶商处罚1000元~5000元的罚款，村民之间要互相监督，如发现村民违约情况可向村干部或村委会干部举报，也可向乡茶叶协会举报，村小组对举报人员给予一定的奖励。

六、一经村民小组支部书记、组长、副组长、妇女组长、监督组长和1名群众代表，共6人认定违约后，农户本人必须自觉并接受生态茶园建设违约处罚。

七、本村规民约不足之处，将在今后的工作中不断补充完善、规范，全体村民共同遵守自觉遵照执行。

八、如不同意本村村规民约的，可按相关法律程序起诉。

九、本村规民的解释权属小普希村民小组，自2016年1月1日起执行，并长期有效。

户主：　　　　　　家庭成员：

小普希村民小组

2016年1月1日

# 第二十九章 德昂族地区村规民约

## 1. （云南省德宏傣族景颇族自治州潞西市三台山德昂族乡）出冬瓜村村规民约[①]

一、制定村规民约的意义（略）。

二、计划生育。

1. 计划生育是我国的基本国策，必须认真支持实行，……（略）

2. 对谩骂、侮辱、殴打计生干部、村干部及积极分子和非法取环，摧残妇女身心健康，和造谣惑众，破坏计划生育的行为罚款 100～500 元，触犯刑律的依法严惩。

---

① 来自：王铁志：《德昂族经济发展和社会变迁》，中央民族大学 2004 年博士学位论文。

三、关于教育工作。

1. 对谩骂、侮辱教师的，视其情节给予罚款 50 ~ 200 元。殴打教师者处以罚款 500 ~ 1000 元，并负责医药费及营养等费用。

2. 扰乱教学秩序和损坏公物者除照价赔偿外，赔偿损失价值的 1 ~ 3 倍。

四、有关伤风败俗的问题。

1. 男女青年发生不正当关系怀孕，并闹纠纷者，罚双方 300 ~ 1000 元，经调解女方不愿嫁男方的由女方付款，反之，由男方付款。婴儿抚养问题，如不要婴儿一方负责 3000 ~ 8000 元。

2. 有妻有夫者，与他（她）人乱搞不正当男女关系或通奸者分别给以罚双方 500 ~ 8000 元的款。

3. 通奸妇女罚款 300 元，奸污幼女按法律规定处理。

五、偷盗处罚。

1. 偷鸡摸狗每只罚 50 ~ 300 元，原物不能归还加罚 1 ~ 3 倍。

2. 偷猪和黄牛，每只（头）罚 500 ~ 1000 元，偷水牛，每头罚款1000 ~ 2000 元，原物不能归还的按原物价值加罚 1 ~ 3 倍。

3. 偷盗粮豆类，每市斤罚款 1 ~ 10 元，不能如数归还的按原物价值加罚 1 ~ 3 倍。

4. 偷盗竹木类，按价值罚款 3 倍，原物不能归还的再加罚1倍。偷柴禾，每拿罚10元，[①] 原物不能归还的按原物价值加罚1～3倍。

5. 偷盗其他物品，按价值罚款50%，原物不能归还的按物品价值加罚1～3倍。

六、打架斗殴，酗酒闹事。

1. 发现行凶打人，伤人者应负受害者医药、住院、营养、误工等全部费用。

2. 参加调查处理案件人员的误工费每天按当地工价由当事人支付。

3. 罚款处理：踢一脚、打一拳分别罚10～50元。用刀刺一刀，打一棍棒、铁棒罚款100～600元，罪情严重者报上级机关处理。

七、对破坏公物和私人房屋，如用石头、砖块打砸乱冲等，根据破坏的程度，除按价赔偿外，加罚100～200元。破坏竹木、粮作物、小菜等除按价赔偿外，加罚10%～50%的款。

1. 鸡、鸭、鹅践踏庄稼，经教育一至两次后，再次践踏，打死打伤不作赔偿，并赔偿践踏的损失。

2. 猪、羊践踏庄稼，按所践踏损失照价赔偿并罚款损失价值的10%，经警告两次以上不听招呼者，打死打伤不作赔偿。未经警告打死打伤的，各自造价互相赔偿。

3. 牛马践踏庄稼、树苗、果树、探，按所践踏损失照价

---

① “拿为传统计量单位，以人抬平双手伸直的长度来计量，每拿大约5市尺，可以用来量布料等。

赔偿并罚款损失价值的10%，经一至两次警告再次践踏者，打死打伤牛马的各自造价互相赔偿。

4. 村社干部因工作缘故，造成一部分人对村社干部不服，对村社干部所承包的庄稼进行破坏，如查出是谁人所为，罚款被损坏价值的10倍，暂时无法查明的，按被弄坏物原价（实价），由村社提留补给。

八、无故砍（打）伤、死大小牲畜的，罚款400～3000元，牲畜归原主。

九、禁止赌博，违者罚款。

赌头每次罚款100～500元，参加赌博者同伙罚500～100元，提供赌场、赌具的罚100～200元。

十、禁止乱砍滥伐竹木。

1. 严格按照国家森林法规定办事，违者依法处罚。

2. 情节轻微的，如有发现，没收所砍竹木，视情节轻重给予处理。

十一、加强护林防火工作，人人有责。对乱放火烧山损毁庄稼或引发火灾的，根据情况赔偿损失和罚款，严重的交上级有关部门处理。

十二、对打击报复村社干部、治保委员行为的视情节处理。

十三、没有计划地乱开田地，如有发现，没收所开田地归集体，并视情节给予处理。

十四、关于各种误工补贴开支和罚款问题。

1. 属于调节性质的由当事人开支。属于罚款性质的由被罚款人开支。误工补贴费领取人员：由解决单位及点名上调的村社干部和其他人员领取，其余不能领取误工补贴。

2. 村社自已解决的由村社保存，村公所、自然村同时解决的各保存50%。

十五、各村社的《村规民约》，在此文下发后仍然有效。

十六、本村规民约从1998年10月1日起执行，望广大村社干部、社员群众认真学习、理解，遵守本村规民约。如与本民约有抵触的，一律以本民约为准。

## 2. （云南省德宏傣族景颇族自治州芒市三台山德昂族乡勐丹村）冷水沟村规民约[①]

为了维护社会秩序、保证群众正常的生产和经济的发展，不断提高群众生活水平，特制定以下村规民约：

一、坚持执行党的路线和各项方针政策，坚持社会主义方向，自觉遵守国家的法律、法令及各种法规之规定。

二、坚持五讲四美（讲文明、讲礼貌、讲卫生、讲秩序、讲道德，心灵美、语言美、行为美、环境美），继续发扬党支部的历史传统美德，尊老爱幼，加强人与人之间的团结互助。

三、保证完成国家任务（公余粮），积极交纳集体提留款，包括水利费、优扶费、教育附加费等。

① 来自：汤芝兰、李韬主编，德昂族调查组编写：《云南民族村寨调查 德昂族 潞西三台山乡勐丹村》，云南大学出版社2001年版，第131－133页。

四、遵守本届社管会制定的集体土地规划，凡划给各农户的土地，不准许出租或转让给任何人，对于耕种不完的农户由社管会干部根据实际情况，安排给不够耕种的农户开发利用。

五、不准乱砍滥伐集体林（包括自留山、责任山、风景林、水源林）。

（1）起房盖屋必须经社管会批准，不得一带二。

（2）本届内木料、板子不准出售，如出售者罚款每方100元（报案者，按罚款数的30%奖）。

（3）木柴不准出售，如有出售者，每方罚款100元。

六、长年管好看好大牲畜（包括各家的猪鸡在内），凡是大牲畜、猪、鸡、牛糟踏造成的损失，一律按损失的百分之百赔偿。

七、坚决执行计划生育政策，严禁超生抢生，出现超生和抢生者，除按上级规定执行处罚外，社管会再一次性罚款150~300元。

八、一律出足社管会的义务工和积累工，按全社的人头数，每年每人必须出足5个工，出不足者，每人扣8~10元。

九、加强集体资金的管理，年底要公布集体资金的管理使用情况。

（1）社干部开会出差的路费按车票报销，为群众办事请客吃饭，按统一发票报销。

（2）开会出差的住勤补助费，按到潞西市10元。

（3）三台山乡政府8元，村公所补助6元。

（4）在当地为群众解决问题时，双方当事人，谁输理谁负责生活费用和误工费。

十、严禁酒后闹事，禁毒、戒毒，严禁赌博、偷鸡摸狗。

（1）凡是酗酒闹事、打架斗殴罚款50元，被打伤方的医药费、生活费由出手打人者负完全责任。

（2）小偷小摸（偷牛、偷猪、偷狗、偷鸡），除赔偿原主外，一只鸡再罚款100元，一头牛除按原价赔偿原主外，社管会再罚款500元，猪、狗除赔偿原主外，再罚300～500元，报案者按30%奖，其中70%作集体资金。

（3）发生不正当的男女关系问题的处罚：通奸（青年之间）各罚100元，已婚发生通奸各罚款200元；强奸案扭送公安机关处理。

十一、婚姻习俗方面：（1）礼钱不得超过1600元；（2）猪肉168斤；（3）青菜及白菜各300斤；（4）母乳钱100元。

十二、小偷小摸：包括偷包谷，每苞罚3～5元，去房间偷米及撬柜箱罚100～1000元。

十三、为了提高文化科技技术，提高文化素质，要坚决执行义务教育法的有关规定。各家长必须教育好自己的子女，支持自己子女积极踊跃入学，各家长不得阻碍子女入学升学，尤其是适龄儿童的入学，如有违法者，可按义务教育法的有关规定惩处。

十四、到了冬季节，各家长必须教育好自己的子女，不能随便乱玩火，以防野火和家火的爆发和出现。

十五、以上条款从制定之日起执行。

冷水沟社管会研制<br>一九九九年八月十三日生效

# 第三十章　门巴族地区村规民约

## 1. （西藏自治区山南市错那县）贡日门巴民族乡乡规民约[①]

（2002 年修改通过）

第一，加强对党的十六大精神的学习，并把十六大精神贯彻到乡村管理的实际工作中，为我乡（贡日乡）的社会安定作出积极贡献。

第二，凡 16 ~50 岁的村民必须参加乡村规定召开的会议，不得无故缺席。

第三，村民要积极做好拥军工作。军民之间发生纠纷，应

---

① 来自：吕昭义、红梅主编：《中国民族村寨调查 门巴族 西藏错那县贡日乡调查》，云南大学出版社 2004 年版，第 97 –98 页。

及时向本乡领导汇报，由双方领导协商解决。任何村民不得私自闯入部队驻地。

第四，管理好外来人员，所有外来人员必须及时登记。

第五，夏季放牧，须按统一安排的时间上山和迁移牧场。

第六，不得酗酒闹事，违者视其情节处以罚款 1 ~ 100 元。

# 第三十一章 独龙族地区村规民约

## 1. （云南省怒江傈僳族自治州贡山独龙族怒族自治县）独龙江乡乡规民约①

（2003 年 3 月 26 日独龙江乡第九届人民代表大会第二次会议通过）

第一条　坚持党的领导，认真贯彻执行党的路线、方针、政策，按照“三个代表”的要求，提倡勤劳致富，发扬爱国家、爱集体、廉洁奉公、无私奉献、全心全意为人民服务的精神，反对腐败，反对损公肥私、损人利己的不良行为。

第二条　坚持勤俭节约，反对铺张浪费，提倡婚事新办，

---

① 来自：薛达元主编：《民族地区传统文化与生物多样性保护》，中国环境科学出版社 2009 年版，第 178－180 页。

丧事从简。

第三条　珍惜固定耕地面积，严禁承包地面积丢荒，大搞农田基本建设，加强对农用物资的使用管理，解放思想更新观念，走科教兴乡的发展路子，积极开展积肥造肥活动，逐年提高粮食产量，力争实现乡党委政府确定的“98111333”展目标。

第四条　发扬集体主义思想，积极交纳完成每年每个村民委员会制定的提留款，尽公民应尽的义务。积极参加国家建设。独龙江乡各项建设事业发展的最大障碍是交通不便，建设好独龙江乡村公路是独龙人民早日脱贫致富的捷径。

第五条　坚定不移地走“远抓林果，近抓畜牧，以草养畜，以畜换粮”的发展路子。加强对大小牲畜的管理，做到圈养及白天专人放牧，严防牲畜践踏庄稼和树苗、金竹，如果出现乱放牲畜而影响农作物和退耕还林工作的，则由牲畜主人承担赔偿责任，严禁用毒药、凶器、狗等手段故意伤害牲畜，违者赔偿经济损失，直至追究刑事责任，力争实现村村有牧场、组组有放牧场。

第六条　按《依法治乡工作规划》，建立健全各村、各单位的规章制度，坚决取缔“法轮功”邪教组织。坚决杜绝赌博风，做到每个公民自觉维护社会治安秩序，爱护国家通信、桥梁设施。

第七条　加强社会主义法制建设，遵守党纪国法，坚决遏制横行霸道、为非作歹的不良行为，严禁酗酒闹事、影响本职工作或他人的工作，违者依法追究惩处。

第八条　坚决响应“护林防火，绿化祖国，植树造林”的号召。严格遵守《森林法》《野生动物保护法》《森林防火条例》《退耕还林条例》，严禁乱砍滥伐森林资源和毁林开荒、乱捕滥猎的行为，提倡爱护森林，保护生态，美化家园，人与自然和谐发展。

第九条　提倡婚姻自由，反对包办婚姻。每个公民都严格遵守和执行《人口与计划生育法》，坚决杜绝未婚先孕，无证生育、超怀、超生、抢生、偷生等现象发生，违者将受到严厉的惩处。

第十条　严禁十八周岁以下的青少年信教及其父母或他人带其入教堂诱惑入教。严禁跨国界、跨区域、跨村进行宗教活动，信教与不信教群众之间要加强团结，和睦相处，要正确对待生产生活和婚姻恋爱之间的关系，坚决取缔封建迷信活动，对神汉、巫婆骗财害命的行为严格追究法律责任。

第十一条　加强法制观念和国界意识，严禁非法出入国境，违者按《云南省边境管理条例》处罚，情节严重的依法追究刑事责任。

第十二条　发扬中华民族的传统美德，尊老爱幼，尊师重教，遵守“五讲四美”，互相团结和睦相处，要争做“五好家庭，五好夫妻”。

第十三条　进一步加强边防巩固，民族团结，确保人民安居乐业。凡进入独龙江乡内的外来人员，严格执行《流动人口管理条例》的有关规定，按期交纳流动人口管理费。

第十四条　加强社会治安综合治理，不得有偷、抢、打架斗殴等行为的发生，情节严重者按《社会治安管理处罚条例》进行处罚。

第十五条　依照《中华人民共和国城市法》和《中华人民共和国土地管理法》及乡党委政府制定的《城镇管理办法》，在孔当规划区内，未经党委政府和上级有关部门审批，未取得建房许可证的任何国家机关、个人不得占用国家建设用地，影响规划建设，违者将追究责任和强行拆除，并处罚5000至10000元。

第十六条　各村委会要加强对教育教学工作的领导，按乡党委政府确定的“十五”规划，十年内争取实现入学率98%，巩固率98%，升学率100%，完学率97%，扫除文盲3500人的奋斗目标。

第十七条　为了保护独龙江流域的渔业发展，严禁使用触鱼器、鱼头精、炸药破坏渔业资源，违者依法没收作案工具并从重处罚，罚金50～100元，从中对举报者奖罚金数额的50%～60%。

第十八条　各村民委员会、村民小组和农民群众自觉维护和管理辖区内的公共设施，如村委会、村医疗室、村学校的房屋、乡村公路、人马驿道、人马吊桥、便桥、藤篾桥水管、水池、电力设施、田间沟渠等，对人为破坏公共设施的，严惩不贷，出现自然破损时，各村委会和村民小组必须组织村民出义务工及时处理，确实无法处理时，才能提请乡政府和上级有关部门处理。

第十九条　为了保护独龙族民间传统文化，严禁各村委会或村民小组自行举办独龙剽牛仪式，需要组织独龙剽牛仪式的，必须报乡政府研究同意；为维护独龙纹面女的合法权益，旅游团体或游客必须征得纹面女的同意，并缴纳50元后方可摄像、摄影，违者给予经济处罚；鼓励挖掘、整理民间文学、诗歌，组织戏曲、曲艺、音乐、舞蹈等弘扬民族传统文化活动。

第二十条　全乡干部职工农民群众和外来人员，必须严格执行本《乡规民约》，此《乡规民约》由独龙江乡人民政府负责解释。

第二十一条　本《乡规民约》自通过之日起实行。

## 2. （云南省怒江傈僳族自治州贡山独龙族怒族自治县）独龙江乡乡规民约①

为了维护社会稳定，促进全乡各项事业的全面健康发展，现经乡十一届人民代表大会一次会议审议通过，订立如下乡规民约，望全乡各干部职工及村民共同遵守。

### 第一章　认真贯彻落实党的各项政策方针

第一条　坚持拥护中国共产党的领导，坚决走社会主义道路，认真贯彻执行党的路线、方针、政策。努力建设生产发展、生活宽裕、管理民主、乡风文明、村容整洁的社会主义新农村。

---

① 胡振通于2019年9月1日提供。

第二条　饮水思源。积极响应党和政府的号召。自觉履行公民应尽的义务，维护边疆稳定和民族团结。

## 第二章　土地管理

第三条　依照《中华人民共和国城市法》和《中华人民共和国土地管理法》及乡党委制定的有关规定，在孔当规划区内，任何国家机关、个人未经党委政府和有关部门审批，不得私自占有国家建设用地，影响规划。违者将依法追究责任和强行拆除，并罚款5000至10000元。临时用地占用费按照县政府规定的标准收取占用费。

第四条　土地属国家、集体所有。村民所承包的责任田地，未经有关部门批准，不得作为非农业生产及建房使用，违者责令其复耕。如不执行者，申请土地执法部门处理。由此造成的一切责任由当事人承担。珍惜和合理利用耕地，杜绝承包地面积丢荒。

## 第三章　教育管理

第五条　重视发展民族教育，全力支持教育事业。牢固树立教育是第一生产力的观念。凡达到入学年龄的儿童，其父母或监护人要送其入校，接受义务教育。因病或其他原因延缓入学、免于入学或休学的，由其父母或监护人向乡人民政府提出书面申请。

第六条　父母或监护人应当尊重学生接受义务教育的权利，加强对子女的教育和管理，预防和制止子女养成各种不良的习惯。对未取得有效假条回家或逃学在家的学生，父母或监护人必须及时教育和引导，并送其返校。

第七条　适龄儿童、少年的父母或监护人未按照《义务教育法》的规定送适龄儿童、少年到校接受义务教育的，由乡人民政府给予批评教育，并责令限期整改。情节严重的，给予一定的处罚。

第八条　各村委会负责人要掌握好本村组学生的动态。发现学生未按时返校上课的，必须在两天以内深入学生家庭了解情况。因父母或监护人引起的，对其进行批评教育；因学生本人厌学引起的，积极配合学生父母或监护人做好思想工作，引导学生尽快返校。

第九条　村委会未采取任何措施，致使本村出现 5 名学生辍学的，该村委会不得参加本年度教育先进集体评比；村委会负责人不得参加本年度各项工作先进个人评比，并由乡人民政府在全乡范围进行通报批评。

第十条　学校要认真遵守及执行《义务教育法》的相关规定，严格实行控辍保学校长责任制度，制定控辍目标，并落实到班级，责任到人，校长每学年都要与教师签订“控辍保学”目标责任书。

第十一条　学校发现学生厌学情绪，分管校长、班主任、任课教师要及时家访，同家长一起做好学生的思想工作。不得体罚或变相体罚学生，避免学生因厌学而辍学。

第十二条　学校要严格执行国家课程计划，开全课程，开足课时。通过课程改革，改进教学管理。教师要因材施教，促进学生全面发展。

第十三条　控辍保学工作纳入各学校年终考核中，与学校年终考核、评优、树模、晋职及教师调动挂钩，对控辍工作不力、学生辍学率超过标准的学校和班级实行一票否决；对辍学情况严重的，将依据有关规定严肃追究校长及部门责任。

## 第四章　环境保护与卫生

第十四条　严格遵守《环境保护法》等相关法律法规。严禁乱砍滥伐，严禁偷捕盗猎。严禁使用触鱼器、鱼头精、炸药等毁灭性方式捕鱼，破坏渔业资源。严禁捕杀、销售、收购扁头鱼。违者依法没收作案工具和非法所得，并处 2000 至 8000 元的罚款。鼓励群众举报，对举报者，给予一定额度奖励。

第十五条　外来人员未经有关部门批准，不准在我乡境内直接采挖药材或其他破坏资源的活动，违者没收实物及违法所得，并处 1000 至 5000 元的罚款。

第十六条　严格遵守和执行《消防法》，认真搞好护林防火工作，严格野外用火审批制，杜绝森林火灾发生。

第十七条　维护村容村貌，搞好环境卫生，美化生活环境，优化育人环境，严禁在沿江乱倒垃圾脏物，严禁往独龙江水扔倒垃圾，违者给予 300～500 元罚款。

第十八条　严格执行“门前三包”责任制，积极做好清垃圾、清路障、清污泥，街道两侧及沿江而居的住户要保持好房前屋后的环境卫生。

第十九条　在乡政府驻地养犬的，饲养人或所有人应当对犬只实行拴养或圈养，禁止遗弃所养犬只，不得干扰他人正常生活。犬吠影响他人休息时，养犬人应当采取有效措施予以制止。

## 第五章　婚姻家庭

第二十条　严格遵守《中华人民共和国婚姻法》，自觉实行计划生育政策，树立晚婚晚育、少生优生观念，禁止无证生育和计划外生育，杜绝超生、抢生、非婚生育、偷生等非法生育。

第二十一条　坚持勤俭节约，反对铺张浪费。坚持婚事新办，丧事从简。不搞陈规旧俗，提倡健康、文明的生活方式。

第二十二条　不准遗弃、虐待老人。对无劳动能力、无固定收入的老年人，其子女必须尽赡养义务。父母承担未成年或无生活能力子女的抚养教育，不准遗弃、虐待病残儿、继子女和收养子女。夫妻在家庭中的地位平等，反对男尊女卑，反对家庭暴力，不准打骂配偶，夫妻双方和睦相处，共同承担生产、家务劳动，共同管理家庭财产。

第二十三条　坚持勤劳致富，反对懒惰行为，进一步破除等、靠、要的思想，坚持艰苦奋斗、自立更生，依靠科技发展生产。

## 第六章　邻里关系

第二十四条　遵守社会公德、家庭美德、职业道德，讲文明、讲礼貌，尊老爱幼、和睦相处，正确处理好邻里之间的相互关系。不得惹事生非，拉帮结派，不得聚众闹事，打架斗殴。

## 第七章　公共安全及社会治安

第二十五条　爱护公物，不准侵占集体财物，不准损坏水利、交通、供电、电视、生产等公共设施。严格用水用电管理，禁止偷电偷水，不得私自铺设电线、水管。

第二十六条　村民积极履行各种义务，主动参与道路、交通、学校、水利等公益事业的修建维护工作。

第二十七条　搞好安全生产工作。自觉服从对易燃、易爆、剧毒等危险物品和枪支、弹药、管制刀具的管理。

第二十八条　弘扬正气，抵制歪风邪气，敢于同各种不良现象和违法犯罪行为作斗争，敢于揭发黑恶势力和邪教传播发展等现象，严禁巨资集资赌博、吸毒、搞封建迷信等一切违法活动。

第二十九条　增强法制观念和法律意识，自觉遵守《云南省边境管理条例》，严禁非法出入境，自觉维护边境稳定。

## 第八章　道路交通安全

第三十条　车辆驾驶人、行人、乘车人以及与道路交通活动有关的单位和个人，都应严格当遵守《道路交通安全法》。机动车严格实行登记制度，严禁无证驾驶、超速驾驶、超载驾驶，酒后驾驶。

第三十一条　任何单位和个人不得擅自设置、移动、占用、损毁交通标志、交通标线。未经许可，任何单位和个人不得占用道路从事建设生产等活动。因工程建设需要占用、挖掘道路，或者跨越、穿越道路架设，增设管线设施，应当事先征得道路主管部门及乡人民政府的同意。

## 第九章　宗教活动

第三十二条　严格遵守《宗教事务条例》，尊重和保护合法的宗教信仰自由，信教群众与不信教群众之间要和睦相处。严禁参加非法宗教活动及邪教组织。严禁跨境、跨区域进行宗教活动。

## 第十章　其他

第三十三条　凡外来人员进驻本乡的，也必须服从本乡管理，尽到应尽义务和遵守本乡规民约。

本乡规民约由乡人民政府负责执行，乡人民代表大会负责监督。对违反以上有关条款的村民，乡人民政府有进行依法处罚、批评教育等权利。

本乡规民约自二〇一三年一月九日起执行。

## 3.（云南省怒江傈僳族自治州贡山独龙族怒族自治县独龙江乡）迪政当村委会村规民约[①]

（2001年9月20日制定）

### 一、社会治安

第一条　每个村民都要学法、知法、守法，自觉地维护法律的权威和尊严，同一切违法犯罪行为作斗争。

第二条　村民之间团结友爱，和睦相处，不打架斗殴，不酗酒滋事，严禁侮辱、诽谤他人，严禁造谣惑众，搬弄是非。

第三条　自觉维护社会秩序和公共安全，不扰乱公共秩序，不妨碍公务人员执行公务。

第四条　严禁偷窃、敲诈、哄抢国家、集体、个人财物，严禁赌博，严禁替罪犯隐藏赃物。

第五条　严禁非法生产、运输、储存和买卖爆炸物品；生产销售烟火、爆竹和购买各种枪支，须经公安机关批准：拣拾枪支弹药、爆炸危险物品后，要及时上交公安机关。

第六条　爱护公共财产，不得损坏水利、交通、供电、生产等各种公共设施，不得任意在居民区内安装噪音大的机械，如粉碎机等。

第七条　不制作、出售、传播淫秽物品，不调戏妇女，遵守社会公德。

---

① 来自：薛达元主编：《民族地区传统文化与生物多样性保护》，中国环境科学出版社2009年版，第180－182页。

第八条　严禁非法限制他人人身自由，或者非法侵占他人住宅。

第九条　严禁非法砍伐国家、集体和他人的林木，不准在村附近或田边路旁挖土，严禁损坏庄稼、瓜果和其他农作物，严禁牛羊啃青。

第十条　严格用电管理，未经批准，不准私自安装电路设施，要切实爱护电力设施，节约用电，严禁偷电。

第十一条　认真遵守户口管理规定，出生、死亡要及时申报和注销；外来人员，需要在本村短暂居留的，应向村治保汇报办理临时手续，并向村委会按月缴纳治安管理费25元（在所住的村民小组同样按月交纳治安管理费15元）。

第十二条　对违反上述社会治安条款者，按以下办法处理：

（一）触犯法律法规的，报送司法机关处理；

（二）情节严重，但未触犯刑事和治安管理处罚条例的，由村委会批准、教育外，酌情罚款。

**二、村风民俗**

第十三条　提倡社会主义精神文明，移风易俗，反对封建迷信及其他不文明行为，树立良好的社会风尚。

第十四条　喜事新办，不铺张浪费；丧事从简，不搞陈规旧俗。

第十五条　建立正常的人际关系，不搞宗派或宗族活动。

第十六条　服从村镇建房规划，不扩台，不超高，搬迁拆迁不提过分要求；拆旧翻新，须经村委会批准，统一安排，不得擅自动工。

第十七条　违反上述规定的给予批评教育，写出检讨书，情节较重的加以罚款。

**三、邻居关系**

第十八条　村民之间要相互尊重，相互理解，相互帮助，和睦相处，建立良好的乡邻关系。

第十九条　在经营、生活、借贷、社会交往过程中，应该遵守平等、自愿、互利的原则，在生产过程中，自觉服从村委会的安排，不随意更换、移动地界标志，发扬共产主义风格，小事不斤斤计较。

第二十条　依法使用宅基地，老宅基要严格尊重历史状况，新宅基按村、镇规划执行，不得损害整体规划和四邻利益。

第二十一条　村民饲养的动物、家禽造成他人损害的，动物饲养或管理人员负经济责任，无行为能力或限制行为能力的人，给他们造成损害的，监护人负经济责任。

第二十二条　邻里间发生纠纷，能自行调解的自行调解处理，不能自行调解处理的要依靠组织解决，不能仗势欺人，不强加他人。对不听劝阻制造纠纷的当事人；情节较轻的予以教育，造成人身或财产损坏的，必须承担医疗费用，返还或修理、重作、更换被损坏的财产，并按实际价值的两倍以上进行罚款。

**四、婚姻家庭**

第二十三条　全村村民要遵循婚姻自由、男女平等、一夫一妻、尊老爱幼的原则，建立团结和睦的新家庭。

第二十四条　婚姻大事由本人作主，反对他人包办干涉，不借婚姻索取财物。

第二十五条　自觉做到计划生育，晚婚晚育，未还清超生款的，一律不能享受国家扶持农用物资、国家民政救济，如有超生现象，收回承包地，罚款人民币 1450 元，强行按猪、牛、羊等收回抵押。一旦发现未婚先孕及时向村委会汇报，村委会无条件一次性罚款 200 元。

第二十六条　夫妻在家庭中的地位平等，反对男尊女卑，不准打骂妻子，夫妻双方共同承担家务劳动，共同管理家庭财产。

第二十七条　对丧失劳动能力无固定收入的老人，其子女必须尽赡养义务，安度晚年。

第二十八条　父母、继父母承担未成年或无生活能力的子女的抚养教育，不准虐待病残儿、继子女和收养子女，不准使儿童（小学生）辍学。

第二十九条　对父母的遗产，男女有平等的继承权。

第三十条　未满十八周岁的公民不能信仰各种宗教，教徒与不信教者之间一律平等，要团结、和睦相处，提倡信教自由，不能强行他人信教。

第三十一条　不准用触鱼器、炸药等毁灭性方法捕鱼，违反者一次处罚 50 元，并没收有关器械。

## 4.（云南省怒江傈僳族自治州贡山独龙族怒族自治县丙中洛乡）双拉村村规民约[①]

为了使我村社会稳定，经济发展，人民安居乐业，各族人民团结一致，早日脱贫致富，使我村的精神文明和物质文明得到进一步发展，特制定本村规民约。

1. 双拉村各族人民在党委的领导和党支部村委会的领导下，加强农业和农村工作，认真学习邓小平同志建设有中国特色的社会主义理论，走科技兴农的道路来武装村民。

2. 全村村民树立自力更生、艰苦创业的精神，大力推广科学种田、地，明确认识科学是第一生产力的理论，走科技之路是硬道理，大力提倡增收节支、反对等靠要的行为。

3. 积极参加农田水利基本建设和基础设施建设，为我村粮食增产、经济发展而努力奋斗。

4. 积极开展文化、体育活动。团组织要带领各族青年，开展健康有益的文体活动，在物质文明发展的基础上，精神文明也要不断得到加强。

5. 积极参加各种会议，学习党在农村的有关精神和政策，学法律、懂法律，用法律来保护自己。

6. 全党动员，全民动员，认真组织好人民调解和社会治安综合治理工作，保证村村有一个社会稳定、政治安定的好环境。

---

① 来自：郑维川主编，独龙族调查组编写：《云南民族村寨调查 独龙族 贡山丙中洛乡小茶腊社》，云南大学出版社2001年版，第164－166页。

7. 做好拥军拥属、拥政爱民的工作，帮助孤寡老人和残疾人，帮助贫困户、特困户，使我村最终走向共同富裕的道路。

8. 严禁赌博、卖淫、酗酒闹事，领（邻）居间要团结、互爱、互帮互敬。

9. 爱护公共财物、保护农田水利设施和交通通信设施，严禁在好田好地内建房、修墓建坟。

10. 全村各族人民群众树立人民教育人民办、办好教育为人民的思想，组织力量每年为所在学校干 1 天 ~ 2 天的义务工，保证适龄儿童按时入学。

11. 加强对畜牧的管理，进一步开通牧路，开发牧场，提倡圈养和专门放牧，无人看管糟蹋庄稼的，照价赔偿，严禁伤害大牲畜。

12. 严格执行计划生育条例，提倡一对夫妇生一个孩子，加强对人口的管理，提高人口素质，人口增长率必须控制在11‰以内，严禁外来人员到我村偷生、抢生。

13. 积极交纳集体提留款，当年提留当年交清，在交清当年提留的同时，还要积极还清历年欠款，长期无故不交提留款和历年欠款者，强制收回本金和 10% 的专用金。

14. 严格执行财经纪律，管理和使用好集体提留款，不能以搞义务工的理由支取提留款，需要用时必须由集体研究，并经村公所批准。

15. 对主渠道的支流挖沟，原则上应在支流面 50 米以内。违者，一旦村公所知道，实行罚款的办法。

16. 严禁外村、外来人员在我村所辖范围内乱砍乱耕，严打破坏我村的公共设施和通信设备者。

17. 目前双拉因电力不足，不能用电焊把凸起的钢板复平，造成过桥者脚下很大的躁音，为树立我村的村风，也为不影响他人的安乐，规定过桥时特别是夜间过桥时，不准有意加重钢板发出的噪音，严禁集体正步过桥，发现并教育不改者，交村公所解决。

18. 对我村的矿山，原则上是欢迎外来人员开发的，但不得侵犯本村农民的利益，特别是占据农民耕地的矿点，必须与土地的所有者达成一定的协议，征得农民的同意，才能进来开采，不然，一切后果由开采者自负。考虑到我村村民对矿山的管理，村公所有权保护本村村民的利益，在矿山上发生不能解决的一切事项，报送村公所解决，对重大事件的处理意见，报送乡政府。

本村规民约于 1998 年 7 月 1 日起执行。

双拉村村民委员会

一九九八年六月十五日

## 5.（云南省怒江傈僳族自治州贡山独龙族怒族自治县丙中洛乡）双拉村村规民约[①]

根据《村民委员会组织法》和《村民自治章程》的规定，

① 来自：郭凤鸣：《云南贡山丙中洛乡少数民族习惯法的育人功能研究》，西南大学 2008 年博士学位论文。

为把我村建成经济繁荣、社会稳定、人民富裕、村部和睦的新型农村，经全体村民代表讨论通过，特制定以下村规民约。

1. 全体村民要热爱党、热爱国家、热爱集体，走共同富裕的社会主义道路。

2. 每个村民都要学法、知法、守法，自觉维护法律的尊严和公民的权利与义务，同一切犯罪行为作斗争，争做维护村、组集体利益和村民利益的好公民。

3. 村民之间不分民族、宗教信仰，应团结友爱、和睦相处。一旦发生矛盾和纠纷，要以调解或法律的方式解决。决不能打骂、限制他人人身自由、侵犯他人住宅和甚至打砸他人物品。

4. 爱护公共财物，不得损坏水利、交通、供电生产等设施，不偷盗、敲诈、哄抢国家、集体和个人财物。

5. 认真遵守户口管理规定，对出生、死亡人口要及时申报和注销。有超生超怀现象的要及时向村、组领导和计生部门汇报，发现形迹可疑或发生犯罪行为的要及时向村治保会、派出所报告，严禁容留犯罪分子居住或者替罪犯隐藏赃物。

6. 严禁私自砍伐国家、集体或他人的树木，不准在承包地（田）边路旁，乱挖坑取土，严禁损害庄稼、瓜果及其他农作物。严禁牛羊破坏庄稼。

7. 对违反 1 ~ 6 条者，按以下两点办法处理：触犯刑律报公安、司法机关处理；情节轻微、尚未触犯刑法和治安管理处罚条例的，除由村民小组或村委会调解批评教育外，可由公安机关作为监督对象。

8．集体所有的土地依照法律属于集体所有，由村民小组等农业集体经济组织或者村委会经营、管理，农户只有经营权，没有所有权。农户承包的土地未经村委会和上级土地部门批准同意，不准在耕地上挖沙、取土、葬坟。

9．违反国土资源法规定的，由村委会视情节采取四种办法单独或同时并处：限期恢复原状；收回承包土地；取消全户当年应享受的集体待遇；报告有关部门。

10．村组集体收入支出情况每年年终向村民公开，搞好村务公开。

11．提倡社会主义精神文明，移风易俗，反对封建迷信及其他不文明行为，树立良好风尚。

12．建立正常的人际关系，不搞宗派和宗族活动，严禁非法集会。

13．遵守婚姻自主、男女平等原则，尊老爱幼，反对包办、干涉婚姻，提倡晚婚晚育。

14．邻里间要相互尊重，相互支持帮助，和睦相处，建立良好的人际关系。

15．管理好自己饲养的家畜。若自己的家畜给他人造成损害的，饲养人要负责并赔偿经济损失。

16．严格执行人口与计划生育政策、法规，坚决执行户口管理有关条例。

17．子女有赡养父母的义务，老人应体谅并积极支持子女，共同维护家庭和睦。不准打骂、虐待、遗弃老人；违者由村民小组或村委会批评教育，并限期改正。情节严重的报送司法所，按有关法规处理。

18．父母、继父母应承担未成年子女或生活不能自理的子女的抚养教育义务。严禁虐待未成年子女，尤其是病残的和非亲生的子女。违者将严格按有关法律处罚。

19．本规定经村民会议讨论通过后，自公布之日起生效执行。本辖区所有村民必须严格执行。

双拉村村民委员会

2004 年 6 月 24 日

# 第三十二章　高山族地区村规民约

## 1.　（福建省漳州市南安市仙都镇）大地村村规民约[①]

为建设廉洁基层、富美乡村，促进本村经济发展，维护社会稳定，树立良好的村风民风，创造和谐幸福、安居乐业的社会环境，特制定以下村规民约。

1. 每个村民都要遵纪守法，自觉维护法律尊严。

2. 村民之间应团结友爱，和睦相处，不打架斗殴，不酗酒滋事，严禁侮辱、诽谤他人，严禁造谣惑众，搬弄是非。

3. 自觉维护社会秩序和公共安全，不扰乱公共秩序，不

① 刘坤强于2020年4月22日提供。制定时间为2018年10月。

阻碍公务人员执行公务。

4. 严禁偷盗、敲诈，严禁赌博。

5. 爱护公共财产财物，不得损坏水利、道路交通、供电、通信、生产等公共设施，不得破坏花草树木。

6. 严禁私自砍伐国家、集体或他人的林木，严禁损害他人茶园、瓜果及其他农作物，加强牲畜看管。

7. 提高消防安全意识，加强野外用火管理，严防山火发生，家庭用火做到人离火灭，严禁将易燃易爆物品堆放户内、村内，定期检查、排除各种火灾隐患。

8. 对村内、户内电线要定期检查，损坏的要请电工及时修理、更新，严禁乱拉乱接电线。

9. 提倡社会主义精神文明，移风易俗，反对封建迷信及其他不文明行为，不听、看、传淫秽书刊音像，不能参加非法传销和邪教组织。

10. 婚事新办，崇尚节俭。要坚持适度办婚礼，节俭过日子，摒弃搞攀比、讲排场的不良风气。控制宴请桌数、酒席档次，不铺张浪费，不过量饮酒，树立文明节约、个性现代的婚俗新风。

11. 丧事简办、恪守孝道。百善孝为先，要弘扬孝老敬老风尚，树立厚养薄葬的新观念。简化治丧仪式，不搞封建迷信，不占用公共场所，不影响居民正常生活；控制治丧时间和丧葬规模；严格殡葬管理，不乱埋乱葬，树立文明、节俭、平安的丧葬新风。

12. 破旧立新，移风易俗。倡议在生儿育女、升学入伍、生日庆典、乔迁新居等喜庆事宜时，自觉抵制盲目攀比、跟风宴席，做到能免则免、能减则减，不讲排场，不比阔气。尽量不请客、少请客，不送礼、不收礼，用其他积极健康的庆祝方式代替大操大办、铺张浪费，自觉除陋习、树新风。

13. 建立正常的人际关系，不搞宗派活动，反对家族主义。

14. 加强村容村貌整治，服从镇村排污管理规划，保持道路两侧整洁，严禁随地乱倒乱堆垃圾，及时清理建筑垃圾，严禁向河道扔丢弃物，严禁在本村河流内电鱼。

15. 建房应按照村庄建设规划，经村委会和上级有关部门批准，统一安排，未经申请报批，不得擅自动工。对于乱建乱搭盖的坚决按“两违”有关规定给予强制拆除。

16. 遵循尊老爱幼的原则，建立团结和睦的家庭关系。父母应尽抚养、教育未成年子女的义务，禁止歧视、虐待、遗弃女婴，破除生男才能传宗接代的陋习。子女应尽赡养父母的义务，不得歧视、虐待老人。

17. 自觉遵守计划生育政策，积极配合镇、村做好计划生育工作。

18. 夫妻地位平等，共同承担家务劳动，共同管理家庭财产，反对家庭暴力。

19. 每年小雪节气后禁止采摘茶脚，违者由相关部门处理。

对违反上述规定，情节较轻的，由村委会给予批评教育，责令改正；情节严重、触犯法律法规的，移交司法机关处理。

本村规民约，若有与国家法律、法规相抵触之处应以国家法律、法规为准。本村规民约从公布之日起实施。

仙都镇大地村村民委员会

# 第三十三章 珞巴族地区村规民约

## 1. （西藏自治区林芝市米林县南伊珞巴民族乡）琼林村村规民约[①]

1. 要爱国家，爱集体，勤劳致富。

2. 要讲文明礼貌，敬老爱幼，遵守社会道德，反对打架斗殴。

3. 积极参加环境保护，不捕杀野生动物，不毁坏山林。

4. 认真贯彻执行九年义务教育法，主动送子女读书，积极参加脱盲学习，学科学，学技术，学文化。

5. 村民有义务去维修麦田边上围的护栏，各家各户每年

① 来自：龚锐、晋美主编：《中国民族村寨调查 珞巴族 西藏米林县琼林村调查》，云南大学出版社2004年版，第162页。制定时间为2002年。

要换地种植。

6. 各家有义务参加集体维修水渠的劳动以保证全村稳定的供电。

## 2. （西藏自治区林芝市米林县南伊珞巴民族乡）琼林村牲畜看护公约[①]

猪跑进地里吃庄稼，猪的主人要被罚款5元。

牛跑到地里糟蹋庄稼，牛的主人要被罚款10元。

① 来自：龚锐、晋美主编：《中国民族村寨调查 珞巴族 西藏米林县琼林村调查》，云南大学出版社2004年版，第162－163页。名称为编者所加。制定时间为2002年。

# 后记

《南方主要少数民族乡规民约与社会治理研究丛书》编委会于2016年7月1日至3日召开第一次会议时，就确定了资料编的安排，并落实了汇编者，基本确定了汇编原则和完稿时间。之后由于原承担老师另有事情、难以如常完成，就由我接手汇编工作。在征求池建华的意见、得到他的支持后，最终确定由我们两人一起完成本汇编。

此后，我们就通过各种方式搜集南方主要少数民族地区的村规民约。2019年12月7日，我们进行了专门讨论，根据《南方主要少数民族乡规民约与社会治理研究丛书》的宗旨形成了汇编的共识，进行了分工，确定在寒假期间完成汇编工作。

2020年1月湖北省武汉市等地区发生新型冠状病毒感染的肺炎疫情后，我们搞好自身防护，闭门在家，在关心疫情防控的同时利用这一时间进行汇编，完成了这一工作。

在具体分工方面，我主要承担苗族地区、彝族地区、侗族地区、瑶族地区、畲族地区的村规民约的汇编，其他南方少数民族地区的村规民约主要由池建华汇编。我们相互提供有关资料，不时就汇编中的一些问题进行讨论。全书由我最后统一阅看、定稿。

本汇编共收录壮族、苗族、彝族、土家族、侗族、布依族、瑶族、白族、哈尼族、黎族、傣族、畲族、傈僳族、仡佬族、拉祜族、佤族、水族、纳西族、羌族、仫佬族、景颇族、布朗族、毛南族、普米族、阿昌族、怒族、京族、基诺族、德昂族、门巴族、独龙族、高山族、珞巴族等33个南方少数民族的村规民约共524件。上卷收录壮族、苗族、彝族、土家族等地区的村规民约，中卷收录侗族、布依族、瑶族、白族、哈尼族、黎族等地区的村规民约，下卷收录傣族、畲族、傈僳族、仡佬族、拉祜族、佤族、水族、纳西族、羌族、仫佬族、景颇族、布朗族、毛南族、普米族、阿昌族、怒族、京族、基诺族、德昂族、门巴族、独龙族、高山族、珞巴族等地区的村规民约。

从时间看，本汇编收录的村规民约最早的为1961年7月21日的“贵州省黔南布依族苗族自治州都匀市凯口镇公元一九六一年七月二十一日起平心（新）大队岩脚寨对小偷处理规定”（布依族地区村规民约20），最近的为2020年2月10日的“（广西壮族自治区河池市天峨县）六排镇纳洞村防控疫情‘七个一律’临时村规民约”（壮族地区村规民约10）。

从内容看，本汇编收录的村规民约大部分为综合性的村规民约，也有防火、治安、计划生育、移风易俗、农业生产、义务教育等专门性的村规民约，如侗族地区“贵州省黔东南苗族侗族自治州锦屏县彦洞乡瑶白村防火公约”（侗族地区村规民约 4，2011 年 3 月 20 日）、“广西壮族自治区金秀瑶族自治县罗香乡罗运村罗运屯治安民约”（瑶族地区村规民约 46，2010 年农历三月十五日）、“贵州省黔南布依族苗族自治州荔波县佳荣镇大土村农业生产管理公约”（苗族地区村规民约 23，2006 年 12 月 1 日）等。

从主体看，本汇编收录的村规民约大部分为村民委员会制定的村规民约，也有由村民小组、自然村、屯、生产队等制定的村规民约，如“广西壮族自治区金秀瑶族自治县三角公社三角大队双河生产队林木生产责任制实施办法及护林公约”（瑶族地区村规民约 12，1983 年 3 月 29 日）。个别的村规民约以中心村为主体制定，如“贵州省黔东南苗族侗族自治州锦屏县平秋镇魁胆中心村村规民约”（侗族地区村规民约 18，2014 年 4 月 11 日）。个别的村规民约以乡人民政府的名义制定，如“广东省清远市连南瑶族自治县新寨乡人民政府乡规民约”（瑶族地区村规民约 49，1984 年 7 月 6 日）。还有个别农改居但是仍为农村地区的村规民约，如“四川省凉山彝族自治州越西县普雄镇普雄社区居民公约”（彝族地区村规民约 51，2017 年 3 月 30 日）。

从传承看，本汇编收录的村规民约有不少与南方少数民族地区固有习惯法有明显联系，如“广西壮族自治区金秀瑶族自治县长垌乡六架村石牌”（瑶族地区村规民约 31，1983 年农历正月初三）即仿照金秀瑶族石牌习惯法而制定，“贵州省黔东南苗族侗族自治州从江县洛香镇洛香村中寨公约”（侗族地区村规民约40，2012年农历正月十五）为按照固有侗族固有习惯法款约以“第一款、第二款”形式进行表达。

从表达看，本汇编收录的村规民约基本上用汉字表示，但有个别用汉字和少数民族文字双语表达，如“四川省凉山彝族自治州越西县依洛地坝乡依吉村村规民约”（彝族地区村规民约47，2017年3月30日）；也有用地方方言表达的，如“云南省红河哈尼族彝族自治州开远市乐白道街道办事处红石岩村村规民约”（彝族地区村规民约56，2017年）。

我们相信本汇编较为全面地展现了南方少数民族地区村规民约的样貌，为认识南方少数民族地区村规民约在乡村社会治理中的积极作用、理解少数民族地区村规民约的文化传承和规范传承、把握村规民约的现实变迁和未来发展提供原始材料。

本汇编收录的村规民约主要由我们两位编者搜集和《南方主要少数民族乡规民约与社会治理研究丛书》的其他作者提供，部分由学界和民族地区的朋友提供，少量来自公开出版和刊发的著作、发表的论文和网络。感谢这些文著的作者。感谢提供村规民约的广西、贵州等南方少数民族地区的各位村组干部、村民、乡镇干部。感谢《南方主要少数民族乡规民约与社会治理研究丛书》的胡兴东、郭亮、王丽惠、陈寒非等各位作者。特别要感谢李剑、黄元姗、蓝法勤、卢燕、颜恺、罗云亮、刘坤强、蓝晓芳、杨雪莲等朋友的大力支持。

湘潭大学出版社的黄琼编辑在享受初为人母的喜悦和辛苦抚育女儿的同时精心编校，保证了本汇编的高质量面世。我们感谢她的敬业！

本汇编为2019年度国家社科基金青年项目“乡规民约在健全乡村治理新体系中的功能研究”（批准号：19CFX015）和2019年度国家社科基金青年项目“‘乡治’体系变迁中的村规民约实施机制与困境应对研究”（批准号：19CFX014）的阶段性成果，为第四批青海省“高端创新人才千人计划”领军人才（柔性引进，青海民族大学）项目的成果。

由于我们的能力有限，也没有太多时间和精力进行专门的搜集，且受字数的限制，本汇编所收入的南方少数民族地区村规民约可能没有满足读者的期待，存在一些不足和局限，敬请批评指正。

落笔至此，我望着窗外夕阳西下时几无行人的地上街面，心中感到忧虑与惆怅。中国社会多灾多难，自然之力与社会之制交织形成了非常的庚子年（鼠年）春节假期。这一时期，人性良恶毕露，人情冷暖尽现，人间甘苦自知，令人感慨万千。我对于未来的心情，恰如宋朝的贺铸在《青玉案》词中所云“一川烟草，满城风絮，梅子黄时雨”般。

高其才

2020年元月30日于京城

2020年5月6日再记

图书在版编目（CIP）数据

南方少数民族村规民约汇编 / 高其才，池建华编 .
-- 湘潭 ：湘潭大学出版社，2020.12
（南方主要少数民族乡规民约与社会治理研究丛书）
ISBN 978-7-5687-0534-9

Ⅰ．①南… Ⅱ．①高… ②池… Ⅲ．①少数民族－乡规民约－汇编－南方地区 Ⅳ．①D927

中国版本图书馆 CIP 数据核字（2020）第 267609 号

南方少数民族村规民约汇编
NANFANG SHAOSHUMINZU CUNGUIMINYUE HUIBIAN
高其才 池建华 编

责任编辑：黄 琼 刘 丹
封面设计：李 平
出版发行：湘潭大学出版社
社 址：湖南省湘潭大学工程训练大楼
电 话：0731-58298960 0731-58298966（传真）
邮 编：411105
网 址：http://press.xtu.edu.cn/
印 刷：长沙鸿和印务有限公司
经 销：湖南省新华书店
开 本：880 mm×1230 mm 1/32
印 张：46.125
字 数：1004 千字
版 次：2020 年 12 月第 1 版
印 次：2020 年 12 月第 1 次印刷
书 号：ISBN 978-7-5687-0534-9
定 价：168.00 元